2007年上海市哲学社会科学规划重大项目（2007DTQ001）

上海重点学科建设项目（B406）

美国对华情报解密档案

（1948~1976）

主编：沈志华　杨奎松

第 十 编　国际共产主义运动

主编：郭　洁

第十一编　中国与第三世界

主编：牛　可

中国出版集团　东方出版中心

第十编　国际共产主义运动

目　录

导　论

郭　洁

美国情报系统的报告,大致可以分为国家情报评估、国家情报特别评估、当前情报报告、基本研究报告等几大类。收入本编的来自美国中央情报局(以下简称中情局)的相关报告共计 13 件,时间自 1949 年 9 月至 1966 年 8 月。除一篇有关对 1953 年中期苏联阵营形势的评估报告来自国家安全委员会以外,其他各件均系中情局的报告,即七篇国家情报评估、两篇特别报告、两篇研究报告以及一篇情报备忘录。从总体上看,这一时期美国情报界对于国际共产主义运动(以下简称国际共运)现状与走势的评估基本与实情相符,有些分析甚至是颇有见地的,当然,囿于情报和材料的不足以及意识形态方面存有的先见,某些建立在猜度基础上的见解如今看来与事实存有较大偏差。这里,笔者将就本编文件所反映出的美国中情局对国际共运的分析进行初步评估。

通常来讲,国际共运迄今为止的历史大致划分为如下四个阶段:1848 年《共产党宣言》发表到俄国十月社会主义革命取得胜利为第一阶段。在此阶段中,由于诞生了第一个社会主义国家,马克思、恩格斯共同创立的科学社会主义由理论变成了现实。十月革命胜利后直至 1949 年中华人民共和国的成立为第二阶段。此间,社会主义逐渐由一国发展到了多国,并进而形成了一个世界范围的社会主义体系。其后至 20 世纪 80 年代末 90 年代初为第三阶段。在这期间,国际共运经历了四十年左右的曲折发展,渡过了团结协作与动荡分离相互交织的艰难历程。苏东剧变后,国际共运进入了一个新的发展时期,可视其为第四阶段。有人将其称为"低谷"时期,亦有人认为这是一个"探索中不断前进"的阶段,但不管怎样,谁都承认,这一阶段仍在进行之中,尚有许多的不确定因素,至少目前尚无法归纳出其总体特征。

本编所涉及的是新中国成立前夕直至中苏两党两国关系破裂期间,中情局及国家安全委员会情报部门对国际共运总体和局部形势的分析与评估。根据收录文件的内容,可将此间有关国际共运的预测与评估以中苏关系的发展演变为主线,划分为中苏结盟与合作(1949～1957)、中苏分歧与争论(1958～1964)和中苏分裂与对抗(1965～1966)三个时段,分别加以考察。

一、对中苏结盟与合作时期国际共运的预测与评估(1949～1957)

第二次世界大战结束以后,世界政治地图发生了重大改变。在欧洲,波兰、捷克斯洛伐克、匈牙利、保加利亚、罗马尼亚、南斯拉夫、阿尔巴尼亚等中东欧国家纷纷抛弃了原有的政治制度，走上社会主义道路。① 在亚洲，继越南、朝鲜先后确立了共产党一党执政的国家政权之后，1949 年，中国共产党在历经近四分之一世纪的内战后，取得了新民主主义革命的胜利，并宣告了中华人民共和国成立。至此，连同苏联和蒙古，欧亚大陆上共有 13 个由共产党领导的社会主义国家，拥有世界三分之一的人口和四分之一的土地，形成了与资本主义体系相抗衡的社会主义阵营。

在社会主义由一国向多国扩展的过程中，中国革命的胜利对于国际共运整体实力的壮大具有极其重要的意义。美国耶鲁大学历史学教授约翰·刘易斯·盖迪斯将其同苏联核试验的成功②并称为 1949 年这个标志着"冷战扩大"的年份中最具代表性的两个事件。如果说苏联拥有核武器加大了对美国的安全威胁、宣告了"以恐怖实施共同威慑"的新时代的到来并史无前例地造成了美国人自此之后将"必须在全部毁灭的魔影下生活"的话，那么中国共产党的胜利则代表着国际共运对所谓自由世界进行军事和政治干预能力的增强，在美国人看来，其结果将会对世界权力格局和"国际安全"造成重大冲击。③ 1950 年，随着中苏两国同盟关系的确立，此种认识更是进一步得以加深。当时，美国朝野的一个主流观点即是：美国及其盟国正面对着一个铁板一块的"共产主义集团"。诚然，不可否认，在此主流之内亦有些人士对"铁板一块"的说法提出了某种质疑。比如本编 10-1，10-3 文件，均对中苏未来分歧的诱发因子、中国的民族诉求及其所拥有的相对独立性和领导亚洲共运的能力作出了被后来事实证明颇具预见性的评估。不过，在这样一些分析之后，结论往往又复归"正统"立场，即认为"紧密的意识形态联系"、欲将西方的影响"从远东清除出去"的共同目标，对传播共产主义和倡导世界革命的坚定信念，是双方保持密切协作并推动国际共运不断壮大的黏合剂。用 20 世纪 50 年代曾先后供职于兰德公司和中情局的研究人员雷蒙德·加特霍夫的话来讲，如果认为 1948 年南斯拉夫同苏联两国两党关系的破裂在国际共运这块铁板中造成了一道裂缝，那么此后中国共产党的胜利则令这道裂缝显得不那么重要了。④

此后相当长的一段时间里，对于社会主义阵营的力量和潜能，无论是国家安全委员会还是中情局，都给予了非常积极的评估。以 1952 年底先后出台的本编 10-3，10-4 文件为例，两份报告均特别指出了：从经济实力来看，苏联的经济产量不比美国，社会主义阵营的整体经济实力亦不可与北约同日而语，但由于其国民收入中用于军事支出

---

① 第二次世界大战之前，东欧各国的政治制度差别较大。其中，捷克斯洛伐克是资产阶级共和国，波兰名义上是共和国但实际上实施的是军事独裁，匈牙利和保加利亚两国走的是法西斯专政的道路，罗马尼亚、南斯拉夫和阿尔巴尼亚则奉行君主制。

② 1949 年 8 月 29 日，在哈萨克斯坦塞米巴拉金斯克，苏联第一颗钚装置的原子弹（代号第一道闪电）试爆成功。苏联核能力的取得，根本改变了世界军事力量的平衡，打破了美国对核武器的垄断。

③ John Lewis Gaddis, *The Cold War: A New History*, New York: The Penguin Press, 2005, p. 36; CIA/SRS-15, 1961 年 2 月 17 日；德怀特·D·艾森豪威尔：《艾森豪威尔回忆录》（三），樊迪、静海等译，北京：东方出版社 2007 年版，第 2 页。

④ 雷蒙德·加特霍夫：《冷战史——遏制与共存备忘录》，伍牛、王薇译，北京：新华出版社 2003 年版，第 7～8 页。另外有关 1948 年苏南冲突，可参看弗拉迪米尔·德迪耶尔：《苏南冲突经历（1948～1953）》，北京：三联书店 1977 年版；斯蒂芬·克利索德编：《南苏关系（1939～1972）：文件与评注》，北京：人民出版社 1980 年版；施陶布林格：《铁托的独立道路》，北京：新华出版社，1987 年版；沈志华：《斯大林与铁托——苏南冲突的起因及其结果》，桂林：广西师范大学出版社 2002 年版；Ivo. Banac, *With Stalin against Tito: Cominformist Splits in Yugoslav Communism*, Ithaca, New York: Cornell University Press, 1988; Adam B. Ulam, "The Background of the Soviet-Yugoslav Dispute," *The Review of Politics*, Vol. 13, No. 1, 1951; Charles G. Stefan, "The Emergence of the Soviet-Yugoslav Break: A Personal View from the Belgrade Embassy," *Diplomatic History*, Vol. 6, No. 4, 1982.

的比例远远高出西方国家,使其现有军队及常规军力较之后者,拥有相当大的数量优势。据此,评估人预测:苏联集团有充分能力在横贯欧亚大陆的广大区域同时发起大规模进攻。除此之外,报告还强调:除了军事进攻的能力外,集团的庞大规模(包括2 000余万共产党员和遍布72个国家的共产党组织)、内部集权化的领导以及高度统一的意识形态等,为共产党人实施政治战提供了丰富的资源和巨大的潜能,使其能够借助于政治的、经济的、外交的、宣传的等多重手段,对"自由世界"及其政府构成严重的"威胁"和"破坏"。

其实,对所谓"苏联集团"坚如磐石的抽象认识以及对资本主义、社会主义两种意识形态和社会制度势不两立的估计,自冷战格局形成尤其是朝鲜战争爆发之后的很长时间里,一直在美国各界人士头脑中占据着主导地位。此种认识到了1953年斯大林去世继而朝鲜半岛停战之后,亦未能得以及时调整。现在我们知道,上述两个具有标志性的事件(特别是前者)对于当时以及其后的整个冷战氛围产生了极为重大而又深远的影响。

1953年3月5日,苏联最高领导人斯大林突然去世。十天后,在最高苏维埃第四次会议上,新的党政领导班子宣告成立:部长会议主席由苏共十九大时受斯大林委托做联共(布)中央委员会工作报告的马林科夫担任,四位部长会议副主席分别为贝利亚、莫洛托夫、布尔加宁和卡冈诺维奇,赫鲁晓夫就任苏共中央书记,伏罗希洛夫则任最高苏维埃主席团主席。会上,马林科夫就新政府的外交方针做了详细阐述,在这篇被西方称为"和平攻势"的著名讲话中,马林科夫指出,通过和平方式,在共同一致的基础之上,"没有什么争执不下或是无法解决的问题",并称这一原则适用于处理苏联"同所有国家包括美国之间的关系"。① 苏联提出缓和国际紧张局势的新方针,很大程度上是基于一些实际考虑,比如:减轻由于美苏对抗特别是核武器的无限发展所带来的巨大的压力和危险,减轻由于军备竞赛所造成的过重的经济负担,以便将更多的注意力和有限的资源投入到维护和促进国家的稳定与发展等方面。遗憾的是,对于莫斯科抛出的橄榄枝,白宫领导人始终疑虑重重。在他们看来,共产党一向是不妥协的,而苏联人从来是没有诚意的,斯大林继承人所谓之新方针无非是些"花言巧语的诺言"。② 1953年4月16日,就任不久的美国总统艾森豪威尔对马林科夫的上述讲话首次作出回应。在这篇名为《和平的机遇》的演说中,新总统对与苏联缓和关系开出了种种具体的条件:实现朝鲜停战,结束马来亚和印度尼西亚的共产党叛乱,同意联合国核查裁军进程;释放德国俘虏,促进德国统一并在此基础上经自由选举产生政府;签订奥地利国家条约等。③ 一个多星期后,美国国务卿杜勒斯在其发表的政策演说《第一个九

---

① *Documents on International Affairs*，*1953*，London：The Royal Institute of International Affairs，1956，pp. 12 -13.
② 《艾森豪威尔回忆录》(三),第82～84页。
③ 艾森豪威尔演说"和平的机会",1953年4月16日。参见 Department of State Bulletin, Vol. 28 No. 722, pp. 599 - 603,转引自 Walt W. Rostow, *Europe after Stalin: Eisenhower's Three Decisions of March 11*, *1953*, Austin：University of Texas Press, 1982, pp. 113 - 122.

十天》中,亦称苏联外交的上述变化无非是麻痹西方的策略之举。① 然而,其后的事实表明,苏联新领导人的确在缓和的路上迈出了一些实质性的步伐,比如:他们主动宣布放弃对土耳其喀斯、阿达罕和阿尔特温地区的领土要求并暗示愿意放弃先前提出的苏土两国共管黑海海峡的要求;推动交战双方达成朝鲜停战协议,从而使一场耗时三年的热战宣告结束;建议西方国家吸收包括苏联在内的新成员加入北约,以维护欧洲安全;同意从奥地利撤军、与西方国家共同签署奥地利国家条约并承认奥地利中立地位;向联合国裁军小组委员会提出裁减军队、禁止核武器及消除战争威胁的动议并率先实现单方面裁军;对联邦德国予以承认并与其建立正式的外交关系等。

除了采取主动改善东西方关系之外,为缓和斯大林逝世前东欧各国业已出现的社会紧张,维护苏联对东欧的有效控制,苏联领导人还对斯大林时期的东欧政策做了某些调整,先后推动东德、匈牙利等国在经济、政治、文化等各领域采取了一系列名为“新方针”的改革举措,用以纠正和解决苏联模式在匈牙利推行后暴露出的弊端和衍生出的问题,相关措施主要包括:改变党的权力过分集中的现象,加强立法与行政机关的权力;健全法律制度,恢复社会主义法制,平反冤假错案;修改国民经济发展方向,降低重工业发展速度,提高农业和轻工业投资比例;鼓励发展个体私人经济,开放市场,促进城乡商品流通;以提高工资、降低物价、减少税收、增加住宅等手段改善人民生产和生活条件;调整知识分子政策,提高其政治、经济待遇;加大教育投入;对宗教事务保持宽容,等等。② 此外,1955 年 5 月 26 日至 6 月 2 日,赫鲁晓夫、布尔加宁等苏联党和国家领导人对南斯拉夫进行了访问,采取主动姿态恢复了双方自 1948 年以来中断了长达七年之久的国家关系。

然而,在斯大林逝世之初,美国情报分析人员却全然未料及这一切会发生,事实上他们所做预测恰恰与此相反。以中情局 1953 年 3 月 12 日编发的一份名为“斯大林逝世与马林科夫升任苏联领导人可能出现的结果”的特别评估报告为例,其中便明确写道:“克里姆林宫对欧洲国家的控制是如此之牢固,我们认为,斯大林之死不会令此种控制力发生丝毫减弱……铁托与莫斯科的关系亦不可能因斯大林之死而有何改变……铁托在卫星国家或阵营外共产党中的影响不会有所增长。”字里行间透着十足的把握。不过,这里值得一提的是,此份评估对斯大林逝世后中苏关系的可能走势却做出了大体合理的推断,报告撰写人称:“我们以为,斯大林之死不会立即对中苏合作或中共的对外政策产生影响。但是,由于斯大林的继承者中无人在亚洲拥有像斯大林那样的影响和声望,毛作为亚洲共产主义领袖和理论家的地位无疑将会上升,他在决定亚洲共产主义运动的政策方面也将会拥有更大发言权……新的莫斯科领导人可能必须小心

---

① 杜勒斯演说“第一个九十天”,1953 年 4 月 27 日。参见 Department of State Bulletin, Vol. 28, No. 722, pp. 603 - 608,转引自刘同舜、姚椿龄主编:《战后世界历史长编(1955)》,第十册,上海:上海人民出版社 1997 年版,第 219 页。

② 以东德和匈牙利的“新方针”改革尝试为例,相关措施可参阅 Christian Ostermann, "New Documents on the East German Uprising of 1953," *Cold War International History Project Bulletin*, Issues 5, Spring 1995, pp. 10 - 12;匈党中央六月决议《关于党在政策与实践中犯的错误及纠正这些错误的必要措施》,1953 年 6 月 28 日, Csaba Békés, Malcolm Byrne and Janos Rainer eds., *The 1956 Hungarian Revolution: A History in Documents*, Budapest and New York: Central European University Press, 2002, pp. 31 - 32。

处理与毛的关系,若非如此,几乎必定会增加中苏间的紧张关系。"①这一判断为后来的事态发展所证实。如果说苏联领导人的更迭,包括斯大林继承人之间此后数年的权力争斗,并未使苏联在欧洲共运中的权威受到严重损害的话,那么在亚洲,随着毛泽东威望和地位的相对上升,亚洲共运的格局却发生了微妙的变化,这种变化反过来对中苏关系的走向产生了深刻的影响。不过,至少在斯大林去世后的三四年间,中苏关系从总体上看发展良好,在处理国际共运内部事务方面,双方保持了密切合作。中情局的研究人员也正确地看到了这一点,1954 年 3 月通过的本编10-5 文件对此分析道:"苏联和共产党中国至少在此评估期间,将依然保持密切的同盟关系。"报告进而对中苏两国保持合作的动力源泉进行了分析,其中写道:"苏联与共产党中国有着共同的意识形态,他们都把美国视作实现其亚洲目标的主要障碍,并且都认为,美国的政策与力量使他们在太平洋地区的利益受到了威胁,不仅如此,各自目前均从同对方的结盟中获得了好处,共产党中国接受了苏联在政治、军事与经济方面给予的大量支持与援助,苏联意识到中国是一个对自己有价值的盟友:它在远东提供了军事力量与深入防卫,还是进一步在亚洲推进共产主义目标的一个基地,不仅如此,与共产党中国结盟,还可以使苏联在分化和扰乱非共产主义世界的时候,可以拿'中国问题'作为一个价值不菲的政治和心理资本。"总之,在当时中情局分析人士看来,共同的目标是将双方"黏合在一起的力量",而由此产生的互利结果则是促使双方保持并继续发展同盟关系的内在动力。

对于世界社会主义运动而言,1956 年无疑是具有转折意义的一个年份,在这一年中,国际共运所经历的若干重大事件极大地改变了社会主义阵营内部的政治发展方向。首先是 2 月下旬召开的苏共第二十次代表大会,这次会议对世界形势出现的新现象、新特点进行了分析和概括,就国际局势的发展提出了和平共处、和平过渡、和平竞赛等一系列理论观点和政策纲领。② 不仅如此,党的最高领导人赫鲁晓夫在会议最后一天所作的《关于个人崇拜及其后果》的秘密报告,对斯大林严重违法、个人崇拜以及破坏民主和集体领导的行为进行了严厉批判。客观地讲,苏共二十大就其主要精神而言,具有重要的进步意义,反映了时代发展的要求;就其结果来看,却如同一块引发山崩地裂的巨石,在国际共运内部激起了剧烈的震荡。美国、英国、荷兰、丹麦等国的共产党,由于内部思想混乱、意见分歧以及大批党员退党而发生了严重分裂。西欧两个资格较老的共产党意共和法共,则分别针对赫鲁晓夫的秘密报告作出了不同反应。意共对苏共二十大总体上持欢迎态度,其领导人陶里亚蒂甚至提议未来国际共运应当奉行多中心主义,按他的话说,"整个体系愈益朝着多中心方向发展,在共产主义运动中,不能强调单一领导,而要强调走多样化道路以实现进步"③。相比较之下,法

① SE39,1953 年 3 月 12 日。当然,20 世纪 50 年代末 60 年代初,当中苏关系的恶化已成事实后,中情局分析人士对此看得更为清楚了。比如,NIE 10-61 中就有一段与此非常相似的论述,报告指出,1953 年斯大林的逝世"即刻削弱了莫斯科在国际共产主义运动中的权威",在当时的情形下,"事实上只有一个人的威望接近于斯大林,这个人就是中国共产党领导人毛泽东",参见 NIE 10-61,1961 年 8 月 8 日。
② 参见赫鲁晓夫在苏联共产党中央委员会的报告(之三),《人民日报》1956 年 2 月 18 日,第 4 版。
③ P. Togliatte, "Rapporto all'VIII Congresso", Riuniti ed., *Nella democrazia e nella pace verso il socialismo*, Rome, 1963, p. 32. 转引自唐纳德·萨松:《欧洲社会主义百年史》(上册),姜辉、于海青、庞晓明译,北京:社会科学文献出版社 2008 年版,第 300 页。

共的反应则显得保守。它不仅对赫鲁晓夫"诋毁"斯大林形象的做法深感不满，还对意共提出的所谓"通向社会主义的民族道路"的概念和坚持议会道路的重要性等看法严加批判。[1] 较之上述欧美等西方国家共产党，东欧各国党的反应显得更为复杂：南斯拉夫发自内心地表示欢迎，东德给予了高调的支持甚至吹捧，阿尔巴尼亚采取了"两面派"的做法——表面赞同而背地里很是不满，捷克斯洛伐克、罗马尼亚、保加利亚三国表现得茫然失措。[2] 至于波兰和匈牙利两国的情况，已不是"复杂"二字所能概括。在波兰，党的领导人贝鲁特在苏共二十大闭幕不久忽然逝世，整个党陷入了惊慌与混乱，同时，因二十大批判斯大林造成的思想真空，被一种结合了民族主义情绪、社会民主主义和人道价值观念的思潮所填补。[3] 在匈牙利，党的领袖拉科西非但不对二十大后党内外要求变革的呼声作出积极反应，且逆潮流而上继续在政治和文化领域实行斯大林时期的强硬路线。潜伏于民众中的普遍不满与种种压力下党和政府的权力弱化，最终于夏秋之季，在这两个国家引发了政治危机。

6月28日，首先在波兰南部城市波兹南，爆发了由上万名工人参加的游行和骚乱，结果造成53人死亡、300多人受伤，323人被捕。1956年10月19日，波兰统一工人党召开二届八中全会，会议拟选举前波党总书记、民主改革派领袖哥穆尔卡取代接替贝鲁特的奥哈布，出任波党第一书记。苏联领导人得到此信后极为震怒，当天即命令部队进入波兰境内，随后赫鲁晓夫率苏共中央代表团飞抵华沙，力图阻止哥穆尔卡的当选。面对如此情形，波兰领导人并未妥协，反而据理相争。后经双方长时间谈判，苏联领导人最终决定放弃干涉，返回莫斯科。然而，一波未平，一波又起。就在波兰事件尚未尘埃落定之时，在匈牙利，一场更大规模、更震慑人心的危机悄然上演。10月23日下午，由大学生组织的一场旨在声援波兰的静默游行，在短短数小时后，骤然转变为各阶层市民与国家安全警察之间的流血冲突。事件发生后，匈党中央紧急召开会议，对党和国家领导层进行重大人事变动，被迫将在示威群众中享有很高声望的纳吉选任为国家总理，主持政府工作。次日下午，在没有获得匈牙利政府正式邀请书的情况下，苏联军队展开了代号"行动波"的第一次干预行动，不料此举迅速激起了匈牙利民众反苏情绪的日益高涨。于是，一场原本以推动非斯大林化和改革匈苏关系为主要诉求的民主运动一步步偏离了最初的目标，危机中涌现出的大量政治团体出于不同目的提出了各种各样的要求：撤走所有苏联驻军，恢复多党联合执政，实行自由选举，退出华约组织，宣布国家中立等，不一而足。面对国内外的沉重压力，纳吉政府处境异常艰难，无论其是进是退，终无法令各方满意。匈牙利局势持续恶化。在此情形之下，11月4日，苏联派遣17个师的兵力向布达佩斯发动了代号"旋风"的第二次军事行动，镇压了这场事件。

1956年苏联以武力方式干涉和镇压匈牙利事件，不仅在战后东欧史上留下了深刻烙

---

① 萨松：《欧洲社会主义百年史》（上册），第303～304页。

② 沈志华、李丹慧：《战后中苏关系若干问题研究——来自中俄双方的档案文献》，北京：人民出版社2006年版，第239页。

③ Brzezinski, Zbigniew K. *The Soviet Bloc: Unity and Conflict*, Cambridge, Massachusetts：Harvard University Press, 1960, pp. 242 - 253.

印，并且对日后国际共运的发展以及社会主义阵营内部关系的变化产生了极其深远的影响，举其要者而论：其一，它使东欧各国政权对激进式改革的后果、苏联的容忍底线和解决东欧危机的手段有了清醒的认识，并在其后几十年间成为东欧自制改革的基础；其二，它在阵营外各国共产党特别是西方发达国家共产党内造成了程度不同的混乱，其中又以意大利党最为严重；其三，它使某些"社会主义国家"一贯宣扬的正义、和平等理念受到了质疑，比如，在匈牙利事件期间及其后，在苏联和东欧其他国家都发生了声援匈牙利的盛大示威游行；其四，它不可避免地加剧了苏共二十大后社会主义阵营内部力量的进一步分化，使得国际共运作为一个整体的力量受到了极大撼动；最后，它对于苏联作为国际共运领袖的道德和政治权威造成了损害，如此一来，便如同本编 10 - 9 文件所说，客观上造成了国际共运"政治和理论层面的权威性领导"的缺位。其后不久的事实日益清晰地表明，在社会主义阵营内部，有能力并有意愿填补这一空缺的，便是一直以来享有相对独立地位并在亚洲与苏联共同领导共产主义运动的中国共产党。

　　其实，早在波匈事件发生发展的过程之中，中国已经以国际共运另一个权威和领袖的姿态，表现出一个亚洲社会主义大国对欧洲共运事务的关切和影响，并开始了挑战莫斯科在国际共运中领袖地位的历程。① 本编 10 - 9 文件认为，对中国而言，1956 年的东欧危机"既是麻烦也是个机遇"。一方面，同苏联一样，中国希望尽快恢复社会主义阵营的团结与稳定，但另一方面，它也试图"在苏联人犯了错误之后"，通过"帮助莫斯科恢复它在东欧遭到严重动摇的权威"来扩大和施展自己国际共运的影响力，并使其"在一个新的基础上"重新走向团结。本编 10 - 8 文件甚至将中国对东欧危机的介入视为"另一个巨人时代"到来的标志，奠定了毛泽东"作为唯一健在并能领导社会主义革命不断取得胜利的英雄典范的地位"。此说虽然听起来有些夸张，但并非言过其实。1956 年底至 1957 年春，体现了毛泽东本人思想的两个理论成果，即 1956 年 12 月 29 日刊发的由中共中央政治局集体讨论和毛泽东亲自修改的《人民日报》编辑部文章《再论无产阶级专政的历史经验》（简称《再论》）和 1957 年 2 月 27 日毛泽东在最高国务会议上所作《关于正确处理人民内部矛盾的问题》（简称《正处》）的讲话，②针对社会主义阵营出现的混乱局面，表明了中共对于当时国际共运中亟待解决的基本理论和历史问题所持的观点和立场，在各国党中引起了很大反响。③ 1957 年初，为了调解苏

---

① 有关中国在波匈事件中的作用和影响，中文著述可参阅沈志华《1956 年 10 月危机：中国的角色和影响——"波匈事件与中国"研究之一》（《历史研究》2005 年第 2 期，第 119～143 页）和《中国对东欧十月危机的反应和思考——"波匈事件与中国"研究之二》（《史学月刊》2007 年第 1 期，第 75～89 页）。相关英文著述可参看 János Radvanyi, *Hungary and the Superpowers: The 1956 Revolution and Realpolitik*. Stanford: Hoover Institution Press, 1972, pp. 21 - 29; Chen Jian, *Mao's China and the Cold War*, Chapel Hill & London: The University of North Carolina Press, pp. 145 - 162.

② 分别参见《人民日报》1956 年 12 月 29 日（第 1～2 版）和《毛泽东文集》第 7 卷（北京：人民出版社 1999 年版）。

③ 《再论》和《正处》发表后，各国党的机关报纷纷予以转载或发表评论文章。以《再论》为例，1956 年 12 月 29 日，就在《人民日报》刊发当日，意大利共产党《团结报》刊载了其中主要内容（次年 1 月 9 日，又用两个版面予以全文转载），第二天，捷克斯洛伐克共产党《红色权利报》予以转载，31 日，苏联《真理报》几乎全文转载；1957 年 1 月 1～2 日，匈牙利社会主义工人《人民自由报》以"中国关于无产阶级专政，苏联经验，斯大林的作用和错误，匈牙利事件与南斯拉夫同志的观点的立场"为题连续两日刊载了摘录文章。参见《参考资料》1956 年 12 月 30 日至 1957 年 1 月 5 日。

联同波匈两国的关系,周恩来连续出访上述三国,突出地反映了中国对于阵营内部事务的关切和在维护团结方面所起的特殊作用,赢得了广泛好评。在西欧,许多共产党人甚至由此认为,"北京已成为共产主义世界的外交及理论重心"。① 不过,事实上直至1957年底莫斯科会议召开之前,虽然国际共运两个权威来源的前景已依稀可见,但中国并未对苏联在运动中的领袖地位发起真实挑战。1963年本编10-11文件在回顾这段历史时,对此总结说:"中国人在国际共产主义运动中想要实现的目标还很有限。他们希望自己的观点能获得足够多的支持,以便对苏联的对外政策产生影响,因为在他们看来,苏联所推行的这些对外政策与他们自身的利益相悖。他们认为共产主义世界应当由一个国家来领导,并由其确立总的路线,但要做到这一点,它需要同社会主义阵营其他重要的成员进行协商。中国人视苏联为统帅,同时将自己想象为重要的智囊人员和政策制定的参与者。"

1957年11月16～18日在莫斯科举行的各国共产党和工人党代表会议暨十月革命胜利四十周年庆祝大会,可以算得上是自科学社会主义诞生以来世界社会主义体系和国际运动规模空前的一次盛会,出席会议的共有68个共产党和工人党的代表,美国参议院小组委员会对国内安全法实施的情况调查报告中甚至将其称作"共产国际的复活"。② 在此次会议上,中共的角色发生了重大转变,开始显示出对国际共运所具有的影响力和与苏联分享运动领导权的潜能。虽然会议意图将南斯拉夫重新拉回社会主义阵营的愿望最终落空,并且各国党在许多重大问题上的看法和政策分歧依然存在,但无论如何,在中苏双方通力合作之下,社会主义阵营还是在一个相对较短的时间内大体恢复了团结与稳定。不幸的是,这种局面持续时间并不长,仅在莫斯科会议闭幕后半年,在团结和稳定表象之下潜伏着的脆弱与危机便无法抑止地显露出来。从那时起,中苏两党在有关国际共运战略方面业已存在的分歧,便通过一系列事件不断加深并最终得以爆发;与此同时,随着自身实力与影响力的增长,中共亦不再隐藏其内心深处对国际共运单一权威体制的不满,开始向苏联的领袖地位发起了挑战。

中苏双方党际和国家关系的持续恶化,终于致使国际共运在战后发生了第二次分裂。较之1948年的苏南分裂,中苏关系的破裂无论在广度、深度还是持续时间方面,均远胜于前者,并对其后国际共运以至整个冷战进程产生了极为深远的影响。

二、对中苏分歧与争论时期国际共运的预测与评估(1958～1964)

根据本编文件的具体情况,为便于描述起见,以下将就美国关于中苏分裂时期国际共运的情报评估进一步划分出两个时段,分别考察中苏关系破而未裂以及彻底破裂前后国际共运的总体趋势及其所受影响。

---

① 中国驻瑞士大使馆关于西欧对周总理访苏、波、匈的反应给外交部的报告,1957年1月28日,中国外交部档案馆,203-00097-06,第94页。
② 美国参议院小组委员会对国内安全法实施情况调查报告"共产国际的复活及其对美国的意义"(The Revival of the Communist International and Its Significance for the United States),1959年9月。

如上所述,分歧特别是意识形态领域的分歧是造成中苏关系恶化的直接原因,这些分歧主要体现在根本理论与基本政策两个层面。就前者而言,双方在关于时代的特征、战争与和平的问题、社会主义革命的道路与模式、国际共运的发展战略等问题上看法相异;具体到国内外政策层面:究竟谁的经济增长更快? 谁的发展道路更能显示社会主义的优越性? 对帝国主义究竟是要缓和还是斗争? 在这些问题上,双方立场和观点甚至针锋相对。

客观地说,中苏分歧在双方关系发生恶化之前久已存在,甚至早在斯大林执政时期,中国对苏联领导人的某些政策与做法已心怀不满,不过,此种不满由"敢怒不敢言"发展到"直言不讳",则是斯大林去世特别是苏共二十大批判斯大林之后的事。当时中国虽然在公开场合继续肯定甚至维护苏联在国际共运中的领导地位,提出坚持"以苏为首",但其潜台词却是:苏联党的这种中心地位是需要中国党的支持和肯定才能生效的。[①] 1957 年莫斯科会议之后,由于双方在以上理论和政策层面的分歧有增无减并日益显露,中苏关系开始走出"蜜月",迈向恶化。对于中苏分歧的肇始及其核心,本编 10－10 文件做了比较客观的分析。该文件指出,中苏之间的"敌对和不满"其实"蛰伏已久",只是到了 20 世纪 50 年代后期才"发展成为一个尖锐而公开的问题",虽然从表面看来,争论的都是些具体问题,但就其实质而言,分歧的焦点只有一个,即国际共运的领导权。[②] 不过,中情局并不认为,此时中苏关系中出现的磨擦与冲突会对双方同盟关系产生重大影响,在其看来,各自的国家利益以及国际共运的整体利益仍是双方保持同盟关系的强有力的纽带。

正基于此,1959 年夏,就在中苏友好关系已明显趋冷的情形之下,本编 10－7 文件对未来五至六年国际共运的前景做出了非常乐观的估计,声称:"如果世界在 1965 年之前逃过一场大战,苏联、共产党中国及其卫星国家的经济绝对会有巨大的发展……社会主义阵营国家力量的强大将必然增强苏联和中国这两个主要的共产党国家在世界事务中的地位;也将可能扩大他们在亚洲、非洲和拉丁美洲的影响……自由世界中许多民族国家的共产党无论在人数还是影响方面都会更为强大,并在某些国家中成为执政党或执政联盟的主要反对力量。"文件还指出,届时共产主义可能在世界上所有不发达地区特别是南亚、中东和拉美成为一股强大的力量。同样,对于国际共运的领导权问题,主笔人写道:"我们可以相当有把握地说,国际共产主义仍将控制在苏联共产党的手中。对于社会主义运动而言,不大可能有其他的可能性","任何削弱苏联共产党对国际共产主义运动的控制的企图都是不可能成功的,苏联共产党的'领导角色'是国际共产主义的一个重要特征,这使得任何运动的'民主化'都会是革命性的。任何一个党或党的领导人对此若有质疑,几乎必将招致被指控为修正主义,而

① 陈兼:《革命与危机的年代(1958～1960)》,载杨奎松主编:《冷战时期的中国对外关系》,北京:北京大学出版社 2006 年版,第 93 页。

② 不过至于中苏分歧始自何时,美国政界有许多不同看法。就中情局而言,统一的看法是将 1956 年苏共二十大视为双方分歧的起点,参见中情局当前情报处 1966 年 4 月 22 日发表的研究报告《1956～1966 年中苏关系的恶化》(CIA Research Report, "The Deterioration of Sino-Soviet Relations: 1956 - 1966," p. 12, Paul Kesaris, ed, *CIA Research Reports; China, 1946 - 1976*, Frederick, Md. 1982, Reel 2);中情局局长艾伦·杜勒斯本人亦持此立场,参见 Memorandu, Allen Dulles, "Development of Sino-Soviet Dispute," p. 1, *Allen Dulles Papers*, Box 106, Princeton University Library,转引自戴万钦:《甘尼迪政府对中苏共分裂之认知与反应》,台北:正中书局版,第 77 页。

在遵从正统的共产党人的眼中,修正主义是对国际共产主义运动最大的威胁"。虽然,该文件也曾考虑到国际共运处于苏中两党双重控制之下这一可能性,但随后举出大量论据,用以说明此种情形出现的可能性微乎其微。撰写人认为,作为"唯一可以挑战苏联权威的政党",中共虽然对于培养和指导世界共产主义运动"怀有浓厚兴趣",但就其对阵营团结的强调和对"以苏为首"原则所做出的表态来看,中共不至于对莫斯科的领袖地位发起挑战,原因在于:首先,维护阵营的团结对于中共具有至关重要的意义;其次,中国不会让自己因此背负违逆正统、搞修正主义的骂名;再次,无论在内政还是外交领域,中国都迫切需要苏联给予支持与援助,这会使其继续支持苏联在阵营中的领导作用;最后,中国的任何挑战之举都很难赢得阵营外国家共产党的支持,因为后者不会"背着莫斯科,在中苏关系上捣鬼"。

　　除此之外,该文件以下观点也特别值得关注:第一,预测在未来五至六年间,南斯拉夫还会被各国党视作"修正主义的中心"并受到攻击;第二,强调尽管在社会主义阵营特别是东欧各国中,存在着偏离正统路线、尝试搞"民族共产主义"的迹象,但其严重程度不足以对中、苏两国的社会主义构成根本威胁;第三,认为凭借苏联的综合实力、中国国际地位的提升,各社会主义国家和政党会"由先前的崇尚暴力转向力主温和"。从理论角度来看,中情局的上述分析符合逻辑,但实际情况却发生了重大逆转:自从20世纪50年代末期以后,在国际共运中,何为正统、何为修正渐渐失去了明确和统一的标准。令中情局始料不及进而颇感费解的是,正统和修正之争并未像其预测的那样,发生在"所有国家共产党"与南斯拉夫共产党之间,却出现在就其看来意识形态最贴近"正宗"的中、苏两党之间。相应地,共产主义世界也并没有步调一致地实现从倡导暴力革命向苏共所主张的和平路线的转变,而是在意识形态分歧难以调和的基础上,催生出了两条彼此尖锐对立的总路线。

　　1960年,中苏关系的恶化日益走向公开。1960年6月5～9日,世界工会联合会理事会第11次会议在北京举行,作为东道主的中国放弃了此前的克制立场,向前来参会的各个代表团正式公开了与苏共在重大理论和方针问题上存在的分歧。针对中国的这一做法,莫斯科立即在随后召开的布加勒斯特会议上进行了反击。6月21日,就在罗马尼亚工人党第三次代表大会开幕后第二天、社会主义国家共产党和工人党代表会议召开前三天,苏共中央向出席大会的各代表团散发了长达50多页的情况简报,其中对中共在诸如时代特征、和平与战争等一系列重大国际问题上的主要观点进行了尖锐的批评,赫鲁晓夫甚至出言,"只有疯子和狂人才谈论新的世界战争"。[①] 简报还指责中共利用世界工联等国际社会组织宣传自己的观点。[②] 此举一出,结果便如本编10-15文件所说,"掀起了双方相互攻击、谩骂的高潮"。会上,各代表团中除了越南、朝鲜和阿尔巴尼亚以外,均站在了苏联一边谴责中国的立场和观点。用本编10-9文件的话来说,中国代表团被置于"一种受审的境地"。最后,根据

---

① 赫鲁晓夫在罗马尼亚党代表大会上讲话,1960年6月21日,转引自 Peter Jones and Sian Kevill, eds. , *China and the Soviet Union*, *1949 -1984*, Harlow: Longman Group Limited, 1985, pp. 19 - 20.

② 奥・鲍里索夫、鲍・科洛斯科夫:《苏中关系(1945～1980)》,肖东川、谭实译,北京:三联书店1982年版,第521～522页。

各兄弟党的委托,苏共提议于 11 月各党代表团赴莫斯科参加十月革命庆典之际,召开世界共产党和工人党代表会议,继续就相关问题进行辩论。此后直至莫斯科会议召开之前,中苏各方均表现得咄咄逼人、互不退让,致使双边关系严重趋紧,甚至表现出分裂之势。从某种意义上,布加勒斯特会议可以算是中苏关系和国际共运发展史上的一个重要转折点,它使中苏分歧从两党之间延伸到了整个国际共运,并使表面看来铁板一块的社会主义世界出现了一种信仰、两种声音的局面。

对于中苏分歧给国际共运未来发展带来的隐患,阵营内各国党均深感忧虑,他们希望即将召开的莫斯科会议能够推动中苏双方通过协调停止论战,使国际共运的团结得以恢复。中共亦怀有同样的期待,并预先通过各种方式作出了明确表示。然而,11 月初当各国代表团抵达莫斯科之后,苏联却出人意料地向参会各国共产党散发了一份多达 6 万余字的信件,信中对中共展开了激烈的批评。如此,旧伤疤尚未愈合,复又被揭开。会议期间,中苏双方就时代特征、战争与和平、向社会主义过渡的道路、国际共运的团结以及调整各兄弟党之间相互关系等议题展开了激烈争执。苏联力图使中共承认自己的领导权威和路线主张,而后者却坚持己见,只愿在战略层面作出让步,双方僵持不下。为使会议不至无果而终,经多方共同努力,中苏两党终于在反复磋商后达成妥协。12 月 1 日,大会最后通过了各国共产党和工人党代表会议声明,即《莫斯科声明》。声明将中苏各方的观点加以糅合,通过一种妥协性安排,将分歧与争执暂且搁置或予以回避,并在此基础之上,使国际共运在某种程度上实现了“新的团结”。只是,由于矛盾的症结并未化解,分裂的阴影也依然存在,此种团结显得异常的脆弱并令人堪忧。

对于这次莫斯科会议,中情局在其后不久出台的本编 10-8 文件作了专门的探讨。研究人员依据当时非常有限的信息来源(很大程度上主要参考的是像《莫斯科声明》①这样一些公开发表的材料),就莫斯科会议的意义、《莫斯科声明》对于国际共运的影响等进行了评估。

从总体上看,10-8 文件对于许多问题的看法同当时西方世界的普遍认识不相一致。该文件的基本观点是:无论从规模(共有 81 个共产党和工人党派代表团参会)、持续时间(长达四周)还是议题的重要性来看,1960 年的莫斯科会议远非 1957 年的莫斯科所能比拟。此次会议恢复并且增强了各国党之间的团结,在一定程度上也显示了国际共运内部权力分散化和组织关系平等化的总趋势。在报告撰写人看来,为莫斯科会议画上了“圆满”句号的共同声明,可以称得上是“国际共产主义的一个新的纲领性文件”,是世界社会主义史上“一个真正的转折点”,它不仅“挽救了运动的团结”,并且推动其进入到一个“更有自信心、灵活性和力量的时期”。同时认为,由于声明“将对资本主义-帝国主义体系的进攻提升到一个新阶段”,大大增强了共产主义运动对自由世界的“威胁”,而伴随着世界社会主义体系的扩展,将催生出某种较之社会主义“集团”更为高级的类似于“联邦”或“共同体”的组织形式和决策机

---

① 声明首见于 1960 年 12 月 6 日《真理报》。

制,据其预测,"一种与联合国相抗衡的组织"随之将应运而生。不过,同期西方多数分析人士更倾向于将此次莫斯科会议看作是中苏"在彼此激烈对抗下发生的一场危机",是"在中国人毫不妥协情势下俄国人的被迫摊牌"。即便如此,他们也承认,会议结果并没有改变一个基本事实,即莫斯科仍在国际共运中享有至高无上的地位,除了中共这个"正在冉冉升起"的"新生力量"外,"其他小党仍将像过去一样继续听命于苏联共产党",从而,运动中个别党比其他多数党"更平等"的局面并未改变。对于声明,他们的评价更为消极。在其笔下,声明被描绘为"矛盾大杂烩"、"胡拼乱凑的东西"、"掩饰巨石裂痕的一张薄纸"、"交织着共产党中国与苏联之间妥协和反妥协的杂什"、"徒有其表而无实质内容的一份和解书"、"一个各个不同的党派均可取其所需加以引述的文件",等等;在其眼中,声明所呈现出的不过是"表面的团结",它将使社会主义阵营内的分裂因素进一步强化而非减弱。① 事实上,以上两方的观点均有失公允,前者高估了运动中促进团结的力量,低估了中苏论战各议题对于国际共运意识形态所具有的战略意义,而后者则恰巧相反。

不过,值得一提的是,在该文件中有某些观点则颇显见地,甚至不乏真知灼见,很有启发性。比如,报告强调,对于彼此间日益加深的分歧和冲突,中苏各方均感烦忧,其实就其内心而言,无论中国还是苏联,谁都希望继续保持团结与协作,害怕两党、两国关系发生彻底分裂,如此便决定了中苏关系的未来发展将更多地表现出"沿线摇摆"的趋势。再如,文件对于导致中苏分歧的社会历史根源的分析很有新意,"如果我们假设一个巴掌拍不响,那么,中国人和俄国人,各自内心长久以来对彼此行为所普遍怀有的猜疑一定已是非常之深。这些情绪的真实根源很有可能在公开论战中根本未有触及……社会条件方面存在的差异,可能是造成中国共产党和苏联共产党之间所有现实分歧和潜在矛盾的最深刻根源。中国传承了四千年的古老传统,为了建设社会主义的需要,正在被连根拔除。在这些传统中,本有其自身对个人主义和集体主义理论和原则的衡量标准。相比较之下,苏联——特别是其欧洲斯拉夫部分——的文化传统要浅薄得多,与西欧有很深的渊源。所以,要是中国共产党的领导人将其苏联同志与暴发户等量齐观,认为他们缺乏完成历史使命所必需的'高度坚忍'的毅力和决心,这也不足为奇"。

诚然,由于争论双方达成妥协,1960年的莫斯科会议避免了国际共运过早发生分裂,暂时和缓了中苏意识形态的论争。但就其实质而言,会议并未能达到切实改善中苏关系和恢复国际共运团结的目的和效果。同时,对中苏两党及其支持者来讲,谁都没有真正将这个各方都可以依据对己有益的原则拿来加以援引的《莫斯科声明》视为指导运动的纲领性文件。平静了几个月后,中苏复开论战,口诛笔伐愈演愈烈,双边关系持续恶化。这时,中情局对于此次莫斯科会议开始有了较为清醒的认识,1961年8月8日通过的本编10-9文件承认:会议其实并未化解争论,"重大分歧依旧存在";中苏双方论争的焦点并非仅局限于政策或战术领域,而是直接涉及到国际共运领导权这样一个"更具有根本性的问题";苏联虽仍控制着

---

① CIA/SRS-15,1961年2月17日。

大多数党并在至关重要的问题上继续享有最大发言权,但不得不放弃过去那种发号施令的方式,更多地通过谈判或协商等政治手段来维系自己的领导地位,与此同时赋予各国党对国际共运内部事务以一定的决策参与权。

以莫斯科会议为标志,各国党对中苏各方所持观点的态度开始走向明朗化。根据会议期间各国党的表现,绝大多数党继续站在苏联一边,支持中国的只有为数不多的一些党,如欧洲的阿尔巴尼亚劳动党,亚洲执政的朝鲜、越南劳动党和非执政的日本、印度、印尼、马来亚、缅甸、澳大利亚共产党。不过,这只是一种看得到的"列队"情况,并不能完全代表各国党的真实立场。其实,仅从意识形态的角度来看,欧洲国家中还有一些党(比如东德、捷克斯洛伐克、法国共产党),对中国较莫斯科"偏左"的观点持同情立场。在拉美,洪都拉斯、尼加拉瓜、巴拿马、秘鲁等国共产党,在莫斯科会议开幕之时曾表露过支持中共的意思。以上各党后来所以选择倒向苏联,很大程度上受了非意识形态因素的驱动,比如对组织的忠诚感、慑于苏联压力、对国家利益的考虑等。① 不过,同时亦存在着另一种情况,即在支持苏联的党中间,有些虽然并不赞同中共的主张,但也不希望对中共展开意识形态的攻击,其中某些党(比如波兰、意大利、匈牙利党)甚至努力在中苏之间起某种平衡作用。以波兰为例,党的领导人哥穆尔卡在中苏论战中全力支持赫鲁晓夫的观点,但对后者采取孤立中国的政策却表示明确反对。②

实际上,伴随着中苏论战的持续升级和国际共运内部力量的不断分化,中情局对此前所笃信不疑的"共产主义铁板一块"的观念已越来越产生出动摇和怀疑。比如,本编10-9文件曾坦承,"事实上,共产主义运动表面上的团结并不完全是因为不存在利益冲突,更多是因为慑于莫斯科的绝对权威……许多情况表明,有关共产主义政党之间的关系天然地处于融洽与和谐之中这样一种理论,不仅过分简单,而且充满谬误"。面对自身权威的弱化,苏联人持何种心态? 文件对此作了细致的分析:"他们极不甘心看到自己对共产主义运动的控制权遭到削弱。但同时他们也认识到,中共力量的上升、集团外国家共产党数量的增多,以及斯大林的强制手段内在的种种弊端,都要求他们用一种新的办法来解决共产主义运动的权威和控制问题。"鉴于中苏分歧难以短期内得以化解,双方无法"就领导共产主义运动达成某种稳定的安排",文件认为,此种情况将对国际共运各行为体构成不同影响,同时预测,阵营内国家将会"受到骑墙路线的吸引",通过在中苏之间进行讨价还价,或争得更多的自主权和独立的行动空间,或争取到更多的经济和政治支持,阵营外国家各党则将根据自己的现实需要,从中苏双方各自所代表的"时常尖锐对立的"战略主张中做出艰难抉择。对于各国党在中苏争论中的立场、态度及其动因,文件亦做了较为客观的分析和描述。

1961年10月17日,苏共召开了第二十二次代表大会。这次大会继承并发展了苏共二

① William E. Griffith, "The November 1960 Moscow Meeting: A Preliminary Reconstruction," *The China Quarterly*, No. 11, July 1962, pp. 56 - 57.

② J. F. Brown, *The New Eastern Europe*, *The Khrushchev Era and After*, New York: Frederick A. Praeger, 1966, p. 166.

十大的纲领路线，在和平共处、和平过渡、和平竞赛等一系列理论观点的基础之上，进一步确立了两个核心原则：首先，共产主义只能建立在生产力实际发展的基础之上，苏联必须成为一个科学导向的社会。提出"不是为了生产而生产，而是为了人而生产"，并将其称为"党和苏维埃国家的一切行动所遵循的神圣准则"。其次，无产阶级专政已经结束，必须重新界定苏联的阶级性。提出现在的国家是一个"全民的国家"，"无产阶级民主正在变为全民的社会主义民主"。① 在中国领导人看来，苏共的新纲领标志着苏联领导人从二十大以来逐步发展起来的修正主义最终形成了一个完整的体系。② 会议还重提了反斯大林的话题，并对马林科夫、卡冈诺维奇、莫洛托夫为代表的"反党集团"展开了新一轮的攻击，其中明显蕴藏着影射中国的成分。特别是苏联领导人采取"打阿射华"的策略，携同与会多数党对曾在 1960 年布加勒斯特会议和莫斯科会议上支持中共的阿尔巴尼亚劳动党展开抨击，谴责其"正在背弃国际主义立场，滚上民族主义的道路"，矛头直指中国。③ 就在赫鲁晓夫攻击阿尔巴尼亚不到 24 小时，中共通过当时一位正在地拉那出席阿尔巴尼亚妇联第五次代表大会的中国代表发表讲话，公开声称："建立在马列主义和无产阶级国际主义基础之上的中阿友谊牢不可破，任何力量都无法将其摧毁。"④同时在莫斯科，为示愤怒和不满，中国代表团团长周恩来提前离会回国。

10 月 31 日，会议如期闭幕。一周之后即 11 月 7 日，阿劳动党领导人霍查在其公开演讲中对苏联领导人进行了严厉斥责，指称莫斯科的非斯大林化政策及其同铁托的交好，是对社会主义阵营团结的巨大威胁。⑤ 次日，中共发表声明，对霍查表示支持。与此同时，一场集中批判苏共二十二大和苏共纲领的活动在中国迅速展开。是年底，苏联宣布同阿尔巴尼亚断交，随后，中国一步步更深地卷入到苏阿冲突中，中苏关系的恶化由此愈演愈烈。⑥

苏共二十二大以及其后中苏关系的日趋紧张，推动了国际共运内部的进一步分化。从总体上看，1962 年前后，苏联虽然仍拥有多数党的支持，但较之 1960 年莫斯科会议时已有所

---

① 《赫鲁晓夫在苏联共产党第二十二次代表大会上作关于中央委员会的总结报告》，《人民日报》1961 年 10 月 20 日，第 5 版；Carl A. Linden, *Khrushchev and the Soviet Leadership*, *1957 - 1964*, Baltimore MD: John Hopkins Press, pp. 109 - 111.

② 人民出版社编：《关于国际共产主义运动总路线的论战》，北京：人民出版社 1965 年版，第 83～84 页。

③ 详见：《在苏共二十二大的发言和致词中有关阿尔巴尼亚部分的全文》，《人民日报》1961 年 10 月 26 日第 5 版；Donald S. Zagoria, "Khrushchev's Attack on Albania and Sino-Soviet Relations," *The China Quarterly*, No. 8, Oct. - Dec. , 1961, pp. 1 - 19. 需要说明的是，在布加勒斯特会议和第二次莫斯科会议上，阿尔巴尼亚公然选择站在中国一边，很大程度上是由苏联对南斯拉夫的政策所致，他们对赫鲁晓夫与铁托修好非常不满。阿尔巴尼亚和南斯拉夫同是巴尔干国家，原本有着深厚的历史渊源。阿劳动党在建立之初曾得到南共的大力扶助，1948 年苏南关系破裂后，转而同南共划清界限，紧跟苏联对南共及其领导人铁托展开猛烈攻击。斯大林逝世后，苏南关系渐趋缓和，阿党被置于被动境地。20 世纪 50 年代末至 60 年代初，苏联进一步调整对南政策，致使阿领导人严重不满，他们担心阿尔巴尼亚会由此失去苏联的庇护，重陷南斯拉夫的控制之下。1961 年 2 月起，阿领导人开始对苏联展开公开指责，随后双方关系急转直下。苏阿关系的恶化直接促使后者转而决定在中苏意识形态论争中站到对南斯拉夫同样持批判态度的中国一边，并在布加勒斯特会议首次公开表明了立场，此后阿劳动党成为中共最坚定的支持者，对苏共进行了激烈的指责。有关五六十年代中国、苏联、阿尔巴尼亚三角关系的详细论述，可看 William E. Griffith, *Albania and the Sino-Soviet rift*, Cambridge: M. I. T. Press, 1963；关于苏共二十二大苏联对阿尔巴尼亚展开攻击的动机及其结果，请参阅 Zagoria, "Khrushchev's Attack on Albania and Sino-Soviet Relations," pp. 1 - 19.

④ *New York Times*, October 19, 1961.

⑤ Gregory C. Ference, ed. , *Chronology of 20th-Century Eastern European History*, Detroit, MI: Gale Research, Inc. , 1994, pp. 34.

⑥ 沈志华主编：《中苏关系史纲（1917～1991）》，北京：新华出版社，2007 年，第 303～307 页。

减少,中国的支持者却相应有了增加。东欧各党仍然继续坚定地站在苏联一边,不过对于二十二大,它们看法并不一致,作出的反应和所受的影响亦各不相同。在波兰和匈牙利,党的领导人欲借苏联对斯大林的批判,继续巩固其寻求独立自主的社会主义发展道路。卡达尔甚至明确表示,二十二大的决议对所有党并不具有普遍约束力。在东德和捷克斯洛伐克,二十二大再度掀起的非斯大林之风,令党内出现了混乱与不安。在保加利亚,党的领导人日夫科夫则借机巩固了自己的地位,清除了政治对手契尔文科夫。阵营外的欧洲各党以及中东、拉美等国的共产党,虽然在会议期间及其后仍表示支持苏联,但普遍对于后者攻击阿尔巴尼亚、将斯大林遗体迁出列宁墓等做法感到不满,会议最后通过的决议在这些党内也引发了思想混乱和广泛争议,甚至导致意共等个别党发生了分裂。在亚洲,外蒙古依然奉行追随苏联的政策,朝鲜则做出一些举动更加明确了支持中国的立场,越南党继续保持谨慎,努力避免开罪任何一方。苏共二十二大后,亚洲许多阵营外小党,比如缅甸、马来亚、泰国共产党,公开表明对阿尔巴尼亚和中国的支持,印度、印尼、日本这三个力量最大的阵营外亚洲共产党,则同西欧各党情况类似,在苏共二十二大和中苏论战的双重压力下,派别林立的情况更趋严重。中东、拉美、非洲各国共产党,立场较之此前一年无甚改变,苏联的影响力在此仍占主导地位,但在某些党(如巴西党)中间,较为激进的派别表现出支持中国的趋向。

　　对于苏共二十二大后中苏关系走势及其对国际共运的影响,美国国务院政策研究室曾于 1961 年 12 月完成了一份长达 77 页的报告,报告的核心观点是:社会主义阵营坚如磐石的团结与控制已不复存在,受中苏分歧尖锐化的影响,国际共运丧失了统一的指挥、至高无上的权威、一致的行动纲领和共同的思想理论基础。[①] 其后不久,中情局亦根据苏共二十二大后国际共运出现的新情况,对本编 10-9 文件做了重新修订。在这份 1962 年 2 月通过的本编 10-10 新文件中,相关研究人员对中苏分裂以来国际共运的总体形势和未来发展做了当时最为翔实的评估。该文件开篇即指出,苏联党的代表大会上各国党围绕苏共新纲领和国际共运内部党际关系这两大问题产生的政策分歧,"凸显了伴随着苏联国内局势日趋复杂以及世界共产主义运动愈益壮大和多样化而出现的矛盾"。文件强调,"苏联权威的传统资源一旦消损,国际共产主义的意识形态并非像其宣称的那样,能够在将各个强大的民族力量聚合起来的同时,确保其内部的统一与团结",但是,中国的挑战并非是导致苏联权威消损的唯一原因,随着国际共运的不断发展和日趋多样,加之单个共产党参与或以不同于苏联道路的方式夺取国家政权越来越具有现实可能性,"听从苏联指挥的意义和必要性势必受到质疑",如此就不可避免地对苏共在国际共运中的权威构成了挑战,使其传统领导地位"变得岌岌可危"。在此情形之下,苏联要想继续得到别国党的支持,就必须进一步放松共产主义运动的纪律,"向民族自治做出让步",同时,在制定国际共运总的路线方针时更多地照顾到各成员党的利益和观点。但是撰写人亦特别指出,虽说苏联权威的下滑不应完全归咎于中国与

---

① "The Sino-American Conflict and U. S. Policy, and Summary," December 19, 1961, in Box 14, Thomson Papers, Kennedy Library,转引自苏格:《美国对华政策与台湾问题》,北京:世界知识出版社 1998 年版,第 329～330 页。

其竞夺国际共运的领导权,但显然,由于各国党在需要和寻求外部支持时"有两个对象可供选择",便使得许多党可能对此加以利用,"采取更加自主的行动,制定出更具有民族主义色彩的路线和政策",从而增大了运动失控的危险系数。除此之外,该文件对中苏关系的前景做了较之10-9文件更为冷静的预测。文件认为,要想从根本上化解中苏两党间的分歧已不太可能,双方破而不裂的这种状态最多再维持一年左右,就可能发生"公开而彻底的分裂"。

事实上,苏共二十二大过后的两三年间,中苏关系未公然发生破裂,但此间所发生的一系列冲突或争执事件,比如新疆中国边民外逃苏联的伊塔事件、苏联对中国发展核武器的消极反应、中苏在古巴导弹危机上的龃龉和中印边界冲突问题上的斗争、中苏在非洲展开的激烈竞逐、中国最高领导人第一次对外提出苏联侵占中国领土和主权的问题、苏联在相继召开的五个欧洲国家共产党会议①上继"打阿射华"后发展到指名道姓地攻击中共、中国率先挑起的空前高亢激烈的国际共运大论战②、中国对苏联与美英两国签署部分核禁试条约的指责与不满等,却使得双方间关系在一种时松时紧的震荡变化中愈加滑向了决裂的边缘。伴随着中苏矛盾益形恶化,国际共运内部各种力量分化重组并分别向苏联和中国这两大中心汇聚的速度亦大大加快了。截至1964年,中苏在国际共运中的力量对比较之苏共二十二大时发生了重大变化。总体上苏联仍享有国际共运中多数党的支持,但中国的影响明显获得了增长。1963年5月中情局出台的本编10-11文件,对于1963年前后中国在国际共运中影响力增长的原因做了如下分析:文件认为,如果说中国人所以能够在亚洲打入楔子并占有一席之地得益于"人种"和"地缘"优势,那么它在亚洲之外的势力扩展则需归因于"对基本教条的解释"。这一分析在很大程度上是正确的。随着中苏两党意识形态论战的展开,国际共运中几乎所有党的内部都有毛泽东的追随者,同时,由于世界范围内左派力量的不断壮大,中国路线的支持者队伍呈现出同步增长的发展态势。

尽管此间国际共运作为一个整体的力量依然存在,但其内部已分别以苏联和中国为核心分裂为"两大阵营":支持苏联的多数派阵营和站在中国一边的少数派阵营。在社会主义

---

① 即指1962年11月5～14日召开的保加利亚共产党八大、11月20～24日匈牙利社会主义工人党八大、12月2～8日意大利共产党十大、12月4～13日捷克斯洛伐克共产党十二大和1963年1月15～21日德国统一社会党六大。

② 从1962年12月15日,《人民日报》先后发表了《全世界无产者联合起来,反对我们的共同敌人》《论陶里亚蒂同志同我们的分歧》《列宁主义和现代修正主义》《在莫斯科宣言和莫斯科声明的基础上团结起来》《分歧从何而来?——答多列士同志》《再论陶里亚蒂同志同我们的分歧——关于列宁主义在当代的若干重大问题》《评美国共产党声明》等七篇评论文章。这些文章的发表,标志着中共开始向苏联自苏共二十二大开始针对阿劳动党和中共的攻击发起反击,从而拉开了1960年代国际共运的公开论战。应苏共呼吁,1963年3月起论战曾一度暂时平息。6月17日,《人民日报》刊出的《关于国际共产主义运动总路线的建议》,在全面阐述中共对一些重大问题的观点时,针锋相对地批判了赫鲁晓夫从1956～1963在政策和理论方面的观点。文章发表后,在世界上引起很大震动。苏联的反应更是强烈。7月中旬,中苏两党在莫斯科会谈期间,苏共中央发表了《给苏联各级党组织和全体共产党员的公开信》,公开信对中共《关于国际共产主义运动总路线的建议》逐条予以批驳,《公开信》的发表再次挑起了争论,两党会谈无果而终。一个月后,"中央反修文件起草小组"根据中共政治局常委的指示先后写了九篇评论苏共中央《公开信》的文章,即《苏共领导同我们分歧的由来和发展》《关于斯大林问题》《南斯拉夫是社会主义国家吗?》《新殖民主义的辩护士》《在战争与和平问题上的两条路线》《两种根本对立的和平共处政策》《苏共领导是当代最大的分裂主义者》《无产阶级革命和赫鲁晓夫修正主义》《关于赫鲁晓夫的假共产主义及其在世界历史上的教训》。并以《人民日报》和《红旗》杂志编辑部的名义于1963年9月6日至1964年7月14日间相继发表。"九评"的公开发表,进一步恶化了中苏两党和两国间关系。

国家中,波兰、匈牙利、南斯拉夫、捷克斯洛伐克、东德、保加利亚中东欧六国和亚洲的蒙古属苏联阵营的成员;亚洲的朝鲜、越南以及巴尔干小国阿尔巴尼亚支持中国反对苏联,另外两个国家——东欧的罗马尼亚和加勒比海沿岸的古巴,在中苏论战中持中立立场。在阵营外各党中,欧洲各主要政党(如法国、意大利、比利时、挪威共产党)基于国内政治现实,普遍赞同苏联所倡导的和平路线;远东共产党(如印尼、马来亚、泰国、缅甸共产党)多数身处落后国家,中国革命的道路往往对其更有吸引力,而个别相对发达国家(如日本、新西兰)的共产党,由于力量弱小,也往往倾向于通过暴力手段夺取政权;在近东、非洲、拉美等地,绝大多数党仍坚定地支持苏联,但其内部的左派激进力量通常赞同中国的路线和观点;另外,在共产主义国际阵线组织中,像世界和平理事会、世界工会联合会、世界民主青年联盟等主要组织,多数仍处于苏联控制之下,但由于中苏间的争论与竞夺,其有效性受到极大破坏。

当然,上述国际共运两大阵营的划分是非常粗略和概念化的。事实上,在此阶段,国际共运的分散化不仅表现在"铁板一块"向"两大阵营"的转换,还表现在其内部单个行为体的平等自主意识的增强和离心倾向的加剧,以及党内意见分歧和派系斗争的日趋激烈。本编10-12文件清晰地看到了这一点并且预测,如果此种权力扩散在国际共运内部继续扩大,而各国党"自主的和民族主义的行动"变得更加频繁,则国际共运的公开分裂将指日可待。

三、对中苏破裂与对抗时期国际共运的预测与评估(1965～1966)

现在我们知道,20世纪60年代,正是中苏关系一步步地恶化最终致使国际共运发生了有史以来最为严重的分裂。回顾这段历史,不免令人产生疑问:如果在中苏关系破裂前夕双方共同停下脚步,不再向分裂迈进,是否这一结局能够得以避免?从而国际共运可重新获得团结与统一?诚然,历史是不可以逆推或假设的,不过,理性的分析或许有助于我们对问题有更深的认识。事实上,在1965年前后亦即中苏两党关系公开破裂之前,双方弥合矛盾、停止冲突的可能性基本上是微乎其微的。如果说中苏关系发生龃龉之始,双方矛盾主要起源于意识形态方面的分歧,而其后随着矛盾年复一年地加深,彼此间在党际和国家间关系层面的对立和冲突,已逐渐演变为意识形态主导下多种不同因素共同作用的结果,在此其中,两国间国家利益的冲突、最高领导人之间的分歧以及历史遗留问题等均扮演了非常重要的角色。到此时,即使双方有改善关系的心意,已没有什么可以妥协的余地了。

1964年夏,正当中苏论战不可开交之时,苏共提议在1965年某个时候召开一次世界共产党大会,并建议先于是年10月15日召开筹备会议。苏联领导人此举意在加强国际共运内部的统一认识,进一步孤立和排挤中国。毫无疑问,中国领导人坚决反对召开这样的会议并对此提议给予了谴责。接下来的几个月,双方围绕着召开会议的必要性和具体时间等问题展开激烈争论。① 然而,就在苏联原定举行筹备会议的前一天,克里姆林宫发生政变,赫

① Sorgey S. Radchenko, "The Soviets' Best Friend in Asia: The Mongolian Dimension of the Sino-Soviet Split," Woodrow Wilson International Center for Scholars, *Cold War International History Project Working Paper*, No. 42, 2003, p. 11.

鲁晓夫被迫离职,勃列日涅夫接任苏共中央第一书记。中国抱着改善关系的愿望,派周恩来率团赴莫斯科参加十月革命庆祝活动。但是,新领导人的公开讲话明确地宣布了苏联党和政府的态度和立场,即仍将坚定不移地用苏共二十、二十一、二十二次代表大会所确定的路线作为指导未来内政外交的基本方针和原则。① 中情局报告对此曾有准确的预测。1964 年 6 月 10 日通过的本编 10 - 12 文件这样写道:"赫鲁晓夫的继承者可能也会希望同中国达成暂时妥协,以便集中精力处理其他事务。不过我们认为,任何一个未来的继任者对于基本问题的看法,较之现任政权,不会有显著的差异……双方间的根本分歧,毫无疑问,会继续存在下去。"

　　1965 年 3 月 1～5 日,苏共领导人不顾中共中央的一再反对,在莫斯科召开了各国共产党和工人党会议,共有 19 个党派代表团参加,获邀与会的另外 7 个党即中国、阿尔巴尼亚、越南、朝鲜、罗马尼亚、印尼、日本共产党,则拒绝参会。会议最后发表了《关于在莫斯科举行的共产党和工人党代表协商会晤的公报》,公报呼吁消除分歧、加强团结,停止公开论战,并建议召开一个由参加第二次莫斯科会议的 81 个党组成的预备协商会议共同讨论召开新的兄弟党国际会议的问题。② 对于莫斯科三月会议,中共做出了强烈反应。3 月 23 日,《人民日报》和《红旗》杂志编辑部联合发表题为《评莫斯科三月会议》的社论,文章称三月会议是一个"苏共新领导继承赫鲁晓夫衣钵制造的分裂会议","充满着凄凉和零落的景象",表明"国际共产主义运动的两条路线的斗争,已经进入了一个新的阶段"。③ 可以说,莫斯科三月会晤是国际共运和社会主义阵营正式分裂的标志。自此之后,中共再也没有参加过由苏共召集的兄弟党国际会议。此后一年,苏联向中苏边境不断增兵,并且向蒙古派驻苏军,双方之间的裂缝不断加宽加深,直到 1966 年 3 月 22 日,苏共召开第二十三次代表大会,中共决定不派代表出席,从此两党关系彻底中断。这样,至同年"文化大革命"爆发之时,中苏两国关系逐渐走向敌对,同盟关系名存实亡。

　　中苏关系在发生着上述演变的同时,国际共运格局亦相应地有了新的转变与调整。总体特征表现为:在整体实力进一步衰退、内部力量进一步分化的基础上,苏联影响力的一定恢复和中国支持者的急剧减少。这一局势的发展多少应验了中情局 1963 年本编 10 - 11 文件所做的评估,当时相关分析人员即已指出,中国在国际共运中影响力的上升很可能只是暂时性的,"将来某个时候,也许目前那些认同此种解释的共产党会转而采取一种更加独立于这两大中心的姿态,甚至也许会重新回到苏联的怀抱"。三月莫斯科会议后,情势发展确系如此。1965 年春至 1966 年夏仅一年半左右的时间,原先所谓中国阵营的多数党已悄然离去,支持中国的只剩下阿尔巴尼亚、新西兰共产党和个别党内分裂出的小团体。中国影响力的急速回缩和下跌,使得此前关于国际共运"两大阵营"的划分已不再适用。1966 年,中情

---

① 《人民日报》1964 年 10 月 30 日。
② 周文琪、褚良如编:《特殊而复杂的课题——共产国际、苏联和中国共产党关系编年史》,武汉:湖北人民出版社 1993 年版,第 544 页。
③ 《评莫斯科三月会议》,《人民日报》1965 年 3 月 23 日,第 1 版。

局在本编 10 - 13 文件中以"中国在共产主义运动中日渐孤立的特别报告"为题对此做了专门的评述,其中有关原因的分析值得关注。报告称,1965 年以来中国在与苏联争夺国际共运领导权上所遭受的重大挫折,很大程度上得从自身寻找原因,其中最根本的问题在于"僵化的理论"和"夜郎自大"的心态。中共始终坚信自己是"马克思-列宁主义的真正旗手"、"一切成功革命经验的源泉",肩负着领导世界革命的伟大使命;毛泽东思想则长期以来被夸大为"马克思-列宁主义最高和最具创造性的代表"、"全世界革命者的行动指南",是"被中国革命实践所证明的、放之四海而皆准的普遍真理"。正是这种意识形态上的片面与生硬加之盲目自信,"把北平在国际共产主义运动中的地位真正推向了孤立境地"。此外,报告还指出,苏联新领导人勃列日涅夫实施的战略调整,比如尽可能避免在公开场合与中国论争、不再鼓动各党孤立和排挤中国等,为苏联赢得了新的支持,同时动摇了中国在国际共运中的影响力。这些看法具有一定合理性的。

其实,大致从 1961 年以后,中情局对中苏关系影响下国际共运相关问题的评估总体上愈发显得客观了,但纵观此前的评估,却经常可以发现与其后实情不符甚至南辕北辙的情况。究其原因,主要在于此间始终有一个误断在主导着中情局分析人员的思考,亦即关于社会主义世界铁板一块的定见。上文曾经提到,自社会主义逐渐从一国向多国扩展,特别中华人民共和国成立之后,在包括中情局在内的美国政、学两界的眼中,社会主义世界就是一个完全按克里姆林宫调子行事的牢不可破的统一体。这里有一个基本的判断,即在他们看来,共同的意识形态(共产主义)、共同的敌人(西方世界),便足以将各种民族力量聚合起来在"社会主义祖国"苏联的旗下,并确保其内部的团结一致。今天看来,这一看法的根本缺陷就在于:以一种单一的冷战视角,把事物看得简单化了。事实上,这里的"社会主义世界"首先是一个充满了差异、色彩斑斓的世界,是一个聚合了各种民族、种族、语言、方言、宗教、文化、传统的万花筒,其中每一个体都有其自身的独特性,彼此间在政治、经济、社会等各个领域的历史前提和现实条件不尽相同甚至迥然相异。在这样一个如此纷繁而多样的世界里,即便有共同的理论基础、共同的信仰和追求,要想达到意识形态的绝对同一,其实是很难甚至可以说是完全不可能的。更何况,共产主义意识形态,正如同吉拉斯所言,事实上同时存在着多个有时甚至是彼此矛盾的层次。从某种程度上说,中情局同一时期对中苏分裂前景所作评估的滞后甚至失误,亦可从中找到解释。

中情局关于远东共产主义运动弱点的情报备忘录

（1949 年 9 月 20 日）

Intelligence Memorandum 209

机　密

共产主义运动在远东的弱点

（1949 年 9 月 20 日）

主题：共产主义运动在远东的弱点

对于军事上、经济上、政治上的打击，整个亚洲的共产主义运动都有不同的弱点。在某种程度上，一些弱点普遍存在于所有亚洲国家，但是其他弱点只存在于一两个国家之内。对亚洲共产主义的有效反对，可能要建立在唯一的战略计划的基础上，但是如果想要成功实施这个计划，它将必须在各种具体情况下得到不同的运用。

为了方便讨论，（我们）认为把远东分成三个地理区域是有益的：

（1）共产主义运动正在或将很快对国家进行有效控制的地区（苏联远东、中国和北朝鲜）；

（2）美国施行有效控制的地区（日本和琉球群岛）；

（3）共产主义运动对当地政府的安全构成威胁的地区（南朝鲜、东南亚国家和印度次大陆）。①

1. 共产主义的控制

在第一类区域里，如果没有主要的西方军事力量的支持，共产主义政权就不会被推翻。当然，苏联的远东是被共产主义控制最牢固的，而且是受到西方影响最少的。但是在中国，共产主义运动表现出一系列内在的弱点，如果它们能被有效地利用，可能最后会导致政权的垮台，或导致（它们）改变对西方的敌对态度。如果中国经济继续恶化，共产党失去普遍支持的话，反共力量就可能发展成足够的力量来有效地利用西方的支持。其他与共产主义军事力量有关的弱点包括：如果军队维持现有力量的话有过于饱和的危险，如果军队被迅速遣散的话有发生叛乱的危险。

---

①　原注：这个备忘录没有与国务院、陆军、海军和空军的情报机构协调。

中国共产党受到种种经济问题的困扰,包括食品的匮乏、工业物资的不足、目前国民党的有效封锁、随后西方强行的贸易控制、船运的缺乏、在反击国民党空军打击中处于劣势、各种通货膨胀的压力,以及技术人员的紧缺。在政治上,共产主义必须克服如下问题:中国传统势力的敌对、普遍支持的丧失、承诺无法兑现、政党纪律的弱化、党派分裂的威胁、苏联领土侵犯和经济侵犯问题。尽管如此,估计中国的共产党政权还没有达到马上会被推翻或被替换的脆弱程度。在未来几年中,在莫斯科将继续对共产党领导权进行控制的同时,中国共产党斯大林主义式的领导会继续对共产党进行控制。

同样的预测从很大程度来说,被认为对北朝鲜也是有效的:对于民族主义力量,群众对高压统治的反对、对它无力兑现承诺的不满,以及对作为民族主义者理想象征的共和国在南朝鲜的存在(这些问题),共产主义政权软弱无力。但是,北方政权被共和国军队所推翻的前景是不存在的,而共和国自身对于北方的敌对行动也是高度脆弱的。

2. 美国的控制

当然,日本和琉球群岛的特殊情况是由于被占领而形成的,这几乎完全是由美国军事当局所造成的。占领当局鼓励和支持在日本出现的比较温和的力量,并已经促成了坚持利用一切可行办法来反对日本共产主义运动的保守的日本政府的建立。另外,在日本存在强烈的反俄传统,这种传统源于外交和军事冲突——当时沙皇俄国把其东部边境推进到太平洋地区。最近,就日本战俘遣返问题,苏联的政策已在日本引起普遍的不满。

3. 共产主义的威胁

作为属于第三类地区的大多数国家——南朝鲜、东南亚国家以及印度次大陆,在某种程度上,从军事角度来说,即面对政府部队所采取的军事行动,共产主义运动是脆弱的。在第三类地区的国家中,只有在印度支那和缅甸,共产主义运动目前正投入部队进行具有决定意义的反抗,而且在军事上是似乎绝对强大的。但是在一些国家中,当地政府或殖民地政府为了成功执行反对共产党部队的军事行动,将会请求美国或英国的援助。无论如何,军事只是问题的一部分。

首先,面对民族主义力量,整个第三类地区的共产主义运动具有脆弱性。认识到民族主义是整个地区内的主要问题和力量,大多数国家的共产主义运动都试图把自己看作是民族运动,摆出"独立"的捍卫者的姿态。但是在一些事例中,共产主义者被民族主义者的领导人看作是另一种外部侵略的工具。这种在整个地区存在的强烈的民族主义情绪由于历史和今天对中国强烈的反感而加强;共产主义运动在这些国家中是脆弱的,在非华裔的族群眼中,共产主义运动与中国不断增强的影响力和控制力的前景是联系在一起的。

在某些地区,共产主义运动的其他政治上的弱点是由于它与普遍流行的宗教(菲律宾和印度尼西亚的天主教;马来亚、印度尼西亚和巴基斯坦的伊斯兰教;印度的印度教)的水火不容,以及当地人民对生活的相对满意(例如在菲律宾、泰国和马来亚)所引起的。从经济上看,整个地区的共产主义运动是极其脆弱的,即对大多数人民来说,共产主义者没有实施或提出比当地政府发起的计划带来更多物质利益的、有任何合理前景的经济计划。这里再一次(强调),由于对中国人的普遍反感,因此共产主义运动软弱无力,因为非华人总是把中国与经济剥削联系在一起。

4. 结论

当殖民地意识到他们对独立的渴望;当独立国家意识到对进一步的稳定和发展的需要;当殖民地和独立国家在西方的劝说和帮助下消除了最容易受到共产党剥削的经济和政治条件,并利用他们强大的力量反对共产主义扩张的时候,远东共产主义运动的脆弱性将会增强。一个认可民族运动的要求并用于援助民主革命的产生和发展的政治和经济计划,能有效挑战致力于最终镇压或颠覆现有民族运动,以及仅仅为了建立独裁而利用革命的共产主义计划。大多数亚洲人普遍缺乏对共产主义内在含义和危险的理解,这对共产主义者来说是一个明显的有利条件,在西方情报信息计划尚不存在的情况下,这种情况将会继续,即可以强调个人利益和国家利益从属于共产主义目标。

当远东人民确信他们能获得和保持民族独立的最终胜利时,共产主义运动的弱点将会进一步增加。同时,在远东非共产主义者中,加强他们有效地联合其他国家人民共同反对共产主义者扩张和巩固其控制的决心和能力,显得很重要。

应该注意到西方利用这些弱点的努力会激起共产主义者的抵制,这会减少共产主义者的弱点。西方的成功有赖于尽早获取对共产主义弱点的初步准确的重新评估,以及对同等、多样化计划的持久运用。

在附加的附录中有对特定的远东国家的共产主义弱点更加详细的讨论。

附录一

中　国

北平将举行政治协商会议,以建立一个共产主义者控制的中国"联合"政府。在 1949 年末该政府可能会宣布成立,并将被承认为中国国家政府。它将宣布其对整个中国的统治权,在其宣布的时候,实际上将包括中国本土超过三分之二的领土和人口。

一、军 事 弱 点

中国共产党目前的军事力量能对广泛分布在南方、西南、西北和东南沿海(包括台湾)的非共产主义军事力量同时采取军事行动,并在 1950 年底之前通过这样的军事力量消灭有效的军事抵抗。美国对任何或所有这些非共产主义力量的政治、经济和后勤支持以及充分派遣顾问，都不能阻止它们最后的灭亡。即使有广泛的美国支持，但缺乏美国军事力量为主的武装介入，大陆中国没有一个非共产主义政权能在1952年以后幸存。台湾是中国唯一的非共产主义地区，那里积极的美国行动能有效地防止共产主义的控制，但是，没有美国的军事占领和控制，台湾也会落入共产主义者手中。

随着中共对中国控制的扩大，他们日益受到有武装反对者和游击队的困扰。共产主义者已经失去了许多民众的支持，如果经济继续恶化，还会遇到不断增强的抵制。有效地利用西方援助有可能使这些抵制力量得到加强。在共产主义者被迫把他们有限的精力和资源转向对非共产主义者"土匪"进行镇压的情况下，中国共产党在各方面面对的政治和经济问题也将增加。

中共计划保持一支至少200万人的军队，而维持这样一支军队会在非生产领域耗尽大部分的国家收入，随之对经济产生通货膨胀压力。无论为支撑军队而选择冒严重通货膨胀的风险，还是通过削减军队而使通货膨胀的风险最小化，中共都会在维持国内秩序中遭遇困难。

随着革命中军事方面重要性的减少，中共的地方领导人倾向于削减军事领导人的声望和力量；无论军事领导人是抵制这种状况的发展，还是选择在新秩序下为其政治利益而进行竞争，中共军事领导人目前的影响都会被削减。

二、经 济 弱 点

（一）食品

中国的食品状况长期不稳定，1949年的产量是多年以来最低的。进口前景黯淡，而外国救济的可能性几乎没有。外汇储备和信用贷款很少，国民党的封锁将会继续。军队和城市的消费很大，这需要大量的国内征用。在饥荒和军队勒索的压力下，盗匪活动和农民不满将会增加。

（二）工业材料

在中国目前的工业和运输系统中，最短缺的两项物资是石油产品和原棉，还有化工产品、染料、机床、维修工具、铜线以及其他材料。中共为巩固其控制和保持政治稳定，需要巨额进口资本，首先在铁路、动力和矿业方面。而这些主要的工业设施，正如已出现的情况一样，也是苏联极度需求的。

（三）对出口的需求

由于苏联对中共广泛的援助是不可能的，中共的进口需求只能在他们可以找到的出口范围内得到满足；与国民党不同，中共统治下的中国不能通过依赖美国信贷和（联合国）经济合作署(ECA)的援助,使进口大大超过其出口从而解决不利的贸易平衡。由于事实上中国主要的出口途径一直是美国或其他非共产主义政权,这个弱点显得更为突出。非共产主义政权通过提高关税反对中国出口的联合行动,会严重削弱中国偿付其重要进口需求的能力。如果不能在一定范围内得到英国和其他政府的合作,美国可能会通过支持国民党封锁而限制中国的外贸。

(四) 运输

中国的外贸产品大部分要通过外国船舶运输。由于大多数的中国国民党海运船只已经躲避了抓捕,这个弱点更为突出。如果没有其他办法阻止较大的船舶公司停靠在中国港口的话,西方对国民党封锁的支持会有助于阻止驶向中共地区的外国船舶。

主要由于中共可能利用的路线很少,因此容易在国内运输上受到打击。国民党能够也正在利用这个弱点对铁路线和海运线进行空中打击。另外,铁路运输系统的物资需求实际上制约了其运输能力。目前,迫切需要铁轨、枕木、修理工具、信号装备以及用于现有设备的润滑油。通过扩大针对中国的出口限制范围,就像现在对待苏联集团一样,共产党的这些需求就会遭到拒绝。

(五) 通货膨胀的压力

如果中共表明自身无力抑制物价飞涨,就会在金融管理领域中显得与国民党一样脆弱。目前,中共控制通货膨胀的困难主要来自其军事开支。意识到货币过度发行的危险,中共已经提高税收——这导致了零星的农民反叛——并已经通过广泛解雇政府雇员来削减费用,同时准备削减工资。但是,不能指望向农民过度征收许多额外税,而解雇和削减工资的收益也不能有效地削减由于军事开支引起的预算膨胀。

(六) 技术人员的短缺

中共要成功地执行扩大农业和工业产量的计划,就必须有熟练的技术人员、管理人员和工程师对中国的非熟练劳动力进行指导。而熟练人员的短缺已经阻碍了中共对最近占领的城市的管理,重要的位置仍然由前国民党官员来充任。中共正在努力训练自己的熟练人员,但是党(和国家)用来进行这种教育的设施极其有限。中国在未来几年中将依赖在外国学校接受培训的中国人的服务,同时依赖外国人的服务。

三、政 治 弱 点

中共试图消灭所有重要的有组织的政治反抗,把国家统一在中共的专制下,赢得中国社会所有积极因素的支持,并(在消灭之前)限制西方在中国的影响。随着其获得对国家的牢固控制,中共将实施渐趋严峻的共产主义计划,目的在于通过在中共领导下实现国家对个体、中国社会的所有组成部分的完全统治。

(一) 共产主义与传统

中共公开宣称其"目标在于摧毁"当前中国社会的政治、经济和文化结构,尽管共产主义与中国官僚社会的权力崇拜传统并没有根本不同。共产主义在试图使普通中国人对家族忠诚转移到对国家忠诚的过程中遇到了巨大困难。中国的制度和行为模式是现代世界中最古老和最持久的。如果中共迅速开始攻击中国文化,必然遇到相当大的行动抵制。但如果中共进度缓慢,它就会遭遇陷入困境的风险。

(二) 民众的支持

中共主席毛宣称"中国革命是整个中国大部分人民的革命","除了帝国主义者、封建主义者、官僚资本主义者、国民党反动派及其仆从,所有人都是我们(中共)的朋友"。第一句话多少是真实的,但第二句话不是。在中国民众中,对中共的支持者少于对前政权的反对者。中共必须谋求农民、城市劳工以及中产阶级的支持,必须提供确保他们合作的社会和经济动力。如果中共采取一种灵活和温和的计划,就能更迅速巩固其政治权力,但代价是无限地推迟其意识形态和经济目标;如果中共迅速贯彻这些目标,就会冒摧毁其政治权力基础的风险。

(三) 不履行承诺

中共即将以社会革命者而不是仅仅以军事胜利者的角色掌权,他们关于更美好生活的承诺通过维持军队风纪、削弱国民党力量的抵制、谋求民众的支持以及减少民众的反对,成为其军事成功的重要因素。但是,不限制或减少某些社会群体的消费,中共就不能期待进行重要的经济重建计划,或进行随后的工业发展计划。乡村更低税收和租金的承诺,城市更高工资的承诺,几乎肯定不能实现。民众的不满将会增加,共产党威望将会减少,这种可能性很大。

(四) 党内团结

在党的斯大林化的过程中——这包括权力的巩固、信仰的形成、领袖的专制、不断的阴谋和周期性的清洗,中共的某些力量将必然遭到孤立或消灭。党内团结或许没有受到任何国内问题的严重影响,因为党的纲领允许在国内政策上极大的灵活性。但是,这种灵活性没有延伸到外交事务,党内团结会由于中共对苏联的从属地位而受到严峻考验。

(五) 中苏关系

关于中共与苏联之间的协调一致的记录引人注目,两党之间的公开声明显示没有观点上的分歧。然而,由于两党所处的环境、他们在世界共产主义运动中的地位、将他们分割开来的边界地带以及他们的经济关系(等因素),分歧是存在的,或者将要出现。

1. 国内问题

中共的策略不断得到苏联发言人的赞同。但是,很可能,苏联将试图在迅速实现对资产阶级镇压、企业国有化、农业集体化以及与西方隔离等方面,迫使中共比其预期更迅速地走向正统。一个如此严格的共产主义计划会使中共巩固统治和发展生产的问题复杂化。

2. 在远东的领导

在其公开声明中,中共强调在亚洲革命中"苏联的领导",而不是强调其自身的领导能力。但是,中共存在这种能力。中共将会在远东地区控制大片具有影响力的华人社会。中共愿意向亚洲共产主义运动提供直接的援助。若中苏关系在其他领域恶化,中国会选择与苏联竞争亚洲的共产主义运动领导权。

3. 领土问题

中国与苏联之间2500英里的边界为冲突提供了潜在的土壤。中共已经宣布其军队将"解放"新疆,但是苏联目前为了在新疆实现妥协,正与国民党进行谈判,可能不愿意在这个时候将国民党排除在外,可能更希望伊犁政府把其控制权扩大到整个新疆。在内蒙古,中共影响下,内蒙古自治政府和倾向于外蒙古的满洲北部组织之间必须形成令人满意的工作关系;而苏联再次试图强加的单边决定即使没有遭到中共的抵制也令中共非常不快。满洲对两党来说是最重要的军事、经济和政治上的边界地区。在旅顺-大连地区之外的地区,由苏联单边进行控制,将意味着中国对满洲统治权的愿望和资助中国经济恢复的中共计划受挫。中共单边控制是最不可能的。最有可能的安排是中苏联合控制,但在权力的行使和满洲产品的分配中会经常出现意见分歧。

4. 经济关系

在苏联对中国外贸方面的直接控制方面会出现严重困境。如果把东欧国家的经历作为有事实根据的先例,那么,中国在与苏联的贸易关系中将被置于特别不利的地位。在一定程度上,苏联不能或不会满足中国对材料和装备的需求,中国会觉得被迫转向非苏联来源;而且,如果中国不能掌握出口支配权,中共就可能会同时从西方寻求信用贷款。然而,中共已经宣称只有依赖"苏联领导的反帝国主义阵线"寻求"真正的友好援助"。而对苏联"合作"和"援助"的期盼很可能完全是一个幻觉。

5. 承认

考虑到声誉,中共希望和需要国际社会承认共产主义者控制的"联合"政权为中国的国家政府,以便获得不能从苏联集团得到的物资,并继承国民党在国际机构和外交领域中的地位。如果西方大国在承认问题上能保持一致的看法,这些大国或许能使中共外交政策对自己有利。

附录二

朝　　鲜

　　苏联控制的共产主义运动在朝鲜最大的弱点是其与朝鲜民族主义强大而根深蒂固的民族感情内在的不一致。撇开对外国干预以及共产主义隐形统治的普遍不满，北朝鲜强制性的共产主义经济和政治政策已经引起民众对共产主义的反感。但是，由于有效的共产主义武装力量的加强，在北朝鲜利用共产主义弱点的可能性很有限。即使出现反对共产主义的反叛或攻击，人民军队将表明是忠于共产主义政权的，来自共产党中国或苏联的有效武装力量也能够恢复或维持共产主义控制。但是，作为最低目标，在北朝鲜对共产主义弱点的利用或许会破坏共产主义经济、政治以及军事发展，从而阻止其对抗南部地区反共的大韩民国的决定性行动。

一、政　治　弱　点

　　独立、统一、土地和食品是朝鲜人民的主要愿望。由于大多数朝鲜人认为目前共产主义者不能满足这些愿望，共产主义运动已经引起民众的反对。尽管朝鲜人把朝鲜分裂的某些责任归咎于美国，但他们把大部分的过失归于苏联持续的分裂政策，并普遍意识到共产主义者鼓动的"统一"会导致朝鲜民族主义雄心壮志的彻底破灭。

　　共产党政府的政策打算发展社会主义，并利用常规的警备手段巩固这些政策，这进一步疏远了北朝鲜的农民、以前的地主、青年人、劳动人民、基督教徒和知识分子。共产主义农业政策与劳工管理政策是不满的主要根源。苏联对朝鲜的原材料剥削、向苏联出口大米、消费品的匮乏、对苏联文化的逢迎、为适合共产主义思想而对学术著作的歪曲，是北朝鲜的其他特征，这为朝鲜的反共产主义宣传提供了特殊的土壤。

　　大韩民国是共产主义的唯一替代物。尽管它还没有在民众中确立特别强大的地位，但它对朝鲜民族主义的呼吁已经足以使其在南朝鲜被普遍接受，而在北朝鲜，或许在很大程度上被视为替代共产主义的更好选择。

　　韩国利用共产主义弱点的能力有赖于其满足人民基本的经济和政治需求明显超越共产主义政权的能力，有赖于其发展有效军事力量阻止共产主义入侵的能力。

二、军　事　弱　点

　　共产党人对北朝鲜的控制完全依赖在苏联顾问指导下的国家安全部队和人民军对民众

实行的控制。尽管人民军的大多数成员在反对韩国武装力量的行动中证明是不忠诚或无能的,但来自共产党中国和苏联的足够忠诚的共产主义军队确保了北朝鲜共产主义者可以继续其统治。只要苏联和共产党中国有支持北朝鲜武装力量的能力和愿望,共产党政权就可以保持不受韩国军事行动的伤害,并能通过警察手段保持其对该地区的控制。

共产党人在南朝鲜的游击行动依赖从北方渗透过来的供给和人员。游击队员不仅没有获得当地民众心甘情愿的支持,而且由于他们恐怖主义的行为方式而招致不满。依靠几乎完全是美国支援的装备,韩国安全部队能够阻止大规模和有效的游击行动。

三、总体弱点

朝鲜所有的政治行动都受到派别活动以及每个成员想成为领袖的愿望的损害。共产主义运动严格的纪律把普通朝鲜人的派别主义倾向减到最小,但是个人竞争和民族主义偏向继续削弱着共产党。在北朝鲜,持续不断的报告暗示在金日成①、朴宪永②、金武亭③之间存在权力争夺。政府部门中苏联顾问的存在和大量的苏联籍朝鲜人在政府中掌权,引起了没有获得平等权利和特权的本土朝鲜共产主义者的怨恨。

由于共产主义在东北亚牢固的地位,北朝鲜党内纪律严明,士气很高。在南朝鲜地下共产党员中,纪律比较差,士气也比较低。地下党员遭到韩国警察行动的严厉压制,其许多成员怨恨北方政权未能兑现大规模援助或入侵并推翻韩国的承诺。

对少数在南北朝鲜积极支持共产主义的朝鲜人来说,他们当中很少有人熟悉马克思主义学说,很少有人可以称作是马克思主义学说的信徒。共产主义得到很多朝鲜青年的支持,因为它对解决封建社会占优势的问题提供了一种革命的方法。通过给予其优惠的待遇,维持着北朝鲜一些农民和劳工的支持。在南方,警察的残忍和政府的无能促进了当地对共产主义者的支持。相当大比例的共产主义的支持者,尤其在知识分子、商人和专业人员中,来自那些机会主义者,他们相信共产主义者对整个朝鲜的统治将必然发生。

四、特殊思考

在最后的分析中,朝鲜共产主义运动的加强依赖苏联和共产党中国的支持。运动中的弱点只有到外部支持消失,并在一定程度上大韩民国能发展成为共产主义替代物时才有可能出现。朝鲜共产主义的基本弱点会持续一段时间,但对弱点的有效利用有赖于韩国作为

---

① 金日成(Kim Ⅱ Sung,1912~1994),朝鲜劳动党、朝鲜民主主义人民共和国、朝鲜人民军的创始人,共和国元帅,朝鲜全国武装力量最高统帅。——译注
② 朴宪永(Pak Hon-yong,1900~1955),朝鲜劳动党主要领导人之一,时任党的中央委员会副委员长、内阁副首相和外务相等职。——编注
③ 金武亭(Kim Mu Jong,1905~1952),朝鲜劳动党主要领导人之一,时任朝鲜人民军炮兵总司令、民族保卫省副相(相当于国防部副部长)等职。——编注

朝鲜民族主义渴望的象征而幸存下来。

利用共产主义弱点的可能办法包括心理斗争、宣传运动、增加大韩民国作为共产主义替代物的号召力以及在北朝鲜的地下活动。所有这些措施都是针对共产党人的反措施的,其中最有影响的是全力以赴推翻大韩民国。

附录三

日　　本

日本共产党的未来面临几个障碍。尽管有充足经济的支撑,但是日本共产党受到占领当局的制约,日益受到保守政府、反苏联传统斗争的阻碍,并受到苏联遣返日本战俘策略的严重妨碍。日本共产党所掌握的日本最大的劳工联盟近来由于反共产主义民主同盟派的退出而受到削弱,这个派别构成了最初联盟力量的四分之一至三分之一。在最后的普选中获得的许多令人惊讶的大量投票是对占领当局或中间路线政府不胜任的抗议性投票,而不是真正投给共产主义者的选票。

一、政　治　弱　点

日本共产党遭到日益采取反共产主义立场的保守的吉田①政府的反对。政府在国会中的多数派力量大到足以通过"高压手段"的内阁方案,这可以限制国会、共产主义者的反对,包括口头上的指责。政府彻底掐断了共产主义报纸的经费来源,迫使共产党或减少宣传机构的发行量,或求助于更加昂贵的黑市交易。吉田的政党,即民主自由党,正在组织反共产主义的青年群众组织。吉田政府一直不愿意通过警察行动来对付共产主义者煽动起来的力量。政府正在小心翼翼地进行反共产主义运动,害怕被占领当局指责为"非民主"行动。如果政府觉得在将来可以自由地宣告共产主义不合法的话(最近左派朝鲜组织的分化可能表明了这个前景),民众对权力和权威的敬重会使转入地下的共产党发现自身活动受到严格制约。

唯一许诺能反对日本共产党的中左派社会主义者,到目前一直明确拒绝共产主义者统一战线的邀请。实际上,社会主义者采纳了呼吁"两条战线"行动的计划,既反吉田也反共产主义者。社会主义者的态度使其觉得自身属于以损害共产主义者利益的有组织的劳工战线。

在一般公众的思想中,日本共产党和苏联之间的联盟是一个弱点。历史上日本人对俄

---

① 吉田茂(YOSHIDA,1878～1967),1946～1947、1948～1954年间担任日本首相,系第二次世界大战后日本亲美派保守势力代表人物。他的政策主张(后来被称为所谓"吉田主义")主要表现在:对内强调复兴日本经济,对外强调依靠美国的军事保护。——编注

国人的反感,可以追溯到最初日本人因俄帝国到达太平洋西岸而遭到侵略所引起的恐惧。共产党不断重复其独立于克里姆林宫指导的公开声明,这是共产党在这个特殊问题上采取防护的必要表示。正当日本共产党为宣传目的而全面利用日本的通货膨胀、高额税收、食品定量配给、占领当局的存在以及其他许多问题的时候,受到共产党游说煽动的同一个群体的多数人被共产党对劳工骚动的怂恿以及依赖暴力的名声所激怒。共产党在过去的两年中已经把它对天皇的反对最小化,不过,对大多数的日本人来说,日本共产党因为强调其对天皇问题的立场的周期性宣传而非常容易收到攻击。

或许最严重的"弱点"是苏联对战俘遣返的处理。日本共产党顺从于苏联利用成千上万的战俘进行强迫劳动以及不可原谅地延误战俘遣返,这种公众的观念再次成为共产党的致命难题。一旦日本公众确认苏联在完成赔偿的几个月期间正在阻挡成千上万的日本人回国,日本共产党就会发现这个问题是其取得进展的严重障碍。

由于日本没有土地租佃问题,日本共产党遭到来自传统的保守农民群体的极大反对。除了那些把共产党视为复兴与中国贸易的一种方式的商人外,国内官员和资产阶级大部分都反对共产主义者。

二、军 事 弱 点

日本1947年宪法根据放弃战争的条款,使日本除了占领军外不得拥有武装力量。但是,对占领军可用来弥补日本警察力量不足的认识,成为制止完全诉诸武力的一种因素。占领现状对反共产主义情绪有强烈的心理影响,鼓励了那些害怕国内外共产主义侵略的人。

三、普 遍 弱 点

日本共产党有几个弱点,这些弱点被证明是易于利用的。共产党的财政部分来自非法资源,如走私或黑市行为的利润。如果有人把吉田内阁丑闻作为例子的话,那么对所有证据确凿的案例的大规模宣传,就会很容易地把共产党打入地狱。所有可直接归因于共产主义者或其怂恿的暴力案例,引起了公众的敌对反应。

在1949年1月的普选中,共产主义者候选人获得了出乎意料多的选票,但他们所获得的近10％的选票,并不能作为判断共产党具有凝聚力所需要的标准。许多个人把投共产党的票作为对采取中间路线的联合政府无能的抗议,或作为反对占领的表示。实际上,如果日本经济状况在不久的将来能够显著好转,对共产党的支持将会很容易地减少一半。

四、特 殊 考 虑

共产主义者或许会采用直接对策反击对他们弱点的攻击,或许会采用一种使人分散精神的策略对日本政府的丑闻和无能进行攻击。占领军也很容易受到攻击，因为没有人愿意长期接受外国驻军。尽管提出了赔款问题，苏联未必能使日本人相信，成千上万的战俘没有被监禁，或美国和日本政府应该单独为遣返的延误负责。

附录四

印度支那

越南共产主义运动的弱点（老挝和柬埔寨没有明显的共产主义运动）在某种程度上由于没有正式的共产主义政党这一事实而减少。印度支那共产党在二战前就已经显示了高度的组织能力，并在战争期间领导了抗日运动。大概为了避免与法国共产党冲突（法国共产党在那时没有强调反对帝国主义），并努力减少越南内外对其非共产主义者力量的怀疑，（印度支那共产党）于1945年11月自动解散。越南的共产主义者以越南民主共和国的名义，以及与非共产主义的民族主义者的联盟，通过完全赞成民族主义者和温和的改良主义者的目标隐藏了斯大林主义者的目标。

只要反对法国势力的战争持续下去，抵抗运动中的共产主义者和非共产主义者群体都不能在不分裂抵抗队伍的情况下采取广泛持久的宣传运动来反对其他人。这两个群体都赞同取消所有法国控制是主要目标。但是，凭借他们惯用的劝导和高压统治技巧的经验以及对许多重要政府职位的控制，共产主义者正在这场游戏中取得胜利。由于法国共产主义者力量的下降，早期将法兰西帝国完整地移交给共产主义阵营的苏联的希望已经破灭。

一、政 治 弱 点

（一）与共产主义者联盟的反对力量

避免与法国合作的保守的改良主义者和民族主义者更愿意承认共产主义运动是脆弱的，而不承认已经失去普遍追随的反共产主义者（保大①）政权的继续存在。但是，由于目前党的宣传运动被限制在越南抵抗运动领域中进行，在这个方面共产主义者的弱点更多的是潜在的而不是实际的。

1. 民主党

保守的民族主义阵营中两个最重要的子群是新民主党（Tan Dan Chu Dang）和罗马天主

---

① 保大（Bao Da），原名阮永瑞（Nguyen Vinh Thuy），越南末代皇帝（1926～1945、1949～1955）。在法国受教育，1926年继承王位，受法国人支配。第二次世界大战期间成为日本人控制之下的傀儡皇帝。——编注

教徒。在某种程度上这两个子群部分地交叉在一起。有证据显示,从建立伊始,民主党就倾向于成为一个真正的权力实体,其成员一般是富裕的和受过良好教育的人,他们赞成美国,反对法国和共产党统治。据说它是一个具有某种内聚力的组织,其核心是私人警察部队,它控制了胡志明①政府直至地方一级的司法部门。民主党是接受法国教育的越南知识分子的一个自然集合中心。

2. 天主教徒

越南至少有100万本土罗马天主教徒,包括领受圣餐者和教士,其中有相当数量的人,或许是绝大多数人,支持胡志明政府。越南民族主义天主教徒的大本营在南部东京(湾)的发焰(Phat Diem)教区,由黎友秀(Le Huu Tu)主教领导,尽管反共产主义,但支持胡志明政府,坚持反殖民主义立场。共产主义潜在地易于受到要求有广博的物质和民众支持的教会的影响,但是只要民族独立的斗争继续下去,这个弱点实际上不会显示出来。

3. 其他反对群体

胡志明政府中一些非共产党员的内阁成员是前政府官员、"独立者"、社会主义者,他们可能有众多的追随者。教育部已经脱离了共产党控制。印度支那胡志明政府的行政长官是一名社会主义者。两边都有派别斗争的强有力的高台教(Cao Dai Dao)宗教派别,在反对公开的共产主义中大概会团结起来。佛教徒和天主教徒也类似,尽管后者没有严密的组织。另外,约有2 000名秘密成员的托洛茨基分子据说仍然很活跃。

(二) 共产主义者吸纳支持者的能力

经验显示,绝大多数的越南人愿意支持反对外国统治的反抗,无论这种反抗是由共产主义者领导还是由其他群体领导。只有当共产主义者的宣传和行动已经成为明显的共产主义式的,并促使其政策明显与越南的民族利益相反时,才会引发强烈的反共产主义者运动的反宣传的可能。这只有在赢得脱离法国统治的自由时才会发生。

二、军　事　考　虑

越南的共产主义运动已经彻底把自身等同于民族解放运动,尽管法国努力引发分裂,但团结仍可能维持下去。这个解放运动的力量能继续无限期地抵制法国,稳定地提高他们军事力量和装备。因此,像这样的共产主义运动,对于法国军队所能采取的军事对策来说,并不脆弱。

---

① 胡志明(Ho Chi Minh, 1890~1969),越南共产党的领导人。1930年2月创建了越共,1941年5月组织成立了越盟,1945年8月当选为越南民主共和国临时政府主席。9月2日代表临时政府宣告共和国诞生。1946年3月当选共和国主席兼政府总理,1951年12月共产党改名为越南劳动党后,任党的中央委员会主席。——译注

三、一般弱点

（一）党内团结和纪律

越南共产主义者团结起来追求最终的斯大林式的目标，这完全是一个想象中的问题。1945 年印度支那共产党的解散，在很大程度上是为了误导民族主义者和美国，但是也部分地是出于与世界共产主义中"俄国第一"观点的直接冲突。这一决定由在印度支那的法国共产党人采用备忘录形式发送给越南共产党人，敦促后者在取得苏联同意之前推迟民族解放运动。

在 1945 年越南共和国成立之时，印度支那共产党成员不超过 2 000 名。有些支持者是机会主义的，他们对法国统治反感的表现除了通过秘密行动外很少有其他可能性。胡志明说他在第二次世界大战前是一名共产党员，因为在免于遭到法国当局的迫害的同时，他没有其他途径为越南独立作斗争。民族主义在越南一直是共产主义难以与之相比的更强大的力量。在政治独立状况下施加于共产主义运动之上的压力，会进一步趋向于把共产主义和民族主义之间根本的不相容呈现出来，会导致共产主义运动的"核心部分"的进一步分裂。

可以预计，中共统治越南的前景将使越南在公有化的努力中出现弱点。（越南人）对中国人历史上的厌恶可能比在意识形态上与中国共产党的亲近更强烈。也有一些证据表明，印度支那共产主义者试图为党的规章制度提出指导时没有与中共合作。由于厌恶中国人，至少在目前，对中国支持的正式承认会分裂抵抗运动而不是加强这种力量。但是，从长远看来，由于反抗法国对祖国控制的持续战争，胡志明政府在赢得对越南完全控制的斗争中，会把与中国共产党充分合作作为唯一选择。如果法国军队从印度支那撤退，中越合作的机会将变得很少。

（二）美国和西方政府的对策

只要本土的、潜在的反共产主义力量主要靠接受共产主义者的领导来推翻法国统治，西方政府就几乎没有有效的方法单方面通过法国反对支持共产主义的趋势。在目前军事对峙的背景下，不容易受到共产主义对策影响的西方政策是非常有限的一种。"美国之音"广播强调美国决策者作出的红色帝国和铁托主义之间的区别，并指出，苏联侵占满洲的例子在削弱越南共产主义运动的团结中或许有价值。谨慎地鼓励东南亚联盟的形成，将与对中国帝国主义的普遍恐惧相互协调起来，并与共产主义在中国的进展以及中国海外团体的渗透联系起来。对黎友秀主教群体的天主教民族主义的鼓励会加强这种论点，即美国不反对真正的民族主义运动。一个旨在帮助越南学生在美国大学入学的计划会被渴望已久的越南年轻人抓住，而且会提高美国的声望。

附录五

泰　　国

泰国在政治上和经济上比其他东南亚国家相对较少受到国际共产主义推动下的意识形态要求的影响。大多数人满足于自己代表了相对较高的亚洲生活水平的经济收入，并且为国家的政治独立历史而自豪。泰国君主观念强有力地控制了人民的忠诚和想象力。泰国的领袖在西欧和美国接受了民主传统的训练，其农民比其他邻近国家的农民较少在政治上被第二次世界大战中的事件所唤醒。由于这些基本原因，共产主义未能在把人民大众从经济或政治奴役中解放出来的呼吁里发现多少追随者。唯一大批的共产党是华人，但他们在泰国不受欢迎，并受到歧视和反对。

泰国现在对追随共产主义的华人身份的认定，阻止了似乎有区别的泰国共产党和中国共产党组织之间的公开合作。目前，在泰国警察的控制下，共产主义者是相对薄弱的，他们没有可供执行的军事计划，试图通过宣传媒体而不是依赖军事力量达到自己的目标。中国人对亚洲共产主义的领导以及中共在中国的成功，巩固了共产主义者在泰国华人社区中的地位。泰国的经济状况和当地的民族主义，是共产主义扩散的主要制约，但是面对不断扩张的共产党中国，在泰国领导人传统地倾向于使自己服从占统治地位的亚洲强国的情况下，泰国的民族主义只能扮演一个从属的角色。

一、政治和经济弱点

当前政府和所有重要的泰国政治派别是亲西方和反共产主义的。尽管家长式统治的泰国政府不能根除从泰国生活方式中继承的某种不公平，它正尝试在有限的范围内减少可被共产主义运动的优势所利用的现存的经济和政治问题。泰国政府正在对泰国民众的大多数人进行比共产主义者更有效的宣传。共产主义者的手段是继续对政府政策进行批评，实践中却没有提供具有建设性的其他办法。

在共产主义者的努力中，一个显著的弱点是其宣传途径非常有限。在泰国首都曼谷外，几乎没有知名的共产主义者试图向泰国民众进行宣传。农村地区对美国信息服务的机智利用为民主观点的传播提供了良好机会。但是在曼谷，华人出版物中密集的共产主义宣传足以证明，这实际上是对目前那里对华人社区的新闻报道的强烈抵触。

绝大部分的泰国人和华人在政治上不善于表达，而且，只要泰国政府继续显示对泰国人民福利的兴趣，它就能持续不断地取代共产主义对人民大众的广泛宣传。大多数泰国农民坚持不受共产主义影响，泰国社会结构的特点也是如此，并且其政府传统和经济富裕阻止了对共产主义的接受。促进泰国政府进步方式的强有力的西方鼓励,通过旨在巩固和扩大泰国能力的经济和技术援助,很有可能会进一步制约共产主义者利用潜在的危险状况的机会。

二、军事考虑

目前泰国政府能通过警察手段维持对泰国和华人共产主义者的一定程度的控制。但是警察的影响程度,并没有受到真正地检验,因为共产主义者群体很少求诸于暴力行为。但是,如果共产主义者致力于采取军事行动的话,那么,在泰国部队中的严重的对立情绪,就可能阻碍对军事力量的有效利用。没有中共的直接侵入,泰国政府能维持内部的安全,因为泰国共产主义运动的存在依赖严格的政党纪律和隐秘组织,而不是依赖拥有和使用军事力量。在一定程度上,政府的控制能力没有被贪污和对中共对抗的恐惧而削弱,内部的共产主义运动还没有对泰国构成军事威胁。

三、总体弱点

泰国共产主义组织的内部问题是一个未知因素。但是,随着中国的共产主义者向南部的迅速扩散,共产党的团结、纪律和道德显而易见是优良的。不过,一小撮泰国共产主义者显然缺乏广泛的支持。外界认为,这个群体仅由不超过200名左右的知识分子和不满的工人组成。来自华人社区对共产主义运动的支持更大,似乎主要由于对中国国民党政府的强烈的不满、失望和怨恨,以及机会主义和爱国主义的存在,他们往往倾向于认同中国的共产主义运动。

毫无疑问,对于亚洲共产主义是由中国人领导的这一情况的认定,是泰国人对泰国共产主义者努力的有效性的主要制约因素。但是在华人共产主义者中,这个因素提高了华人共产主义者的威望,提高了对海外少数华人的号召力。泰国不太关心苏联领导的世界共产主义,他们更害怕华人以中国霸权在东南亚扩张的形式扩大其影响和统治。利用泰国对华人天然的同情倾向,被证明是维持共产主义的有效手段。

四、特殊考虑

随着中国的共产主义政权扩张到中国东南部,共产主义受制于泰国警察控制这一弱点正在明显减少,中国东南部是大量华人向泰国移民的地区,因驱逐华人地区国民党人的威胁会作为其对华人社区行为的一种控制方法而延续。更具破坏性的因素是,共产主义者通过行贿泰国官员保护自身从而破坏泰国安全措施的能力正在日益提高。

尽管国民党人会作为主要的限制因素而继续存在,但泰国领导者使他们适应亚洲统治力量的倾向显示,泰国的民族主义作为削弱泰国共产主义影响增长的力量将会消失。这种发展趋势或许与华人共产主义者在东南亚的利益和威望扩大形成正比。

西方利用泰国共产主义弱点的机会将会继续存在。但是,西方在政治或经济上援助泰国的每一次努力,在共产主义刊物中都被攻击为"帝国主义"企图控制泰国的资源和人民。其他的西方援助,无论是军事、财政或是技术,将越来越容易受到尖锐的谴责。泰国政府会进一步被贴上"帝国主义"政权附庸的标签。在有限的程度上,这个宣传界线在大多数劲头十足的泰国民族主义者中是有效的;但是,大多数的泰国领导者都坚定地亲西方并且受过防止受骗上当的训练。

附录六

缅　　甸

缅甸的共产主义运动也呈现出一些弱点,但不同的是,缅甸政府未能充分利用这些弱点,并从这些弱点中获得充分的利益,除非政府能够得到和接受其他的援助。这个国家的混乱状况、军事上的无能以及强烈的民族主义所激起的对外来援助或建议的不信任,已经增加了政府反对共产主义者努力的无效。但共产主义的弱点——包括运动内部的分裂、与政府计划惊人相似的计划,以及对他们在国际共产主义中丧失主权的固有危险的无知——可以被政府有能力的领袖通过外来援助而加以利用。

一、政　治　弱　点

新独立的缅甸政府保持了强烈的反帝国主义情绪,其国家恢复和发展计划建立于国家社会主义基础上。两个共产主义党派的武装反叛——缅甸共产党(BCP)和共产党(缅甸)(CPB)——代表着与政府所宣称的终极目标相同方式的基本差异。基本的政府政策在大多数方面——通过土地再分配、工业化、生产方式的国家控制,以及剩余财富的平均分配实现政治自由、经济保障、社会福利国家——可以与共产主义者所倡导的那些方式相比较。政府在理论上也这样许诺,只是要通过没有流血的乌托邦渐进方式实行,而缅甸共产主义者则提倡通过暴力行为实现这些变化。

目标类似,但是在贯彻时有差异,使政府的位置潜在地更有吸引力。政府必须进行相当大的努力,在缅甸人思想中树立其倡导民族主义和提高缅甸生活水平的形象,而把共产主义者等同于暴力的支持者,且在外国指导下行动。但是,没有对外来援助的明智运用,政府这么做的能力是值得怀疑的。

二、军 事 考 虑

在可预见的将来,在没有外来援助的情况下,缅甸政府不可能摧毁有武装的共产主义者的对抗。持续的游击战最有可能。从人力和物质来看,政府的武装力量比共产主义者的武装力量占优势,但在一系列方面受到了阻碍。最重要的是,政府力量在全国分散地与包括共产主义者在内的各种各样反对者进行斗争。其他的问题包括:(1)交通和信息系统的效率低下,(2)对进口需求最多的是军事物资,但受到衰竭的财政资源的制约,(3)背叛,以及(4)缺乏受过技术训练的领导人。

这样,当缅甸共产党有某种程度的军事弱点时,政府即使有占优势的力量,最多只能保护经过选择的人口中心,而没有外来的援助就不能在不久的将来镇压共产主义者,尤其是在他们得到中共力量援助的时候。

共产主义者军事弱点的另一方面是两个共产主义者群体之间的相互仇恨和其他反叛因素;他们之间的冲突是经常的。这至多是一个不利因素,而政府却不能从这种分裂中获得充分的军事利益。

三、总 体 弱 点

最近缅甸共产党的团结、纪律以及道德正在下降,不过,这个趋势显然还没有达到完全破坏的程度。大多数缅甸共产党领导人似乎还在协调一致地工作,维持了共产主义机构的运转,并没有任何证据显示,在可预见的将来会改变他们目前的状态。

在共产主义者当中,真正的和具有威胁的支持者与在共产主义掩饰下行动的土匪的界限并不清楚。党的普通成员大多数被认为是地方领导者的机会主义追随者,他们或对政府怀有不满,或屈从于许诺提高他们生活水平的善于花言巧语的共产主义者宣传运动。尽管党要求有几十万民众追随,而实际上缅甸共产党成员也许只有几千人。

外国对缅甸共产党控制的程度仍然是个没有解决的问题。外国强大的影响力在缅共宣传中,在其对正统共产主义日趋遵从及对暴力的使用中表现得很明显。缅甸共产党至少在政策层面上已经表现出对外部"意见"的顺从,并且可能会欣然接受物质援助。但是,完全可能的是,在大规模和公开的外国干预(来自中国或印度)政策实行的事件中,缅的共产主义运动将会严重受阻。

最后,居住在缅甸的边境地区的各少数民族强烈反对共产主义者。他们在缅甸共产主义运动的主要中心和那些周边地区之间构成了可能的缓冲地带。

四、特 殊 考 虑

由于缅甸民族主义对任何外国干预强烈的和固有的不信任,缅甸政府对西方援助的利用,或许可以给它必要的力量以实现真正的民族主义号召,这是一个复杂而微妙的问题。政府最终意识到其特别脆弱的地位,已经显示对以财政金融和技术援助形式提供的外来(西方)援助更大程度的顺从。只有接受和有效利用来自其他国家的援助,才能期望缅甸的主权成为缅甸削弱共产主义者影响最有希望的方式。

附录七

马　来　亚

目前马来亚武装的共产主义运动的主要弱点在于军事方面。英国部队已经显示了他们挫败共产党领导的游击队影响力的能力。另外,因为在马来人中对华人基本的种族对抗,以及大多数马来亚华人"等着瞧"的态度,共产主义者的努力——主要是华人——在奋斗目标上未能获得民众的自愿支持。马来亚的共产主义运动缺乏有协调能力的胜任的领导人,也没有获得重要的外来援助。这些事实导致另外一个日益增长的弱点,即信念的日渐下降。中国共产主义者的持续成功,以及英国与中国共产党由于商业原因恢复友好关系的可能,会使马来亚共产主义运动恢复积极性,因而减少其目前的弱点。

一、政　治　弱　点

目前在马来亚的英国当局为了吸引大多数人而指出了一条与共产主义相反的出路。这个吸引力在马来人中尤其强烈,他们占马来亚的二分之一,在数字上几乎与少数民族群相等。

马来人对华人政治的最高权力(像本土人)受到当前英国政策的保护,他们对政府中任何会威胁他们有利地位的建议的变化都很敏感,他们尤其害怕被更多有野心的华人控制政治,这些华人已经控制了半岛的经济生活;他们也会一致地反对任何诸如使他们的民族利益从属于苏联利益的建议。由于马来亚共产主义运动从一开始几乎全是华人,他们与种族对抗,也与政治基础对抗。普通的马来亚人也不易于受共产主义者经济增长许诺的影响;他们的主要兴趣在于保持自给自足的小地主的地位。他们的穆斯林信仰是进一步的障碍。

另一方面,马来亚的华人,以他们与中国紧密的政治、社会和经济联系,他们的机会主义倾向,和他们在英国统治下真实的或想象的不满,很容易受到共产主义甜言蜜语的影响。共产主义的主要弱点与资产阶级华人对马来亚经济的卷入有关:他们使自己与英国政府结盟反对共产主义的程度将取决于其个人的商业利益。

在马来亚人和华人中一样,对这些弱点最有效的利用是加强对共产主义手段和本质的认识,提高华人对马来亚忠诚的一致努力,以及在总体上提高生活水平。

二、军 事 弱 点

英国安全部队目前正在镇压有武装的共产主义恐怖分子。他们的努力已经日益成功,防止了敌对的外国干预或急剧缩减必要的经费,至少在暂时没有外来援助的情况下,他们能够消灭这种暴动。

共产主义者的战斗组织马来亚人民抗英军(MPABA)没有获得它所期望的普遍支持,只能求助于威胁和强求以补充自愿参军。它已经对某些擅自占地者地区(被华人劳工或华人移民非法占据)实践恐怖统治,这些人易于受到这种恫吓。另外,在马来亚人民抗英军中,有某些强迫征募的迹象。

对抗马来亚人民抗英军的军事手段正在日益成比例地增长,可以期望看到其成功。现存军队的充分发展不仅在军事上,而且在提高民众对英国在该地区维持统治的忠诚等重要任务方面,已经产生了良好的影响。由于机会主义的减弱,对后者的考虑是最重要的,这也是马来亚共产主义者为什么如此缺乏民众支持的重要原因之一,他们现在面临着被遗弃。

三、总 体 弱 点

共产主义者士气低落,主要是两个原因的结果:(1)英国持续的政治和军事骚扰;(2)缺乏民众的支持。党的中心路线看起来是落后和不确定的。只有很少的,估计仅几百人是共产主义者"铁杆分子",具有极其危险的国际共产主义思想的人十分有限。3 000~5 000名斗士中的许多人可能是机会主义的华人,他们找到了发泄不满的出路,他们受到中国共产主义者成功的鼓舞。那么,利用这些弱点的问题是教育,并且辅以这样的努力:在现政府下消灭不平等,因为它会滋长纠纷,引发误入歧途的战争。

附录八

菲 律 宾

菲律宾共产主义的主要弱点是当地党自身的弱点。另外,共产主义作为一种政府理论,尽管被模糊理解,但是在菲律宾人中引起了普遍的恐惧和反对,他们中有80%是忠实的天主教徒。共产党领导的虎克党(Huks)①依赖中央吕宋地区的当地农民提供给养和招募人员,

---

① Huks,全称 Hukbalahap,虎克党,又称菲律宾共产党人民抗日军。——编注

但没有外来援助是无法推翻现存政府的。尽管社会和经济不平等易于被共产主义者利用的情况在菲律宾确实存在,但目前所保持的相对较高的生活水平会阻止共产主义在不久的将来有任何迅速发展。而且,对任何华人影响的扩大所存在的广泛敌视,成为华人领导的共产主义扩张的一种制约因素。

一、政治弱点

尽管菲律宾现存的非共产主义者政权是腐败和无能的,它仍然被政治上意识清醒的菲律宾人优先于共产主义而接受。但是,为了在未来几年中控制共产主义的逐渐增长,需要一个更有效和诚实的政府,它能得到民众更多的尊重。菲律宾共产党(PKP)是如此弱小,因此其所代表的政治危险不是共产主义者会突然掌握统治或赢得民众的支持,而是他们会通过联盟渗透进政府。事实是约80%的菲律宾人是罗马天主教徒,他们倾向于阻止共产主义的扩张,尽管菲律宾共产党从来没有鼓吹过无神论。

二、军事弱点

共产党领导的武装农民运动(虎克党)的主要弱点是其不能在没有外来援助下推翻政府,并使其行动计划地方化(中央吕宋地区)。政府通过加强其移民控制和安全措施而从这些弱点中受益。其他弱点包括缺乏军事制造设施和在某些程度上依赖强迫征募。政府能通过实施更严格的火器控制和对拒绝加入虎克党的农民提供更适当的保护而利用这些弱点。

三、总体弱点

尽管社会和经济的不平等易于被共产主义利用的情况在菲律宾确实存在,但目前所保持的相对较高的生活水平会阻止共产主义在不久的将来迅速发展。但是,为了阻止共产主义运动在可能的将来扩张,菲律宾政府必须马上采取步骤发展可行的经济,提高生活水平。

菲律宾共产党是年轻和没有经验的。据说它拥有约3 000名活跃的成员,其中不到100名据说被训练和灌输为共产主义者。最重要的共产主义阵线组织是虎克党和劳工组织大会(CLO)。中央吕宋地区许多农民加入和支持虎克党军队、对虎克党事业给予道义和物质支持,他们这样做主要是中央吕宋地区令人沮丧的社会经济状况的结果。劳工组织大会通过形成进步的劳工运动中心而征募并保留了其追随者。大多数结盟工会的成员显然纯粹是出于个人兴趣加入运动的,而忽视了他们的领袖的动员。通过以共产主义者的方法鼓励反共产主义的进步劳工工会并了解工人,就能有助于政府防止劳工运动中共产主义影响的扩大。

据报道在菲律宾华人和菲律宾共产主义者之间存在一些联络,但是没有来自大陆或菲律宾华人的证据。

四、特别考虑

菲律宾人一般持反共产主义者、同情政府的态度。但是,在菲律宾政治中,共产党可能成为一个正在发展的因素。政府在中央吕宋地区减轻经济和社会危难所获得的成功没有显示出来,尽管成功地消灭虎克党运动会暂时消除非法行为。1948年劳工组织大会声望提高,成员增加;尽管它最近遭受了领导层的分裂和工会同盟的不断损失,但对其长期计划的成功不会产生影响。

菲律宾利用共产主义者弱点的机会显然不容易受到共产主义者对策的影响。菲律宾共产主义者在很长时间内无法实行一次成功地反国家和政府的政变,也不能采取其他有效的对策抵制通过上述技巧利用他们的弱点。

附录九

印度尼西亚

除非在不久的将来有一个解决方法,能把统治权从荷兰转移到印度尼西亚人手中,否则作为印度尼西亚民族主义的一种军事重振点,共产主义可能被加强。目前,在印度尼西亚共产主义者与共和政府之间缺乏公开的冲突,主要是因为共和国的对策发挥作用、在印度尼西亚荷兰军队的存在以及共产主义者间的分裂导致的共产主义力量的下降。但是如果民族主义在当前海牙协商的决议中被认可并得到发扬,那么共产主义者团结起来的危险可能就会减少,那些呼吁泛亚共产主义的共产主义者群体和那些执行马克思-列宁共产主义者的分裂将会持续下去。只要民族主义运动被更多稳健的群体领导,共产主义者会非常容易被指控为代表中共的影响或苏联的利益。而且,印度尼西亚人的穆斯林信仰代表了另一个可能的反对共产主义影响的堡垒。

一、政治弱点

一个非共产主义的印度尼西亚政权提供了有限民族化的未来计划,即如果印度尼西亚人在目前与荷兰的谈判中实现他们的目标,就会得到比共产主义者所能提供的任何好处都更多的拥护。在海牙圆桌会议(The Hague Round Table Conference)上美国对印度尼西亚抱负的支持,伴随着旨在提高印度尼西亚生活水平的美国财政和技术援助,将有助于在印度尼西亚建立稳定的领导。共产主义者的努力很容易被指控为试图毁灭已经取得的进步,因为他们倡导外国影响的输入——几乎肯定是中国人而不是苏联人,这没有可能促进这个地区的经济和政治稳定。

二、军 事 弱 点

已经显示,在没有外来的帮助下,印度尼西亚共和国政府过去有一定能力镇压共产主义者武装暴动。但是共产主义者有可能继续保持军事力量作为获得他们目标的方式,政府不能完全消灭他们。在这些情况下,共产主义者将会被指控在赢得印度尼西亚和平环境中没有自身的利益,他们是破坏性的外国影响的工具。

三、总 体 弱 点

印度尼西亚共和国政府采取的对策已经破坏了共产主义者组织,消灭了许多共产主义者群体的领导,并已经成功地使一个群体反对另一个群体。现在所存在的分裂,以及那些尤其与中国共产主义者联系的进一步暴露所引起的分裂,仍然是印度尼西亚共产主义运动最重要的弱点。但是,促使那些对策实施的印度尼西亚的民族主义,必须得到来自西方的持续的同情和支持。

四、特 殊 思 考

由于伊斯兰的努力而出现的共产主义弱点可能日益增加,但不是说反华人情绪会加强。对后者情况发展的直接利用会更富有成效。

尽管事实上美国给予印度尼西亚的任何援助容易遭到共产主义方面的强大宣传运动的攻击,但是适合印度尼西亚政权的美国援助和鼓励很容易导致一个亲美国的、有效的印度尼西亚政府的发展,并日益拥有与西方一致的反对共产主义的愿望和能力。

附录十

印 度 次 大 陆

目前共产主义运动在印度、巴基斯坦和锡兰的成功,几乎完全依赖那些国家不利的经济状况。共产党成员的规模并不能表明马克思主义信徒的数量。次大陆的民众没有受过充分的教育,也没有在政治上对纯粹意识形态的争论有意识地做出反应。因此,次大陆的共产主义发展方式是一系列共产主义者对能够取得的经济发展的许诺,以及这些许诺迅速发生影响的直接作用的结果。在许多案例中,共产主义者的经济目标和现存政府的目标是类似的。赢得民众支持的方式是相同的。这样,如果当前政府在几年内能带来生活水平的稳定提高,共产主义运动就没有成功的希望。另一方面,如果他们在不久的将来不能做到这一点,共产主义者的支持者数量就会增加,直到他们能控制当前的民族政府。后者要求在未来几年中美国的财政和技术援助,以使他们有保障地进行自身建设。他们是否会得到充分的援助从而允许他们这样做,则有待观望。

一、印　度

印度的共产主义运动目前依靠的是少数受过训练的领导人,他们大多数为警察所熟知,并且在任何必要时会被逮捕。在过去的活动范围内,这些领导人已被同时清除,这几乎一举根除了共产主义的领导,因此导致该党的严重瓦解。

与此同时,该党在那些对经济而不是政治不满的民众中寻求成员或同情。公开宣称党的目标并非完全与印度政府的目标背道而驰,以此激起民众的兴趣。印度政府和共产主义者一样,对工业社会化、土地重新分配、取消封建土地制度等感兴趣。在印度政府的赞助下的这些领域中的令人满意的变化,会使共产党几乎没有余地进行许诺,共产主义同情者的数量会迅速减少。在劳工中,如同在农业领域一样,共产主义者也缺乏民众支持。国会发起的印度全国工会大会(Indian National Trade Union Congress),除了它最近的起源,现在比共产主义者领导的全印工会大会(All-India Trade Union Congress)更强大。而且,由于农民没有被任何一个群体充分组织起来,有可能已经意识到有必要获得他们支持的国大党(Congress Party)①,会在竞选中赢得农民。

有限的党派成员是印度共产主义运动弱点中的一个因素。除了德干(Deccan)的部分地区,共产主义者的规模反映了它已受到警察有效的控制,并且对挑战现存的军事力量缺乏充分的武装力量,这可能是印度政府所强调的弱点。可以被看作某些暴力行为的在少量成员身上所发生的意外情况,主要出现在加尔各答(Calcutta)周围,并且没有超出控制的范围,因而只是引起了严厉镇压。此外,这些成员的集体计划曾经过早落入共产主义者手中,并导致了严厉的镇压措施的强加,例如,1949 年 4 月失败的全国铁路罢工的事件。

---

① 即国民大会党,成立于 1885 年,在印度脱离英国的独立运动中起了主导作用,印度独立后成为执政党。1917 年党内"极端主义"的印度自治派掌握了党的领导权。20 和 30 年代,圣雄甘地领导国大党多次发起不合作运动,抗议 1919 年宪政改革的无力和英国的执行态度。国大党的另一派主张在现行体制下进行改革,以印度自治党的名义参加 1923 和 1937 年的选举,并在后一次选举中大获全胜。第二次世界大战初期,英国未征得印度议会的同意,便把印度当作交战国,于是国大党宣布:在未获得完全独立之前,印度绝不参战。1942 年国大党发起大规模的不合作运动,要求英国"离开印度"。1947 年,一项印度独立法案获得通过;1950 年 1 月,印度成为独立国家的宪法生效。1951~1964 年,尼赫鲁一直是该党领袖。在 1951、1952 两次选举中,国大党都取得压倒性胜利。——编注

二、巴 基 斯 坦

巴基斯坦的共产主义运动由于缺乏第一阶级的领导而被削弱。现在巴基斯坦人的共产主义领导者,由于印度的分割而完全被瓦解,没有真正复活的征兆。而伊斯兰的宗旨往往被用作促进巴基斯坦共产主义困难的藉口,党实际上依赖经济上不满的人或政治的追求者,而不是真正对共产主义感兴趣的人。完全缺乏有效的武装力量而无法通过暴力方式挑战现存政府。

三、锡 兰

锡兰的共产主义运动不仅受到这个国家三个共产主义者政治党派中缺乏真正能干的领袖的阻碍,而且受到思想和行动的不团结的阻碍。斯大林派、托洛茨基派和列宁党派把更多的精力投入到他们自己的争论中,而不是反对掌权的政党。另外,经济状况,在锡兰比在印度次大陆好一些,没有形成一个强有力的力量支持共产主义的发展。

DDRS, CK 3100355099 - CK 3100355146

周莉萍译,何妍校

国家安全委员会关于 1953 年中期苏联阵营形势的评估报告

（1952 年 11 月 1 日）

绝 密

……①

二、苏 联 集 团

（一）1953 年年中该集团的整体局势②（1952 年 11 月 1 日）

国际关系和稳定性

苏联政权已经安全地维持住了自己的掌权地位，它的控制可能受到威胁或动摇的明显前景已不存在。几乎可以肯定，在最近的将来，苏联对卫星国的控制将仍然几乎是彻底的，能够保证各个政府是从属和可靠的，它们将继续从当地对苏联作出经济和军事上的贡献。中国的共产党政权已经牢牢地控制了大陆中国，在最近的将来，它的控制几乎不可能受到国内力量的威胁或动摇。苏联集团国家的政权是如此的稳定，以至于单凭对国内反动势力担心已经不能阻止克里姆林宫采取它感到能够推进其全球利益的军事政策了。

苏联集团的政府将继续表现为对非共产主义世界的巩固阵线。克里姆林宫决定苏联集团政策的基础，它将继续做出关于行动方针的决定，在那些涉及它的全球政策的特定局势中，仍然由它来做出关于行动方针的决定。卫星国不能直接影响克里姆林宫的决定，非共产主义国家中的共产党也同样不能。

那些倾向于分裂苏联和共产党中国的因素远不及密切的意识形态纽带和在追求共同目标中的互相合作重要。共产党中国接受克里姆林宫在决定国际共产主义政策中的领导地位，尽管共产党中国并没有完全被克里姆林宫所控制。中国共产党保留了某些追求他们自己的利益并影响共产党在亚洲地区政策的制定的能力。我们相信，莫斯科将力图扩大并加强它对共产党中国的控制，并且支配亚洲其他地区的共产党。中国的共产党领导人将抵抗苏联扩大对共产党中国内部事务的控制的努力，并且将企图加强中国对满洲、新疆和内蒙古地区的控制，同时扩大中国共产党在亚洲其他地区的权力和影响。

---

① 本文是节译。——编注
② 原文此处有注释，但未解密。——译注

经济发展

苏联集团的国民生产总值在过去的几年中已经有所增长。任何数量的计算都必然会存在很大的误差,而且也不能把该集团作为一个整体与战前年代进行有意义的比较。然而,我们估计苏联集团在1951年的国民产量大约比1949年增长了15%,在1951年整个苏联集团的国民生产总值加起来要比北约国家高出大约30%,苏联的国民生产总值大约是美国的四分之一。

然而,以对所有种类的商品和服务的总产值的比较来说明和平时期相应的军事装备生产能力是一种误导。苏联集团内部非常普遍的传统生活标准和严密的控制使该集团的各国能够仅仅把总产值中比西方国家小得多的部分用于民用消费,在稀缺材料和商品方面尤其如此。另外,这种生活标准和控制也使该集团能够把总产值中比西方国家更大的部分用于生产实际军事成品的军事支出。

苏联集团具备增加对非共产主义世界出口的经济能力。我们认为,与非共产主义世界贸易哪怕只有微小的增长也会构成一种重要的政治战武器。

我们认为,几乎可以肯定的是,苏联集团的经济政策将继续把首要重点放在扩大该集团的生产能力上,尤其是工业增长和发展军事生产的工业基础。克里姆林宫将继续推行其把卫星国的经济合并到苏联集团的经济之中,并且加强与共产党中国的经济联系的计划。

科学发展

到目前为止,苏联是该集团科研努力的首要中心。自从第二次世界大战以来,苏联就从它对东欧的科研人员和研究机构的控制以及那些被说服前往苏联的德国科学家和技术人员中获得了巨大的好处。

苏联正忙于进行大规模的研究和开发计划,这些计划在弥补苏联与西方的科研差距方面已经取得了巨大的成功。苏联的科研计划包括纯理论研究和应用研究,它把重点放在军事应用研究的领域,特别是原子能、电子学、喷气式飞机、导弹和潜艇方面。在所有这些领域中,苏联的科学家们和技术人员们都表现出对他们专业的高度精通。

在苏联,从事研究和教授科学的人数从1930年的3万人增加到1950年的15万人左右,当时在美国从事类似工作的人数只有约20万人。我们认为,在苏联的科研人员中,从事物理学研究的人员比例要比美国小,而从事健康和农业研究的人员比例要比美国大。在苏联,在科学和技术领域中受过大学教育的人数可能要少于美国。然而,我们估计,在本学年中,从苏联大学毕业的受过科学和技术训练的学生人数可能和美国一样多。

军事力量

自从第二次世界大战以来,已经经历了现代化的苏联武装力量构成了苏联集团军事力量的核心,而且它将仍然是苏联集团对非共产主义世界军事威胁的基础。卫星国的武装力量尽管在作战效能上仍然落后于苏联军队,但它们的力量和质量都在迅速提高,并且在欧洲已经能够对苏联的军事力量提供实质性的加强。在亚洲,中国共产党的军队是最大的,而且也是除了苏联以外最有效的本土地面作战部队。

苏联集团现在在地面力量、战术空军力量以及在常规地面和空中武器装备方面与西方国家相比都占有巨大的数量优势。我们估计，该集团的武装力量现在拥有：

1. 大约 875 万人，其中苏联军队有 445 万人，卫星国军队有 155 万人，中国共产党军队有 235 万人，北朝鲜军队 29 万人，以及越盟①军队 13 万人。（这个数字中包括苏联和卫星国的安全部队，但是不包括共产党中国的安全部队。）

2. 大约 2.1 万架飞机的实际力量，其中包括约 6 700 架的喷气式战斗机和 900 架活塞式中程轰炸机；核准编制是 2.5 万架飞机的力量，其中包括 8 400 架喷气式战斗机和 1 150 架活塞式中程轰炸机。

3. 海军总数中有至少 164 艘大型水面舰只，以及 361 艘潜艇，其中包括 103 艘远程潜艇。

4. ……②

5. 大量的常规武器装备储备。……③

近来，苏联集团军事计划很明显把首要重点放在扩大核武器的储备和改善本集团的防御，尤其是对空袭的防御上。我们认为，这个重点至少将持续到 1953 年年中。我们也认为，苏联集团的军事力量，特别是在过去两年内规模已经达到相对饱和的苏联和共产党中国的军队，在规模上将不会再有很大的增加。

……④

苏联保持着一个庞大的防空体系，它不仅包括分配给苏联防空部队（PVO-Strany）的力量，也包括本来不算在内的陆军、战术空军和海军中的主动的防空资源，此外还有警察和民间组织中的被动的防空资源。卫星国和共产党中国的防空力量被合并到苏联的防空体系之中，也是对这个体系的补充。虽然防空体系已经得到了重大的改善，但是在受过训练的和有经验的飞行员与机器操作者、现代化雷达、重型高射炮以及专门设计用于进行全天候拦截以为所有重要地区提供保护的战斗机数量上，仍然可能存在着不足。我们估计到 1953 年年中，防空力量的数量将不会发生变化，尽管通过重新装备和训练，防空力量的效能将会有所改善。

……⑤

就在欧洲采取军事行动而言，苏联集团在后勤方面处于良好状态。我们认为，在苏联边界以西和苏联境内的军事储备足以支持一支现代化军队在欧洲进行几个月的战斗而不必增加新的生产，只有石油是个例外。东欧的公路、铁路和内陆的水路航运网足以允许充分动用

---

① 越盟（Viet Minh），全名越南独立同盟会（Viet Nam Doc Lap Dong Minh Hoi），成立于 1941 年 5 月，是一个反对法国统治并展开抵抗斗争的组织。1943 年末开始发动抗日游击战争。日本投降后，越盟的部队占领河内，宣布成立越南民主共和国。第一次印度支那战争即将近结束时，越盟由一个新组织"越联"（越南国民联合会）所代替。1951 年老越盟的大多数领导成员加入了劳动党（即后来的越南共产党）。——编注
② 原文此处数行未解密。——译注
③ 原文此处数行未解密。——译注
④ 原文此处一段未解密。——译注
⑤ 原文此处数行未解密。——译注

目前驻扎在东欧的苏联集团部队，此外，还能够供从苏联调来的大量额外部队的调动和补给之用。

苏联集团在远东进行军事行动的经济基地与欧洲相比是有限的。它的后勤地位受到横贯西伯利亚大铁路和长途海运路线、共产党中国有限的运输设施以及苏联远东部分和共产党中国经济的不发达状态的限制。然而，尽管有这些限制，苏联仍然装备和供应了北朝鲜军队，并且向中国共产党提供了大量的装备和石油。虽然我们不知道这些供应中有多大的比例是从在远东的储备中抽调出来的，不过我们相信目前在远东的苏联部队拥有足够支持 30个师战斗六个月到一年的供应和装备（除了石油以外）。我们也相信，在苏联的经济支援下，共产党中国的经济能够在 1953 年年中之前一直以目前的水平支撑朝鲜战争，而且除了朝鲜战争之外，至少在开始阶段，它还能够支持另一场在亚洲其他地区进行的卷入共产党中国军事行动的远东战争。

军事能力

我们认为，直到 1953 年年中的这段时期内，苏联集团将继续拥有强大的军事能力。在这段时期中，该集团将能够同时在欧洲大陆、远东和亚洲大陆进行大规模的军事行动。苏联集团能够迅速地以共产党中国和苏联的军队增援目前在朝鲜的共产党部队，同时用苏联军队入侵日本。

苏联能够对联合王国、欧洲大陆的大部分地区、中东的大部分地区和日本发动持续性的空中打击，对其中单个地区的打击强度将视同时进行的打击数量而变化。它也能够动用其全部的核武器储备对这些地区和美国及其海外基地的目标进行打击。

苏联也能够在这个世界的大多数战略上至关重要的海上航线进行猎潜巡逻和布雷，并且能够在靠近其自身海岸的海域进行短距离的两栖作战行动。

苏联集团的防空部队能够有力地抵抗对苏联的主要中心进行的空袭。然而，尽管苏联集团的防空体系已经有了很大的改善（特别是在苏联、东德、波兰和满洲），它在这一整个时期内仍然存在缺陷。

政治战能力

对于共产党来说，政治战具有非同寻常的重要作用，他们把军事战视为破坏非共产主义世界力量的政治战持久斗争的延伸。苏联集团的政治战技术包括政治和经济压力，在联合国及其他地方的外交行动、宣传及阵线的活动，在苏联集团以外的共产党和共产党控制下的工会的行动、破坏，对颠覆性和革命性运动及内战的宣传，还有心理战。

苏联集团政治战能力的主要力量来源是以该集团的军事力量、该集团的规模、力量和中央集权化的领导、共产主义信条以及共产主义国际运动为基础的。

几乎可以肯定，在 1953 年年中以前的这段时期内，共产党不能通过宪法程序或革命推翻任何非共产主义的政府，也许伊朗是个例外。然而，在这一整个时期内，苏联集团的政治战能力将继续对非共产主义世界造成严重的危险。非共产主义世界中的共产党——据估计其人数达到 375 万——为了采取行动而被严密地组织起来，并且形成了一个在克里姆林宫指挥下的世界范围的网络。通过这个组织，克里姆林宫能够发动对现有政权的破坏性攻击，挑起国家争端、利用少数人团体和政治派系，并且从经济、政治和军事困难中获利。共产党在组织上的有效性比他们仅仅从人数规模来看要更加强大得多。

三、远　　东

（一）1953 年年中共产党在亚洲的能力和企图①

我们认为，苏联和共产党中国决心把西方的势力和影响从亚洲②排除出去，并为此而联合起来。

在这份评估所涉及的时期内，几乎可以肯定的是，苏联和（或）共产党中国的军队在亚洲有能力继续同时采取如下的行动：（1）如果只遇到目前那些地区所拥有的力量抵抗的话，③他们可以征服香港、澳门、印度支那、缅甸和泰国；（2）用中国共产党和苏联的军队迅速增援目前在朝鲜的共产党军队，同时用苏联的军队入侵日本；以及（3）在太平洋用潜艇和水雷破坏西方的航运，并且对西方在西太平洋和北太平洋的基地和航运进行空中打击和水面舰艇袭击。

共产党人也许认为，在亚洲公开使用中国共产党或苏联的军队夺取更多领土的企图可能加强非共产主义世界的反抗，特别是在亚洲，还可能导致中国大陆遭到战争打击，在远东爆发总体战，甚至爆发全球战争的巨大风险。共产党人也许还认为，共产党中国和苏联的远东部分在经济与军事上的脆弱性使得在远东爆发一场全面战争的结果哪怕从最好的角度来看也是不能确定的。最后，共产党人也许还相信，能够通过政治战进一步实现他们在亚洲的目标。因此，我们认为，在这份评估所涉及的时期内，共产党人将避免开始一个包括公开使用中国共产党或苏联军队的新的行动阶段。

我们认为，在这份评估所涉及的时期内，共产党人将不会加强他们通过本土"武装解放"运动的公开叛乱来推翻亚洲非共产主义政府的努力。这种运动的效果已经削弱或陷入了僵局，而要通过这种运动推翻亚洲的非共产主义政府现在就需要中国共产党人或苏联进行干涉，干涉的规模将大到使他们不得不面对大陆中国遭到战争，在亚洲爆发总体战，甚至爆发全球战争的可能性。

在朝鲜，在这份评估所涉及的时期内，共产党人可能不会采取主动行动来打破军事僵局。我们相信，只要他们认为自己能够继续从目前的局势中获得政治和军事上的好处，并且只要他们认为朝鲜战争的继续不会导致爆发全球战争的风险，共产党人就会把停战谈判拖

---

① 原文此处有注释，但未解密。——译注
② 原注：这里所说的亚洲包括日本、台湾、菲律宾、印度尼西亚、锡兰以及伊朗和阿富汗以东（但不包括这两国）亚洲大陆的所有地区。
③ 原注：如果美国海空军力量能够被用来保卫台湾的话，中国共产党人对台湾发动的入侵几乎可以肯定会遭到失败。

延下去。①

至于印度支那，中国共产党也许将继续目前这种形式的对越南独立同盟会的援助，但可能不会入侵印度支那或者在"志愿军"的伪装下投入大量作战部队。

在马来亚，共产党将继续进行反对英国人的游击战争，但是可能不会接受来自中国共产党的不断增加的援助。

尽管自从 1950 年以来，在许多国家中已经受到一定程度的削弱，但是共产党人在亚洲的政治战能力仍然是巨大的。在这份评估所涉及的时期内，这种能力可能不会发生什么实质性的变化。

在这份评估所涉及的时期内，共产党人将把优先权放在加强他们在非共产主义国家中的组织、削弱亚洲与西方的联系和利用亚洲的中立主义方面。同时，他们将为日后"武装解放"运动再次高涨做好组织上和心理上的准备。苏联集团将会更多地利用经济诱饵来影响亚洲的政府和人民。共产党人将以极大的勇气来运用这些战术，以避免一个武装的和非共产主义的日本复兴。

我们相信，在这份评估所涉及的时期内，共产党人在亚洲的权力和影响将不会有巨大的增加。在加强他们的经济和工业基地以及他们的武装力量以扩大共产党在亚洲的影响并为抵抗西方可能的压力，如果对实现共产党人的目标是必要的话，向邻近的国家动用武力做好更充分的准备方面，共产党人将可能取得一定的进展。

(二) 远东的战略资源②(秘密)

远东是美国和自由世界的其他地区所需要的大量战略的材料和基本日用品的一个重要来源。其中，锡、钨、铬铁矿、金红石、橡胶、马尼拉麻、椰油和羊毛可能代表了西方的防御潜力中最紧缺的物资。某些基本食品——小麦、大米、奶制品和肉类——的缺乏可能对联合王国、南亚和其他远东国家来说是至关重要的。尽管其中的每一项物资都没有重要到如此的程度以至于它的缺乏将迫使国防生产和重要的民用消费立刻下降，但是许多物资的重要性加起来就足以使得这些物资在一个地区，或该地区的重要部分的缺乏，仅从这一点而言，将会对自由世界的其余部分造成严重打击。

现在远东给自由世界提供了 60% 以上的锡，这部分供应的丧失就意味着非重要产品使用的大量减少和储备的取消。远东也给自由世界提供了近 70% 的金红石、30% 的钨和 20% 的铬铁矿。今后几年内，通过进一步开发可替代能源和替代品，在这些物资方面对远东的依赖有望缓解。即使远东提供了全世界 90% 可用于出口的天然橡胶，但是据估计，通过合成产品和动用储备，至少可以在五年的时期内弥补这个地区的损失。

近期内，远东地区可用的自然资源和农业资源不可能有大量的增加。总的来说，金属矿

---

① 原文此处有注释，但未解密。——译注
② 原文此处有注释，但未解密。——译注

产和其他自然资源的损失对于美国和工业化程度较高的自由世界国家来说是最为严重的，而损失农产品，除了羊毛和马尼拉麻之外，对美国的影响不像对自由世界其他地区的影响那么严重。

个别国家的重要性。个别说来，远东各国就其战略资源的重要性方面各不相同。印度尼西亚（锡、橡胶、矾土、椰油、金鸡纳树的树皮以及其他物资）、马来亚（锡、橡胶和椰油）、澳大利亚和新西兰（羊毛、金红石、铅、锌、小麦、肉类和日用品）、菲律宾（铬铁矿、马尼拉麻、椰油及其他物资）以及日本（丝、茶，但主要还是它潜在的工业能力）的丢失将是最为严重的。在重要性上排第二位的是泰国（大米、虫漆，数量相对来说较少的锡、钨和橡胶）和南朝鲜（远东钨的主要来源）。不那么重要的地方包括缅甸、印度支那、新喀里多尼亚、福摩萨和其他国家。

Memoranda-Report 1, Box 194：NSC, Current Policies of The Government of The United States of America relating to the national Security, Volume I, Truman Library

金海译，何妍校

中情局关于 1953 年中期苏联
阵营潜能的评估报告

（1952 年 11 月 12 日）

NIE 64(Part Ⅰ)

绝 密

对 1953 年中期前苏联集团的潜能分析

1952 年 11 月 12 日刊印

问　　题

对苏联集团①到 1953 年中期政治战和军事战潜能的评估。

结　　论

1. 在现存的军队及在常规陆军和空军武装力量方面，与西方相比苏联集团继续占有数量上的巨大优势。

2. 苏联经济用以支持一场大战的准备现在要比 1940 年时好得多。

3. 在苏联集团最新的军事计划中，主要强调扩大核储备和改善集团防御工事，特别是防御空中攻击。我们认为，这一重点将一直贯穿评估的整个阶段。我们还认为，尽管苏联集团将提高作战效率，但它的军队规模不会大幅度增长。

4. 到 1953 年中期，苏联不大可能发展和生产热核武器。

5. 苏联现在部署在东欧的军队处于高度战斗准备状态，几乎可以不发出警告就发动攻击。

6. 我们估计，苏联集团有能力同时在欧洲大陆、中东和亚洲大陆发动大规模的行动。苏联集团可以迅速得到中共和苏联力量以及现在在朝鲜的共产党力量的补充，同时由苏联军队发动对日本的袭击。

---

① 原注：苏联集团包括苏联、欧洲卫星国、共产党中国、外蒙古、北朝鲜和越盟。克里姆林宫还控制着集团国家以外的国际共产主义运动。

7. 苏联拥有对英国、欧洲大陆大部、中东大部以及日本实施持续性空中打击的能力，各个攻势的强度根据同时发动攻击的数量而变化。它还能够使用它储备的所有核武器攻击这些地区的目标，攻击美国以及美国在海外的基地。

8. 苏联集团的防空组织有能力顽强抵抗对苏联的重要中心地区的空中打击。但是尽管苏联集团的防空系统有了显著提高（特别是在苏联、东德、波兰和满洲），但在我们评估的这一时期，仍然存在不足。

9. 在世界的大部分有战略意义的重要海域上，苏联有能力发动潜艇攻击和敷设水雷的行动。在它毗邻的海岸水域，苏联有能力发动短距离的水陆两栖作战行动。

10. 除了在伊朗有可能之外，无论是以宪法程序还是通过革命的方式，共产党几乎肯定没有能力推翻任何非共产党政府。

11. 在我们评估的这一时期，苏联集团发动政治战的能力仍然对非共产党世界构成严重威胁，在非共产党世界的共产党数量估计大约有 375 万人，在克里姆林宫的指挥下，紧密地组织行动，并形成世界范围的网络组织。通过这个组织，克里姆林宫可以暗中攻击现政府，利用民族间的对抗，利用少数团体和政治派别，利用经济、政治和军事上的困难。党组织上的战斗力远远比单从其数字规模显示的更加强大。

讨　　论

影响集团潜能的若干因素

12. 苏联政权牢固地掌握着权力，没有明显的征兆显示它的控制受到威胁或被动摇。

13. 苏联对卫星国几乎肯定还是全面地进行控制。要确保卫星国的政府服从苏联和对苏联忠诚可靠，从经济和军事上对苏联有所贡献。

14. 中国共产党政权牢固控制着中国大陆，在评估的这一时期内，它的控制几乎没有可能受到国内势力的威胁或被动摇。我们认为，共产党中国接受莫斯科在国际共产主义运动中的领导地位，但保留一些独立行动的权力，以及在制定对远东的政策时发挥影响的权力。目前中苏关系在整个评估的这一时期仍将保持相对的稳定。

15. 苏联正在做大规模的研究和发展计划。在强调军事应用领域的研究中，既有理论研究又有应用研究，特别是原子能、电子学、喷气式飞机、导弹和潜艇。在所有这些领域里，苏联的科学家和技术人员表现出很高的专业水平。

16. 苏联集团的国民生产总值在过去的几年里有所增长。对其总值的预测必须要考虑其中的错误，与整个集团战前相比是没有意义的。但是，我们估计，苏联 1951 年国民生产大体比 1949 年高出 15％。

（1）苏联的经济 1948 年就恢复到战前的生产总水平，到 1951 年，据估计超过战前水平的 20％～30％。我们估计，苏联国民生产正以每年 6％～7％的速度增长。

（2）卫星国总的生产量占集团国民生产的近四分之一。我们认为，卫星国国民生产自1949年以来有所增长，但无法估计增长的总额有多少。

（3）共产党中国的国民生产很难评估，但我们认为，它低于集团总数的15％。共产党中国的国民生产大致以年均3％～5％的速度增长，而它的生产资料的输出仍占集团总额的很小部分。

17. 苏联经济的产量比不过美国，苏联集团整体经济的产量也无法与北约国家相比。1951年苏联的国民生产总值大约是美国的四分之一，整个集团的国民生产总值大约是北约国家的30％。

18. 无论怎样，对所有类型的商品和服务的总产值的比较，使人们误以为它代表了和平时期军事装备生产的相对能力。与西方国家相比，在集团内惯用的传统生活标准和控制，使得集团国家只把总产值中相当小的比例用于民用消费，特别是稀有材料和商品。而且，这些生活标准和控制也能使集团在实际的军事成品生产上，比西方拿出更高的比例用于军事支出。

19. 第二次世界大战之后，作为整体的苏联集团国民生产用于军事目的的比例远远大于西方。我们认为，苏联当前把它的大约五分之一的国民生产用于军事支出。我们估计，苏联1952年用于军事生产的资源与1944年分配的总量相当。

20. 与1940年相比，支持一场大战的努力，苏联经济现在准备的要好得多。在冷战持续的条件下，很明显，集团有能力扩大它的工业基地和增加军事生产。苏联的经济是围绕着在最近的将来、同时也是在更远的将来可能爆发战争这个目的来组织的。这两个目的在某种程度上是与资源的分配相符合的。

21. 克里姆林宫把资源储备放在优先的位置，不仅有军事成品，还有粮食、基本装备，以及维持战时经济或是其他紧急状态所需要的材料。

22. 在评估的这一时期内，集团可以增加它对非共产党世界的出口。我们估计，与非共产党世界的贸易即使只增加一点，都会作为重要的政治战的武器。

集团的军事实力

23. 在现有的军队及常规的陆军和空军武装力量方面，与西方大国相比，在数量上集团继续拥有相当大优势。我们估计，集团现有武装力量①如下：

（1）人数将近875万，其中苏军445万；卫星国155万；共产党中国235万；北朝鲜29万；越盟13万。（各个国家正规部队和安全部队更全面的数字信息见附录二。）

（2）实际编制飞机近2.1万架，包括约6 700架喷气式战斗机、900架活塞式中型轰炸机；核准编制约2.5万架飞机，包括8 400架喷气式战斗机和1 150架活塞式中型轰炸机。

（3）总共至少有164艘大型海上舰艇和361艘潜艇，包括103艘远程舰艇。

（4）50枚原子弹的储备（30千吨～100千吨量）。（这一估计适用于1952年中期之前，

----

① 原注：对集团武力量可用证据性质的评论，请见评估结尾的注释。

不包括这份报告出版的时期。实际的数字可能在估计的数字的一半到两倍之间）。

（5）大规模常规武器和装备的储备。

24. 我们估计到1953年中期苏联集团的武装力量将可能达到：

（1）人数近900万，其中苏军450万；卫星国175万；共产党中国235万；北朝鲜29万；越盟13万。（各个国家正规部队和安全部队更全面的数量信息见附录二。）

（2）核准编制约2.5万架飞机，包括10 150架喷气式战斗机和1 200架活塞式中型轰炸机及一些喷气式中型轰炸机[①]。

（3）总共约有205艘大型海上舰艇和406艘潜艇，包括122艘远程舰艇。

（4）100枚原子弹的储备（30千吨～100千吨量）。（实际的数字可能在估计的数字的一半到两倍之间）。

25. 到1953年中期，苏联不大可能发展和生产热核武器。

26. 到1953年中期，该集团的陆军、海军和空军的整体效率将有所提高，这是由于武器装备的现代化和标准化发展、强化培训项目、苏联原子弹储备的增加，以及卫星国军队战斗效率的提升。

27. 在卫星国军队快速增长的同时，苏联和共产党中国的军队在过去两年保持了相对稳定的规模。目前该集团的军事工作的重点显然主要放在扩大原子核武器的储备和提高集团的防御能力上，特别是抗击空中打击能力。集团还强调，提高现有军队的质量，发展和整顿卫星国的军事力量。

28. 苏联拥有大规模的防空体系，不仅包括归属于苏联防空组织的部队，还有陆军、战术空军和海军中可以利用的现役防空力量，同时还有警察和市民组织等可发动的防御力量。欧洲卫星国和共产党中国的空中防御增加到苏联的防空体系中并与之相融合。尽管防空体系有重大发展，但缺少经过培训和有经验的领航员、驾驶员，缺少现代雷达、重型高射炮，以及特别为防护所有重要地区设计的全天候战斗机，这些情况仍将持续。我们估计到1953年中期，防空部队的人数不会有所变化，尽管通过更新装备和训练能提高防空的效率。

集团的军事潜能

29. 我们估计苏联集团有能力在欧洲大陆、中东和亚洲大陆同时采取大规模的行动。集团可以很快得到共产党中国和苏联军队以及目前在朝鲜的共产党军队的补充，同时由苏联军队发动对日本的袭击。

30. 苏联现在部署在东欧的军队正处于高度备战状态，能够几乎不发出警告就进攻。可是，集团在东欧的部队要维持大规模进攻行动之前，肯定需要得到苏联的陆军和空军的增援。

31. 苏联有能力对英国、欧洲大陆的大部、中东大部以及日本实施持续性的空中攻击，

[①]　原注：对中型轰炸机生产的估计依据的是苏联发展和生产此类飞机的技术能力。没有情报来证实这类飞机正在生产。

各个攻势的强度根据同时发动攻击的数量而有所不同。它还能够使用它储备的所有核武器攻击这些地区的目标,攻击美国以及美国在海外的基地。

32. 苏联集团的防空组织有能力对苏联重要中心地区的空中打击进行顽强抵抗。但是尽管苏联集团的防空系统有了显著提高(特别是在苏联、东德、波兰和满洲),我们评估的这一时期,仍然存在不足。

33. 集团有能力在波罗的海、黑海,沿挪威的北海岸及北日本海发动短距离的两栖和空军的协同作战行动,能对西部的阿拉斯加采取有限的两栖和空军行动。

34. 苏联的潜艇部队有能力发动攻击,沿着世界最重要的战略海岸线敷设水雷,还可能同时发动针对美国大西洋和太平洋海岸目标的制导导弹的攻击。苏联海军,包括它的空军有能力布置广阔的雷区,保护苏联、卫星国和共产党中国的海港和航线,在波罗的海的港口和黑海、北部海域的港口及日本海域布置水雷,扰乱这些地区的航线。

35. 自从停战谈判开始以来,共产党中国和北朝鲜在朝鲜的能力从实质上有所增强。如果现在的军事行动规模继续下去,我们认为,在评估的这一时期内这些能力会逐渐提高。共产党在朝鲜的陆军具有高度的进攻潜能,能够不经警告就发动大规模攻击。[1]

36. 自从朝鲜战争开始以来,我们认为在中国的空军部队是由共产党中国、北朝鲜和苏联共同组成的,已经建成可观的规模。在朝鲜-满洲-中国北部地区的喷气式战斗机部队力量逐渐在提高。尽管如此,在中国的共产党空军部队,其能力在评估的这一时期内仅限于在能见度较高的情况下对中国北部、满洲和北朝鲜的空中防御,以及对联合国在朝鲜的部队和附近海域有限的攻击。我们认为,在这期间,它还会逐渐扩展,但仍然完全依赖苏联的飞机和装备、配件及技术监督,飞机的燃料和润滑油也几乎完全依靠苏联。除非使用一些轻型的喷气式轰炸机,否则这支空军的进攻能力仍将十分有限。要想对台湾和东南亚地区发动持续的空中行动就必须从满洲地区调遣军队。

37. 在评估的这一时期,苏联和(或)中共在亚洲的军队几乎肯定仍然具备同时采取以下行动的能力:

(1) 只要军队同时行动,其势力就可蔓延至香港、澳门、印度支那、缅甸和泰国等地区。[2]

(2) 在朝鲜的共产党军队很快得到中共和苏联军队的补充,同时苏联军队发动对日本的进攻。

(3) 在太平洋以潜艇和水雷攻击西方的船只,在西部和北部太平洋,对西方的基地和船只实施空中打击和地面突袭。

集团政治战实力的因素

38. 对于共产党来说,政治战起着非同寻常的重要作用,在他们削弱非共产党力量基础的运动中,军事战争被看作只是政治战的一种延伸。苏联集团实施政治战所用的手段包括

---

[1] 原注: 有关这一问题的完整信息见 NIE55/1:"共产党在朝鲜的能力和可能的行动进程"(1952 年 7 月 30 日)["Communist Capabilities and Probable Courses of Action in Korea"]。

[2] 原注: 如果美国的海军和空军一直守卫着台湾,共产党中国对台湾的进攻几乎肯定会失败。

在政治和经济上施压,在联合国及其他地方的外交行动、宣传及阵线的活动,在苏联集团以外的共产党和共产党控制下的工会的行动、破坏,对颠覆性和革命性运动及内战的宣传,还有心理战。

39. 集团政治战的潜能所依靠的重要力量来源,是由集团的军事潜能,集团的规模、权力和集团集权化的领导,共产主义的信仰以及共产主义的国际运动构成的。

40. 我们认为,现在全球有2 000万共产党员,组成了72个国家的政党。大部分党员居住在该集团的国家内,但有约375万分布在共产党国家以外的世界。这些数字还不包括阵线、工会等受到该国共产党影响和控制的组织的成员。党的纪律和热情使他们比其规模所显示的更有效力。

41. 为了服务于该集团的利益,非共产党国家的共产党组织试图利用在经济、社会和民族主义方面的不满情绪,对政府机关和组织的渗透,提供间谍机构和破坏分子,宣传集团的精神,动员民众支持集团的政策,建立向政府施压影响地方政策使之有利于集团的团体,渗透和控制工会以及国家劳工组织。在建立和控制阵线组织(Front Organization)方面他们显示了特殊的才能。

集团政治战的潜能

42. 集团政治战的潜能在整个评估时期将继续构成严重威胁。共产党和他们的同盟者利用民族间的对抗,利用少数团体和政党派别,利用经济、政治和军事上的困难,维持着对现政府暗中破坏的能力。

43. 我们认为,在评估的这一时期,集团还没有能力通过立法程序或革命手段建立共产党政府,唯一的可能性是在伊朗。

44. 在整个西欧,自1946年以来共产党无论在人员还是威信上都遭受了重大损失。尽管如此,各处共产党的坚强核心还是保持下来了,在大多数国家,共产党仍在继续影响着很多非共产党。

45. 西欧的共产党出于政治目的发动罢工的能力已经锐减。尽管如此,他们还保持了有限的干扰国防生产的能力。

46. 如果发生全面战争,共产党很可能对西欧构成威胁,特别是在法国和意大利,那些大的共产党和共产党的工会的力量由于受过良好训练的共产党准军事化组织而得到加强。共产党会从事间谍活动、工业破坏、恐怖主义和攻击运输通讯设备及军事设施,在这些方面他们的能力是相当强的。

47. 我们认为,除了在伊朗之外,该集团在中东和亚洲实施政治战的能力在整个评估阶段一直很弱。集团在这一地区没有采取积极的行动,并且现有的大部分共产党已经被迫转入地下。尽管西方的地位不断恶化,但该集团在这一地区的政治战更加脆弱。

48. 集团在伊朗的代理人——塔德赫(Tudeh)党,据估计有1.5万名党员,3万名同路人,在最近的政治危机中显示了极大的凝聚力和相当强的组织性。它在伊朗的军队中已经取得了一定渗透,在官僚机构里渗透得更多。在评估的这一时期,尽管只有少数人反对塔德赫取得对伊朗的控制权,但是他们可能很快就会动摇,特别是由于领导人之间的矛盾而导致民族阵线分裂的情况下。

49. 共产主义现在对印度没有形成重大的直接威胁,尽管印度共产党和同盟党在 1952 年选举中获得 1.06 亿选民中的 600 万张选票。印度共产党仍然只有 5 万党员,但它在地方与国家的立法机关中拥有一些有投票权的小团体。我们认为,在评估的时期内,印度共产党几乎没有可能争夺议会党的多数地位。如果共产党还强调暴力的作用,公众对它的支持很可能下降,政府肯定会恢复它以前的镇压手段。

50. 尽管日本共产党现在只有约 10 万党员(约有一半处于地下状态),但它非常有组织、有纪律,它有很强的从事间谍和破坏活动的能力。在日本的劳工组织、各种阵线组织以及学生和知识分子中间的共产党的影响,给他们提供了进行宣传、利用经济的不稳定和对美国的不满的重要的工具。但是,日本共产党在评估的时期内,缺乏夺取政府权力的能力,几乎肯定不能损害日本与西方的合作。

51. 集团的政治战势力渗透到整个东南亚,在印度支那最盛。越盟是一个恐怖和控制的强有力的工具,它有很强的民族主义的号召力。越盟的军队在共产党中国的指导和军事援助下,对法国及其联邦国家施加了强大的压力。我们认为,越盟在整个评估时期将保持这些能力。

52. 我们认为,在评估的这一时期内,在拉丁美洲,共产党不可能在任何一个国家建立共产党政府,不论是通过宪法程序还是革命的手段。在危地马拉,这是拉丁美洲国家中唯一的共产党在政府中掌权的国家,他们很可能保持甚至提高他们的影响力。在拉美的大多数国家,共产党有相当的实力,进行破坏、扩大集团的宣传,同时在民族主义者、知识分子和有组织的劳工团体中激起反美情绪。

用于评估集团军事实力的证据的性质

对集团军事力量的评估所依据的是 1952 年 10 月 1 日得到的情报。

(1) 陆军二部(G-2)对用于评估集团陆军实力的证据性质的评论:

对苏联和卫星国陆军实力的评估相当的可靠。这些评估是中间值;陆军部队的力量在应征入伍和退役年间是不同的。苏联、卫星国、朝鲜和越盟陆军师的数字非常可靠。有关共产党中国陆军部队的力量的情报经不起推敲。

(2) 空军情报局(AFOIN)对用于评估集团空军实力的证据性质的评论:

对苏联空军实力的评估来源于可信的情报,但是搜集的范围不全。苏联空军整体规模和组成的评估是根据单个部队和官方认可的各种类型的空军团的组织和装备实力表做出的。目前对喷气式战斗机和中程轰炸机实力的评估被认为是合理可靠的。但是飞机统计数据有限,依照这些数据,估计目前各种类型的飞机实力的平均水平,总计达到如下官方标准的百分比:喷气式战斗机,80%～85%;活塞式中程轰炸机,75%～80%;所有其他型号的飞机,90%～95%。

(3) 海军情报局(ONI)对用于评估集团海军实力的证据性质的评论:

确定有大型水上舰艇存在的证据是可靠准确的。各个船只名称和旗号的确定已从一系列的证据得到证实。可信的证据确认了 86% 的潜艇的存在，其余的也得到了证据的支持。有关海军建设计划的证据被认为是可靠准确的。

这篇稿子是一个概要的评估。有关集团能力的详细资料见附录，它将单独出版。附录的目录见下页。

附录一

影响集团潜能的非军事因素

一、国际政治因素

1. 苏联

2. 欧洲卫星国

3. 共产党中国

4. 中苏关系

二、科学和技术因素

三、经济因素

附录二

集团军事实力的评估

一、概要

二、集团的陆军

1. 苏联军队

2. 集团在欧洲的兵力

3. 集团在远东的兵力

三、集团的空军

1. 苏联空军

2. 卫星国的空军

3. 共产党中国的空军

四、集团的海军

1. 苏联的海军

2. 卫星国和中共的海军

3. 集团的商船

五、集团的防御

1. 苏联的防空体系

2. 苏联的民防

3. 苏联的边防

4. 卫星国和中共的防御

六、集团军事实力表

1. 集团军事人员实力的评估

2. 集团现役军人和安全部门人员实力评估

3. 集团陆军实力评估和地理分布

4. 集团空军以机型为准的实力评估和地理分布

5. 苏联主力空军实力评估

6. 集团海军部队的评估和集团商队组织评估

附录三

集团政治战的实力和潜能

一、集团政治战的实力

1. 规模、权力和集中领导

2. 共产主义的信条

3. 共产主义的国际组织

二、集团政治战的潜能

1. 西欧

2. 中东和非洲

3. 南亚

4. 远东

5. 拉丁美洲

Folder：PSF Intelligence File NIE 64（Part Ⅰ），Truman Library

李锐译，何妍校

中情局关于 1954 年中期苏联
阵营潜能的评估报告

（1952 年 12 月 15 日）

NIE 64(Part Ⅰ)/1［补充和修改 NIE 64(Part Ⅰ)］

绝　密

对 1954 年中期前苏联集团的潜能分析①
1952 年 12 月 11 日通过
1952 年 12 月 15 日刊印

问　　题

将国家情报评估第 64 号第一部分关于苏联集团②政治和军事战潜能的评估延伸到 1954 年中期。

（这一评估并没有对有关朝鲜战争中集团发展的多种可能性的影响做出评价）

结　　论

1. 在现存的军队及在常规陆军和空军武装力量方面，与西方相比苏联集团继续占有数量上的巨大优势。

2. 苏联经济用以支持一场大战的准备现在要比 1940 年时好得多。在冷战继续的条件下，集团有能力同时扩展它的工业基础和军事产量。

3. 在苏联集团最新的军事计划中，主要强调扩大原子储备和提高集团防御能力，特别是防御空中攻击，以及加强卫星国和中国共产党的兵力。我们认为，这一重点将一直贯穿评估的整个阶段。我们还认为，尽管苏联集团将提高作战效率，但它的军队规模不会有很大的增长。

---

① 原注：过了 12 个月后，对 NIE 64(Part Ⅰ)做些修改和补充是必须的，它们在报告里被用斜体字（译文用楷体——译注）注明。那些修正实际上是对 NIE 64(Part Ⅰ)的临时更改，在脚注里注明。为了陈述清晰，删除的没有注明。

② 原注：苏联集团包括苏联、欧洲卫星国、共产党中国、外蒙古、北朝鲜和越盟。克里姆林宫还控制着集团国家以外的国际共产主义运动。

4. 我们认为,到 1954 年中期,苏联将可能拥有 200 枚原子武器(30～100 当量)。① （实际数字可能是估计的三分之二到两倍。）到 1953 年中期,苏联不大可能发展和生产热核武器。但是,在评估的这一时期(到 1954 年中期),有可能进行与热核反应有关的尖端研究和现场试验。

5. 苏联现在部署在东欧的军队处于高度战斗准备状态,几乎可以不发出警告就发动攻击。尽管如此,如果他们想支撑住重大的进攻行动,集团在东欧的军队肯定需要苏联陆军和空军相当大的增援。

6. 我们估计,苏联集团有能力同时在欧洲大陆、中东和亚洲大陆发动大规模的行动。苏联集团可以迅速得到中共和苏联力量以及现在在朝鲜的共产党力量的补充,同时由苏联军队发动对日本的袭击。

7. 苏联能够使用它储备的所有的核武器储备攻击在美国以及美国在海外的基地的目标。它还拥有对英国、欧洲大陆、中东大部以及日本实施持续性空中攻击的能力,各个攻势的强度随同时采取的攻击数量的变化而变化。②

8. 苏联集团的防空组织有能力顽强抵抗对苏联重要中心的空中打击。只是尽管苏联集团的防空系统有了显著提高(特别是在苏联、东欧和满洲),但在我们评估的这一时期,仍然存在不足。

9. 在世界的大部分有战略意义的重要海域上,苏联有能力发动潜艇攻击和敷设水雷的行动。在毗邻它的海岸水域,苏联有能力发动短距离的水陆两栖作战行动。

10. 集团政治战是一个重要的武器,在整个评估的这一时期,将继续对非共产主义世界构成严重威胁。集团政治战潜能的增长极大可能是在那些不稳定的地区,例如东南亚、中东和非洲的部分地区。由于经济和社会的不稳定、种族的和宗教的对抗、弥漫着的反对"西方帝国主义"的情绪,以及许多现政府没有效率的领导,使得这些地区对于集团的政治战的反应仍将特别脆弱。

11. 在评估的这一时期内,集团会增加它对非共产主义世界的出口。我们认为,与非共产主义世界贸易即使稍微增长一点,它也将构成政治战的重要因素。

讨 论

影响集团潜能的若干因素

12. 苏联政权牢固地掌握着权力,没有明显的征兆显示它的控制受到威胁或被动摇。

13. 苏联对卫星国几乎肯定还是全面地进行控制。要确保卫星国的政府服从苏联和对

---

① 原注：这一估计与联合原子能情报委员会即将出台的评估"苏联原子能项目的状况"观点是一致的。

② 原注：尽管这段与 NIE 64(Part Ⅰ)形式上不同,即 31 段,实质内容上特意没有改变。

苏联忠诚可靠,从经济和军事上对苏联有所贡献。

14. 中国共产党政权牢固控制着中国大陆,在评估的这一时期内,它的控制几乎没有可能受到国内的势力威胁或被动摇。我们认为,共产党中国接受莫斯科在国际共产主义运动中的领导地位,但保留一些独立行动的权力,以及在制定对远东的政策时发挥影响的权力。目前中苏关系在整个评估的这一时期仍将保持相对的稳定。

15. 苏联正在做大规模的研究和发展计划。在强调军事应用领域的研究中,既包括理论研究又有应用研究,特别是原子能、电子学、喷气式飞机、导弹和潜艇。在所有这些领域里,苏联的科学家和技术人员表现出很高的专业水平。

16. 苏联对无线传播的干扰已发展到相当高的能力,发展到包括 HF 波段的水平。苏联在相关电子领域的潜能表明,他们现在已经能够发展干扰 VHF 和 UHF 波段的设备。这些能力对西方远程和短程军事无线通讯和导航系统构成严重威胁。[1]

17. 苏联集团的国民生产总值在过去的几年里有所增长。对其总值的预测必须要考虑其中的错误,与整个集团战前相比是没有意义的。但是,据暂时的估计,集团 1951 年国民生产大体比 1949 年高出 20%,并且我们认为在评估的这一时期还将持续快速增长。[2]

(1) 苏联的经济 1948 年就恢复到战前的生产总水平,到 1951 年,据估计超过战前水平的三分之一。我们估计,苏联国民生产正以年均 11% 的速度增长,在评估的这一时期它将继续增长,尽管增长率可能稍微有些下降。

(2) 卫星国总的生产量占集团国民生产的近四分之一。我们认为,卫星国国民生产将以与苏联在评估时期相近的速度增长。

(3) 共产党中国的国民生产很难评估,但我们认为,它低于集团总数的 15%。共产党中国的国民生产大致以年均 3%～5% 的速度增长,而它的生产资料的输出仍占集团总额的很小部分。

18. 苏联经济的产量比不过美国,苏联集团整体经济的产量也无法与北约国家比。1951 年苏联的国民生产总值大约是美国的 30%,整个集团的国民生产总值是北约国家的近三分之一。这些差异正逐渐缩小,但到 1954 年中期没有重要的变化。[3]

19. 无论怎样,对所有类型的商品和服务的总产值的比较,使人们误以为它代表了和平时期军事装备生产的相对能力。与西方国家相比,在集团内惯用的传统生活标准和控制,使得集团国家只把总产值中相当小的比例用于民用消费,特别是稀有材料和商品。而且,这些生活标准和控制也能使集团在实际的军事成品生产上,比西方拿出更高的比例用于军事支出。

---

① 原注:这段逐字逐句取自 NIE 64(Part Ⅰ)附录 A 中第二项"科学与技术因素"。
② 原注:17 段对 NIE 64(Part Ⅰ)报告中有关苏联 1952 年经济发展有了重要修改。这一修改是基于与 NIE 65 有关的研究。此项研究结果情报咨询委员会没有完全接受,取决于进一步的研究。
③ 原注:18 段对 NIE 64(Part Ⅰ)报告中有关苏联 1952 年经济发展有了重要修改。这一修改是基于与 NIE 65 有关的研究。情报咨询委员对此项研究结果没有完全接受,取决于进一步的研究。

20. 第二次世界大战之后,作为整体的苏联集团国民生产用于军事目的的比例远远大于西方。我们认为,苏联当前把它的大约五分之一的国民生产用于军事支出。我们估计,苏联1952年用于军事生产的资源与1944年,苏联战时生产的高峰年份,分配的总量相当。

21. 与1940年相比,支持一场大战的努力,苏联经济现在的准备要好得多。在冷战持续的条件下,很明显,集团有能力扩大它的工业基地和增加军事生产。苏联的经济是围绕着在最近的将来、同时也是在更远的将来可能爆发战争这个目的来组织的。这两个目的在某种程度上是与资源的分配相符合的。

22. 克里姆林宫把资源储备放在优先的位置,不仅有军事成品,还有粮食、基本装备,以及维持战时经济或是其他紧急状态所需要的材料。

23. 在评估的这一时期内,集团可以增加它对非共产党世界的出口。我们估计,与非共产党世界的贸易即使只增加一点,都会作为重要的政治战的武器。

集团的军事实力

24. 在现有的军队及常规的陆军和空军武装力量方面,集团继续拥有比西方大国相当大的数量上的优势。我们估计,集团现有武装力量[①]如下:

(1) 人数将近875万,其中苏军445万;卫星国155万;共产党中国235万;北朝鲜29万;越盟13万。(各个国家正规部队和安全部队更全面的数字信息见国家情报评估第64号第一部分附录,附录二,第六部分)

(2) 实际编制飞机近2.1万架,包括约6 700架喷气式战斗机、900架活塞式中型轰炸机;核准编制约2.5万架飞机,包括8 400架喷气式战斗机和1 150架活塞式中型轰炸机。

(3) 总共至少有164艘大型海上舰艇和361艘潜艇,包括103艘远程舰艇。

(4) 50枚原子弹的储备(30千吨～100千吨量)。(这一估计适用到1952年中期之前,不包括这份报告出版的时期。实际的数字可能在估计的数字的一半到两倍之间)。

(5) 大规模常规武器和装备的储备。

25. 我们认为到1954年中期苏联集团的武装力量将可能达到:

(1) 人数近940万,其中苏军452万;卫星国200万;共产党中国245万;北朝鲜30万;越盟13万。

(2) 核准编制约2.67万架飞机,包括1.3万架喷气式战斗机和1 250架活塞式中型轰炸机及可能有一些喷气式中型轰炸机[②]。

(3) 总共约有260艘大型海上舰艇[③]和471艘潜艇,包括153艘远程舰艇。

(4) 200枚原子弹的储备(30千吨～100千吨量)(实际数字可能超过估计三分之二

---

① 原注:对集团武装力量可用证据性质的评论,请见评估结尾的注释。
② 原注:对中型轰炸机生产的估计依据的是苏联发展和生产此类飞机的技术能力。没有情报来证实这类飞机正在生产。
③ 原注:这里包括海上所有类型的舰只,还包括海岸驱逐舰。

到两倍）。①

26. 到 1953 年中期，苏联不大可能发展和生产热核武器。但是在评估的这一时期（到 1954 年中期），有可能进行与热核反应有关的尖端研究和现场试验。

27. 到 1954 年中期，集团的陆军、海军和空军的整体效力将有所提高，这是由于武器和装备的现代化和标准化发展、强化培训项目、苏联原子弹储备的增加，以及卫星国军队战斗效率的提升。

28. 在卫星国军队快速增长的同时，苏联和共产党中国的军队在过去两年保持相对稳定的规模。目前集团的军事工作的重点显然主要放在扩大原子核武器的储备和提高集团的防御能力上，特别是抗击空中打击。集团还强调，提高现有军队的质量，发展和整顿卫星国的军事力量。

29. 苏联拥有大规模的防空体系，不仅包括归属于苏联防空组织的部队，还有陆军、战术空军和海军中可以利用的现役防空力量，同时还有警察和市民组织等可发动的防御力量。欧洲卫星国和共产党中国的空中防御加强并与苏联的防空体系结合起来。尽管防空体系有了重要的发展，但缺少经过培训和有经验的领航员、驾驶员，缺少现代雷达、重型高射炮，以及特别为防护所有重要地区设计的全天候战斗机，这些情况仍将持续。我们估计到 1954 年中期，防空部队的人数基本没什么变化，但通过更新装备和训练，防空的效率将有所提高。

集团的军事潜能

30. 我们认为苏联集团有能力在欧洲大陆、中东和亚洲大陆同时采取大规模行动的能力。集团可以很快得到共产党中国和苏联军队以及现在朝鲜的共产党军队的补充，同时由苏联军队发动对日本的袭击。

31. 苏联现在部署在东欧的军队正处于高度备战状态，能够几乎不发出警告就进攻。可是，集团在东欧的部队要支撑重大的进攻行动之前，肯定要得到苏联的陆军和空军的增援。

32. 苏联能够发送它的所有核武器储备攻击在美国以及美国在海外的基地的目标。它还拥有对英国、欧洲大陆、中东大部以及日本实施持续性空中攻击的能力，各个攻势的强度随同时采取的攻击数量的变化而变化。②

33. 苏联集团的防空组织有能力对苏联重要中心地区的空中打击进行顽强抵抗。但是尽管苏联集团的防空系统有了显著提高（特别是在苏联、东欧和满洲），但在我们评估的这一时期，仍然存在不足。

34. 集团有能力在波罗的海、黑海，沿挪威的北海岸及北日本海发动短距离的两栖和空军的协同作战行动，能对西部的阿拉斯加采取有限的两栖和空军行动。

35. 苏联的潜艇部队有能力发动攻击，沿着世界最重要的战略海岸线敷设水雷，还可能

---

① 原注：这一估计与联合原子能情报委员会即将出来的评估报告"苏联原子能项目的状况"意见是一致的。

② 原注：尽管这段与 NIE 64（Part Ⅰ）形式上不同，即 31 段，实质内容上有意没作改变。

同时发动针对美国大西洋和太平洋海岸目标的制导导弹的攻击。苏联海军,包括它的空军有能力布置广阔的雷区,保护苏联、卫星国和共产党中国的海港和航线,在波罗的海的港口和黑海、北部海域的港口及日本海域布置水雷,扰乱这些地区的航线。

36. 自从停战谈判开始以来,共产党中国和北朝鲜在朝鲜的能力从实质上有所增强。如果现在的军事行动规模继续下去,我们认为,在评估的这一时期内这些能力会逐渐提高。共产党在朝鲜的陆军具有高度的进攻潜能,能够不经警告就发动大的攻击。①

37. 自从朝鲜战争开始以来,我们认为在中国的空军部队是由共产党中国、北朝鲜和苏联共同组成的,已经建成可观的规模。在朝鲜-满洲-中国北部地区的喷气式战斗机部队力量逐渐在提高。在中国的共产党的空军部队,它的能力在整个 1953 年中期,主要限于在能见度较高的情况下对中国北部、满洲和北朝鲜的空中防御,以及对联合国在朝鲜的部队和附近海域有限的攻击。但我们认为,到 1954 年中期,空军的能力将有所提高,据估计它引进了近 160 架轻型轰炸机,由此使它的进攻超出了现在行动的有限威胁。我们认为,在这期间,它还会逐渐扩展,但仍将完全依赖苏联的飞机和装备、配件和技术监督,飞机的燃料和润滑油也几乎完全依靠苏联。要想对台湾和东南亚地区发动持续的空中行动,从满洲地区调遣军队则是必需的条件。

38. 在评估的这一时期,苏联和(或)中共在亚洲的军队几乎可以肯定他们仍然具备同时采取以下行动的能力:

(1)只要军队同时行动,其势力就可蔓延至香港、澳门、印度支那、缅甸和泰国等地区。②

(2)在朝鲜的共产党军队很快得到中共和苏联军队的补充,同时苏联军队发动对日本的进攻。

(3)在太平洋以潜艇和水雷攻击西方的船只,在西部和北部太平洋,对西方的基地和船只实施空中打击地面突袭。

集团政治战实力的因素

39. 对于共产党来说,政治战起着非同寻常的重要作用,在他们削弱非共产党力量基础的运动中,军事战争被看作只是政治战的一种延伸。苏联集团实施政治战所用的手段包括在政治和经济上施压,在联合国内外开展外交行动、宣传和阵线活动,在苏联集团以外的共产党和共产党控制的工会的行动、破坏,对颠覆性和革命性运动及内战的宣传,还有心理战。

40. 集团政治战的潜能所依靠的重要力量来源,是由集团的军事潜能;集团的规模、权力和集权化的领导;共产主义的信仰;以及共产主义的国际主义运动构成的。

41. 我们认为,现在世界上的共产党员有 2 000 万,组成 72 个国家的政党。大部分党员居住在集团国家内,但有约 375 万分布在共产党国家以外的世界。这些数字还不包括阵线、

① 原注:有关这一问题的完整信息见 NIE 55/1:"共产党在朝鲜的能力和可能的行动进程"(1952 年 7 月 30 日)["Communist Capabilities and Probable Courses of Action in Korea"]。
② 原注:如果美国的海军和空军一直守卫着台湾,共产党中国对台湾的进攻几乎肯定会失败。

工会等等受到该国共产党影响和控制的组织的成员。党的纪律和热情使他们比其规模所显示的更有效力。

42. 为了服务于集团的利益,在非共产党国家的共产党组织试图利用经济、社会和民族主义不满情绪,对政府机关和组织的渗透,提供间谍机构和破坏分子,宣传集团的精神,动员民众支持集团的政策,建立向政府施压影响地方政策使之有利于集团的团体,渗透和控制工会以及国家劳工组织。在建立和控制阵线组织方面他们显示了特殊的才能。

集团政治战的潜能

43. 集团的政治战是一件重要武器,在整个评估时期将继续构成严重威胁。共产党和他们的同盟者维持着对现政府暗中破坏的能力,利用民族间的对抗,利用少数团体和政党派别,利用经济、政治和军事上的困难。

44. 在整个西欧,自 1946 年以来共产党无论在人员还是威信上都遭受了重大损失。尽管如此,各处共产党的坚强核心还是保持下来了,在大多数国家,共产党仍继续影响着很多非共产党。

45. 西欧的共产党出于政治目的发动罢工的能力已经锐减。尽管如此,他们至少还保持有限的干扰国防生产的能力。

46. 如果发生全面战争,共产党很可能对西欧构成威胁,特别是在法国和意大利,那些大的共产党和共产党的工会的力量由于受过良好训练的共产党准军事化组织而得到加强。共产党从事间谍活动、工业破坏、恐怖主义和攻击运输通讯设备及军事设施,在这些方面他们的能力是相当强的。

47. 集团政治战潜能的增长极大可能是在那些不稳定的地区,例如东南亚、中东和非洲的部分地区。由于经济和社会的不稳定、种族的和宗教的对抗、弥漫着的反对"西方帝国主义"的情绪,以及许多现政府没有效率的领导,使得这些地区对于集团的政治战的反应仍将特别脆弱。

48. 在中东地区,集团政治战极大可能在伊朗发挥作用。①

伊朗的形势含有许多不稳定的因素,对其带有自信的评估不可能超过几个月。但是,我们认为,集团在伊朗的代理塔德赫在整个 1953 年,不太可能以渗透的方式得到政府的控制权,或是通过宪法手段或暴力颠覆民族阵线。一些意想不到的事件,例如,农作物的歉收,或是民族阵线因其领导人间的矛盾而分裂,都可能极大地增强塔德赫的能力。如果伊朗现在的趋势在 1953 年底之后仍未加控制的话,一旦它内部紧张局势加剧,经济形势和政府的预算继续恶化,都很可能导致政府权威的崩溃,从而为塔德赫逐渐掌握政权(至少是假设的)开辟了道路。

---

① 原注:这段的评估取代了 NIE 75 相应的分析,那份报告的题目是"伊朗在整个 1953 年的发展可能"(1952 年 11 月13 日)。

49. 我们认为,在评估的这一时期内,集团政治战在东南亚的潜能主要取决于越盟军队在共产党中国的指导和军事援助下,对法国及其在印度支那的联邦国家施加军事压力的程度。当现在的形势不利于在印度支那的各种政治和军事平衡力量决定性转变时,这一平衡可能迅速转变并且不利于西方的利益。共产主义在印度支那的胜利很可能导致共产党以武力或是和解的方式对绝大多数或者所有的东南亚大陆国家的控制,尽管这不一定是在评估时期内发生。

50. 在印度、巴基斯坦和锡兰,在评估的这一时期,共产主义没有足够的力量挑战政府的权威。但是,他们能鼓动地方的反对派,增强他们党的组织。如果印度的共产党还强调暴力的作用,公众对它的支持很可能下降,政府肯定会恢复它以前的压制手段。

51. 尽管日本共产党现在只有约10万党员(约有一半处于地下状态),但它非常有组织、有纪律,它有很强的从事间谍和破坏活动的能力。共产党在日本劳工组织、各种阵线组织以及学生和知识分子中间的共产党的影响,给他们提供了进行宣传、利用经济的不稳定和对美国的不满的重要的工具。但是,日本共产党在评估的时期内,缺乏夺取控制政府权力的能力,并且,如果现在的趋势继续的话,几乎肯定不能严重损害日本与西方的合作。

52. 我们认为,在评估的这一时期内,在拉丁美洲共产党不可能在任何一个国家建立共产党政府,不论是通过宪法程序还是革命的手段。在危地马拉,这是拉丁美洲国家中唯一的共产党在政府中掌权的国家,他们很可能保持甚至提高他们的影响力。在拉美的大多数国家,共产党有相当的实力,进行破坏、扩大集团的宣传,同时在民族主义者、知识分子和有组织的劳工团体中激起反美情绪。

用于评估集团军事实力的证据的性质

对集团军事力量的评估所依据的是1952年12月1日得到的情报。

(1) 陆军二部(G-2)对用于评估集团陆军实力的证据性质的评论:

对苏联和卫星国陆军实力的评估相当的可靠。这些评估是中间值;陆军部队的力量在应征入伍和退役年间是不同的。苏联、卫星国、朝鲜和越盟陆军师的数字非常可靠。有关共产党中国陆军部队的力量的情报经不起推敲。

(2) 空军情报局对用于评估集团空军实力的证据性质的评论:

对苏联空军实力的评估来源于可信的情报,但是搜集的范围不太全面。苏联空军整体规模和组成的评估是根据单个部队和官方认可的各种类型的空军团的组织和装备实力表做出的。目前对喷气式战斗机和中程轰炸机实力的评估被认为是合理可靠的。但是飞机统计数据有限,依照这些数据,估计目前各种类型的飞机实力的平均水平,总计达到如下官方标准的百分比:喷气式战斗机,80%～85%;活塞式中程轰炸机,75%～80%;所有其他型号的飞机,90%～95%。

(3) 海军情报局对用于评估集团海军实力的证据性质的评论:

确定大型水上舰艇存在的证据是可靠准确的。各个船只名称和旗号的确定已从一系列的证据得到证实。可信的证据确认了86％的潜艇的存在，其余的也得到了证据的支持。有关海军建设计划的证据被认为是可靠准确的。

Folder：PSF Intelligence，File NIE 64（Part Ⅰ）/1，Truman Library

李锐译，何妍校

中情局关于 1955 年中期共产党在
亚洲行动的评估报告

（1954 年 3 月 15 日）

NIE 10－2－54(取代 NIE 47)

机　密

到 1955 年中期共产党在亚洲的行动方针

1954 年 3 月 9 日通过

1954 年 3 月 15 日刊印

问　　题

评估共产党至 1955 年中期在亚洲①可能的行动方针。

结　　论

1. 我们相信，苏联和共产党中国至少在此评估期间，将依然保持密切的同盟关系，同时，他们在亚洲为推进共产主义这一目标上展开的合作不会因相互间的争执或利益冲突而大为减少。

2. 在此评估期间，苏联和中国共产党人几乎必定会猜度，他们在亚洲无法取得一个符合各自利益的解决方案，但是亚洲当前形势正在西方盟国内部以及非共产党执政的亚洲国家与西方国家之间造成紧张状态，这种状况可能会被共产党加以利用。共产党可能不会在缓和亚洲紧张局势方面做出任何重大让步，但会努力给自由世界的国家特别是亚洲的中立国家留下这样的印象：他们愿意谈判。

3. 共产党人可能不会以苏联、中国共产党或北朝鲜可以确认的武装力量在亚洲发起一场新的局部侵略。然而，他们会继续在他们认为有利的地方支持当地共产党的叛乱，利用一切机会削弱西方在亚洲的力量，并扩大共产党的力量与影响，以及利用这一地区受共产党压

---

① 原注：这里所说的"亚洲"，包括日本、台湾、菲律宾、印度尼西亚、锡兰和所有的亚洲东部国家（不包括伊朗和阿富汗）。

力的影响在许多方面所表现出的极度脆弱性。

4. 在朝鲜,我们相信共产党人将会:(1)保持克制,不再度发起敌对行动,但是会为重新开展敌对活动做军事上的准备;(2)拒绝接受任何会危及共产党继续控制朝鲜,或者妨碍共产党实现其控制整个朝鲜愿望的解决方案;(3)采取措施复兴北朝鲜并加强其军事和经济实力;以及(4)努力通过渗透和颠覆的途径,削弱南朝鲜。

5. 我们相信,在此评估期内,共产党在印度支那的战略将是:努力扩充越盟的军事和政治力量,摧毁法国继续作战的意志,并最终控制整个印度支那。越盟可能会强调其战争上的努力并继续它的渗透与颠覆策略。共产党中国几乎必定会继续维持、也许会增加对越盟在物质、训练和参谋方面的支持与援助。在此期间,共产党人几乎必定会继续提出通过谈判来解决印度支那战争的问题,并暗示有及早停火的可能。这种策略的主要用意,在于对法国和非共产党印度支那人造成心理影响。几乎可以肯定的是,共产党人不会就任何没有为他们提供统治印度支那提供非常有利前景的解决方案举行会谈,或是在此情形下同意停火。最后,我们相信,只要印度支那战争本质上仍保持其当前特征,中国共产党的作战部队就不会对印度支那公然实施干预;在此评估期内,那些可辨识的中国共产党的"志愿军"也不会大规模地介入。

6. 亚洲其他地区,在那些主要的共产党武装力量没有公开卷入的国家,共产党人仍将继续采取综合使用软硬两手策略的政策。共产党会公开表示,并在某些情况下实行同本地区其他国家在现有基础上进一步扩大相互间贸易关系的政策,以期增加他们对共产主义世界的好感。共产党人将会继续努力提高共产党中国在亚洲的声望,同时也会力求增强这一地区本土共产党的力量。

讨　　论

一、影响共产党在亚洲的行动方针的因素

7. 对共产党亚洲政策的形成起主导作用的因素似乎是:(1)苏联与亚洲其他共产党政权和政党,特别是与共产党中国之间相互关系的实质;(2)共产党在亚洲的目标;(3)中国共产党的力量;(4)亚洲非共产党国家的脆弱性;(5)共产党对美国在亚洲意图的评估。

8. 共产党的关系。看起来,苏联并没有对亚洲的各个共产党以及共产党政权实行它对欧洲共产党和卫星国所施加的那种绝对控制。

9. 共产党中国在国际共产主义运动中的作用明显不同于其他任何共产党国家。共产党中国承认苏联是世界共产主义运动的领袖,并且对于苏联的战略和理论指导通常都会给以响应,而它的角色,更像苏联的一个盟友,而非卫星国。在某些方面,它有独立行动的能力,并且可能会对远东共产党政策的制定产生重要的影响。此外,苏联凭毛泽东自己的头衔

而授予他共产主义理论家的声望远远超过给予目前其他任何非苏联的共产主义者。

10. 尽管几乎没有具体的证据，但是我们相信，目前在中苏关系中，共产党中国被放在了一个更高的——虽然仍然是不平等的——地位。近来在推使共产党中国在国际事务要求获得承认这件事情上，苏联比以往向前更迈进了一步。并且，苏联也表示愿意让共产党中国在进一步推进共产党在亚洲的利益方面承担更大的责任。

11. 几乎没有得到关于共产党在亚洲采取行动的计划和趋势的消息。很可能，亚洲共产党政策的基本框架是由莫斯科和北平所共同决定的，其中苏联的意见可能是决定性的。尽管如此，苏联对北平似乎还是采取了区别对待的政策，并且可能并不想对中国人所坚信之事表现出毫不顾忌的样子。在北朝鲜和印度支那实施共产党的政策这一过程中，共产党中国似乎在发挥日益重要的作用。在亚洲其他地区，对共产党活动的管理看起来并没有遵循一个统一的模式。对单个政党的活动加以领导，似乎是通过各种渠道来进行的，不过大体上来看，或者是通过莫斯科，或者是通过北平。而且，单个政党的活动似乎并不总是相互协调的，党内总会不时出现宗派之争和意见分歧。

12. 共产党在亚洲的目标。苏联与共产党中国似乎在亚洲有以下共同的目标：

(1) 作为推进世界共产主义运动总目标的一个组成部分，削弱并最终消除西方在亚洲的力量与影响，同时扩大共产党的力量与影响；

(2) 增强共产党在亚洲的军事潜力；

(3) 通过发展共产党中国和北朝鲜的经济，增强共产党集团的经济潜力；以及

(4) 阻止被武装的、敌对的日本的复活。

13. 此外，苏联和共产党中国对亚洲可能有着各自不同的野心：

(1) 苏联可能寻求：① 以苏联的力量和影响取代西方在亚洲的力量和影响；② 建立并扩大对共产党中国的控制；③ 在此前提下，增强中国共产党的军事和经济力量；以及④ 加大对亚洲其他地区共产主义运动控制的力度。

(2) 共产党中国可能寻求：① 巩固自身的革命，建立起一个强大的工业基地和现代化的军事组织，并为此努力获取苏联更大的援助；② 反对苏联任何干涉共产党中国内部事务的企图；③ 使苏联在中国边界地区的影响最小化；④ 增加中国共产党对远东共产主义运动的影响；以及⑤ 使自身作为一个独立的世界大国及亚洲领袖的地位得到公认。

14. 在某些情况下，苏联与共产党中国各自的野心会相互冲撞，并成为两国间产生磨擦的潜在根源。不过，我们仍然认为，在此评估期内，在中苏关系中，将双方粘合在一起的力量将会大大超过将其分裂的力量。苏联与共产党中国有着共同的意识形态。他们都把美国视作实现其亚洲目标的主要障碍，并且都认为，美国的政策与力量使他们在太平洋地区的利益受到了威胁，不仅如此，各自目前均从同对方的结盟中获得了好处。共产党中国接受了苏联在政治、军事与经济方面给予的大量支持与援助。苏联意识到中国是一个对自己有价值的盟友：它在远东提供了军事力量与深入防卫，还是进一步在亚洲推进共产主义目标的一个基地。不仅如此，与共产党中国结盟，还可以使苏联在分化和扰乱非共产主义世界的时候，

可以拿"中国问题"作为一个价值不菲的政治和心理资本。

15. 我们相信,苏联与共产党中国至少在此评估期内仍将保持密切的同盟关系,并且他们在推进亚洲共产主义运动的目标方面展开的合作,不会因磨擦或利益冲突在本质上有所减少。

16. 中国共产党的力量。北平政权最初所获得的民众支持现已明显大为减少,不过,它对自己管辖的地区实行了强有力的控制。由于共产党中国被阻止卷入全面战争,因此,在此评估期间,这种控制受到国内力量威胁或动摇的可能性微乎其微。该政权在经济的重建与发展方面取得了很大进步。它现在拥有一套庞大的,至少以亚洲的标准来看可谓现代化和强大的军事组织。

17. 不过,在赢得其领导人所期望的地位之前,共产党中国在建设其军事和经济力量方面仍需一段较长的时期。共产党中国的军事能力将继续受以下因素的制约:(1)几乎完全依靠苏联提供飞机与重型武器装备;(2)训练、战术和后勤方面的不足,特别是海军和空军;以及(3)在某些重要的军事行动——包括战术空军支持、高空轰炸、两栖作战以及潜艇与反潜艇战争——方面缺乏或没有经验。而且,共产党中国相对快速的经济恢复与发展时期行将结束,未来财富的增长可能较为缓慢。北平政权已经将最初那个野心勃勃的五年计划指标做了缩减,这显然是由于共产党中国的领导人对于国家快速工业化中许多需要克服的障碍有了更为清楚和冷静的判断。此外,苏联经济援助的水平显然也没有北平起初所预计的那么高。

18. 尽管有这些制约因素,共产党中国的军事实力及其效力还是远远超过亚洲任何非共产党国家,此外,共产党中国在亚洲开展政治战以及支持"民族解放"运动的潜力也是相当大的。不过,我们认为这些制约因素足以让共产党人保持谨慎,三思而后行,对一些可能会使其同美国及其盟友发生军事冲突的行动方针,他们尤其会小心行事。

19. 亚洲非共产党国家的脆弱性。虽然共产党游击队的力量在缅甸、马来西亚与菲律宾依然活跃,不过,除了印度支那之外,目前亚洲的非共产党政府并未受到共产党暴动的严重威胁。在印度支那,只要共产党继续其当前支持现政府的立场,它的力量和影响可能会由此获得增长,不过,亚洲共产党对其本国政府的地位均未构成严重威胁。在亚洲多数地区,一些有政治影响的集团逐渐对共产党的计谋和策略有了更深的认识。

20. 不过,该地区多数国家几乎完全是仰赖于西方源源不断的支持与援助,方才有效地抵抗了来自共产党的压力。对于共产党在许多方面施加的压力,亚洲非共产党国家表现极为脆弱。军事力量的相对薄弱,使得这些国家基本不敢对抗共产党中国。目前,亚洲民众中普遍存在着的民族主义和敌视西方的情绪,使得他们易于接受共产党的宣传。政治上的不成熟以及严重的内部分裂,致使印度尼西亚、越南、柬埔寨——以及较小程度上包括缅甸——国内政局发生动荡。整个亚洲地区普遍存在的经济困难易被共产党利用,在这些国家内部都有决心颠覆国家的共产党组织。此外,东南亚国家大量的华裔居民——其中许多忠于"祖国"——将会继续是共产党加以利用的对象。

21. 共产党对美国在亚洲意图的评估。从共产党的观点来看,评估非共产党在亚洲政策的首要因素是美国可能会发挥怎样的作用。共产党人几乎肯定认为,美国希望看到共产主义在亚洲被消灭,并决定抵制它在亚洲进一步扩张。他们也可能认为,美国想在推翻亚洲共产党政权方面发挥更加积极的作用。共产党上述估计的基本依据可能是:美国在朝鲜、日本、琉球群岛和菲律宾的武装力量和军事基地的存在;美国关于中国共产党侵略印度支那以及共产党在朝鲜重新展开侵略的公开声明;美国与南朝鲜、日本和菲律宾的防务条约;美国对台湾国民党政府给以军事的和外交的支持;美国对印度支那的军事援助;以及美国力图从整体上增强亚洲非共产党国家的力量。不过,共产党可能会做出进一步的评估,认为美国并不愿意在军事方面更深地卷入亚洲事务。共产党得出这一结论可能是源于以下事实:美国并没有进一步扩大朝鲜战争,并且同意停战;作为实施其新的全球战略的一部分,美国公开宣称,愿将其部分军队撤出亚洲;以及美国明确表示,希望避免其与盟国之间就亚洲政策方面存在的分歧进一步地加大。

22. 我们认为,苏联和共产党中国根据以上的评估和判断可能得出了这样的结论:(1)中国共产党的武装部队一旦对日本、台湾、菲律宾或南朝鲜发起军事入侵,几乎必定会招致美国对中国大陆采取行动,包括可能会以核武器发起进攻;(2)中国共产党军事入侵印度支那可能引发美国采取这样的行动;(3)中国共产党在亚洲其他地区的军事入侵,至少会冒美国采取此种行动的风险;以及(4)美国不可能无缘无故地进攻中国大陆。苏联和共产党中国不能排除美国动用其驻印度支那军队以全力阻止法国彻底溃败的可能性。最后,苏联和共产党中国可能会得出结论:美国将会发现,在许多时候,自己针对共产党在亚洲的颠覆行动所进行的抵抗愈发难以取得成效,这样一来,他们在亚洲就有了一片很大的回旋余地,并在此基础上,采取一些既不会招致无法接受的对抗亦不会引发有效抵制的行动方针。

23. 影响共产党在亚洲行动方针各因素的实际结果。[①] 我们认为,上述段落中所涉及到的所有因素最终会使得共产党的统治者不会通过以下途径追求他们在亚洲的目标:(1)在这个时候施以重压,造成共产党政权之间关系的紧张;(2)使共产党中国陷入严重的经济困难;(3)使共产党利用非共产党亚洲脆弱性的机会受到限制;或者(4)使中国大陆面临遭受攻击的严重风险。

二、共产党在亚洲可能采取的行动方针

(一) 总的方针

24. 在此评估期内,苏联和中国共产党几乎必定以为,要想依据他们所提出的要求实现亚洲问题的解决,几乎无望。但是目前亚洲的形势孕育着紧张,无论是在西方盟国之间,还是在亚洲非共产党国家同西方国家之间,均是如此,这就为共产党提供了可资利用的机会。

---

① 原注:这一段没有考虑到西方在亚洲的新举动可能对共产党行动方针产生影响。

在此评估期间,他们可能认为,为了增强共产党中国作为一个世界大国的地位,以及进一步消磨法国继续从事其印度支那战争的意志,那么,继续当前的政策将会使他们获得更有利的机会。共产党人可能不会在缓和亚洲国际紧张局势方面做出任何重大的让步,但他们会以一种共产党愿意谈判的姿态,试图给自由世界的国家,特别是亚洲中立国家,留下印象。他们可能不会以苏联、中国共产党或北朝鲜可以确认的武装力量在亚洲展开新的侵略行动。不过,他们会继续在其认为有利的地方,鼓励并辅以物质援助来支持当地共产党的叛乱,并通过内部颠覆以及施加政治、经济和外交压力等途径,抓住一切可能使西方的力量和支持受到削弱的机会,大加利用。同时,扩大共产党在亚洲的力量和影响。

(二)具体的行动

25. 朝鲜。我们相信,在此评估期间,共产党对朝鲜的总政策将是:(1)尽量克制不在朝鲜再度挑起敌对行动,但却为此做军事上的准备;(2)拒绝接受任何会危及共产党继续控制朝鲜,或者妨碍共产党实现其控制整个朝鲜愿望的解决方案;(3)采取措施复兴北朝鲜并加强其军事和经济实力;以及(4)努力通过渗透和颠覆的途径,削弱南朝鲜。

26. 在任何就朝鲜问题展开的国际会谈中,任何可能导致出现一个统一且真正拥有独立地位——即使是中立地位——的朝鲜的建议,在共产党那里,都几乎必定是通不过的。共产党人也可能会提议推进南北半岛的统一,但这些建议几乎肯定会用以确保最终实现共产党对整个朝鲜的统治。共产党几乎必定会继续要求外国军队撤出朝鲜。事实上,由于北朝鲜武装力量目前在许方多面胜过南朝鲜,中国共产党随时可能会单方面将其部队撤出朝鲜——就像苏联在1948年时那样,从而向美国以及联合国施加压力,迫使其采取做出同样的举动。

27. 印度支那。共产党可能认为印度支那战争——尽管卷入了美国干涉的一些风险——在长期的斗争中产生了某些直接的利益与胜利的前景。从苏联的观点来看,战争与西方的军事资源密切相关,并且削弱了法国参与西方在欧洲安全措施的能力与愿望。从共产党中国的观点来看,战争给予了消除西方在它南部边境的力量与影响的前景,并且给了中国共产党在印度支那与东南亚扩大影响,以及为共产党中国提供了日益获得该地区资源的机会。对于苏联和共产党中国,战争是利用西方阵营内部分歧的历久不衰的源泉。

28. 我们相信,在此评估期内,共产党在印度支那的战略将是:努力扩充越盟的军事和政治力量,摧毁法国继续作战的意志,并最终控制整个印度支那。越盟可能会强调其战争上的努力并继续它的渗透和颠覆策略。共产党中国几乎必定会继续维持、也许会增加对越盟在物质、训练和参谋方面的支持与援助。在此期间,共产党人几乎必定会继续提出通过谈判来解决印度支那战争的问题,并暗示有及早停火的可能。这种策略的主要用意,在于对法国和非共产党印度支那人造成心理影响。几乎肯定的是,共产党人不会就任何没有为他们提供统治印度支那提供非常有利之前景的解决方案举行会谈,或是在此情况下同意停火。最后,我们相信,只要印度支那战争本质上仍保持其当前特征,中国共产党的作战部队就不会对印度支那公然实施干预;以此评估期内,那些可辨识的中国共产党的"志愿军"也不会大规模地介入。

29. 亚洲其他地区,在那些主要的共产党武装力量没有公开卷入的国家,共产党人仍将继续采取综合使用软硬两手策略的政策。共产党的政策会对亚洲非共产党国家内部及其相互间业已存在的民族主义、敌视西方的情绪以及分裂引发的影响等因素加以利用。共产党会公开表示,并在某些情况下实行同本地区其他国家在现有基础上进一步扩大相互间贸易关系的政策,以期增加他们对共产主义世界的好感。共产党人将会继续努力提高共产党中国在亚洲的声望,并将下大力气企图说服亚洲非共产党人相信,由于共产党中国力量的不断增长,共产党在亚洲正代表着时代发展之潮流。共产党人也会力求增强这一地区本土共产党的力量。在那些共产党处于合法地位的地方,共产党人将试图——很大程度上通过合乎宪法的程序——为这些党搭建起群众基础。不过,在这些国家也还有一些共产党,就像那些在其国内处于非法地位的共产党一样,试图加强正在形成中的"武装解放"力量,并建立地下共产党的政治和军事组织。

30. 在印度,共产党人可能会继续努力——很大程度上通过合乎宪法的程序——建立起一个与执政的国大党相抗衡的统一的反对派。不过,在一些地方,特别是那些在非共产党集团的挑唆下发生了武装骚乱的地方,印度以及整个南亚的共产党人可能参加了叛乱,并在小范围内使用了暴力手段。苏联和共产党中国会加紧利用印度的中立主义推进各自的外交政策目标,并诱使所有南亚国家与共产党世界建立起密切的经济联系。最后,中国共产党可能会以西藏为基地,努力扩大他们对边境国家尼泊尔、不丹、锡金以及沿印度边境线一带其他地区目前尚为有限的影响,当地共产党人也会努力在克什米尔政府内部扩大自己的影响。

31. 共产党对日本的战略,可能仍将以努力拖延重新武装日本以及破坏其目前亲西方立场的根基为基础。共产党将会对以下因素努力地加以利用:日本国内复活的民族主义及其希冀在亚洲更为独立地发挥作用的心态;日本国内不稳定的经济形势及其寻求在国外开拓市场的迫切需要;日本害怕卷入一场全面战争;它目前不愿建立并维持一个强大的军事组织;以及由美军长期驻扎日本所引发的忿懑。相应地,苏联、共产党中国和日本共产党会坚持使谈判的可能性得以实现,他们希望此种会使三方关系更趋密切的谈判成为解决日本所面临的经济与安全问题的一个手段。假使共产党能诱使日本放弃其同美国之间的互相安全安排,他们很可能会提出缔结一份正式的和平协定,或许还包括归还日本岛屿领土以及缔结一份承诺互不侵略的协定。共产党集团几乎必定会以业已建立起的非政府组织间的非正式谈判作为技术手段,努力扩大同日本的贸易关系,并会对许多日本人不断增长的希望从与共产党中国扩大贸易关系中获利这一心态格外加以利用。日本共产党可能会借机利用人们对美国的不满情绪,并通过攻击日本当局的对内对外政策等方式,不遗余力地扩大其群众基础。与此同时,日本共产党还将继续发展他们的秘密组织,并不时采取一些阴谋破坏和有限的暴力行动。

32. 共产党可能相信,从长远看来,他们在印度尼西亚的前景是光明的。印度尼西亚共产党可能会对当前的印度尼西亚政府继续持支持立场,或者假使它垮台了,就帮助建立起另一个共产党人在其中享有重大影响的政府。同时,他们会努力——很大程度上通过合乎宪法的程序——扩大他们在官僚机构和武装部队中的影响,并且组织建立起一个团结而有效的反对派组织。他们可能也会努力加强共产党游击队的能力。不过,总体而言,共产党人可能会力求避免国内反对派集团采取那些有可能引发政变的进攻性战术。

33. 共产党人或许认为,自己在泰国的前景取决于在印度支那能否取得胜利。他们可能会继续在泰国——主要是在那些中国人和越南人的社团中——采取颠覆性的行动。如果共产党人能在印度支那沿泰国东部与东北部边界建立起一条阵线,那么共产党对泰国的压力几乎必定会增大。

34. 在缅甸,共产党人可能会继续开展反政府游击战,同时对建立联合政府保持兴趣。共产党中国可能会努力推动并利用部落集团特别是边界一线部落集团的不满情绪,并可能会加大它目前对于缅甸共产党叛乱组织所给予的有限支持。此外,共产党人还会寻求通过努力破坏缅甸的内部稳定及其同泰国和美国的关系,使得国民党的问题更趋恶化。共产党人有可能会给出更具诱惑的贸易优惠条件,以期增加自己在缅甸的影响。

35. 共产党对马来亚、菲律宾、台湾、香港和澳门的政策在相当大的程度上,可能仍将因循当前的路线。马来亚共产党可能会继续坚持实行游击战战略,不过,同时也仍将想方设法扩大自己的号召力和向政治与劳工组织的渗透。它将会对人们抵制西方的情绪、对经济状况的不满以及反政府的情结加以利用。在菲律宾,共产党可能会努力保存他们已经大为减少的武装力量——新人民军①,同时努力加强宣传、渗透和组织工作。他们还会对菲律宾国内业已存在的反美情绪,以及如果总统麦格赛赛②不能在他宣称的社会改革中取得进步将可能导致的失望情绪加以利用。共产党可能会对中国国民党占据的沿海岛屿继续发起小规模袭击,并可能会努力加强他们在台湾的侦探能力。然而,共产党借助外交以及宣传的手段反对国民党中国的主要努力,可能会减少非共产党国家对国民党政府仅有的支持,并因而促进一种共产党可以接受的台湾问题的最终解决。

U. S. Department of State Freedom of Information Act Website (以下简写为:USDOS FOIA Website)

URL= http://www.foia.cia.gov/browse_docs.asp

王延庆译,郭洁校

---

① 新人民军:菲律宾共产党的军事组织,成立于1969年3月,主要任务是从事武装斗争,夺取国家政权。——编注
② 麦格赛赛(Magsaysay, 1907～1957),1953～1957年间任菲律宾总统,在任期间使菲律宾加入了在马尼拉成立的东南亚条约组织。因飞机失事身亡。——译注

中情局关于 1954～1957 年间
共产党在亚洲行动的评估报告

（1954 年 11 月 23 日）

NIE 10－7－54(取代 NIE 10－2－54)

机 密

截至 1957 年共产党在亚洲的行动

（1954 年 11 月 23 日）

问 题

评估共产党、尤其是中共在亚洲①截至 1957 年的行动。

结 论

1. 尽管苏联在中苏伙伴关系中具有压倒性的影响,但共产党在亚洲政策的主要轮廓几乎肯定是由莫斯科和北京间的共同协商,而非由莫斯科的命令来决定。中共在中苏同盟中的影响力可能会继续上升,我们相信可能存在于共产党中国和苏联间的这种摩擦在本评估期间不会削弱他们同盟的有效性。

2. 共产党在亚洲的当前策略似乎是他们所熟悉的政策的一个变体,该政策就是把和平意愿的表白与持续的颠覆努力及共产党战争能力的继续扩张结合起来。这项政策的主要的新要素是加大努力使非共产党国家相信莫斯科和北平渴望"和平共处",相信与共产党阵营达成合理与有益的协议是可能的,相信美国的政策是亚洲迈向一个和平新时代的唯一障碍,这个新要素自斯大林去世尤其是 1954 年初日内瓦会议召开以来更为明显。在美国核优势的重要性正被降低的一个时期,这个新要素与共产党现在的全球策略相一致,该策略就是将紧张状态最小化,采取措施来分化自由世界,尤其是离间美国与其盟国。不过共产党公开宣称的在亚洲"减少紧张"的愿望实际上似乎是渴望降低美国对中国大陆采取全面军事行动的危险以及麻痹非共产党的亚洲(国家)的警惕性,与此同时继续以公开战争之外的方式扩张

---

① 原注：这里所说的"亚洲"包括日本、台湾、菲律宾、印度尼西亚、锡兰和所有的亚洲东部国家(不包括伊朗和阿富汗)。

共产主义。在此架构中,共产党准备与美国和国民党中国保持一种高度紧张状态,接受随之而来的危险。总之,共产党中国和苏联将继续他们目前用和平声明向亚洲示爱的政策,同时继续颠覆亚洲,他们指望这种长期的"和平共处"政策将以最小的风险实现其目前的军事和经济目标,并最终消除美国在亚洲的影响。

3. 中共将继续致力于"解放"台湾和离岸岛屿,并把这个问题界定为不容许外来干涉的内部事务,因此,这个问题将继续成为引发亚洲大规模战争的最大危险。

4. 我们相信,只要美国继续坚定地支持中国国民政府,保持对台湾防务的承诺,并继续保持可覆盖整个地区的庞大海空部队,中共就不会尝试挑起一次入侵台湾和澎湖的全面战争。除入侵台湾外,中共几乎肯定会集中精力实施一项颠覆性的临时政策,并为实现最终接管而准备采取软化台湾的其他方式。

5. 我们相信,中共几乎肯定会扩大他们目前针对国民党控制的离岸岛屿所采取的试探行动的规模,如果对于他们的试探行动,美国方面并未做出什么值得重视的反应,[①]他们几乎肯定会试图夺取一些主要的离岸岛屿。

6. 我们相信,越盟现在认为它能实现对整个越南的控制而不必发动大规模的战争,因而我们认为共产党将会竭力通过非战争的手段来获得在南越的权力。如果南越看起来正在积蓄力量或在共产党的反对下推迟选举的话,共产党可能会加速实施对越南南方的颠覆与游击战行动,而且如有必要的话,他们将把另外的武装力量渗透过去,以努力控制该地区。不过我们相信,他们至少在1956年7月即预定的全国选举日以前不可能公开入侵南越。

7. 在亚洲其他地区(上述的第5段国民党控制的离岸岛屿与第6段南越除外),在本评估期间,共产党不可能动用被认定是苏联、中共、北朝鲜或越盟的军队,来发动新的局部军事行动。

8. 亚洲非共产党国家之所以易受共产党力量与影响扩张的危险,原因在于他们军力软弱以及随之而来的与共产党中国发生对抗的担心,……[②]他们面临的社会与经济问题以及盛行的反西方民族主义。日内瓦会议的结果和随后的事态已增加了这种脆弱性,因此共产党领导人几乎肯定会估计到他们在亚洲有着广阔的活动区域,他们在那里能安全地继续进行颠覆活动并支持武装起义,而不会招致他们无法承受的美国抵抗。

9. 共产党可能将继续在老挝的北部省份实施强有力的控制,并将保持对老挝政府进行颠覆活动的能力。不过我们相信老挝人能限制共产党的政治发展,我们也相信如果反共政府能继续获得外援并且越盟不会入侵或挑起全面的游击战,反共政府将会继续掌权。我们认为共产党侵略老挝行径的状况将有所缓和,这是因为共产党希望在亚洲继续推行其"和平共处"路线,特别是针对印度的反应的"和平共处"路线,而且共产党希望进一步降低美国军事抵抗行动的程度。

---

① 原注:陆军情报局的参谋长助理认为这段应该作如下理解:"我们相信,中共可能会加大他们目前针对国民党控制的离岸岛屿的试探行动的范围,并可能夺取其中的一些岛屿,如果这种行动作为其政治-军事-心理的全面计划一部分看起来是值得的话。"

② 原文此处一行未解密。——编注

10. ……①

11. 日本和印度将成为共产党"和平共处"政策与宣传的愈益重要的目标。我们认为共产党将继续努力破坏日本的稳定和目前的定位,并寻求扩大经济和文化联系,他们将尽更大努力来制造一种印象,即他们与日本恢复外交关系的条件是灵活的,并可能在本评估期间提议达成一个正式的和解。我们也认为共产党将愈益关注印度,力求使其至少继续保持中立,如果可能的话,就更加密切它与共产党阵营的关系。不过,共产党中国将极力扩大其在印藏边界地区的影响,甚至不惜与印度发生摩擦。

12. 自1953年7月印尼现政府执政以来,共产党在印度尼西亚的影响已大幅度提升。由于近来的政治发展,政府日益依靠共产党在议会的支持来维持其继续执政。我们认为印尼共产党可能会继续支持现政府,如果现政府垮台,他们将致力于推动组建一个他们能够参与其中或在其中发挥较强影响力的新政府。他们将努力通过立宪的手段与非法的方式来扩大其在官僚和军队中的影响,并防止形成一个团结与有效的反对派,他们也可能试图通过组建一支共产党控制的武装力量来增强其能力。不过通常而言,他们在近期可能会避免采取极具攻击性的战术,以免激起军方或国内反对派的反抗,而他们的自身力量尚未强大到足以应付这种反抗。然而,在本评估期间,依据其当前的实力和意图,共产党通过颠覆行动或暴力来接管印尼是有可能的。

讨　　论

一、绪　　论

13. 迄今,日内瓦会议及随后事态发展的实际结果已提高了共产党在亚洲的地位。西方尤其是法国和美国的威信已大大受损。北越的吸收已加强了共产党在东南亚的战略地位,大大提高了共产党颠覆印度支那和东南亚剩余政权的能力,共产党中国对大国地位的要求已得到增强。最后,共产党的"和平攻势"已获得一些成功,即在有关共产主义的最终目标上进一步欺骗了许多非共产党人士。虽然马尼拉八国协定的缔结以及巴基斯坦和美国之间密切关系的建立增强了未来抵制来自共产党压力的潜能,但就迄今的效果而言,未能抵消共产党已取得的收获。

二、总体考虑

共产党在亚洲的目标

14. 苏联和共产党中国在亚洲有以下几项共同的长期目标:(1)扩大共产党亚洲的军事和经济力量;(2)消除美国在亚洲的影响,扩大共产党的政治影响地域;(3)让非共产党亚

---

① 原文此处一段未解密。——编注

洲中立并最终支配它。

15. 我们认为共产党中国的主要诉求是：迅速实现经济的工业化和军队建设的现代化，并为此目标获取苏联更多的援助；增加中共对亚洲共产主义运动的影响；获得作为一个世界强国和亚洲领袖的公认地位；控制台湾与消灭中国国民政府。共产党中国认为台湾是中国的一部分，并把攻取台湾看作内战未竟的事业。然而除此之外，我们认为中共并没有扩张其现有国界的迫切冲动，但会让某些边界划分争端继续存在下去。

16. 我们认为苏联的诉求是：使共产党中国成为一个强大与可信赖的盟国；并为此目的增强共产党中国的军事与经济力量，但要保持中国对苏联的依附；增强苏联对亚洲其他地区共产主义运动的影响。

17. 亚洲其他地区的某些共产党领导人可能怀有他们国家的目标，而这些目标与莫斯科或北平的短期目标并不一致。在共产党人策略的构想中，他们可能会考虑这些地区共产党的目标，不过阵营的整体战略可能主要基于中苏两党的目标来制定，如有必要，会置地区共产党的愿望于不顾。

共产党的关系

18. 苏联从未像它控制欧洲卫星国那样来控制共产党中国，相反它似乎把中国作为一个盟国来对待。在这种伙伴关系中，莫斯科具有压倒性的影响，原因是苏联的优势力量以及共产党中国对苏联在军事与经济方面的依赖。共产党中国承认苏联是阵营的领袖，尽管如此，共产党亚洲政策的基本轮廓几乎必定是莫斯科同北平共同商定的结果，而不是由莫斯科的命令来决定的。共产党中国有能力采取一些独立的、甚至某些莫斯科虽不赞同但又难以否定的行动。不过我们认为两国倾向于采取一致行动。

19. 自1949年以来，共产党中国在中苏同盟中的影响一直在上升。自斯大林去世以来，这种影响力的上升有加速的趋势，这在最近于1954年10月12日签订的中苏协定①中体现得更为明显，在本评估期内，这一趋势可能会继续发展下去。莫斯科和北平可能在许多问题上存在着摩擦：对亚洲共产党的控制，针对中国国民党控制的领土所采取的行动的性质和时机，苏联对华援助的数量和性质，或许还有其他的问题，不过我们相信在本评估期内，此类摩擦不会削弱同盟的效力。

共产党的实力、弱点和能力②

20. 中共政权事实上已彻底巩固了对中国大陆的控制，虽然民众对中央当局有很深的怨恨情绪，但没有迹象表明存在着严重的有组织抵抗行为。

21. 根据现有迹象，我们认为到1957年，按照北平的五年计划，中国工业的扩张差不多

---

① 1954年10月12日，中苏两国政府达成《对于1953年5月15日关于苏联政府援助中华人民共和国中央人民政府发展中国国民经济的协定的议定书》，其中苏联援助中国新建12个企业和改建1个滚珠轴承工厂，在该议定书的备忘录中又新增15个援建项目。——译注

② 原注：这些问题中的某些部分在NIE 11-4-54中详细讨论过，"在1959年中期，苏联的潜在能力和可能采取的行动计划"，日期是1954年9月14日。

要比 1952 年的现代工业部门的产量增加一倍。不过,在过去两年里,中国农业的产量在下滑,去年政权已提议为保持工业的发展,将对经济实施更为严格的管制。为了缓解不断上升的消费压力,北平已经垄断了对重要消费品的分配,并建立了一种面向多数人的定额配给制。为加大对生产的控制,共产党政权正在制定一个按规定数量向国家义务出售农产品的方案,并已加快了实施合作化的步伐,目标是到 1957 年把全国半数以上的农民和手工业工人组织进入生产合作社,实际上就是要对所有的工业和商贸企业实施国有化。

22. 中共在利用贸易或贸易提议为政治战服务方面有一定的能力并表现得相当娴熟,即使可供他们支配的手段很有限。而且,该政权还相当成功地营造了一种印象,即放松贸易管制将会为工业品在共产党中国打开一个大市场并开辟原料来源,这种原料来源的开辟将缓解诸如日本和某些西欧工业国现在所面临的一些问题。而且,该政权已使许多非共产党国家对于中共的声明产生了深切的感触,即贸易管制是全面缓和亚洲政治紧张的一个主要障碍,实际上,这些可能设法扩大贸易的声明显然主要是为了宣传。随着其工业基础的发展,总有一天共产党中国通过经济手段进行政治战的能力会获得增强。在这点上,虽然苏联在亚洲的能力远大于中国,但它仍极大地受制于苏联的国内需求以及阵营内的其他迫切要求。①

23. 超过 200 万人的中共陆军一直在逐步提高其战斗和组织效率。海军的作用将主要限制在沿海水域,其能力可能会通过增加至少 6 艘潜艇和 50 艘鱼雷艇后得到提高。空军拥有约 2 200 架飞机,其中一半以上是喷气式飞机,其飞机数量、飞机与装备的质量以及战斗力正逐步得到改善。空军主要是在能见度良好的情况下实施任务,在本评估期间不可能达到具有实质性的全天候飞行的能力。在本评估期间,中国的陆海空三军将继续严重依赖于苏联提供重型装备、配件、飞机和油料。不过将于 1955 年建成的一条穿过蒙古境内的中苏铁路,将会使中国的战略地位获得提升。

24. 中共的部队能够席卷泰国、缅甸和印度支那的自由国家,而他们面对的是这些国家目前存在的非共产党军队或在本评估期间该地区可能发展起来的任何本土力量。在整个评估期间,如果仅凭中国国民党军队的单独抵抗,中共有能力占领台湾、澎湖和离岸岛屿。尽管中国存在后勤问题和易受进攻的弱点,但共产党中国能够成功地保护自身不受任何亚洲非共产党国家的入侵。

25. 共产党中国的国内计划要求,加之中国脆弱的防空能力,将可能抑制中国人在外交事务方面采取大的冒险行为。正如我们认为很可能的是如果这些国内计划不发生重大挫折,这个进程将增强中国在亚洲扩张共产主义势力的能力,一旦中国的国内计划受到重大挫折,那就有在对外政策领域采取冒险主义的可能。不过总而言之,我们认为这些挫折将会产生相反的结果——对军事进攻采取克制的态度。

26. 在北朝鲜、尤其是在北越的共产党政权增强了中共和苏联在亚洲的军事和政治实力。这

---

① 原文此处有注释,但未解密。——译注

两个地区都将作为保障中苏的缓冲地带,并作为共产党在亚洲进一步实施政治或军事扩张的基地。在本评估期间,北朝鲜和北越在经济上将与共产主义阵营保持密切协调。主要是来自阵营的援助,北朝鲜的经济可能会在1957年前实现实质性的恢复,不过,它不可能达到1950年前的生产水平,该国人口的严重不足几乎必定会降低民众对于政权计划的心甘情愿的支持。

27. 越盟正在通过将以前的独立正规军和地方部队聚集起来组成拥有强大火力的新师团的途径,来巩固和重组其武装部队。他们增加的火力主要来自于中国1954年的一次高水平援助,其中包括停火后的非法援助。截止1955年年底,越盟可能至少拥有11或12个步兵师、2个炮兵师、1个防空师。这些变化较之日内瓦会议前越盟正规军的战斗力增加了一倍之多,它将对越南人产生较之目前更甚的威慑力。在本评估期间,越盟的空军力量将可能以公开或秘密的方式获得发展。越盟政权将继续要求阵营对其进行军事、技术、可能还有经济的援助,它的政策可能反映了中苏一致的看法。越盟正在扩大和改善其运输和通讯设施,包括连接华南的铁路和公路。

28. 在许多东南亚国家,庞大的华侨社会为中共提供了一个重要的潜在颠覆渠道。受共产党的国内政策及其极力从海外华侨中勒索汇款的影响,自1950年后,华侨给予中共政权的此类支持已大大减少,原因在于这些国内政策影响了华侨的家属和财产。目前,在大约一千万的华侨中,多数人在政治上表现出消极和中立的倾向,同时政治意识较强的少数人在忠诚于共产党还是中国国民政府的问题上发生了分裂。不过共产党在年轻华侨中的影响正在上升,尤其是自日内瓦会议以后。总之,华侨在东南亚的颠覆角色总体上受制于多数华侨的政治冷漠,受制于他们孤立于东南亚社会之外,也受制于他们给任何与之有密切联系的事业所带来的各方面的负担。然而,一旦发生战争或起义,这些与中国大陆保持着普遍联系的华侨社会将为共产党实施渗透、侦探和宣传活动提供一个有用的渠道,并将构成一个巨大的威胁。

　　非共产党的脆弱性

29. 在大多数亚洲非共产党国家的内部,存在着一种不稳定的状态。除了越南可能还有老挝之外,现在没有一个共产党拥有单凭自身……①足以威胁民族政府的军事力量。此外,在该地区除了印度尼西亚之外,共产党没有能力对民族政府的结盟施加重大影响。尽管如此,亚洲非共产党国家在抵制共产党的力量与影响的扩张方面极为脆弱,原因在于,他们军力薄弱并且害怕与共产党中国为敌,……②他们还面临着社会和经济问题以及盛行的反西方民族主义。日内瓦会议及随后事态的影响已增大了这种脆弱性。

30. 南越在面对共产党的颠覆和扩张方面是最脆弱的。越南的发展将直接关系到老挝和柬埔寨的非共产主义前景,反之,共产主义在南越、老挝或柬埔寨的成功将显著地增加东南亚其他国家在对付共产党策略时的脆弱性。

---

① 原文此处有一行未解密。——译注
② 原文此处有一行未解密。——译注

共产党对局势的评估

31. 没有迹象显示共产党的基本看法发生了改变,他们仍旧认为美国是抵制共产主义在亚洲维持并扩张其力量的中心。尽管共产党几乎肯定认为美国在亚洲的最终目标是推翻中共政权,但目前他们对美国国内和对外政策的解释是这样的:在可预见的将来,除非受到共产党行为的挑衅,美国不打算在亚洲发动大规模战争或因而使自身冒巨大的风险。此外,他们也可能把这些政策,尤其是美国在朝鲜和印度支那的克制解释为美国在亚洲的直接政策只不过是反对共产党进一步扩张其力量和影响,加强亚洲非共产主义的力量,以及阻碍中共国内目标的实现。

32. 共产党也可能会认为他们进行一场长期的、主要是政治斗争的能力要强于美国。共产党领导人几乎肯定会推测他们在亚洲拥有广阔的活动空间,在那里他们能够继续安全地从事颠覆活动并支持武装起义,而不会招致他们无法承受的美国的抵抗。共产党可能意识到非共产党国家在亚洲政策方面存在的诸多分歧,这将使美国难以凭借公开进攻之外的手段,发起有效的力量来抵制共产党的扩张。

33. 共产党几乎肯定认为近来的事件已更清楚地划定了美国会采取军事抵抗以阻止共产党军事征服的底线,尽管这些事件表明美国不愿在亚洲卷入大规模战争。共产党尤其可能会认为针对日本、台湾、韩国、泰国、菲律宾或马来亚的公开军事侵略将招致美国的强烈抵抗,可能其中包括针对中国大陆的行动以及动用核武器。他们可能会进一步估计到对老挝、柬埔寨或南越采取一次公开的军事进攻可能至少会导致美国采取局部的军事行动,也会估计到对任何其他亚洲非共产党国家的公开进攻都将需承担美国发起军事抵抗的严重危险。几乎可以肯定的是,此外还存在着一个具有行动潜力的大范围的模糊区域,在此区域内,共产党无法确定美国将对自己的行动作出何种反应。这种行动可能包括对国民党离岸岛屿的进攻,扩大和增强印度支那地区的准军事颠覆活动,或对泰国进行武装小组的渗透。

34. 共产党,尤其是中共几乎肯定会把日本和印度的走向视为亚洲未来均势的关键。共产党可能认为通过实施一项经济与政治引诱的政策,能够削弱日本与西方之间的联系。他们可能认为在不久的将来,一项至少在表面上尊重印度在南亚和东南亚的地位的政策,将会很好地保持印度的中立地位。

35. 在整个评估期间,共产党对美国在亚洲行动和反应的估计将会成为他们决定在亚洲采取行动时的一个极为重要的因素。

三、共产党亚洲政策的主要方针

36. 共产党在亚洲的当前策略似乎是他们所熟悉的政策的一个变体,该政策就是把和平意愿的表白与持续的颠覆努力及共产党战争能力的继续扩张结合起来。这项政策中主要的新要素是加大努力使非共产党国家相信莫斯科与北平渴望"和平共处",相信与共产党阵营达成合理与有益的协议是可能的,相信美国的政策是亚洲迈向一个和平新时代的唯一障碍,这个新要素自斯大林去世以来,尤其是自 1954 年初日内瓦会议召开以来表现得更为明显。在美国核优势的重要性正有所降低的一个时期,这个新要素与共产党目前的全球策略相一致,该策略就是将紧张状态最小化,采取措施去分化自由世界,尤其是离间美国与其盟国。不过共产党所公开宣称的在亚洲"降低紧张"的愿望实际上似乎是希望降低美国对中国大陆发动全面军事行动的危险以及麻痹亚洲非共产党(国家)的警惕性,与此同时继续以公开战争之外的方式扩张共产主义。在此架构中,共产党准备与美国和国民党中国保持一种高度紧张状态,并接受随之而来的风险。总之,共产党中国和苏联将继续他们目前用和平声明向亚洲示爱的政策,与此同时继续颠覆亚洲,他们指望用这种长期的"和平共处"政策,以最小的风险实现其目前的军事和经济目标,并最终消除美国在亚洲的影响。

37. 共产党将努力使自由世界国家尤其是日本和亚洲的中立国家深感他们愿意就重大问题进行谈判。为此,他们可能会提议和解,这些和解建议可能会对一些非共产党国家产生吸引力,但会与美国的利益相悖,就像在日内瓦会议一样,他们可能偶尔会在具体程序和策略方面做出重大让步。共产党中国可能会在周恩来-尼赫鲁五项原则①的基础上,尝试与其大多数亚洲邻国就一系列互不侵犯、(和平)共处的谅解展开磋商。在做出上述努力之同时,共产党将会继续寻求(外部世界)对北平政权的更大程度的承认与接受;它也会继续做出承诺,即如果允许北平介入,亚洲和世界的问题就能够通过大国协商的方式得以解决。此外,通过继续夸大共产党中国的力量、进步性以及和平意图,让非共产党的亚洲深感与北平保持较密切的外交关系是明智之举。

38. 共产党几乎肯定会竭尽全力地向非共产党国家宣扬与共产主义阵营扩大贸易的美好前景,并极力谴责贸易管制计划以及该计划主要支持者——美国,因为这种管制政策使得国际贸易无法达到较高的水平。共产党中国也将寻求这种贸易来弥补共产主义阵营对中国工业化计划的援助不足,减少该(工业化)计划现在带给阵营整体经济的那种需求,在亚洲其他地区开展政治经济行动,减轻要求支持经济计划的国内政治压力。共产党中国可能会继续与许多非共产党国家互派贸易使团,展开贸易协定的谈判,不管是正式的还是非正式的贸易协定,以此表达对于提高贸易水平的期望和对施加贸易管制的不满。②

39. 在本评估期间,除了在下述的中国国民党控制的离岸岛屿和南越以外,共产党不可能公然动用苏联、中共、北朝鲜或越盟的兵力在亚洲发动新的地区性军事行动。共产党的做法可能是旨在扩大政治斗争的领域,同时保持和增强未来军事行动的能力。共产党几乎肯定会更多地尝试着通过利用共产党中国在亚洲的权力和威望,作为阵营亚洲政策的先锋。

40. 尽管我们估计共产党不可能在南亚和东南亚发动新的军事侵略,但它们有可能采取新的攻势来回应美国的政策,他们这么做,或许是出于对美国可能作出反应的误判,或许是因为看到了在一些地方存在着取得成功的可能,假使此时美国及其盟国的力量和决定看

---

① 周恩来总理与印度总理尼赫鲁达成的"和平共处五项原则"。——译注
② 原文此处有注释,但未解密。——译注

似有所削弱的话,则更是如此。特别要提到的是,日内瓦协定或中共决心要占领国民党控制的离岸岛屿和台湾可能会引发严重的危机,因而在本评估期间,战争的可能性将继续存在。

41. 中共将在东南亚继续采取破坏和利用华侨的活动。出于金融的目的,也是将其作为一种渗透、侦察和宣传的渠道,他们将努力控制学校与年轻人、商业与其他团体,并将利用这些团体与中国大陆之间的继续联系。不过,共产党在利用华侨方面能够取得多大程度的成功将深受共产党中国整体命运的影响,然而,由于这些华人能够起的作用是有限的(其成员政治上冷漠,文化上孤立,不受本地居民的欢迎),所以中共可能将主要针对东南亚各国政府及其土著居民采取行动。中共甚至在有关华侨国籍地位的问题上做出让步,并认为这种妥协不会极大地减损华侨社团的颠覆潜力。

四、特别行动过程

国民党中国

42. 国民党中国与共产党中国间的问题仍将是引发亚洲大规模战争的最大危险。北平政权将继续致力于"解放"中国国民党控制的全部领土,并把这个问题界定为不容许外国干涉的内部事务。共产党主要是依据自己对美国方面反应的评估,来决定未来对离岸岛屿和台湾采取何种行动计划的。①

43. 我们相信,中共将继续对国民党控制下的离岸岛屿展开轰炸和突袭,占领不设防的邻近岛屿,加大空军、海军和炮兵的活动。在本评估期间,他们几乎肯定会增加这类对离岸岛屿的试探性攻击,并可能试图夺取一些重要的离岸岛屿。如果对于他们的试探行动,美国方面并未做出什么值得重视的反应,他们几乎肯定会尝试夺取一些重要的离岸岛屿。另一方面,只要美国以武力宣示来回应这些试探性的攻击,共产党就不会试图对重要的离岸岛屿实施全面攻击。无论如何,中共有可能会采取一些行动,使美国卷入地区性冲突,如此一来,便能够以美国实施侵略并干涉中国内政为口实将事件正式提交联合国审议。②

44. 我们认为只要美国继续坚定地支持国民政府,履行其防卫台湾的使命,维持涵盖整个地区的庞大海空部队,中共就不会尝试发动一次全面入侵台湾或澎湖列岛的军事行动。也许他们认为,上述行动将引发同美国之间的一场战事,不排除后者会对中国大陆实施核打

---

① 原注:陆军情报局的参谋长助理认为这段应作如下理解:在过去四年里,中共对台湾和离岸岛屿的行动已经从几乎完全的冷漠变为近来对金门和大陈岛施加重压,当前的压力似乎是共产党全盘的政治经济行动的一部分。北平政权致力于"解放"中国国民党控制的所有领土,并把这个问题界定为不容外国干涉的"内部事务"。共产党完全有能力对沿海岛屿实施有效攻击,他们有这样的想法合情合理。这些岛屿不构成对中共的特别军事威胁,对中国国民党来说也仅仅是有限的军事、政治和心理价值。不过中共通过对离岸岛屿持续施加非直接进攻的军事压力,能够使处于守势的中国国民党和美国一直想知道共产党接下来将在哪里发动打击。此外,共产党关于台湾的宣传也倾向于强调美国及其盟国在中国问题上的分歧。

② 原注:陆军情报局的参谋长助理认为这段应作以下理解:我们认为中共将继续轰炸和突袭国民党控制的离岸岛屿,加大空军、海军和炮兵的活动。北平可能估计占领国民党控制的岛屿的行动可能会招致与美国开战的风险。尽管他们估计可能有战争的危险,但是如果这种行动作为其政治-军事-心理的全盘计划的一部分看起来是值得的,中共可能会尝试夺取一些国民党控制的岛屿。

击的可能。如果中共渐渐认为美国防卫台湾的决心已显著降低,那么共产党对台湾攻击的可能性将大大增加。最后,如果中共在其考验美国意图或反之美国考验中国意图的过程中逐渐相信美国实际上不会保卫台湾和澎湖列岛,那么他们就可能尝试武力占领台湾。

45.……①共产党几乎肯定会集中精力实施一项颠覆性的临时政策,并为实现最终占领采取一些软化台湾的手段。为此目的,他们可能会极力削弱中国国民政府的国际和国内地位,削弱国民政府与美国之间的关系。他们还会通过宣传和外交手段,来极力困扰与羞辱美国和国民政府,加大美国与其盟国及其他非共产党国家在台湾问题上的分歧,推动国际社会促成一项令其满意的关于台湾问题的最终解决方案,并向美国施压以促其放弃(对台)军事保护和支持。同时,他们将通过不断对离岸岛屿采取军事行动,对台湾实施心理战、颠覆活动以及或许是扰乱性空袭,来打击国民党的士气,增加他们在台湾的间谍和破坏潜力,鼓励叛逃,引起岛上的政治动荡。

印度支那②

46. 我们认为越盟将继续增强其政治力量及威望,并在中国的援助下,继续加强它在北越的军事打击力。越盟现在可能认为在不发动大规模战争的情况下,能够实现对整个越南的控制。因此,我们认为共产党将会竭尽全力通过战争以外的手段来达成其目标。越盟的代理人将继续对那些易受其影响的民众实施扰乱人心的活动,密谋阻止南方各派的联合与任何力量的发展,不管在哪里,只要是那些保大政府或法国无法加以控制的地区都成为共产党活动的一个真空地带,越盟将会在这些地区建立起自己的"影子政府"和政治-军事网络。由于他们在南越的活动和可能渗透的程度,结果共产党很可能成功地使大多数南越民众相信共产党的控制是不可避免的。

47. 另一方面,如果南越的实力看似有所增长,或者如果在共产党的反对下推迟选举的话,共产党可能会在南方加紧实施颠覆与游击活动,如有必要还会渗透额外的武装力量以力求控制该地区。不过我们认为至少在1956年7月即举行大选之前,他们不可能公开入侵南越,这是因为:(1) 在他们看来非常有可能通过非军事入侵的途径即可达到控制该地区的目的;(2) 他们担心,(自己的行动)可能会招致美国做出军事反应;(3) 他们还可能担心,(自己的)入侵行动会推动亚洲的中立国家公然同西方结盟。

48. 越盟正对法国采取一种的安抚政策,因而极力利用法国想保持其在北越的经济和文化利益的希望。法国易于与越盟达成协议的希望可能会增强,并因而降低法国关于在南越建立一个强大的民族国家的愿望。

49. 共产党可能仍将对老挝北部省份施加强有力的控制,与此同时保留对老挝政府进行颠覆活动的能力。不过我们相信老挝人能限制共产党的政治发展,我们也相信如果在反共政府能继续获得外援以及越盟不会入侵或挑起全面游击战的情况下,反共政府将继续掌权。我

---

① 原文此处一行字迹模糊。——译注
② 原注:见 NIE 63-7-54,《南越、老挝和柬埔寨到1956年7月的可能发展》,1954年11月23日。

们认为共产党侵略老挝行径的本质将会使其在亚洲继续推行"和平共处"路线的愿望有所缓和,尤其当亚洲的注意力投向印度的反应和美国采取军事抵抗行动的可能进一步降低之时。

50. 不过,如果在本评估期间,南越落入越盟手中,共产党对老挝施压的能力将大大提高,而老挝人抵抗这些压力的意愿和能力将相应降低。共产党将在多大程度上对此种局势加以利用,完全取决于它们对马尼拉协定各签约国以及南亚和东南亚中立国家(对其行动)可能做出反应的评估。

51. 我们认为,虽然越共的一些部队及其随员已撤出柬埔寨,但仍有大批越盟干部留了下来;柬埔寨共产党武装力量虽已停止了游击行动,但尚未遣散或上缴武器。柬埔寨未来事态的发展将在很大程度上受到越南和老挝局势发展的影响,共产党对南越的接管将增强共产党对付柬埔寨的潜在能力,并削弱柬埔寨抵御共产党进一步施压的意志,虽然我们估计在类似的情况下,柬埔寨人可能比老挝人更坚定。

日本

52. 日本将成为共产党实施"和平共处"政策与宣传的愈益重要的一个目标。(社会主义)阵营的国家将利用在日本被夸大的与共产党中国进行贸易的潜在利益的普遍期望,继续寻求经济和文化关系方面的扩张。他们会继续提议举行可能的谈判,这将导致与苏联和共产党中国建立更密切的关系,并把它作为解决日本面临的经济和安全问题的一个手段。共产党将尽更大的努力来营造一种印象,即他们与日本恢复外交关系的条件是灵活的,并会提议缔结一个正式的和约,其中可能涉及到归还诸如齿舞群岛等一些日本小岛以及缔结一个互不侵犯的协定。目前尚无迹象表明中苏双方提出的关于将中止日美同盟关系作为同日本建立外交关系或签订和约的前提条件这一立场有何改变。但很有可能的是,在本评估期内共产党可能愿意接受一些不太重要的东西。

53. 共产党将会通过日本共产党的颠覆活动以及加强非政府团体间的非正式磋商,继续破坏日本的稳定和目前的走向。日共将继续使武装革命服从于"统一战线"和"联合行动"策略的"和平"要求。同时,日共将继续发展他们的秘密组织,偶尔也可能诉诸怠工和有限的暴力活动。

印度

54. 苏联和共产党中国将会更多地关注印度,力求使其至少继续保持中立,如果可能的话就密切它与共产党阵营的关系。共产党中国可能寻求与印度缔结一个正式的互不侵略协定,甚至会同意非正式地划定中印双方各自在东南亚的势力范围。北平甚至不惜冒与印度发生摩擦的危险,也要与尼泊尔建立外交关系,并试图使自己目前在尼泊尔、不丹、锡金以及沿印度边界的其他地区还比较有限的影响力获得增强。

55. 在印度国内,当地共产党人可能会继续努力——主要通过合法与宪政的程序——组建一个针对执政的国大党的联合反对派。他们试图对民族主义者、中立主义者和反西方的情绪加以利用,并可能试图加剧印巴分歧。印度共产党人可能会卷入暴乱,并小范围地采用其他暴力手段——尤其是在那些由非共产党团体挑起暴力的地方,当地共产党将努力扩大他们在克什米尔政府中的影响。

朝鲜

56. 在本评估期间,共产党的政策可能仍将是力求维持朝鲜局势的稳定。我们认为该政策主要表现出以下特征:(1) 避免朝鲜(半岛)重开对抗,但为展开对抗行动做好军事上的准备;(2) 拒绝接受有关朝鲜的任何协定,这些协定要么危及共产党对北朝鲜的继续控制,要么排除了共产党最终控制整个朝鲜的希望;(3) 复兴北朝鲜,加强其军事和经济力量;(4) 企图通过渗透和颠覆来削弱韩国。

57. 在此期间,共产党可能会将大部分中国军队——即使不是全部——从朝鲜境内撤走,此举会使他们赢得缓解朝鲜紧张局势的美誉,并因而对美国构成了压力促使美军进一步撤离朝鲜。如果在韩国的中立国监督委员会被解散的话,这几乎肯定会引起一场旷日持久的反美宣传运动,不过不大可能导致朝鲜南北双方再度展开军事对抗或引发其他严重事件。共产党可能仍将不断催促重开有关朝鲜统一的谈判,谈判可能会采取一种新的国际会议的形式。此外,他们还会提出,假使不能立即实现南北半岛统一,也应推动双方在经济和文化等其他领域实现交流与合作。几乎可以肯定,共产党不会同意有关在联合国监督下,在自由选举的基础上实现统一的建议,但在谈判过程中,他们可能会就某些程序问题作出让步,愿意与韩国建立经济和文化上的联系。不过,共产党将继续努力增强目前他们在南朝鲜内部进行颠覆活动以及利用政治动荡与对美日怨恨的有限能力。

58. ……①我们相信……②共产党希望避免再次卷入与美国/联合国军的战争,所以,只有当他们确信入侵行动不会引发这一危险时,才会向南朝鲜发起进攻。

印度尼西亚

59. 自1953年7月现政府执政以来,共产党在印度尼西亚的影响力大增,由于近来的政治发展,政府目前愈益依靠共产党在议会中的支持来维持其继续执政。印尼共产党主要是通过在国内劳工、退伍军人与农业组织中开展活动来发挥其影响力,这些组织包括印尼总工会、印尼退伍军人协会(PERBEPSI)与印尼农协(B.T.I.)。与此同时,与共产党有着长期联系的国防部长伊瓦(Iwa)目前正极力孤立安全部队中的反共分子,并发展了一套直接受其控制的新军事指挥(体系)。在本评估期间,还有其他一些受共产党直接控制的个人可能会受邀参与政府工作,如此一来,共产党的影响将会获得急速提升。对于后一种情况如不迅速采取强有力的对策,共产党人对印尼实现彻底接管的可能性将会大大提高。③

---

① 原文此处数行未解密。——译注
② 原文此处数个词未解密。——译注
③ 原注:国务院情报署特别助理认为,这段应作如下理解:"自现政府于1953年7月执政以来,共产党在印度尼西亚的影响已大幅提升,由于近来的政治发展,政府越来越依赖共产党在议会的支持以维持其继续存在。共产党主要是通过它在印尼的主要劳工、退伍军人与农业组织中的活动来发挥影响,它们分别是印尼总工会、印尼退伍军人协会与印尼农协。曾与共产党保持长期联系经历的国防部长伊瓦,正企图在安全部队中孤立更多的反共分子,并发展在他控制下的新的军事指挥(体系)。然而没有迹象表明共产主义已广泛地侵蚀了印尼军队,有报道称在军队内部开展了消除分裂主义的运动,以抵制政客对部队的影响活动。在本评估期间,共产党不可能直接参与政府。不过,与共产党有联系及得到共产党支持的个人可能将被邀请参与政府,因而这能使共产党继续发挥其影响。"

60. 我们认为印尼共产党可能会继续支持现政府，如果现政府垮台，它将尽可能推动组建一个他们能够参与其中或在其中发挥较强影响力的新政府。他们将通过宪政的方式以及非法手段来努力扩大其在官僚和军队中的影响，并防止形成一个团结与有效的反对派，他们也可能试图通过组建一支由共产党控制的军队来增强其能力。不过通常而言，他们在近期可能会避免采取极具攻击性的战术，以免自身力量尚未强大到足以实施有效反击前，激起了军方或国内反对派的反抗。

61. 关于共产党在预定于 1955 年年中举行的选举中的前景，目前尚不明朗，它可能取决于共产党试图影响的选举程序。我们认为，如果在不久的将来，某个反共政府上台执政——不管是否是通过选举的方式，共产党人鉴于目前能力所限，不会将发起大规模的暴力行动视为可行之举。在此情况下，他们将把主要的力量和精力放在改善党的基层组织并提高自身未来采取行动的能力方面。另一方面，如果目前这种具有亲共色彩的政府继续执政，并且共产党的力量保持自 1953 年以来的快速增长势头，在本评估期间，共产党通过颠覆行动或者暴力手段接管印尼的机会将会大大提高。

泰国①

62. 共产党可能认为他们在泰国的前景主要取决于印支局势的发展。他们将继续在泰国——特别是华人和越南人社区中——从事破坏活动。不过共产党针对泰国所采取的最为重要的行动将得到来自境外的指导，我们相信不断增加的破坏活动得到了来自云南南部和老挝的支持。而且，北平将对泰国政府施压，推动它加入一个由北平组织的"和平阵营"。由此一来，作为这种"共处"主张的代言人之一，泰国前总理比里·派侬荣②可能对北平变得愈加重要。我们相信，只要西方继续对泰国给以援助和支持，只要泰国没有面临来自中国方面紧迫的军事威胁或共产党在印度支那的重大成功，这种策略将不会在泰国产生重要后果。

缅甸

63. 鉴于明显支持缅甸的国内叛乱可能会使缅甸靠近西方并激起印度对中共意图的担心，中共目前面临的一个特别难题是如何在平衡软硬战术之间作出抉择。此外，莫斯科和北平可能认为现在的缅共领导层不完全可靠。我们相信中共将企图寻求对缅甸采取一条中间路线：在继续实施"和平政策"的同时扶植颠覆活动，尤其是在边界地区。

巴基斯坦

64. 尽管苏联和中共将继续保持与巴基斯坦政府发展适当的外交关系，共产党仍将采取对破坏行动和偶尔的恐怖主义予以支持的政策。共产党的目标必然是适度的：使其当前在巴基斯坦的有限力量获得增强，帮助促成一个不太亲美亦不甚反共的政府以取代现政府。他们尤其会对邦、种族和宗教间存在的分歧、尚未解决的难民问题以及印巴争端努力地加以

---

① 原文此处有注释，但未解密。——译注
② 比里·派侬荣（Pridi Phanomyong，1900～1983），泰国前首相。——译注

利用。

亚洲其他地区

65. 在本评估的后期,对在马尼拉刚刚开始的民族主义运动进行渗透的现政策,可能会增加共产党在那个地区的政治潜力。共产党对菲律宾、锡兰、香港和澳门可能会继续沿用目前的政策。

DDRS, CK 3100364566 - CK 3100364581

孔晨旭译,张民军校

中情局关于 1965 年国际共产主义
运动的高级研究报告

（1959 年 7 月 20 日）

CIA/SRS - 11

保　密

1965 年的国际共产主义

（1959 年 7 月 20 日）

这是一份预测性的研究报告,曾与美国政府情报官员进行过讨论,但未与其正式协调过。

前　　言

这份报告最初致力于进行长期的计划研究,即对于国际共产主义运动应采取怎样的应对措施的一项计划研究。所以,报告由一系列关于 1965 年共产主义运动的特征及对其控制等问题的讨论组成。其中涉及到许多受到普遍关注的、有关国际共产主义未来发展的问题,因此目前报告的传阅已超出了规定的人员范围。

需要承认的是,就对证据的解释和预测而言,这份文件中的许多观点是存有争议的。而且,在一个迅速发展变化着的世界里,要对国际共产主义这样一个既被大肆宣扬又被激烈抨击的全球性运动做出预测,实乃冒险之举,因为各种突发事件以及一些一时尚无从估量其重要性的动态和走势,都可能会使得预测的结论变得毫无价值。鉴于这些局限性,所以这份文件主要是对所论及的问题做出了最好的"猜测"。

引　　论

1. 社会主义阵营国家在发展他们的经济,并扩大其政治和文化影响方面的进步决定了 1965 年国际共产主义运动的态势。如果世界在此（1965 年）之前逃过了一场大战,苏联、共产党中国及其卫星国家的经济绝对会有巨大的发展,这种发展相对于自由世界来说,也会是巨大的。社会主义阵营国家力量的强大将必然增强苏联和中国这两个主要的共产党国家在世界事务中的地位,也将可能扩大他们在亚洲、非洲和拉丁美洲的影响。

2. 国际共产主义将是社会主义阵营力量和威信增强的受益者。自由世界中许多民族国家的共产党无论在人数还是影响方面都会更为强大,并在某些国家中成为执政党或执政联盟的主要反对力量。许多非法的共产主义政党将可能利用共产主义渗透团的存在及其帮助,以及有效压制手段的松懈来增强他们的颠覆力。见风使舵的人、中立主义者以及防范松懈的民族主义者将会受到利益驱动,与当地共产主义政党相勾结。

3. 1959~1965年这几年间,各种共产党的阵线组织将经历盛衰沉浮,不过在1965年,预期其中的多数会处于上升势头。军事科技的进步、军备限制无重大进展、核武器俱乐部的膨胀等等,会使和平运动的呼声越来越高涨,共产党国家将会从中谋得最大的利益。在共产党国家集团雄厚的资金财力为后盾,友好委员会(Friendship Committee)会活跃起来,进行文化渗透活动。当今的一系列组织——全球的和区域的——医生、律师、新闻记者、作家、科学家和其他专业门类的组织将在大型会议和出版物中拥护共产主义阵线。为了让人们对苏联、共产党中国以及其他阵营国家正在建设的新社会产生出美好的印象,他们可能会对各种青年组织在资金方面给予慷慨援助。非洲-亚洲各委员会及社团,要么将被共产党人牢牢控制,要么将分裂成为彼此敌对的组织。简言之,现在国际共产主义所有的工具和手段,无论是公开的还是秘密的,在1965年将被充分地加以使用。总的说来,随着社会主义集团国家内部物质方面的进步,这些方法和手段的潜力和效力将会得到增强。

4. 当然,从现在到1965年,这个运动将会经历一些困难,这些困难可能会严重削弱共产主义运动的扩张能力。例如,北平的共产党能否让中国从困扰已久的洪涝灾害和饥荒中摆脱出来,这仍有待进一步地观察。苏联或东欧如若发生灾难性事件,可能会削弱莫斯科的战斗力。如果赫鲁晓夫去世,无论这一事件是突然到来还是缓缓来临,都可能会引发国际共产主义总部短暂的权力动荡和方向摇摆。即便和平运动取得成功,也免不了产生问题。随着共产党人将其力量越来越多地卷入不发达国家的事务中,他们会发现事情变得更加复杂了,赢得一个附庸共产党国家的代价可能是换来两个敌人。不可预见的事态的变化,比如说某人的突然去世,以及一两个可以想见的情况,可能会打断共产主义扩张的进程。非共产主义世界将会从中赢得机会,具体是什么样的机会,依据最近的世界潮流和当前的形势发展,还很难预测。

讨　　论

一、共产主义在世界上哪些地区可能获得最大的成功?

5. 到1965年,尽管共产主义可能在世界上所有不发达地区成为一股强大的力量,不过,其中有三个区域会格外容易受到共产主义的严重侵袭,这三个区域就是:南亚、中东和拉美。

6. 印度是南亚局势的关键因素。到 1965 年,印度的第三个五年工业计划和总体发展规划将接近尾声,到那时,由国家主导但本质上是混合型经济的印度,是否仍旧和共产主义的中国站在同一条线上,将会水落石出。这两个国家都寻求建构一个重工业的社会,并且都想提高农业产量养活急剧膨胀的人口。如果共产党中国能够让许多受过教育的印度人看到自己所取得的显著进步,那么共产主义的途径和实践将会非常吸引人。① 印度人将不大会通过科学的比较,然后做出什么理性的决定;相反,他们将为一些现实和许多模糊的观念所动,在很大程度上,这与他们的无知和共产主义的宣传有关。绝望之下,那些贫穷的大众可能被引导走上共产主义的道路。②

7. 印度的政局也会对该国共产主义运动的发展产生重要影响。喀拉拉邦当前所面临的危机③可能很快会过去,但它或许将带来长期而又重大的后果。目前正不断暴露出种种弱点的国大党很可能会在尼赫鲁④退出历史舞台后分崩离析。如果其他的民主运动和派系能够联合在两个主要党派的周围,印度政治有望复兴。但是,如果国大党分裂为许多派别,毫无疑问,共产党将可能成为印度规模最大、组织最健全、目的性最强的政治力量。无论印度到 1965 年是否将成为共产党国家,印度共产党都很有可能成为比现在更庞大更有影响力的党派,它将控制有组织的劳工运动,并将其势力渗透到军队和行政部门中,指挥和领导众多阵线组织联盟,并向各种组织提供支援。

8. 印度的事务将对南亚其他地区共产主义的发展产生重大影响。一个仍旧保持它最基本的民主并能够在改善人民生活水平方面取得进步的印度,或许可以帮助它的邻国继续留在自由世界之中。一个共产主义的印度可能将对苏联和中国正积极从事的事业提供帮助,以至于整个南亚和东南亚地区可能会都倒向共产主义。

9. 目前中东局势表明,共产主义和阿拉伯民族主义正在该地区展开着一场争夺。在联手将西方"帝国主义"驱逐出去后,两种运动的领导者们摆开阵势准备决一胜负,以争得对这一地区的支配权。共产党有很多优势。他们已经形成一个健全的意识形态,运用它来对抗阿拉伯民族主义的模糊信条。他们用流行的口号来激励穷困受压榨的老百姓。他们有健全的组织和受过培训的干部,可以在这些国家委以重用,而在这些国家中,以前从未有过组织

---

① 原注:印度以及大多数亚洲国家对于共产党中国对西藏叛乱的镇压感到愤慨,但这种愤慨可能已经随着时间而消逝,尤其是在中国消灭"反动的农奴制"、把西藏带入 20 世纪的努力成功之后。

② 原注:最近福特基金会的一份研究报告总结称,"在未来七年中,如果印度不能将其粮食产量提高 57%,它将面临灾难。"由美国农业专家组成的一个研究小组指出:"要是连基本的食品和衣物都无法满足需求,印度有可能会为了填饱肚子而牺牲其他自由。"(《纽约时报》,1959 年 4 月 21 日)

③ 1957 年,印度共产党在喀拉拉邦地方选举中获胜,党的总书记南布迪里巴德出任邦首席部长并建立了印度境内第一个合法的、由共产党执政的邦政权。随后,新政府在宪法允许的范围内推行了较为激进的政策,比如:释放了所有的政治犯,将所有的学校置于政府的监督之下,把国家适于耕种的荒地分给无地的农民等。南布迪里巴德政府的上台及其各项举措令反对派势力深感惶恐和不满,他们不断地挑起事端、制造混乱,致使喀拉拉邦的形势动荡不断升级。——编注

④ 贾瓦哈拉尔·尼赫鲁(Nehru,1889~1964),1947 年印度独立后的第一任总理,国大党主席,不结盟运动的创始人之一。——译注

健全的政党。最后,他们可以把社会主义阵营作为其后盾,后者可以在许多方面有效地支援当地的共产党。

10. 阿拉伯民族主义者也有他们的优势。他们领导的运动历史根基较为深厚,并且对阿拉伯国家各阶层人民有着广泛吸引力。他们真诚地渴望独立。他们深谙这个地区那些古老且受到推崇的各种阴谋、贿赂、暗杀等方法。他们可以借用伊斯兰教义对抗无神论的意识形态。

11. 要预测阿拉伯民族主义和共产主义之间的争斗结果究竟如何,目前还为时过早。两种运动的实力才刚刚开始接受检验。例如,阿拉伯国家的农民和部落居民无疑会被鼓动起来反抗共产主义,因为共产主义对他们的伊斯兰教构成了威胁。但是,对于城市居民来说,是否也会因宗教原因起来反对共产主义却是值得质疑的。在许多市民看来,穆罕默德主义已经过时,和他们国家的现代化毫不相干;甚至如果要依其内心想法,他们倒准备接受苏联和中国的主张——社会主义阵营国家中的穆斯林少数民族不会因宗教问题而遭受纷扰。因此,中东地区的伊斯兰世界似乎不可能成为共产主义扩张道路上的一道牢不可破的屏障。正因为存在这些巨大的而又不确定的潜在对抗力量,阿拉伯民族主义和共产主义之间的争夺可能到 1965 年也无法很好地得以解决。几乎可以肯定的是,这场争斗必将以暴动、政变、国家间的联合与分裂,以及出现种种剧烈变动为特征。以上任何一种情况的发生,都冒着引发大国之间公开冲突的严重风险,随着共产主义在这个地区拥有越来越多的利益和声望,这种危险将会加剧。一旦战事蔓延,阿拉伯民族主义和共产主义的对抗将演变为更大范围的战争。

12. 在未来几年,拉丁美洲大部分地区可能出现的情况将对共产主义的发展极为有利。受工业化、通讯网络的快速发展以及人口膨胀的影响,拉丁美洲古老的社会模式正在逐渐瓦解。城市化使人们不断地聚合起来,使他们服从于更为有效的政治组织和控制。经济发展的张力为多数仍然目不识丁的人接触各种各样的激进主张敞开了机会。强烈的民族主义情感很容易转而变为对美国和欧洲资本主义充满仇恨的攻击。

13. 共产主义在拉美的力量已有所增长,这一情况还会继续下去。它和民族主义的目标和理想结合起来,在一些国家已经赢得了一定程度的尊重。受过训练的当地党派怂恿非共产主义的政治家同他们联合。在一些国家中,甚至那些非法的政党也成为影响政治平衡的因素。尽管到 1965 年不大可能有一个拉丁美洲国家会被共产主义者接管——美国和美洲国家组织也不大可能对此坐视不管——但到那时,共产主义运动的威胁可能比现在更大。社会主义阵营国家将通过充满活力的经济和文化渗透来支撑其共产主义的理想。

14. 共产党国家对非洲大陆的兴趣必然会愈益增强。但到 1965 年,如果世界权力集团没有发生重大变动,或者中东还未被共产主义所征服,那么共产主义运动除在外交以及贸易关系方面有所扩展外,将不可能在北非地区取得重要成果。撒哈拉以南的共产主义者对这一地区的渗透努力也不可能取得重大成功。更多的国家会独立,它们内部脆弱,态度中立,并担心失去自己的独立地位。这些国家可能与社会主义阵营国家建立起外交关系并接受其经济援助,同时也能容忍共产主义的阵线组织进行的许多活动。在这个外交关系可能相当无序的地区,共产主义将成为几个相互竞争的力量之一。此外,除非世界权力体系中的国家联盟发生重大转变,否则,共产主义不可能在撒哈拉以南非洲的任何一个重要地区取得永久控制权。

二、对国际共产主义的控制是否仍然集中在苏联共产党手中？如果不是,它将会在谁的手中？

15. 我们可以相当有把握地说,国际共产主义仍将控制在苏联共产党的手中。对于社会主义运动而言,不大可能有其他的可能性。

16. 其中一种可能是共产运动的发展将处于苏联共产党和中国共产党的双重控制之下。许多迹象表明,北平对培育和指导国外的共产主义运动(不仅仅是亚洲的,还包括非洲和拉丁美洲的共产主义运动)怀有浓厚兴趣。例如,在过去几年里,中国共产党和澳大利亚共产党之间的关系变得更加密切。已经有 60 多个澳大利亚共产党的党员在中国接受了几个月的培训,毛泽东及其政治同伴的理论著作是他们在国内上辅导课程的指定教材。借助阵线组织和工会组织,澳大利亚共产党对促进中澳两国学生、工人以及"文化"团体间大量的访问与交流起了重要推动作用。再比如,拉丁美洲各国共产党的领导人在苏联共产党第二十一次代表大会之后访问中国,他们与毛泽东就重要问题进行了协商,并被要求向他汇报情况。上述关系的发展是否得到了克里姆林宫的同意,目前尚不确知。我们不妨假设,由于认识到毛作为一名老资格的共产主义运动理论家受到各国党的尊崇,苏联共产党并不反对中国共产党采取主动姿态,积极推进社会主义事业,但是如果中国共产党瞒着苏联共产党四处串通其他党,就会令它感到极为不悦。以澳大利亚共产党为例,莫斯科可能坚信,澳大利亚共产党这个一贯正统的组织忠于苏联共产党所理解的"无产阶级国际主义"。与此同时,在澳共看来,自己同中国共产党之间的关系是恰当的,也是有意义的,这是因为两国不仅地理位置比较接近,而且通过相互影响可以推动共产主义运动的发展。在这一思考的过程中,我们认为中国共产党不会对克里姆林宫在国际共产主义运动中的领袖地位构成挑战。维护阵营的团结对他们来说仍然极为重要,况且,在自由世界国家中,确有极少数的共产党人可能想背着莫斯科,在中苏关系上捣鬼。倘若中国真正在众多方面取得了令人震惊的"跃进",中国模式可能会因此而赢得声誉,北平也会在事实上被人们认可为远东共产主义的指挥中心。不过,即使分享到一部分领导权,共产党中国的发展到 1965 年也不可能超过苏联在经济、军事方面取得的成就。

17. 另外一种可能性是共产主义运动将发生区域性的分散,比如说,东欧、中东和非洲的控制权仍然掌握在苏联人手中,而在东亚和南亚、西欧和南美,中国共产党、法国或意大利共产党、阿根廷共产党则分别是上述三个地区共产主义运动的领袖。这似乎是一个十分不太可能出现的发展趋势。在苏联以外,除了中国共产党,没有一个国家的共产党有足够的实力或威望在当地成为地区共产主义运动的控制中心。无疑,某些共产党偶尔也会服从于其他国家的共产党，比如，意大利共产党对阿拉伯一些国家的党起着领导作用。然而，在地区层面上，要实现任何真正的、永久性的权力分散，事实上是不大可能的。

18. 第三种可能性是建立一个新的国际组织——共产国际（Comintern）①，在这个组织中，苏联之外其他国家的共产党可依照各自实力对其管理和发展方向在不同程度上拥有发言权。在另一项研究②中，高级研究组分析了这种可能性，并得出结论认为，在党际关系领域，苏联共产党试图小心翼翼地重新建立一个统一的机构，该机构应当具有斯大林时期那种中央集权的传统。1956年共产党情报局（Cominform）③解散后，人们对于组建一个新的共产主义国际性组织一直有很多猜测。可以想象，包括赫鲁晓夫在内的苏联领导人，一定希望组建一个牢固稳定的、有利于巩固共产主义运动的团结与统一的组织。不过，很显然，许多国家的共产党——尤其是中国、波兰以及自由世界一些国家的共产党——可能会反对成立这样一个组织。因而，社会主义阵营领导人所采取的步骤是尝试性的和有限度的。为了庆祝十月革命胜利四十周年，在莫斯科召开了所谓共产党和工人党会议（1957年11月），外界称，此次会议是对共产国际某种形式的继承，二者间有一条割不断的纽带。④ 为了协调世界社会主义运动的路线方针，他们还创办了一份新的理论刊物：《和平和社会主义的问题》。

19. 无论是否组建一个新的共产国际，任何削弱苏联共产党对国际共产主义运动的控制的企图都是不可能成功的。苏联共产党的"领导角色"是国际共产主义的一个重要特征，这使得任何运动的"民主化"都会是革命性的。任何一个党或党的领导人对此若有质疑，几乎必将招致被指控为修正主义，而在遵从正统的共产党人的眼中，修正主义是对国际共产主义运动最大的威胁。中国共产党是这个国际组织中唯一可以挑战苏联权威的政党，不过，就其对"领导作用"这一原则所做出的表态来看，它不大可能会那么做。北平对社会主义阵营团结的强调、对铁托⑤所表现出的蔑视以及对苏联的依赖，都会使中国共产党继续支持苏联在阵营中起领导作用。⑥

---

① 共产国际，又称第三国际（Third International），1919年3月在列宁领导下成立，是全世界共产党和共产主义组织的国际联合机构，总部设于莫斯科，机关刊物是《共产国际》和《国际新闻通讯》。共产国际成员最多时包括70多个国家和地区的共产党组织、400多万党员。第二次世界大战爆发后，伴随着新的国际形势及苏联对外政策的变化，经共产国际执行委员会主席团建议，各国共产党同意，于1943年6月宣告解散。——编注

② 原注："共产主义的国家联邦"：共产主义世界的组织模式，CIA/SRS-10（1959年6月18日）。

③ 共产党和工人党情报局，1947年9月在波兰成立，系苏联以及欧洲一些共产党和工人党交流情报和协调行动的组织。成员包括：苏联、南斯拉夫、波兰、罗马尼亚、保加利亚、匈牙利、捷克斯洛伐克、法国、意大利等9个国家的共产党和工人党。总部设在南斯拉夫首都贝尔格莱德，办有机关报《争取人民民主，争取持久和平！》。1956年4月17日，情报局公布了《关于结束共产党和工人党情报局活动的公报》，宣告解散。——编注

④ 原注：参照美国参议院小组委员会（US Senate Subcommittee）对国内安全法（The Internal Security Act）实施情况调查报告："共产国际的复活及其对美国的意义"（1959年9月）全文。

⑤ 约瑟普·布罗兹·铁托（Tito, 1892～1980），南斯拉夫共产党的领导人。1920年入党，1940年10月当选党的总书记。第二次世界大战期间，领导南斯拉夫人民进行了反抗法西斯侵略的游击战争。1945年11月29日，南斯拉夫联邦人民共和国宣告成立，铁托出任联邦政府主席、最高统帅。1953年1月当选共和国首任总统。——编注

⑥ 原注：与共产党的组织相反，在政府或国家层面，"世界社会主义体系"到1965年也许——即使不是非常可能——会以某种"联邦"或大家庭（sodruzhestvo）的形式形成一种更为紧密的一体化组织。SRS-10号文件中分析了此种可能性。

三、国际共产主义对国家和地区性的共产党
控制的本质是什么？程度如何？

20. 国际共产主义对各国党的控制从根本上讲,就是克里姆林宫对各国党的控制。莫斯科的领导人可以因为战术原因而容忍某种自治,但他们决不允许自己的权威受到任何严重挑战。从 1956 年 2 月的苏共二十大一直到 1957 年 11 月的十月革命四十周年庆典,都遵循着这一原则方针。苏共二十大、波兰骚乱以及匈牙利革命,令所有的社会主义政党感到震惊;许多持不同政见者叛离祖国,并提出了"通向社会主义的民族道路"的问题。克里姆林宫倚靠这些国家共产党中一些忠实卫士,发起了稳定社会主义阵营的运动。到 1957 年底,这一举措取得了成功,并使得一次共产党人的"领袖峰会"得以在莫斯科举行,用以显示国际运动内部已恢复了团结,实现了巩固。

21. 克里姆林宫控制的本质,就是通过对莫斯科绝对忠诚的拥护者将民族国家的共产主义政党控制在手中。在社会主义阵营内部,则是通过强大的各级党的组织和国家权力的各种有力杠杆来加以巩固的。民族国家共产党中的修正派没有任何机会发展他们的势力;他们将被孤立,被共产党人所擅长的策略驾驭得无从发挥其影响。自 1956 年 10 月以来,波兰共产党内部"自由派"影响力的日益消退表明,在一个共产党国家中,正统派稳操胜券。对于社会主义阵营以外的共产党而言,只有那些获得莫斯科支持的共产党的领导人或派别,才有生存的机会。在苏联揭发了斯大林的罪行并镇压了匈牙利的叛乱之后,许多这样的政党,比如美国、英国、荷兰和丹麦的共产党,由于内部意见分歧以及大批党员退党而发生了严重分裂。不过,莫斯科为了使权力继续掌握在忠诚者的手中,承担起了上述党在党员人数和政治地位上的损失。

22. 苏联共产党对各国党的控制程度,以是否服从国际主义运动作为标准,也就是说,必须承认苏联共产党在运动中的领导地位,支持克里姆林宫在当前国际问题上所持的立场。在此基础之上,出于战术考虑,莫斯科也会允许某种程度的自治。以中国共产党为例,它所享有的自主权是相当大的。显然,莫斯科清楚地看到,中苏两国"建设社会主义"的背景和现实有着很大的差异,因此有必要允许中国人"自主寻找建设社会主义的道路"。这种不可避免的对中国享有一定自治的许可,必然给中苏两党关系带来了困难,使得他们之间的友好兄弟情谊不时地发生变化。从 1956 年 12 月 28 日中国共产党发表的一份专论共产主义信条的重要文章《再论无产阶级专政的历史经验》中,读者可能会发现,中国共产党在其向当时正为卫星国和西欧共产党内部动荡局势困扰的苏联同志提出的建议中,多少有些教训人的意味。这份中国共产党在发起公社运动之后首次在意识形态方面所做的表态,无疑惹恼了克里姆林宫。我们几乎可以断定,两个共产党巨人之间必然不时会有裂痕和误解出现,而且这种裂痕和误解比国外分析家们透过少数几个证据中所能感觉到的要更多。尽管如此,我们认为在 1965 年,苏联政权的控制手段以及中国共产党对一个稳固而团结的社会主义阵营的

需要,足以确保北平方面的合作。这一点可以从中国共产党不时地对苏联共产党的"领导地位"包括对苏联建设社会主义经验的公开承认和不断强调中表现出来。

四、修正主义在哪些地区获得了最大的进展?

23. 在俄国革命之前,修正主义者就是反对马克思主义革命原则并主张渐进式改良的共产党人。苏联成立后,修正主义者实际上指的就是那些公开对苏联共产党所宣扬的一个或多个正统教条表示出不同意见的共产党人。历史地看,修正主义者往往更多地强调"自由",反对俄国的模式。然而,强硬路线的胜利者往往冠之以别的称号。苏联的反对者被指控从事反党活动、有异端言行、从事阴谋破坏,甚至叛国,但未被指称为修正主义。有些修正主义的事例确系缘起于意识形态的分歧,其他一些则是基于权力利益的冲突与不和而被说成是修正主义。铁托与克里姆林宫的争执在一定程度上属于后者。在铁托首先起来对斯大林在其帝国中的统治地位提出异议时,被贴上了法西斯主义者的标签①。不过后来,这位南斯拉夫领导人就被扣上了修正主义的帽子,他坚持追求国家独立并拒绝承认意识形态领域中"苏联共产党的领导地位",使得赫鲁晓夫意图化解纠纷的努力受到阻碍②。一些党的领导人虽然在国内问题方面偏离了莫斯科所解释的马列主义路线,但并没有挑战苏联共产党在国际共产主义运动中的权威地位,也没有在国际问题方面偏离莫斯科路线。其他党的领导人在国内事务方面与莫斯科信奉的马列主义也存在分歧,但并未对苏联共产党控制国际共产主义运动的权威形成挑战,也没有威胁到苏联在外交事务方面对共产党路线的决定权。

24. 到1965年,修正主义会和今天一样,仍是共产主义世界的一个问题。在东欧可能会更加严重,因为苏联和它们在利益方面的冲突常常对这些卫星国家共产党内部的团结带来压力。这些党必须寻求人民的支持,但向大部分反苏的人民寻求支持,就要冒偏离当前莫斯科正统路线的危险。对于卫星国家的领导人而言,由于教条主义的影响和担心失去苏联的支持自己将前途未卜,他们心甘情愿地充当克里姆林宫的仆从,但另一方面,他们有责任

---

① 1949年11月,共产党情报局在布达佩斯召开了第三次会议,在会议通过的名为《南斯拉夫共产党掌握在凶手和间谍手中》的决议中称:自南斯拉夫被开除出情报局后,"铁托匪帮"完成了"从资产阶级民族主义向法西斯主义的过渡"。——编注

　　1949年11月情报局在匈牙利召开的第三次会议通过了《南斯拉夫共产党掌握在凶手和间谍手中》的决议。决议认为,从情报局1948年召开的上一次会议到今天,"南斯拉夫政府完全处于外国帝国主义集团的控制之下,并变成了他们侵略政策的工具,这导致了南斯拉夫共和国丧失了独立和自主。南共中央和南斯拉夫政府完全与帝国主义集团联合起来反对整个社会主义和民主主义阵营,反对全世界的共产党,反对人民民主国家和苏联"。决议指出,拉伊克-布兰科夫审判的结果充分证明,"南斯拉夫的叛徒们,按照帝国主义分子的意图,其任务是在人民民主国家建立由反动派分子、民族主义分子、教权主义分子以及法西斯主义分子组成的政治匪帮,以便依靠他们,在这些国家里进行反革命的政变,使他们脱离苏联和整个社会主义阵营,最后服从于帝国主义的统治。铁托集团已经将贝尔格莱德变成了美国人进行特务活动和反共宣传的中心"。情报局决议最后号召所有共产党员和工人党员"同铁托集团——被雇佣的特务和杀人犯进行斗争",帮助南斯拉夫"回到民主和社会主义阵营"。

② 1957年11月,世界各国共产党和工人党在莫斯科举行会议,南斯拉夫共产党亦派代表团出席了会议。然而,对于会议最后通过的两项宣言即《莫斯科宣言》和《和平宣言》,南共只是有保留地接受了后者,却因对《莫斯科宣言》中关于划分世界两大阵营和社会主义阵营必须以苏联为首的提法不满,拒绝在宣言上签字。文件这里很可能所指即此。——编注

统治一旦机会来临就可能推翻他们的民众。这种不稳定的局势导致了党内的政策分歧,以及与其他后果相伴生的对修正主义的指责。除非等到卫星国的大众接受他们在共产主义帝国中的位置,修正主义才不会在这些国家的共产党中泛滥。不过,其严重程度不可能足以威胁到苏联的控制。

25. 如果到1965年南斯拉夫仍然是一个独立的社会主义国家,莫斯科可能会将其视为一个修正主义的中心,那么铁托政权仍将是所有国家共产党攻击的靶子。人们只能预料铁托死后的情形。他的继承者不享有铁托那样的个人声望,他们会发现:较之继续走铁托式的独立道路,跟社会主义阵营搞好团结可能会让日子变得更好过些。如果他们与莫斯科的关系得以改善,修正主义的中心或许会转移,在这种情况下,苏联领导人可能会对南斯拉夫在"建设社会主义"中的很多特殊之处都能表现出容忍。哥穆尔卡[①]的波兰可能会保持在意识形态许可的界线内,并逃脱对其修正主义的指控。波兰共产党所采取的一些措施,比如农业方面的一些措施,可能会令苏联共产党的理论家感到头疼,但他们会暂时容忍,因为华沙政权在基本问题方面上越来越向正统教义靠近。[②] 对于匈牙利革命,哥穆尔卡作为一名东欧国家的领导人,一直迟迟未做出表态,不过最终还是赞同了苏联的解释,并对苏联共产党的领导地位基本上予以了认同,同时对南斯拉夫那些犯了错误的同志进行了谴责。

26. 1965年,修正主义将基本上必然成为自由世界国家里许多共产党所要面临的问题。出于争端或个人间的不和,某个领导人或单个派别会对莫斯科的统治地位提出批评,并提倡当地共产党实行更具民族主义色彩的政策。但是,只要没有类似匈牙利革命那样的危机发生,这种分裂不会取得产生什么重大的后果。获得国际共产主义运动的支持,尤其是苏联共产党的认可是如此重要,以至于正统势力几乎必定打败修正主义。况且,修正主义者的道路常常是荆棘密布。除非他是一个具有超常天赋的人,否则会被自己的同志和民主社会主义者一并抛弃,终将无所作为。

27. 因此,到1965年修正主义不可能构成对中、苏共产主义的根本威胁。对于卫星国和自由世界的共产党来说,修正主义派别虽则仍会偶尔出现,不过并不足以对苏联共产党宣扬的正统教条构成严重挑战,因为各种条件和因素对他们都是不利的。

五、阵线组织、经济组织、政治行动和暴乱在推动国际共产主义运动的过程中的相对重要性究竟是怎样的？关于这一重要性的推断将依照地域展开,尤其将关注不发达地区。

28. 对各种推动共产主义运动发展的手段的重要性的判断,主要取决于对不同国家和

---

① 瓦迪斯瓦·哥穆尔卡(Gomulka,1905~1982),1943~1948年任波兰工人党中央委员会总书记。1945~1948年任共和国副总理,1948年8~9月的中央全会上因被控有"右倾民族主义倾向"开除政治局,1951年以"进行破坏活动"为由遭逮捕监禁,1956年7月获得平反,同年10月被重新选入政治局,任中央第一书记。——编注

② 原注:近来,哥穆尔卡表现出从农业集体化这一目标小心地向后退却的迹象,采取了一些温和手段,并放慢了步伐。

地区未来局势的估计。共产党员能够灵活运用策略,尽管他们僵化的教条偶尔会使其选择效率不高甚至适得其反的方案。

29. 西欧。假设1965年这个地区的情况与现在基本相同,那么共产主义阵线组织很有可能成为促进国际共产主义运动的主要工具。和平组织、友好协会、劳工和专业技术组织以及青年和妇女组织的发展将促进共产主义目标得以实现。经济运作可能会试图克服任何的尤其是国家经济中可能会出现的弱点,并且可能会做出巨大努力使得共同市场难以实现。① 除了劳动罢工,其他的政治手段和暴动都不会被克里姆林宫看作是有利可图的方法。

30. 拉丁美洲。这个地区的特征是:随着经济的快速增长,政治和社会的矛盾也会加剧。因而,莫斯科将有机会在此动用其共产党军械库中的所有武器。各种类型的阵线组织都将非常重要。他们会不遗余力地利用现在很多拉丁美洲国家中的强烈民族主义倾向以及伴随着社会急剧变化产生出的摩擦与矛盾。莫斯科必将通过贸易和援助计划进行经济渗透,而且很可能制定许多协议。但是,共产主义在这一地区的发展潜力是有限的,因为拉丁美洲政府可能会意识到,同传统贸易伙伴进行合作是实现其理想与愿望的最佳途径。1965年,进行政治活动和骚乱的机会可能会比现在更多。随着工人、农民和学生的政治意识的不断提高、组织性的日益增强,较之传统宫廷政变中一派推翻另一派而言,拉丁美洲的革命带有更多的社会动荡和斗争的色彩在其中。工会、军队、警察、政党、学生组织的介入将使得共产党能够对革命形势加以利用。共产党在委内瑞拉和古巴革命中的突出表现,可能预示了他们将会在拉丁美洲未来的地区纷争中扮演何种角色。由于民族国家共产党人的能力有限,该地区又远离共产主义权力的中心,还由于受到来自美国和美洲国家组织的抵制,他们在领导革命运动中取得的成就可能会受到一定的影响。

31. 中东。1965年,这一地区仍然可能为大范围的共产主义运动提供机会。阿拉伯民族主义同共产主义间的相互争夺,可能会使得共产党阵线组织在某些地区做出的努力不如前者有成效;对于控制权和发展方向的不同看法,可能会分裂这些组织,使之成为与这个或那个运动结成同盟的集团。社会主义阵营在中东地区的经济渗透有着良好的开端,他们会更大范围地利用这一手段。对于那些已经同社会主义国家建立并发展了广泛经济联系的中东国家来说,即使其愿意,要想置身事外实际上是相当困难的。中东国家面向社会主义阵营开展了大量的贸易,参与了对方一些长期的工业和改进项目,它们把西方的科技人员替换成共产党的人员,所有这些使它们同社会主义国家间建立起了一种不容易被割断的相互依存关系。共产党人不可能克制自己不利用这种关系。政治运动和武装起义必定会被共产党当作在中东采取活动的有效战术和策略。当然,这一地区今天对于阴谋和暴力方式的惯用就像先前暗杀的时代一样。当然,就像以往习惯了暗杀基督教十字军成员一样,阴谋和暴力手段如今在这一地区的盛行也不足为奇。共产党员只不过根据他们长期从事秘密活动的经

① 原注:表现之一就是苏联提交给联合国欧洲经济委员会的一个提议,要求创建一个全欧贸易组织以"抵制将欧洲分裂成一个个封闭的经济组织的趋势"(《纽约时报》,1959年4月10日)。

验,对这些或者推动或者阻挠目标实现的传统手段做了进一步的改进。到 1965 年,这一地区极有可能不断发生政变、骚乱以及武装的"反抗战士"之间的内战。共产党和支持他们的组织可能会参与到这些事件中来。

32. 南亚和远东。从巴基斯坦西部到日本这一弧形地带,共产主义者主要依靠"和平"手段来促进共产主义运动。阵线组织可能会对该地区反对殖民主义、帝国主义、对核战的恐惧以及希望和平共处的普遍情绪极力地加以利用。鉴于这一地区的中立态度,阵线组织很可能会成功地开展某些运动并赢得众多支持。它们的活动将会辅以同社会主义国家间进行文化交流等方式,比如互派代表团访问、办展览、学者交流、出版图书刊物等。它们在社会主义国家的经济活动仍将可能继续遵循过去几年间的模式:对主要的开发项目、贸易协定提供低息贷款;通过派顾问和技术专家向社会主义阵营国家提供智力援助。到 1965 年,来自共产党中国的廉价工业品将会在该地区成为一个严重的问题。如果这种进口阻断了地方经济和传统贸易关系,那么低成本商品带来的好处将消失殆尽。海外华人可以通过多种途径对共产党在该地区开展的经济活动加以利用。当条件许可时,他们就会诉诸政治行动——这种情况时常发生。在这一地区,特别是印度、新加坡、印度尼西亚,共产党人会利用其对工会的影响来促进自身政治目标的实现。1965 年,在议会机构中曾有活跃表现的共产党人,会利用他们手中的权力,挫败民主多数派的意志,并使得宪法程序受到普遍质疑。他们对政府机构的渗透——无论是民政机构,还是军事机构——都是依照党的指令行事。尽管共产党不大会采取激进的暴力措施,但在形势有利的情况下,他们一定期望引发起义和反抗。比如,新加坡的共产党人可能会追求以暴力方式夺取政权或激怒英国人废除庞大的自治体。不过,大体看来,共产党人可能会借助于政府的软弱、经济体系的动摇以及对独立前景的许诺所造成的幻觉来推动他们的努力成为现实。

33. 非洲。非洲民族主义席卷政治殖民主义的速度可能会让克里姆林宫和西方资本主义国家一样地感到惊讶。毫无疑问,共产党正忙于想方设法利用这种新的形势。到 1965 年,当地的独裁政权可能在非洲撒哈拉以南的多数国家取得政权。领导者可能忙于掌握权力,维持内部秩序,以及争取在非洲大陆新的混乱和冲突局势下增强自身的影响力。克里姆林宫将致力于在一些国家中组建共产党的力量,共产主义运动在这些国家基本上还是一个陌生的概念。在此过程中,克里姆林宫拥有一定的优势。首先,非洲统治阶级中许多人认为共产党国家是公正无私的朋友,仇视殖民主义,也没有种族偏见。非洲人希望实行中立的外交政策这一点使这一认识进一步得到了强化。其次,不断拓展的贸易联系以及各种形式的援助项目也会增进社会主义阵营国家的代表们同黑非洲国家人民之间的联系。由于许多非洲国家领导人认为集体经济最符合他们的具体国情,这使得社会主义阵营国家的代表们工作起来更为便利。第三个优势将来自于公开的或秘密的组织的技巧,共产党干部可以将这些技巧应用到非洲这些从原始社会发展为看似文明化了的社团中去。

34. 共产党人也会面临一些障碍。非洲远离共产主义权力的中心。在这里,无论是苏联还是中国的使节都无法像他们在亚洲所做的那样,通过彼此间种族或文化的纽带,加深彼此间的感情联系。非洲与西方世界的经济联系也不像政治联系那样容易割断。"殖民"国家为推动经济发展和促进"联邦"成员国的联系而实施的一些新的和更为积极的政策,可能会逐渐消除这里的人民对帝国主义所怀有的敌意。不仅如此,这些新的非洲国家对其取得的独立地位十分珍视,他们十分警觉,不愿看到在旧的殖民主义清除后,又被一种新的殖民主义取而代之。

35. 为了在非洲进行扩张渗透活动,国际共产主义将大范围地运用各种战术武器,很可能优先考虑在还没有共产党的地方组建共产党组织。克里姆林宫将利用非洲一些新兴国家的有利的政治气候来建立当地的共产党。如果当地政权变得更加专制,或是非民主组织被取消了合法地位,共产党可能不得不转入地下,但即便如此,仍必须确保有很好的立足点。阵线组织将会扮演一个重要的角色。通过把非洲人吸引到自己的学生、劳工和文化组织中来,共产党人已从中获益,他们还会继续在这方面加大努力。他们将会通过官方奉承,提供与著名共产主义者及其同僚同台现身的机会,以及支付旅行花销等手段来吸引非洲巨头,让他们参与阵线组织在国家、地区及全球的活动,从而使社会主义阵营国家的经济活动赢得关注,这种方式已在亚洲和中东获得践行。贸易代表们带着吸引人的商品在非洲来回忙碌,苏联仍有可能会对大型开发项目提供贷款和技术援助。到 1965 年,采取政治行动的机会可能会相当多。目前还没有证据可以表明,在中非及东非,当地人同欧洲人之间的冲突受到共产主义的影响,但莫斯科不大可能会对这些冲突所带来的机会视而不见。在这些地区,可以指望那些受过共产主义训练的组织者将社会和政治局面的不安和动荡引向革命的方向。工会组织将为实现共产主义目标而行动,并具有很大的潜在破坏力。到 1965 年,共产党人不大可能独立地发动政变来对抗政府,或者公开造反,但是他们也许会参与由其他人策划并实施的政治行动。在这种情况下,受过训练的领导者将起到至关重要的作用。克里姆林宫完全有理由指望上百万非洲人提供组织或指挥技能,而这些非洲人必然会采取剧烈的方式对现代世界产生巨大推动。

36. 最后,到 1965 年,共产主义在非洲事务中将比现在发挥更大的作用,这将成为一个事实,而且共产主义在非洲可能会有一个快速扩张的良好开端。后一种情况可能因为大量的非洲人接受共产主义集团的训练而成为现实,这些人会在政党、工会、合作社、学校以及其他组织中发挥作用并取得控制权,因为共产主义对他们的训练、灌输将使他们在一个无序的社会发展中获得许多优势,而这种无序的状态将是非洲在未来几十年间的一个特征。

六、大众传媒和交通运输的发展对国际共产主义、
共产党组织以及他们对个人和集体控制程度
和本质这些方面能带来哪些变化?

37. 在同国际共产主义运动相关的大众传播和交通运输方面呈现出四方面的发展态势。其中每一个目前在世界共产主义的策略中都发挥着一定作用;到 1965 年,在克里姆林宫的行动方针上,这一点仍将体现得很明显。第一个是空中运输的快速发展。这为莫斯科协调、指导、控制社会主义阵营的事务和世界共产主义运动提供了方法和工具。自共产国际解散,克里姆林宫日益依赖通过共产党领导人会晤的方式来谋划策略和战术。其中一些是涉及到多个党的重大问题,有些是两党共同的事务,其余的则是两党之间的事务。这样的会议一年要开好几十次。如果没有快捷的交通运输条件,这种通过会议机制来指导和管理国际共产主义事务的方法很难行得通。空中运输的快速发展,使克里姆林宫的领导人可以经常在其势力范围内出入和走动。同时也使得共产党领导人能够在紧急情况发生时,很快集合起来举行秘密会议,就像苏共二十一大时那样。这些会议除了具有巨大的商业价值外,共产党领导人们高调地你来我往,也扩大了宣传效应。

38. 第二种发展态势,就是运用无线电广播在亚非拉地区那些目不识丁老百姓中间传递共产主义的信息。若非通过此种方式对其加以影响,这些人或许一辈子都不会知道共产主义是什么,对于信奉马克思主义的国家当然也将一无所知。虽说通过电台进行宣传并非共产党人的专利,不过它对共产党来说确是一个相当有用的工具。因为他们通常以破坏现有社会秩序为其目标,因而他们可以不负责任对那些没受过什么教育或大字不识的人们心中那种恐惧、屈辱以及渴望的情绪加以利用,而这些人通常对其所听到的事情缺乏正误判断的能力或途径。到 1965 年,社会主义阵营国家很可能会向这种宣传方式投入越来越多的资金。

39. 第三个发展趋势就是电影的普及。共产主义者将利用电影的形式去影响欠发达国家的许多民众。电影对于那些头脑简单、目不识丁的民众来说,充满了新奇,这便决定了它必将有一批观众。就像无线电广播一样,这些民众几乎没有什么可以用来参照的标准来判断电影中所展现的内容的准确性。

40. 第四种发展趋势是,主要的共产党国家可能会运用其空中运输能力,通过派送"志愿者"来加大进行干预的威胁。苏联共产党在 1956 年苏伊士危机的时候就曾有效利用了这种威胁,一旦类似情况发生,它一定会再次尝试。到 1965 年,中国共产党将拥有他们的空中能力,这将使它发出的进行干预的威胁性言论具有实质内容。通过"志愿者"进行威胁干预的战术有助于巩固共产党在社会主义集团外围国家中的地位。当内战爆发或处于爆发边缘之时,他们能够声言提供足以对其结果产生决定性影响的援助。就像克里姆林宫让人们听到核武器所发出的声响一样,共产党可能派出快速着陆的"志愿者"这种前景,体现了一种战术。这一战术的运用,既可以麻痹敌人,同时也可以为当地共产党人提供某种论据,即他们表现出一种可能使那些妄图煽起军事行动的帝国主义者和战争贩子望而却步的报复能力。

结　　论

41. 本文件对上述问题的探讨,并非意欲对 1965 年的国际共产主义做最后或全面的评估。尽管这样,本文件对运动的未来形势及发展前景仍提出以下一些总的结论。

(1)和我们今天的评价一样,共产主义运动将仍然保持其活力。非共产主义世界仍将在人类活动这个大的背景下与一个进攻性的、无情的运动展开竞赛。

(2)莫斯科仍将是国际共产主义的指挥中心。共产党中国可能成为一个更加自信的伙伴,但在处理彼此分立的东、西方世界之间的重大事务时,整个社会主义集团都会一致承认苏联共产党的领导地位。自由世界的共产党仍将是克里姆林宫手中顺从的工具。

(3)共产党内会出现不同政见者运动,正统派别会通过对其修正主义的指控而展开批判和斗争。东欧卫星国家的共产党——特别是波兰、匈牙利和东德——仍将受到内部分裂倾向的困扰。因为怎样领导大多数怀有敌意的人民,并调和民族利益与苏联利益等问题,总会引发派别间的分歧。在共产党的组织内,承认苏联共产党为正统并保持对苏联的忠诚的领导人和团体几乎常常占据优势。虽然铁托仍然保持着不妥协立场,不过,国际共产主义运动的前景不大可能因修正主义或者"民族"共产主义而严重受挫。

(4)为了减少对立,实现目标,共产党所采取的方法将由先前的崇尚暴力转向力主温和。苏联军事和工业实力的增强,再加上共产党中国大国地位的提升,这些都为共产主义运动提供了较之今天更具多样性也更加强有力的手段。

(5)共产党对自由世界中最薄弱环节——亚非拉地区的欠发达国家——会不断加大压力。到1965年,国内的政治和经济危机加上共产党人的活动,很可能会使其中一些国家,特别是亚洲和中东的一些国家,面临重大抉择:是与中苏集团结盟,还是继续接受西方国家的援助并与之合作,以实现自己的理想。另外还有许多国家,一方面仍然回避与任何一方结盟或是签署什么政治协定,另一方面也不拒绝东西双方提供的开发援助。即便是在那些远离共产主义权力中心的地方,为争取扩大影响力展开的竞争也会比今天更为激烈。

DDRS, CK 3100200854 – CK 3100200884

赵秀荣译,郭洁校

中情局关于1960年《各国共产党和工人党代表会议声明》的高级研究报告

（1961年2月17日）

CIA/SRS-15

保密

一个新的国际共产主义纲领性文件：

《共产党和工人党代表莫斯科会议声明》（1960年12月）

（1961年2月17日）

1961年2月13日高级研究组所获情报构成了此项报告的基础。

前　言

　　此项研究完成于共产党和工人党莫斯科会议（1960年11～12月）具有高度争议的会议日程"公开"（1961年2月12日）之前。不管这一情报的"泄露"让人产生出怎样的联想，它确实产生了两个有益的结果：（1）有关会议讨论的情报经许可降低了密级，以及（2）议题聚焦于自由世界与美国对中苏同盟以及国际共产主义的态度和政策等方面。

　　此项报告，虽然是建立在对所获情报的综合研究基础之上，但就其方法而言，带有审慎揣测的特征。它试图主要"从共产党的视角"来看待《莫斯科声明》。通过此种尝试，推导出了某些就其本质而言不甚乐观的结论。特别值得注意的是，对于过去很长时间里获得广泛认同的一种观念，我们的内心产生出较以往更为强烈的怀疑，这一观念就是：在共产主义运动的内部存在着一种对立的"裂痕"或"分裂"，如果我们采取重大的行动就能轻易地促使其扩大和加深。这并非一种失败主义的态度，实际上是一个经过深思熟虑后小心提出的建议。我们的意思很简单：让所有无论以何种方式对自由世界以及美国的安全负有责任的人们，以一种认真、客观的态度去研究和重新研究这项声明，而不要带着希望或是畏惧的心态有所偏倚。

　　这项研究报告中所阐发的观点纯系国际共产主义高级研究组的看法，未同中央情报局或政府其他部门进行过意见协调，不应将其理解为中央情报局局长的正式表态。

第 一 部 分

引论

这项研究试图通过推测性的探讨,就对《共产党和工人党莫斯科会议声明(1960年11～12月)》的发表起主要推动作用的中苏关系的进展和走势加以解读,并就此文件的国际影响做出推断。总体上,它以早期西方的分析为开端,依据新近获取的材料,以"从共产党的视角出发"为补充,做进一步探究,以期得出全面的、而非只见树木不见森林的观点。

这项研究报告分为两个部分。第一部分主要涉及莫斯科会议声明的背景;第二部分主要涉及有关此项声明对国际共产主义运动前景的影响。

这项研究报告的基本观点是:**共产党的团结是增强而非减弱了**。这一结论可以概括为以下几个方面:

(1)《莫斯科声明》发表之前,中苏论战不断升级是双边关系的一个显著特征。这与赫鲁晓夫的地位日渐上升的时期(亦即自1956年初以后)恰好大致吻合。

(2)这场论战是激烈的,但就其结果来说,并未造成严重分歧。论战围绕着那些共产党称之为"分歧"以及在某种情形下被叫做"矛盾"的问题。莫斯科会议上,各国共产党可能是想努力通过以同志式的批评和自我批评来解决这些问题,希望无论如何阻止中苏双方走向敌对。

(3)论战所涉及的大量问题,从意识形态或战略的角度来看,并不具有根本性,也未涉及到共产主义运动的最终目标,主要是些在方法和策略方面如何偏重或解释的问题,最后,还常常包括激烈的个人冲突。

(4)已出台的这项声明可谓国际共产主义运动历史上一个真正的转折点,声明提出了一个总的观点——自从早年成立共产国际以来,这还是头一次——即各国共产党,无论大小,都可以根据其所面临的具体时机和条件制定出各自的发展规划。

(5)两个老大哥当着80多个小兄弟的面,就相互间的"矛盾和分歧"展开激烈论争,其后果之一,便是使得国际共产主义运动的组织和纪律进入了一个新的阶段,从此运动不再只有一个"领导者"或"中心",至多将其称为"老前辈"。伴随着"世界社会主义体系"(包括中苏集团中的12个成员国)的扩展继而出现的,是一个社会主义国家的大家庭(联邦或共同体),目前虽尚无组织形式,但已在酝酿中。

(6)虽然旧的分歧尚未完全消解,新的矛盾又在不断出现,不过,在共产党看来,整个过程成功地显示了毛的重要行动准则:团结—批评—团结。根据我们的判断,这种情况将会推动国际共产主义运动进入到一个更有自信心、灵活性和力量的时期,同时,对于自由世界的威胁也将增强。

一、《莫斯科声明》出台的背景

……①

人们或许会质疑：包括苏联在内的莫斯科会议的每一个参加国，起初是否都希望将整个会议的日程安排完全对西方保密。不过，由于会议邀请了数量众多的几乎来自世界各个国家的共产党代表，其实无法做到密不透风。从这个意义上讲，这种情况也许多少可以同1956年2月赫鲁晓夫在苏共二十大上所作秘密报告——即那个臭名昭著的有关反斯大林的讲话——的泄露相提并论。当时秘密讲话是在一种极其安全和保密的环境下发表的，但是，通过苏联及其卫星国党的各级组织一层层向下传达的过程，说明已经预料到西方迟早会获知这一情报。这种间接的泄露方式或许可以被描述为：有意利用共产党在安全领域存在着局限这一事实，以增强这一划时代事件的巨大影响。

据所获取的材料显示，首要的、也是最引人注目的结论就是：莫斯科11月会议以及会议筹备委员会10月对会议相关事务进行筹划之时，恰逢中苏论战的尖锐和激烈程度达到顶峰。从这个意义可以说，如今这份新材料证实了西方分析人士此前几个月所做的大量揣度是正确的。西方人士的分析——很大程度上是通过共产党国家公开发行的报刊资料中所提供的半隐秘"迹象"推导而来的——成功地将共产主义运动中这两个老资格的兄弟党在同一问题方面所表现出的尖锐对立的观点加以了区分。除了极个别的特例之外，这些对立的观点在莫斯科10月和11月会议上都凸显了出来。这份新材料进一步地验证了这种通过"迹象"分析问题的方法所具有的价值。② 不过同时，就像我们在第二部分试图表明的那样，此种方法所内在的局限性也变得愈加明显。因为在中苏论战的表象之下潜藏着某些更深层次的问题，包括国际共产主义运动的团结及其未来发展之动力。我们认为，就此问题而言，目前已经出现了一些较之早先大量的相关评论极为不同的观点。

此项研究报告的目的，并不是要就我们目前所掌握的有关这两次莫斯科会议上的讲话和讨论材料再详加分析。有必要对这些材料做进一步的深入研究。不过在此，我们的主要用意只是在于得出一些具有尝试性的结论，以此为这份报告的第二部分中所提出的主要论点提供论据基础。

目前，我们可以清楚地看到，苏联共产党和中国共产党之间的论战大体与赫鲁晓夫的执政岁月呈同步发展态势，换言之，其最初是在1956年的"危机"——其中包括非斯大林化引发的危机，以及在波兰和匈牙利发生的危机——以及1957年初"稳定"的过程中表现出来的。③ 中国共产党的领导人，特别是毛泽东，挺身而出，解救……④尤其是在1956年10月至

---

① 原文此处一段未解密。——译注
② 原文此处有注释，但未解密。——译注
③ 原文此处有注释，但未解密。——译注
④ 原文此处数行未解密。——译注

1957年春这段时间,苏联共产党显然成了引发人们不满的主要源头。毛泽东的两个著名的讲话——《再论无产阶级专政的历史经验》和《关于正确处理人民内部矛盾》,因其字里行间蕴含着潜在的敌对情绪,在当时,令一些西方观察家感到震动。这两篇文章所透着的那种不可一世以及不容置疑的口气,一定让苏联共产党领导层大为震惊,就仿佛——至少可以这么说——毛在趾高气扬地教导他们:"该这么做,小伙子们!"也许,苏联领导人更多感受到的是难堪,因为赫鲁晓夫所以能顺利地摆脱困境,又与上述文章不无关系。

这些讲话在成功地取得了良好效果的同时,也可能促使毛那种原本早已高耸入云霄的自我意识进一步地迅速膨胀,并推动了对其"个人崇拜"的急剧发展,这种"个人崇拜"在1959年10月北平举行的中国革命胜利十周年庆典时达到了顶峰。① 随后,共产党中国大力倡导学习"毛泽东思想",在1960年10月和11月的莫斯科会议上,此举也使中国共产党遭到最为严厉的批评。苏联代表,以及在某种程度上同其他党的领导人一起,指责中国人企图使马克思-列宁主义"中国化"。这反过来,又同"教条-宗派主义"的倾向以及"脱离"现实、"脱离"群众和"脱离"生活等等联系在一起,上述指控引起了中国代表,当然还有毛泽东本人极大的怨懑。②

中国人在会议的筹备期和整个进程中对马克思主义中国化的非难逐条地给予了驳斥。他们自称坚守马克思-列宁主义的原则立场,并声明毛的天才在于把马列主义的普遍原则运用于中国的具体实践。他们宣称自己的革命经验对情况与其相似的其他国家具有借鉴意义。对于这一点,苏联共产党几乎是无法加以反驳的。尽管如此,中国人也并非想把自己的经验凌驾于作为老大哥的苏联共产党所拥有的更加丰富多样的革命经验之上。

两位最高领导人的个人情绪在会议报告的过程中反复发作。当然,毛只是通过扮演传声筒角色的忠实代言人邓小平将其意见表达出来的。不过,后者怒火冲冲甚至有时是脾气暴躁的口气,想必一定是模仿了最高领袖在国内说话时那种带点阴郁、嫉妒以及"躲在家里生闷气"的情绪的语调。在另一边,赫鲁晓夫则动作麻利地"安营扎寨"。他至少做了三次重要的讲话,把一种总体上和解、通情达理的表述同其中所潜藏着恼火、怨气以及有时看来也是合理的愤怒的情绪结合得恰到好处。会议筹备期间,赫鲁晓夫正在联合国,以苏斯洛夫同志为团长的苏联共产党高级领导人代表团摆出了一副试图恐吓——若不称其为压制的话——邓小平的架势。这给人造成一种这样的印象,即苏联领导不太习惯于此种情形——对面站着的是一个严阵以待、对恫吓和诱骗无动于衷,或者一直执拗地说"不",或者仅只模仿其国家最高权威的声音并代表他公开表态的同志。

这场仍在进行中的论战有一个显著的特征,即中苏两党之间相互交换辩论信的这种做

---

① 原注:参照SRS-12,"中华人民共和国十周年庆典"(1959年9月1日)。

② 原注:新材料披露了一个更有趣的事实:在1957年10月的莫斯科会议上,毛曾承认他的私人医生诊断自己患有一定程度的"脑贫血"。无论他是否真的患有此病,尚无直接材料可以证实西方分析人士的猜测,即正是这种多疑与偏执的个性以及严重或比较严重的无能,致使毛事实上被中国共产党架空,换言之,后者在神化其革命领袖地位之同时,将权力从他的手中剥夺。或许此种解读有朝一日会被证实在一定程度上的确是正确的,但就目前看来,大量证据可以表明:毛不仅头脑灵敏,而且完全掌控着党的领导权。

法所导致的类似接触性感染的影响，甚至波及到与会的其他共产党身上。这一系列的挑衅与反挑衅举动如今可以被相当精确地加以重构。这同西方分析人士根据公开的材料所得出的结论非常接近。苏联共产党在共产党和工人党布加勒斯特会议上向与会代表散发了共计82 页信件，其中包括 9 月 10 日中国共产党的信和 11 月 4 日苏联共产党对前者予以反驳的信，此举一出，掀起了双方相互攻击、谩骂的高潮。

就此分析报告而言，正是这三份文件中的最后一份反映出了最严重的问题。筹委会的预谋虽然用心精算甚至不失险恶，但事情终究以中国共产党基本接受苏联共产党所提交的草案而告终，因为前者在会议召开前并未将自己的保留意见公开。看来，为了让苏联人心满意足，以使会议按原计划顺利进行，中国共产党似乎已就其和解精神以及愿意做出让步的方面给予了足够明确和充分的表示。结果令人始料不及的是，苏联共产党在会议的第一天，就将 10 月 4 日的信件下发给各国共产党代表，由此便导致了业已在 10 月间得以缓解的所有愤怒情绪再度爆发。

如此一来，就产生了这样一个问题：苏联为何要重新挑起论战？赫鲁晓夫可能觉得，虽然中国人表面迁就，但是如此多的基本问题没有得以解决，在国际共产主义运动的全体会议上公之于众或许更好些。也或者，他可能觉得，必须表明中国共产党与苏联共产党之间矛盾和冲突的严峻性，必须使中国共产党和中国人骨子里的这种偏执、好斗、冲动的特性在所有兄弟党和兄弟国家面前暴露出来。即便如此，散发信件这一做法本身，就像中国人所愤怒地指出的那样，事实上必然会导致 11 月会议上出现长时间的争执和论辩。

从 11 月会议的发言中可以得出的一个最为显著的结论就是：无论所争论的问题是否此前早已存在，就国际共产主义运动本身而言，从意识形态或战略角度来看，它们并不具有**根本性**。声明的内容涉及面很广，讲到了时代的特征和性质、帝国主义的侵略本性、战争的不可避免、通过暴力或非暴力方式向社会主义过渡的双重可能性，不过事实上，结论还是先前那些约定俗成的公式化套语。中苏两党论战之各议题，于是便成了会议的主要关注点。同样，它们本身也是可以在或长或短的时间里得到解决的，换言之，潜在的"对抗性矛盾"很大程度上已经消除，所遗留下来的仅仅是一些"非对抗性"的**矛盾**，或者说得再轻一点，"分歧"①。

当然，苏联和中国关于矛盾的理论都来源于马克思-列宁-斯大林主义，但在实践过程中，它们却沿着两条多少有点分歧的路线向前发展。分析我们手头这些会议发言的文本，贯穿全文的重点是分歧而非矛盾，这一点特别值得关注。不过，赫鲁晓夫在其最后一次讲话中承认，即使社会主义国家之间也会存在着矛盾。显然，这是对毛泽东所提出的一个观点"**即**

---

① 原注：在俄语中，"protivorechie"（矛盾）与"raznitza"或"razlichie"（分歧）这两个单词之间的区别，类似于中文词汇"矛盾"与"差别"在语义上的不同。周恩来在接受斯诺采访时曾说：后一个词应该译作"相异"（《展望》杂志，1961 年 1 月 31 日）。把"差别"定义为分歧会更准确些：这里，主要是就程度或方法而言，并非从实质或基本原则出发，强调的是参照而非对比；当然不主张将其定义为矛盾。

使在社会主义社会，矛盾依然普遍存在"①予以了重要的——在中国人看来，也是迟到的——肯定。

如果说根本性的问题已经基本得以解决，或至少被"暂时搁置"，那么，争论中双方所坚持的矛盾和分歧是什么呢？那些真正对团结造成了威胁的因素又是什么？表面上，他们不得不几乎完全遵从国际共产主义各项纪律，并将其作为处理党际关系的指导原则。特别值得注意的是，中国人曾强烈反对通过带有以下内容的宣言草案：（1）宗派主义；（2）民族共产主义；（3）所谓苏共二十大和二十一大对国际共产主义具有普遍意义。在对此展开讨论时，中国代表曾多次引用毛在1956年12月所使用的带有点警告意味的术语"大国沙文主义"，特指俄国的大国沙文主义，用以暗指苏联在共产主义运动中所享有的独一无二的垄断地位。

苏联共产党和中国共产党之间在前者徒有其名的领导地位问题上——亦即前者是否是"阵营的领袖"或"运动的中心"，或身兼双职——奇怪地演了"一幕加士顿和亚尔劳斯的戏"②，从表面上看，缓和了双方因相互指控与反指控所带来的紧张。

一段时间以来，这种在共产主义辞藻和礼仪方面精巧地施以伎俩的做法已引起关注。在早先北平举行的建国十周年庆典仪式（1959年10月）上，中国人一方面继续将苏联称为"社会主义阵营的领袖"，同时却放弃了"国际共产主义运动的中心"的提法。这一重大的修正可能致使赫鲁晓夫在苏共二十一大（1960年1月）做出决定，苏联共产党不会再为社会主义阵营中各成员党承担义务，并声称它们享有绝对的平等和独立地位。③在赫鲁晓夫的三次讲话中，他趾高气扬地表示（不时用一些不宜刊印的语言），拒绝接受别人拱手送上的领导权，并以一种十分庄严的姿态声明，如果说苏联共产党在什么领域占据了突出的地位，只能将其归因于苏联所拥有的丰富的革命经验及其在鼓励、促进、保卫社会主义体系、国际共产主义运动和阵营中其他成员国等方面所做出的卓越贡献。从另一方面来看，在正式场合，对于苏联所享有的这种令人尊敬的领导地位以及苏联共产党从中所起的核心作用，中国人一以贯之地予以肯定。这在一定程度上反映了中国人尊敬长者的传统家庭观念，他们在这里以同样的态度来对待"社会主义大家庭"或友好联盟中的长者。④即使这样，赫鲁晓夫对此却熟视无睹。他以污秽的语言对中国共产党展开攻击，指称对方所谓的"父子党关系"如果不是一种欺骗的伎俩，也是为了混淆视听而使用的招数，意在待事态恶化时，好将责任归咎于苏联。⑤

---

① 原注：我们正准备对当前这类辩证句式的表述做进一步的分析。在我们看来，不能将此类的表述仅仅视作是共产党的通用语或是逻辑的堆砌，实际上，它们对于理解中苏关系具有十分重要的基本性意义。

② 意指彼此推推让让、客气非凡。——译注

③ 原注：这可能反过来是受了所谓赫脱理论广泛传播的影响，使得苏联需要为运动中各小党的对外活动承担部分的责任。赫脱理论的困境在一定程度上体现为：未能将苏联的影响与控制在党和国家两个层面加以区分。不管怎样，这一理论看来只是昙花一现，虽然它在集中探讨苏联在运动中的霸权问题方面也做出了某些理论贡献，但与我们的关切并非直接相关。

④ 原注：参见以下第24页。

⑤ 原注：中国代表团也表示反对"父子党"这一类比，但所述理由不同。

有关围绕着领导权和中心地位而展开的这场激烈争执的长远意义,将放在报告的第二部分予以讨论。从中足以看出此次会议中这种"同志般"的意见交流所具有的突出特点。

中国代表的发言中,缜密论述并反复提出了这样一项指控,即苏联共产党曾企图"扼杀批评",并且违逆了列宁关于马克思主义性质的兄弟党之间应当相互协商的这一原则。在这一问题上的讨论常常又会沦为"怒发冲冠"的争吵,结果势必伤及其他国家共产党代表和与会观察员的尊严。不过,根据总体情况或许会得出以下判断,即在整个过程中所展现的,在他们看来,不过是"同志式批评"。那些激烈的言辞在共产党人听来都已觉刺耳,更不消说我们对此的感受了,但这并不意味着所言皆虚。甚至不难想见,背地里,特别是三杯酒下肚后,许多代表们搓着手、幸灾乐祸地谈论着这场共产国际黄金岁月后共产主义世界所上演的最精彩的辩论。阿尔巴尼亚领导人恩维尔·霍查①脾气特别暴躁,有时甚至有些孩子气,这一点极大地触怒了苏联领导人,甚至也包括中国人——他们一定为其小兄弟如此骄纵的表现深感沮丧。但是阿尔巴尼亚的长篇攻击性演说却是极为有利的"反证"和"归谬"素材,它也许进一步加强了中方所谓"严厉的批评对于运动是至关重要的"这一立场。

对持续到 11 月 23 日的这场辩论报告进行研究,让人产生了一些感受。不过,在此过程中,我们有一种突然从已知走向未知的感觉。实际上,双方分歧虽然尖锐对立,但却达成了在基本问题方面求同、在次要问题上存异这样的约定。在其后数日的休会期间,中、苏两党显然又进行了秘密交涉。有证据表明,其他国家共产党怀着大体上恢复团结的愿望,从中起了很大的助推作用,除此之外,共产党和工人党会议联合施压所起的作用也应当予以考虑。两个老大哥在决定私了之前,是否确实曾发生过激烈跂力,不得而知。事实上,如果稍加怀疑,可能会在这种不断升级的唇枪舌剑背后发现许多蓄意操纵的痕迹,其用意——无论是否是首要的——在于使最终团结的实现变得戏剧化。

关于此次密谋的内情,我们可能永远都无从知晓。或许双方间进行了一些重要的"交易",比方说,苏联重新给以正常的技术或经济援助,或者中国人答应"暂时消停一阵"——如果赫鲁晓夫在对美谈判方面的立场有所"回转"。很可能刘少奇——鉴于邓在冲突中扮演着冲锋陷阵的角色,他迄今为止未发一言——同毛泽东之间有过电报往来。毛可能总结说,自己已阐明了看法,即同志般的批评已经足够了,现在到了该重新达成团结的时候了。随后,刘少奇以一种和蔼、温和的姿态再度出现在会上,向数百名代表发表讲话,明确表示中国对声明完全赞同,并称社会主义阵营的团结较之过去更为坚固了,刘的此番表现一定对缓和局势产生了影响。

然而,回过头来再看看这个带有揣测性质的分析,它似乎确实说明了许多已知的事实。不过,我们的脑海中还留有一个悬而未决的问题:所有一切意欲何为? 这一批评是否真的有必要?

---

① 恩维尔·霍查(Enver Hoxha,1909~1985),阿尔巴尼亚共产党的领导人。1941 年参与阿共的建立,1943 年起任该党中央委员会总书记(1954 年起改称第一书记),同年出任民族解放军司令,1944~1954 年当选部长会议主席。——译注

如果我们假设一个巴掌拍不响，那么，中国人和俄国人，各自内心长久以来对彼此行为所普遍怀有的猜疑一定已是非常之深。

这些情绪的真实根源很有可能在公开论战中根本未有触及。人们或许会猜测，令中国人感到苦恼的是，赫鲁晓夫领导下的苏联共产党全面地偏离了革命的真正动力。赫鲁晓夫访问美国以及他对艾森豪威尔"和平使者"的赞美之词，被中国人斥责为对帝国主义的"美化"和"装点"，这或许更深地触及了他们相互攻讦指责背后所潜藏的真实分歧。在邓小平就此问题所发明那篇言辞生冷的讲话中，说了一句气话，听来颇为刺耳，类似于："你们，你们的人，怎么都如此行事？"

另一方面，赫鲁晓夫内心深处很可能对中国人有一种根深蒂固的观念，认为他们被革命的胜利大大"冲昏了头脑"。赫鲁晓夫是否把像 1958 年炮击金门此类的小插曲视为冒险行径，或者是否真的对中印边界纠纷感到恼怒，这些我们都不得而知。不过，从他的言辞和口气中足以听得出，他打心底里认为，中国人一贯喜欢不负责任地危险行事。在会议筹备工作结束（10 月 22 日）后为所有会务人员举行的一次晚宴上，赫鲁晓夫做了一番讲话，其中有一段寓意深刻，他非常诚恳而严肃地谈了自己对马克思、恩格斯、倍倍尔①、李卜克内西②思想的精深研究——没有提到列宁和斯大林，并指出，正是在此基础之上，他坚信共产主义理论从本质上是以**道德**为基点的。由此，他不能设想也不会接受，将兼具破坏性与非人道性于一身的战争作为取得社会主义胜利的手段之一。③ 如果我们假设赫鲁晓夫所涉及的是共产主义意识中更深层次的一个问题——就像杰吉耶尔（Dedijer）曾经指出过的：共产主义意识的确存在几个、有时总体上彼此矛盾的层次，那么，他当然有理由公然斥责中国人对待核战争的态度，如果不是居心险恶的，至少也是儿戏的。这种情绪化的观点可能带有其年轻时信仰的残余，不过，一旦有机会可以在不冒严重风险的情况下，给帝国主义以"沉重打击"，那么此种观点不会对其整体战略起主导作用，亦不会弱化其共产主义意识。

做出分析不是一件易事，并且可能最好在未获得更多证据之前暂时搁置。新材料中有一项富有启示的重要内容，亦即毛泽东那段很有名的话。他说：如果爆发全面战争，三亿中国人民能幸存下来，一个全新的、更美好的社会主义社会将会出现。在提及毛在 1957 年 11 月莫斯科会议的这个讲话时，报告文本是将放在一个不那么具有决一死战意味的一个不同语境下来说的。毛事实上是这么说的：世界范围的原子战争确实很恐怖，但帝国主义是一定会发起这场战争的，共产党人必须面对这个事实。如果他们硬要打仗，全球人口会死掉一半，但还有十亿多人会活下来——也就是说，所剩下的不仅仅是三亿中国人，并将最终重新构建出一个全新的、没有帝国主义的、较以往更加美好的社会主义体系。很难将此种暴虐的

---

① 奥古斯特·倍倍尔（Bebel，1840～1913），德国和国际工人运动著名的活动家，德国社会民主党的创始人和领导人之一，第二国际左派领袖。——译注
② 威廉·李卜克内西（Liebknecht，1826～1900），国际共产主义运动著名的理论家和组织家，和倍倍尔一起共同创立了德国社会民主党，并同为第二国际的领导人之一。——译注
③ 原文此处有注释，但未解密。——译注

观念完全归诸毛。事实上，这同苏联在取得完全核能力之前的一贯立场是非常接近的。

总之，我们倾向于相信，中国人并非真的认为：俄国人对帝国主义的态度已"趋向软弱"，为了推进和平"不惜付出任何代价"，并以其所谓"和平共处"的理论来说服民众，以期减少他们的不满。另一方面，苏联共产党和赫鲁晓夫虽然主观上对像"纸老虎"这种形象的说法——邓小平敷衍说，此乃中国古典文学中的一个比喻用法——感到惊恐，不过，客观上，他们也许不会真的认为中国人是不可救药的"冒险家"。毛泽东曾明确地表示：同苏联以及"世界社会主义体系"中的其他国家一样，中国需要 15 年的和平时期。苏联共产党比我们有更多的理由去相信，毛不会主动地招引——更不必说欢迎——一场核毁灭的到来。

最后，如果苏联共产党和中国共产党相互理解对方就有关世界局势的看法，并在批评的同时能保持相互间基本的团结，是否意味着它们也能以同样的态度对待国内发展方面的问题？在这些问题上的争论，也可能同样地比表面上看起来的更加尖锐，同时也比西方分析家所猜想的更容易解决。如果考虑到两国经济在发展阶段和历史背景上存在的巨大差异，就不会对中间业已出现的几乎就是矛盾的"分歧"感到大惊小怪了。赫鲁晓夫已经明确表示出对中国共产党急躁地发起人民公社和"大跃进"运动的不以为然。苏联共产党是否曾公开地或在党中央最高级别的会议上对其中国兄弟提出过严厉批评，警告他们如此做将会招致经济的全盘崩溃？对此，我们尚不得而知。不过，马克思列宁主义的理论和实践都表明，经济发展需要有一定的自由空间。中国共产党和中国有权依据他们自己的认识，制定出适合中国特殊国情的发展计划。苏联领导人可能会以一种"兄弟"的姿势提出批评意见，不过，到底哪种方式对中国来说是最好的，最终决定权并不在他们手中。

再回过头来看中国。对于他们所注意到的苏联社会中日益增长的"资本主义"倾向，毫无疑问，中国人一定是心怀不满和猜疑。苏共中央委员会在米高扬①、科兹洛夫②、赫鲁晓夫出访之后，有失妥当且过于心急地颁布了一系列的法令，这些法令事实上为苏联民众所规范出的是一个美国式的救济金制度，这一点肯定激怒了共产党中国的领导人，因为他们仍在受着贫困的煎熬，人们的消费水平也才达到基本满意的程度。③ 在中国人看来，就"向社会主义过渡"的"强大物质基础"和在过渡时期保持人民的昂扬斗志问题进行争论，无异于合理化或"美化"了资本主义的经济方法。对于自己的"英雄"行径——比如说将废弃的后院变为钢厂——受到了兄弟党的指责，中国人一定感到忿懑不已，在他们看来，苏联党不过刚刚结束了 30 年像斯大林那样的苦行僧生活之后，进入到一种相对美国式（而又不断走向衰弱）的富足状态而已。

---

① 阿·伊·米高扬（Mikoyan，1905～1970），时任苏共中央主席团委员、部长会议副主席，1964 年起担任最高苏维埃主席。——译注
② 弗·罗·科兹洛夫（Kozlov，1908～1965），时任苏共中央书记处书记，1964 年苏共十月中央全会上当选政治局委员。——译注
③ 原注：特别是苏共中央 1960 年 1 月颁布的法令，一定让中国人大吃了一惊。法令制定了一项计划，对那些通过超级市场或送货上门等方式进行销售的冷冻果汁、糖衣谷物半成品等此类物品予以扩大生产，并在电视节目中大肆宣传。以下声言突出地体现了这种"资产阶级"式的自满，他们公开宣称：该计划所需经费来源于三分之一的苏联军人复员后节省下来的开支（顺便说一句，这些节余看来不单单可以满足一项"高尚"事业之所需）。

最后，在这种对资本主义经济方法加以"美化"的背后，围绕着苏联共产党所大肆宣扬的所谓实现"社会主义的人道主义"的计划，中国人可能看到了一个更加险恶的前景——全面"资产阶级化"。在此，社会条件方面存在的差异，可能是造成中国共产党和苏联共产党之间所有现实分歧和潜在矛盾的最深刻根源。中国传承了四千年的古老传统，为了建设社会主义的需要，正在被连根拔除。在这些传统中，本有其自身对个人主义和集体主义理论和原则的衡量标准。相比较之下，苏联——特别是其欧洲斯拉夫部分——的文化传统要浅薄得多，与西欧有很深的渊源。所以，要是中国共产党的领导人将其苏联同志与暴发户等量齐观，认为他们缺乏完成历史使命所必需的"高度坚忍"的毅力和决心，这也不足为奇。

我们可以这样总结：在莫斯科会议背后还有太多不可告人且尚未公开的事情。不了解这些事情，就无法理解各方的激烈言辞。这些问题中有多少是在幕后提前通过气的？这一系列的分歧和矛盾又有多大程度业已化解？对此，我们均一无所知。我们只能在所能接触到的材料（声明本身以及向外界公开的会议议程）基础上继续进行分析。

第 二 部 分
《莫斯科声明》：国际共产主义运动的
一个新的纲领性文件

《莫斯科声明》被誉为是一个"具有世界历史意义的重要文件，是整个国际共产主义运动唯一的共同纲领，是进一步凝聚力量和不断取得胜利的意识形态基础……是未来许多年间指导整个共产主义运动的一个杰出的行动指南……它将把国际工人运动提高到一个新的水平，并有力地推动民族解放运动取得新的进展，同时促进全世界人民反对战争，以确保世界的持久和平"。这些话出自米哈伊尔·苏斯洛夫[①]之口，但得到了全世界所有87个共产党的忠实响应。

西方世界的普遍反应却与此相反。在这里，声明被称为"矛盾大杂烩"、"胡拼乱凑的东西"、"掩饰巨石裂痕的一张薄纸"，一个交织着共产党中国与苏联之间妥协和反妥协（基本达成了平手！）的杂什，一份"徒有其表"而无"实质内容"的和解书，一个各个不同的党派均可取其所需加以引述的文件，它所反映出的只是一种"表面的团结"，它将会进一步激化而非抑制集团内的分裂因素。

可否将上述这些并行存在而又相互对立的观点加以揉和？

起初，我们可能会凭借直觉而非依靠论证做出如下判断：西方世界的反应受到了主观倾向性的影响，低估了运动中促进团结的力量，只看到双方激烈争执过程中表现出的对立与

---

① 原注：苏共全体会议报告，莫斯科，1月18日，美国对外广播情报机关，1961年1月23日，……（此处页码不清晰。——译注）

敌视,这种情况如若发生在西方盟国之间,几乎必然被视为分裂的前奏。本项分析并不认为,一场铁托似的分裂——即分裂只在党际之间,而不涉及国家层面——必不可免,相反,我们预言莫斯科-北平轴心会出现一种"沿线摇摆"的走势,一方面仍将为不断加深的分歧和冲突所烦扰,另一方面又因害怕彻底分裂而或多或少地保持团结与协作。

此外,共产党人继续宣称历史是站在他们一边的,并由此推导出《莫斯科声明》科学地揭示了"生存的意义"的结论,这让我们进一步看清了他们身上所表现出的主观主义。在评价时代特征方面,从客观上看,他们可能犯了、也可能没有犯错误。声明的一个主要观点是"以伟大的十月社会主义革命所开始的从资本主义向社会主义的过渡为主要内容的我们的时代,是两个对立的社会体系斗争的时代,是社会主义革命和民族解放革命的时代,是帝国主义崩溃、殖民主义体系消灭的时代,是越来越多的人民走上社会主义道路、社会主义和共产主义在全世界范围内胜利的时代。"①检验此种估计是否有效,既在于我们,也在于他们。

在对问题做出综述之前,我们先假设所讨论的对象,就像共产党人所声称的那样,确实是一份新的**纲领性文件**。并且将成为——至少自早年的共产国际以来——国际共产主义运动第一个也是仅有的一个总的纲领。这样一份内容上明显适用于阵营内**所有党**的纲领,当然是无法跳出马克思主义列宁主义这一现代宙斯之魔掌的。相反,它不得不详细地说明,人们必须在一个相当漫长和宽广的时空跨度里经历艰辛与困苦,并耐心接受各种考验和更多的错误。至于在此期间何时会出现一个从纯粹的**狂飙时期**进入到有意识地向目标迈进的过程,则很难说得清。

要想从历史的视角来评价莫斯科会议,或许需要从第二次世界大战开始回顾,自此之后国际共产主义的发展经历了如下几个出色的——甚至有些专横的——时期,或者说具有里程碑意义的阶段。

1943年——共产国际的解散,标志着"无产阶级国际主义"这个强调绝对效忠于"社会主义革命的发源地"苏联的说法寿终正寝。通过这一具有象征意义的举动,斯大林在短时间内给他的战时盟友吃了颗必要的定心丸,走出"一国建设社会主义"的孤立境地,为战后苏联帝国主义和国际共产主义运动的扩张开辟了道路,并将国际共产主义运动的组织问题暂时搁置,留待日后解决。在全世界都在交战的情形下,各党之间进行联系和交流变得极为困难,暂时放弃共产国际事实上不会带来太多损失;战争结束后,一个新的局面会随之出现,它将要求以一种不同的方式来组织共产主义运动。

1945~1948年——在苏联红军羽翼庇护下的东欧卫星国。这一阶段的特点是:不包括共产党中国在内的"世界社会主义体系"的出现。这种随后在斯大林主义充分发展的基础上,在两个世界体系(中立国除外)势不两立的背景下,采取强制手段进行的统治,可以被视为对共产国际时期"以苏联为中心"这一传统的继承。而作为共产国际后继者的共产党情报局,相比之下,影响力显得逊色。如此一来,愈发迫切地需要建立起一个中心,承担起国际协

① 译文转引自《人民日报》1956年12月8日。——译注

调和理论灌输的任务，为"世界社会主义体系"之外的共产党，特别是战争期间以民众组织姿态出现、战后面临着严峻战略困境的法国和意大利共产党，提供指导。

1948 年——南斯拉夫危机和铁托被开除出共产党情报局。这两件事一来表明了斯大林的控制有其不可超越的极限；同时也标志着一个"民族共产主义"和"修正主义"国家中心的确立，以及另一种社会主义国家对外对内政策模式的形成。

1949 年——共产党在中国大陆取得胜利（以及随后北朝鲜和北越南卫星国的建立），为20 世纪 50 年代"世界共产主义体系"划定了界线，为以欧亚大陆北半球为基地不断展开对外扩张进一步巩固了基础。就国家层面而言，中苏同盟为在政治和经济各方面增强"社会主义阵营"的力量奠定了长期的基础。苏联核能力的取得，根本地改变了军事力量的平衡，开创了"以恐怖实施共同威慑"的时代。

1953～1957 年——斯大林的去世，使得在其晚年期间苏联以及"体系"内部所积聚起来的一批新生力量获得了解放。仅仅将后斯大林时期采取的行动归结为对其政策的否定，或是由"僵化"突然转向"灵活"，都是不足以说明问题的。事实上，必须将此复杂的全过程视作在原有马克思列宁主义框架之下、在"理论与实践"相互结合的基础之上发生的一场强烈的历史性变革。这四年中，苏联人在其国内所关注的主要是巩固继承权的斗争，这个问题最后于 1957 年 7 月尘埃落定。而在"体系内"其他地方，则将其精力主要集中于非斯大林化（1956 年 2 月）过程中接踵而至的一系列危机以及卫星国家（波兰和匈牙利）控制机制弱化等问题之上。这些问题在自由世界共产党所发生的普遍危机中也有所反映。如前所述，"稳定"时期始自 1956 年的最后几个月，此间，共产党中国曾给予有力的帮助，并对其结果产生了影响。此次干涉标志着另一个巨人时代到来——朝鲜战争中他的"成功"对此已有预示——并确立了毛作为唯一健在并能领导社会主义革命不断取得胜利的英雄典范的地位。

1957 年 11 月——共产党和工人党莫斯科会议暨十月革命 40 周年庆典，表明苏联已在很短时间内成功地稳定了局势，这是"世界社会主义体系"和国际运动空前的一次盛会，同样也被共产党人视为继布尔什维克革命后最伟大的一个里程碑。

1957 年（10 月 7 日）①，苏联成功地发射了第一颗人造卫星，使得"世界社会主义体系"12国共同签署的《莫斯科宣言》以及 64 个共产党和工人党共同签署的《和平宣言》的意义获得极大提升。自此之后，世界力量的平衡杠杆已掌握在共产党人的手中，他们"有力地"改变此种平衡，以满足"社会主义阵营"的需要。

如果有人问，两次莫斯科秘密会议相隔三年期间的本质是什么？目前可以给出两个答案。一个就是以上提到的西方分析人士的基本观点，或许可以这么概括：中苏关系在这段时间内，愈益明显地表现出 19 世纪那种经典的民族国家间相互联盟的特点，即由于彼此在权力、控制、安全、帝国等诸多领域的利益大相径庭，各种矛盾在不断激化的过程中最后发生激烈的冲突。在"意识形态"论战（"修正主义"对阵"教条主义"）外表的掩盖下，在其他小党

---

① 此处时间有误，应为 1957 年 10 月 4 日。——译注

派的簇拥下,联盟中这两个超级大国开始中途摊牌。由于意识到有发生彻底决裂的危险,一些老党向小党进行游说,试图先是赢得支持,而后推动达成一个确保运动不受破坏的妥协方案,并努力延迟一场更为严重的摊牌局面到来。基本的问题仍然没有解决,矛盾在未来会变得更为尖锐,共产主义运动坚如磐石的团结将由此受到损害。

这种分析的实质在于它所遵循的是西方式的思维方式,可以大体将其概括为:内容保守而形式乐观。它的结论是,苏联、中国及其卫星国家的行为,与迄今为止所有联盟中的民族国家的行为毫无二致。联盟若不发生最终的破裂,它们是无法从内部加以调整的。换言之,我们可以满怀希望地期待着,作为一种力量整合体的国际共产主义将变得越来越没有效率,同时,对于西方的威胁也有可能会愈益减弱。

另一个答案,如上所述,是共产党人的观点。目前所经历的,是推动共产主义运动不断向前发展的一个关键时期。"矛盾"出现了,依据自然、历史和马克思所揭示的规律,这是必然的。对立的事物是相互矛盾的。但是,以马克思列宁主义理论武装起来的共产主义运动,在实践了大量的科学分析以及批评与自我批评的基础之上,已变得坚强有力、充满信心。在此过程中,许多矛盾(虽非全部)得到了解决,同时迎来了一个新的纲领和更加光明的前景。

在力求形成一种总体性认识的过程中,我们把焦点对准了核心问题,即作为一场运动的国际共产主义的组织和纪律问题。正如我们在第一部分已提到过,多数被当作"意识形态"分歧被置于前台的东西,比如"战争的不可避免"、"和平共处"、对待"帝国主义"和"民族解放"运动的态度,实际上,在很大程度上就是一个在广泛获得公认的战略之内选择战术侧重点的问题。在其背后或明或暗地掩藏着一个重大议题:如何使"世界社会主义体系"——即由 12 国组成的中苏集团——成为统一的世界共产主义的摇篮? 如何使这一运动在**并非只有一个中心、一个领袖**的情况下日渐壮大并不断取得成功? 根据我们的判断,共产主义运动中这场引人入胜的激烈争论——以及此前已经有过的一场——已经对上述急迫问题暂时作出了并非永久有效的回答。不过,这个回答还不能使我们高枕无忧。

……①我们注意到了**大家庭**(Sodruzhestvo)这个俄语名词的重要意义,苏联在提到社会主义国家间关系的时候经常用到它。**友好协会**(association in friendship)②这个概念——通常被译作"联邦"(commonwealth)或"共同体"(community)——是三个基本的重要概念之一,另外两个分别是"社会主义阵营"和"世界社会主义体系"。通过 1955 年以来先后出台的大量文本,尤其是 1960 年的《莫斯科声明》,可以看出这三个概念不仅仅是相互联系的,实质上完全是一回事,只是侧重点不同而已。"体系"是指组成阵营之各成员在国家、政党和社会层面具有同质性;"阵营"反映的是它们在军事防卫与进攻方面的团结一致;**大家庭**则赋予其独立、平等和互助的涵义。

通过进一步推测,我们认为,**大家庭**这个概念本身蕴含了一种组织形式的胚芽,由此可

---

① 　原文此处一段及注释未解密。——译注
② 　俄文 содружество 一词的本意是观点、利益一致的联合体。——编注

能推衍出各种较之中苏集团现有水准更为高级的新的机构、程序和相互间关系。我们不惜冒险推测，在不远的将来，这一概念中所蕴含的潜能将借助一系列的措施在现实中发挥出来。我们认为，一种与联合国相抗衡的组织将会出现。同时，我们还认识到中苏之间的分歧——特别是中国人表面看来不愿接受"联邦"这一概念，实质上更多是出于对自身在"大家庭"地位不甚稳固的担忧——可能会在共产主义这个"世俗宗教"之内推衍出一种类似于东、西方两大基督教教派那种双头**大家庭**，并最终导致一场新教改革的到来。不过，我们认为，较之维持一个统一的运动而言，此种情况发生的可能性比较小。

在我们看来，《莫斯科声明》以及随后一系列重申其精神的发言，特别是 1961 年 1 月 6 日赫鲁晓夫的讲话和 1 月 18 日苏斯洛夫向中央委员会所做的报告，具有重要价值，它们显然在维持"体系-阵营-大家庭"这一公式各要素之间的平衡。① 因此，将莫斯科会议作为国际共产主义发展史上一个里程碑并以此为出发点来进行的任何一种分析，显然都必须对大家庭给以考虑。

那么，它的意义何在？

我们认为，必须将莫斯科会议看成国际共产主义这个世俗的世界性宗教的第二次盛会，1957 年 11 月的那次会议堪称首次。无论从规模（此次会议有 81 个而非 64 个共产党和工人党代表出席会议）、会议持续时间（持续四周而非一周）还是议程的重要性来看，第二次莫斯科会议显然较之第一次更为重要。

此前我们已经提到，西方分析人士倾向于将 1960 年这次聚会看作是在彼此激烈对抗下发生的一场危机，是在中国人毫不妥协情势下俄国人的被迫摊牌。照此说来，出席会议的其他 79 个党只居于次要甚至根本不重要的地位。我们认为此种解释不符合实情。这是一次世界性的会晤，大大小小的共产党聚集一堂，不是专程前来受这两个相互舌战的老大哥操纵的，他们此行是要参与共同完成一项具有严肃性和创造性的任务，即制定出**国际共产主义的一个新纲领**。

我们应该从这样一个积极的视角来观察此次莫斯科会议，甚至包括此前与其相类似的聚会。冗长而又晦涩的演说，会前持续数月的密谋，理论家们那些伊索寓言式的辩证言词，领袖间虚饰得至深至妙的相互攻击，还有像最近（1960 年 6 月）在北平召开的世界工会联合会（The World Federation of Trade Unions）②会议上中方挑起分裂时出现的那种荒诞的游

---

① 原注：在苏联官方提供的英译文材料中，已不再使用"联邦"一词，取而代之的是不那么富含历史情感的一个中性词汇："共同体"，这一点或许是饶有意味的。很可能，这是为了照顾中国人甚或自由世界各党的感受而做出的一个让步，任何让人联想起大英帝国联邦的词汇都会引发猜疑。不管怎样，莫斯科声明的中文版——总体上非常简洁，其重要性看似不亚于俄文本——还是沿用了早先的译法"大家庭"。这个词在声明中先后提到过四次，显然是具有权威性的。我们应当继续将其译为"联邦"。

② 世界工会联合会：简称世界工联，是由世界工会代表大会于 1945 年成立的国际劳工组织，最初成员包括英国职工大会（British Trades Union Congress）、美国产业工会联合会（U. S. Congress of Industrial Organizations）和全苏中央工会联合会（All-Union Central Congress of Trade Unions）。——译注

说,阿尔巴尼亚"丹尼斯"①式的恶作剧,赫鲁晓夫的豪华家宴以及他的那些波罗的海外围的东欧小兄弟。这的确是一种"运行铁路"的奇怪方式,但我们必须牢记:这就是他们的方式。

会议就其本身而言,是一场具有重大意义的聚会,这一点毋庸置疑。在此之前,还未见有哪次会议有如此多的共产党领导人参加。即使场合不够庄严,单就规模之宏大,已足令赫鲁晓夫、刘少奇乃至缺席会议的毛留下深刻印象。甚至于在解释帕尔米罗·陶里亚蒂②这位杰出兄长的缺席原因时,都必须对此次会议的重要性大加赞誉一番。③

西方分析人士不可避免地会试图在结果中寻找线索,用以证明争论中此方或彼方"赢了"。我们业已指出,此种"积分排序的做法"已经产生了各种不同的结果,它在很大程度上依据的是先前头脑中所固有观念,或是分析家本人是否不仅仅只是以一个苏联或中国问题专家的身份来进行研究的。有关中国会在压力下"收回其错误立场"的预期并未实现。有证据表明,事实上是苏联而非中国,在一定程度上主动做了"自我批评"。不论让步或妥协形成了怎样的一种平衡,很可能在所有与会者眼里,会议到底还是达成了全体一致这样一个令人满意的结果。任何一方都没有取得全面的"胜利",赫鲁晓夫没有"成功",毛泽东也没有"失颜"。

至于我们,应当对大会通过的文件、声明以及宣传性的《告世界人民书》给以格外关注。这些东西摆在那是给所有人看的,像赞美诗一样,用了大量精妙而华丽的辞藻。为提醒慎重起见,我们建议自由世界各国当局所有人士拿出认真和客观的态度对声明进行反复的研读。它并非"热战"的前奏;当然,它也不是我们所理解的对**和平**的保障;它只是宣称要"和平共处",用共产党人的准确术语来表达,即指**阶级斗争**的最高层次。因此,只能将其视作共产党人誓将"冷战"进行到底的一纸宣言,当然,在此期间,不时会有以武力相威胁或恐吓的事情发生,以及在将受压迫民众"从帝国主义和殖民主义中解放出来"的过程中至少可能面临有限"正义"战争的风险。

声明中那种令人不安的威胁性语调引起了西方世界的注意,特别是它把美国视为其首要的敌人,并指名道姓地称之为"帝国主义阵营的主要支柱"。尽管如此,当对方回过头来再说些奉承话来加以缓和,摆出一副愿意和解的姿态,做出期望举行会谈的暗示时,西方世界依然是一头雾水。它很可能希望,苏联在受了共产党中国的惊吓和刺激之下,真的是在寻求探索一个全面的解决方案。

---

① 丹尼斯,系美国漫画家 Hank Ketcham 作品 Dennis the Menace(淘气阿丹)中的主角,常常喜欢用恶作剧耍弄人。——译注

② 帕尔米罗·陶里亚蒂(Togliatti,1893~1964),意大利共产党的领导人。1921 年 1 月参与创建意大利共产党,1935年当选共产国际执委会书记,1944 年 3 月任意共总书记,1944~1946 年期间,他在意大利联合政府中历任副总理、不管部长和司法部长等职。斯大林逝世后,他支持批判"个人迷信",强调社会主义民主和法制,不同意国际共运有"单一指导中心",提出了所谓"多中心论"。1956 年 12 月,他在意共八大上全面阐述了要以和平、民主的方式走向社会主义的意大利道路。——译注

③ 原注:有报道称,陶里亚蒂不希望自己同这个他已预见到的结果有何瓜葛。不过,身为共产国际坚定分子中少数幸存者之一、阵营外最大的"群众"性政党的领导人、对赫鲁晓夫谴责斯大林的讲话所暴露出的苏联的"退化堕落"公开表达批评意见的人以及"多中心论"的首倡者,陶里亚蒂会在此情形下,像毛一样,决定"躲在家里生闷气",这多少是令人感到疑惑不解的。尽管如此,他随后对声明所作的权威性阐释以及所给予的赞誉,都表明他的行为并未"出格"。

西方分析人士很自然地会顺着先前的惯性,对中苏双方随后的举动仔细地加以审视,以期从中找出分歧犹存的证据。但是,试图证明先前所有的分析都是正确的、没有发生任何变化以及"裂痕"一定比先前更大,这么做看似并不明智。

相反,我们提议把分析建立在以下假设的基础之上,即"加入了某种新的东西"。这个新东西就是苏联公开接受了"单中心论"的终结。至于与现实形势相适应的新方案到底会是"双中心论"、"多中心论",抑或"无中心论",结果尚有待观察。不过,无论是哪种"中心论",就其目前情形来看,共产主义运动显然覆盖了整个世界。就像美国一样,很长时间以来,苏联一直也没有意识到,世界是在浩荡汹涌的历史潮流推动下不断发展变化的,任何传统形式的权威与权术都会被这一潮流席卷而去。

正像美国看到并接受了自己作为"自由世界的领袖"这一地位发生了急剧变化一样,苏联也通过自我调整,去适应和应对由旧的和新的世界秩序中政治联盟的变换所导致的突发事件。作为两极化的世界两大核心力量,美国和苏联同样都被迫承认这个残酷的现实:无论是在联合国还是在共产党和工人党的会议上,一切国家,无论大小,在投票箱的面前,均享有平等的权力。

为适应这一新的分配格局,赫鲁晓夫看来已做好了自我调整。他在苏共二十一大的讲话中明确表示,所有共产党都享有基本的平等权利。一年之后(1961年1月6日),他对此又加以重申并给予突出的强调:

我们曾站在大会的主席台前向全世界宣布,在共产主义运动中,就像在社会主义阵营中一样,无论过去还是现在,所有共产党和工人党以及社会主义国家都完全享有平等权和自主权。事实上,苏联共产党并没有对其他党施加领导。在共产主义运动中,党与党之间没有尊卑贵贱之分。所有的共产党都是平等和独立的。(美国对外广播情报机关,日报增补,苏联与东欧,第四期,第44页)

当然,西方世界对此种虔诚的告白会心生疑念,这是可以理解的。此前,西方已有一种说法,称此次莫斯科会议其实就是共产国际第八次代表大会(第七次代表大会是在1935年召开)。[①] 依此看来,这表明莫斯科事实上已恢复了它在世界共产主义运动中的至尊地位,其他小党仍将像过去一样继续听命于苏联共产党,不过同时还得努力适应一个新的情况:即一个与苏联相抗平衡的新生力量——中国共产党——正在冉冉升起。此种说法的精彩之处在于,它既强调了莫斯科,也突出了北平。所以如此,是因为看到了这两个党毫无疑问实力仍是"最大的",并且在运动中扮演着特殊角色这样一个事实。

即使我们需要对那种早已牢固确立并已存在良久的依赖模式予以考虑,但是,如果这两个"老大哥"能够继续施加无形的影响,他们就还会让小兄弟们在"大家庭"的治理中发挥某

---

① 　原注:参阅布兰科·拉兹齐:《东方与西方》,第249～250期,1961年1月。

种新的作用。整个 11 月间,许多在会上作了发言以及聆听他人发言的代表们享有了伙伴的身份。"世界社会主义体系"中的 12 个核心国家密切团结,成为促进运动在全世界展开的巨大推动力。事实上,从全球范围来看,国际共产主义所具有的多样性,使得无论其中最强还是最弱的行为体,从某种客观的角度来看,都享有共同平等的权利。西方世界如今已没有充分的理由再去有意地说,其中一、两个党比其他党"更平等"。

我们并没有说,这个**大家庭**已经完全形成。共产党人仍需花费大量的时间和精力去用心考量:1960 年 11 月的会议究竟给自己带来了什么,以及应当在哪些方面下大力气搞"建设"。《世界马克思主义评论》的创办(1957 年,于布拉格)标志着各党之间进行理论与战略协调迈出了第一步。在莫斯科,中国人曾对该刊一年来未载有关中国的只言片语表达了悲愤,并提出抗议。彻底放弃此种排斥中国的做法是否也是会议取得的结果之一? 这个问题很有意思,值得关注。经济互助委员会(CEMA)①正逐步变为一个进行经济协调与整合的工具;共产党中国将可能在其中扮演一种新的角色——直至目前,它还只是一个"观察员国"。军事合作,这个在莫斯科会议上令人感到棘手的问题,有可能会变得更加融洽,同时,中国在核战争领域将会取得怎样的进展,这个谜底——至少对我们而言——可能会揭开。据我们所知,"世界社会主义体系"内的科技合作尚未因其他问题上的争执而中断。在努力推动控制论的普遍应用,特别是实现新型"共产主义人类"的目标方面,中国和苏联所有的利益都休戚相关。随着新建成的诺沃西比克"科学城"投入使用,双方在杜布纳②的核研究项目以及其他新兴科学领域的合作可能会进一步扩大。

总而言之,目标、意图、利益、信仰甚至习惯,所有这些对于等级关系的终结以及战略和战术的统合似乎都起了推动作用。至于这一过程如何能够在休会期间通过多边会谈的途径得以实现,具体细节尚不得而知。不过,主张和反对建立某种负责在运动内部进行协调的常设机构的双重压力依然并将继续存在。在莫斯科会议期间,矛盾的暴露和"同志般批评"所引发的一个主要结果很可能就是:那些主张以新的纲领为指导,通过组织手段来引导运动、加强纪律、维护被其喻为"眼珠"之团结的各国党相互间达成了一致立场。

结   论

通过以上阐释,我们试图论证:作为内部矛盾长期不断发展的产物,《莫斯科声明》堪称

---

① 经济互助委员会(the Council for Mutual Economic Assistance),简称经互会,成立于 1949 年 4 月,社会主义国家间的经济合作组织。创始成员国包括:苏联、保加利亚、匈牙利、波兰、罗马尼亚、捷克斯洛伐克,随后又有阿尔巴尼亚、民主德国、蒙古、古巴、越南等国先后加入。组织机构有经互会会议、执行委员会和秘书处,总部设在莫斯科。建立之初,经互会的主要合作方式是发展贸易,进行科技交流。成员国在双边基础上签订了一系列贸易和科技合作协定。20 世纪 50 年代中期以后,合作从交换领域逐步扩展到生产领域,强调"国际分工"与"生产的专业化",协调各国的经济计划,经济关系由双边扩展到多边。——译注

② 杜布纳(Dubna),苏联西部莫斯科州城市,位于莫斯科运河与窝瓦河交汇处,1956 年建市,是苏联的科学城之一。——译注

国际共产主义的一个新的纲领性文件，它不仅挽救了运动的团结，还把对"资本主义-帝国主义体系"的进攻提升到一个新阶段。纲领所具有的杀伤力，就其实质来看，在于用词的巧辩，比如战略与战术、"硬"与"软"、长期与短期、普遍与特殊等。世界力量的平衡发生了"有利的转变"取代"战争不可避免"这样的表述。但是只要"帝国主义"狂人还存在，就有爆发战争的土壤。"和平共处"被看作是"阶级斗争"更高形式，在不同情形之下，它既可以是一种战术，也可以是一个战略。声明在对美国这个头号敌人大肆攻击谩骂之后，又宣称仍有可能与之坐下来进行谈判。裁军，既是心怀叵测打出的标语，也是发自内心期望实现的目标。对"民族解放"给以广泛支持、对中间地带国家"民族民主"的新形式予以承认，这都是加快帝国主义崩溃这一历史必然趋势的有力手段，但其目标在于，为"无产阶级"及其共产主义"先锋队"取得政权创造条件。"以和平方式向社会主义过渡"是可能的，反之亦然。在此期间，"广泛联合的民主阵线"是一个有效的手段，但须将其置于真正的马克思列宁主义政党的先进领导之下。在落后国家，"民族资产阶级"是可以暂时联合的对象，"帝国主义的买办"资产阶级则仍是敌人。在发达国家，"资本主义垄断组织"是工人阶级的主要斗争对象。

但是，无论方法和速度发生了怎样的改变，革命依然是共产主义运动的本质。运动的进程不会永远一成不变，其领袖和中心也尚未明朗——但不能由此推论说客观上没有。共产主义运动中的分歧将依然存在。就像周恩来对埃德加·斯诺①说过的：分歧若是不见了，反倒令人奇怪。尽管各党内部私下还存有争论，但毛的权威理论是：矛盾是自然法则，即使社会主义取得胜利后，它们仍将普遍存在。依此看来，这些分歧可能会变成为**矛盾**。

不过，毛也声称，只要坚守原则，马克思列宁主义政党内部出现的矛盾不会转变为对抗性的矛盾。这些以科学的理论和方法为指导并在革命斗争历经锤炼的党，是能够在**非对抗**的基础之上，依靠自身的力量解决所有矛盾的。在此进程中，矛盾双方的对立与统一，是推动历史以及"自然界本身"不断向前发展的动力。对于这一点，毛坚信不疑，共产党人也普遍表示认同。

我们必须指出，从客观的角度来看，在列宁和斯大林主义基础上形成的毛泽东理论是不正确的，其征服世界的可能性也必然是无法实现的。自由世界大可不必遵循辩证的原理去思考、计划和行动——即使以后有此必要，也不能这么做，但需要意识到，共产党人会这么做，因为这是他们手中主要的一把利剑。对我们而言，明智的做法就是：恪守"了解

---

① 埃德加·斯诺（Edgar Snow，1905～1972），美国新闻工作者、作家，曾就学于密苏里大学和哥伦比亚新闻学院。1928 年他漫游中国，在此后的 12 年间，他将中国作为向美国各大报刊报道东亚局势的基地。1936 年，斯诺越过国民党封锁线，到达中国共产党的根据地延安。他在延安与毛泽东及其他领导人一起生活了几个月后，回到外部世界，对中国共产主义运动作了第一次准确的报道。1937 年，斯诺把他关于中国的报道写成一本书，取名《红星照耀中国》（又译《西行漫记》），该书成为中国共产主义运动早期历史的主要史料来源。1941 年斯诺回到美国，任《星期六晚邮报》记者。第二次世界大战期间，他报道了苏联及其他国家。1960 年他重访中国，写了《大河彼岸：今日红色中国》一书，报道共产党执政 11 年后中国的情况。——编注

你的敌人"这一原则,并在此基础上,试着"主动地收起怀疑",不再视其为一个真切的威胁。

USDOS FOIA Website

郭洁译、校

中情局关于国际共产主义运动中
权威与控制的评估报告

（1961 年 8 月 8 日）

NIE 10－61

机　密

共产主义运动中的权威与控制

（1961 年 8 月 8 日）

问　　题

评估中苏集团以及世界社会主义运动各国共产党内部的凝聚力，明确苏联对社会主义集团控制程度的趋势，并预测这些趋势会对未来产生怎样的影响。

摘 要 和 结 论

总 体 考 虑

1. 依据共产主义学说，国际共产主义运动各国党之间的关系不可能因相互间利益冲突而发生根本动摇。照他们的话来说，这是由于建立了一种新的社会秩序，使得那种非共产党国家间因阶级利益而产生的国际冲突得到了遏制，取而代之的是"无阶级"社会在认识与利益方面根本的一致与协调。然而，事实上，共产主义运动表面上的团结并不完全是因为不存在利益冲突，更多是由于慑于莫斯科的绝对权威。苏联的这一权威的基础在于其强大的军事和经济实力；在于它作为第一个社会主义国家的所具有的历史性的优势地位；在于斯大林对国际共产主义运动长期的个人统治；在于这一运动所具有的专制集权主义的传统。（第13～18 段）

2. 第二次世界大战结束后许多情况表明，有关共产主义政党之间的关系天然地处于融洽与和谐之中这样一种理论，不仅过分简单，而且充满谬误。东欧各国共产党在赢得国家政权之后，自然地有了新的利益和态度取向，这些利益与态度取向，与它们当年作为小型阴谋团体完全依赖于莫斯科的保护和支持时是不同的。不过，无论它们内心是多么想独立，作为莫斯科刚刚获得的势力范围中的小国，其行为注定要受到极大限制。然而，中国共产党国家权力的取得则是另一回事,因为它表明了:共产党关于国家间关系的理论,将不得不第一次用来处理两个大国之间的关系。(第14～16段)

3. 除此之外,在战后的这一个时期,共产党的人数和规模在全世界范围内都得到巨大增长。就其内部而言,各国党在从事活动的文化和政治背景、具体战略、对马列主义理论的精通以及所受训练的程度等方面均大相径庭。而且,几年来还出现了一种趋势,即国际共产主义运动在其政策制定过程中,越来越注意照顾到许多愈加重要的集团外国家共产党的局部意见。(第14、39～40段)

4. 以上所有这些,既是对所谓团结理论也是对苏联党拥有凌驾于别国党之上的权威地位——这个掩盖在团结表象下的绝对事实——的检验。在最理想的情况下,要维持一个如此庞大且内部观点和利益相去甚远的运动,对莫斯科来说,必将会变得愈益困难。不仅如此,这些情况加重了苏联对外政策与国际共产主义运动之间在目标和要求方面业已存在的冲突。总之,像所有其他类型的制度一样,共产党的政治制度在压力之下显然也会发生变化,事实上,这种变化目前正在进行之中。(第13～21、34～40、59段)

一、共产主义运动中的纪律问题

5. 第二次世界大战接近尾声之时,随着一批新的共产党国家的出现,斯大林在国际共产主义运动所拥有的权威几乎立即得到了验证。1948年,面临着南斯拉夫的挑战,斯大林既没能加强纪律控制,也没能阻止南斯拉夫后来作为一个独立国家生存了下来。1949年中国共产党夺取了国家政权——像南斯拉夫党人一样,主要凭借自己的力量——他们不可避免地要求在集团中拥有特殊的地位。斯大林逝世后,他那种凌驾于各党之上的个人专断的恐怖氛围也随之烟消云散,斯大林那些个人威望稍逊一筹的继任者们试图以一种更具灵活性同时又不失决定性的影响,来克服斯大林滥施暴行以及采取公开控制所带来的后果。不过,这些尝试在1956年被东欧发生的暴乱所打断。东欧事件表明:要想在影响与赤裸裸的控制之间维持平衡,将是一件十分困难的事。(第13～15、19～21段)

6. 自从1956年,北平帮助莫斯科恢复了它在东欧遭到严重动摇的权威之后,中国在指导共产主义运动发展方向方面开始扮演越来越重要的角色,并渐渐以共产主义教条的权威阐发者自居。1960年,中国领导人就双方政策分歧向莫斯科发起了公开论战,不仅如此,它还公然地游说其他国家的共产党反对苏联的政策。对此,苏联人先是在布加勒斯特会议上,而后在11月莫斯科会议上,当着其他党的面,对中国共产党展开攻击。不过,在1960年的中苏论战中,中国成功地挑战了苏联的权威,确立了有关共产主义运动的总体性政策必须由各党共同协商的正式原则。(第16、21～28段)

二、苏联权威的前景

7. 自从1960年11月的八十一党会议之后,苏联和中国继续采取适当行动用以保持和扩大各自在国际共产主义运动中的权威。根据我们的看法,在未来一段时间里,中苏两个大党在某一时候走到一起化解彼此间分歧并就领导共产主义运动达成一种稳定安排,这种可能性是微乎其微的。不过另一方面,两党关系发生公开破裂的可能性,在我们看来,同样也是微乎其微的。我们认为,两者间关系的发展是不稳定的,在此时此地他们会进行合作,在彼时彼地他们又会展开竞争。(第35、38、59～62段)

8. 在此种情形下,苏联共产党凭借其强大的军事和经济实力以及在国际共产主义运动中所一贯享有的权威和声望,占据了巨大优势。中国共产党竞争领导权的能力,受到了目前国内所遭遇的严重困难的限制。考虑到中国相对较弱的经济和军事实力,苏联可以利用某一时机向中国施压——虽然这一着在1960年的论战中并不十分奏效。由于苏联的力量现在占上风,莫斯科或许能够——尽管难度越来越大——在未来一段时间内继续保持它在国际共产主义运动中的支配地位。苏联领导人会努力通过在双边关系领域向其他党施加压力和影响、在国际会议上拉拢形成强大的多数派阵营与其对手展开对抗,以及偶尔对苏联的政策进行一些巧妙的调整用以驳斥中国的批评等方式,维护自己先前那种权威地位的实质不受撼动。由于在中苏关系危机时期,个人性格因素在某种程度上也发挥着一定作用,所以无论哪一方有新领导人上台,都会对双边关系的未来发展产生重要影响。(第60～62段)

9. 在这样的情况下,其他各国共产党几乎必然会忍不住想在莫斯科和北平之间进行讨价还价,从而为自己赢得更多的好处。对某些有望夺权并因而必须做出重要战略抉择的党来说,相互间矛盾和对立的建议会加剧其党内的派系之争。从长远来看,东欧的一些共产党或其党内的一些派别,会利用斯大林继任者们所做出的让步争取更大的自治。中国在亚洲卫星国家中已拥有了十分重要的影响,如果中国的实力继续增长,此种影响还会越来越大,这些国家的政权在谋求获得经济和政治支持而与两个共产党大国讨价还价时,会处于更为有利的地位。(第63段)

三、对于制定和实施针对西方国家政策的意义

10. 很显然,几十年来充其量只能算作是苏联政策工具的国际共产主义体系,正因其内部的民族主义力量以及多元化趋向,转变成为一种权力明显发生了分散化的运动。虽然共产主义运动内部关系的变化和苏联权威的削弱,并没有从根本上改变共产党对非共产主义世界的敌视,不过,我们认为,这些趋势和变化正在对共产党的政策产生一种重要影响。它们已经在一定程度削弱了苏联对西方政策的灵活性。苏联共产党在对共产主义运动的总体政策进行协调时,会遇到越来越多的困难。在形势发展基本符合共产党利益的情况下,这些困难可能算不上很严重,但是如果陷于困境,甚至如果遇到需要抓住有利时机做出重大决定时,这些困难就可能再度引发公开的争论。(第59、65段)

11. 苏中关系的发展以及国际共产主义运动的基本态势,对于西方世界的安全和利益显然会有深远的影响。从长远来看,中国的力量、决心和自身利益有可能会膨胀到对其与苏

联的共同利益造成极大损害的程度,甚至可能会使得苏联人觉得,如今自己与意识形态敌人之间的共同话语都要比同中国之间多得多。虽然如此,在未来一段时期内最有可能看到的是:苏联和中国继续将其关系维持在同目前类似的这种情形之下。这将会是一种联盟关系——虽则不时会产生出麻烦或不和,但当在同西方展开对抗特别是遭遇重大挑战时,仍能保持足够的团结。不过,从本项评估所描述的当前趋势中,反映出共产主义体系内的复杂性、多样性以及各种力量之间的相互影响正愈益增多,此外还可以看到,一些潜伏已久的民族主义情绪获得了大规模复活。(第67段)

12. 这些趋势可能会引发各种各样的结果。它们或许会导致共产主义世界不时地采取更具进攻性的反西方政策,以遏止其内部力量的分散趋势;它们或许会允许某些党摆脱僵硬的共产主义总路线的束缚,根据本国情况推行更为有效的政策。不过,如果这些趋势继续发展下去,最终可能会大大降低共产主义运动作为一个整体的有效性。这就会使得西方获得从中做手脚并施加影响的机会,从而为其在世界斗争中赢得优势地位提供了重要的有利条件。(第68段)

讨　　论

一、各共产党之间关系的发展情况

(一) 共产国际时期

13. 共产国际(第三国际)在其成立之初较短的一个时期内,是一个由各个独立的党和团体为了实现共同的革命目标自愿联合起来的组织。当时,俄国革命和第一次世界大战刚刚结束,共产党人期待着在西欧也能迅速地爆发革命,就连列宁本人此时也憧憬着自己的党与西欧那些革命将取得胜利的党共同分享国际共产主义运动的领导权。不过,当这些梦想破灭后,苏联党不久便确立起自己在运动中的统治地位,并以自己的布尔什维克形象对共产国际进行了改造和重塑。整个20年代,国际共产主义的政策越来越服从于苏联外交政策的目标。同时,借助于共产国际庞大的国际官僚机制,苏联党渐渐将各国党也置于自己的严密监控之下。结果,经过多次清洗并辅之以其他镇压措施,斯大林几乎获得了对除中国共产党以外的其他各国党的绝对控制权。与此同时,他将越来越多的正规机构予以解散,到了30年代中期,猜疑和不信任促使他开始对共产国际的领导机构展开清洗。不过,虽然斯大林对共产主义运动的严密控制毫无松动,但在1943年最终解散之前,共产国际实际上早已不起什么作用了。

(二) 新的共产党国家的出现

14. 第二次世界大战切断了各国党与莫斯科的联系,在各党中孕育了自治的趋势,法国、意大利和一些东欧国家的党在党派斗争中争取到了广大群众的支持，变得更为独立。但是，战争所带来的最重要的后果就是：在苏联之外新诞生出一批共产党国家，从而根本上改变了国际共产主义运动的面貌。在此之前，苏联对国际共产主义运动的控制相对比较简单，所针对的只是一些常常需要仰赖莫斯科给予政治和经济支持才能得以生存的处于在野地位的共产党。如今，仍旧是建立在单个权力和权威来源基础之上的共产主义体系，所涵盖的已不仅仅是各共产党组织，还必须将这些具有各自特殊国家利益的民族国家也纳入其中。

15. 斯大林根本不打算考虑各国的民族利益。东欧各国共产党刚刚建立起政权，他即刻采取措施对其加以全面而彻底的控制，把这些新国家与莫斯科牢牢地绑在一起，并将其视为仅仅是苏联国家体系的延伸。不过，南斯拉夫共产党拒绝屈就于这样一种地位。在被驱逐出共产党情报局后，南共得以生存下来，并持续不断地和令人瞩目地对苏联所谓阵营的成员国地位能确保其国家利益得到最大实现的论调予以驳斥。东欧其他国家虽然随后都采取了镇压措施，但是通过秘密警察来进行统治的方式，只能压制却无法根除不满情绪和民族主义激愤，而这种情绪和激愤往往对各国党及其民众产生很强的感染力。

16. 在中国，共产主义政权的建立给莫斯科制造了一个额外的问题，但其意义更为重大。仅仅从面积、人口以及中华文明的传统影响而言，中国就足以被称作是一个大国。不仅如此，与东欧多数国家的共产党不同，中国共产党基本上是依靠自己的力量取得了革命的胜利，并在一个如此庞大而偏远以至莫斯科无法施以直接控制的国度里建立了自己的权力基础。中国共产党的领袖毛泽东根据自己的经验认为，斯大林对那些与苏联情况大相径庭的中国国内问题所知寥寥。于是，他毫不迟疑地依照自己的方式对共产主义教条作出了独立的解释，以使其符合国内政策的需要。如此一来，甚至早在斯大林去世以前，毛泽东已享有了理论创新者的声望。所以，无论斯大林愿不愿意，中国不可避免地在阵营中赢得了一种特殊地位。

（三）斯大林之死

17. 不过，在斯大林去世之前，苏联的权威基本上没有受到过质疑，苏联党此时仍拥有多重资本足以确保控制权。它是第一个——也是数十年来唯一的一个——获取了权力并为国际共产主义运动打下了坚实基础的党。它靠着一套系统的、可供其他党效仿的社会主义模式建成了一个强大的国家。它在意识形态领域的主张已变成了教条。它的出版物是全世界各地共产党员的必读教材。其他党在很大程度上有赖于苏联给予精神上和经济上的支持。而那些靠着苏联的支持上台执政的东欧国家共产党则十分清楚：苏联的军事力量是其抵制民众反抗的唯一保障。一些更重要的共产党的领导人通常是由苏联人挑选出来的，他们受训于苏联的党校，然后经苏联人安排长期留在领导岗位；不过，他们时常也会遭到苏联人的清洗。

18. 这一控制体系依靠的是斯大林巨大的个人权威，它既是一种强大的动力因素，但同时也掩盖和遮蔽了体系内部存在着的严重脆弱性。是斯大林制定政策，是斯大林定义社会主义,是斯大林宣布教义,是斯大林选择领导人。苏联在共产党中的威望很大程度上是与各党对斯大林个人的尊重和景仰联系在一起的。斯大林的任何一个同事在其他国家的共产党内都没有追随者。事实上只有一个人的威望接近于斯大林,这个人就是中国共产党领导人毛泽东。所以,1953 年初斯大林的去世,即刻削弱了莫斯科在国际共产主义运动中的权威,而同一时期,中国的力量正在不断增强,东欧的困难日渐累积。

（四）赫鲁晓夫的新方法

19．还在斯大林去世之前,斯大林手下一些人已敏锐地感觉到他的政策对其他党所造成的恶劣影响,并且清楚地看到,必须采取一种新的方法,一方面,使得苏联对东欧的控制不那么直接但同时又不失却有效性;另一方面,允许各国党在一定范围内享有自主权。赫鲁晓夫所以倡导这样一种新方法,并非是想赋予东欧各国以真正的自治权,而是意在借助一种更加灵活的政策来维持苏联对这些国家最大限度的**有效**控制。

20．这一新方法在东欧推行的结果之一,是使得那些长期受到压制的改革派力量以及深受苏联专断与剥削之苦的压抑情感得到了释放;除此之外,由于新方法纠正了斯大林时期对南斯拉夫的政策,承认各国党有权选择“自己的道路”,从而进一步鼓舞了那些主张改革的人们。破除斯大林神话是最后的一记重拳,它切断了专制集权的重要纽带,并在各国党内引起了思想混乱和深刻的反省。在波兰,这种结果表现为民族主义情绪的重新高涨,一位象征着可能会带给波兰光明前景的党的领导人被推上了权力的宝座,这一举动最终迫使莫斯科同意波兰在其国内事务重要领域拥有真正的自主权。在匈牙利,这一结果则导致党内发生了深刻分裂,从而为后来的暴乱行动开辟了道路。虽然苏联迅速对匈牙利骚乱实施了军事镇压,遏阻了东欧解放的步伐,表明了自己将会以残暴手段对付任何背叛社会主义集团的企图的决心和立场,然而,国际共产主义运动作为一个整体的力量却受到了极大撼动,迫切需要政治和理论层面的权威性领导。苏联因而必须在 1957 年 11 月莫斯科会议召开之前,即在各国党重新一致确认建立在苏联经验基础之上的所谓共产党国家“社会主义建设”的基本原则之前,做出不懈努力,包括给以实质性的经济援助以及向东欧国家受到伤害的民族感情做出让步。

（五）中国参与阵营事务

21．与此同时,在中国共产党看来,1956 年发生的东欧骚乱事件既是麻烦也是个机遇。一方面,他们同苏联一样,对恢复社会主义集团的团结和稳定充满关切。不过同时,他们也发现,在苏联人犯了错误之后,中国现在可以对社会主义集团施加影响,使其在一个新的基础上达成团结。中国共产党自 1949 年取得政权以后,力量和信心不断增强,并且已经在社会主义集团以内和以外的亚洲共产党中间具有了一定的影响力。目前,它在试图将自己的影响力扩充到整个共产主义运动的同时,还在苏联恢复东欧秩序的过程中扮演了十分重要的角色。因而,无论是这一时期所发表的重要理论声明,还是周恩来对东欧卫星国的访问,都试图传达一个信息,即应该尊重苏联的领导权,因为他们——中国人——曾经这么说过。尽管北平在公开场合坚决要求维护苏联的最高领导地位,但他们这么做的结果,一则是要进一步扩大分享阵营和国际运动领导权的可能,二则是要表明中国如今在运动已享有了巨大的影响和权威。

二、目前阵营内的党际关系

(一) 1960 年中苏论战

22. 我们在此前相关的评估报告中,曾分析了中苏论战的原因及其引发的问题。[①] 在1958 年和 1959 年期间,双方用表面上看起来很抽象的意识形态的争论来阐明各自立场(实质上在这些争论的背后反映了双方在越来越多的具体问题上的政策分歧),在此期间,他们都保持了克制,至少在公开场合。然而,到了 1960 年春的时候,中国最终放弃了克制立场,在同年 6 月北平召开的世界工会联合会大会上,公开向前来参会的各个代表团游说,要求他们反对苏联。莫斯科迅速地做出了强烈反应,在同月下旬布加勒斯特召开的会议上,苏联共产党实际把中国共产党置于一种受审的境地。中国人表现得毫不妥协,甚至得到了阿尔巴尼亚党的公开支持。最后,中苏双方同意,在 11 月即各国党代表团赴莫斯科参加十月革命庆典之时,召开国际共产主义运动全会,继续就有关问题进行辩论。

23. 在 6～11 月期间,双方都摆出了咄咄逼人的架势,各自在国际共产主义运动内部散发攻击对方的长篇大论以争取支持。由于莫斯科动用了它全部的力量和影响,拉拢了大多数的党,但也有少数党在某些问题上站在或倾向北平的立场。与此同时,阵营内各大报刊开始越来越多地发表论战文章,苏联也开始在相互间国家关系的各个方面向中国施加强大压力。[②] 所有这些举动没能吓住中国人,11 月会议演变成为一场公开的对抗。争执的焦点并不仅仅局限在引发论战的政策议题领域,除此之外,还涉及到怎样以及由谁来决定共产主义政策这样一个更具有根本性的问题——换句话说,也就是国际共产主义运动的领导权问题。

24. 其实,从最一般的角度来看,莫斯科会议上就每个议题所展开的争论都涉及到领导权问题。会议最后形成的文件总体上反映了苏联关于世界战略和国际共产主义运动内部政策的观点,在文件签署的过程中,中国人对其中许多在过去几个月间他们曾强烈抗议过的提法表示同意。不过,为了赢得中国人的这一合作,苏联人不得不同意把北平的观点也写进文件中,虽然在文件中,这些观点并不像苏联人的观点那样显得格外突出。最终的结果是,形成了一份涵盖了中苏各方对许多问题所持立场的妥协性文件,如此,苏联共产党等于向其他

---

① 原注:国家情报评估(NIE 11‐4‐50):"1960～1965 年苏联能力与政策的主要走势"(1960 年 12 月 1 日),第 122～130 段;国家情报评估(NIE 100‐3‐60):"中苏关系"(1960 年 8 月 9 日)。

② 原注:这些压力包括:7 月底从中国召回了大量的苏联技术人员(估计有 2 000～3 000 人左右);暂缓了中文出版物在苏联的发行;进行外交抗议、驱逐一些中国官员;通过宣传媒体发出义正词严的警告。此外,还有大量证据表明这一时期两个国家在边境问题上出现了分歧。

党明确传递了这样一个信息,即:尽管颇不情愿,但它还是同意了中国人提出的要在国际共产主义运动的政策制定中享有真正发言权的要求。

25. 然而,在那些苏联为了巩固自己的权威统治、同时将中国牢牢置于一种永久顺从地位而特别提出的一系列建议中,更直接地涉及到了权威的问题。虽然已宣布抛弃斯大林式的领导方式,不过苏联领导人相信自己依然有能力控制国际共产主义运动中的绝大多数党,所以退而提出了服从多数的主张,以此作为迫使中国人在此种场合下屈服的手段。苏联人还使出了另外一着。为了使文件对自己的领导地位予以确认,他们主张将曾遭到中方质疑的苏共二十和二十一大的决议精神写入其中。此外,苏联建议各国党对"宗派主义"(其矛头显然指的是中国试图与其他党一起组成反苏联盟)以及"民族共产主义"(所以用这个词,也是在为今后对中国人的叛逆行为展开攻击奠定基础)进行正式的谴责。

26. 虽然中国人业已表示,愿意在意识形态领域作出让步,但对有关纪律方面的提议却毫不妥协予以反对。他们坚决主张,即使苏联党的代表大会做出的决定是正确的,中国共产党和其他各国党也均不应受其约束。他们强调,在各个党内贯彻少数服从多数的原则是正确的,然而将其推广到共产主义运动中则是不能容忍的。只有经过所有的党一致同意的决定才具有普遍有效性。最后,他们驳斥了对其"宗派主义"和"民族共产主义"的指责。

27. 最后,由于苏联共产党无法把自己的意志强加给中国共产党,后者就这些有关权威的中心议题赢得了胜利。以上两个具有攻击性的语词被从文件中删除。文件赞扬了苏共全会,但措辞含蓄,同时,其他党的贡献也得到了高度肯定。至于国际共产主义运动中的决策机制,苏联不得不放弃了服从多数的原则,代之以各党都有遵守在双边或多边会议上"共同制定"的决定的义务,这个规定几乎相当于为中国共产党或其他任何一个党提供了否决权。

28. 因此,虽然苏联共产党控制着大多数党,但在对其至关重要的问题上——苏联在社会主义世界中的支配地位——却一无所获。苏联的失利实际上远大于它为使声明获得一致通过而在纸面上做出的让步和损失。他们不但没能迫使中国人屈服,而且在最后表决时遭到了阿尔巴尼亚的坚决反对,在某些问题上也未能得到朝鲜、越南和其他几个亚洲党的支持。此外,在所有党众目睽睽之下,苏联不得不忍受史无前例的自由辩论,有时甚至是对苏联共产党领导人明目张胆的诽谤。

(二)中苏论战对阵营内欧洲各国党的影响

29. 中苏论战在社会主义集团中引起了广泛的不安。苏联得到了绝大多数卫星国的支持,但在1958年至1959年的中苏论战中,保加利亚、东德和捷克斯洛伐克共产党对中国共产党的某些方式和态度表示同情。不过,当苏联借助于自己的权威直接反对中国共产党时,这些党的模糊立场马上消失。除阿尔巴尼亚外,所有的东欧共产党在莫斯科会议都完全顺从苏联共产党。

30. 阿尔巴尼亚的情况则完全不同。阿尔巴尼亚共产党掌握在坚定的斯大林主义者的手里,他们一直担心南斯拉夫会再度将阿尔巴尼亚的共产主义运动置于其监控之下。因而,当赫鲁晓夫在1955年和1956年发动对斯大林的批判——包括指责斯大林企图颠覆南斯拉夫——并准备接受铁托时,他们格外警惕。即使是在匈牙利事件使苏联政策再次变得强硬之后,阿尔巴尼亚共产党依然视赫鲁晓夫鼓吹的和平共处以及不愿对铁托展开批判的姿态,是对阿尔巴尼亚独立的威胁。因此,当中国作为强硬的、反对修正主义的带头人时,阿尔巴尼亚在1960年的共产党会议上,公然站到了中国一边,对苏联共产党进行了最激烈的指责。

31. 中国的支持为阿尔巴尼亚提供了一定程度的保护,因为苏联认识到,采取直接干涉行动来对付阿尔巴尼亚,将会令自己同中国之间业已十分棘手的关系更加恶化。不过,阿尔巴尼亚还有另外两个优势,这对其捍卫自己新的反苏立场可能更为重要,其一,从地缘的角度来看,阿尔巴尼亚远离于阵营之外。所以,苏联如若对其采取军事行动,很难确保自己的国际地位不受到严重损害。其二,阿尔巴尼亚领导层的内部团结一致。从二战时期,阿尔巴尼亚党内就开始进行不断的清洗,首先清除了它过去的老师——南斯拉夫共产党——在阿尔巴尼亚党内的追随者;然后在1960年又清除了亲苏分子,致使苏联不得不将对阿尔巴尼亚的控制局限在已被证明毫无效果的间接方式之上。莫斯科对这又一个离经叛道的共产党国家却无可奈何,尤其是这个向苏联发起挑战的阿尔巴尼亚居然还是如此小的一个国家,这使得苏联颜面丢尽。

(三) 亚洲卫星国家

32. 在亚洲,北平由于拥有文化和地缘优势,因而几乎是在平等的基础上与苏联在卫星国家中展开竞争的。结果,北越、北朝鲜和外蒙古发现自己被夹在了两个关系微妙的共产党大国中间。在北越,多数党的高层领导人受训于苏联。不过,在越南反抗法国的革命中,中国在为其提供顾问、训练以及后期装备方面起了重要作用。此外,由于北越的地理位置以及面对着许多与中国相类似的问题,河内与北平展开更为密切的合作是十分自然的。另一方面,北越领导人完全明白,要想避免被其强大邻国完全控制,唯一的办法就是保持苏联在北越的有效存在。这些相互矛盾的发展趋势并没有影响莫斯科、北平和河内携手实现他们在老挝的目标。

33. 外蒙古和北朝鲜的共产党政权都是在共产党中国没有成立以前由苏联扶植上台的。过去10年里,这两个政权都曾进行过多次清洗,清洗的目标至少有一部分是那些主张从北平获得指示或支持的党内领导人。北平虽然竭力地想扩大自己在外蒙古的影响,但就目前来看,苏联对外蒙古的控制还是稳固的。尽管北朝鲜现任领导人几乎也都受训于莫斯科,他们却对北平在1958年和1959年所强制推行的工业化和人民公社化运动表现出更深的好感。不过,当苏联暗示了自己的不满之后,朝鲜共产党随后逐步从效法北平的立场上后退。目前,苏联对北朝鲜的影响可能会继续超过北平。

34. 在中苏论战中,外蒙古没有支持北平的立场。北朝鲜和北越则试图走中间路线,在多数情况下支持苏联,但涉及到至关重要的纪律问题,则站在了中国一边。这两个亚洲国家不再坚定地、无条件地跟随苏联,使莫斯科的权威受挫不浅。此外,北平和莫斯科似乎忙于竞相向这三个亚洲国家提供更多的经济援助，以期赢得支持。

（四）集团内部关系的持续紧张

35. 莫斯科会议之后，尽管苏联和中国极力地标榜两党关系的融洽以及兄弟般的团结，但显然，双方所持立场的重大分歧依旧存在。中苏两党各自对 12 月声明做出了自己的解释，重点强调声明中与自己在争论中所持观点最为接近的那部分内容。不仅如此，中国人对此次从莫斯科会议上得到的好处充分地加以利用，突出强调共产主义运动中"两个最大的党"所肩负的特殊责任。此外，在如何看待当前世界局势方面，双方的分歧依旧十分明显。

36. 自从莫斯科会议之后，阿尔巴尼亚人的表现可不像它的中国盟友那么克制。他们发表长篇大论，高度赞扬了党的领导人在莫斯科会议上采取的反苏行动，并对阿尔巴尼亚党在争论发生前、其间及之后的路线给予了充分的肯定。他们继续对苏联特别是南斯拉夫的现行政策进行批判，虽然没有直接指名道姓，但字里行间不难看出所指为谁。此外，中苏关系的持续紧张在 2 月所举行的阿尔巴尼亚党的代表大会上，表现得最为明显。在此次代表大会上，共产主义运动中站在苏联一边的党同支持阿尔巴尼亚和中国立场的党之间再度爆发了唇枪舌战，虽然规模较之莫斯科会议要小得多。

37. 自此次党的代表大会之后，阿尔巴尼亚不断得到中国方面的有力支持，包括大规模的经济援助，与此同时，同苏联的关系则持续恶化。在苏联从其位于发罗拉（Valona）①的重要潜艇基地撤离之后，地拉那曾上演了一场公审，审判对象包括一名阿尔巴尼亚海军军官。此次审判据称是针对希腊、南斯拉夫、美国三国所搞的一场阴谋，事实上不过是一次反苏表演。

38. 没有迹象表明，中苏双方国家关系中的一些重大问题在 1960 年有了明显改善。虽然两国于是年 4 月所共同签署的贸易协定大大减轻了中方的债务，但较之中国所面临的严重经济困难，苏联在协定中所作出的承诺事实上是微不足道的。此外，因苏联技术人员撤离所造成的中国经济的困难局面仍未有缓解，目前苏联方面尚无任何迹象可以表明，他们会同意这些专家以先前的规模重返中国。中苏两国就双边经济、技术和科学合作进行谈判后发表的六月公报中并没有涉及具体细节，由此表明：虽然苏联还会继续在某些方面提供援助，但双边经济合作几乎不再可能恢复到过去的水平。

三、集团外国家的共产党

（一）概述

39. 第二次世界大战及其后果，使集团外共产党的处境发生了重要的、甚至在某些情况下具有根本性的变化。在西欧，法国共产党和意大利共产党赢得了大量民众的支持，并有了

---

① 发罗拉，亦作 Vlore、Vlora 或 Vlone，阿尔巴尼亚第二大海港，位于发罗拉湾的顶端。——译注

一些独立的经费来源。就是在一些小国,当地的共产党人在国内政坛上也拥有了一席之地。同一时期,在那些战后首先获得独立的国家中,许多共产党很快在政治舞台上崭露头角,并表现出有望成为执政党的势头,由此也变得越来越多地关注其国内政治问题。

40. 当然,之所以会这样,还得归因于苏联领导人。苏联以一种不时与当地共产党发生冲突的方式,不断地追逐其自身利益;特别需要指出的是,赫鲁晓夫曾经将讨好新近独立国家的政府作为苏联政策的主要基点,他在这么做的时候,完全不顾当地共产党人的立场和态度——哪怕后者对本国这一政府并不信任并力图促使其倒台。在共产主义运动政策的制定过程中,集团外国家共产党越来越多地关注并希望确保自身的利益。中国的成功或许在这方面给了他们一些勇气。中国起而反对苏联,削弱了各国党脑海中权威牢不可破的观念,并使得各国党内业已存在的分歧更容易发展为宗派主义的倾向。

(二) 西欧和美国

41. 西欧共产党仍然接受苏联的控制,领导这些党的仍然是那些在共产国际时期久经考验的共产党老将。他们总是毫不动摇其亲苏立场。不过自从第二次世界大战前夕,这些党同苏联共产党之间的关系有了重大变化。战前对议会民主制的普遍怀疑、战争期间所从事的地下斗争,使得这些党具有了一种经受得住漫长逆境和政治隔离的能力。

42. 这些党的态度和地位的转变直到1956年才特别明显地表现出来,当时,赫鲁晓夫批判斯大林的讲话对它们产生了深远影响,不仅造成党内士气低落,甚至在一些地方引发了大规模退党浪潮。从意大利共产党和法国共产党领导人所做出的反应中,可以对这种变化有一个清晰的认识。针对赫鲁晓夫的讲话,陶里亚蒂以公开倡导在共产主义运动中实行"多中心主义"的方式做出了回应,言外之意是要求给各党以自主权。法国共产党领导人则以另外一种方式表明了自己的态度,要求赫鲁晓夫降低损毁斯大林形象的调门。尽管陶里亚蒂很快收回了自己的提议,以上两种反应的表现方式也有所不同,但都显示出一种在斯大林时代根本令人难以想象的自信。

43. 赫鲁晓夫的讲话在西欧其他国家共产党中也一度引起了要求扩大自主权的呼声,特别是丹麦共产党,其党内由阿克塞尔·拉松(Aksel Larson)为首的一派甚至提出了比陶里亚蒂更为极端的主张,最后不得不将其清除出党。所有这一切,促使苏联后来对这些国家的问题以及各党的诉求变得更为留意。与此同时,苏联也认识到,要想让这些党在"和平共处"的战略中发挥其作用,就必须给予他们更大的自主权。于是,在1959年召开的西欧共产党罗马会议上,通过了一项政策协定,允许各党在执行总路线时享有充分的自主空间。

44. 除了放松纪律约束以外,西欧各党在中苏论战的其他议题方面均站在苏联一边,成为其坚定的支持者,中国人试图对其施加影响的努力成为徒劳。在这些党进行国内斗争时,苏联关于以非暴力和避免战争的方式取得政权的路线曾使他们大为受益,在这些党看来,中国共产党关于以暴力和不惜付出高额代价的方式夺取政权的主张有碍其获得民众支持。虽然在这些党的内部,也有一些派别,为了自身的目的经常会引用一些中国方面的理论主张,不过在莫斯科会议上,所有西欧党还是毫不例外地站在了支持苏联的立场之上。尽管如此,西欧党的领导人并没有像以前那样,总是做出一副讨好或谄媚的姿态,不仅如此,他们甚至对于苏联向中国施加压力的做法表现出明显的不满。他们表明了已不愿继续毫无保留地服从于苏联领导的意思,并较之先前更为大胆地提醒苏联,在制定国际共产主义运动总路线时,对各国党自身所面临的问题应给以更多的关注。

45. 一贯遵从莫斯科指示的美国共产党,在莫斯科会议对苏联给予了无条件的支持。除此之外,美国共产党还热情赞扬了苏联"和平共处"的战略主张,称其对于自己从事国内斗争提供了最为有益的指导。并表示,如果采取中国那种更具好战性和革命性的路线,会给美国共产党在国内的活动带来更大的困难。就目前看来,没有什么迹象表明,中国的观点和立场可能在美国共产党内赢得任何实质性的支持。

(三) 中东

46. 中东的共产主义运动历来处于苏联的直接领导之下。特别是那些在国内遭到禁止的党,不得不以社会主义集团国家为基地从事革命活动,这就使得它们完全仰赖于苏联的支持。不过,近年来,在叙利亚和伊拉克共产党内,各种冲突表现得愈益明显。这两个党力量的日渐增强促使其滋生出政治野心。此外,由于苏联对它们各自在国内的反对派——纳赛尔和卡西姆"民族资产阶级"政权——采取扶持政策,使得它们的利益受到了损害。

47. 1958 年阿拉伯联合酋长国(UAR)成立后,叙利亚共产党内很快响起了要求上台执政的呼声。此后,叙利亚党的领导人巴格达什(Bakdash)再也不愿屈就于苏联对纳赛尔的政策,并反对接受叙-埃联盟。在伊拉克,共产党在 1959 年搞了一场暴力运动,结果弄巧成拙,招来当局的镇压,直至今日,士气还未完全恢复过来。这一切致使党内存在已久的宗派主义倾向变得更为严重。当时,苏联不赞成伊拉克共产党发起这场运动,认为一来条件不成熟,二来会损害到苏联与卡西姆之间的关系。不过,中国人对伊拉克党给予了支持,并因此而获得了其党内激进派的同情。尽管如此,中国人试图扩大自己在中东共产党中影响的努力迄今并没有取得什么效果。在莫斯科会议上,巴格达什,这位中东地区最有影响力的共产党人,对中国人鼓动、拉拢叙利亚共产党党员的做法表示出不满,并对中国人的叛逆行径予以强烈指责。该地区其他国家的共产党也都站到了苏联的一边。

(四) 亚洲各国共产党

48. 在集团外亚洲各国共产党中,苏联的权威更是岌岌可危。在亚洲一些规模较小的共产党中间,中国人的影响是很大的,甚至某些情况下超过了苏联。而在像印度、印度尼西亚以及日本这样一些规模较大的共产党内,原本就一直存在着亲中国共产党的力量,这些党不愿公开站出来反对这个亚洲地区主要的共产党国家。在莫斯科会议上,当它们被迫必须明确表明其立场的时候,一些亚洲国家的共产党对中国共产党给予了一定程度的支持,它们中间没有一个党像欧洲或阿拉伯国家的共产党那样,选择坚定地站在苏联一边。并且,这一局面在 1961 年召开的阿尔巴尼亚党的代表大会上再度出现。

49. 在日本,当 1950～1953 年共产党人所采取的暴力和非法活动彻底损毁了自己在日本民众心目中的形象之后,日本共产党(JCP)在努力恢复元气以重新赢得民众信任的过程中,渐渐开始支持苏联外交政策在后斯大林时代提出的一些新主张。该党不遗余力地为自己涂脂抹粉,力图使民众相信,自己是一个独立的、倡导通过和平方式进入政权的、并由此主张以一种用广泛的民族阵线反对美帝国主义和国内垄断资本主义作为当前战略目标的党。在日本,支持中国的力量主要有:日本共产党少数党员、一些激进的学生,以及一些党外的工会组织。只要现任领导人不下台,日本共产党很可能将继续保持亲苏的立场。不过,苏联和中国近来的一些举动表明,双方都在寻求加强各自对日本共产党的影响。

50. 印度尼西亚共产党(PKI)在其国内的地位比较独特。作为集团外最大的共产党之一,它拥有雄厚的民众基础,并得到了苏加诺①的保护(后者曾将其与反共军队一并拉进民族国家领导层中)。在这种情况下,苏联的非暴力、通过议会道路走向社会主义的路线较之中国所倡导的激进和革命的方针更符合印度尼西亚党的现实需要。显然,如果此时选择中国的路线,不仅会使其在与反共军队斗争时丧失苏加诺的保护,而且会削弱其民众基础。苏联对印度尼西亚的政策,即扶植苏加诺政府、提供经济和军事援助、支持印度尼西亚对新几内亚西部地区的领土要求,与印度尼西亚共产党的国内战略之间达成了完美的和谐,这对于加强印度尼西亚共产党在国内的地位是十分有利的。虽然如此,印度尼西亚共产党中间仍然存在一派亲华力量,这派人的势力是如此之大,足以能够对印度尼西亚党的代表团在莫斯科会议上采取何种姿态产生影响。

51. 苏联对印度的外交政策以及对印度共产党的未来发展所造成的影响可谓好坏参半。苏联已经开始向把共产党视作敌人而非伙伴的印度政府提供支持和援助。虽然苏联的"和平共处"战略使得印度共产党在国内也享有了某种声誉,但当地共产党人愈发地能感觉到处境的艰难:他们无法接受苏联向尼赫鲁大献殷勤的做法,也不能容忍其取消喀拉拉邦共产党政府的举动,同时,他们对于当前印度所奉行的那种在他们看来"亲西方"的外交政策走向也深感不满。以上种种因素,促使了党内宗派主义力量的增长,其中有少数人公开表明支持中国的立场,并急切地希望推动印度共产党转而走上一条更加革命的道路。不过,由于西藏叛乱和中印边界冲突在印度引发了敌视中国的民族主义情绪,并使得共产党人的处境极为尴尬,这些少数派的行为遭到了严厉的制止。1961 年 4 月,前去参加印度共产党代表大会的苏斯洛夫发现,使印度共产党保持政治路线上的模糊不清和不偏不倚,要比对其内部亲华派进行纪律处罚更为重要。结果,印度共产党就这样,继续处于一种摇摆不定、内部分裂、

---

① 苏加诺(Sukarno,1901～1970),印度尼西亚独立运动领袖,1945 年 8 月 17 日印尼独立后出任总统(1945～1967)。在其执政期间,苏加诺奉行独立自主的外交政策。20 世纪 50 年代以后,在国内革命力量和国际形势的推动之下,曾一度表示要实行"社会主义"。1956 年后期,苏加诺解散了国会,提出制定"指导下民主"和"指导下经济"的政策,实际上开始实施独裁。——译注

今后极易发生严重争执的状态之下。

52. 较之那些大党,亚洲许多小党,比如马来西亚共产党、缅甸共产党以及澳大利亚共产党,对于苏联普遍倡导的以渐进方式推动革命的主张并不感兴趣。在这些党的多数人看来,指望通过议会道路夺取政权,这一前景简直遥不可及。故而,他们对于苏联的"和平共处"和"联合阵线"战略颇感沮丧。他们急切希望尽早摒弃此种战略观念,代之以更为直接的革命理念。这一态度所造成的结果在 11 月的莫斯科会议以及其后的阿尔巴尼亚党的代表大会的讨论过程中清晰地表现出来,当时,这些亚洲小党中的一些站在了支持中国反对苏联的立场上。

(五) 非洲

53. 非洲的共产主义运动直至今日仍然无足轻重。苏联在此的战略核心在于:与当地那些激进的民族主义领导人在反西方的政策领域中展开合作。共产党在非洲的长远目标是促使激进的民族主义国家转变为社会主义国家。社会主义集团在这方面所下的工夫,要比从无到有组建新的共产党所做的努力大得多。虽然中苏两党关于欠发达国家战略问题上的冲突对非洲共产主义运动具有潜在的重要性,但目前看来,并未引起什么明显的对立或磨擦。例如,据不可靠报道:在 1960 年 11 月莫斯科会议上,苏、中两国代表曾就非洲政策的相关具体问题发生过激烈争执,不过分歧的实质——如果确有此事——尚不清楚。出席此次莫斯科会议的四个非洲国家(南非、突尼斯、摩洛哥和苏丹)的共产党在苏联与中国的这场意识形态争论中均站在了苏联一方。

(六) 拉丁美洲

54. 拉丁美洲国家共产党的领导人几乎全部是经验丰富的共产党老将,他们受训于苏联,并且依然仰赖苏联提供物质援助。斯大林去世后,苏联人开始更加积极地领导拉丁美洲国家共产党的活动。在 1957 年 11 月的莫斯科会议上,以及后来在 1959 年 1 月召开的苏联共产党第二十一次代表大会上,苏联领导人就怎样支持各自国内的"和平运动"问题,给予了拉丁美洲各国共产党以直接和具体的战术指导。

55. 近年来,中国共产党加大力度,试图在这些党中间获得影响力。但是由于中国在多数拉丁美洲国家没有正式代表机构,这一努力受到了阻碍。不过,通过邀请拉丁美洲国家的共产党人访问北平并对他们进行培训,以及大大加强在这一地区的宣传力度等手段,他们成功地传播了自己的不同主张。中国人的革命战略也赢得了一些赞扬,尤其是在那些比较年轻的共产党员中间,但是迄今为止,在这些党的内部,中国尚未成为一个重要的影响因素。

56. 随着中苏论战进一步地展开,采取亲苏立场的共产党的领导人,想方设法试图缩小分歧,并防止党员内部产生激烈争论。在莫斯科会议一开始的时候,曾有一些拉丁美洲的小党,如洪都拉斯、尼加拉瓜、巴拿马、秘鲁等国的共产党,曾表现出支持中国人的意思。

因为他们觉得,根据自己的情况,以非暴力方式夺取政权几乎毫无指望。乌拉圭共产党就因此发生了严重分裂。而另一些比较重要的党——古巴和巴西的共产党,则在有关加强国际共产主义运动内部纪律等关键问题上采取了坚决支持苏联的立场。最后,所有拉丁美洲国家的共产党,在某些时候以及某种压力之下,均坚定地表明了支持苏联反对中国的态度。

57. 古巴革命的成功,将一些具有重要意义的新因素引入了共产主义在拉丁美洲的权威和控制的结构之中。古巴严重依赖苏联给以物质支持,古巴共产党人主要指望的是莫斯科而非北平。同时,古巴共产党人显然认为,古巴革命的成功有其独特之处,这使得他们产生出某种自豪感和独立意识。除此之外,他们还认为,古巴革命的成功为拉丁美洲其他国家的共产党提供了一种模式,以及精神上的鼓舞。在莫斯科会议上,古巴和巴西的共产党起初都对苏联关于"民族民主国家"(古巴是这类国家的首个范例)的概念公开表明了自己的保留立场,由此可以看出,它们不愿被任何一种与拉丁美洲其他地区的未来发展不相适应的僵硬的政策公式所束缚。

58. 作为拉丁美洲国家共产党开展活动的安全地带,哈瓦那具有特殊的重要性。一方面,它为中国人提供了一个进入该地区的立足点,而在此之前,中国人一直难以找到落脚之地;另一方面,它成了拉丁美洲国家共产党人的一个理所当然的会晤场所和培训基地。不过,拉丁美洲的一些共产党显然对古巴人在自己党内所享有的巨大声望感到担忧,认为这会削弱他们自身的领导地位,除此之外,他们还可能会怀疑他们的古巴同志有领导该地区共产主义运动的野心。至于苏联、中国、古巴三国在拉丁美洲共产主义运动中各自所追求的目标和利益今后将会怎样地交互影响,就目前看来,情况远不明朗。

四、前 景 展 望

59. 通过以上论述可以看出:在过去几十年中,国际共产主义运动充其量只能算是苏联政策的一个执行工具。不过,由于其内部所出现的民族主义和多样性因素,这一现象目前正在发生变化,表现出明显的权力分散。共产主义运动的权威到底如何分配,目前尚处于无从确定和左右摇摆中。我们认为,尽管运动从表面看来一团和谐,然而苏联和中国领导人对于各国党相互关系的未来结构,意见并不一致。中国人一直小心翼翼地避免表露出自己有坐第一把交椅的心迹,只是不停地强调要在领导共产主义运动方面与苏联人一道扮演更为重要的角色。毫无疑问,这恰恰是其野心所在。在 1960 年的争斗中,中国人明显提出了要与苏联人共同分享国际共产主义运动决策权,所以会提出这样的要求,部分是由于他们觉得自己更好地维护了共产主义教条的纯洁性。我们以为,尽管他们今后可能会采取一些更为理智的战术,但会抓住一切时机提出进一步的要求。就目前看来,他们正极力地保持克制,不向苏联共产党发起公开的挑战。不过,他们仍继续不停地在其他党中间进行活动,以期拉拢更多的支持者。

60. 就苏联人而言,他们极不甘心看到自己对共产主义运动的控制权遭到削弱。但同时他们也认识到,中国共产党力量的上升、集团外国家共产党数量的增多以及斯大林的强制手段内在的种种弊端,都要求他们用一种新的办法来解决共产主义运动的权威和控制问题。他们曾经尝试过放松控制的办法,特别是针对东欧;也尝试想确立一种平等社会主义国家间"团结礼让"的观念。但是他们这样做的目的只有一个,即寻找一些新的途径来维护其权威不受动摇或影响。因此,当面临直接挑战时,他们会毫不犹豫地对中国和阿尔巴尼亚在国家关系方面采取强硬措施,并且在党际关系层面,试图在国际会议上强行使自己有关意识形态和全球战略的主张获得通过。尽管他们曾声称愿意放弃对运动的正式领导权,但仍然希望通过在双边关系中向其他党施加压力与影响、在国际会议组成强大的多数派联盟打击其对手等途径,来保持自己先前那种对运动的实际领导权。

61. 因此,在我们看来,苏中两党不可能很快找到一个解决彼此间分歧的办法,也不可能就领导共产主义运动达成某种稳定的安排。一方面,两国关系中掺杂着一系列政治、经济和军事问题,由于这些问题的存在,双方间的互不信任将难以消除;另一方面,两国领导人之间,既无亲密感亦无好感。不过最重要的是,双方在有关采取何种战略能够最有效地服务于各自的国家利益以及运动的整体利益这一问题上,表现得固执己见,互不相让。这些观点上的分歧达到了比个人间的嫉妒还要深的地步。

62. 同时,任何一方又都十分清楚,双边关系若发生公开破裂,必将招致巨大损害。对于1960年发生的事件,双方也可能会引以为鉴,以避免两国关系在未来再度发生像这样公开而令人难堪的冲突。尽管如此,我们相信,中苏两国关系的发展仍将充满未知因素,此时此地他们可能相互合作,而彼时彼地又可能展开竞争。而这一过程还会受到外部的甚至是偶然因素的影响。比如说,西方国家的政策既可能推动苏联和中国彼此接近,也可能进一步加深二者之间的裂痕。除此之外,中苏两党无论哪一个的领导层发生重大变动,即使可能不会影响到两党关系的基础,也可能会使得这方或那方对对方展开攻击时力度有所改变。

63. 在以上种种情形之下,由于权力的日趋分散,加之北平和莫斯科争相地拉帮结派,其他国家的共产党几乎不可避免会受到骑墙路线的吸引,在双方之间进行讨价还价,以便为自己争取到更大的独立空间。东欧国家中的一些党或是其党内的一些派别,可能会设法取得斯大林继任者的同意下,以得到更多的自主权。与此相关联,南斯拉夫——作为成功地享有完全独立地位的社会主义国家的一个典范——会对其他国家产生越来越强的吸引力,特别是如果赫鲁晓夫对贝尔格莱德的政策证明了先前对南斯拉夫异端的指控毫无道理的话,情况更会如此。中国在亚洲国家中已经具有了很大的影响,这一影响今后很可能会继续增强,如此一来,这些亚洲国家的政权将有望争取到更多的经济和政治支持。

64. 集团外各国共产党,甚至包括那些依然紧紧依附于苏联的党,也会发现中苏对抗对自己的地位产生了影响。其中的一些,特别是不太教条也不太习惯于被苏联密切监控的党,可能会根据自己的现实需要而非外界形势,从苏联和中国两种不同的战略主张撷取其一。亚洲那些内部亲华势力已经很强的小党,可能会进一步巩固同北平的关系。受到震动最大的可能是印度、印度尼西亚这样欠发达国家的共产党,由于它们极有可能上台执政,因而必须作出重要的战略选择。两种时常尖锐对立的主张正向这些党展开强大攻势,这种情况可能会进一步加强其党内困扰已久的宗派主义倾向。

五、政 策 后 果

65. 虽然共产主义运动内部关系的变化和苏联权威的削弱,并没有从根本上动摇共产党人对非共产主义世界的敌视态度,不过,我们认为,这些趋势和变化正在对共产党的政策产生一种重要影响。通过过去一年的争论,中国共产党已经在一定程度削弱了苏联对西方政策的灵活性。苏联共产党在对共产主义运动的总体政策进行协调时,会遇到越来越多的困难。苏、中两党在有关共产党的总路线以及两国国家利益问题上的分歧是如此重大,它们足以令双方就达成一致的政策路线变得更为艰难,而非容易。在形势发展基本符合共产党利益的情况下,这些困难可能算不上很严重,但是如果陷于困境,甚至如果遇到需要抓住有利时机做出重大决定时,这些困难就可能再度引发公开的争论。特别是,如果中国人发现苏联人在重要问题上有向西方妥协的迹象,或是苏联人感到中国人的行为使自己面临卷入战争危险之时,这种可能性就更大了。

66. 在过去一年中,苏联在政策方面表现出或几乎要表现出的强硬,某种程度上是对中国人指责其革命热情不够做出的反应。我们认为,苏联所以会在诸如殖民主义和联合国结构等问题上向西方展开咄咄逼人的攻势,部分得归因于此。不仅如此,苏联在核试验谈判中出现的态度逆转,以及彻底将裁军政策从属于政治斗争,也都与这有关。这并不是说现在中国人完全有能力左右苏联的政策。对风险的推算——中国人曾将其指斥为过度谨慎——似乎在很大程度上决定了莫斯科当前所采取的战术。在与美国领导人发展私人外交关系,或是修复苏南关系方面,赫鲁晓夫表现得都很果断,对北平的反对完全置之不理。但是中国人很可能在除军事之外的其他领域,多多少少成功地限制了苏联的自由,使其无法同西方展开合作。

67. 苏中关系的发展以及国际共产主义运动的基本态势,对于西方世界的安全和利益显然会有深远的影响。从长远来看,中国的力量、决心和自身利益有可能会膨胀到对与苏联之间的共同利益造成极大损害的程度,甚至可能会使得苏联人觉得,如今自己同意识形态敌人之间的共同话语都要比同中国之间多得多。虽然如此,在未来一段时期内最有可能看到的是:苏联和中国继续将其关系维持在同目前类似的这种情形之下。这将会是一种联盟关系——虽则不时会产生出麻烦或不和,但当在同西方展开对抗特别是遭遇重大挑战时,仍能保持足够的团结。不过,从本项评估所描述的当前趋势中,反映出共产主义体系内的复杂性、多样性以及各种力量之间的相互影响正愈益增多,此外还可以看到,一些潜伏已久的民族主义情绪获得了大规模复活。

68. 这些趋势可能会引发各种各样的结果。它们或许会导致共产主义世界不时地采取更具进攻性的反西方政策，以遏止其内部力量的分散趋势；它们或许会允许某些党摆脱僵硬的共产主义总路线的束缚，根据本国情况推行更为有效的政策。不过，如果这些趋势继续发展下去，最终可能会大大降低共产主义运动作为一个整体的有效性。这就会使得西方获得从中做手脚并施加影响的机会，从而为其在世界斗争中赢得优势地位提供了重要的有利条件。

DDRS，CK 3100007758 – CK 3100007776

郭洁译、校

中情局关于苏联及其他社会主义 国家政治发展的评估报告

（1962 年 2 月 21 日）

NIE 11 - 5 - 62

保　密

（替代 NIE 11 - 4 - 60 第一、五章，补充 NIE 10 - 61）

苏联和共产主义世界的政治发展

（1962 年 2 月 21 日）

问　　题

考察苏联以及世界共产主义运动的形势，特别是苏联共产党第二十二次代表大会和中苏论战的情况，评估其基本走向。

主　要　结　论

1. 在苏联国内，赫鲁晓夫仍然是唯一大权在握的领导人，我们认为他的领导地位目前不会受到威胁。不过，他左右政策的能力受到了一定的限制；来自保守派的反抗，使得他在诸如经济政策、军队结构及党在苏联社会中的地位等问题上被迫做出妥协或将自己的建议暂时搁置。

2. 当前趋势表明，在一段较长的时期内，民意可能会对苏联内政产生更大的影响。集权控制有望得到进一步缓和；不过，这一趋势不仅取决于社会力量，还有赖于外部事件以及高层政治的发展。

3. 中苏关系正处于一个关键时期，只差发生公开而彻底的分裂了。很难再有什么机会使两国之间的分歧从根本上得以解决。我们认为，1962 年避免中苏分裂发生的可能性也并不见得大过以往。①

4. 中苏之间的对抗将对国际共产主义运动继续产生破坏性影响。如果两国关系最终

---

① 原注：美国空军情报部副参谋长认为，1962 年发生最终决裂的可能性很小。

破裂,这种影响还会进一步地加剧。无论当前中苏危机结果怎样,我们认为,国际共产主义运动内部追求国家独立自主的压力会迫使苏联领导人面临越来越多的困难,他们控制共产主义运动的能力将会受到进一步地削弱。

概　　述

1. 共产主义世界的政治在过去一年中变得更加复杂也更有争议。在苏联共产党第二十二次代表大会上,围绕着政策和权威问题所表现出的紧张,凸显了伴随着苏联国内局势日趋复杂以及世界共产主义运动愈益壮大和多样化而出现的矛盾。共产主义理论与实践的教条与僵化,加之斯大林主义的遗产,使得紧随形势做出相应调整变得愈发地困难。(第14～17段)

2. 以上问题并没有削弱苏联日益增长中的经济实力、科技发展以及军事力量等构成其威胁的物质基础。它们也不会对苏联所谓东西方之间的冲突是一场根本的制度冲突的观念产生重大影响,或是动摇苏联在这场冲突中追求其目标的决心。日前,苏联努力推动东西方关系的缓和,在某种程度上是由于它希望在与北平即将发生危机之时,自己能够遏止该地区的紧张局势。虽然我们并不就此认为,苏联正在放弃自己对待西方的基本敌对态度,不过,他们确实对战术作了某种调整,在追求其对外政策目标的过程中,采取相对更加微妙和灵活的方式。①

3. 在对待西方的基本态度方面,苏联领导人内部没有发生什么争论,然而,在对内政策方面,赫鲁晓夫所支持并推行的一系列改革,却引发了与反对这些变化的各派势力之间的冲突。过去一年中,在究竟应当相对优先地推行福利计划,还是应当依照传统重点发展重工业和国防部门这一关键问题上,意见分歧愈益地明显。此外,在有关军事力量的合理配置、党的机构在苏联社会中的作用,以及对"反党集团"作何处置等其他一些问题上,也发生了争执。甚至赫鲁晓夫在代表大会对斯大林的猛烈攻击——原本希望以此作为削弱其反对派力量的手段——亦未能解决这些问题。(第18～21、23～29段)

4. 我们依旧相信,赫鲁晓夫仍然是苏联政治中最有权力的领导人。多数高层党的领导人在基本观点上跟他保持一致。那些对他的各种革新措施持反对意见的人还没有形成为一个企图将其拉下台的统一派别。事实上,在他的同事中有一些人针对不同的议题采取不同的态度。除了很难确保高层领导人内部达成一致以外,赫鲁晓夫在执行其具体政策时也并非一帆风顺,因为他必须主要依靠一套党的官僚机构,而这套机构骨子里是保守的,并且对其传统和特权非常警觉。他在以上所有这些方面都受到了制约,这促使他不得不放慢改革

---

① 　原注:有关苏联对非共产主义世界的政策将在定于1962年3月出台的评估报告中具体涉及到。将于4月完成的名为"共产党中国"的评估报告(NIE 13-62)中对中国的相关政策作了详细考察。

步伐。(第22、25、30～32段)

5. 另一方面,苏联民众的态度对政权产生了一种巨大的无形压力,迫使政权进一步对体制进行改革。最近几个月,由于愈发担忧柏林问题可能引发战事、国际紧张局势会令业已下滑的生活水平更趋恶化,一贯顺从的苏联民众开始在一定程度上变得有些不安。除此之外,党的二十二大对斯大林时期许多问题的揭露和批判,以及随后党内出现的混乱,致使人们开始公开地表达自己的不满和怀疑,同时在知识界也引发了很大的骚动。(第33～34段)

6. 不过,我们认为,公众的情绪无论发生怎样的急剧变化,都不会转而去寻求激进的解决方案。所以如此,不仅仅是因为政权能够很好地利用民众对国家取得的成就所怀有的一种强烈自豪感,还因为苏联人民业已习惯了专制统治。当前局势表明,在一段较长的时期内,民众的意愿很可能会产生更大的影响,我们认为,集权控制有望在未来有所缓和。不过这将取决于外部事件和高层政治的走向,以及目前在苏联社会中正明显发挥作用的那些可见的推动变革的力量。(第35～37段)

7. 代表大会针对共产党中国挑战苏联政策和国际权威采取的举措,引出了一个更为关键的问题。对斯大林以及"反党集团"的谴责固然在一定程度上含有射影中国的成分,不过,这并非主要手段,会议采取了指桑骂槐的战略,即通过严厉抨击阿尔巴尼亚达到攻击中国的目的。苏联的这一攻势以及中国毫不示弱的回应,使得中苏论战进入了一个关键时期,现在,两国关系就差公开的破裂了。中苏两党在有关共产主义战略这一问题的根本分歧致使双方分道扬镳,不过现在,意见分歧的重要性已被一个更为根本的问题即权威的问题所盖过,苏联对国际共产主义运动的传统领导地位正变得岌岌可危。(第15、38～39、45段)

8. 考虑到双方对立的观点和利益、激烈的攻击与反击、业已发生的债务纠纷,以及互不退让的姿态,我们认为,要想从根本上解决中苏之间的分歧已不大可能。事实上,现在的问题是:莫斯科和北平是会继续维持彼此间表面的团结呢,还是会进一步地采取那些将导致双边关系最终破裂的举动,即不再遮遮掩掩,而是公开斥责对方的异端行径,并使得国际运动的四分五裂?(第40～41、46～47段)

9. 显然,中苏两党一定也充分考虑到了这一结果可能对自身利益所造成的损害。不过,在中国有一些重要的负面因素,特别是存在着这样一种看法,即认为苏联正在偏离革命的目标,苏联的政策与中国的利益和愿望相悖。以上种种考虑,再加上某种让北平认为自己的政策会最有效地引领社会主义集团走向胜利的正当仇外情绪,已经使得中国人不惜去牺牲先前两国关系中许多好的方面。就苏联而言,与中国保持伙伴关系则意味着,很可能会陷入一个自己不愿也难以想见的更加危险的境地;除此之外,很可能双方还会继续在共产主义运动内部明争暗斗,这样一来,不仅会对苏联的政策形成牵制,还会有利于提升中国在运动中的权威地位。所以,苏联领导人现在可能在思考:单从国家利益的角度来看,一个规模庞大但他们难以驾驭的共产主义运动,是否真的就比一个规模虽小但他们在其中享有绝对领导权的运动要好?(第42～44段)

10. 上述预测并非有十足的把握,尤其当两国关系已变得如此之紧张,无论是苏联还是中国,对对方的意图和反应作出误判的可能性都在加大。在我们看来,今年也未见得就能避免两国关系发生最终破裂。① 如果发生了破裂,虽然苏联和中国之间的外交和经济联系未必会完全中断,但是必将进一步地减少。尽管一方共产党权力的存在与否对另一方仍具有重大的利害关系,但双方之间的军事同盟关系,无论是否公开断绝,其存在的价值,在任何一个缔约方看来,都是值得怀疑的。苏联和中国极力拉拢别国党以使其效忠于自己,同时促使那些态度游移不定的集团外共产党发生内部分裂,甚至以各种形式的威逼利诱作为武器实现孤立对手的目的,如此,将会使国际共产主义运动变为一个真正的战场。(第45、47、65、75～76段)

11. 我们相信,即使苏联和中国不发生最终分裂,两国关系也将处于持续紧张和摇摆不定之中,其程度受各种事件的影响表现得时紧时缓。两国间这种破而不裂的状态,将会继续对国际运动产生破坏性影响——虽然较之公开的对抗,这种影响从形式上看没有那么剧烈,也比较能够加以控制。目前,列队情况大致如下:阿尔巴尼亚和亚洲一些小党属于中国集团,印度、印度尼西亚和日本共产党中一些重要力量对北平持同情立场。朝鲜和越南共产党则表现出略向中国偏倚的中立姿态。目前,对于亚洲以外共产党中间出现的零星的亲华势力,一般情况下,都会被苏联轻易地铲除。(第48、60、62～64、66～72段)

12. 不过,中国的挑战正在使苏联的权威受到削弱——甚至在那些对中国的观点完全持反对态度的党中间,这就如同赫鲁晓夫对斯大林的攻击使得苏联领导人的合法性受到了质疑——甚至在并非斯大林主义者的共产党人中间——一样。随着国际共产主义运动规模和多样性的日益增长、各卫星国家将精力集中于解决国内问题、其他国家的共产党分享国家权力或以一种不同于苏联经验的形式夺取政权越来越具有现实可能性,听从苏联指挥的意义和必要性势必受到质疑。在此情形下,苏联面临着向民族自治做出让步并在制定共产主义总路线时更多照顾到各不同国家立场的巨大压力。(第15、52、66、73段)

13. 如果不是中国在同一时间推出其与苏联相互对立的政策并在其他共产党中间赢得了支持,也许苏联的核心领导层不会如此快地做出上述调整。中国的反叛戏剧化地表明,苏联权威的传统资源一旦消损,国际共产主义的意识形态并非像其宣称的那样,能够在将各个强大的民族力量聚合起来的同时,确保其内部的统一与团结。目前就此问题尚无一个清晰的解决方案,在我们看来,苏联领导人在处理国际共产主义运动相关事务的过程中,将会遇到越来越多的困难,而这些困难反过来又可能会以这样或那样的方式,进一步削弱他们对于运动的控制。(第50、74段)

讨　　论

14. 在过去的一年里,共产主义世界的政策变得更加复杂也更有争议了。共产党内部

---

① 原注:参见美国空军情报部副参谋长意见,"主要结论"部分第三段,脚注。

主要围绕着两类问题产生了分歧和冲突。首先,是赫鲁晓夫所制定的政策革新的一类问题,其中涵盖了对内、对外以及社会主义集团等各个领域。所有的革新措施从总体上来看,与过去,特别是斯大林时期的理论和政策,发生了一个根本的决裂。但对于共产主义的整体观念而言,其成功与否,尚有待验证。于是,一些共产党员希望对这些变革加以限制,另一些则主张任由其发展,而第三种力量则希望将其进一步地推向深远。

15. 第二类问题涉及到各个共产党之间的正常关系,其中不仅包括执掌国家政权的共产党,还包括阵营以外的各国共产党。随着斯大林在意识形态领域所享有的至高权威被颠覆,以及随后苏联对其社会主义集团政策所做出的调整,苏联领导人对于那些由于种种原因已表现出不愿受其直接控制的国家,比如中国、阿尔巴尼亚、南斯拉夫,表现出了容忍。除此之外,其他许多国家的共产党,比如波兰和意大利的共产党,具有了一种更为强烈的民族认同感。各国共产党对新问题的立场由此也越来越多地体现出自身的特殊利益,政策分歧不可避免导致了对苏联共产党国际权威的挑战。事实上,权威问题如今已超越了产生它的政策分歧,成为当今共产主义政治中至关重要的议题。

16. 伴随着所有这些问题的出现,共产主义运动遇到了一个可能随着时间的流逝会愈加尖锐化的内在矛盾。作为一个教条化的运动,共产主义一向以思想上极端僵化、组织上专制集中而著称。在苏联共产党是世界上唯一执掌国家政权的共产党的时代,当其对内任务是将剧烈的革命运动强加于本国人民,并且输出革命的任务尚未因世界大国地位所带来的好处和核战争的威胁而变得复杂化之时,共产主义运动所具有的这些特点确实是一种力量。但是,当苏联社会进入到现代工业化时代、苏联的实力和影响获得了增长、其他国家的共产党凭自己的力量参与到国家政权之中——其中一些甚至成为执政党——的时候,有关教条、政策、组织控制的一切问题都变得大为复杂。共产主义对其教条公式及僵化传统之固守,使它对上述种种变化反应迟钝。共产主义是一个历史和现实发生冲撞、需要通过自我调整来适应变化的体系。新的思想和方法虽然打着"创新性"马列主义的旗号,却与那些常被党借来剪除异己并一度被普遍视为绝对真理的传统教条发生着冲突。

17. 当前的苏联领导人正在同斯大林不散的阴魂之间进行着一场旷日持久的斗争,没有什么比这能更好地阐明历史的困境。斯大林,以及他所一手造就出的这个制度,依然发挥着可怕的影响,令人无法视而不见。共产党人在形成自己的观点之时,受到了被斯大林的权威神圣化了的理论公式以及他们自己在斯大林时代形成的动机和反应的极大影响。因而,他们仍然会被迫做出判断,并且通常是对于这个人以及整个共产主义运动历史的有悖理性的判断。斯大林的形象能够以许多甚至是截然相对的方式加以利用;赫鲁晓夫,虽然与斯大林时期种种罪行有着千丝万缕的联系,却能够以其揭露者和矫正者的姿态谋得支持;而毛泽东,无论在斯大林在世的时候对其建议是多么地不以为然,如今却俨然充当起了斯大林信条的卫护士。但是,一种政治观点,如果要在现代共产主义政治中发挥作用,就必须多多少少对这种围绕着斯大林这个名字仍然存在着的种种对立情感与信仰的相互交织现象予以考虑,并力图加以解决。

一、苏联的形势

（一）领导层

18. 赫鲁晓夫的政策观念，以及也许还有他在后斯大林时代个人权力斗争中赢得的胜利，使他成了反斯大林主义的一面旗帜。在他的思想理念中有一个基本点，即：坚信苏联的制度具有无比的优越性。就像他认为苏联的成就能够发挥出巨大的吸引力，并对整个世界产生决定性影响一样，赫鲁晓夫显然相信——如同斯大林显然不相信——这一优越性是如此之强大，足以使苏联人民心甘情愿地配合党的领导。他的改革建立在这样的假说上，即斯大林对绝对控制权的迷恋妨碍了这些优越性的发挥，在那些本来可以促成利益认同的地方催生出裂痕，并造成了那些原本可以同盟的力量之间的疏离。

19. 赫鲁晓夫选择了一条改革的道路，这一事实表明了，在苏联社会存在着推动改革的强大动力；他不仅对主张进行社会和经济改革的力量作出回应，并且对其加以引导。这些要求改革的力量，从总体上看，缺乏组织性，观点不甚明了，尽管他们的主张无疑在高层得到了表达——如果不是通过党的渠道，就是借助了知识分子或职业人士。在党的最高领导层中，有一些人希望以一种富有创意的方式对后斯大林时期产生的问题展开攻击，赫鲁晓夫则是他们的领袖。他的改革不可避免地促使人们希望看到更多的变化，并导致了与诸如思维活跃的知识分子、科学家以及学生等这样一些团体之间持续不断的冲突。这些问题反过来，又通过领导层中那些对赫鲁晓夫的革新举措持有怀疑、担心社会秩序由此受到危害的人，对赫鲁晓夫形成了压力。如今，由于赫鲁晓夫继续推进其改革路线，他与党内那些反对改革的力量之间产生了最为尖锐的冲突。

20. 在一个日趋复杂、成熟并且不再依靠恐怖统治的社会中，为了保持党的领导地位，一段时期以来，赫鲁晓夫一直试图对党的组织进行改组，以使其重新振作起来。同时，为了确保经济实现快速增长，赢得苏联人民的坚定支持，他试着对各项国内政策进行改革与调整，以期为经济发展注入新的活力，并对理论进行不断的补充和拓展，为其改革提供合理的理论根据。在党内，通过一定程度地利用不断的变革和创新所带来的持久动力，他维护和巩固了自己在政治和理论方面的超群地位。最后，他试图通过上述种种途径来永久地改变苏联共产主义的面目和方向，以便未来，在他离开苏联历史舞台许久以后，他仍将被作为一个重要的人物被载入史册。

21. 正是本着此种信念，苏联的一些共产党员认为，赫鲁晓夫是一个激进分子。当党承诺不再实施肉体恐怖之后，它的所有成员几乎普遍松了口气，不过，对于赫鲁晓夫在其他领域的领导，一些人仍抱有强烈的怀疑。他积极推动的反斯大林主义的路线，令党内一些害怕错误的曝光会导致严重后果以及对斯大林时代仍然从心底感到留恋的人深感忧虑。他努力想拉近党和人民之间的距离，但在一些人看来，这危害到党在社会中的特殊和特权地位，对党的战斗形象和团队士气造成威胁。此外，一些共产党员担心，他对福利计划的重视和强调,会使那些一直位于优先发展地位的重工业和国防工业受到忽视。赫鲁晓夫在1960年信誓旦旦地表示,要加强先进武器的开发与研制、削减规模庞大的常规力量,军队中的相关专业人士对此明显表现出极大的关注。他的"和平共处"政策——包括支援像纳赛尔、尼赫鲁这样在其国内坚决反对共产主义的(第三世界国家)领导人,他对西方资本主义国家的访问,以及他对一些"帝国主义"领导人不时表现出的好感,在党内招来了怀疑的眼光。最后,就连赫鲁晓夫的领导风格也遭到了质疑,也许在党内某些人看来,赫鲁晓夫的言行举止过于鲁莽、难以揣测,并且有失修养。

22. 在寻求对付这些反对力量的过程中,赫鲁晓夫颇有想象力地使得自己的政治策略适应于斯大林死后形成的政治准则。他宣布不再用恐怖或肉体消灭的方法对付党内反对派。他没有或是没有明显地像斯大林那样,将权力毫无保留地集于一身。相反,他依靠的是自己性格中所散发出的力量和活力,自己在进行说服与动员、预见并挫败对手动机方面所具有的能力,以及他所推行的革新政策所蕴含的内在动能。除了这些政治技巧,赫鲁晓夫还依靠手中所掌握的党和政府的最高权力——以及由此对各级领导干部的选拔和任免所具有的影响——来维护自己至高无上的地位。尽管赫鲁晓夫也受到了来自对改革的速度持有异议或对其提出的一些特殊建议不甚欣赏的那些人的抵制,不过,党内多数高层领导人同意他的基本观点,并重视他的政治才能和充满活力的领导。也有可能是,他们对于采取行动把赫鲁晓夫赶下台的可行性感到怀疑,并对这一行动一旦成功将会导致的结果感到害怕。无论怎样,这一领导方法使得赫鲁晓夫不可能推行一种完全命令式的专制统治,并促使他为了继续得到支持,努力作出些看得见的成就。

23. 在很多党员看来,在1960年前后,苏联的一系列政策都遭到了失败,赫鲁晓夫的政治地位由此变得愈发地脆弱。比如,在1961年10月党代表大会召开之时,他针对美国的和平共处政策,看似既没有带来想象中的缓和,也未曾取得什么引人瞩目的成果,特别是在有关柏林这一关键问题上。随着国际形势日趋紧张,他的裁军计划也不得不暂且搁置。此外,他为了维护社会主义集团团结所做出的努力在1960～1961年间也以失败告终。最后,他关于在农业和人民生活水平这两个与他的名字最紧密相连的领域中实现国内经济增长的承诺,也远远未能兑现。实际上,1961年粮食总产量预计仅为1.15亿吨左右(与此相比,1958年是1.3亿吨)。住宅建设当年也比计划低了大约17个百分点。已开垦荒地上的粮食产量少得可怜。赫鲁晓夫曾高调宣称,到1960～1961年,或者更早,苏联的肉类和牛奶的人均产量将超过美国,如今这一许诺也早已被抛到了九霄云外。

24. 从赫鲁晓夫在苏共二十二大上针对国内局势所采取的举措(其中许多对社会主义集团国家也有重大意义)中可以看出,他对这些问题可能会给自己的政治地位带来怎样的影响,怀有一定的担忧。因而,他向那些对自己的"创新性"改革方针持反对立场的"教条主义者"的理论支柱发起攻击,并对一些过去曾反对过他或者将来可能反对他的人采取了休克战术,以使其名誉扫地。他企图彻底粉碎党内对斯大林还残留着的某些好感,并极力摧毁反党集团依然享有的声誉。此外,通过制定出一套新党章,一个新党纲(也是1919年以来的第一个纲领),以及其中所包含的在实践和理论方面的种种规定,他力图使党跟上这个不断变化着的时代。党纲的颁布,等于认同了赫鲁晓夫关于必须以一种以劝说和党同人民密切联盟为特殊的新体系取代过去那种处理党群关系的旧方法的主张。比如,党纲中提出,由于所有内部的"阶级敌人"都已被消灭,"无产阶级专政"这一概念与苏联的现实已不相适应。

25. 如果以这些动机来衡量,赫鲁晓夫在苏共二十二大上所采取的行动的确只获得了有限的成功。政策毫无疑问是失败了,不过,通过摧毁斯大林的形象并自诩为真正的列宁主义路线的继承人等主要方式,赫鲁晓夫最终使当前时代多多少少烙上了自己的印记。此外,通过不断地强调进行改革的重要性,赫鲁晓夫再度表明了继续坚持其政策主张的立场。不过,与此同时,他在运用这一方法解决党内问题时不得不采取了一种更为谨慎的方式,在有关社会福利这样的重要问题方面明显失了分,而且,看起来也没能将莫洛托夫、马林科夫和卡冈诺维奇三人快速并顺利地开除出党。①

26. 更为重要的是,1960 年至 1961 年间,当赫鲁晓夫想把更多的资源导向苏联经济中那些消费品生产部门中去的时候,遭到了来自党内和军队中"保守力量"的顽固抵制。这些人显然认为赫鲁晓夫的这种做法偏离了优先发展重工业这一传统教条,是"修正主义"的表现;除此之外,他们还担心由此产生的国际影响可能会削弱苏联的权力地位。在报刊中,常常可以看到刊有与赫鲁晓夫的政策唱反调的文章,特别是在 1961 年春夏两季,尤其之多。在一次严加保密的宣传战中,赫鲁晓夫对那些"对钢有着过度迷恋"的"同志们"提出了严厉指责,并攻击那些"教条主义者"无视这样的一个事实,即帝国主义的威胁已经被苏联的力量严重挫败,必须承认人民有权分享更多的国家财富。

27. 到了 7 月,他的战斗显得愈加地举步维艰。国内所面临诸多严峻的经济问题,加之国外所发生的出乎其意料之外的危机事件,对赫鲁晓夫继续推进对内政策转型的可行性与可取性构成了挑战。赫鲁晓夫在 10 月党的代表大会上的讲话表明,争议双方达成了妥协;在有关理论和计划的问题上,赫鲁晓夫表现出一定的让步,不过同时,为最终回到更多地加强消费品生产的政策留下了空间。

28. 政权在解决反党集团问题上遇到的失败,也反映了党的最高领导层中存在的分歧。尽管在党的第二十二次代表大会上,反党集团成员遭到了严厉的攻击,赫鲁晓夫对他们的罪行提出了指控,党内要求将其开除出党呼声也很高,不过目前这些人的地位尚不明朗。大会就有关反党集团成员的地位问题做出的模棱两可的表示,以及最近对莫洛托夫案件令人提摸不透的处理方式,加重了混乱局面。在此次代表大会上,几位高层领导人的讲话都明显地暗示出对清除该集团所持的反对立场,而自代表大会之后,这一问题的久拖不决也表明了高层政治中存在着分歧,以及政权希望避免问题趋于表面化从而引发更多的反应;它在那些已被非斯大林化以及阵营内部纷争搞得心绪不宁的共产党人中间引发出不确定性以及可能的

---

① 苏共中央 1957 年 6 月 22～29 日召开的中央全会,通过了关于马林科夫、卡冈诺维奇、莫洛托夫反党集团的决议,决定将他们开除出苏共中央主席团和中央委员会。该决议在苏联党内讨论时,引起广大党员和干部的质疑。——编注

争论。那些看似在最小程度上要求谨慎处理这一问题的人,可能是担心党内政治迫害引发负面影响,不愿看到赫鲁晓夫的权力进一步扩大;还有一些人或许也害怕对反党集团启动正式的程序,因为他们自己很可能也会被指控在斯大林手下任职时犯有罪行。

29. 在过去一年左右的时间里,这些迹象表明赫鲁晓夫的政策遭到了某种反抗,在苏联党内,个人的权力政治始终还发挥着作用;在党的代表大会上,党的高层机关也发生了深刻的变动,不过,尽管如此,没有清晰迹象可以证明,特定集团的利益在这段时期得到了满足。然而,当弗罗尔·科兹洛夫被事实上任命为书记处第二把手时,其地位看似获得了特别的攫升。科兹洛夫那些假想的追随者们——即所谓的“列宁格勒集团”——的命运看起来也好像处在上升态势。加强这位公认的权力接班人的地位,对于赫鲁晓夫下台后的继承权问题能起到缓和作用,但是这样做也会激起同样向往执掌权力的反对派展开敌对行动。而且,这还会使得科兹洛夫在权力方面拥有了更大的自行运作空间,而不仅仅是努力与赫鲁晓夫的利益、观点协调一致。

30. 赫鲁晓夫在根据自己的设想对党的整个体系加以改造的过程中,可能会面临比他在上层进行改革时所遭遇的更加无形但在某些方面也更为可怕的问题。主要负责实施赫鲁晓夫改革方针的机构——党的机器——远远不能令人满意地承担起落实这一目标的使命。党的职业官僚大多数受训于斯大林年代,只知道机械地执行上级的命令,在他们眼中,民众充其量不过是冥顽不化、不值得信任的一群人。现在,他们被要求不仅自己要发挥出主动性,也要鼓励他人发挥出主动性,而且还要引导民众对政权给以正面认同,对其政策予以积极支持。不仅如此,赫鲁晓夫要求地方党的领导人给普通党员以更大的发言权、听从来自下层的批评以及民众的压力、允许通过使用一些不拿薪金的官员精简其精英队伍,以及放宽入党标准。在此背景下,我们认为,普遍存在着一种不愿全心全意执行赫鲁晓夫政策的情绪。

31. 尽管出现了以上种种分歧与不满的迹象,在我们看来,赫鲁晓夫依然是掌握着党和国家最高领导权的人,政策方面发生的重大改变要么是由他本人提出的,要么则需经过他的同意。我们认为,不存在一个齐心协力反对他的政治力量,他的同事也没有积极地想把他拉下台。不过,由于自身的领导方法、其他人影响政策过程的能力,以及负责计划实施部门的官僚保守主义,使得他的权力受到了限制。在过去一年左右的时间里,局势发展特别有力地表明了,实际上赫鲁晓夫在各种制约因素的影响下做出了让步,放慢了改革步伐,或者还有可能调低其政策目标。

32. 总之,根据以上种种,我们认为,纵然赫鲁晓夫的某些政策并不牢靠,但其地位总体上是稳固的。不过,对于这一推断,我们并没有十分的把握。我们无法对苏联政治的整体运作情况做出评估,这完全是因为以前没有对赫鲁晓夫时代做过类似的评估,基本上无先例可循,我们不得不从外部对它进行考察。而且,我们的评估不能充分考虑到诸如非斯大林化运动、柏林危机、中苏对抗等这样一些重大事件对其国内产生的影响。其中的每一个事件都可能在苏联引发对战术以及或许还包括长期战略问题的争议。因此,苏联国内的不稳定也许比我们所能看到的更为严重;产生分歧与摇摆迹象背后的原因——特别是代表大会召开后这段时间里——可能比我们现在所想象的更令人惊讶。

（二）苏联社会的走势

33. 尽管多数苏联老百姓仍然表现出政治上的顺从，然而，近来国际国内舞台上所出现的新情况，可能已使得人们对党在其政策与解释一贯的众口一致感到了某种不安。例如，去年夏秋，在上层制定的外交策略中，提到了世界处在战争的危险边缘这一论断，这在1953年之后还是第一次出现。民众没有料到党会做出这样的判断。他们受苏联重新开始进行核试验的影响而加剧的焦虑，以及对可能造成放射性危险产生的关切，并没有转而对政权构成直接的压力，但是几乎必定是政策制定中需要考量的一个因素。当大多数苏联公民看似接受了当局关于西方要对紧张局势负责的官方解释的时候，很少有人能够理解为什么柏林危机的问题对各方都至关重要。民众士气的降低也明显地表现出来，这主要是因为当局没能实现最近几年反复许下的关于继续提高人民生活水平的诺言，在民众看来，这与苏联与西方之间关系的持续紧张有关。从肯尼迪总统与阿朱别伊①的访谈在苏联社会引起的积极反应中可以看出，民众对于美国仍持有一种相对开放的心态，他们渴望看到美苏双边关系的改善。

34. 第二十二次代表大会所揭露出的问题，在那些受过更多教育的苏联民众中间，明显地再次触发了对所谓党是团结的和永远正确的这个传统论断的怀疑。一些通常回避的论题，比如，赫鲁晓夫本人的个人崇拜、他与斯大林时代那些罪行的共谋关系等，在社会中广为流传，并开始使得党的发言人在意识形态问题上处于一种防守境地。知识界再度试图在文学艺术领域取得更多言论自由的努力，也与代表大会有关。尽管当局对这种“修正主义的倾向”进行了公开的谴责，但是一些解冻和躁动不安的迹象依稀可见。上述反应，再加上各级党组织中出现的思想混乱——似乎已使得最高领导层就如何更好地处理非斯大林化带来的后果越来越拿不准主意。

35. 从党的政策和民众情绪中所清晰表现出的趋势可以看出，在很长一段时期内，民意在苏联社会发展中有可能会发挥更大的作用。在迄今所取得的成就的激发之下，要求保障个人安全和提高物质生活的压力可能会加大，并且在已不再严禁争议、甚至偶尔也会刊载一些建议在现有基础上实施改革的文章的报刊中反映出来。总体来看，政权自身在试图处理地方事务中赢得更多的民众参与、放松对各种类型的社会文化活动的严密控制、力争使党对民意做出更大的反应，这一系列的努力都可能会对政策产生额外影响。

36. 最后，领导人当前努力破坏斯大林形象的做法可能会对民众对统治集团的态度产生持续影响。我们期望看到越来越多的怀疑主义立场，也期望看到主张降低党的机构——在党外公众看来，它并非一个公共政策的必要机构，而是一个自我谋利的集团——所拥有的权力与特权的民众情绪的日益增长。如果这些反党的情绪和态度表现出任何在领导层看来可能导致严重失控的迹象，当然，他们就会相应采取严厉的镇压措施，但是，完全回归到斯大

---

① 　阿列克谢·阿朱别伊（Adzhubei）：赫鲁晓夫的女婿，时任《消息报》主编。——译注

林镇压时期的政策几乎是毫无可能的。不过，与此同时，我们估计民众的情绪不会急剧地转向要求实施激进的解决方案，或是采取公开行动与当局对抗；爱国主义甚至沙文主义几乎必定在苏联社会各阶层中仍然是一个潜在的黏合剂。

37. 民众态度和苏联共产党政治之间相互作用的这些长远走势，在相当大的程度上取决于其所引发出的外部事件以及紧张关系的发展。最近几个月，柏林危机的悬而未决以及苏联重开核试验所带来的紧张，导致了由国内经济困难所引发的民众士气的下降。中苏论战则使得党内在的紧张和举棋不定的现象表现得更加明显。如果这些尖锐的问题能够得以缓和，苏联国内政策可能会朝着更关切消费者福利的方向发展，或许会进一步放松对民众的控制。不过，苏联党内反对这一政策走向的保守势力总能从加剧的紧张局势中获取能量。再过一段时间，领导权交接的问题将会如何得以解决，目前尚不清楚；在这个关节点上，民意可能会对苏联政治产生更大的影响，特别是当高层领导卷入了一场拉锯战，或是保守派领导人有可能利用这一时机重新加强纪律约束之时。不过，我们认为，就长远来看，苏联集权得以进一步缓和的前景良好，不过这有赖于外部事件、高层政治形势的发展以及目前正在苏联社会中发挥着作用的主张改革的力量。

二、世界共产主义的局势

（一）中苏关系

38. 苏共二十大的政治路线不仅对苏联国内政治十分重要，而且对世界共产主义运动产生了重要的影响。几年来，中苏关系由于一些根本理论和政策问题上的分歧而恶化，这些问题涉及到战争的不可避免、共产主义运动发展的策略等，甚至还包括对某些中国国内事务的看法。① 特别是自从1958年赫鲁晓夫试图与西方资本主义国家领导人进行个人间交往之后，分歧开始尖锐化，并在1960年全面公开化。当时中苏分歧的焦点是有关国际共产主义运动的领导权问题。1960年11月的莫斯科会议未能解决有关争论，只是在各国共产党的联合声明作了表述。其后几个月，分歧依然存在，只是到了次年10月的苏共全会上才又变得激烈起来。

39. 赫鲁晓夫把阿尔巴尼亚比作斯大林晚年的化身，意在把矛头最终指向中国。赫鲁晓夫通过贬低斯大林、把苏联现行政策提升到具有普遍指导意义的高度，论证现在的苏联领导人有权决定世界共产主义运动的过去与未来。赫鲁晓夫迫使中国在或者谴责阿尔巴尼亚共产党或者面临孤立中做出选择之时，甚至赤裸裸地坚持让北平就其与莫斯科竞争国际共产主义运动领导权的做法进行自我批判。到目前为止，北平方面已明确表示，将继续支持霍查、重新对苏联的政策进行不加掩饰的批评、在国际会议上强烈反对苏联的

① 原注：在1960年12月1日出台的国家情报评估（NIE 11-4-60）："苏联能力与政策的主要趋势（1960～1965）"第122～130段，分析了引发1960年中苏论战的主要分歧点。1960年8月的国家情报评估（NIE 100-3-60）："中苏关系"，对中苏同盟的演变及其内部冲突的根源做了更加翔实的阐述。

立场。

40. 我们认为,中苏分歧业已到了难以从根本上加以调和的地步。过去两年的情况表明,双方都无意做出任何妥协。苏联认为,自己在涉及共产主义基本政策的相关事务中,拥有最高权威;而面临巨大压力的中国,依然继续坚持其关于各国应当根据自身情况执行国际共产主义运动基本政策的立场,并力争得到其他党的支持。

41. 无论是在理论还是实践层面上,共产党政治对于不同的意见都是格外不能容忍的,因此,它很难使自己去适应并包涵如此大规模的分歧。从历史上看,当共产党人之间的分歧达到类似中苏这般紧张程度之时,其顶点不是清洗便是分裂,结果是所谓的团结不复存在、政党关系破裂、相互口诛笔伐。不过,在对过去两年中苏关系不断恶化的情况加以分析后,我们感到,中苏关系还没有紧张到如此之地步。我们认为,中国可能会把同苏联的全面决裂视作是对自身的军事现状以及经济发展的严重损害,并且,可能在双方看来,公开决裂无疑是对各自政治声望的一次历史性打击。

42. 虽然这种理智性的考虑还会继续发挥作用,但双方目前这种互不妥协的姿态表明,它们对于发生公开决裂都有所准备。当然,双方的如意算盘都是希望对方为了避免出现此种情况进而做出必要的让步。从苏联方面来说,与中国继续保持伙伴关系,将有可能使自身陷入不愿想见的一些更加危险的情势之中。苏联还担心如果现在不挫败中国的意图,双方间持续的争斗将会束缚住苏联的手脚,从而使得北平在国际共产主义运动中享有了更大的发言权。所以,从自身国家利益的角度出发,苏联人可能正在思酌:一场规模较小但自己享有绝对统治权的运动,较之一场规模较大但却令其无法驾驭的运动而言,是否一定就是下策?

43. 作为实力较弱的一方,中国人可能会从公开分裂中损失更多。不过,他们已经表明了自己不惜失掉来自苏联的宝贵的军事和经济援助,国内严峻的困难局面也未能削弱其对抗苏联的兴致和决心。中国对于苏联最为深重的怀疑就在于,后者事实上已背离了革命目标,其国内正在朝着资本主义的方向发展,对外则寻求同那些会阻碍中国人实现民族和革命雄心的资本主义国家相媾和。由此,北平可能会觉得,分裂纵然是痛苦的,但总比答应苏联开出的价码要强。

44. 对自身理论正确性的坚信不疑是驱使两国走向分裂的又一因素。各方都自认为历史是站在自己这边的,并相信这使得自己能够在一场赤裸裸的对领袖地位的争夺战中,继续得到国际运动中已有的支持,甚至还可能会把其他党也吸引到自己一方。双方都认为对方领导人误导了国际共产主义运动,寄希望于对方领导人下台后,继任人能够更正其前任的错误。莫斯科和北平的领导人甚至很可能会认为,公开分裂将在对方国内造成压力,为主张撤换领导人的反对力量创造必要条件。

45. 根据以上分析,我们认为,中苏双方在明年前后发生公开分裂的可能性极大。如果此种情况发生,共产党政治的内在动力逻辑会驱使各方争相宣称,理论之真谛独掌在自己的手中,毫不隐讳地向对方发起口诛笔伐,并号召对方党内的其他派别起来推翻自己的领导人。国家关系不可能不受到影响；外交关系虽然不至于断绝，但双边接触会急剧减少，经济方面的联系也会进一步被削减。确保对方国家共产党执政的性质不动摇，对于另一方而言，虽然仍具有至关重要的意义，但中苏之间的军事同盟关系，无论是否公开宣布断绝，其存在的价值对于两个签约国家来讲，都已值得质疑。已经大为减少的军事合作将可能会彻底中断。随着各自在对方的眼中都已多少被视作是潜在的敌对邻国，双方很可能会在沿多处有争议的共同边界一线加强各自防卫，这样一来，便增加了发生军事冲突的可能性。

46. 从某种意义上来看，中苏关系实际上业已发生分裂。当中苏两党谁都不愿采取主动同对方就分歧展开讨论之时，意味着党际关系已接近破裂。各党在争论中均明确表现出对对方党的领导人的不以为然。双边贸易还在继续进行，但自 1960 年后规模明显缩小。自 1960 年中期苏联撤走技术人员之后，苏联对华军事和科学技术援助已降至最低点。虽然从以上情况看来，双方关系确已急剧恶化，但要达到最终分裂，还需要看到双方进一步做出以下两个举动。其一，他们在相互指责时开始公开指名道姓；其二，采取有组织的分裂活动。这一点将意味着，当双方努力在各个国家里建立起受其影响的团体之后，将会拒绝一同参加国际共产主义的组织机构。

47. 如果双方采取了以上两步，就标志着共产主义世界中两个大国公开发生了分裂，任何一方都将公开将对方视作共产主义"阵营"之外的异端分子，这会对共产主义运动的发展产生巨大影响。由于中苏两党的公开分裂会给国际共产主义运动的前景带来深远后果，所以我们还认为，中苏两党也许会采取措施以避免最后走到这样一个危险边缘。

48. 如果中苏之间的争端继续以目前这种态势发展下去，谁都不愿做出任何重大让步，但也没有发生公开分裂，双方或许会将争论的议题进一步扩大，并在更多场合挑起争端。当然，阿尔巴尼亚和南斯拉夫还会继续被当作"教条主义"和"修正主义"的靶子。苏联会对受其支配的绝大多数党施加压力，使其支持苏联的立场；中国则会力促那些在传统上亲苏的党转而赞同自己的观点或者至少保持克制或中立。争夺北朝鲜和北越的斗争可能会变得尤为激烈，对这两个党来说，选择站在哪一方确是一件相当不易的事。

49. 在此情形下，国际阵线组织将日益成为中苏游说的重要对象。这一趋向在苏共二十二大之后召开的世界工会联合会和世界和平理事会(The World Peace Council)①两次会议上已明显表现出来。中国人可能会迫切要求召开此种国际运动的全体成员会议，以便借此场合继续阐明自己的原则立场，赢得更多追随者。中国人期望这样的一场国际会议将苏联人置于一种必须在两种选择面前撷取其一的境地，即：它要么发表一个经全体一致通过的声明——这实际上等于为中国提供了对国际运动中普遍教条予以否决的权利，要么就担

---

① 世界和平理事会，1950 年 11 月根据第二届世界保卫和平大会的决议成立，总部设在芬兰首都赫尔辛基。该组织的主要宗旨和原则包括：禁止一切集体毁灭武器，终止军备竞赛，取消国外军事基地，普遍裁减军备，取消各式殖民主义与种族歧视，尊重人民主权与独立，尊重国家领土完整；不干预他国内政；不同政治制度国家在友谊基础上建立互惠贸易和文化关系；以协商方式解决国家间之争端，等等。——译注

负起挑动分裂之罪名的风险。就苏联人而言，他们很可能将希望寄托在阵线组织以及由各民族国家共产党代表大会的代表参加的会议上，因为他们认为，自己能够在这些组织中以及在这样的会议上，能够有力地把绝大多数人动员起来（支持自己），同时避免形成任何需要中国人点头同意的文件。

50. 虽然我们尚没有什么直接的证据，不过看起来，中苏论战所带来的紧张在两党各自领导层中都有所反映。不能排除这些紧张局势会导致双方领导层发生重组或促使各自党内政治力量之间的平衡被打破的可能性，如此便会使得当前的冲突有所弱化。就目前来看，尚无迹象表明，在这些问题方面，哪一个党内存在这样力量强劲的派别。与此相类似，那些可能带来战争风险，或是使得共产主义赢得重大胜利，抑或遭受严重挫折的国际局势的急剧变化，也会对中苏关系的走向产生重要影响。不过，我们总的看法是：围绕着中苏论战产生出的种种磨擦，反映了两国间的分歧非常之深，双方要想实现永久性和解，实是十分困难的；此外，我们还认为：从本质上看，中苏关系是建立在一个不稳定的基础上的。所以，即使双边关系没有发生正式破裂，随着局势的变化与发展，也会持续不断地表现出不同程度的紧张和不稳定。

（二）中苏论战对其他党的影响

51. 在争夺国际共产主义运动领导权的过程中，苏联共产党从一开始就具有巨大的优势。几十年以来，世界各地的共产党人都将苏联视为革命的故乡，将苏联共产党看作是革命的"先锋"、独一无二的理论权威。苏联所赢得的所谓世界上两个拥有全部现代化权力手段的国家之一这样一种身份和地位，被认为是实现共产主义在世界范围内最终取得胜利的有力保障。苏联成功地登上权力的巅峰，这使得苏联共产党赢得了巨大声望——这是正为国内重重困难所困扰的中国人所不具有的，同时令其底气大增，从而有资格继续自称为马克思列宁主义理论的正宗阐释者。社会主义集团外的各党领导人与苏联的关系也十分密切，其中不少人的领导地位是在苏联支持下获得的。比如在法国，如果多列士①对苏联的权威表示质疑，首先毁掉的会是他自己。许多西方共产党的领导人，虽然头脑中不乏教条主义的哲学，但因长期受到西方理性现实主义传统的熏陶，对于中国人那种半宗教式的狂热，他们一方面有意疏远，另一方面也感到某种警惕和恐慌。最后，在双方论战的主要问题上，苏联方面的观点，比如将避免爆发核战争作为重中之重等，赢得了各国共产党的广泛支持。

52. 不过，中国也并非毫无优势和本钱。它能摆出一副拥护民族国家共产党实现独立的姿态，从而可以利用长期以来许多党对苏联专制所怀有的不满情绪。由于这层关系，北平一直表现谨慎，不去要求那些深受自身影响的共产党对自己唯命是从。与此同时，为了实现他们自己的目的，中国人还对斯大林主义的其他方面加以利用。正像赫鲁晓夫接二连三地

---

① 莫里斯·多列士（Thorez，1900～1964）：法国和国际共产主义运动著名活动家。1920年加入法共，1924年当选党的中央委员，次年被选任法共中央政治局委员、中央组织书记。1928年当选法国国民议会议员，后多次当选。1930年7月起担任法共中央总书记，直至去世。——译注

对已故独裁者的政策进行修正并将其形象进一步抹黑一样,中国则寻求从长期以来学会并习惯于将斯大林视为神灵的共产党人对世界所产生疑惑与苦恼中谋取好处。中国共产党所提出的正确的国际战略的主张,在那些把武装革命视为唯一选择或是那些发现由于迎合苏联的外交政策恶化了自身在国内的处境的共产党中,获得极大支持。不过,总的来说,中国削弱苏联权威的努力,只是在东亚地区比较成功,在这里,它所享有的得天独厚的条件和力量是一个至关重要的因素。

阿尔巴尼亚

53. 阿尔巴尼亚所以会彻底脱离苏联并转而同中国结盟,很大程度上是由苏联对南斯拉夫的政策所致。霍查领导层对于这个境内有着众多阿尔巴尼亚族人,并曾扶助阿尔巴尼亚共产党成立的邻国感到忧心忡忡,他们害怕南斯拉夫会再度设法将自己变为其附庸。近来,阿尔巴尼亚声称,铁托和赫鲁晓夫——在某种程度上,恰与两人自1955年后采取各种方式缓和两国两党关系在时间上是一致的——均在阿尔巴尼亚共产党以一种威胁到当前党的领导人地位的方式积极从事阴谋活动。其中所言可能很多都是事实。阿尔巴尼亚的政治确实是生死攸关,因而当中国在对南斯拉夫的批判上表现得比苏联更积极时,霍查决定同中国结盟。

54. 苏联不遗余力地想把霍查整下台。在此过程中,它所取得的成功,会成为一个用以表明即使有中国人的支持也无济于事的有力实例。不过,我们认为,就目前看来,莫斯科在阿尔巴尼亚问题上的前景未必见好。经济方面的压力可能会阻碍阿尔巴尼亚工业的发展,但这些压力还不至于让阿尔巴尼亚人为了吃饱饭而选择屈服,而且,中国人的援助会起到一定的补偿作用。阿尔巴尼亚现在正寻求与社会主义集团外的国家扩大贸易并加强其他方面的联系,如果需要的话,几乎可以肯定阿尔巴尼亚也会申请贷款。阿尔巴尼亚当局接二连三发起的一长串清洗活动,看来已经铲除或破坏了苏联和南斯拉夫在阿尔巴尼亚的政治根基,以及它们在此成功从事秘密颠覆行动的潜能。

55. 最后就只有采取军事行动,但是,入侵阿尔巴尼亚会导致面对可怕的威慑。社会主义集团国家同阿尔巴尼亚没有共同边界,发起这样一场侵略战争会十分困难,而如何结束战争更是难上加难。这将对苏联公然摆出的倡导和平的姿态造成极大的破坏,也会使社会主义集团成员是自愿并将可能必须同中国决裂的说法不攻自破。阿尔巴尼亚的邻国也会因而警觉起来。至于北约是否会以某种方式进行干预,苏联更是心中无数。我们认为,苏联与南斯拉夫采取联合行动推翻阿尔巴尼亚领导人的可能性也是微乎其微的。由于两国相互指责对方企图在阿尔巴尼亚建立起自己的霸权,我们判断,莫斯科与贝尔格莱德的相互信任与共同利益,远远达不到足以使双方采取共同行动对付阿尔巴尼亚的程度。

(三) 欧洲卫星国

56. 苏联党的第二十二次代表大会再次揭示了东欧各国的不同走势,以及掩盖在团结表象之下的卫星国家共产党内所涌动着的争论和分歧的潜流。在1956年斯大林分子已遭击溃的波兰和匈牙利,领导人对所面临局势的反应是:进一步重申和扩展其温和的、赫鲁晓夫式的国内政策。所以,哥穆尔卡利用苏联党的代表大会来巩固自己在波兰所推行的独特而渐进式的农业发展道路,他超越了苏联对斯大林的批评,指出斯大林主义的根源在于强制集体化。在匈牙利,卡达尔①则一直强调匈牙利对国内事务享有自主权,并认为苏联党的代表大会的决议对所有的党并不具有普遍约束力。由于在对付党内斯大林分子方面信心日增,他将其温和的国内政策在更深更广的范围内进一步铺开,同时鼓励非共产党人士也参与进来。

57. 保加利亚和罗马尼亚的情况明显有所不同。在罗马尼亚,老派斯大林分子乔治乌-德治②以苏共全会为借口,篡改党的历史,企图抹掉其斯大林式政权的污点,把罗马尼亚的民族主义与反苏情绪结合在一起,以增强现任党的领导层的威信。为此,他自称曾挫败了党内的外国(苏联)间谍企图实施一条有违于罗马尼亚人民利益的行动路线的阴谋。在保加利亚,党的领导人日夫科夫③利用苏联党的代表大会,清除了党的高级领导层中颇有影响力的对手契尔文科夫④,并采取其他措施对保加利亚党内依然有一定势力的斯大林主义派别予以遏制。

58. 那些认为苏共全会更像苦药而非良剂的党却另有一番滋味在心头。在东德和捷克斯洛伐克,党的最高领导人最难以承受被指控犯了斯大林主义的错误,自苏共代表大会召开后,在其党内显然出现了某些不安情绪——表现为党的最高领导层内部的混乱及其企图漂白自己斑斑劣迹的拙笨举动。最为滑稽可笑的事例发生在东德,乌布利希⑤不但自我标榜为最早的反斯大林主义者,甚至还试图利用苏联共产党全会来支持其军事化的、斯大林主义式的国内政策——通过暗示其国内反对这一政策的领导人曾与贝利亚⑥密谋推翻东德共产党的领导这一手段。在捷克斯洛伐克,党的领导层企图效仿莫斯科,指控业已故去的克莱门

---

① 卡达尔·亚诺什(Kadar,1912～1989),1930 年加入匈牙利共产党,第二次世界大战结束后担任过党的政治局委员、布达佩斯市委书记、党的副总书记等职。1956 年十月事件期间被选任匈牙利社会主义工人党第一书记,1961～1965年任部长会议主席。——译注

② 乔治乌-德治(Gheorghiu-Dej,1901～1965),罗马尼亚共产党的领导人。1945 年起任罗马尼亚工人党总书记。1952年起出任政府总理。1955 年后改任罗党中央委员会第一书记。从 1961 年起直至去世,身兼党和国家双重首脑国务委员会主席。——译注

③ 托多尔·日夫科夫(Zhivkov,1911～1998),保加利亚共产党的领导人。1950 年 1 月,当选党中央书记处书记,次年当选为政治局委员。1954 年 3 月,在保共第六次代表大会上,接替契尔文科夫出任党中央第一书记。——译注

④ 沃尔克·契尔文科夫(Chervenkov,1900～1980),保加利亚共产党的总书记(1950～1954)、部长会议主席(1950～1956)。1919 年加入共产党,1950 年任保共总书记、部长会议主席。1956 年任部长会议副主席兼教育和文化部长。1961 年被解职,次年被开除党籍。——译注

⑤ 沃尔特·乌布利希(Ulbrich,1893～1973),德国共产党领导人,德意志民主共和国首脑。1912 年加入德国社会民主党,第一次世界大战后加入德国共产党。1949 年 10 月 11 日德意志民主共和国成立后,出任副总理,1950 年兼任统一社会党总书记。威廉·皮克总统去世后,总统制取消,代以国务委员会,乌布利希任主席,正式掌握最高权力。——译注

⑥ 拉夫连季·巴甫洛维奇·贝利亚(Beria,1899～1953),苏联领导人。1917 年加入俄共(布),1934 年起为联共(布)中央委员,1938 年任内务人民委员,1941 年任苏联部长会议副主席,1946 年起为党的政治局委员。1953 年 3 月斯大林逝世后,任苏联部长会议第一副主席和内务部长。同年 7 月被捕,被解除党政一切职务,后被指控"充当帝国主义代理人"和"进行反党和反国家的罪恶活动"。1953 年 12 月被处决。——译注

特·哥特瓦尔德①犯了斯大林式的错误,这一做法考虑欠佳,并在各级党的干部中引发极大的不解与困惑。

59. 在多数东欧国家,特别是波兰和匈牙利,苏共二十二大使知识界的思想重新活跃了起来。文学和学术出版物中又开始刊载一些对共产党的各方面情况进行公开的批评并呼吁进一步在国内推行自由化的文章。虽然党的领导人明确表示决不会让局势发展失去控制,但对此潮流还是给予了某些谨慎的支持。在匈牙利,卡达尔关于要同非共产党人和解与合作的表示,鼓励了自由知识界人士,他们更加直言不讳地在报刊上发表自己的看法。知识界的活动迹象在波兰表现得最为突出,在那里,不仅党外知识分子,甚至包括一向严守纪律的党员积极分子,也纷纷发表意见,以尖锐的理论术语指出共产主义与自由之间存在着的内在矛盾。尽管如此,我们认为,东欧卫星国的领导人依然牢牢地控制着局势,他们能够将苏共二十二大带来的负面影响——远不及苏共二十大造成的振荡——控制在可容忍的范围之内。一个可能的例外就是东德,尽管苏联在那里驻有大量军队,但由柏林危机②和国内供给短缺所造成的民众的情绪波动,有可能导致国内出现动荡局面。

60. 我们认为,在集团内的论战中,东欧卫星国政权会继续给予苏联坚定的支持。不过,一些东欧国家领导人可能不会再像过去那样对苏联低三下四,他们会在国内政策和集团内部事务方面,表现得更为自信。所以我们可以看到,哥穆尔卡、卡达尔和乔治乌-德治分别以各自不同的方式,用坦率甚至几乎有些鲁莽的行动,对苏联党的代表大会做出反应。诚然,不能将其行动看作是对莫斯科权威的挑战,甚至也可能是得到了赫鲁晓夫和苏联党的许可,但无论怎样,这些行动反映了民族自信心不断增强的趋势,而这种自信心日后可能会在集团内国家间关系中表现得更为明显。此外,中国人通过向莫斯科对其他国家共产党的传统权威发起直接的挑战,在有关苏联同其他集团国家关系发展方面,开创了一个前所未有的重要范例。在未来与苏联利益发生冲突时,东欧国家共产党中那些怀有民族主义思想的人士很可能在合适的时机比照这一范例做出选择。

61. 莫斯科同北平的公开分裂会对东欧各国共产党产生十分重大的影响。在对付民众的不满与反抗时,东欧这些政权通常依靠向人民灌输这样的信念,即自由只是一种无谓的希望,因为共产主义在全世界的胜利是不可避免的。他们担心中苏分裂会令这一说辞变得软弱无力,甚至可能导致东欧各国人民普遍逆来顺受的情况发生逆转。对这一关键问题的认识,可能会——至少在最初阶段——使得各级党员干部密切团结,并加紧对国内的控制,同时也会使得卫星国家的共产党与苏联靠得更近。从长远来看,中苏关系的公开破裂,将会使

---

① 克莱门特·哥特瓦尔德(Klement Gottwald,1896～1953),捷克斯洛伐克共产党领导人。1921 年加入捷共,1925 年在捷共三大上当选为中央委员和政治局委员,1929 年起任捷共总书记。1930 年代曾为共产国际执委会主席团成员和书记处成员。1945 年当选捷共主席,1946 年 5 月任总理,1948 年 5 月任共和国总统,1953 年 3 月 14 日病逝。——译注

② 这里指的是第二次柏林危机,即 1948～1949 年后美苏之间围绕西柏林地位问题发生的第二次冲突事件。1958 年末,赫鲁晓夫提出要把西柏林变成非军事化的"自由城市",限定西方三国在六个月内撤军。美国总统艾森豪威尔毫不退让,形势一度紧张,1959 年 3 月,赫鲁晓夫决定收回其最后通牒,危机暂告平息。——译注

苏联遏制那些反对苏联控制东欧的基本的决定性力量的努力变得日趋复杂化。

（四）亚洲卫星国

62. 苏联成功地把东欧国家和外蒙古拉入谴责阿尔巴尼亚的阵营中,但北朝鲜和北越却没有加入其中。虽然依据传统的标准,拒绝完全支持苏联即意味着严重违反纪律,但这两个国家还是努力避免在1960年的中苏论战中偏向任何一方。自从苏共二十二大之后,他们一般避免公开冒犯苏联。不过,他们与阿尔巴尼亚间依然保持着即使不甚友好、至少也还正常的国家间关系和党际关系,他们将对方仍旧视作社会主义阵营中的当然成员。

63. 苏共二十二大之后,北朝鲜做出一些举动,更加公开地表明了自己对中国的支持立场。金日成在此次代表大会上所做的报告中,表达了对莫斯科处理阿尔巴尼亚问题的方式以及对待集团内国家间关系的态度所怀的强烈不满。除阿尔巴尼亚之外,北朝鲜是在目前中印边境冲突问题上唯一公开支持中国的社会主义国家,也是在最近召开的世界和平理事会这个重要的国际阵线组织的会议上唯一站在中国和阿尔巴尼亚一边反对苏联立场的社会主义国家。

64. 北越继续走一条更为谨慎的路线。11月初,胡志明显然是想调解苏、中、阿之间的争端,他先是访问了莫斯科,而后又到北平。虽然在苏共全会上,越共中央的声明对苏联不乏溢美之词,称苏联共产党的计划是北越国内发展的楷模,但北越一直小心翼翼地与双方都保持正常关系。就中国方面来说,一直努力加强自己在北越的地位,在12月底还派出一个高级军事代表团到河内,可能是讨论增加中国的军事援助的问题。

65. 我们认为,北朝鲜和北越在社会主义集团的争端中,会继续努力避免做出站在哪一边的选择,莫斯科和北平也会继续努力争取他们站在自己的一边。作为两个处于分裂状态的国家,北朝鲜和北越都渴望攻下其南部地区,所以,它们倾向于赞同中国方面提出的更具进攻性的路线方针。但与此同时,两国又担心落入中国的控制之下,故又都急切地希望保持同莫斯科的友好关系,确保苏联在这一地区的继续存在。北越的这种感觉可能尤为强烈,因为它在地理上完全与苏联不接壤。这也许能够解释为什么河内没有像北朝鲜那样,在支持中国的意识形态路线上走得太远。北越还可能发现目前这种局面更有利于自己加强已经拥有的独立地位。

66. 假使中苏关系发生公开分裂,中国和苏联迟早会向这两个国家施加更大的压力,使其难以回避到底站在哪一边的问题。我们认为,在这种局面下,任何一国都无法永远地逃避做出一个明确的选择,中国的影响最终可能起决定性作用。外蒙古可能将会像现在一样,继续坚定地站在苏联一方。

（五）集团外共产党

67. 苏联对阿尔巴尼亚和斯大林的公开谴责,令集团外的共产党倍感震惊。苏联对付阿尔巴尼亚的策略以及迁走斯大林遗体的做法,不仅遭到了外国共产党的反对,也引发了国内的不满言论。比利时共产党在阿尔巴尼亚党的纪念日当天发去了贺电,斯堪的那维亚国家的共产党在苏联对阿尔巴尼亚展开攻击之时保持了沉默。苏联共产党第二十二次代表大会的召开,导致了意大利共产党内部一场由重大的意见分歧引发出的危机。不过,在代表大会过后的几个月里,西欧、中东以及拉丁美洲多数国家的共产党——包括那些起初产生了动摇的党——还是公开表达了支持苏联的立场。不过,这种表态,并不能充分反映其党内的实际情况,苏联共产党第二十二次代表大会的决议给这些党的内部造成巨大的混乱,并在党的会议上引起了广泛争论。

68. 就像在东欧卫星国一样,苏联人无法使自己的路线获得集团外的亚洲共产党的支持,后者在1960年11月各国共产党和工人党在莫斯科召开的那次意义重大的会议上,已将部分支持给予了中国人,在这次会议上,中苏双方在舌战中打了个平手。自苏共二十二大召开后,亚洲许多党,特别是缅甸、马来亚以及泰国的共产党,已公开表明支持阿尔巴尼亚。在那些亚洲力量最大的共产党——印度、印度尼西亚以及日本共产党——中,受苏联党的代表大会以及苏联和中国的双重压力的影响,其内部派别林立的情况大大加重了。

69. 意大利和法国。在意大利共产党中,第二十二次代表大会促使党的领导人态度强烈地再度提起了要求更多自主权的问题,并且在党内激起了公开而尖锐的争论。党的最高领导人陶里亚蒂重新阐述了他在1956年时曾提出过的关于国际共产主义运动中多中心主义的问题,党的其他领导人提出了有关斯大林错误的根源、共产党国家间关系、意大利共产党党内自由辩论等敏感问题。由于在理论问题上看法一致,意大利共产党采取了密切与南斯拉夫两党关系的举措。这些有关在国际国内拥有更多自主权的要求引起了莫斯科的不悦,但是苏联人的反应较为谨慎,显然他们不希望在这个时候发生公开的争论。法国共产党的情况与此不同,它正在这些问题上与意大利共产党展开公开辩论。这一辩论突出地反映出西欧这两大共产党的不同趋向——法国人:忠于莫斯科,但观点教条;意大利人:受传统影响,更加直率与务实,并且越来越愿意相信,苏联建设"社会主义"的经验对于西欧国家共产党,特别是他们自己,并不适用。

70. 印度。多年来,印度共产党在中苏论战的相关问题上出现了深刻分歧,并由此导致了内部分裂。苏联在党的代表大会上就阿尔巴尼亚和斯大林问题所采取的行动激怒了印度党内各个派别。党的领导人高士①在会上保持了克制,没有对阿尔巴尼亚进行攻击,只是在两个月之后,才就这一问题迟迟做出表态。苏联在代表大会上的作为,在左翼亲华派别中引起了更大的不满,一个地方党组织通过了一项决议,公开谴责了苏联共产党的行动。最近,长期以来起着凝聚党内各派别作用的关键人物高士的去世,以及曾造成党发生严重分裂的中印边界争端问题的再现,使得印度党面临的困难更趋复杂。二月大选结束后,相关讨论又重新浮出水面,这些问题使得亲华的左翼力量更有可能成功地促使党转而采取一条更为革

---

① 阿约艾·库马尔·高士(Ghosh,1909～1962),印度共产党的领导人。1931年入党,在1943年5月印共一大上当选为中央委员。1948年2月印共二大上当选为政治局委员。1951年3月当选为中央委员会书记处书记。同年10月当选为总书记。——译注

命的路线。共产党在大选中的拙劣表现,会进一步加强下述观点持有者的立场,这些人跟中国人一样,坚信对尼赫鲁的遏制政策,更多地是服务于苏联对外政策的利益,而并未将印度共产主义的利益置于首位。

71. 印度尼西亚。莫斯科有理由就第二十二次代表大会对印度尼西亚共产党产生的影响感到关切。该党的领导层,在 1960 年莫斯科会议上曾对中国努力削弱莫斯科权威的行动给予了一定的支持,如今在阿尔巴尼亚问题上又明确地站在了中国一方。此前一直追随苏联的党的领导人艾地①,在代表大会过后,毫不隐瞒自己对苏联单方面处理阿尔巴尼亚和斯大林问题的极度不满。在召开了一次长时间的中央委员会会议之后,他发表了一项公开声明,声明指出:对待像阿尔巴尼亚这样的问题,应当通过党与党之间私下协商的方式予以解决,斯大林仍将在印度尼西亚党内受到较高的评价。艾地的立场不由让人揣测:印度尼西亚党是否将完全受北平的影响,从此奉行一条与当前苏联在印度尼西亚的目标截然相悖的路线。

72. 日本。自苏联党的代表大会之后,苏联和中国加紧了在日本共产党内部扩充自身影响的努力。党的领导人宫本②,在莫斯科参加完代表大会后,和印度以及印度尼西亚党的领导人一样,途经北平作了短暂停留。直到不久前还紧跟莫斯科的日本党,其内部有一派亲华力量和许多赞同中方观点的人,其中甚至包括一些高层领导人。先前分裂出去的一个集团,指控日本共产党对北平俯首贴耳,也令党感到烦忧不堪。从代表大会后日本党所采取的行动可以看出,它已渐渐转向与中国人密切结盟。在 12 月中央委员会全体会议召开过后,党的官方报纸在阿尔巴尼亚问题上表现出与印度尼西亚共产党相似的立场,强调党与党之间的争论应当通过双边或多边会议形式私下加以解决,并对中国提出的不能将多数人的意志强加于少数人身上的观点予以支持。

73. 拉丁美洲。中国人长期以来一直积极寻求与拉丁美洲共产党建立起联系,并接收拉丁美洲人到中国来参加游击作战理论与实战的训练。他们显然认为,自己关于革命斗争的理论要比苏联人所提倡的那些更为谨慎而又不那么直接的战术,更加符合当地的实际。虽然在拉丁美洲他们也有自己的支持者,并且有一个党,即巴西党,已因革命战略问题上的分歧引发了派别分立,但是苏联的影响力在这一地区仍然占据着主导地位。拉丁美洲共产党在 1960 年 11 月中苏在莫斯科会议上的论战中,普遍站在苏联人一边。卡斯特罗③政权,作为当前鼓舞拉丁美洲共产党采取行动的重要推动力,对来自苏联的经济和战略援助有着相当大的依赖,古巴共产党的行动也是依据这一原则。虽然中国和古巴政权都有游击作战

---

① 迪帕·努桑塔拉·艾地(Aidit,1923~1965),印度尼西亚共产党的领导人。1951 年 1 月起任该党中央委员会第一书记,1953 年 10 月后任总书记,1959 年 9 月在党的第六次代表大会上,当选为中央委员会主席。——译注

② 宫本显治(Miyamono,1909~2007),日本共产党的主要领导人之一。1931 年入党。1955 年 7 月日共第六次全国代表会议上,当选为中央政治局常务委员、书记处书记兼中央机关部部长和中央机关报编委会负责人。1958 年 7 月日共七大上,当选为中央委员会总书记。——译注

③ 菲德尔·卡斯特罗(Fidel Castro,1926~),古巴共产党的领导人,领导古巴革命取得了胜利,在西半球建立了第一个社会主义国家,1959 年 2 月接任政府首脑。——译注

的传统,并对美国怀有同样强烈的憎恶,不过,中国在哈瓦那试图确立自身影响力的努力,看来没有产生什么特别的效果。

(六)集团外共产党的前景

74. 在维护对集团外共产党的领导权方面,苏联共产党看来将会面临越来越多的困难。中国的挑战并非是导致苏联权威消损的唯一原因。随着国际共产主义运动的不断壮大和日趋多样,以及单个共产党分享国家权力或以一种不同于苏联经验的形式夺取政权越来越具有现实可能性,听从苏联指挥的意义和必要性势必受到质疑。我们认为,近来在这些党中间所出现的一些追求独立的迹象,体现了运动发展的一个长期的总趋势,为了确保继续得到这些党的支持,苏联人将不得不进一步放松纪律要求,并在制定共产党总的路线方针时更多地考虑到各个不同国家的观点。

75. 当然,集团外国家共产党的力量还相当弱小,与苏联共产党是不可同日而语的。如果不是由于共产党中国,也许通过在确保苏联领导权的实质不发生根本动摇的基础上进行逐步的调整,尚且可以对付这些问题。不过,正像人们在莫斯科所看到的那样,北平的竞争加大了逐渐放松对共产主义运动控制的危险系数;许多在苏联拥有着至上权威的情况下可以容忍的离经叛道,如今却由于可能会有助于加强中国挑战苏联的统治地位而变得具有威胁意义。当集团外国家需要和寻求外部支持时,他们将有两个对象可供选择。向一个或是另一个世界共产主义的中心献忠心对它们所具有的诱惑,使他们得以左右逢源。许多党可能会利用这一机会,采取更加自主的行动,制定出更具有民族主义色彩的路线和政策。

76. 一旦中苏之间发生公开分裂,集团外共产党将很快面临着巨大压力,就其忠心归属作出表态。我们认为,在此之后,国际运动很快会事实上分裂为两大阵营,即使它们可能不会具有清晰的组织形态。类似的分裂还可能会在一些民族政党中重演;此种情况极有可能发生在——比如印度共产党——中间。此后,莫斯科和北平会寻找一切机会,把另外一些党拉拢到自己身边,或是在那些与敌对阵营结盟的国家中,组建对立的共产党,以争夺普通党员。

77. 在这样一个分裂的世界中,起初中国人在亚洲共产党之外几乎找不着什么支持者。接下来的对抗,在相当大的程度上将倚靠极力宣扬自身政策所取得的成就,同时对对方的失败展开攻击。如果苏联的"和平共处"没有产生什么具体实效,那么强调运用暴力、革命斗争初期、非共产党盟国可耗资源的中国路线,可能会对不发达地区的共产党更具吸引力。当那些曾在苏联受过训练的老一代党的领导人——其中许多人认为反对莫斯科是不可思议的——被年轻一代领导人所取代,北平可能会获得新的支持者。中国国内的成就或挫折,会极大地影响北平进一步挖苏联集团墙角的潜力。

URL＝ http：//www.foia.cia.gov/browse_docs.asp

郭洁译、校

中情局关于中国在世界各国
共产党中影响力增强的特别报告

（1963 年 5 月 17 日）

SC 00592/63A

机　密

中国在世界共产党中影响力的上升
（1963 年 5 月 17 日）

虽然目前共产党中国所领导的集团在国际共产主义运动中还处于绝对的少数，不过它已经摆脱了先前孤立的境地，向前跨进了一大步。大约在 1959 年初，中国共产党首次公开向苏联的政策发起了严峻挑战，自此之后，中国在国际共产主义运动中的力量不断增长。每一次论战后，中苏双方各自都会赢得一些新的支持者，或者是整个党，或者是其他党中相当数量的一部分人。赫鲁晓夫试图孤立中国的每一次新的尝试，都使更多党的领导人和普通党员与苏联疏远。在这些尝试中，他总是习惯于片面地采取武断行动，或是强迫他们在苏联共产党和中国共产党之间做出选择，而这些选择往往不会总让赫鲁晓夫心满意足。

一、北 平 的 立 场

1960 年底在莫斯科举行的国际共产党领导人会议暴露出赫鲁晓夫在遏制中国不妥协立场所带来的挑战方面所面临的困难。经过三周艰难的讨价还价——此间赫鲁晓夫集团不断试图以恫吓为手段逼迫中国以及其他国家的共产党接受其对世界局势的看法，结束此轮论战后发表的声明可以被各方用来支撑自己的观点。这个文件的意义不仅仅在于表明中国是"可以容忍"的，它是一个双方在未来都可以加以利用的东西。

1960 年以前，中国人在国际共产主义运动中想要实现的目标还很有限。他们希望自己的观点能获得足够多的支持，以便对苏联的对外政策产生影响，因为在他们看来，苏联所推行的这些对外政策与他们自身的利益相悖。他们认为共产主义世界应当由一个国家来领导，并由其确立总的路线，但要做到这一点，它需要同社会主义阵营其他重要的成员进行协商。中国人视苏联为统帅，同时将自己想象为重要的智囊人员和政策制定的参与者。

自 1960 年以来，中国逐渐放弃了在不掌握国际共产主义运动领导权的情况下影响苏联对外政策和国际共产主义运动发展方向的希望。现在，他们开始与苏联展开了更深层的、持续不懈的争夺意识形态领导权的竞争，他们希望这是一场持久战，虽然结果会怎样目前看来还不甚明了,但其前景是可以确定的。

他们坚持表示自己只是"暂时的少数派",就像列宁在第二国际时期也曾是暂时的少数派一样。他们的学说在过去的四年中赢得了追随者,这一方面令其信心倍增,同时也导致他们同莫斯科之间出现了新的争端。

二、亚 洲 各 党

中国人将其势力最大限度地侵入了先前受苏联影响的亚洲地区。他们的优势之一就是人种。虽然自称意识形态更为纯正,但中国人也并不放弃以种族主义的宣传来求得支持。不过,来自新西兰共产党的支持表明,北平的优势不仅仅在于人种。

可以说,中国人如今已经成为这一涵盖亚洲和大洋洲所有重要国家共产党的地区的共产党支部的领袖。从印度以东,只有澳大利亚和印度的共产党还站在苏联阵营一边,而其内部也仍有少数人表示坚定地支持中国。阿尔巴尼亚在早些时候毅然加入中国阵营也有力地表明了,北平的优势不仅仅与地缘有关。

该地区最重要的两个国家的共产党——北朝鲜和北越共产党——目前都处于执政地位。

日前,北朝鲜共产党明确而坚定地站在北平一边。在中苏论战的初期,北朝鲜曾试图维持一种艰难的中立。也许是由于地理和人种方面比较接近,也或许是因为要同中国协手对抗共同的敌人——美国,北朝鲜在一系列问题上与中国达成了高度共识。尽管如此,由于仍然怀有一定的心理压力,加之考虑到苏联对自己的一些经济和军事援助项目,他们同苏联人之间也依旧保持着联系。

不过,随着中苏两国之间对立日益尖锐,朝鲜领导人越来越不可能回避做出选择,最后他们决定支持北平。苏联显然意识到了这一点。去年秋天,北朝鲜一个军事代表团访苏时在莫斯科遭到的冷遇就是明证,除此之外,苏联后来通过拒绝给予新的军事援助向朝鲜方面施加经济压力也是一个脚注。

在中苏论战的最初几个月,北越共产党也曾小心翼翼地试图在中苏两党之间保持某种微妙的平衡。北越共产党在对脱离苏联走向中国共产党这个问题上比北朝鲜共产党更加谨慎,在中间路线左右进行选择时它的做法也显得更有技巧,在中苏论战整个过程中,北越共产党一直都表现出一种谨慎的、不偏不倚的态度。不过近来,特别是最近两个月,越南方面的言论已明确地表明了支持中国的立场,中国方面也高调地将这些言论进行了转载。

越南共产党第一书记黎笋①3月13日的讲话、越共党报《人民报》(Nhan Dan)最近发表

---

① 黎笋(Le Duan, 1907～1986),越南共产党的领导人。1945年"八月革命"后,当选为党的中央委员,1951年当选为中央政治局委员,1960年起出任改名后的越南劳动党中央第一书记。——译注

的一篇社论,以及近期中央委员会通过的决议,都表明北越共产党有可能准备放弃在中苏两党间走钢丝绳的做法,公开转向中国。当然,现在下结论还为时过早,也许为了平衡起见,北越共产党又会再多发表一些先前那种支持苏联的言论。

在非共产党执政的国家中,印度尼西亚共产党(PKI)在各共产党组织中是实力最强的一支,赢得印尼党的支持对于中苏双方具有同等重要的意义。在1961年底苏共二十二大召开之前,以总书记艾地为代表的印尼党的领导层尚能击退党内多数人以及政治局一部分人的观点,拒绝就支持中国做出明确的表态。然而,当赫鲁晓夫对阿尔巴尼亚展开单方面攻击并迅速亲近南斯拉夫的时候,印尼党内持亲华立场的多数人遂有了进一步加强其论点的更好论据。

结果,艾地开始向党内多数人的意见屈服。所以如此,并非出于政治观点的转变,而是为保住自己的领导地位而实施的策略。印尼共产党在阿尔巴尼亚、南斯拉夫、中印边界冲突、古巴导弹危机以及是否举行国际共产党人会议等问题上都采取了与苏联相反的立场。不过,在国内问题方面,印尼共产党仍然施行听命于苏联的战术。虽然中国人的口号普遍更具有革命性和战斗性,但并不意味着讲求实际的中国人会反对印尼共产党在国内事务方面实行温和的策略。

日本共产党在中苏论战中愿意保持中立姿态,并在过去几年中顺利地平息了党内在此问题上出现的争论,同时也避免了在公开场合明确表明立场。不过就在去年,当人们还觉得日本共产党在极力避免中苏论战对其保持内部团结制造麻烦之时,它却倒向了北平阵营。日本共产党刊载了中国人对尼赫鲁的攻击言论,对中国方面提出的边界要求予以支持,他们出版了毛泽东文集,转载了中国人的言论,拒绝攻击阿尔巴尼亚,不支持苏联插手古巴危机,拒绝在日文版的《世界马克思主义评论》上发表攻击中国人观点的文章,并对南斯拉夫的"修正主义"进行抨击。

日共党的领导人之所以采取中立态度,原因之一就在于:在其党内,有相当多的普通党员持强烈的亲苏立场。最近,日共党内叛党事件时有发生,据说就是因为党站在中国人的一边而造成的。于是,党的领导人慢慢开始做出调整,以期在中苏争论中,使自己尽可能地扮演一个调解人的角色。不过,事实表明,即使是作为调解人,在解决争端的时候它也会偏向北平一边。

印度共产党是另外一个分裂情况十分严重的党。即使在这种情况下,目前在党的领导集体中,仍有许多持温和立场的民族主义者,他们在中苏论战中采取了谴责中国、支持苏联的态度。不过,在其党内也有一支强大的少数派力量,其中持强硬立场的左翼人士所持观点同中国人完全一致。目前,这一派中有许多人,由于反对政府在中印边界问题上的政策观点,被尼赫鲁投入监狱。然而不久这些人都将获释。届时,如果党的领导人还坚持当前的路线方针,他们可能会制造出大量麻烦。如果他们不能以自己希望的方式使党发生转变的话,他们将会从党内脱离出来,在印度境内重新组建一个像中国共产党那样的政党。

……①

三、非 洲 和 近 东

在阿拉伯世界中，所有重要的政党都坚定地支持苏联。在非洲那些不信仰伊斯兰教的地方，共产党的力量依然非常弱小，它们对国际运动几乎不起什么作用。这些党表面看来受苏联人的左右，不过，在非洲左翼激进分子中，有许多人对中国的观点表示出强烈的同情。例如，中国共产党在亚非人民团结组织中明显的优势影响就反映了这种情绪。比如，中国在亚非人民团结组织（Afro-Asian People's Solidarity Organization）②中所发挥的重要影响，就能很好地说明这一点。

过去几年的情况表明，中国的观点已经在亚非人民团结组织书记处内站住了脚。1963年2月，在坦噶尼喀召开了亚非人民团结组织第三次会议，从大会的基调来看，中国的意见已经占据主导地位。当苏联的支持者在会议上力图使苏联成为正式成员国而非观察员国之时，他们的这一企图被印尼籍会议主席所阻止。

四、拉 丁 美 洲

在拉丁美洲，多数共产党公开站在苏联阵营中。尽管这些党的领导人保持亲苏立场，但在各级党组织和党员内部，明显的分立随处可见——主张谨慎与主张激进之间的对立，当权者同他们年轻批评者之间的分歧。这些原本源于各自党内斗争而产生的摩擦，现如今由于中苏之间的争论而进一步加剧。

即便是各国党的领导人，在支持莫斯科这一点上也并非完全一致。就程度而言，危地马拉、哥伦比亚、智利、玻利维亚、阿根廷以及另外一些国家，立场最坚定；洪都拉斯和海地态度较温和；厄瓜多尔和委内瑞拉则相对犹疑。

此外，还有个别特例。比如巴西共产党，党的领导层以及党内很多正统的共产党人都坚定地支持苏联，不过他们必须谨慎行事，因为与它同时并存的还有一个持不同政见的共产党，其左翼激进而革命的政策路线接近于北平方面的主张。

墨西哥共产党现已因中苏问题发生了分裂。当时正在墨西哥访问的中国共产党贸易代表团，据说曾向墨西哥共产党提供经济援助，以换取对北平政策的支持。自此之后，墨西哥党内开始出现持续的争执，相互间的意见分歧毫无和解的迹象。事实上，最近墨西哥共产党的第十四次特别会议宣布从7月推迟到10月召开，表明党的领导层担心，如果会议如期举

---

① 原文此处数段未解密。——译注
② 亚非人民团结组织：成立于1960年4月，前身是1958年1月在第一届亚非人民团结大会召开后成立的亚非人民团结理事会及其常设书记处。该组织的宗旨是加强亚非人民团结，推动反帝国主义和殖民主义的斗争，支持民族解放运动。总部设在开罗，主席为埃及的阿卜杜勒·拉赫曼·沙尔卡维。中国是该组织的创始国之一。——译注

行,很可能会由于中苏问题导致不欢而散。

此外,跟拉丁美洲许多国家的情况一样,在墨西哥,从正式的共产党组织中分裂出来的团体往往比前者显得更加激进和好战,可能是得到了北平方面的支持。近期的形势发展表明,墨西哥共产主义运动内部由中苏论战引发的争议会变得更加尖锐,而不会有所减弱。

古巴对中苏论战的态度始终是个难解的谜,在古巴当权者中间,有许多重要人物对世界局势有着同中国共产党相同的看法。不过同时,它又依然极其依赖苏联给予经济和政治的援助。今年10月,古巴的尊严遭受到一次沉重打击,因而正试图冒险脱离苏联,寻求独立。结果,古巴共产党在共产主义世界的这场论战中,态度发生了明显的转变。

导弹危机过后,古巴领导人在其演讲中有意地表现出偏向中国一方,尽管乍听起来,措辞极尽小心,语言也颇具中立色彩。苏联对此种局势发展的关注,可以从卡斯特罗最近对苏联的访问中看出一二。苏联领导人非常明确地表示,希望借此机会,一方面重申其保护古巴以抗击来自美国方面压力的决心;另一方面,则在中苏论战这一背景下,同卡斯特罗一起进一步强化彼此间共同立场。

五、西　欧

……①

不过,中苏论战在此还产生了另外一个后果,这一后果虽然未将这些党置于中国的影响之下,但却为苏联今后攒下了许多麻烦。因为,在国际共产主义运动出现裂痕、苏联的权威同时受到削弱这种背景下,各国共产党只要愿意,都有机会起来要求对其民族性和独立性予以承认。除此之外,苏联为将南斯拉夫拉入其结构更为松散的集团中来,表示愿意接受在"通向社会主义道路"问题上的不同主张,这样一来,就使得各地力量强大的共产党组织得以对苏联一贯坚持的所谓对莫斯科有利、对他们一定也有利这一原则提出反对意见。

意大利共产党,虽然在中苏论战中对苏联予以了充分支持,不过在早期,却是时常对莫斯科有不尊重之举的一个绝佳典型。它曾不顾苏联人的坚决反对,在共同市场问题上,提出了一个更符合自身利益的想法。意大利人关于"结构改革"的理论,是又一个偏离苏联路线、追求其本国利益的例子。严格说来,较之南斯拉夫人所做的一切,意大利人的这一理论是对传统教条更为深刻的修正。

只要各民族国家的共产党对苏联外交政策的目标和手段予以充分的支持,苏联决定允许他们在其党内进行此种试验。不过,随着这些党越来越习惯于在某些政策方面形成自己的政策主张,苏联的控制将会进一步受到削弱,共产主义世界的结构也将由此变得愈加松散。

---

① 原文此处数段未解密。——译注

六、东　欧

一方面支持苏联的对外政策方针以及实施的反华路线，另一方面又准备在关乎自身民族利益的关键问题上违抗苏联的旨意，这么做的并非只有集团外国家的共产党。面对苏联试图通过经济互助委员会推动制定共同计划的举动，罗马尼亚最近起来捍卫本国的经济发展计划。

3月初，在罗马尼亚党的中央委员会通过的决议中，已经暗示了不愿依照经济互助委员会的规划来制定和实施本国的经济发展计划。虽然也意识到罗马尼亚是绝不会公开站出来支持自己的，中国人还是在其党报上转载了这些决议，此举也许是向罗马尼亚人暗示，只要他们需要，中国人随时愿意伸出援助之手。通过重新派回其驻阿尔巴尼亚大使，罗马尼亚还表达对苏联政策的不满。除此之外，罗马尼亚还是今年东欧卫星国家中唯一提高对华贸易水平的国家。

虽然短期之内尚无法断定罗马尼亚是否会背离莫斯科、转而效忠北平，不过，正是由于中苏之间发生了论战，才为诸如罗马尼亚这样的国家政权提供了置苏联的反对于不顾、做出独立判断的空间和余地。

七、前 景 展 望

苏联仍然拥有国际共产主义运动绝大多数成员的支持。只是在亚洲，中国人打入了一个关键性的楔子，并占有了一席之地，这一成功进而促使中国人产生了组建一个新国际的念头。在其他地区，除了阿尔巴尼亚之外，中国共产党现在仅仅可以拿一些具有或未来将具有不同趋向的共产党中少数亲北平派别对其观点所持有的同情立场来加以炫耀。

况且也尚未听说，中国与目前那些支持它的党之间存在着组织上的联系。中国的优势基于它对基本教条的解释；将来某个时候，也许目前那些认同此种解释的共产党会转而采取一种更加独立于这两大中心的姿态，甚至也许会重新回到苏联的怀抱。

不过，为了平衡起见，赫鲁晓夫必须对如此多的党被吸引到中国一方予以密切关注。新共产党的发展很可能会在中国共产党影响最大的不发达地区，结果极有可能是绝对由中国共产党领导。最有可能出现新的共产党组织的，就是那些欠发达地区的国家，它们目前受中国人的影响最大，因而可能催生出更多支持中国的党来。在那些受到苏联影响最大的地区，出现了一种要求在思想和行动方面享有更多独立性的趋向。赫鲁晓夫及其同僚对共产主义世界内部问题的关注要甚过对任何一个单个问题的关注，这么做完全有充足的理由。

DDRS, CK 3100215146 - CK 3100215155

郭洁译、校

中情局关于国际共产主义运动前景的评估报告

（1964 年 6 月 10 日）

NIE 10－2－64

国际共产主义运动的前景

（1964 年 6 月 10 日）

问　　题

考察国际共产主义运动当前形势与可能走势。

结　　论

1. 国际共产主义运动如今已公开分裂为支持苏联一方的多数派集团和站在中国一边的少数派集团。除此之外，它还受到其他因素的干扰，诸如：苏联权威在东欧的衰弱，南斯拉夫的榜样作用，以及一些共产党特别是意大利共产党的独立倾向。（第 1～16 段）

2. 中苏论战可能会继续表现出跌宕起伏的态势，两国关系在某种情况下可能会得到巨大改善。不过就目前来看，由于双方分歧如此之深，加之中苏两党各自所代表的国家利益盘根错节，要想在当前领导层不发生变动的情况下实现两国关系的和解，事实上是无望的。国际共产主义运动现在可能正处于公开分裂的前夜，不过，无论是否会走到这一步，双方为了扩大自己对其他共产党的控制与影响所进行的斗争将会持续下去。中苏两国紧张关系的加剧，也可能会在共同边界上表现得特别明显。如有任何一方或双方的现任领导人逝世，或许会为相互间暂缓争论提供某种机会，不过，在我们看来，双方之间的根本分歧仍将继续存在。（第 2～5 段）

3. 国际共产主义运动作为一个整体，其权力的分散很可能会继续扩大，同时各国共产党也会越来越多地采取独立行动。虽然苏联的权力在东欧仍是一个重要因素，但是自主的和民族主义的行动在这里可能会进一步显现出来。我们预测，在那些处于非执政地位的共产党中间会出现地区主义的趋向——就像在远东那样，不过，或许在西欧和拉丁美洲也会出现。中苏双方争夺影响力的斗争在某些情况下会进一步加深各国党内部的分裂。同时，莫斯科和北平仍将会为追随者提供源源不断的物质援助，也仍将会在双边基础上继续保持巨

大的现实影响。(第11、24～25、29～33段)

4. 对非共产主义世界而言,这种形势既为其提供了重要的有利条件,也带来了一些危险。两个共产党大国将他们在国家利益上存在的分歧公开化,这就为西方世界提供了将其各个击破的有利时机。中苏分裂正在不断消耗掉苏联和共产党中国的能量,并使他们的注意力从与主要西方大国的尖锐冲突中转移开来。[①] 在那些置身于政权之外的共产党中间,有一些已经因为中苏冲突所带来的影响,遭遇了严重的失败。另一方面,由于地位更加独立,一些共产党会变得更为有效、赢得更大的行动自由和声望。在一些国家,共产党可能会丧失其理论根基和革命热情,而在另一些国家,共产党则可能会以一种更加强大的革命组织的姿态出现——尽管其民族主义的色彩重过国际主义的色彩。由于共产党的信念在如此多的方面与西方在政治与经济生活领域的传统观念格格不入,所以,无论其内部是否存在着争论,他们都将继续是西方世界的劲敌。(第37～40段)

5. 总之,我们预测会出现各种各样的共产党和共产党组织,一些主要受莫斯科或北平的影响,一些在很大程度上则是自主的。在处理与共产党国家的关系以及制定对革命运动的政策的过程中,主要的非共产党大国可能会发现,在每一特定形势下根据自身优势而非莫斯科对国际运动掌握绝对领导权时那种普遍盛行的理论来做出判断,将会变得愈加有利。上述情况既为西方国家的政策制定提供了新的机会和好处,但也带来了新的危险与困难。(第40～43段)

讨　　论

一、引　　言

1. 国际共产主义运动,这个在斯大林统治时期明显是铁板一块的组织,如今已在两个主要的共产党大国不断冲突的压力下四分五裂了。在相互论战的两组共产党国家中出现了变化和独立的倾向。自由世界中的许多共产党开始越来越多地关注本国以及地区的利益。事实上,要想在原有的条件下恢复团结和统一已完全没有可能。现在的问题是,日益增长的多样性将会以何种方式展现出来。

二、共 产 党 国 家

(一) 中苏论战

2. 苏联与共产党中国论战的公开化,标志着国际共产主义运动联合体的破裂进入了一

[①]　原注:有关冲突对苏联和中国外交政策的影响,参见1964年2月19日的国家情报评估(NIE 11-9-64);"苏联的外交政策",以及1963年5月1日的国家情报评估(NIE 13-63);"共产党中国的问题与前景"中所做的分析。

个重要的阶段。当前这一阶段的争论，至少可以追溯到苏共二十大以及赫鲁晓夫对基本政策和理论做出重新解释的时候。其实，甚至早在斯大林执政时期，双方之间业已存在严重分歧，但直到 1959 年，蛰伏已久的敌对和不满才发展成为一个尖锐而公开的问题。我们可以对众多不同因素加以辨析，但没有一个是具有最终决定性的。双方在国家利益方面长期存在着的矛盾，连同彼此间在文化与种族方面积存良久的敌视，一并起了重要作用。就近因而言，中国对苏联一直以来所享有的对国际共产主义运动实行控制的权威提出了挑战。由于苏联拒绝为中国提供使其成为核国家的手段，以及没有积极地支持中国的民族野心，令双方间的争吵大为激化。此外，赫鲁晓夫与毛泽东个人之间也有一种很深的敌视。由此看来，中苏间的论战是一个意识形态、国家以及个人间相互冲突错综交织的混合物，这就是它的基本特征。

3. 每一年，冲突都在不断地加深，党和国家间关系的恶化也愈加严重。去年，双方均抛弃了间接攻击的方式，转向公开的谴责。举行双边会谈的想法尚在萌芽阶段就被蒙上了一层浓重的阴影，随后很快以破产告终。自此之后，中国人开始长篇累牍地罗列苏联党和政府以及赫鲁晓夫个人的种种罪名。苏联人最近又开始重拾其孤立中国的策略，并可能组织一次国际会议来定中国人的罪。中国已经公开地对各种持不同见解的共产党团体予以承认，称其为合法政党，借此为建立自己的国际共产党网络埋下根基。实质上，在中苏两党及其各自的同盟者之间，已经发生了事实上的分裂。

4. 显然，中苏两党的分裂如此之深、各自所代表的国家利益又是如此紧密交织，只要现任领导人仍然在位，要想在当前情况下实现和解，事实上毫无希望。目前，国际共产主义运动可能正处于公开分裂的前夜，虽然具体将以何种方式表现出来尚不明了。[①]　无论如何，激烈的斗争几乎必定会继续下去，每一方都会置其组织形式于不顾，抓住一切时机，削弱对方的声望和影响。其结果，必将使国家关系受到损害。目前，双方在政治和经济上的联系已经非常之少。军事关系的恶化业已发展到各方开始就是否有必要继续维持中苏同盟关系产生出怀疑的地步，不过这并非意味着，苏联人会在当他们认为自己的重大利益受到威胁的时候，拒绝中国人给以支持。两国很可能会变得越来越关心共同边界的安全。试图在中苏边界少数民族中挑起叛乱的事已有发生。我们相信，双方谁都不想向对方挑起重大的军事行动，不过，有可能会发生小规模的边境冲突。中国人对于苏联人军事实力的关切程度，毫无疑问，要甚于对方对自己的关切，我们也不排除苏联会在某个时候通过在中苏边界采取军事行动的方式对中国人施以威慑的可能。

5. 虽然中苏论战愈演愈烈，不过，争吵可能会继续表现出跌宕起伏的态势，并且在特定情况下，两国关系可能会有极大的改善。毛泽东的去世将会为其继任者降低论战的调门扫清障碍。如果他们有非常急切的愿望，对经济和军事援助的需求可能会促使继任者政权去

---

① 原注：由于可采取的措施越来越少，预测最后将会采取怎样的一步变得更加的困难。就目前来看，也许苏联借助一次会议，鼓动多数共产党起来公开对中国人进行谴责，也或许会是中国人及其支持者发起一次正式的会议将苏联人逐出教门，再或者，由苏联或中国中央委员会采取正式行动割断两党之间的关系。

采取这样的行动。同样,赫鲁晓夫的继承者可能也会希望同中国达成暂时妥协,以便集中精力处理其他事务。不过我们认为,任何一个未来的继任者对于基本问题的看法,较之现任政权,不会有显著的差异。有意义的妥协可能包括:做出一些重大让步,并对业已发生过的许多事情矢口否认。因此,新领导人之间所达成的任何一项安排,在很大程度上,可能只是一种工作安排,而并非是针对根本分歧的解决方案——双方间的根本分歧,毫无疑问,会继续存在下去。①

(二) 其他共产党国家

6. 在共产主义世界中,苏联和中国两大阵营内部均表现出基本的分裂,并且每个阵营都对对方产生一些影响。苏联继续控制着除阿尔巴尼亚之外的整个东欧。共产党中国则在外蒙古以外的其他亚洲社会主义国家中享有主导地位。然后是南斯拉夫,其本身就是产生分歧的一个原因,虽然它在国际事务中坚持不结盟的原则,但苏联集团仍将其视为一个合法的社会主义国家。还有古巴,在公开场合忠实于苏联,但所倡导的军事政策与中国的立场显得更为一致。

(三) 苏联集团

7. 甚至对于那些支持自己的共产党国家,苏联的控制能力也愈发地下降了。在抛弃斯大林式统治方法的同时,苏联人开始强调以自愿合作而非强制手段来维系社会主义集团这一观念。在赫鲁晓夫的脑海中,是一个有关共产党国家共同体的模糊概念,在这个共同体中,各成员在对内事务方面是自主的,但在共同的意识形态目标和对外政策方面必须服从于苏联。这个共同体将会把来自右的力量和左的力量,包括南斯拉夫以及中国和阿尔巴尼亚,都囊括其中。在此概念中,地位"平等"和服从莫斯科这二者间的内在矛盾,给具体操作带来了困难,与中国之间的论战使得这一困境又大为加重。赫鲁晓夫希望接受南斯拉夫为其成员,势必会使得吸引中国人和阿尔巴尼亚人加入的愿望化为泡影,不过即使如此,赫鲁晓夫也并没有因此而放弃这一主张。

8. 随着中苏之间的冲突不断加深,许多东欧的共产党政权开始认识到,由于苏联人在对付中国的过程中需要他们给予支持,拓展了自己讨价还价的空间,它们于是变得更加自信。令人不可思议的是,对于这一形势利用得最为充分的竟然是罗马尼亚,很长时间以来,它都被人视为东欧卫星国家中最听话的国家之一。去年,罗马尼亚成功地对抵抗了苏联的指示,拒绝丢掉扩大其工业发展的计划,甚至也不愿意依照经济互助委员会的需要对这一计划进行调整。以上情况表明,不能想当然地认为罗马尼亚必定会支持苏联、反对中国。面对罗马尼亚人的执拗,苏联人做出了让步,他们被迫延缓实施其整合集团经济并为经济互助委

---

① 原注:联邦调查局局长认为,根据已有证据,得出"苏联和共产党中国的新领导人所达成的任何一项安排,更大程度上可能是一种工作安排,而不是一个对基本分歧的解决方案"这一结论为时尚早。

员会建立一个中央计划机构的设想。

9. 然而,这一让步只会更加强罗马尼亚领导人的民族主义倾向。渐渐地,他们的政策表现出了越来越多的独立性,甚至时不时地带有一种反苏的色彩。从总体上看,他们支持苏联在外交政策和意识形态领域的立场,但在教训北平政权这一关键问题上持反对立场。他们曾经试着调解中苏间的论战,此举不仅加强了自身的独立地位,又将苏联人置于极为尴尬的境地。最近,罗马尼亚党的领导人走得更远了,他们对论战双方的所作所为均进行了公开指责。

10. 当然,卫星国家的独立行动还受到强大制约。苏联的军事力量在这一地区仍占有支配性地位。东欧国家之间以及东欧各国与苏联之间,由于在《华沙条约》①下共同承诺的义务,而紧紧捆绑在一起。在经济方面,卫星国家也依然和苏联保持着紧密联系。虽然在有关经互会的政策方面跟苏联存有分歧,事实上,所有东欧国家都在从经济合作与分工中获得了这样或那样的好处。它们并非一定希望自己那些与苏联意见相左的政策得以实施;通常情况下,他们愿意在那些有关国际政策的重要问题——比如德国问题——上服从苏联的领导。

11. 尽管有这样一些考虑,莫斯科要想将对东欧局势的控制维持在一个令人满意的水平,几乎必定会面临越来越多的困难。东欧国家内部的分歧正变得愈益明显。捷克斯洛伐克国内文化与政治领域出现的动乱局面,已经引起了东德政权的恐慌,当政者担心此种局面会外溢到自己的国土上来。近来,各共产党国家纷纷采取行动,改善同西德之间的关系,东德领导人已对此进行公开的谴责。东欧的历史积怨和民族敌视将会在更大程度上影响和破坏该地区共产党之间的团结。②

12. 在中苏论战中,南斯拉夫是苏联最为坚定的支持者之一。近年来,南斯拉夫同其他东欧政权以及苏联之间的政治和经济联系得以恢复并获得了极大的发展,部分即系因于此。为了换取南斯拉夫进一步密切同苏联集团国家之间的关系,苏联人放弃了先前提出的有关南斯拉夫必须紧跟苏联路线的要求。这种新型的关系对南斯拉夫是有利的,因为它提升了南斯拉夫独立共产主义道路的声望,特别是在东欧。还有一个结果就是,南斯拉夫已多次表明,愿意利用自己在不发达地区特别是非洲所具有的影响,为苏联的国际主义立场代言。我们认为,这一安排对双方都是有利的,苏联人不会要求、南斯拉夫人也不会同意放弃他们的行动独立或自由。

13. 外蒙古是唯一坚定地站在苏联集团一边的亚洲国家。在此,苏联的有利条件是:蒙古人对于中国人的恐惧要甚于对苏联人的害怕。不仅如此,他们对赫鲁晓夫时期苏联人为支援外蒙古发展所做的一切心怀感激。苏联可能会继续对蒙古人民共和国的局势施加影

---

① 《华沙条约》(Warsaw Pact),全称《阿尔巴尼亚、保加利亚、匈牙利、德意志民主共和国、波兰、罗马尼亚、苏联、捷克斯洛伐克友好合作互助条约》。1955年5月14日在华沙签订,同年6月4日生效,有效期20年。条约包括前言和正文11条。主要内容是:任何一个缔约国"认为产生了对一个或几个缔约国发动武装进攻的威胁时",缔约国各方应"毫不拖延地在它们之间进行磋商";"如果在欧洲发生了任何国家和国家集团对一个或几个缔约国的武装进攻",每一缔约国应"以一切它认为必要的方式,包括使用武装部队"给予援助等。——译注

② 原注:关于东欧局势的深入讨论,参见国家情报评估(NIE 12-64):"东欧的前景",定于1964年7月出台。

响,不过,由于蒙古人希望避免使自己完全屈从于苏联,中国人可能会继续发挥某种平衡作用。

(四) 中国集团

14. 中国在 1960 年只有为数不多的几个犹犹豫豫的支持者,较之当时,现在可以说,中国人已经有了一个自己的"集团"。足以令人惊讶的是,他们最坚定不移的支持者竟来自东欧。阿尔巴尼亚的极端表现,以及它给予中国的有力支持,极大地反映出了它内心对自己有可能受制于南斯拉夫的担忧,因为南斯拉夫有着大量的阿尔巴尼亚少数民族,他们中有一个强大的、未来有可能取代霍查政权的反对派统治集团。在与中国地理位置更靠近的势力范围中,中国在北朝鲜和北越的地位不如苏联在东欧那么稳固。在过去的一年里,北朝鲜对中国的立场几乎给予了毫无保留的支持,它与中国的关系也变得更为密切。与此同时,它同苏联的关系变冷了,有迹象表明,苏联向其施加了经济压力,甚至采取行动企图推翻北朝鲜领导层。尽管如此,苏联人与该国仍保持着重要的军事联系,他们继续对朝鲜的某些军事项目给予援助。中国在朝鲜的影响也许将继续占有最为重要的地位,不过,朝鲜人希望尽可能地避免自己同莫斯科之间的关系发生不可扭转的破裂。

15. 一开始,北越极力想在中苏论战中保持中立,结果发现要想这么做已变得越来越困难。对中国人所怀有的一种亲近感,加之在南越所面临的战争压力,促使北越共产党倒向了中国一边。目前,它对中国在论战所涉及到的多数理论问题上的观点表示赞同。不过,它表现得不像北朝鲜那么极端,它同苏联及其东欧卫星国之间也继续保持着贸易联系,并接受这些国家给予的救济和援助。胡志明曾试图阻止中苏双方发生正式分裂,所以如此,很可能是因为他担心这一分裂会使自己沦为中国人的控制对象。我们认为,河内仍将会在多数问题上继续支持中国,但也会寻求维持与苏联之间的纽带,以免与中国人抱得过紧。

(五) 古巴

16. 卡斯特罗曾经对苏联的许多重要观点给予了公开支持,尽管并未完全站到苏联一边。苏联人和中国人都敏锐地看到了古巴对拉丁美洲共产主义运动的重要性,双方都在积极寻求古巴的支持;苏联人利用古巴对苏联经济和军事的依赖作为说服的手段。不过,虽然对苏联有这样一种依赖,古巴仍然同中国继续保持着密切的友好关系。卡斯特罗政权对于在拉美推动武装斗争的兴趣,使得它常常会持有同中国相类似的观点。我们认为,卡斯特罗的革命理论会继续同苏联及其在古巴——或者更概括地说,在拉丁美洲——的支持者所实行的战略不时地发生冲突。

三、非执政的各国共产党表现出的趋势

17. 共产党铁板一块的表象,加上共产主义教条的权威性和普遍性,对于鼓舞共产党人

的士气、感召共产主义运动的潜在支持者，一直都具有极为重要的意义。虽则有过一段长时间的派别分歧，基本情况确是如此。因此，两种明确对立的理论观念及其发源地的出现，在许多共产党内部导致了越来越多的分裂、混乱与迷惘。很多共产党领导人(比如那些发生了公开分裂的任何一种政治运动的成员)对公开破裂感到惊慌失措，他们认为这已危及他们对自己党的控制，并损害了他们事业取得胜利的前景。

18. 苏联人和中国人都积极在世界范围进行活动，试图劝诱共产党人改信自己的观点。在这场竞争中，苏联人还是获得了多数共产党领导人和共产主义组织的支持。在大约90个共产党(包括那些执政的共产党)中，只有11或12个现在可以算得上是中国"集团"的成员，其中多数在亚洲。不过，中国人在几乎所有共产党中间都有自己的支持者。中国人的观点使得人们对苏联领导的正确性产生了怀疑。一条针锋相对的中国路线的存在，通过摆明取代苏联权威的另一选择，将会使现有的共产党受到削弱。一般而言，中国人的立场观点，较之苏联谨慎的战略，对那些军事革命团体往往具有更大的内在吸引力。

19. 对一些非执政的共产党而言，中苏分裂只不过进一步加深了其内部久已存在的派别分野。而在另一些非执政的共产党中，中苏分裂则使得党内那些持有不同政见、亲中方立场的党员脱离或被开除出党。这些持有不同政见的党员原本此前已在政治上被遗忘。然而现在，通过向中国寻求帮助，他们能够以一种分离出来的政治中心的身份继续保持存在。目前，在很多国家中都有这种亲华政治团体。在这些团体中，有一些重要的共产党领导人，他们有时能够另组敌对的共产党。这一情况此前曾在巴西发生过，近来在比利时、澳大利亚、巴拉圭、锡兰、瑞士以及墨西哥也有出现。

20. 不过，中国人并不是竞夺影响力的唯一力量；南斯拉夫人也在扮演着某种角色。尽管不似先前那般积极，但是由于他们的国家是独立的社会主义国家的典范，并已形成了自己独特的社会主义发展"道路"，南斯拉夫人在共产党以及左翼非共产党外围力量中仍然发挥着一些影响。卡斯特罗主义在共产党中也有影响。它对那些斗志昂扬、不知疲倦的拉丁美洲革命者——既有共产党人也有非共产党人——最具感召力。不仅如此，它的影响还扩展到其他一些主张运用暴力的地区(如桑给巴尔岛)的军事组织中。

21. 最后，左翼激进分子和革命领导人两者间是有差别的，后者在其巩固地方权力的早期，会向苏联、也可能向中国寻求经济和军事支持。其中一些与当地共产党人紧密合作，而另一些则会避开或镇压共产党人。他们通常会将自己统称为"马克思主义者"，并坚定地表明自己对"社会主义"的信仰、对苏联的支持以及对西方"帝国主义"的憎恶。本·贝拉①、卢蒙巴②、恩克鲁玛③、苏加诺④、卡赛姆⑤就是其中的典型，他们主要集中在非洲、拉丁美洲，以

---

① 艾哈迈德·本·贝拉(Ben Bella，1918~　)，阿尔及利亚总统。
② 帕特里斯·卢蒙巴(Lumumba，1925~1961)，刚果民主共和国总理。
③ 夸梅·恩克鲁玛(Nkruman，1909~1972)，加纳共和国总理和总统。
④ 苏加诺(Sukarno，1901~1970)，印度尼西亚总统。
⑤ 阿布德·阿勒-卡里姆·卡赛姆(Qasim，1914~1963)，伊拉克总理。——译注

及亚洲的某些地区。卡斯特罗上台时至少还自称是一名非共产党革命家,但后来事实上把他的国家带进了社会主义集团。

22. 毫无疑问,这样一些领导人是莫斯科可以依赖的力量——卡斯特罗也不可望其项背。不过,无论他们多么仰赖共产党给予支持,通常仍会坚持独立自主地处理国内事务,拒绝将其置于苏联或任何其他外国势力的控制之下。他们中很少有人谙熟马克思主义或是对其具体教义有浓厚的兴趣。但事实上,他们又习惯于将叛乱和抗议运动与马克思主义的术语连在一起。

23. 这样一些领导人可能会将当地受过良好训练的共产党人提拔到有影响力的位置上,从而可能会为共产党通过渗透方式最后夺权铺平道路。即便在第一代领导人或其同僚仍大权在握之时,他们也有可能在不受共产主义运动纪律的约束的情况下自诩为共产主义运动的追随者,在不屈从于共产主义运动的前提下接受其援助,甚至有时还会在共产主义教义中加入自己的修饰语。这一现象为莫斯科提供了扩充影响甚至加以渗透的机会,不过,它也带有一定的危险以及招来顿挫的风险。

(一)西欧

24. 在西欧,由于经济普遍比较繁荣,多数共产党不得不面对一个相对富足而又缺乏斗争性的无产者阶层,同时还必须设计出既能对工人阶级施加影响,又可避免孤立于国内政治发展的政策。东西方关系的缓和使得西欧共产党更加重视人民阵线的策略。局势所发生的这一转变,推动了希望在国内政治舞台上赢得尊重地位的挪威共产党出现了一个新的领导层。在法国,共产党试图与社会党人一道扩大地方竞选联盟,组成一个反对戴高乐的共同阵线。在意大利,共产党长期以来就有根据国内政治需要调整自己的政策的传统。不过,中左翼联盟的存在,进一步加深了共产党长期以来在政治上的孤立;从更为长远的角度来看,鉴于中左翼联盟的存在,共产党很难再公开声称,没有自己的参与,意大利就不可能有真正的机构改革。

25. 法国和意大利的共产党,都是出于偏好或依据国内的现实,选择支持苏联立场、反对中国观点的,尤其是在对待和平与战争以及政权过渡等问题方面。西欧那些规模较小的共产党的领导人,绝大多数对中苏论战涉及的议题避而不谈,惟恐争论会在普通党员中引发意见分歧。不过,特别是在去年,这些党受到了越来越大的压力,要求在这场争论中表明自己的立场,结果引发了党内争执,一些党后来采取措施将其内部的左翼好战分子开除出党。

(二)非洲撒哈拉以南地区

26. 南非共和国共产党是一个成立时间较长的政党,目前处于非法地位,受到警察机关的严重破坏。由于该党的领导人普遍由白人担任,对其开展活动带来了一定的不利因素,不过,该党也曾积极卷入各种非白人的政治运动,并在反对政府种族隔离政策的抵抗运动中扮演着重要角色。除南非共产党之外,撒哈拉以南其他国家共产党的力量十分弱小,实际上根本不存在组织完善的共产主义运动。不过,还是有相当数量的共产党人以及一支人数很少但却在不断增长中的革命者队伍,其成员都曾在共产党国家受过训练。在桑给巴尔岛,一些亲共产党的人在新的革命政府中获得擢升,在执政的非洲-设拉子党(Afiro-Shirazi)①的框架内进行活动,该党自称是一个非洲民族主义的党,而非共产党。

27. 非洲多数的新政府都是一党制或是迅速朝此方向转变的,正是在此背景之下,共产党人必须采取行动。比如说,在一些讲法语的国家,那些通常带有保守色彩的政权可能仍会掩盖其内部各个层面上所存在着非常激进的力量,其中可能还有一些是真正的共产党人。刚果总统尤卢②在布拉柴维尔③倒台后所发生的一系列事件证实了这一点。在一些左翼色彩更重的政权中,比如加纳,共产党拥有很大的行动自由,并赢得了巨大影响力。南非的"解放运动"所表现出的乃是另外一番景象。这些运动就其实质而言是革命的,一旦需要外部力量的支援,所有运动都会潜在地受到来自共产党的不同程度的渗透和影响。

28. 中苏在非洲的争夺已明显表现出来,比如在亚非人民团结组织中以及在支持安哥拉和莫桑比克民族主义运动中的对立。周恩来最近对非洲的访问是一个惊人之举,意在通过利诱,增加中国对一些政府的影响力。苏联难以估量的丰厚物质资源使它具有很大的优势,但中国的好战特性所产生吸引力,对于像南非解放运动以及或许还包括东非激进的反对派等力量而言,也仍将是巨大的。

（三）拉丁美洲

29. 拉丁美洲各国共产党的力量和活动情况差别很大。在一些国家,比如智利和巴西,共产党认为,要想掌握政权,采取非暴力和渐进主义的战略是最有前途的。而在其他国家,比如委内瑞拉,共产党则与亲卡斯特罗的力量展开合作,以暴力手段反抗政府。作为共产主义运动的余部,拉丁美洲的共产党受到了中苏论战的影响。在这里,可能除了秘鲁之外,几乎所有共产党的高级领导人都是亲苏派,多数党都公开而正式地表达了支持苏联的立场。不过,在厄瓜多尔和秘鲁共产党内部,派别纷争大大加强;在巴西、墨西哥和巴拉圭,存在着彼此对立的共产党组织。除此之外,拉丁美洲国家的共产党还受到了除中国和苏联之外的第三种力量即卡斯特罗主义的影响。卡斯特罗主义在青年和激进左翼人士中最受欢迎。卡斯特罗组织是行动导向型的组织,在一些国家中对共产党的活动起着辅助作用,在另一些国家中则与共产党形成竞争关系。不过,不像中国人,卡斯特罗并不寻求使共产党自身摆脱苏联的控制。第四种力量由许多小的托派团体组成,他们倒向中国一边。

（四）远东

30. 远东共产党趋向于受中国共产党的影响,这主要是由于中国是该地区具有支配性

---

① 非洲-设拉子党,成立于1957年,是领导桑给巴尔人民争取独立的革命组织。1964年1月,该党领导并发起的武装行动成功推翻了苏丹王的封建统治,建立桑给巴尔人民共和国。——译注
② 菲尔巴·尤卢(Youlou),刚果"非洲社会主义运动"党的领袖,1958年组成第一届国会政府,1959年任总理兼总统。——译注
③ 刚果共和国首都。——译注

的力量。远东地区的共产党多数都身处相当落后的国家,在它们看来,中国革命的道路适用于自己国家的情况。不过,由于各党的处境和力量存在巨大差异,其支持中国的程度与范围有着很大不同。

31. 印度尼西亚共产党的党员人数超过200万,目前在中苏论战的所有主要问题上支持中方立场。作为另一个不发达的亚洲国家,它对中国所怀有的亲近感是促使它站在中国队列中的一个重要因素。奉行对印度尼西亚当局予以支持的政策仍然是印度尼西亚共产党的一个战略基石,党的所有重要领导人都强调,一定不能忽视进行暴力革命的可能性,但是印度尼西亚共产党也希望通过其他途径取得政权。有一些党员对这一政策没有耐心,但是倡导改变战略的军事集团未能得到许多党员的支持,所以在可见的将来还不可能这样去做。

32. 日本共产党是在一个与西欧的高度工业化更为雷同的环境下开展活动的。党的规模很小,还不得不同一个强大的马克思主义社会运动展开对抗。虽然日本共产党目前仍声称保持中立,但实际上在所有重大问题上采取了支持中国的立场。不过,与莫斯科还保持着联系的亲苏势力仍然在党内发挥一定影响。

33. 在马来西亚,以及一定程度上在泰国,共产党的华裔的势力比较强大。党对采取暴力行动怀有兴趣。中国一些最忠实的支持者即来自于这些非常小的地下党。在缅甸,中国的影响最大,不过当地的运动由于派别以及个人之间的争斗而处于分崩离析的状态。在澳大利亚和新西兰共产党中,中国人对一些有利因素加以利用,比如,这些党规模都很小,并且信奉斯大林主义,如若不以暴力革命为手段,它们几乎无望取得政权。尽管这样,苏联人还是设法把澳大利亚党拉拢到了自己的一边;党内的亲华派被清除出去,并于近期组成了一个新党。新西兰党则顶住了苏联的压力,成为中国最有力的支持者之一。

34. 自从对印度政府的政策成了中苏论战中的一个重要问题之后,印度共产党内部久已存在的派别分立的情况大大加重了。印度共产党内部的意见分歧如今已截然形成为尖锐对立的左、右两派,不过,在这两派内部也还有立场相异的各种小派别。左翼极端主义中的一小支赞同中方的观点,它们极力推动印度共产党迅速发生分裂。左派力量虽然反对与资产阶级政府进行合作,但其主要观点是反苏而非亲华。其领导人希望在定于明年10月召开的党的代表大会上,将当前领导层中的亲苏分子驱逐出党。右翼领导人,在苏联人的支持下,正试图找到与温和派展开合作的基础,以维护党的统一。

(五) 阵线组织

35. 中苏论战在共产主义国际阵线组织中已有多年的反映,不过从去年开始,争论变得更为激烈了。中国的阻碍和削弱战术虽然至今尚未危及苏联对主要阵线组织(如世界和平理事会、世界工会联合会、世界民主青年联盟、国际学生联合会)的控制,但已破坏了共产党表面的团结,并使得非共产党人对组织的目的愈发产生了怀疑。对于苏联人来说,作为宣传工具,多数阵线组织的有效性受到了破坏。比如在日本,中国的行动加强了日本禁止原子弹氢弹协议会(Gensuikyo)①的亲华立场,却大大损害了后者作为一个阵线组织的有效性。中苏双方在亚非人民团结组织中的对抗也愈益激烈,严格地说,该组织与其他大型共产党阵线组织不具有可比性,因为在相当大程度上,它所代表的是非洲执政的民族主义政党。

36. 除了在公开的会议场合向苏联发起挑战之外,中国人也利用一些国际阵线组织作为向非洲、亚洲和拉丁美洲的成员组织及其领导人传播其观点的讲坛。虽然,目前中国人主要靠双边交往来达到这一目的,但他们也已开始尝试建立一些自己的阵线组织,比如,总部设在雅加达的亚非记者组织,苏联在该组织中被授以观察员国的地位。尽管知道苏联会进行反击,北平仍然希望自己能利用这样一些组织来与那些受苏联控制的国际阵线组织展开竞争,尤其是在那些他们确信自己的观点最为适用也最受欢迎的地方。在这方面,中国获得了成功,它在这些地方所采取的积极攻势,将会令主要的阵线组织陷入守势,并对后者在不发达地区精心培育起来的影响力构成严重挑战。

四、总 体 影 响

37. 在过去几年间,苏联和共产党中国投入了更多的注意力和精力相互争斗、争夺盟国与支持者。这就需要各自对其外交政策的某些方面进行一些调整。中国的挑战几乎必然使得莫斯科对当前缓和与西方大国之间的关系兴趣大增,虽然与此同时,为了防止被中国人指称缺乏革命信念,苏联有时也会被迫在欠发达国家采取支持武装斗争的政策。1960 年以后,由于受到了苏联经济制裁的沉重打击,中国已经开始寻找各种途径与一些重要的非共产党国家接近,不过,在这么做的时候,它极力强调将美国排除在外。即使中苏两国间的防务条约未受任何损害,中国也难以指望得到苏联在经济或战略上的支持。总而言之,无论是中国还是苏联,其对西方发起的攻势——至少在同主要大国的直接关系方面——看来必定会在某种程度上受到共产主义世界新形势的制约。不言而喻,苏联对抗西方的秘密组织不会因中苏分裂而大大减少。

38. 作为一个整体,共产主义运动的前景让人喜忧参半。它已遭受了重大挫折;共产主义运动的能量来源于它所宣称的关于成为一个普世性的人民运动、拥有一个现代的科学意识形态以及最终必将在全世界范围内取得胜利的理想和信念,如今它受到了严重损害。一些曾对这一神秘力量怀有深切期望的小共产党可能会在政治上变得无足轻重。那些公开表示站在莫斯科或北平一方的党都将会为来自另一方的报复、陷害以及破坏性行动所害。其结果,许多共产党将饱受内部争斗之苦,将大量的精力耗费在攻击和破坏派别对手之上。

39. 另一方面,一些共产党将从国际共产主义运动这块铁板的破裂中得到好处。在对此特殊形势加以利用方面,他们拥有更大的弹性空间,可以依据其国内环境做出政治上最为

---

① 日本禁止原子弹氢弹协议会,成立于 1955 年 9 月,系日本反核运动中一支重要的民间组织。主张反对核战争,全面禁止和销毁核武器等,为此曾先后发起过各种各样的和平运动。——译注

有效的选择。在某些特殊情况下,他们将有机会背离苏联或者中国,并可能以这种不再仅仅做外国势力之工具的姿态,在国内赢得新的尊重。在一些地区,比如西欧,许多共产党团体可能会逐渐形成与莫斯科或北平路线均截然不同的共同政策与行动的模式,这种模式可能会在其主要关切的领域操作起来更为有效。

40. 因此,总而言之,我们预想会出现各种各样的共产党,一些主要受莫斯科或北平的影响,一些则在很大程度上是自主的。在一些地方,共产党会日渐失却锐气;而在另一些地方,它们将可能以一种较之过去更为强大的革命组织的形象出现,尽管在此种情形下,它们的目标可能更立足于本国实际,而不是像过去那样追逐国际共产主义运动的全球目标。

41. 除此之外,认识到这一点也很重要,即:共产主义不仅仅是一个世界组织或一个复杂的理论,它还涉及其他具体事务。由共产党人创造或发展起来的有关革命、党组织、宣传以及公共控制的技巧,对任何一个有欲望和能力去使用它们的人具有长期的适用性。共产党人将是教会人们如何有效使用这些技巧的最好的老师。而且,无论它在国际上的定位与目标有多大的不同,共产主义仍将自身与多数人类所共有的一些基本的追求与想望联系在一起:渴望急剧变革、要求社会公正、反对一切特权阶层。由于共产党人的信念在如此多的方面同传统西方政治、经济生活的观念格格不入,所以,即使它们之间时而也会发生兄弟阋墙的事件——就像现在中国人和苏联人这样——不过,从长久看来,共产党人仍然是西方世界的劲敌。

42. 因此,不能够坚定地认为,国际共产主义团结和统一的破裂对于美国的利益和安全一定绝对有利。确切地说,战后多数时期所宣扬的关于世界实际上被划分为两大阵营的观点,已不再站得住脚。共产主义运动这块铁板已被打破,这在很大程度上是由战后新出现的共产党国家各自国家利益诉求间存在着的差异和分歧所致。由两极世界所带来的那些特殊的危险和困难正趋于消失。在处理与共产党国家的关系以及制定对革命运动的政策的过程中,主要的非共产党大国可能会发现,在每一特定形势下,根据自身优势而非莫斯科对国际运动掌握绝对领导权时那种普遍盛行的理论来做出判断,将会变得越来越有利。

43. 然而,不论是共产党国家还是非共产党国家,国家间的利益冲突是不会休止的,而且可能会变得比以前更复杂、更突出。革命、暴力、剧变仍将继续存在,战争的危险在某些层面上,可能丝毫不会减弱。共产党会继续鼓吹进行阶级斗争并对"民族解放斗争"予以支持。共产党人利用革命形势的各种能力不可能大范围减弱,在某些情况下还可能会得以增强。由于非洲、亚洲、拉丁美洲以及其他地方的政府和政治团体可追随的革命对象日渐增多,不发达国家的局势可能会愈加动荡。简言之,世界共产主义运动的四分五裂是导致当前国际局势日益复杂化和多样化的主要因素之一。它既为西方国家的政策制定提供了新的机会和好处,但也带来了新的危险与困难。

USDOS FOIA Website

郭洁译、校

中情局关于中国在国际共产主义运动中日渐"孤立"的特别报告

（1966 年 8 月 5 日）

SC 00781/68B

机 密

中国在共产主义运动中愈加孤立

（1966 年 8 月 5 日）

两年前，北平看来是成功迈出了在世界共产主义运动中建立拥有能直接挑战莫斯科的支持者的步伐。现如今，尽管中国人仍然拥有少数支持者，但很明显，在影响力方面，莫斯科占了上风，中国对苏联领导权造成的重大威胁已不复存在。北平还能指望的，只剩下阿尔巴尼亚、新西兰共产党，以及若干从个别党中分裂出来的小团体。

在过去的 18 个月里，中国人遭受了他们在远东地区最为严重的挫折。北朝鲜和北越的执政党已从其身边悄然离去，也别想再指望日本共产党给予支持。而一直支持着北平的印度尼西亚共产党，在去年秋天的政变失败后也四分五裂了。

中国与古巴——北平在西半球仅有的外交落脚点——的关系，也已经跌落到历史最低点，北平再也无法通过拉丁美洲国家中亲卡斯特罗的那些激进分子来进行活动了。就是在诸如罗马尼亚这样一些曾受其鼓动摆脱莫斯科走独立道路的国家中，中国人近来也遭遇到严重的困难。

中国所以会遭受挫折，很大程度上得归咎于自身理论上的僵化和政治上的无能。不过，也跟赫鲁晓夫下台后苏联的战略转变有一定关系。莫斯科的新领导人现在很少在公开场合与中国论争，也不再那么起劲地鼓动外国共产党把北平开除出共产主义运动，这都令其得分不少。此外，赫鲁晓夫的继任者对越南河内的谨慎的军事援助，不啻是对中国有关莫斯科不愿支持武装革命斗争以及在美国"帝国主义"问题上表现软弱等指控的一记反击。

一、夜 郎 自 大

在今天的北平，中国是世界中心这一观念，至少就事实及想法的正确性而言，仍然同几个世纪前的帝王统治时期一样地强烈。超越时代、与苏联人斗争带来的压力，以及过去几年间中国对国内外反对者的打击，所有这些因素，使得毛及其身边的"忠实信徒"形成了一种夜郎自大的心态，并进而把北平在国际共产主义运动中的地位真正推向了孤立境地。

中国人自称是一切成功革命经验的源泉、马克思-列宁主义的真正旗手,要坚决地同苏联有害的"修正主义"异端思想作斗争。毛泽东思想被推崇为"马克思-列宁主义最高和最具创造性的代表",是全世界革命者的行动指南。毛是"国际无产阶级革命的导师"。北平现在甚至声称,毛主义就是"被中国革命实践所证明的、放之四海而皆准的普遍真理"。

在这种夸大其词、自吹自擂的背后,反映出列宁主义的一个观点,即"谁不支持我们,谁就是反对我们"。这个观点被北平公开用来处理其同共产主义运动其他国家关系之间的关系,1965 年 11 月 11 日的《人民日报》和《红旗》杂志的社论中第一次论述了这一观点。社论表示,凡是真正的马列主义者,都应该与"修正主义者"之间"在政治上和组织上明确地划清界限"。

1966 年 5 月 6 日,党的总书记邓小平在上海的一次集会上发表的讲话中,更加尖锐和突出地阐明了这一观点。他指出,在马列主义者与修正主义者之间,既没有中间路线,也不存在"骑墙"的可能。在当时情况下,这些话至少一定程度上是说给越南人听的。

二、与北越的关系

自从苏联人以中国人无法提供的现代化武器武装越南人以来,中国在河内的影响有所削弱。但是,北平仍然并可能会继续要求越南坚定地站在自己一方。只要战争持续下去,中国仅凭其地理位置就足以迫使越南人与之保持密切关系。由于急切地希望通过各种可能的渠道获得尽可能多的军事援助,河内试图寻求一条中间路线,极力回避中苏论战中那些敏感问题,以免得罪了任何一方。

1964 年勃列日涅夫和柯西金上台后,中国人在河内的影响力开始发生了动摇。赫鲁晓夫执政时期,苏联强烈反对河内和北平对越南局势所持的乐观观点。苏联人曾发出警告,如果继续执行原有路线,可能会导致与美国发生直接的军事冲突,并从而在亚洲引发一场大规模的战争。不过,在 1964 年下半年,越南共产党的前景看似确实非常有希望,新的苏联领导人感到,通过加大对河内的宣传力度并向其提供战略物质援助,将会有助于提高自己在世界社会主义运动中的地位。

赫鲁晓夫的战略曾把越南人推向了北平的怀抱,而新的苏联领导人认为,与美国人发生正面冲突的危险并不是很大,因此,他们可以重新给河内以支持,使其在中苏论战中退回到一个更为中立的立场。北越人,他们对于自己不得不只能依靠北平这种状况可能从未满意过,他们当然非常愿意有机会获得更多的回旋余地、赢得更为有益的渔利空间。

作为对苏联政策转变的回应,河内很快中止了已持续几个月效仿北平的恶意反苏宣传。1964 年 11 月,党的理论刊物《学习》月刊(Hoc Tap)从各报摊撤柜,直到其中一篇严厉攻击"修正主义"的文章被换作一篇无伤大碍的文章后,方才重新上柜销售。1965 年 3 月,美国开始正式对越南展开空袭,并着手在越南南方部署大规模的作战部队。北越领导人请求莫斯科给予更多的支援,尽管他们也知道此举会给中越关系带来紧张。党的总书记黎笋、国防部长武元甲以及外交部长阮维桢前往莫斯科,双方进行长达一周的会谈与协商,河内称赞最后发表的公报代表了双方的一致立场。

尽管中国人对于苏联人在越南影响力的上升感到万分担忧,但他们几乎无能为力。既然自己不具备苏联那样的实力,能够给越南以军事援助,中国人就只好对苏联的援助大加诋毁,声称莫斯科此举意在扩充影响并最终把越南的利益出卖给美国,以此聊以自慰。

三、其他的亚洲共产党

在亚洲其他地区,共产党中国在同苏联的争斗中,也已经失去了战场。北朝鲜越来越多地对北平的政策特别是其对越政策提出批评。据说,平壤曾于 1966 年 5 月给日本的朝鲜裔居民组织(Chosen Soren)发去一封信件,指控中国蓄意破坏阵营的团结。信中严厉批评中国方面公开诋毁苏联对越南的援助,指出评价这一援助究竟值不值得的应该是河内而非中国,此外,它还谴责北平将古巴称为"修正主义国家",声称中国此举是为了在拉丁美洲这个被朝鲜人视为古巴天然的势力范围的地区"抢夺霸权"。

1966 年 5 月的这封信绝佳地表明了,自从赫鲁晓夫下台以及 1965 年 2 月柯西金访问北朝鲜之后,平壤倒向莫斯科的程度。苏联的援助又进一步地成为朝苏关系缓和的黏合剂。最近几个月,在北朝鲜侦察到了两个海岸防卫巡航导弹复合设施、两个新建的地对空导弹基地和另外两架米格－19 远程喷气式战斗机,出现在北朝鲜的这些喷气式战斗机和防务导弹装备,相信是由苏联依据 1965 年 5 月两国签订的军事援助协约条款提供给北朝鲜的。

北朝鲜对于北平的批评都是私下的,他们迄今为止还在避免对中国公开的攻击。不过,在今年夏初举行的庆祝中朝友好互助条约签订五周年的纪念庆典上,北平与平壤关系愈益冷淡的事实凸显出来。朝鲜人在发给中国人的官方电文以及在外交宴会上的讲话中,仍然套用一贯的表述:"中国人民在以毛泽东为首的中国共产党的领导下。"然而,中国人在其电文及讲话中却没有像先前周年纪念庆祝活动时那样,在提到朝鲜劳动党时冠以"在金日成的领导下"。在纪念朝鲜战争胜利 16 周年时,中国人也明显避免提到朝鲜劳动党和金日成。这两个国家已经超过两年没有进行过高层党代表团互访了。

曾一度坚定支持北平的日本共产党,立场也渐趋独立。这在去年 3 月召开的苏联共产党代表大会上表现得尤为明显。在中国共产党的重压之下,日本共产党总书记宫本显治勉强同意与中国一起抵制此次会议。不过,在他返回日本后,显然决定了采取偏离北平并靠近苏联的方针。日本共产党人对中国人的某些政策特别是对越南的相关政策提出批评。现在,日本共产党的《赤旗报》(Akahata)开始大量报道苏联方面的消息,同时减少转载来自中国新华社的报道。在党的日报上,甚至连毛泽东著作的广告也消失了。

日本共产党的立场目前与北朝鲜相类似,都试图在北平和莫斯科中间走一条中间路线。去年 3 月,宫本的平壤之行清楚地表明,两党正在有关国际共产主义运动的众多问题方面协调立场。在宫本结束访问时两党共同发表的公报中,强调了共产主义运动团结的重要性,提出要谨防教条主义和宗派主义——显然，这是在隐射中国。公报还说，要警惕并反对任何将其"单边意志"强加给其他党的做法。

5月11日《赤旗报》的一篇文章进一步表明了日本共产党正在偏离北平。文章指责日本共产党一些党员身上的"奴仆思想和教条主义"，已经导致了"无条件地遵从于外国党的领导"；文章警告说，过分强调"反对修正主义的斗争"，降低了与"美帝国主义斗争"的有效性。

显然，印度尼西亚共产党在去年秋天所遭受的灾难①是北朝鲜和日本共产党决定与中国疏远的一个重要因素。在后两者看来，由于印度尼西亚共产党过分依赖北平并盲目接受中国人的指导，使党所面临的困难更趋严重，并致使党在随后的政变中遭到挫败。

在目前所有背离中国的外国党中，印度尼西亚共产党是情况最为严重的一个。一度对雅加达局势有过重大影响并与北平结成密切同盟的印度尼西亚共产党，如今已被取缔。党的主席艾地和党内高层领导人均遭杀害，党的组织已被摧毁。而在不到一年前，印度尼西亚共产党一直是集团外国家共产党中最坚决支持中国的一个党。现在看来，该政党作为一股政治力量对中国的利用价值，在未来几年将为零。

四、北平与拉丁美洲

北平与古巴的关系持续恶化。两党关系的严重下滑是在1964年11月古巴主办的拉丁美洲国家共产党会议上第一次表现出来的。该会议基本上由莫斯科安排，主要根据苏联的指示，将那些较为激进的持亲华立场的小团体从西半球中孤立出去。

分歧在1966年1月初达到顶点。为了报复哈瓦那在中苏论战各种问题上越来越多地公开支持苏联，北平彻底中断向古巴提供大米。卡斯特罗立即对此做出反应，指责北平"与美国联手对古巴实施禁运"，以及企图"颠覆古巴的武装部队"。这后一项指责多少有些证据，因为中国的外交官确实长期以来一直在古巴的军人和学生中间散发毛的著作。这种宣传攻势是引发对抗的主要根源。据称，今年早些时候，卡斯特罗曾将中国大使比作"沿街拉客的妓女"。

中国在古巴所遭到的挫折，对其在西半球其他国家的活动可能会产生深远影响。拉丁美洲一些好战的共产主义小型组织长期注视着哈瓦那和北平，以求得财政上和精神上的支持。如今，他们却不得不进行抉择。有迹象表明，某些积极分子团体的领导层内部已经在如何选择上发生了分裂。

例如，在厄瓜多尔，拉法埃尔·埃切维里亚·费雷尔（Rarael Echeverria Flores）——武装革命斗争的长期支持者，带头鼓吹北平战线的一个人——去年上半年从哈瓦那访问归来后，对卡斯特罗高唱赞歌。据传，他手下一些坚定支持北平的人认为，他一定是被"修正主义者"秘密收买了。

---

① 1965年印度尼西亚发生了震惊世界的"9·30"事件。当时，以苏哈托和纳苏蒂安为首的右派军人集团发起军事政变，他们不仅要推翻苏加诺总统，并且要铲除支持苏加诺的印尼共产党。此后，印尼各地华侨受到了残酷迫害，几十万共产党人及其同情者遭到了屠杀，印尼共产党的组织全部被解散。——译注

拉丁美洲最活跃的革命组织的许多干部都是在古巴接受训练的。他们骨子里就是卡斯特罗主义者，他们对哈瓦那持同情立场。尽管少数激进派可能会认同中国对古巴修正主义的指控，但多数会继续向着古巴。

五、与东欧的关系

北平坚持，只对那些愿意与其共同对莫斯科展开攻击的国家，方可得到中国的友谊。这一原则最近再明显不过地体现在北平和布加勒斯特之间的关系中，这种关系从一开始就建立在权宜基础之上。

去年6月，周恩来访问罗马尼亚期间，曾与罗马尼亚共产党首脑齐奥塞斯库①公开发生冲突，因为后者不愿中国在与苏联舌战时，把罗马尼亚当靶子使用。双方争得非常激烈，以至于在周恩来的访问结束之时，双方竟没有发表公报。大肆宣传的中罗亲密友好关系的不堪一击，顿时暴露在世人面前。

长期以来，中国一直鼓励罗马尼亚向苏联施压以求得更大的独立性，希望借此对莫斯科卫星国中一度出现的多中心主义倾向加以利用。北平的这一努力已经取得了一定成效。但它却无法使这些国家将其对更多自主权的向往转化为对中国观点的积极支持。周恩来的访问，在很大程度上可能原本是想表明，中国在东欧并非只有阿尔巴尼亚一个亲密伙伴。不过，这一次，它彻底失败了。

现在，在整个社会主义集团中，阿尔巴尼亚成了中国唯一的铁杆兄弟。两国间频繁的高层互访，为双方提供了对苏联展开恶毒攻击的机会。在过去18个月里，周恩来访问了地拉那两次。阿尔巴尼亚总理谢胡②今春访问中国时曾逗留许久，四处游览。谢胡所率（党政）代表团成员对苏联新领导人大加攻击，其所用言辞的激烈程度甚至超出了东道国，他们还反复强调，阿尔巴尼亚将绝不动摇其支持中国反对苏联的立场。

访问期间，谢胡断言，毛泽东是"中国人民和国际运动"的领袖，并声称"国际运动的中心已经由苏联转移到了中国"。在整个逗留期间，代表团对毛泽东领导的马列主义政党的世界运动之伟大创举大加赞叹，并对全球范围内亲华小团体的迅猛发展不断加以强调。

六、分裂出的党派

不过，在非共产党国家中支持中国的党或派别，数量实际上依然很少，并且在这方面充

---

① 尼古拉·齐奥塞斯库(Ceausescu，1918～1989)，罗马尼亚共产党的领导人，1948～1950年任政府农业部长，1950～1954年任武装部队副部长，后在党内任政治局委员和中央书记处书记，1965年乔治乌-德治逝世后，接任罗共中央第一书记。——译注

② 穆哈穆德·谢胡(Shehu，1913～1981)，阿尔巴尼亚党和国家领导人。1948年11月起任阿劳动党中央政治局委员，1948～1954年任部长会议副主席兼内务部长，1954年7月起任部长会议主席。——译注

满了越来越多的分歧。尽管邓小平最近声称，马克思-列宁主义的队伍"已变得越来越庞大"。不过，无论是他还是其他的中国领导人，都没有像到访的阿尔巴尼亚客人那样，对马克思-列宁主义阵营给予如此乐观的评价。显然，北平对于在处理同国外亲华团体间关系方面所面临的困难心知肚明，中国人很可能已经意识到，这些党派对毛的拥护多半是有名无实的。

许多这些支持北平的小团体，是从正统的支持苏联的政党中分裂出来的，分裂的原因是由于领导人之间的权力斗争引发了内部的冲突。在几乎所有集团外国家的共产党的普通党员中都存在着冲突——保守派和冒进派之间的冲突，老一代卫护士和他们那些年轻的要求重新分配权力和地位的反对者的冲突。在中苏竞相拉拢支持者的过程中，以上种种冲突又进一步扩大了。

不过，那些激进的反叛者在党内论战中引用毛的权威阐述，常常只是为了支撑自己的观点。他们基本上是一些反对者，心胸狭隘，惯于猜忌，甚至他们彼此之间也无法达成一致。曾经导致其脱离党的正统领导的那些原因，如今又使其为了获得中国人的支持而相互争执与竞争。

虽然中国人不厌其烦地举出这些分裂派别为例，用以说明马克思-列宁主义在世界范围内所赢得的支持。实际上，在多数国家中，这些派别的影响是微不足道的。在比利时，由格里巴①所领导的组织，是中国在西欧力量最强的支持者，仅有不到 400 名成员。有证据表明，就是这些规模很小的派别，其力量还在进一步发生分化。

例如，在哥伦比亚，那些支持中国的各团体中间，存在着尖锐分歧。哥伦比亚共产党（马克思-列宁主义政党），被党内各种心胸狭窄的猜忌所困扰。工人学生农民运动（MOEC）业已分裂为两个相互对立的组织，双方调和彼此间分歧的希望微乎其微。北平目前是在三处下注，对哥伦比亚共产党以及工人学生农民运动分裂出的两派，均给以适度的经济支持。

西班牙共产党内支持中国的派别之间也是长期不和。三个主要由流亡者组成的小团体，各有其自己的出版物，谁都不愿以妥协求团结。

七、阵线组织

在与苏联争夺阵线组织的斗争中，中国也失了分。1962 年，中国开始建立起敌对的反苏阵线，不过这些努力看似已陷入困境，北平现在只能拿一小撮显然只是装点门面的亲华组织来宽慰自己。这其中包括：亚非记者协会（去年秋天印度尼西亚政变失败后被从雅加达赶到中国）、亚非法官协会（一个设在科纳克里②、总部只有一个人的弱小组织）。

1963 年，中国曾试图在那些存在已久的大型组织如世界工会联合会和世界和平理事会

---

① 雅克·格里巴（Grippa，1913~1990），比利时共产党领袖，是当时西欧共产主义运动中毛泽东主义的推崇者。——译注

② 几内亚首都。——译注

中制造分歧,但却失败了。所以如此,是因为在关节点上,北平未能说服强大的日本工会总评议会(Sohyo)①脱离世界工会联合会。自此之后,中国人很少再去尝试在那些苏联控制的组织中打入楔子。

不过,中国仍努力在亚、非世界中组建一些完全由它负责的地区性组织。一个例子就是1966年7月在北平组织召开的亚非作家常设局会议,中国意识形态专家们借机花了一个多星期的时间,制作攻击性的论战小册子。苏联和埃及共产党立即作出反应,谴责中国的会议为渣滓会议,与此同时在开罗也召集了亚非作家常设局会议。由此,这一组织现如今明显分裂为两个互相对立的集团。

中国人看起来很可能会继续在这些亚非组织中挖墙脚,建立他们自己的小团体。不过,这样的策略从长远来看,可能会削弱其在亚非国家中的影响。欠发达地区的民族主义领导人日益迫切地希望避免卷入中苏论战,不愿让他们的地区组织被拉入这场意识形态斗争的漩涡之中。

在那些他们无法说服并施加影响的大型组织中,就像作家常设局事件所反映出的那样,中国人仍会继续参加苏联控制下的阵线组织的会议,并迫使代表们陷入无聊的辩论。所以,北平有时能在莫斯科和他的支持者之间找到微小的摩擦并加以利用。不过,中国如此不厌其烦地对苏联进行污辱性的攻击,有些时候只会引起其他与会方的反感。许多情况下,当中国代表发表长篇攻击性演讲的时候,多数会议代表都会离席,这也表明,中国已愈加地孤立了。

在此类会议上,当就有争议问题举行投票表决时,北平先前的那些支持者们如今都不愿再站在中国代表团一边。例如,今年6月在日内瓦召开的世界和平理事会会议,虽然朝鲜、越南和日本都派代表参加了,但会上自始至终支持中国的只有阿尔巴尼亚一个国家。

八、前　景　展　望

种种迹象表明,北平在今后一段时期所面临的前景不容乐观,孤立已成定局,甚至可能需要付出在它看来是"暂时"失败的代价。所以如此,是由于中国人始终坚信自己肩负着领导世界革命的伟大使命。他们很可能会将自己目前这种叛逆且好战的路线进一步加以完善、细化,并在实践中进一步将其推向极端。北平以及它越来越少的支持者们还会继续坚持其所谓的"原则立场"。

中国人的行为将自身置于如下境地:如不放弃那些导致其陷入孤立境地的教条主义观点,它将无法迅速扭转局面。不过,世界局势的变化,还可能使北平能够重新挽回它最近的

---

① 日本工会总评议会:日本最大的工会联合会。成立于1950年,其后很快成为战后日本影响最大的工人组织,并与日本社会党形成密切关系。总评会的成员包括公务员、教师、国营铁路工人、交通运输工人和金属工业工人等工会。——译注

损失。两年前根本没有预测到，中国会变得像今天这样孤立。如果北平或者莫斯科的领导人发生更迭，或许可能会改变中国目前黯淡的前景。

DDRS，CK 3100374938－CK 3100374947

郭洁译、校

第十一编　中国与第三世界

目　　录

导　论

牛　可　刘　青

本编收录的是冷战时期美国情报部门针对或涉及中国与第三世界关系的48篇情报文件。这些篇目大多数是直接针对中国在亚非拉各国或地区的政策和活动的情报分析和评估,涉及内容相当广泛,包括中国在亚洲国家的行动和政策、中国对周边国家"入侵"的可能性、中国(以及苏联)在中东、非洲和拉美地区的"渗透"和"扩张"以及万隆会议等方面,这些情报体现了美国对中国在第三世界的政策行为和影响力的持续关注。此外另有10篇左右的文件虽然主题是关于一些第三世界国家内部的形势,但在内容中也多涉及中共(以及苏共)对其的影响或者该国与中苏集团的关系。就主题内容而言,本编所收取的篇目可以被认为是在"外交"、"朝鲜战争"、"越南战争"、"中印关系"等其他专题分割了相关文件之后的剩余。本编内容所涉及的时间跨度大(1947~1983年)、地理涵盖面广(亚、非、拉美),涉及诸多国家、事件和问题,不免造成主题相对分散、内容零散的情况,一般难以单独为研究中国与第三世界特定国家的关系和一些具体的外交史问题提供连续、系统和充分的材料。这是本编不同于其他各编的一个突出特点。对某些专门问题的研究而言,不妨与其他各编相关内容结合起来相互参照。

根据主题范围大小,本编所收的这些情报档案大体可分为两类,一类是对特定事件和即时性、短期性问题的分析、评估和预测,这类文件实效性强,内容也比较具体详细;另一类则是在不同范围和程度上更具长期性、综合性的情报研究,即在综合了多种情报信息资源的基础上,在较为宏观和长期的题旨上做出分析和预测。这类文件特别是 NIE(国家情报评估)文件在更大程度上体现冷战时期美国情报注重"战略情报"——指"全盘规划、指挥和决策所需的情报"——的特点。① 此外与其他各编一样,本编所收的情报档案也体现了美国"情报共同体"组织上的多部门特点,这里既有中情局的各项情报报告、形势评估和国务院的分析报告,也有国防部和国防情报局的评估报告(本编含国防部和国防情报局的报告各一篇)。所列篇目中有一部分是由各情报部门中负责中国问题的人员撰写的,而另外一些篇目则显然是由负责其他第三世界国家和地区的情报专家所提交。在此值得一提的是,较之其他各编,展读本编中内容庞杂的情报文献,当更容易领略到冷战时期美国情报机构规模之大、人力之众,其工作的范围之广、触角之远。不论情报文件本身内容的准确性是否经得起历史的检验,有些文献所显示出的学术、知识含量和专业研究深度令人印象深刻。

尽管就许多具体问题的研究而言,本编并不能提供集中和系统的材料和信息,但我们仍

---

① 参见 Brewstre C. Denny, *Seeing American Foreign Policy Whole*, Urbana and Chicago: University of Illinois Press, 1985, pp. 56 - 57, p. 103。

然认为本编的主题和内容在美国对华情报选编的整体研究计划中具有独立的和不可替代的意义。首先,就中国对外政策而言,本编的内容显示出作为整体的第三世界在冷战时期中国对外政策中所具有的重要意义且这种重要意义不断上升的趋势。20世纪50年代中期以来,中国开始建构一整套针对前殖民地半殖民地国家的政策理念和方针,逐渐形成系统的对第三世界的政策,同时针对广大的亚非拉地区开展广泛、积极的外交活动。而在全球主义政策观点下对第三世界越来越重视的美国理所当然地严密关注中国对这一广大地带的活动和影响,由此要对此开展周详而深入的情报工作。美国在这方面的情报文件,正可被视为一种从特定角度、有特定时代规定性的对中国和第三世界关系的历史记载和历史书写。对当今中国学术界于冷战时期中国对外关系史的研究尤其有价值的是,本编中有不少篇目涉及现有研究较少触及的方面,比如中国和一些周边国家的比较复杂、多面向的关系,以及中共和一些第三世界国家共产党的关系。由于这些问题的政治敏感性和中国方面档案公布的规程,一时还难以期望这些方面的研究能全面铺展开来。这个空白的存在又会在很大程度上影响对中国介入冷战的方式和程度及其在冷战中的地位和作用的深入认识。而来自美国情报部门的这些文件提供了一些虽然片断零散但也有用的基本素材,甚至提供了具有启发性的问题指向,引导我们注意一些以前的学术研究在不同程度上被忽视了的问题。

就美国方面的政策而言,本编的相关内容特别是一些综合情报评估,在不同程度上反映了美国对华政策背后的一些深层次因素,特别是突出地反映了美国对华政策与其对作为总体的第三世界的政策之间的关联。就此而言,通过阅读本编内容可以感受到的一个突出趋势是,随着非殖民化浪潮中第三世界共产党力量的壮大和"革命民族主义"力量的勃兴,以及20世纪50年代末中苏分裂和中国对外政策的激进化,美国逐渐改变了其最初形成的单纯在美国与"共产主义集团"的两大阵营对抗的框架内对中国加以认知的方式,而越来越多地在控制第三世界变革的"问题意识"下来考虑中国的意义,尤其注重中国作为一种在第三世界有影响力的革命典范和经济发展道路的意义。在"全球冷战"的史学观念下提升对第三世界在冷战中的意义的认识,是近年来国际冷战史研究中最为突出的方向之一。[①] 而无论是中国在其冷战对手的总体战略考量中的地位,还是中国在冷战整体格局中的地位,都有相当大的部分是通过其与第三世界的关系和在第三世界的影响力而获得的。可以说中国在冷战向第三世界扩散而成为"全球冷战"的过程中具有特殊作用。由此我们期望本编的内容会有助于促进中国学术界深化对中国在冷战中的地位和作用的认识,深化对第三世界在冷战中的地位和作用以及冷战对第三世界的影响的认识。

一、中国在亚洲的政策和影响力

本编所选收的情报档案显示,美国情报部门关于中国的认识中的一个基本点是:亚洲

[①] 参见 Odd Arne Westad, "The New International History of Cold War: Three (Possible) Paradigms", *Diplomatic History*, Vol. 24, No. 4, Fall 2000; Westad, *The Global Cold War: Third World Intervention and the Making of Our Time*, Cambridge University Press, 2005。

尤其是东亚和东南亚是中国传统的影响力范围,中共在这一地区的影响将长期存在。美国情报部门持续关注并力图予以解答的是,中国在亚洲的影响力的走势是上升还是下降,中国在这一地区将采取怎样的策略,其中的军事性因素和非军事性因素各占据了多大的权重。中国是否以及在多大程度上倡导和推动亚洲地区共产党和非共"革命民族主义"的武装斗争,是美国人特别敏感的问题。

新中国成立以后特别是朝鲜战争爆发后,美国曾一度关注和强调共产党集团尤其是中国方面对亚洲的"军事侵略"的危险性。然而不久美方情报部门就意识到中国的策略发生了微妙的改变,1952 年本编 11-3 文件显示,美国高度重视中国宣传中的口号和辞令,将之作为感知中国政策变化的晴雨表。通过分析和解读重要领导人的讲话以及《人民日报》的社论文章,美国捕捉到中国策略可能发生的变化。该文件指出:"今年'五一'节的口号、演讲和宣言令人惊讶地几乎没有强调'武装斗争'的主题,而这一主题在 1949 年及随后的集会上都非常醒目。与先前的口号不同,苏联和中国的'五一'节口号都没有明确提及亚洲的'斗争';相反,口号被引向日本以及'所有国家'反对'帝国主义侵略的人民'。东南亚共产党的'五一'节庆祝活动相对平静,而北京的庆典没有举行阅兵仪式,更衬托出'武装斗争'主题的低调。"文件进而做出判断认为:"很有可能的是,'武装斗争'的目标会变得更有限,并在一些地区服从于'和平攻势'。"美国情报专家显然对中国"统一战线"策略在对外政策上的运用有所认识。他们大体正确地认识到,对中国来说,共产党领导的武装斗争是首选,但激进的、反西方的"革命民族主义"乃至于非暴力革命的民族主义运动也要被支持和拉拢的。显然,美国人在这里注意到了 20 世纪 50 年代末中国对外政策走向激进化之前的一些特点。可以理解,日内瓦会议之后美国情报部门十分留意于中国方面关于"和平共处"的政策宣示。1954 年年底本编 11-6 文件认为:"共产党中国和苏联会继续推行其当前的政策,利用和平声明来拉拢亚洲,而与此同时继续颠覆亚洲,他们期待这一长期的'和平共处'政策将以最小的风险实现其当前的军事和经济目标,并且最终消除美国在亚洲的影响力。"而到万隆会议以后,本编 11-9 文件开始判定:"(中国)在会议上的立场意味着至少在不久的将来其战略主要还是强调'和平'策略。"

但同时,对于这一变化的性质究竟是短期策略还是长期性方针,美国情报机构尚存疑问,认为这有待于对中共进一步行动进行观察之后才可以做出判断。所以同时各情报机构还不断提出关于中共是否可能"军事入侵"其周边国家的评估报告。比如,中央情报局在1951 年本编 11-2 文件中认真地研究"共产党袭击日本的可能性"(虽然最终还是否定了这种可能性),而国务院在 1953 年本编 11-4 文件中则怀疑中国会动用军队针对缅甸"强化其领土要求"。总的来说,在缺乏与中国方面的沟通和充分的情报来源,双方互不摸底的情况下,美国对中国在亚洲的战略意图和军事作为十分敏感和警惕,倾向于夸大中国方面的侵略性、进攻性。朝鲜战争之后,这在美国官员中是一种常态的思维方式。上述中情局 1954 年本编 11-6 文件提出总体估计是,中共一方面将主要用政治手段,"宣扬和平的意图",而不会用军事手段冒战争风险实现其目标;另一方面却也"继续努力开展颠覆活动,也继续扩张共产党的战争能力"。所以还存在着中国发动战争的可能性："……共产党人可能会发动新的侵略，这或者是作为对美国政策的反应，或者也可能是出于他们自身的原因，错误估算了美国可能的反应造成的，或是因为对在某些地区轻易获胜抱有期望，特别是如果美国的力量和决心以及与美国合作的各个国家看起来受到削弱的话。要特别注意的是，日内瓦协定或者中国共产党决意夺取国民党控制的沿海诸岛或台湾，都可能引发严重的危机。因此，在评估所论及的时期内，始终存在爆发战争的可能性。"

在美国情报部门看来，"和平攻势"成为中共对第三世界的一个新的策略。这一策略包括官方外交、"人民外交"、经济诱导、宣传和颠覆手段等。本编11-8文件专门就中共创建亚洲工会代表大会分析中国对亚洲政策的非军事方面，突出显示美国方面注意到中共外交手段多样化和多层次的特点。而美国对中国外交政策这些方面的注意也正映照出美国自身心理和策略的一个方面，即冷战已经超出了单纯的军事争夺的范畴而成为"总体冷战"（Total Cold War），包容了"政治战"、"心理战"、宣传战以及"经济攻势"和对外援助等各个方面。在此后探讨中国对拉美、对非洲的策略时，这些主题也将反复出现。

冷战前半期美国对第三世界政策的一个总体演变趋势是愈来愈关注并致力于影响和改变第三世界国家内部发展的性状。这一点在其20世纪50和60年代对中国的认知和政策中当然会有所反映。大体而言它越来越担忧中国作为对抗美国影响的革命典范和经济发展模式而对亚洲国家产生的影响。美国情报机构关注的一个焦点是中国对亚洲国家在政治和心理上的影响力，而且致力于对这一影响力走势的变化予以跟踪评估。在1954年本编11-6文件中，中情局首先评估了共产党对中国大陆的统治效力，认为虽然"中国共产党政权对大陆中国的控制实际上已经完全巩固"，"没有爆发严重的有组织反抗的迹象"，但"对中央政府尚存在巨大的、普遍的憎恶"。与此相关，此时美国似乎还不是特别在意于中国的意识形态和经济发展模式对其他亚洲国家的吸引力，而只是认为"最终，随着其工业基础的发展，共产党中国以经济手段开展政治斗争的能力会得到加强。"但事隔三年，在1957年本编11-15文件中，美国情报机构显然已经开始对中国的政治影响力和经济发展模式的示范效应扩大的趋势感到十分忧虑："面对北平能投射出来的力量，许多亚洲国家都容易受到其各种呼吁及压力的影响。共产党中国可能会继续摆出和平与经济发展的先锋的姿态，也会继续认同于广泛存在的、由于殖民地经历所引发的反西方偏见。许多亚洲领导人对马克思主义的经济概念有一种知性上的同情。许多人也相信在他们的欠发达国家中，就解决重大的经济发展问题而言没有切实可行的办法能替代国家计划及其投资。在这些条件下，会产生一种对共产主义经济体制更为容忍的倾向，即便人们认识到并且反对它的种种暴行。"又指出："……共产党在中国取得的经济成就打动了许多亚洲领导人；在他们看来，共产党中国的经济问题以及引人注目的发展手段，而不是西方的经验，与他们欠发达国家的境况更相适宜。此外，在某些亚洲知识分子中有一种倾向，即拿自己社会正在经历的巨大困难与在他们看来存在于共产党中国的、对于凝聚力和国家目标感相对照，形成优劣反差的认识。"

中国经济发展的示范效应由此被看作是中共扩大其影响的一个重要因素。美国能关注到这一点,说明此时美国方面也认识到,第三世界国家普遍面临的是对经济增长的渴求,美国和中苏集团之间在第三世界的竞争已经更突出地体现为第三世界国家选择哪种发展道路之争了。这一情报分析可以说既是美国政策制定者开始关注第三世界的变革和发展问题的反映,同时也符合20世纪50年代末美国改变单纯的军事援助模式,开始大规模向第三世界国家提供发展援助和"发展指导"的趋势。也正是从50年代末开始,美国在亚洲开始更加重视台湾、菲律宾和韩国等地区和国家作为向第三世界展示的"民主橱窗"的意义。

除了认识到中国在经济发展方面对亚洲乃至第三世界其他国家的吸引力外,美国方面还关注着各国反殖民主义和民族主义情绪的高涨,并越来越多地将其与两大阵营的冷战争夺联系了起来。战后最初,美国更习惯于接受的逻辑是把非西方民族主义看成是共产主义的天然对立物,但50年代中期以后美国越来越多地看到,中国在利用第三世界的民族主义情绪方面有着特殊的有利条件。"在多数亚洲国家,民族主义所汲取的力量在很大程度上来自于对殖民主义的反抗。多数亚洲新兴国家的领导人都是独立斗争运动的领袖。他们中很多人都把其国家当前的落后归咎于西方的剥削,并且对殖民地时期所遭受的歧视有着痛苦的记忆。总的来说,他们的经验都是对西方殖民主义的而不是对共产党殖民主义的。这使他们容易相信共产党对帝国主义的阐释。源自种族与肤色的敌意与殖民地时期遗留下的憎恶感混合在一起。共产党中国通过强调自己是一个亚洲国家,也通过宣传它自身遭受西方剥削的经历,经常可以利用殖民主义与民族主义的论题。"①不过,虽然美国一直都很担心反殖主义与民族主义会为共产党集团所利用,但它同时也认识到,亚洲各国的民族主义对于中共来说也是一把双刃剑,因为它在造成亚洲各国对西方的疑虑和反感的同时,也使得这些国家同样不愿意接受中苏集团的领导,从而为避免卷入大国冲突而选择一条"中立主义"的外交政策路线。"所有亚洲国家中都有一种根本性的渴望,即不受外来干预,掌握本民族的命运。这对北平影响力的扩张施加了一定的限制。尽管亚洲国家在不同程度上容易受到来自外部的引导,而且也愿意接受外国援助,但它们当中没有一个认为自己是任何外国领导者——不管是亚洲的还是其他地方的——的仆从。"②就此看来,美国此时对亚洲民族主义的认识已经较前有所深化了。

从本编情报档案的一些片段中可以了解到,美国十分担忧地看出,东南亚各国大量华人的存在可能成为中共在亚洲拓展影响的一个方便的渠道。1957年2月18日,国务院专门发布了有关中共对马来亚华侨政策的情报报告。"中共一般把海外华人看作一笔财富,因为:海外华人给他们大陆亲戚的汇款是外汇的来源之一;海外华人的财产是工业发展所需资本的潜在来源之一;海外华人可以被用以增进共产党中国与驻在国的贸易;海外华人为中共的情报和颠覆活动提供人员以及其他便利工具,而且还可以当作和平时期政治渗透或战争时期后方军事行动的桥头堡;海外华人拥有对中共工业化计划颇有利用价值的专业和技术才

① 见本编 11 - 6 文件。
② 见本编 11 - 15 文件。

能。"但是,美国情报部门也发现,对中共来说也存在一些不利因素,因为一方面,多数华人"最关心的是生意以及与其东道国保持良好的运作关系",所以他们尽力"试图避免卷入共产党和国民党中国的政治活动"。另一方面,"由于海外华人的经济地位以及他们要坚持维系他们单独的认同,所以本土居民对海外华人存有敌视,这对北平扩大其影响构成了一些障碍。特别是许多政府担心,中共的活动会越来越多,这将加重其国内已经存在的难以同化的华人社群问题。唯当海外华人确信中共即将发动一场成功的军事入侵,而且他们除了向故土效忠外别无选择时,他们才会是共产党中国的一笔重要财富。在这种情形下,海外华人就会获得作为'第五纵队'的重要性"。① 根据美方的推断,中共对此采取的策略是,"在近期内可能还不会考虑立刻利用这一群体,以建立中共对马来亚半岛的直接统治。……中共试图鼓动华人和马来人在政治上联合起来以对抗英国人。在社会领域,北平反对马来亚华人的同化。在经济领域,北平试图利用马来亚华人去破坏英国的地位,并造成一种要求与共产党中国开展贸易的压力"。这一则情报提醒中文学术界,冷战背景下的华人华侨问题值得投入更多的学术关注。②

本编所收情报关于亚洲的部分中,有两篇是国务院专门针对1955年的亚非会议的,即本编11-7、11-9文件。美国之所以看重亚非会议,是因为在他们看来,亚非会议标志着中国对外政策的一个重大动向,即"中国将首次形成一个对亚洲以外的'殖民地世界'的系统的长期方针"。这可以被认为是一个符合历史实际的论断。美方认为,中共直到1954年下半年尚未明确形成对亚洲以外其他地区,比如中近东和非洲的政策。虽然"在1950年北平的广播就开始就南非以及法国在北非的'镇压'行动发表社论。而且在1950年末,中国共产党人提议,阿拉伯和亚洲国家在为处理朝鲜问题而组成的委员会中应承担多数。但直到1954年中期,种种情势中最显眼的还是朝鲜战争,这使北平的视野很大程度上局限在亚洲的紧迫局面中"。③ 日内瓦会议以后,中共开始将视野投向亚洲以外地区,亚非会议的召开恰逢中共开始向东亚以外的世界推行更积极政策之时,用国务院情报研究的话来说,就是"共产党中国一心想充当世界大国,对亚洲和非洲也有兴趣……它不会放弃任何一个机会把会议转向反美并巧妙地将自己说成是'殖民地人民的领袖和解放者'"。④

本编11-7文件是在亚非会议正式召开前出台的,是对中共可能采取的立场的预测。美方推测:"共产党中国在会议中可能摆出一个克制、理性和可敬的姿态。"而在分析中共可能采取的方针时,报告分析道:"北平实质行动方针将是:(一)以微妙的方式试图把任何反对殖民主义或帝国主义的决议与美国的政策联系起来,并引起大家对美国与所有所谓殖民地之关系的质疑;(二)努力寻求达成一份体现出周恩来-尼赫鲁五项基本原则的决议,涉及

---

① 见本编11-14文件。
② 就笔者所知,在这方面,国立新加坡大学研究员陈剑(C. C. Chin)对马来亚共产党及其与中共的关系进行了专门的研究。C. C. Chin and Karl Hack(eds.), *Dialogue with Chin Peng: New Light on Malayan Communist Part*, Singapore University Press, 2004;陈剑:《与陈平对话——马来亚共产党新解》,马来西亚华社研究中心,2006年。
③ 见本编11-6文件。
④ 见本编11-7文件。

'共处'和'和平区域';(三) 在这一框架内,为一份要求解放当前殖民地或保护国的宣言寻求支持;(四) 对亚非人民的兄弟情谊给予象征性认可,这基于其共同的痛苦,而不提及他们都来自一个反对所有宗主国的阵营;并且(五) 要求结束当前妨害了'殖民地'国家之间的贸易或政治联系的'人为的'障碍。"从目前我们所了解的情况来看,美方的这一预测基本正确,上述五点符合周恩来后来在大会上采取的策略,也体现了"求同存异"原则。本编 11-9 文件是在亚非会议召开后美方对会议中中共立场和策略的总结和分析,指出许多亚非领导人"被共产党在万隆施展的'和平'策略所打动",而中共"在万隆的立场,意味着至少在最近的将来其战略主要还将是继续强调'和平'策略"。我们看到,美方注意到了中共在亚非会议上取得成功的一个重要因素,即周恩来本人的外交技巧。"万隆会议上共产党中国普遍给人留下了良好的印象,这很大程度上可能归功于周恩来精湛的外交技艺。他愿意做出策略性的妥协(比如,他在决议中没有坚持使用共产党关于'和平共处'的陈词滥调),而且他温和、不好斗的态度确实在很大程度上促成了这种印象。可能周恩来的活动中最富成效的还是他与不同亚洲领导人的私人接触,这使得周在闭会致词中保证北平对亚洲邻居们不抱有任何侵略企图。在这些接触中,周恩来使人确信共产党中国的代表渴望与亚洲国家——无论是共产主义的、中立主义的或是亲西方的——增进'友好'关系。北平先前已经向泰国、菲律宾、日本、老挝和柬埔寨明确表达了这一愿望,而这些国家在万隆都成为周恩来外交的对象。"

二、中国在拉美拓展影响

本编所收档案有关拉美的情报并不多,只有四篇,即本编 11-10、11-19、11-20、11-40 文件。在这几篇文件中,前两篇文件都侧重于苏联的活动,对中国有所涉及,但内容较少。第三篇文件则比较集中地讨论了中国的情况。

与亚洲不同,拉美一向是美国传统的势力范围即所谓的"后院"。该地区远离国际共产主义"策源地",在地缘政治和军事上相对稳定平静,最初可以说处于国际冷战斗争的边缘地带。但该地区经济社会发展性状不良,始终存在的政治动荡和盛行的反美主义自 20 世纪 50 年代中期以来又与国际共产主义影响扩张的势头相汇流,在美国眼里已然有转化成爆发革命的潜在风险(在古巴甚至变成真正的革命),终于将拉美地区拖入冷战斗争的潮流中。而美国方面也更多地将拉美置于全球冷战的认知框架下加以认识。与美国方面对拉美在冷战中的地位和意义的认识提升的过程密切相关的,是 50 年代末以来其政策思维中愈来愈强调美国与苏中集团在"欠发达世界"就发展和"现代化"模式展开竞争这一因素。[①] 与此相关,美国注意到中国革命的经验和经济发展成就对拉美人的吸引力:"中国人越来越强的影响力也来自于拉美共产党人对北京道路的接受。中共的革命热忱吸引了许多拉美共产党人,而且他们表示在'中国经验'中发现了很多适用于他们本国问题的东西。中国人重视土地改革这一在多数拉美国家都很重要的问题,而这会使得中共的建议和指导继

---

① 参见雷迅马:《作为意识形态的现代化》,牛可译,北京:中央编译出版社 2003 年版,第 37~48、115~124 页。

续具有吸引力。"①

　　50 年代中期,苏中集团在这一地区活动增加,引起美国的高度重视。1955 年本编 11 -
10 文件显示,拉美与中苏阵营的贸易、外交和文化交往的加深即被美国视为是对其"安全利
益造成了威胁"。美国情报报告做如下结论:"(一)中苏阵营通过贸易、外交与文化攻势以
及对当地各个共产党的利用,继续破坏美国在拉美的利益。(二)共产党正在侵入拉美。如
果它们取得进一步的成果,就会对美国造成非常严重的后果。"

　　1960 年 2 月 26 日,中情局提交了一份关于中国在拉美"渗透"与"争夺"的分析报告,即
本编 11 - 20 文件。报告显示,美国情报部门注意到中国重要领导人讲话中对拉美地区的涉
及,以及中国国内新闻宣传中对这一地区报道篇幅的增加,据此他们推断中国对拉美的兴趣
正在日益加大。"北京对拉美的兴趣反映在中国国内新闻报道涉及该地区的篇幅中。拉美
事务一般是在《人民日报》的'国外版面'中报道的,而古巴局势正是一个特别受关注的话题。
1959 年 8 月举行的圣地亚哥外长会议得到了关注,《人民日报》报道共产主义阵营以外事件
的全部篇幅中大约有三分之一都是有关拉美的消息,而且有几期报纸中有关拉美人对赫脱
国务卿所设'陷阱'表示愤慨的主题被摆放在非常显眼的地方。"在分析中国动机时,报告指
出:"毫无疑问,在关注拉美的背后,北京的首要动机是期望挫败美国的政策并削弱美国的地
位。中国共产党人业已看到,在拉美他们有机会把宣传和颠覆攻势带进头号敌人的后院。
这一地区对美国的安全而言至关重要,美国在此有着巨大的经济投资和广泛的贸易关系,而
且在传统上它也是美国紧密的政治盟友。"这些话一方面是美国对中国动机的推断,另一方
面也真切地反映了美国自身对拉美的重视和关切,表明了拉美对美国利益的至关重要。

　　在接下来对中国动机的推断中,"想赢得国际社会的承认"、"加速传播共产主义的热切
期望"、"推动与拉美地区的贸易"等都被认为是中共加大对拉美渗透的原因。如果说这些分
析尚属合理,那么另外一条推测则显得美国有些过度担心和妄加臆断了。报告说:"假如拉
美建立了多个共产党政权,则北京方面一些制定长期计划的人就可能会构想一个横跨太平
洋的中国势力范围的图景。如果说移民是解决中国人口问题的一个必要手段,那么比起亚
洲人口稠密的或干旱贫瘠的地区,南美洲相对空旷的空间就可能提供更为适宜的目的地。
这种地缘政治上的想法一旦为北平所抱有,就为它支持拉美共产主义运动提供一个补充性
的动机。"显然,这里关于所谓"一个横跨太平洋的中国势力范围"的估计,与前文提到过的大
致同时期美国在亚洲夸大中国"扩张"意图和战略目标的情形有共同的背景。而中国方面对
向拉美输出人口"心存企图",则更是想当然的臆测。

　　其实美国方面也了解,中国针对拉美的活动无非是贸易、宣传和接待当地来访者,并没
有像在亚洲那样有诸如直接指导和援助当地武装革命之类的深入介入的情形。情报人员观
察到的是这样一些情况:中国方面在每周向拉美地区播放 21 个小时的西班牙语广播,向拉
美发放大量印刷宣传材料,以及中国领导人接待了某来访的拉美代表团。情报中十分留心

① 见本编 11 - 20 文件。

于中国接待拉美来宾的各种细节,"中国共产党人非常慷慨地支付其拉美访问者的开销。对于应邀来北京参加国庆十周年庆典的代表团,中共承担了即便不是全部、那么也是大部分代表团的旅费,而且他们驻留中国期间都享受政府来宾的待遇。中国方面不支付男性代表们的妻子的旅费,但是如果她们自费抵达后,参观访问都可以免费。去年夏天一群哥伦比亚的国会议员在共产主义阵营国家访问时抵达北京,在那里他们受到了毛泽东的接见……"报告且称:"拉美人的气质似乎会觉得北京的官方氛围要比莫斯科的更对胃口,而且很容易就能接触到中共最高领导人也使得访问者感到愉悦。"以这样一种方式,中国似乎更加容易赢得拉美人的人心。在分析拉美非共产党人士为什么会给予共产党中国报以热情时,报告特别指出反美情绪可能是拉美一些人士亲近中国的因素,"偏要去搞一些为美国所不满的交往",以"做给美国看"。美国显然十分担忧拉美地区的反美情绪可能为中国扩大影响提供了机会。

三、中国在非洲的外交和援助活动

本编所收档案中,直接是对中国在非洲的策略进行分析和评估的报告有五篇,即本编11-22、11-27、11-31、11-34、11-41文件,时间均在60年代。

随着20世纪50年代后期非殖民化浪潮席卷非洲大陆,冷战也扩展到这里。1960年8月本编11-22文件指出:"中国共产党毫不掩饰他们在看到非洲民族独立大潮时的喜悦。这些新兴国家一获得独立,他们就立即给予了承认。"自1955年万隆会议以后,"中共就决定努力加强与非洲各国的外交和经济联系"。该文件指出中国将在非洲运用一系列"政治、经济和文化手段"去争取获得外交承认和推行削弱美国影响的政策。1964年本编11-27文件也指出:"中共视非洲为一块充满机会的大陆,在他们争取赢得国际承认和获得国际影响力的努力中,他们在这里既能获得长期的收益,也能获得短期的收益。"在美国情报机构看来,中国输出其意识形态和革命经验的努力毫无疑问会延伸到非洲大陆,而这种努力最主要的后果是加剧这一地区非殖民化进程中激进的、武装斗争的和反西方的成分。本编11-22文件就追溯道:"1949年中国共产党刚夺取政权不久,党的理论家,现在是名义上的国家元首的刘少奇就发表评论说,中国革命斗争的形式可以应用于其他殖民地和半殖民地国家。这番讲话经常被看作是中国共产党在解决殖民地人民所面临的与西方关系的问题时最基本的应对之道。""就在最近,北平在解释帝国主义的性质时又表达了同样的观点;北平积极拥护这样的看法,即认为帝国主义不会自行从政治领域撤离,而是一定要被赶走的。在与非洲国家的关系上,北平主要侧重于鼓励和支持欠发达国家反对西方的斗争。"美国情报部门描述了中共在对非洲宣传中对自我形象和美国形象的刻画:"北平经常将美国描绘成非洲人民的主要'敌人',他们谴责说,美国在非洲不是支持欧洲列强,就是取他们而代之";同时共产党中国又"试图将自己描绘成一个被压迫的国家,在'帝国主义'的控制下被蹂躏了多年,最终摆脱了'帝国主义的枷锁',在极少外援的情况下迅速成长为了一个世界大国"。

美国情报部门也认识到,中国自身力量的虚弱限制了它向非洲施加影响的能力,特别是其贸易和援助的能力:"尽管共产党中国与非洲的贸易增加了,但它并没有在任何一个非洲国家的贸易额中占据重要分量,并且与非洲国家签署的政府间的贸易协议只有两起。共产党中国给予非洲国家的援助只占苏联给予这一地区援助的很小的一部分,远不及捷克斯洛伐克给予这一地区的援助。"①但是美国人也发现,即便如此,中国在非洲的外援活动却有着自身的独特优势,即工作作风上的优势。中国对非援助工作的成功所仰赖的不是援助的数量和规模,而是驻外援助工作人员的勤奋努力、扎实高效、吃苦耐劳以及对当地人的尊重和亲合力。本编 11-27 文件作出了这样形象地描写:"北平来的顾问们很容易'融入'非洲当地社会。他们不要求有汽车、冰箱和豪华的房子。只需要少量的大米,他们就能够过活。他们骑自行车或者走路,与马里的同行们干着一样的脏活累活。更重要的是,北平一直有这样一种好名声,即在派出技术人员方面,他们比世界上其他任何国家都要迅速。马里的发展部长近日提到,从美国获得技术人员,要'一年或者永远也不可能',从苏联需要'六个月到一年',从共产党中国只要'四十五天'。"今日读到这些文字,不禁令人感到这显示了那个特定时代中国外交所取得的成功,也更容易理解后来所谓非洲国家把中国"抬进联合国"的情形之其来有自。用美国人当年的话来说,这反映了中国自有其运用"政治战"(political warfare)和心理战(psychological warfare)的技巧和手段,抑或用今天美国人的话来说,也就是当时的中国外交具有一种追求和实现"软实力"的意识和能力。

美国人注意到,不仅普通的援助工作者为中国赢得了声望,其高层外交也取得了相当的成功,使非洲成为中国拓展外交承认的广大空间。美国人观察到 60 年代初中国在非洲的外交政策有其灵活变通的一面,而并不全然受制于僵硬的意识形态原则和阶级路线:"共产党中国对非洲独立国家的政策是,与其现政府建立正式的外交关系,而不论其政府形式如何。他们给封建的也门王国提供的援助就可以算得上是他们在自由世界的几笔最大的援助项目之一,这表明只要他们有机会让那些欠发达国家放松与西方的联系,中国人就愿意与任何欠发达政权建立密切的关系。"1964 年本编 11-27 文件详细分析了上年底周恩来对非洲十国的访问所产生的影响:"中国人无力承担大规模的经济和技术援助,所以主要依靠的是宣传、外交策略和个人联系……周恩来总理和陈毅外交部长对非洲十国进行了访问,这是最近最显著的一次面对面的说服工作。世界上还没有其他哪个大国曾派出过这么高级别的官员对非洲大陆进行如此的巡回旅行。到去年 2 月他们结束了为期几个星期的访问时,他们并没有获得什么丰硕的成果,不过他们为北平随后进一步推进中共的影响力打下了坚实的基础。""中国总理在访问中基本上采取了比较谨慎的作风,旨在赢得非洲温和派的支持,所到之处都给人留下了很好的印象。他和外交部长陈毅都试图改善北平的形象——由于反对签署禁止核试验协定以及 1962 年中印边境冲突,北平在非洲一些领导人的眼里并不十分光彩。他们一再地极力抵制苏联将中国领导人描绘成不负责任的好战者的宣传,试图表明中国是具有世界影响力的负责任的大国。"在这里美国又一次注意到了周恩来

---

① 见本编 11-22 文件。

个人的外交能力。

四、关于"人民外交"

本编收录的情报评估中多次出现"人民外交"（people's diplomacy）这个概念。从本编所收篇目各处出现这个词的上下文来看，它其实是指中国官方各部门（不限于外交部门）乃至高级领导人主要针对外国非政府团体或民间人士（但也包括少数情况下来访的官方代表团）而展开的广泛的外交活动或者所运用的策略。显然"人民外交"活动并不完全是民间性质的，因此与中国方面常用的"民间外交"一语的含义并不完全相同。虽然中国官方并没有正式使用完全可以和这个概念相对应的词，但仍然可以说美国情报机构通过"人民外交"这个词捕捉到中国外交活动的一个重要特点即其广泛性、灵活性和多层次性。在当时中国在争取外交承认和开展官方交往上往往存在巨大障碍的情况下，这是中国通过在国际领域里运用"统一战线"策略打开外交工作局面的一个重要方式。从美国情报文件中不难发现，在对第三世界国家"人民外交"的活动中，比起中国代表的出访活动，更多的情况还是北平邀请第三世界国家的各类团体到中国去访问，并且这些访问往往都得到了中国政府和高层领导人的高度重视。毛本人的亲自接见即是中国重视这些国家代表团的最高体现。

美国方面观察到，中国对亚洲、非洲和拉丁美洲国家广泛使用"人民外交"的策略。1952年2月国务院关于中共在亚洲推行"和平运动"的报告中就注意到中国广泛邀集外国各界人士到北京参加"五一"国际劳动节庆祝活动，而此类策略后来被美国情报部门正式命名为"人民外交"并加以持续追踪报道。1957年本编11-15文件专门分析了中国推行"人民外交"的策略："北平通过各种形式的'人民外交'计划补充其常规的外交手段，这既是争取打开全面外交关系的一个手段，也是在那些已经与它建立正式关系的国家增强其影响力的方式。为了实现这些目的，它倡导各种类型的代表团进行交流互访：文化的、科学的、经济的、宗教的、民族的、教育的、体育的、记者的以及城市的。……在亚洲促进前线组织的广泛建立是'人民外交'非常重要的层面。许多亚洲国家都有'中国友好协会'，直接从'共产党世界和平委员会'接受指挥的'全国和平委员会'也遍布亚洲各国。利用宗教团体以及亚洲学生，包括提供奖学金和其他的诱惑，是'人民外交'的又一个方面。"

该文件还注意到，中国高层领导人不辞辛劳直接参与到"人民外交"的活动中去。"'人民外交'已被证明是一个有效的工具。容易动摇的访问者经常接受北平宣讲的观点，特别是在经济发展领域。外国使团非常满意，因为很容易见到毛泽东、周恩来以及其他高层官员。他们愿意进行长时间会谈，而且会谈次数多得非比寻常，并且似乎事先就代表团的成员与兴趣听取了汇报。尽管一些亚洲访问者曾对北平政权发出过严厉的批评，但许多人公开表示该政权的高效管理与经济发展给自己留下了很好的印象。一些铁杆反共人士也被中国的访问利用了，要么是因为他们被自己在中国所见到的事物所打动，要么他们这些人前来访问本身就有利于北平推进自己的目标。"

在20世纪60年代，与中国积极拓展对非洲的交往相一致，中国加强了针对非洲的"人民外交"活动。1964年本编11-27文件认为:"最近几年,非洲各国到北平旅行的代表人数激增,这表明为增加影响力,北平给予'人民外交'以极高的重视。去年,到北平的各类代表团超过了70个,而1961年还只有25个,今年这一数目可能会有更大的增加。非洲的官员们受到了隆重的接待,被安排在大陆各地旅行,一些重要人士还受到中国高层领导人,包括毛本人的关照。"同时对阿拉伯世界也有广泛的"人民外交"活动,1965年本编11-35文件认为:"为了寻求更大的影响力,北京越来越将'人民外交'作为其首要选择。去年大约60个阿拉伯国家官方代表访问中国,无论级别如何,这些代表团都受到了中国高层领导人,包括毛本人的关注。"

五、中苏分裂在第三世界的体现

中国和苏联之间的关系一直是美国情报部门关注的一个焦点问题,美国方面有关中苏分裂的情报档案在本研究项目中已专门列出一编。美国在关注中国在第三世界的活动和影响的同时,也往往将其与中苏关系的情况结合起来加以考虑和分析,而本编所收篇目中即有多处展现了美国方面对中国和苏联在第三世界由密切合作到激烈竞争的过程的观察。由此本编又提供了不少重要的或者有趣的资料,可用以加深对中苏分裂的诸多面向的了解。

1950年中苏同盟建立和朝鲜战争爆发之后,美国已确定了一种关于中苏"铁板一块"的僵硬看法和相应的强硬政策。但在某些情况下一些美国官员偶尔也显露出对中苏分裂的前途有模糊的期待,对双方可能发生的矛盾有时也有一般性的认识和估计。在1953年本编11-5文件中,美国就已经感到中苏双方在亚洲的利益和政策并不完全一致:"1949年以来苏联的一些活动意味着,克里姆林宫一直利用中国共运来拓展苏联在亚洲的势力范围,但同时可能也在试图限制中共力量的外溢。"在1954年本编11-6文件中,美国情报官员也看到中苏关系在共产党阵营中具有某种独特性,并没有采取一种把中国看成是苏联的附庸的简单看法,而是提出有一种大体符合实际情况的判断:"尽管苏联在中苏合作关系中具有压倒性的影响力,但共产党在亚洲政策的纲领几乎都由莫斯科和北平的共同磋商决定,并非由莫斯科独断。中共在中苏同盟中的影响力很可能会继续增强。我们认为在本评估论及的时期内,那些存在于共产党中国与苏联之间的摩擦不会损害到双方同盟的效力……苏联从来没有像对待它的欧洲卫星国那样控制共产党中国,而是似乎把中国当成一个盟友来对待……共产党中国享有某些独立行动的能力,甚至会采取某些苏联可能不赞同却又很难加以责难的行动。"

本编11-6文件的最终结论仍然认为,在亚洲和其他地区"这两个国家倾向于进行一致性的行动",而中共在共产主义集团内部在亚洲问题方面的地位有所上升。类似的基本判断此后在美国情报部门继续延续。本套书第一编"中国综合状况"1-1文件也做出大体一致的判断:"部分出于对其长远目标的追求,部分出于对苏联政策的响应,北平已经在推进国际共产党人的亚洲政策中担当起领导角色";"共同的意识形态和中苏联盟以及对苏联的依赖,导致中国把某些自身利益置于更大的集团利益之下"。1955年本编11-7文件分析指出:"按照《人民日报》的逻辑,苏联的权利不仅基于其作为一个亚洲国家的地位,也基于它在'争取和平和反对殖民主义的斗争'中的领导地位。这里有一个暗示,即不管北平觉得自己与殖民地国家共同体在感情上和立场上是多么接近,它与苏联的关系还是更强;而这一点在10月12日与苏联达成的协议中被具体地加以规定,'随时就所有重大事宜进行磋商'。"1957年本编11-15文件则认为:"几乎没有证据显示,在莫斯科与北平之间就指导并支持亚洲共产党的活动上存在着责任上的分工,或在外部共产党的指导与当地共产党自主性之间存在着平衡。尽管有迹象显示北平在亚洲共产党内的影响力正在上升,但除马来亚和泰国以外大多数亚洲国家的共产主义运动都认为苏联的影响力至高无上。无论如何,莫斯科和北平对于亚洲共产主义运动似乎大体上还是步调一致的,无论其努力是涉及当地共产主义团体或是更直接地指向非共产党国家。"①

50年代末以来中苏之间的分歧已经日益明显,但是美国方面对这方面情况的认识却显得反应迟钝,对分歧的严重程度估计不足。1960年本编11-20文件在评估中苏在拉美的渗透时对中苏之间的关系专门予以考察,其分析和估计中不乏想当然的成分,认为中苏对拉美的渗透是协同进行的:"没有理由相信,苏联对拉美投入更多的关注是因其要与中共在影响力和声望方面展开竞争。相反,两个共产党国家似乎要联手展开合作行动,东欧卫星国可以从旁相助。既存的这些迹象暗示在共产党党务方面以及在政府政策方面,北京政权与莫斯科政权都在互相给予支持而不是加剧竞争。""尽管在过去若干年中可以看出,中国人对拉美各共产党的计划及策略有一定的影响力,但这似乎是对克里姆林宫指示的补充而并非与它对着干。可能所有这类建议以及有关国际局势发展的简报,都是以一种特别的中国风格传送的,但它一般与发自莫斯科的指示方针一致。""有关中苏将合作指导、支持拉美各国共产党的一个很好的解释是,北京和莫斯科在这一地区有着共同的利益。共产党中国和苏联都把美国当成主要的敌人。拉美共产主义运动是削弱美国在这一地区地位的有用工具,而这一地区对华盛顿的战略重要性而言是首位的。这两个共产党国家在抗击'美国佬帝国主义'的手段上能全心全意地合作。"如此断言中苏在拉美能"全心全意地合作",不能不说是所谓中苏之间铁板一块的成见在起作用。但另一方面,这可能也是因为中苏当时在拉美的确没有重大的冲突,使得美国观察者如此过甚其言。

但即使这样,美国也很容易地注意到中苏中间在50年代末以来已经显露出来的一个明显差异,即中国在对第三世界政策上更加激进。比如1960年本编11-22、11-20文件指出:"在支持非洲独立方面,中共比苏联走得还要远,他们甚至已经承认了阿尔及利亚临时政府,而苏联却没有这么做。"又指出中苏双方外交工作风格的差异:"一些拉美人将中国人亲切的风格与苏联共产党人严厉而傲慢的作风进行了对比。拉美人的气质似乎会觉得北京的官方氛围要比莫斯科的更对胃口。"

---

① 中国学者认为,斯大林去世之前中苏两党在国际共产主义运动中有明确的责任分工——"苏联负责欧洲,中国负责亚洲"。沈志华主编:《中苏关系史纲(1917～1991)》,北京:新华出版社2007年版,第169页。

到了中苏对抗已全面展开的 1964 年,本编 11 - 27 文件终于按照一种新的竞争和对抗模式来述说中苏在非洲的关系:"在非洲,苏联转而反对中国的行为,中苏在那里争夺势力的竞争越来越明显……苏联最近做出了大量援助承诺,这部分是为了显示苏联有能力向新兴国家提供切实的帮助,而中国则只是空喊口号和给予一些模糊不明的承诺……虽然中国的总理访问非洲时,在公开讲话的时候刻意没有提反苏的内容——这可能是应到访国的要求,但是从一开始就很明显的是,中国这次访问的一个重要目的就是削弱苏联的影响。"而该情报报告做出的如下有趣的观察表明,先前的盟友已经成了真正的敌人,乃至于需要把苏联人与美帝国主义和老殖民主义相提并论了:"在与莫斯科的竞争中,北平打出了种族主义的牌以在非洲发动攻势。在亚非人民的历次大会上……中国代表都大力游说非洲代表,力图使他们相信,中国的利益与非洲的利益是一致的——非白人应该站在一起。为了与非洲人靠得更近,中国人将西方的欧洲人、美国人和俄国人都笼统地放在一起,认为他们敌视世界上有色的、受压迫和贫穷的人民。周恩来在其非洲之行中不断地重复这一论调。"1965 年本编 11 - 31 文件对非洲的报告也指出:"非洲是中苏争夺对欠发达世界和共产主义运动领导权的主要战场。北平不断地提醒非洲人——主要是通过暗示而不是行动——黑种人和黄种人对白人,包括苏联人有着同样的愤怒。"

中苏分裂在第三世界所导致的一个后果就是在有些国家加剧或者导致了当地共产党的分裂。在分析中苏对北非、中东以及南亚的策略时,本编 11 - 34 文件指出:"宗派主义几十年来一直是这一地区共产党的主要特点,随着中苏分裂的加深以及中国日益积极地介入当地共产党的内部活动,宗派主义的情况更加严重了。在一些共产党中,一些派系选择了中国的路线,至少部分上是将其作为一种策略以反对长期以来确立的党内领导人。"在分析哥伦比亚共产党的状况时,本编 11 - 40 文件也指出:"两党(哥伦比亚共产党和委内瑞拉共产党)传统上都是导向莫斯科的,但是在中苏分裂的问题上两党却选择了不同的道路。哥共坚定地支持苏联,而委共则选择了中立以降低党内强硬派和软弱派之间的冲突。每个政党都面临着追随古巴革命榜样的巨大压力——既有直接的压力也有间接的压力,因为卡斯特罗对委内瑞拉的左派民意有很大的吸引力,在哥伦比亚情况稍微好些,这是两国政治生活中的一个基本事实……1964 年初哥伦比亚共产党正式分裂,这在很大程度上是因为在国内的战略和策略上发生了分歧,在中苏分裂上所持的不同立场在较小程度上也是一个原因。"

六、针对一些具体国家的情报文件中的有趣内容

在本编所收情报中,有大约十篇左右是针对某个具体国家内部形势做的评估分析。其中,有关亚洲周边国家的有五篇,即本编 11 - 11、11 - 16、11 - 29、11 - 30、11 - 42 文件;有关非洲国家的有五篇,即本编 11 - 26、11 - 28、11 - 33、11 - 36、11 - 43 文件;有关拉美国家的有一篇,即本编 11 - 40 文件。

就主题而言,这些报告都是关于某个具体国家内部形势的分析。但是不难发现,在内容上,这些情报分析总是会将这些国家放在冷战的宏观背景下加以考察分析。的确,如果没有

冷战,美国本来是不会如此关注这其中许多距离遥远又和美国缺乏传统联系的国家的。对于特定第三世界国家,美国往往首先想要知道的是这个国家如何在对立的国际阵营之间选择相对立场。本编 11-11 文件开篇就提出:"本报告目的是为了分析缅甸局势最近的走向,并且对其今后几年可能的发展做出评估,特别是关注缅甸在国际事务上的走向。"通过深入分析缅甸面临的经济、安全和政治形势,该文件得出结论说:"尽管存在一些不利因素,而且怀有强烈民族主义情绪的政府不愿向西方寻求大规模援助,但政府还是保持了团结,并且在恢复经济与确保国内安全方面取得了扎实的进步。尽管叛乱和长期存在的匪盗活动依然猖獗,但政府主要关注的还是经济的稳定。由于不能在非共产党的国际市场中处理掉大量富余的大米,结果导致了巨额的财政赤字、收支平衡困难,并使得政府已经开始推行大规模经济发展的计划被加以削减。"而"这些情况给共产主义阵营的经济、政治及宣传策略打开了大门。在过去一年,阵营同意收购大量的缅甸稻米,作为交换则给予其商品和技术顾问,而且缅甸正接受着阵营的各种政治、经济活动,这些活动旨在削弱西方影响、增强对共产主义的号召力并且为增加阵营的直接影响而打基础。在这种情况下,关键的问题就在于缅甸多大程度上会对共产主义阵营的提议做出响应,并且接受阵营的压力和宣传"。涉及缅甸的还有本编 11-13 文件。该文件不仅详细报告了中缅边界问题的当前状况及其对中美关系的影响,而且详细考察了 1886 年以来中缅边界历次勘定和变动的情况,显示出美国情报机构扎实的情报收集和研究能力,可备今日有关研究者参考。

　　1958 年本编 11-16 文件声明:"本报告的目的是评估马来亚联邦未来的政治稳定性、经济活力以及国内安全,评估今后若干年中其可能的国际倾向……"在就马来亚联邦内部的族际问题、宪法、政府、政党,以及马来亚共产党的活动做出评估后,文件最终要得出的是关于马来亚联邦在冷战中的位置的估计:"联邦仍处于发展状态中的外交政策目前是导向自由世界的。它是英联邦和英镑区的成员之一,而且同英国保持着紧密的经济和安全联系。在今后若干年中可能会继续保持这种倾向,但是现已显现出来的中立主义倾向也有可能增加。联邦似乎不会加入东南亚条约组织或者承认共产党中国亦或国民党中国。然而,共产党武装起义的停止可能会增加其国内对中立主义及与共产党中国保持更紧密关系的要求。"

　　1965 年初本编 11-29 文件的主题是关于苏加诺病情恶化或者逝世可能会对印尼局势造成的影响。在这里美国最关注的两个问题还是:印尼内部共产党是否会因此上台执政,以及对外层面上,印尼的外交姿态是否会发生变化。在考察"苏加诺之死的影响"时,美国注意到:"要是苏加诺不久就会去世的话,最有可能接掌政府大权的是非共的军人或文人集团……印尼共可能一开始不会进入这个后继政府。即便如此,除非印尼共发动大规模动乱,给军队带来严峻压力,否则这个政府几乎肯定将不得不容忍印尼共继续发挥影响力,开展活动。"该文件虽然认为印尼共不会轻易掌权,但"由于印尼共与苏加诺在政策上的共同之处越来越多,我们相信苏加诺活得越久,印尼共掌权的机会就越大,不管是合法上台或者武力夺权"。关于苏加诺政府的对外政策方面,美国特别分析了"印尼与苏联"、"印尼与共产党中国"、"印尼与美国"的关系,强调指出苏加诺政府后期在与美国和苏联的关系恶化的同时,

"与共产党中共的关系却得到提升"。当年发生震惊世界的"九三〇"事件,苏加诺总统被黜,次年4月中情局提交了关于该事件对中国的影响的本编11-37文件,这也是很值得研究者注意的材料。

本编11-30文件观察到巴基斯坦这个国家60年代以来外交政策的转向。文件提到:"对印度的恐惧继续主导着巴基斯坦的外交政策。为了获得支持来反对新德里,巴总统阿尤布和信奉中立主义的外交部长佐勒菲卡尔·阿里·布托在过去的两年里,尽管名义上仍与西方结盟,但在国际事务中却日渐奉行独立的路线。他们的注意力最初转向共产党中国,现在又转向了印尼,他们也没有完全忽视苏联,认为苏联也有可能成为一个支持者。"值得注意的是,该文件的日期正值1965年9月第二次印巴战争前数月。

本编11-42文件考察的是日本新任首相佐藤荣作的一些政策,主要是对外政策。该文件除了分析佐藤首相新的亚洲政策以外,还专门述及日本与中国的关系。"两国继续维持着最低限度的政治关系。接触仅局限于自民党成员访问大陆,以及根据1962年廖承志与高碕达之助签订的贸易协定,在双方首都设立的半官方的贸易代表处。然而,在直接与重要的日本来访者的个人接触中,中国人表示他们愿意与日本和平共处……中日关系的未来走向将在很大程度上受到大陆自身发展的影响。中国转向更加温和可能会扭转目前的趋势,从而使得日本国内要求政府扩大与北京关系的压力增大。然而,只要北京还坚持强硬路线,那些倾向于与大陆达成政治谅解的日本人就会缺乏向政府施加压力的信心。"

本编所收情报中分析单独的非洲国家的五篇报告,有三篇从标题上看都是与刚果有关的情报分析:"中情局对企图推翻刚果政府的流亡者组织的评估(1964年5月22日)"、"中情局关于刚果共和国政治上日渐左倾的特别报告(1964年10月30日)"、"中情局关于刚果局势的情报备忘录(1966年2月24日)"。虽然都名为刚果,但需要提醒读者注意的是,这里涉及的其实是两个刚果:一个是刚果(利),也就是首都定于利奥波德维尔的刚果民主共和国;一个是刚果(布),即定都于布拉柴维尔的刚果共和国。1960年刚果(利)脱离其殖民宗主国比利时获得独立,1964年5月更名为刚果民主共和国,1965年国民军总司令蒙博托发动政变,成立新政府。1966年5月,首都利奥波德维尔改名为金沙萨,同年6月,民主共和国改为刚果(金),1971年再次改国名为扎伊尔共和国。1964年5月和1966年2月报告中所提及的"刚果"其实都是刚果民主共和国。在这两份即本编11-26、11-36文件中,美国情报人员都发现,刚果民主共和国动荡的局势不仅令美国方面感到担忧,中苏集团也对此持观望态度,不肯轻易介入局势:"北平,还有莫斯科,大概都正在评估民族解放委员会的未来前景。只要民族解放委员会表明它们确实是有能力的,北平可能就愿意迅速涉入,提供大量援助。""叛乱分子的外部支持者——包括共产党中国和古巴——都日渐对叛军底下的战斗能力和领导人之间长期的斗争感到失望。他们大幅削减了提供的援助,至少古巴已经撤出了大部分顾问。"

1964年10月本编11-28文件则专门分析的是刚果共和国的情况。刚果共和国于1960年脱离法国获得独立,定都布拉柴维尔,所以又称为刚果(布)。情报认为,刚果(布)在政治上日渐左倾，"在外交事务中明显地倒向了共产党国家，并将'科学社会主义'作为其国内发展的目标。左派和亲共分子占据了政权中的大部分职位……在实际上摆脱法国的影响，并对美国滋生敌意的同时，刚果政府越来越依靠共产党国家和激进的非洲国家——主要是中国和加纳——提供经济、技术和军事援助"。

坦桑尼亚是本编 11-33 文件中另一个被专门分析的非洲国家。"中情局关于重新评估尼雷尔的特别备忘录"在开篇就表明了美国情报部门为什么要撰写这样一份报告："由于中国的影响力日益上升，加之北平可能打算帮助筹建坦赞铁路，使得人们再次将注意力投向了坦桑尼亚以及它令人难以捉摸的领导人朱利叶斯·尼雷尔。"报告记述了尼雷尔与西方交恶，同时逐渐与中国接近并接受其经济和军事援助的过程。有趣的是，报告以较多篇幅分析了尼雷尔的政治作风和个人性格，当中把尼雷尔描述为一个行为怪异、优柔寡断、惯于伪装而又充满机会主义动机的领导人。报告甚至列举了这样的趣事：在一次和美国大使的谈话中，"尼雷尔吐露说：'我相信某个巨大的魔鬼正在折磨我们两国的关系。每一次事情要好转的时候，这个魔鬼就跳出来做坏事。'在与美国和西德大使会见的其他场合，尼雷尔变得非常心烦意乱，甚至突然大哭"。报告指出："尼雷尔是一个次等人物……他无法有效地领导自己的国家，并且对西方的批评极度敏感，再加之他还有领导'解放'运动的野心，这些都使得他最终转向了共产党以寻求实现自己的目标。我们认为他不是一个秘密的共产主义者，但是，和苏加诺一样，他或许会逐渐在共产主义和激进世界中找到安慰和慰藉，从而与西方日渐疏远。"报告最终得出结论认为："在尼雷尔软弱而无效的领导下，激进派和亲共派的影响力将更加广泛地蔓延，而坦桑尼亚将日渐成为西方的一大麻烦。"尼雷尔的个性和领袖能力是否确如上述，在此可存而不论，不过尼雷尔的坦桑尼亚后来的确和中国建立了亲密的关系。可为上述史料略做备注的是：1970 年中国援建的坦赞铁路动工兴修，而尼雷尔直至1985 年才在平稳的政权交替中辞去总统职务。

1964 年 4 月，桑给巴尔与坦噶尼喀结成联盟，组成坦桑尼亚。由于桑尼巴尔人一直抵制在行政上与大陆坦噶尼喀真正统一起来，该国政治局势一直动荡不稳。1968 年 12 月本编11-43 文件就是对桑给巴尔当时混乱局势的分析。报告用大量篇幅对共产党国家对该国的经济、军事援助做了考察，最后得出结论认为："在可见的将来，中国人可能还会继续对桑给巴尔岛施加影响。"

本编所收关于拉美的情报并不多。本编 11-40 文件讨论的是影响哥伦比亚共产党内部就和平手段还是武装斗争夺取政权而发生分歧的各种国内外因素。文件虽然最后认为国内因素的影响更大，但还是对苏联、古巴和中国的影响做了分析："古巴革命的示范效应以及古巴对'极左派'的支持部分地造成了强硬派对哥共和平路线的抨击……莫斯科坚定地支持哥共的计划，包括在游击战问题上的态度……北京的影响则似乎只限于向哥伦比亚强硬派提供意识形态上的支持。"

中情局关于签订对日和约前景的评估

(1947 年 11 月 14 日)

ORE 44

机 密

对日和约——问题、议题以及各方反应

(1947 年 11 月 14 日)

摘 要

当前,对签订一份对日和平条约的最大妨碍在于这样一个问题,即日本是否能够发展成为一个民主国家,还是最终落入苏联的势力范围。

目前,苏联人只愿意按照自己提出的条件来谈判。他们的条件包括否决权,而使用否决权将导致一个僵局,其中只剩下两个可行的选择:要么无限期地推迟达成一个条约,要么拟订一个没有苏联参与的条约。

其中第一个选择,能让美国继续占领日本。实际上,这会使得美国在远东地区对苏联维持一种军事抗衡,还能继续推行日本的民主化改造。另一方面,无限期的推延可能会导致一系列谋求签订个别条约的谈判,而其中可能包含的相互冲突的条款会导致混乱以及一种不稳定的国际形势。然而,占领日本的结果之一是使美国享有更高的谈判地位,而这最终可能使得苏联按照美国的条件来参加和约的谈判。假如苏联人看到美国削减军队、弱化美国的影响并且让苏联人在经济和政治上更多地介入日本,他们本会愿意加入谈判。

第二个选择,签订一个把苏联排除在外的条约,则涉及的问题在于其他有相关利益的国家是否会参与。中国人已经表示,根据 1945 年的中苏条约的第二款——禁止两国中任何一方单独参加对日和谈,他们可能不会参加排除了苏联的和谈。中国人在这个立场背后的一个主要动机可能是期望得到美国的援助。如果我们对援助和支持做出一个明智的保证,就可能会让中国人打消顾虑参与进来。如果中国人不参与,英国人表示他们可能也要置身事外。而没有这三个国家签字的条约几乎是没有意义的。

假设签订一个没有苏联参与的条约,则毫无疑问可能会在所有重要问题上都达成广泛一致。然而必须看到,假如订立这样的一个条约,苏联可能就不愿让自己所控制的地区向日本提供其所需的原材料,而且苏联会采取这样的一个姿态,即认可条约的大多数于己有利之处而不接受其义务,并由此无所顾忌地违反条约中的规定。而且,苏联有充足的时间去研究

条约的缺点和弱点,而且日本人可能会利用美苏之间的相互恐惧与猜忌而处于更有利的地位,从中渔利。

在附录一中,包含对日和约所引发的问题的进一步讨论;附录二是对每个国家立场的概述。

附录一

和约涉及的问题

如果苏联不是那么毫不妥协,则达成对日和约将是一件相对简单的事情。所有在亚洲存有利益的国家都宣示了它们的如下期望:(1)确保将来不会受到任何日本侵略的威胁;(2)看到一个导向"民主"理念的日本;(3)重建日本并使之有助于世界经济稳定而不是构成一个经济威胁。

显然除了苏联,有相关利益的国家大都对新宪法下日本当前民主制度的发展大体上感到满意。(然而,英国及其自治领地对其已经达到的民主化程度抱有某种疑虑,并且提出一个的确不无道理的问题,即在盟国不再进行指导和监督后,日本当前的民主制度还能不能继续发展。)

如此一来,在达成一个初步的和平时似乎不会存在难以克服的问题。然而,真正的问题同时也是各方最关注的问题在于日本是否将继续沿着民主路线发展并最终为远东及太平洋地区的经济发展作出贡献,或者最终在政治上和经济上被吸纳进苏联的轨道。

前者条件的实现取决于对美国的各项提议的实施,而美国的提议要求所有积极参加对日作战的国家共同起草条约,而且要有三分之二的简单多数票通过才能决定条约。但是,对苏联而言,美国的建议是不可接受的。

一、条约中相关的因素

(一)苏联对美国建议的反应

苏联首先关切的是防止日本在美国的掌控下复兴,而且面对美国在日本占有优势的影响力,苏联即便不是恐慌也必定心存不满。苏联认为美国的动机是蓄意把日本建成对抗自己的跳板,所以它当前不会参加预期的日本和约会议,除非会议能保证不接受那些它已表示严正反对的提议。

出于这些目的,苏联已经采取如下立场,即如同欧洲签订的那几个条约一样,一开始要在外长理事会(Council of Foreign Ministers)范围下操作对日和约。如果苏联的抗议遭到忽视,并且召集一个没有苏联参与的和平会议,则克里姆林宫可能最终会参加谈判,力图促成一个对日和平条约以进一步减少美国对日本的控制,由此使得共产主义运动的发展更为自由,并且增加苏联操纵日本贸易的可能性。从苏联立场看,虽然这两个结果都是可取的,但其他方面的考虑显示,除非保证其有否决权,否则目前克里姆林宫会认为不参加和谈会更有利。

通过拒绝参加和平会谈,克里姆林宫会摆出一副打算在将来某天单独行动的姿态。苏联是否遵守由其他国家起草的和平条约,取决于它对其好处大小的权衡。苏联可能接受这样一个条约的多数好处,同时却不接受任何义务,并由此可以毫无顾忌地违反条约的规定。首先,苏联将有单独与日本和谈的自由。如果日本感受到了苏联军事力量的迫近,也渴望和它所有先前的敌手缔结和平协议,它就有可能被说动做出政治和经济上的让步,使苏联人得以借此强化对日本的共产主义渗透。而在日本人看来,他们就可以利用美苏之间的相互恐惧和猜忌使自己处于更有利的地位而坐收渔利。由包括美国却排除苏联的一群国家起草的条约旨在排除这种可能。然而像上面已经指出的那样,苏联不会受到这样一个条约的限制,而且将有足够的时间研究条约的有利之处、不利之处以及可钻的空子。

(二) 中国对美国提议的反应

中国的态度使得召开初步会谈的问题更加复杂,而现在中国发现自己正好夹在美国与苏联的重大利益冲突之间。中国仍然迫切需要美国援助,而且一旦有可能获得这种援助,中国就不愿反对美国关于召开一个和平会议的建议,不管苏联是否参与其中。同样,中国与西方民主国家结盟的传统政策可能会进一步使它不与苏联合作。

另一方面,苏联在西伯利亚和朝鲜的地位对中国而言是一个永远存在却无力反抗的威胁。而且,苏联现在大连和旅顺港地区维持着强大的军队。而根据苏联对1945年8月的中苏条约的解释,在对日和平正式达成之前苏联可能将合法地维持这些军队。中国人痛苦地认识到这一现实,可能将采取各种手段促成苏联参加未来的和平会谈。

中国发现自己处于这样一种两难境地,已努力促使美国和苏联对抗以摆脱困局。中国主要官员已经公开在媒体上发表声明以显示在对日和约问题上,中国和苏联的利益是相容的,因此中国期待和苏联保持亲善关系。在这方面,中国官员已经强调了了1945年中苏条约第二款,该条款规定两国"承诺在没有达成共识前,不单独参与对日本谈判,也不和当前的日本政府或任何在日本建立的、否认全部侵略意图的其他政府及权力机构缔结停战或和平条约。"与此同时,除委员长外有不止一个要员向美国保证中国基本外交政策仍然不变,而且中美传统友好关系的各种纽带依然强健,足以承受对日媾和方面国家利益的冲突。

中国是否仍然对一个没有苏联参与的会谈采取漠然态度,看来取决于其对美国对华援助的期望。似乎只有在美国做出充分保证的情况下,中国人才会觉得如果把中苏条约第二款解释为允许他们参加一个排除苏联的和平会议,他们也吃得消。有这样一种真正的危险,即如果中国对进一步的美援不再有指望,则其为了延缓中央政府不可避免的倒台,可能与苏联结盟。然而可以确信的是,对美国援助任何合理的希望,加上它明白与苏联修好最终只会导致共产党控制中国,最终将使得国民党政府还是会支持美国的提议。

(三) 英国对美国提议的反应

英国对美国的提议表示大体赞同;然而英国也表示一个苏联和中国都缺席的会谈将是没有意义的,而且没有它们参与的会谈的成果是无法得到保障的。在这种情况下,英国可能保留其不参加和谈的权力。然而英国相信,只要美国保证给予中国足够的援助和支持,中国人肯定会参加会谈。

二、可能的发展趋势

对以上述所列因素的考虑显示,与未来日本和平有关的事态可能会沿着以下某条路线发展:(1)条约的缔结可能会被拖延,日本会在盟军最高司令部或类似权力机构下沿着当前的路线继续其发展;(2)缔结一个没有苏联参与的条约;或者(3)缔结一个条约,苏联参与其中,但只能遵照苏联提出的条件。

和平会议的拖延可能对美国有若干好处,即:通过在日本继续维持美国驻军,部分地抵消苏联在远东的优势地位;大大阻遏共产主义对日本的渗透;使得西方民主理念和制度继续发展,有可能使日本在将来更加倾向美国。另一方面,对签订条约无限期的拖延,最后可能以订立一系列单独的条约而告结,其中互相冲突的条款可能引发一种复杂而不稳定的国际政治经济情势。

有可能达成一个没有苏联参与的条约,而且相关利益的国家解决所有突出的分歧也可能不会太困难。在这样一个行动方针之下,赔偿和拆运设备的问题将得到解决,并且可以就将来日本工业能力可以达到的水平做出决定。因此,日本将能复兴其经济并相应地为亚太经济的稳定做出贡献。然而在这种情况下,日本的工业可能就得不到产自满洲、苏联控制的朝鲜地区及共产党控制的中国北方的原材料了。那么,所需的原材料将不得不由东南亚、太平洋的西南部分区域以及美国来供应。

而且,这样的一个条约会让苏联享有完全的活动自由。为了避免这一点,条约中要写进严厉的条款,甚至可能包括使用强大的部队继续占领日本。

现在看来,似乎唯一能确保苏联参加的方法是接受苏联的条件,也就是条约由外长会议来发起,每个成员都有否决权。这个方法的效果,就像在对德媾和的努力中所显示的那样,现在已经是一个历史问题了。而且,有相关利益的国家,而不是那些由外长会议所代表的那些国家,将有权以各种手段抵制这样一个行动方针。

然而,在更晚些时候苏联可能会愿意参加会谈。强烈影响苏联参加的因素是:(1)苏联相信美国可能不会出现"不可避免"的经济萧条,而美国军队会由此继续无限期地呆在日本;或者(2)日本看起来很快就要在极大程度上呈现出政治稳定和经济恢复。可以相信,在上述这种情形下,苏联自身的利益可能最终驱使他们放弃否决权并且赞同依照美国提议的程序进行和谈。

三、各国相互结盟的概况

不管苏联是否参与,有七个国家将会给予美国总体上的支持,通常还是强有力的支持:澳大利亚、菲律宾、加拿大、荷兰、英国、新西兰和法国。除了在一些小问题上,菲律宾,法国和荷兰会紧跟美国的领导。英国、加拿大、澳大利亚和新西兰可能会发现在英联邦利益与美国利益之间存在偶尔的分歧。然而在多数情况下,利益不会有很大分歧。堪培拉会议的结果显示,整个英国自治领地在打破美国地位方面不会达成一致;相反,其中多数国家会支持美国的立场,以此作为自己未来安全的保障。

除苏联以外,最敏感的国家可能就是中国和印度了。中国在战后最初有机会主宰远东的商业,但是这个机会在内部纷争以及严重经济困难的双重打击之下迅速消逝。它对任何所面临的问题的态度,都要根据这些因素,加之内部公众舆论的压力、对附近苏联力量的认知、对海外威信的渴望以及希望获得战前由日本享有的东亚贸易的支配地位来决定。不过归根结底,如果能够得到美国的援助,中国可能会在大多数问题上支持美国的立场。印度渴望不仅以一个新兴大国的身份发言,而且尽可能以东南亚代言人的身份发言。印度的立场可能会带有泛亚洲色彩,这将使印度反对西方在亚洲的影响力或威望的任何上升。

美国似乎最可能在有关赔偿和经济恢复的问题上与除苏联之外的各个国家发生冲突。日本经济复苏的议题摆在不同国家面前,让这些国家萌生对日本经济与军事侵略的忧虑,同时还有对更为迫在眉睫的商业竞争威胁的担心。由于目前看来可通过限制其进口而对日本的工业发展施加切实控制,其他国家的恐惧可能会有所缓和,从而准允日本经济更快地恢复,特别是在轻工业方面。

附录二

各国立场的概述

一、苏　　联

现在,不要指望苏联会同意参加预计由美国邀请的、按照美国提议召开的日本和平会谈。它会继续要求享有否决权或者相同的权力以作为苏联与会的先决要求。假如在未来某天苏联感到它要求的与会条件得到了满足,或者其自身利益要求它参加会议,那它就可能会追求下列目标：

（1）签约后建立一个控制结构以确立苏联的否决权；

（2）所有占领军都撤离；

（3）做出安排使日本的工业维持在一定水平上，这令日本在可预见的将来不可能上升成为一个军事大国或经济强劲的国家；

（4）清除财阀对日本经济的控制，重新分配土地，主要产业国有化，并保证劳工在对日本工业的控制中有发言权；

（5）重组日本政治结构以便：如果不是一举废除天皇那也要施加限制；根除或严厉限制右翼政治团体的影响力；并且保证民众集会有最大的发言权，其中工会及其他团体（由此共产党就有可能进行大规模地渗透）是主导性的。

这一计划背后最重要的原则是：创造条件使美国在日本的影响随着时间的推移逐渐弱化，而苏联的影响相应加强。

苏联现在的计划严重倚赖于美国因发生"不可避免"的衰退而最终被迫撤退。与此同时，苏联渗透的初始阶段可以通过小心谨慎地利用日本共产党人而完成。这个过程有逐步渐进的好处；通过恰当的运作，不会有哪个步骤看起来激烈到足以使得其他那些大概正忙于克服国内困难的国家做出有效的反击。假如苏联在美国军队撤退时，威胁要在自己控制的领土附近驻军，可能会给日本共产党以有效的心理支持。如果苏联感到经济衰退和美军撤离似乎还是遥遥无期，那么它最终按照美国的条件加入和平条约的可能性就不可忽视。

苏联最终希望（日本的）工农业生产从属并且依赖于苏联。现在美国在日本的政策使得这一目标从短期看是不可能实现的。只要对日本的占领持续下去，苏联就会要求把日本的工业，特别是重工业维持在低水平上。如果苏联实现了对日本的控制，苏联可能就只会建设轻工业和消费品制造业。重工业将被限制在苏联和苏联控制的领土内。在农业方面，苏联会支持重新分配土地，这在很大程度上是作为一种政治手段，以此为日本共产党赢得支持。

苏联也渴望控制日本的国际贸易。为了推进这一目标，苏联会反对美国让日本沿着战前的道路复兴贸易的任何企图。他们会要求以现有产品补偿苏联，并且将加紧通过实物交换协定以图将来某天当日本贸易从盟军控制下解脱出来时，自己能在其中占据一个强大的立足点。潜在的财富以及西伯利亚的临近位置，加上国家控制的贸易，使得苏联人在这方面比西方私人贸易商更有优势。假如苏联实现了对日本的政治控制，它将采取这样一个立场：将日本的商业联系封闭在苏联势力范围内，增加日本对苏联的依赖。

二、中　国

关于签订对日和约，中国不会采取一个固定而一贯的立场。最可能的是，中国的方针会通过三个不同的阶段发展。

首先，考虑到1945年的中苏条约，中国会尽一切努力确保苏联参加会谈。一旦这种努力失败,假如中国相信会得到美国的援助,则即便很勉强,中国也还是可能同意参加一个没有苏联参与的会谈。

如果苏联参加会谈,则中国代表会根据会议进程的状况决定立场,试图谋求一个使中国与美国、苏联及英国一样拥有重大发言权的选举机制,由此尽可能削弱英国自治领、法国和荷兰的作用。

当开始讨论条约的实质内容后,中国将会高调支持一份包括最严厉的惩罚条款的决议。这种立场对国内商品的消费而言是必须的,在会谈的大多数情况下中国都会保持这种态度。

在最后的阶段,中国的谈判者可能接受美国关于条约的立场中的主要内容,特别是如果其他的问题上能够保证做出提高中国威望的让步。这就是说,中国将接受一个条约,它可以在国内公布而不用冒公然违抗民意的危险;为了尽可能减低这种危险,谈判者必须取得一些胜利成果回国,哪怕它们十分微小。

中国担心,日本的复兴会恢复日本在远东战前的经济主导地位。假如日本的出口能力被和约限制住,则中国觉得自己最终可能成为远东市场消费品的主要供给者。

中国目前的经济局势令人绝望。国内通货膨胀处于失控的上升状态,而在国际贸易上中国的处境也极为不利。在一定范围内,与一个复兴中的日本保持贸易关系将会保证目前的局面在将来得到改善。对诸如盐、煤、铁矿石之类的商品而言,日本是中国的主要市场。与此同时,日本可能是中国以低于国际市场的通行价格获得部分制成品和半成品的来源之一,而这些产品是在内战中维持国民党中国的经济所需要的。中日贸易的可能性或许被过分夸大了,但是在中国的困境下,将来哪怕只取得微小成果,对确保其支持一个日本复兴计划而言都已足够。

然而可以相信,由于渴望取代日本成为远东工业制成品最重要的生产国,中国更有可能支持那些阻止日本经济复兴的措施。中国认为远东委员会决定把日本工业水平限定在1930～1934年的水平上实在太高了,它更愿意看到人们采纳一个远低于此的标准。削减日本的工业水平可能会使日本保持军事上的虚弱并减少它对中国及亚洲其他地区政治渗透的可能性。中国对恢复对日贸易关系并不热心,而且出于这种考虑,中国政府的国务委员会已经通过了一些规章来限制从日本进口某些本土难以与之竞争的产品。美国任何给日本经济的"加油"努力都会遭到中国出于安全和商业理由的攻击。然而中国会勉强同意这一做法,因为它对在不久的将来成为一个出口大国的期望不甚乐观,而且一个复兴了的日本可能在很小的程度上有助于减缓中国经济的压力。

对于日本将来的地理限制,中国总的立场是:必须按照开罗宣言所主张的那样把日本限定在四个主要岛屿内。中国在千岛群岛没有特别利益,中国为了前后立场一致,很可能反对将千岛群岛南部归还日本。中国会强烈反对日本保留琉球群岛的要求,并且很可能自己就对这一群岛提出要求,尽管在经济上它难以承担相应的政府责任。台湾是中国可以根据条约合法占据的。中国的谈判者可能对位于南中国海的、根据条约明确属于中国的岛礁和岛屿提出要求。中国代表可能会要求日本明确放弃在中国的治外法权、特惠权与特许权。

三、印度和巴基斯坦自治领地

在和平会议上,印度自治领地将作为一个独立的大国寻求张扬其国际声望的机会。作为最主要的东方大国,印度关切的是,日本不会因为种族偏见的猛烈打击或者西方国家使东方永远臣服于它们的目的而被耗竭或者丧失合法的谋生手段。

作为一个"泛亚洲"的鼓吹者,印度可能会反对和平会议上的绝大多数非东方国家,并且将寻求将未来对日本的控制及其非军事化置于联合国的责权范围内。

印度不会愿意同苏联达成绝对一致的观点,也不会把自己和盎格鲁-美利坚集团绑在一起。可以预见,印度可能会附和苏联在诸如美国的单边行动之类问题上的观点。自治领地希望达成一个初步的和平协议,不会同意克里姆林宫要求由四大国做决定的提议。相反,它希望举行一个多边会议,其程序是有三分之二多数票通过即可达成协议。

很明显,印度处于这样矛盾之中:它渴望恢复战前有利可图的对日贸易,又担心日本与其某些幼稚产业竞争。印度对美国刺激推动日本经济背后隐含的动机有着明确的担忧。

巴基斯坦自治领地已经表示希望派代表出席日本和平会议,并且可以预计这一要求会得到其他盟国的准允。我们缺乏足够的证据来对和平会议上巴基斯坦的立场做出准确的预测。然而现在可以确信,尽管它会更紧地追随美国和英国的政策而不是印度自治领地的政策,但它也显示了东方通常的对西方企图继续掌控亚洲的忧惧。

四、英 联 邦

堪培拉会议的结果显示,英联邦的政策建立在对美国太平洋战略利益的拥护上。印度在一些问题上是个例外,除此之外,英联邦各方不会反对美国就日本和平协议所提出的建议。对这一政策的偏离可能出现在有关日本经济恢复的问题上或者在日本民主的贯彻程度问题上。

英国明显感到如果没有根本性的制度变迁,就无从向日本输出预制性的民主改革,特别是在劳工问题上。英联邦将认为如果日本经济复苏缺乏这种变迁,则将对其自身的生活标准构成潜在威胁。对英国而言尤其如此。

澳大利亚渴望被承认为决定太平洋事务的"主要大国"之一,其态度有时将由这种愿望所驱动。

五、菲 律 宾

菲律宾政府继续表明其官方态度,即支持达成一个初步的、温和的对日和平条约。由于菲律宾与美国在经济和政治上的有力联系显示,所以它会服从于美国在和平条约大多数问题上的领导地位。菲律宾可能会争求一个比美国的提议更高的索赔份额以及一个更庞大的拆运日本设备的计划。菲律宾害怕日本的竞争,将抵制复兴日本轻工业的建议。然而,看来在所有这些问题上,菲律宾的立场都不会如此固执,以致当场投票反对美国的提议。菲律宾对苏联拒绝承认其独立而愤恨不已,这将影响到它对美国和苏联的相对立场。

六、法国以及荷兰

法国与荷兰在和约中的利益显然都远没有到达非常重要的程度。看来,两国将在所有不明显损害其自身利益的问题上支持美国。作为战争中在声望上蒙受重大损失的殖民国家,法国和荷兰企图利用会议作为一个重建声望的宣传台。如果日本和平条约比对德条约更早订立,法国的动机就将是避免开创这样一个先例:签订一个过分"软弱"的条约。荷兰的动机是:(1)重新要求荷兰在印尼经济方面的优势地位;(2)希望为相关的小国参与对德和平条约的讨论而确立一个先例。

DDRS, CK 3100533661 - CK 3100533675

费晟译,牛可校

中情局关于 1951 年中苏袭击
日本的可能性的评估

（1951 年 8 月 17 日）

SE 11

机　密

在 1951 年共产党袭击日本的可能性

（1951 年 8 月 17 日）

问　　题

本评估是为了考察共产党袭击日本的能力以及在 1951 年剩余的日子里发动这样一次袭击的可能性。①

评　　估

能力②

一、我们估计苏联和共产党中国有能力对日本发动下列规模和类型的袭击：

（1）对盟军交通线、港口和基地发动大规模空袭及潜艇袭击。

（2）一开始用两到三个师的兵力进行两栖进攻，与此相配合空投 9 500 人的登陆部队。

（3）随后登陆的部队（只要首发梯队成功地占领了港口设施）会达到 6 个师。

（4）如果共产党部队成功地建立起足够的滩头阵地和足够的港口设施，此外在行动期间，如果苏联与日本的天气、航运及港口设施方面的条件最为理想的话，登陆后 30 天内（D＋30③），在日本可能集结起 15 个师的兵力，登陆后 60 天内，兵力可以达到 25 个师。

二、就袭击日本而言，苏联可调用的地面部队是足够的，但苏联也可能会使用中共目前部署在满洲的部队以及苏联筹建的日本战俘部队。然而，如果要投入这些非苏联部队，他们将不得不依赖大规模的苏联空、海军支持。

---

① 原注：这份评估没有考虑美国/联合国的地面部队、海军或空军对苏联袭击日本的抵抗。

② 原注：参见附录一，其中有对共产党能力更全面的分析。

③ 在军事术语中，D 表示开始行动日。——编注

说明

三、没有可靠的证据表明近时苏联有意发动一场对日本的入侵。①

可能性

四、所掌握的情况并未显示近时苏联有可能对日本发动一场入侵。然而,这些迹象本身也并不必然是结论性的。自从在朝鲜爆发敌对冲突以来,苏联在远东实现后勤及军事自给的长期规划明显加速了。以苏联对军事行动现有的准备来看,除了武装登陆所需的舰船最后集结有可能被侦测到之外,很可能不会显露出任何为袭击做准备的迹象。

五、克里姆林宫几乎肯定会估计到对日本的袭击将不仅是一场有美国卷入的地区性战争——在战争中美国很可能使用核武器,而且这很可能成为一场对美国的总体战,包括美国对苏联施加一次战略核打击。中共部队和苏联筹建的日本战俘部队发动一场对日袭击几乎肯定也会招致这种后果,因为离开了苏联海军和空军的参与,这场袭击根本不可能发动。

六、假如苏联预见其重大利益受到了紧迫威胁,它可能会甘冒陷入一场总体战的危险。我们不相信克里姆林宫会仅凭美英发起的《对日条约》得以签署以及(或者)日本的重新武装,就认定这在1951年剩下的时间中构成了对其首要利益的威胁。

七、这是情报顾问委员会(国务院、陆军、空军以及联合参谋部)多数成员的意见,即对日本的入侵可能是克里姆林宫基于全球考虑而决定发动的一场总体战而导致的。因此,大多数人认定,除非爆发全球大战,否则1951年苏联不太可能对日本发动袭击。

八、中央情报局局长不同意上述意见。他的意见是即便克里姆林宫在1951年不惜陷入总体战,克里姆林宫也不可能在1951年决定对日本发动一场重大军事行动,因为克里姆林宫可能估计到这样的军事行动终将导致其远东舰队的丧失,其入侵部队的丧失,难以进一步支持中国共产党人,以及满洲和滨海省份(Maritime Provinces)的暴露——从全球观点看,这些情况都不会导致决定性的后果。海军情报局局长赞同这一观点。

附录一

苏联入侵日本的能力

一、袭　击　能　力

苏联可能有能力对日本发动一次兵力达九个师的两栖及空降袭击。② 此次袭击之前或与此同时发生的是,苏联会对盟军的交通线,港口和基地发动沉重的海、空军袭击。最初的

---

① 原文此处数段未解密。——译注
② 原注:苏联一个师兵力大约是12 000人。

两栖袭击可能由两到三个师的部队完成，与此相继再施行兵力达 9 500 人的空降登陆。在空降或两栖攻击梯队占领港口设施之后，剩余的首发兵力（达 6 个师）能够继续其跨港口登陆。假设苏联在日本成功地建立了滩头阵地，他们可能在登陆后 30 天内在日本集结起 15 个师的兵力，并且在登陆后 60 天内达到 25 个师。[①]

二、后 勤 支 持

苏联在远东水域登记的航运吨位总数达 100 万吨，其中有一半可以召集起来运载 8 个全副武装的师，并足以维持顺畅的补给。除油料之外，据信苏联位于贝加尔湖以东的物资储备足够支撑苏联在远东作战一年。还没有足够的情报能确定苏联的航空燃油储备可能维持多久。已有的航空燃油储备可以通过从苏联西部海运而得到补充，但这会导致苏联远东地区其他所需后勤运输能力的急剧减少。

三、海 军 支 援

苏联远东舰队总共由 2 艘巡洋舰，36 艘驱逐舰，220 艘巡逻艇，85 艘潜水艇以及大约 100 艘两栖类舰艇组成。苏联潜艇构成了巨大的威胁，至少在开战时是这样；然而，就其行动的基地有限以及必须穿越可以布雷的海峡才能抵达太平洋或黄海来看，远东的潜艇行动显得格外易受攻击。在冬天，四个海峡中有两个会由于冰冻而封闭。我们对大约 100 艘服役期已过五年的两栖类舰艇的状况知之甚少。苏联远东舰队通过北方海域的航线在六至八周内可以获得有限的增援，这一航线在夏季是开放的。然而，这种活动很可能会被侦测到。

四、空 军 支 援

（一）苏联

1. 据估计苏联远东空军有组织及装备列表的力量有 5 300 架战斗机，主要是第二次世界大战时的机型。（据估计实际兵力是这些得到经审定的兵力的 85%，但据信所有的部队都能在相对较短的时间里充分调动起来。）这支部队的大部分将必须被加以重新部署，以使其位于能对日本开展行动的区域中。然而，至少有 2 000 架作战飞机可以投入到对日本的首轮攻击中，而且如果需要的话，只须经过一段时间这支部队就将获得扩充。在连续作战的情况下，据估计编制下的作战飞机中能保持活动状态的不会多于 50%。对于运输机而言这一比

---

① 　原注：在海军情报局长看来，这句话应被表述成如下形式：如果共产党部队成功地建设起充足的滩头阵地和足够的港口设施，且除此之外在行动期间，苏联和日本的天气、航运和港口设施方面的条件都最为理想的话，登陆 30 天后（D ＋30），在日本可能集结起 15 个师的兵力，登陆 60 天后，兵力可达到 25 个师。

例可能会更高一点。进攻性空中力量的构成还是成问题的,但这很可能包括相当大比例的轻型轰炸机和远程战斗机,同样还有水雷和鱼雷飞行中队,可能还有少量中型轰炸机。

2. 至少在袭击的早期阶段,每天的出击能力约有1000次。在计算出击能力时,我们认为编制下的轻型轰炸机和战斗机的每月最大的出击率将有15%,特别是因为这些行动要求苏联部队的航程比在第二次世界大战时更远。驻扎在中国沿海、北朝鲜,或者滨海省份的部队每月出击率可能低于15%。极短程的行动只能以萨哈林岛南部地区为基地来完成。较高的战斗损耗率会使得出击能力甚至比上面所显示的还要低。

(二) 中国共产党

中共大约有1100架飞机,包括100架北朝鲜空军的飞机和大约500架已磨损的次等飞机(其中400架是喷气机)。其中多数可用以对日本的袭击。九州岛及本州岛南端遭受的敌机袭击将有很多是来自于上海、青岛和安东①的。

五、"志　愿"军

除了常规的苏联部队,用于袭击日本的共产党地面部队还将由目前部署于满洲的中共部队以及/或者还没有被苏联遣返的前日军战俘组成。尽管既存的日本部队尚未得到确定,但据估计在共产党控制的领土内有5万～7.5万名能当兵打仗的日本人。不过,我们相信苏联人不会预期通过使用这种"志愿"军,就能让苏军成功地避免公开参与对日袭击,尤其是考虑到这一事实,即这些部队必须得到苏联空、海军大范围的支持。

DDRS, CK 3100225288 – CK 3100225297

费晟译,牛可校

---

① 即丹东市。——译注

国务院情报研究所关于共产党在亚洲的和平运动的评估

(1952 年 5 月 27 日)

IR 5917

秘　密

北平"五一"节展示了共产党在亚洲的"和平"运动

(1952 年 5 月 27 日)

一、北平的"五一"节庆典

这个月,北平成了一系列共产党宣传庆典与集会的舞台,在很多方面可与 4 月份的莫斯科国际经济会议(IEC)[1]相比。这些集会让人回想起 1949 年 11～12 月在北京举行的那些由世界工会联合会(WFTU)以及国际民主妇女联合会(WIDF)发起的集会。除欢庆"五一"节的庆典外,其中还包括纪念四位"文化巨人"——维克多·雨果、里奥纳多·达·芬奇、尼古拉·果戈理和阿维森纳——以及庆祝《中国青年》的集会、会议,也包括来自许多国家的工会与"文化"代表团的调查观光。[2] 5 月的一系列集会将在 5 月 28 日结束,届时要为"亚洲和太平洋地区和平会议"(Peace Conference of Asia and the Pacific Asia)召集一个预备会议。根据北平的广播,以宋庆龄(孙中山夫人)和郭沫若为首、由 11 名中国"民主人士"署名的邀请函已经在包括美国在内的 20 个亚洲及太平洋地区国家的"和平斗士"中引起反响。[3] 如果各国政府不严加限制的话,据测这些人中有很多可能会参加 5 月 28 日的预备会议。

北平的广播强调参加这些集会和庆典的代表团代表了"不同社会制度的国家……也代表着各国劳动阶级及所有追求和平协作之国家中热爱和平的人民的愿望"。北平的宣

---

[1] 由世界和平理事会发起,1952 年 4 月举行的国际会议。共有 49 个国家和世界工会联合会的代表 471 人出席。中国方面由南汉宸率团出席。对中国而言,参加这次会议是对以美国为首的西方国家经济封锁的反击,也是新中国开辟国际贸易的一个难得机遇。——译注

[2] 原注:比如,按北平广播的说法,出席"五一"节庆典的有 18 个世界工会联合会和工会的代表团,14 个参加完国际经济会议后正在回国途中的代表团,以及各种组织,包括一个朝鲜人民代表团和一个匈牙利国家人民剧团。有一些代表团具有半官方身份而且包含非共产党员,其中最引人注目的是由潘迪特女士带领的一个印度代表团。

[3] 原注:北平公布的国家名单包括澳大利亚、蒙古人民共和国、尼加拉瓜、危地马拉、缅甸、印度尼西亚、哥伦比亚、朝鲜、印度、智利、墨西哥、萨尔瓦多、泰国、加拿大、巴基斯坦、美国、日本、越南、老挝和苏联。

言更夸大了这一理想,其中说和平会议是响应"印度及其他友好国家许多著名人士的建议"而召开的。

二、新宣传的重点

这些集会最引人注目的宣传就是强有力地重申当前共产党的"和平"路线,包括"和平的"国内成就以及北平政权的计划,中国人民对其他国家人民争取"和平"的斗争的"同情",共产主义阵营的"团结",还有共产党国家推动"和平共处"、国际贸易、普遍繁荣的努力。尽管这些与5月集会相关的宣传没有明显脱离先前类似场合下的套话的内容,可今年"五一"节的口号、演讲和宣言令人惊讶地几乎没有强调"武装斗争"的主题,而这一主题在1949年及随后的集会上都非常醒目。与先前的口号不同,苏联和中国的"五一"节口号都没有明确提及亚洲的"斗争";相反,口号被引向日本以及"所有国家"反对"帝国主义侵略的人民"。东南亚共产党的"五一"节庆祝活动相对平静,而北京的庆典没有举行阅兵仪式(military display),更衬托出"武装斗争"主题的低调。

欧内斯特·桑顿(Ernest Thornton)提供的一份报告给出了这次节庆与1949年时狂热好斗的集会相比的基本不同。这个人是澳大利亚共产党工会的领导人以及在1949年集会上建立的世界工会联合会"亚洲-澳大拉西亚联络处"(Asian-Australasian Liaison Bureau)三人代表之一。桑顿给出了下列当前亚洲"劳动阶级斗争"的条件:

(1)"为给工人争取更好生活的工会活动创造成功的条件,就是建立和维系亚洲乃至全世界的和平。"

(2)"为正常的工会活动创造条件就是殖民地、半殖民地国家从外国帝国主义及其走狗的压迫与剥削下获得解放。所以世界工会联合会的立场是坚定不移地支持殖民地、半殖民地国家人民的民族解放斗争。"

(3)"我们工人需要有相互会面并交流我们思想及经验的自由。"

桑顿所说的当前的"条件"在内容和语气上都不同于1949年11月刘少奇在北京为"亚澳工会会议"(Asian-Australasian Trade Union Conference)提出的"行动路线":

> 殖民地和半殖民地反抗帝国主义进攻以赢得民族独立的武装斗争,是强化和捍卫世界和平的一股巨大力量……

我想我们亚洲和澳洲国家的工会会议能支持这些国家反抗帝国主义及其走狗进攻的民族解放战争。只有在民族解放战争获得胜利,并把帝国主义者从亚洲和澳洲受压迫的国家赶走之后,才有可能解放劳动阶级,提高工人的生活水平,改善工作条件并确保在这些国家工会的权利。在各个帝国主义仍然保持其殖民和半殖民统治的条件下,实现工人生活状况的根本性改善是不可能的。因此争取民族独立和人民民主的斗争是殖民地和半殖民地国家劳动阶级的最高任务……

三、亚洲共产党的政策

参照其他地区共产党活动的发展，当前宣传与1949年宣传的不同之处暗示着亚洲共产党活动的重点可能正从共产党人对权力露骨且强有力地攫取转向更具伪装性的斗争，以阻遏反共力量的推进。"民族解放"不再被绝对定义为直接创造一个共产党控制的国家，而是在某些场合下可以先确立一个对西方不友好的非共产党政权。很明显，在许多国家——特别是印度、缅甸和印尼——共产党活动的主要倾向是引导这些国家的政府脱离亲西方的联盟。为印度的、日本的以及其他一些亚洲共产党的活动制定的计划很少甚至干脆不论及共产党夺权的策略。最近印度、缅甸和印尼的情况表现得非常明显，共产党对"统一战线"的主张得到了广泛拓展，以囊括所有可能反西方的、"民族主义"的、或在某些情况下非政府的团体，无论他们是左翼社会主义者还是极右翼分子。在某些情况下，"统一战线"甚至主要是由非共产党人组成的。"进步的"和"民主的"力量现在不仅包含共产党人、亲共人士以及给予其军事支持的城乡力量，也包括所有可能"爱国"的阶层、专业人士以及对西方抱有敌视态度或反对亲西方政权的团体。

四、共产党暴力的新形式

共产党通过在一些地区努力保留"武装斗争"等可能已经取得或预期取得的成果，还通过保留一些旧的口号维系与先前的政策连贯性，这都在某种程度上掩盖了共产党宣传路线的显著转变。比如，《人民日报》"五一"节的一篇社论中指出"一些殖民地国家人民的斗争已经发展成了公开的武装斗争，而且正规的人民军队和大范围的游击队力量已经组织起来了。"[①]然而，最近一个显著的趋势是共产党只谈论印度支那、马来亚的斗争，在更小程度上也论及菲律宾的"斗争"，却几乎没有涉及其他地区，这与以前的情况不同。

北平庆祝活动"和平"论调看来与日本"五一"节爆发的暴力冲突相矛盾，与北平鼓动支持这一暴力活动相矛盾，与北平评论《旧金山对日媾和条约》时的威胁性论调相矛盾，也与通过自由日本电台（Radio Free Japan）的广播倡导"以武力抗争"相矛盾。然而，共产党对日本的宣传不仅指向军事和"斗争"，也指向日本广大阶层——既有工人也有"资产阶级"商业团体（business group）——的社会和经济的苦难。宣传的指向是日本激进的和民族主义的情绪，并想唤起日本在冲绳问题上收复领土的激切愿望。共产党鼓动起的暴力活动看来是用

---

①   译文引自1951年5月1日的《人民日报》社论——"纪念'五一'国际劳动节，为世界持久和平而奋斗"。——译注

来补充其宣传的,其手段是举出大众起义及政府镇压的"证据"、胁迫亲西方的团体,以及加速左翼政治和劳工力量的极端化——他们面临着站在政府一边还是站在共产党一边的两难局面。尽管有一些好战的暗示,日本共产党的政策看来与共产党在亚洲新近倡导的一般政策还是一致的,在它定义"爱国的"社会群体——这些人的恐惧和苦难正是共产党要利用的——上是如此,而在其有限的初步目标——削弱大众对政府的支持并一旦有可能就用潜在的更"中立"的政府取而代之——上也是如此。

结 论

在1952年"五一"节庆典上北平表现出自己是自称的亚洲"和平"捍卫者,也是一个对美国"侵略"阴谋无所畏惧的政权。看来北平试图通过把中国专注于和平、生产及精神文明的形象同西方、特别是美国致力于所谓残暴成性的、生物战争和核战争阴谋的形象加以鲜明对比,以突出自己的这一特点。北平在强调与美国结盟的日本之暴虐与它同诸如缅甸、印度这些被认为是潜在中立国家之"共存"和"友好"时,似乎同样是以共产党发起的"和平"与西方策划的"侵略"相对比。

北平发起"五一"节宣传之时,正值缅甸和印尼的共产主义团体为在一定条件下形成一个"统一战线"而向非共产党政府发起倡言。尽管如此,到目前为止还没有决定性的证据表明共产党的新路线超出了技术性的、策略的范围。[①] 当然也没有迹象显示:共产党人愿意做出郑重的让步以深化"和平"运动,愿意在这些地区,特别是在印度支那,放弃发动武装斗争的政策(在那里他们的政策似乎是进一步推动共产党目标的实现),愿意在任何地区都永久性地放弃暴力。然而,北平"五一"节庆典和相关的宣传以及亚洲国家当地的活动的确表明,共产党正在认真地扩展其潜在的支持,并且暂时地使西方在亚洲的盟友中立化或孤立了。很有可能的是,"武装斗争"的目标会变得更有限,并在一些地区服从于"和平攻势"。

共产党路线这一可能的转变仅是代表着东西方在亚洲的持续斗争中一个转瞬即逝的策略,还是一个新战略的开端,要做出更确定性的结论仍需等待共产党在一些关键地区的进一步活动:在朝鲜,那里的共产党滥用"武装斗争"的概念,几乎到了全球大战的程度;在菲律宾,政府与胡克党(Huks)[②]抗争的行动可能很快会迫使其基本战略发生转变;在缅甸,尽管共产党军队凭借身处中国的腹侧而免遭歼灭,它还是可能会发现此时此刻落实最近"统一战线"的倡议才是划算的,因为"统一战线"试图结束内战以支持一个反对西方和中国民族主义"敌人"的联盟;而在西康-西藏[③]地区,共产党的军事扩张已经把共产党军队带到了与印度

---

① 原注:参见 OIR IB-1144,1952 年 4 月 16 日,秘密/安全情报。
② 也叫做"Hukbalahap",即菲律宾共产党人民解放军。最早起源于抗日战争时农民的抵抗小组,战后成为反对美国扶持的政府的军事组织。20 世纪 50 年代中后期逐渐瓦解。——译注
③ 西康是民国政府于 1939 年起正式设置的省级行政单位,1955 年撤销,分别划归西藏与四川。——译注

次大陆的交界处。

O. S. S. /State Department Intelligence and Research Reports China and India 1950 - 1961 Supplement,Reel I,0746 - 0751,University Publications of America,INC,1979

费晟译,牛可校

国务院情报研究所关于中共
"侵入"缅甸的分析报告

（1953 年 7 月 16 日）

IR 6351

机　密

据报中共侵入缅甸
（1953 年 7 月 16 日）

摘　　要

有新闻报道说有小股中共军队最近已渗透到缅甸东部的佤邦（Wa States）①。这些报告尚未得到最终证实，但不能排除这一可能性，即：要么是缅甸境内的中国国民党军队，要么是缅甸官方夸大或伪造了这些消息。然而，中国共产党人显然具有在这个地处偏远、人烟稀少、缅甸当局难以有效治理的地区进行此类渗透的能力。共产党的政治代理人已经在边境地区展开活动，而且可能已经偶有小规模的军事入侵发生。假如最近的多数报告是准确的，则中国共产党人显然想要开展长期的努力，通过促进贸易，广泛宣传并且摆出山地部落"保护者"的姿态对抗中国国民党军队和缅甸政府，来清除边境地区的少数民族。中共军队的留驻可能也会被用以强化其未来的领土要求。

7 月 11 日和 12 日的新闻报道说小股中共军事单位——估计总共有 200 人——已经向地处偏远且相对难以进入的缅甸佤邦地区边境渗透进 25 英里。尽管一位缅甸发言人确认了这一渗透，但外交部门尚未做出官方评论，而且据悉缅甸也没有向仰光的中共大使馆做出正式质询或抗议。中共大使馆已经公开声称报道是在撒谎；由共产主义分子控制的缅甸工农党对此也跟从这种说法。

据说共产党军队已经在五个村落中站住了脚，据报在那里他们集合了居民，并且宣称中共政府将保护他们，使其免遭中国国民党军队的侵扰。参与行动的部队大概属于驻扎在云南省与这些被入侵地区邻接的某地的一支估计有 2 000 人的部队。

这些报告尚未得到证实，而且在缅甸军方未展开调查之前可能仍旧不能得到证实。距

---

① 缅甸第二特区（佤邦），是缅甸联邦的一个重要组成部分。面积约 1.7 万平方公里。人口约 40 万，与缅甸第四特区（掸邦）以及中国、泰国接壤。至 1989 年之前一直在缅甸共产党领导下，开展反政府运动。后缅共分裂，与政府达成妥协，此区域成为一个和平自治区。——译注

事发地点最近的军事据点位于滚弄（Kun Long），相隔有两天的行军路程。这一路线不仅会因地形不同而有所差异，季风雨也对其有所影响，而且众所周知某些佤邦人猎头的癖好也会影响到路线的选择。

假如报告是正确的，则这一活动看来只是一次主要出于政治目的的有限渗透，以下三个因素中的某一个是其首要动机：

一、中国共产党人可能是为了追求确保少数民族对其忠诚这一众所周知的目标，这些少数民族从来没有被置于缅甸当局的有效管理之下，其种族联系也是跨境的。

据报称类似的努力也在更北面的克钦人（Kachin）中和南面掸邦的拉祜人（Lahus）中展开。佤邦境内的活动正在继续开展，手段包括宣传、鼓动跨境贸易，据报告说还包括款待云南境内佤人的头目。

二、中国共产党人可能在其打击中国国民党军队的战斗中，试图公开"援助"缅甸军队，但可能性较小。

过去，缅甸方面已拒绝了中共军事指挥官所提议的一些合作。然而根据最近的情报，中国国民党部队据说已经从特定的事发区域向南撤退了。

三、中国共产党人可能正谋求建立一个基地，便于将来的领土要求。

假如渗透继续进行，则北平可能会这样宣称：事发地区的中缅边界线是尚未确定的。尽管事实上贯穿佤邦的边界尚未最终划定，但1941年中英协议中对此有非常详细的条款。参照那次定界，据报在最近的行动中被中共军队"占领"的村庄深入缅甸境内。中共1950年11月出版的最新地图上显示，边界线大致与1941年的相同。1952年11月的修订版上则将边境线往萨尔温江以西推进了，而且还标注说那部分边界尚未划分确定。① 如果这些报告所说的中共正规军事单位已经入侵缅甸并不属实，则下列三个解释中的某一个可能是真实的：

（一）如仰光的美国大使馆所说，这件事可能属于缅甸政府的欺诈或者夸大，为的是促使美国向中国国民党政府施压，令其从缅甸撤军。为此他们大肆宣传总是存在的中共入侵缅甸的可能性。

然而，之前已经有多次报告说有类似的入侵，此次对这一消息的散布没有解释。而且据报缅甸军事部（War Office）清楚地了解其中存在着一种危险，即如果相信中国国民党人所宣称的他们在缅甸的留驻是防止共产党进一步入侵的必要缓冲器，结果这个故事就可能被用以阻挠当前的曼谷会谈。

（二）这个故事可能是在缅甸的中国国民党领导人出于上面刚刚提到的目的而编造的。

如果是这样，则鉴于这样一个事实，即缅甸军事部看起来对调查证明给予了充分信任，这次报道的散布相比于过去类似的宣传行动在技巧上更为高超。中国国民党已经多次报告

---

① 原注：一份1941年协议附带的地图标明双方都作了让步；之前中国的领土要求在这部分地区向西没有延伸到萨尔温江。

说在缅甸存在着中共军事单位。

（三）这次渗透并非中共正规军的行动，而可能是在中国受训的部族游击队的行为，比如那些在克钦叛徒诺盛①领导下的人。

据报告说最近几个月中，诺盛住在兴威（Hsenwi）的邻近地区，位于报告中所说的当前事发区域西北方向 50～75 公里处。

O. S. S. /State Department Intelligence and Research Reports China and India 1950 - 1961 Supplement, Reel II, 0070 - 0073. University Publications of America, INC, 1979

费晟译，牛可校

---

① 诺盛（Naw Seng,1922～　），缅甸民族主义运动领袖之一。常年参加英属地方军队。第二次世界大战后组织克钦族抵抗运动，支持克钦族地区摆脱殖民统治，于 1950 年流亡大陆。——译注

国务院情报研究所关于
亚洲共产党战略中中国地位的评估

（1953 年 8 月 6 日）

IR 6367

限制使用

亚洲共产党战略中的中国

（1953 年 8 月 6 日）

前　　言

当前的研究着眼于一个特别重要的问题,但这一问题的性质处于情报研究力所能及的范围之外。政府中对此感兴趣的人可以参阅这份报告,它并非是对所面临的问题的确定性回答,而是一份直白的推测性文件,意在推动进一步的思考和讨论。欢迎提出意见,并把这些意见呈交情报研究室、远东研究处。

摘　　要

在 1924～1930 年和 1949～1951 年这两个共产党历史上的阶段,中国一直是布尔什维克征服全球计划的中心。尽管 1926 年的战略和 1949 年的战略之间存在着重大差异,但在这两个共产党挑起进攻性活动的高潮时期,其背后的基本考虑都令人感兴趣地反映了共产党的地缘政治:

（1）相信中国庞大且同质的人口是巨大的军事资本;

（2）认为中国广袤的领土为全力抗拒西方在亚洲的势力和保卫苏联提供了理想的手段;

（3）亚洲非共产党地区的不稳定恰好与"剥削"性大国之间的冲突同时发生;

（4）中国在东方人中的影响力;

（5）要让日本转向或中立化。

很明显,一个高效的中国共产党的快速成长鼓励了苏联对中国的关注,这有助于解释为什么印度及近东似乎经常为苏联的殖民战略所忽视。

中国的共产主义革命由此成为共产主义编年史中第二重要的事情，尽管如此，克里姆林宫有时可能已经省悟：在中国能找到加速全球征服的金钥匙的想法是不现实的（例如在1935～1948年的统一战线时期，或者自从共产党对朝鲜和亚洲其他地区的征服受挫以来）。甚至在1929年决定利用毛泽东的威望、征服理论以及政党、国家和军事组织时，苏联可能就已经认识到共产党中国绝非是推行其政策的一个理想工具。在1949年以来苏联的一些活动意味着，克里姆林宫一直利用中国的共产主义运动来拓展苏联在亚洲的势力范围，但同时可能也在试图限制中共力量的外溢。目前克里姆林宫对中国在亚洲一般性角色的看法当然还受到其他一些因素的影响，其中包括日本作为朝鲜战争的一个基地发挥了很高的效能，对现代战争中未经训练的人力的真正价值有更冷静的评估，以及其目标从军事征服转变为对东亚国家的政治孤立。

一、综　　述

尽管在1920年，苏联军队征服了西伯利亚，俄国的中亚部分也被苏联仆从所控制，在世界革命的事业中释放中国能量，这种想法对布尔什维克领导人来说愈来愈具有一种特殊的吸引力。苏联对中国的执着在困惑、矛盾和变化中凸显出来。

（一）为什么布尔什维克选择中国而不是印度或者近东作为亚洲共产主义和苏联帝国主义的领路者？比如，沙俄的野心几乎也同样倾注到后两个地区。

（二）是什么促使克里姆林宫在两个层面上展开对华政策——在鼓动中国共产党人为民族权利而斗争（的）同时却维持蚕食边界领土的沙俄政策？

（三）1949年中共的胜利是否修复了苏联领导人在20世纪20年代高涨起来、随后在30年代和第二次世界大战时期的统一阵线中消退了的对中国的热情？

对这些问题的简短考察能相对连贯（但也不完全连贯）地显示出布尔什维克如何评估中国在全球权力格局中的地位。这显示出，苏联在中国经常弄巧成拙的冒险极大地满足了布尔什维克对获取一个能提供充足的政治、经济、军事安全和生存空间的渴望，一种体现在"环绕"（encirclement）以及"保卫社会主义基础"（secure socialist base）观念中的渴望。这显示出在布尔什维克的设想中，相比于亚洲其他国家，中国在军事战略方面表现出的重要地位更高。这样的考察可能也解释了1952年斯大林论经济问题的遗言性文章，谈到一个"稳定的社会主义市场"，中国被包括在使苏维埃体制得以生存和成长的最小的区域范围内。

二、20世纪20和30年代

在苏维埃革命的早期盘算中，中国的地位就极为重要。"西方帝国主义的阿喀琉斯之踵"，"帝国主义链条中最薄弱的环节"，以及"世界革命的火山"，这些比喻都包含着一些非常明确的人口统计学、地理学及军事的理由，把中国作为削弱"帝国主义"力量最理想的场所，也能最理想地增强苏联和共产主义的力量。

（一）首先是4亿中国盟友的吸引力，这一观念与遭到鄙弃的"4亿消费者"的"帝国主义"观点惊人地相似。卡尔·拉德克①对第三国际第二届世界代表大会宣称，在1920年，"共产国际必须不仅与欧洲民众一道，而且也同殖民地民众一道与世界资本主义斗争。资本主义不仅在经济上，而且也在军事上通过殖民地人民得到供养"。1926年马努伊尔斯基②对这种思想做了发挥如下：

革命的中国，在远东政治中已经成为一个活跃的因素，它与苏联结盟，在远东将成为最具世界影响力的要素。你们这个拥有4亿人口的太平洋腹地国家，以及它在这些战争中的地位，使其影响力如此重大，以致帝国主义政府要在武装斗争中为自己加码时，不可能对其忽略不计……

在这里要注意到，马克思-斯大林主义的哲学通常把人口视为一种财富，而从来不是负担。

（二）其次，位于太平洋西岸的中国幅员辽阔，苏联的势力易于进入（在布尔什维克看来），而且中国远离除日本外所有帝国主义力量的中心。

中国是保卫苏联太平洋侧翼地区的巨大缓冲地带，同时也是共产主义和"帝国主义"军队理想的战场，布尔什维克及共产国际领导人时常表露出这一想法，特别是在1926～1927年，即在1949～1950年以前共产党对远东地缘政治考虑达到高潮的时候。

布哈林在1926年声称：

关于中国③，当前存在着极为异常的情势：资本主义力量正被世界大战和一系列的革命所削弱，出现了这样一个像苏联一样巨大的有组织的革命中心，苏联又与其地理上接壤，而且中国远离帝国主义国家的经济和政治、军事力量中心。

（三）第三重的考虑是，据判断中国的革命条件已经成熟，因为其内部不稳定已经与各剥削国家相互之间的冲突聚集起来。

与印度不同，中国并非处于某个外国的单独控制之下。相反，中国长期以来都是外国势力争夺的目标，而且已被瓜分为许多势力范围。在日本提出"二十一条"，以及为了挽救中国

---

① 卡尔·拉德克（Karl Radek,1885～1939?）国际共运的早期领袖之一，出生于波兰，活跃于德国和俄国，对斯大林一直持反对态度。一说他于1939年死于苏联大清洗，另一说他侨居苏联至50年代而亡。——译注
② 马努伊尔斯基（Manuilisky,也作曼努伊尔斯基（Manuilisky,1883～1959），出生于乌克兰，苏共著名领导人之一。1923年起当选苏共中央委员，1945年率乌克兰参加联合国成立大会。1953年退休。——译注
③ 原文中批注者对这四个字加了括号。——译注

的尊严及完整而召开华盛顿会议时，这种争夺达到了高潮。共产国际领导人因此预言说，美国、英国和日本间的摩擦会日益增长。这些外国的冲突必然加剧1911年以来爆发的国内动荡，一个主要的标志就是1919年5月4日，学生举行示威游行反对把德国在山东半岛的权利转交给日本。

（四）中国长期以来处于远东文明和影响力的中心。在1926年，马努伊尔斯基说道：

中国的革命①将对整个亚洲的运动施加一种革命性的影响，特别是印度，其民族革命运动近几年看来有所衰退。与此同时，解放了的中国将对所有居住在菲律宾、印度尼西亚，以及太平上的无数岛屿上的黄种人而言都是一块磁石，这些人……

（五）苏联潜在的早期想法还有第五重考虑，这个因素多少削弱了由于前面四点考虑而对中国萌生的乐观主义情绪。那就是对位于俄国的太平洋一侧的日本的野心、力量和立场的恐惧。

然而，在20世纪20年代，克里姆林宫显然已经相信美国和英国会阻遏日本在亚洲的扩张。它甚至可能已经计划利用中国的虚弱来诱使日本转移对苏联的入侵，将其推往大陆西部和南部。

苏联对中国地理因素及中国革命中军事力量因素加以持续关注，这解释了为何苏联在边境维持并伺机扩张其地位，甚至不惜损害中国共产主义运动。到1921年，在波兰、高加索（Caucausus）中亚以及外蒙古这些地区，苏联派出军队以建立共和国或卫星国的手段已达到炉火纯青的程度。到1922年，外蒙古已经成为莫斯科和北平中国政府争论的主题。大约在革命爆发十年后，俄国扩张主义再一次流进新疆。1928～1929年蒙古部队暂时占领了满洲西北部。而到1924年，即苏联首次宣布放弃沙俄在满洲的所有要求之后的第五年，苏联重新完全占有了沙俄在中东铁路线上的权利。这些行动对1919年放弃权利声明的序言真是一次具有高度讽刺性和军事性的歪曲：

我们为了把人们从军事暴力和外国金钱的桎梏下解放出来而前进，它们压榨着东方人民的生活，尤其是中国人……

与此同时，在中国争取"民族独立"和"新资产阶级民主革命"政治斗争的外表之下，包含了一个高远的战略目标。到1926年，在苏联对中国的评估中，有两个或明或暗的想法都已成熟。其中之一是认为美国、英国和日本在西太平洋濒临类似于条纹狗与花斑猫式的（gingham dog and Calico cat）②冲突。另一个想法是中国共产主义力量的胜利只能通过一

---

① 原文中批注者对这五个字加了括号。——译注
② 来自英语的童话寓言，意思类似于鹬蚌相争。——译注

支革命军队来实现，1926 年斯大林简明扼要地表达了这一点：

我们大体上认为广东人向北方的推进不是中国革命的增长，而是一场广东将领反对吴佩孚和孙传芳的斗争，像一个派系的将军们为争夺最高权威而反抗另外一派将军的战斗一样。同志们，这大错特错。在中国工人和农民争取自身解放的斗争中，中国的革命军队是最重要的因素。

在中国，这不是没有武装起来的人民在反对他们自己的政府的军队，而是以革命军队的形式武装起来的人民在反抗。在中国，武装革命正在对武装反革命作战。

中国的革命者，包括共产党人，必须对军事上的事情做特别的研究，他们绝不能把军事问题当作次要的事情，因为在中国，军事问题当前是中国革命中最重要的因素。

这些想法被斯大林糅合到他对蒋介石的北伐的看法当中。与蒋的行动相配合，苏联和蒙古军队对北平很明显地构成了巨大的钳形攻势，相应的，这对帝国主义轴心最薄弱的地方给予致命一击。

发动宏大的革命战争仍然是 20 世纪 30 年代中期中国共产党谈论的主要话题：

从各帝国主义控制世界的角度来看中国，人们可以观察到这个国家是所有帝国主义冲突最为集中的地方：对国际上最重要的帝国主义势力如美国、英国和日本而言，中国是最大的冲突地带；中国是资本主义同社会主义发生直接冲突的地方之一；中国是反帝国主义革命发展得最为壮大的地方；同时，中国无产阶级对资产阶级的斗争也是最尖锐的，比如，经济斗争随时都会迅速地转变成严重的政治斗争，甚或变成武装冲突。

因此中国是帝国主义控制下的世界链条中最薄弱的环节；同样也是世界革命最易爆发的火山。因此，在世界革命的最为严重的时候，中国的革命会首先爆发，随后激起一场伟大的世界范围的革命，带来全世界阶级斗争的最后决战。

然而，由于中国共产主义在蒋介石手上遭遇挫折，在 1930～1935 年以及世界共产主义统一战线政策的发展时期，面对德国和日本日益加剧的威胁，这一战略构想被修裁为更温和也更冷静的目标。为了保持中国共产党的生存，新崛起的领袖毛泽东和他的军队进行了长征，即根据斯大林的建议把运动转移到中国西北部，这一侧翼有苏联的安全保障；在这里，中共由争夺权力转变为争取让中国团结一致反抗日本并由此让日本不再攻击苏联。

对"根据地"（base area）这一概念创造性的发挥，是这个时期中国共产主义运动对苏联亚洲战略的伟大贡献。斯大林在 20 世纪 20 年代设想过所有要素：安全的苏联基地，每当可以找到借口开进边境地区，苏联军队就输送"解放"，而中国本国的军队就继续"解放"中国。

只有当毛泽东发现惟有仰赖坚定的贫农及本土的根据地才能安全地组建本国军队时，中国本国的军队才呈现出当前这种地理上的分布，而斯大林建议把根据地建在临近苏联的地方，则苏联至少可以保护其侧翼，同时它也给苏联提供了保护。当中国共产党人将其主要的军事活动区域转移到满洲时，根据地概念在1945年进一步深入发展。当1950年北朝鲜军队穿越三八线向南朝鲜发起攻击，以及胡志明和缅甸共产党分子把活动根据地向北转移到能受到中国的保护及援助的地方时，根据地的构想发展到了现在的形式。

三、第二次世界大战以来及共产党征服中国

布尔什维克把中国看作共产主义和"帝国主义"两个对立世界体系的权力结构中的关键环节，这一思想由此发展。由于20世纪20和30年代早期大战略的失败，以及日本被假定为太平洋地区的主要威胁，共产党在中国，以及蒙古与苏联远东地区的努力转为加强领土缓冲地带以防日本入侵俄国。

然而，作为第二次世界大战的一个结果，苏联-共产主义对远东地区情势的评估在很多重要的方面都发生了改变。

（1）一段时期内日本不再是远东地区的有生力量。

（2）英国也被严重削弱。

（3）苏联的力量现在直接面对着美国在太平洋地区的势力扩张以及美国在日本和中国力量的加强。然而，这股力量的中心距此相对较远。

（4）相应地，苏联的力量，特别是它在满洲和朝鲜的力量，借着日本的战败而大大增强。此外，共产党在中国北方、越南和印尼所处的位置也是额外的力量之源。

（5）最重要的是，正如1947年日丹诺夫在共产国际的开幕讲话中清楚表述的那样，斗争的主要中心及苏联的利益在于欧洲。

具有讽刺性的是，随着斯大林及其同事最初不明确的想法最终确立为一个世界性力量对抗的清晰概念——这由两个"阵营"的理论所体现，中国就不应该再是这个舞台的中心。相反，苏联在1949年之前直接推动远东武装斗争的努力，包括共产党在印尼、缅甸和马来亚尝试的政变以及在印度的罢工和暴力活动（都发生在1948年），显示了苏联利益和政策的扩散，而这当中早先关于中国的战略概念几乎没有起到作用。克里姆林宫显然认为蒋介石在中国是大权稳握，相应地只是在中国边境地区有所行动。

不用说，随着毛的军队在1948～1949年取得胜利（随后是苏联用6～8个月的时间来消化中共胜利的意义），这个评估被予以重大修正。之前有关东亚内战的零散计划变成了一个以中国和中国共产党的方法为核心的大战略。新评估的基调是马林科夫在庆祝十月革命32周年（1949年11月）典礼上的讲话。

亚洲，太平洋盆地（pacific ocean basin）以及整个殖民地世界的人民争取解放的民族斗

争已经上升到一个新的和大大提高了的阶段。

从当月北平举行的世界工会联合会(WFTU)会议到1950年2月毛泽东从莫斯科返回,共产党人针对远东策划了一个计划,包括在地理上把武装斗争从共产党力量的基地向南推进,达到能给予美国在这一地区的地位以致命一击的高潮。如果美国不向莫斯科和北平表明它们严重低估了美国可以通过日本和太平洋运输线增强其力量、而且美国决心使用这一力量,那么,亚洲大陆很大一部分可能会迅速沦入共产主义阵营。

美国1949~1950年战略所遭受的挫败必然引起共产党想法的新变化,而且或多或少强调:

(1)日本拥有的或者可以从日本得到的对抗大陆的力量;

(2)人力资源作为军事力量的一种手段的有限性;

(3)中国、苏联和其他远东共产党国家相互之间可提供的保护;

(4)美国的盟友在亚洲决策中的作用;

(5)东亚的各个共产党有必要发展出大量的本土拥护者并关注于反抗外国势力的武装斗争。

四、中共在亚洲的势力范围

克里姆林宫的最优计划是通过一次行动就实现对领土和人口的孤立、吞并及消化。但只有1921年在蒙古,1926年在中国,以及1950年在朝鲜,苏联人才有机会推行这一最优计划,而且除了蒙古以外他们都失败了。自1951年以来,苏联只能满足于尝试孤立其目标(比如,缅甸)而不着手于征服或者兼并。但更重要的是,在所有邻近中国的、共产党有可能获取收益的地区,也不能保证这种消化不是由北京而是由苏联完成。假如说根据苏联1919年以来的行动模式可以看出,斯大林式的目标是建立一个从现有的苏联到逐渐向外扩张的苏维埃共和国或者卫星国体系,那么现在中国对苏联而言一定既是一个机遇,也是一个重大问题。对中国共产党在亚洲势力范围的形成作一个简单观察,就可以更好的说明这一问题。

从前斯大林和共产国际征服中国和亚洲的企图终于在苏联关心其欧洲帝国的稳定化之际结出了成果。当毛的军队占据了整个满洲并开始向中国北方平原挺进之时,世界共产主义运动,特别是各个卫星党都在把所有民族自治和区域联邦的思想都斥之为铁托主义。因此中国共产党及国家的性质立刻威胁到新生的苏联势力范围的特质。在四年中两次召开苏联东方专家会议后,问题可能仍旧像以前一样尖锐。

共产国际所犯下的那些在1949年遭到报应的错误,都来自极端狂热地要求中国担负起"解放"各地惨遭蹂躏的人民的任务。中国共产党人成为共产国际在泰国、马来亚和菲律宾建立共产党,以及支援胡志明的代理人。因此,他们在东南亚各国共产党获得了一个组织据点。在20世纪30年代,中国向共产国际派驻的代表成为共产国际在"殖民地和半殖民地国家"政策的首席发言人。中国共产党把自己看成是"首要的"和正宗的殖民地共产党也就非常自然了。

共产国际的另一个错误——这个错误很大程度是因为疏忽——是它对东亚其他的共产党没有建立起强有力的有组织的控制。印度和印尼共产党分别是英国和荷兰的"老子党"（parent）建立并指导的。朝鲜和日本的共产党尽管是共产国际总部直接组织起来的，但在其早期历史中从来没有过那种献身性的纪律，比如说德国共产党的那种纪律。亚洲共产党存在着偏离共产国际之沃土，其之一就是托洛斯基主义始终存在，到今天为止，其哲学还是锡兰共产党的主导性思想要素。

这一情况并未随着过渡到人民阵线（popular front）的时代而有所改善，许多共产党在阵线中成为领导者。二战以来涌现的大多数民族共产主义运动在力量和独立决策能力方面都大为增强。毛泽东领导的运动从延安蔓延开来，其在日本和朝鲜共产党中的组织地位都大大提高了。当1949年共产主义运动重新回到中国南方时，而且当中国人的胜利和战后苏联第一次有协调的行动（1948年在东南亚和印度发动武装斗争和政变）形成鲜明对照时，这些纽带迅速扩展（或重新扩展）到其他共产党中。这里要加上一点，后一件事使得许多受到波及的党发生了分裂，由此帮助中国人在组织上的渗透。

如果由此便以为——面对传说的许多亚洲共产党拥有的半独立决策权——北平明确地进行着有组织的渗透并向邻国共产党灌输其政策，那显然错了。以为许多共产党会突然遗忘长久以来对中国统治的恐惧和厌恶也是不对的。

但是中共在其他共产党眼中地位的改善意味着在东亚一个独立的中国体系的壮大，这在很大程度上改变了从前的权力真空状态，只是在较小程度上对苏联有直接的不利。中共与其他亚洲共产党的关系总的说来是令人瞩目的：

（1）中共控制了泰国小规模的共产党组织，其党员几乎都是华人。

（2）华人分支机构在马来亚和菲律宾的共产党中都很强大，但本土共产党分子在争取控制权的斗争中对华人分支机构予以抵制。

（3）缅甸共产党在经历内部分歧之后，决定寻求中共的援助，但尚未显示出作为北平援助的接收者具有的独立处置问题的能力，而显然这种能力是被要求具有的。不过，中国的援助可能已经给予缅甸工人农民党这个共产党统一阵线机构。

（4）印度共产党显然保持了其组织上的自由，但可能也受到中国的援助。然而，尼泊尔的共运由于在接受中共的影响还是忠于印共上发生矛盾而分裂。

（5）日本共产党与共产党中共的组织联系明显日益增加。日共一些被清洗的领导人似乎就在北平。共产党对日宣传的主要外国机构就是位于中国的"自由日本电台"（radio free Japan）。日共可能受到来自中国的源源不断的财政资助，而且跨中国海的联络正在增多。

（6）自中国参加朝鲜战争以来，北朝鲜的延安派力量重获强固地位。

（7）亲苏的本土派力量继续掌握着印度尼西亚共产党，但在雅加达中国使馆指导下的活跃的宣传活动似乎正在增加。

（8）最近一次北平对胡志明讲话的认可暗示两国党组织的关系更紧密了。尽管中共给予其军事援助并派出军事顾问，胡志明的运动继续显示出它对苏联的向心力与对中国的一样强。

有一个例子同样显示出中共对亚洲共产党，甚至是那些和中共组织机构联系不那么紧密的亚洲共产党政策的影响力。印度共产党一份最近的文件显示出北平所扮演的意识形态上的角色。这份由印共安得拉（Andhra）省委员会发布的文件，以一种"自我批评"的形式讨论了党在1948～1952年这段时期意识形态的发展情况。在论及1948年党的一个省级会议时，文件声称多数党员认可毛泽东的新民主主义"对印度共产党而言现已形成为一种指导方针"，并且"十分清楚地是，在印度我们的革命会与俄国革命有所不同，也就是说并非通过一场群众武装革命实现，而是在农村开展起来并逐步扩展到城市的游击战，就像……中国一样"。这份文件承认了党在拟定随后的任务时所犯的错误，并详细描述了印共内部一些不同派别的观点，包括政治局内部对"中国式道路"的批评。在1949～1950年，北平对印共党内斗争的影响变得明显起来："在北平举办的亚洲工会会议（Asian Trade Union Conference）上……就对'中国道路'的理解开展了延长时间的讨论。讨论主要是想减少党在伦纳德（Ranadive）路线中的错误……"印共派系斗争的完整情况尚未弄清，但很明显这涉及对中共经验的阐释，而且中共在一定程度上以非组织的形式施加了干预。

对于生机勃发的中国可能成为亚洲共产主义运动的一个新中心，同时尊奉毛泽东为圣人的可能性，苏联的反应必然是谨慎且逐步的，而且不会完全赞同。可能克里姆林宫第一次表现出其关切，是在毛的军队向长江挺进之时。当时发生了把安娜·路易丝·斯特朗当作"帝国主义间谍"而逮捕的事件，它最为响亮地鼓吹中国应该成为亚洲共产主义运动的新莫斯科。然而，1949年以来，克里姆林宫被迫接受并相应地决定限制一个中国共产主义阵营的成长。共产国际在1950年早些时候对日本共产党的谴责可被视为对北平的一次间接申斥。直到1951年苏联才开始着意规定其亚洲势力范围内各国的关系和义务。那时在苏联举办的一次东方专家会议上，得出的一个结论就是"中国革命经验不能机械的应用到亚洲其他国家身上"。那次会议把相当大的注意力都集中到了外蒙古的形势上。随后蒙古于1952年10月与中国达成一份协议，由此首次踏进了国际关系舞台，这可被视为苏联对中国在东北亚日渐增长的影响力施加制衡的一个证据。

五、结　　论

总而言之，在20世纪20年代，中国对苏联外交政策而言具有莫大的吸引力，构成这一吸引力的包括：其地理位置，内部的革命，以及中国在国际事务中的处境。苏联长期全神贯注于欧洲，但毛泽东在1949年取得出人意料的胜利，这倾向于使苏联有关中国和亚洲的大战略观念中的某些成分得以复活，而这种大战略自1930年以来就处于蛰伏状态当中。就在斯大林死去之前，他就为保障苏联体系生存所需的区域画了一份地图——"社会主义市场"，其中中国的很大一块地方都被纳入需要永久保有的地区。

尽管对苏联而言中国 1949 年的胜利是否是一个机遇,就像他们在 1926 或 1927 年所拥有的那样,很值得怀疑。接下来的 20 年中,苏联对中国内战的直接指挥被毛泽东及其同事的领导所代替,后者掌握了独立的政治基础和军事力量。1949 年以后,如 1950 年中苏条约所显示的那样,对苏联而言继续蚕食中苏在满洲、蒙古和新疆的边境领土是难堪且困难的。在 1949 年之后,不再有任何确切的保证说中国不会以有利于自己而不是苏联的方式来利用自己的威望、中心性的地理位置、向外扩张力量的传统。当然,中国开创一个亚洲共产主义体系或将亚洲国家吸引到自己圈子中来的能力都还有限。其中一个限制性因素来自这样一个有悖论意味的事实,中共领导内战的独创性的"本土"方针是由毛泽东从斯大林早期的理论中发展出来的。但是,除非克里姆林宫现在从根本上修正斯大林对苏维埃世界的最终构想,一个由中国主导的亚洲共产党阵营简直是不可想象的。在北平与日本的关系上,以及在苏联全球战略中欧洲与远东地位孰重孰轻的问题上,北平和莫斯科也会存有分歧。具有讽刺性的是,尽管中国凭自身能力就能严重威胁西方在亚洲的地位的同时,共产党中国也有能力可悲地背叛早期布尔什维克关于苏联征服亚洲的幻想。

O. S. S. /State Department Intelligence and Research Reports China and India 1950 – 1961 Supplement,Reel II,0115 – 0130. University Publications of America,INC,1979

费晟译,牛可校

中情局关于 1957 年之前共产党在
亚洲行动方针的估测

（1954 年 11 月 23 日）

NIE 10－7－54(本评估取代 NIE 10－2－54)

至 1957 年共产党在亚洲的行动方针①

（1954 年 11 月 23 日）

问　　题

本报告的目的是评估共产党,特别是中共至 1957 年在亚洲的行动方针。

结　　论

1. 尽管苏联在中苏合作关系中具有压倒性的影响力,但共产党在亚洲政策的纲领几乎都由莫斯科和北平的共同磋商决定,并非由莫斯科独断。中共在中苏同盟中的影响力很可能会继续增强。我们认为在本评估论及的时期内,那些存在于共产党中国与苏联之间的摩擦不会损害到双方同盟的效力。

2. 看来共产党人在亚洲现行的策略符合他们那种一贯的政策,即一方面宣扬和平的意图,同时却继续努力开展颠覆活动,也继续扩张共产党的战争能力。很明显,自斯大林去世以后,特别是 1954 年早期召开日内瓦会议以来,这一政策中主要的新因素是,竭力要让那些莫斯科及北平希望与其"共处"的非共产党国家相信:与共产主义阵营进行理性和有利可图的协商是可行的,而美国的政策则是对亚洲开创一个和平新纪元的唯一障碍。在这样一个美国核优势的重要性日益消减的时期,这个新要素与当前共产党在全球范围内尽可能地减缓紧张局势、同时用各种手段分裂自由世界,特别是离间美国和它的盟友的策略是一致的。然而共产党所宣称的希望在亚洲"减缓紧张局势"看来其实是想要减少美国对大陆中国采取全

---

① 原注:这里所指的亚洲,包括日本、台湾、菲律宾、印尼、锡兰以及伊朗和阿富汗以东不包括这两个国家在内的亚洲大陆地区。

面军事行动的危险,并且使亚洲非共产党国家放松警惕性,而与此同时却通过公开战争以外的手段继续扩张共产主义。在这一方案框架内,共产党人打算与美国和国民党中国继续维持极其紧张的关系,并接受随之而来的风险。简言之,共产党中国和苏联会继续推行其当前的政策,利用和平声明来拉拢亚洲,而与此同时继续颠覆亚洲,它们期待这一长期的"和平共处"政策将以最小的风险实现其当前的军事和经济目标,并且最终消除美国在亚洲的影响力。

3. 中国共产党人将继续致力于"解放"台湾和沿海诸岛,把台海争端限定为一个内政问题,绝不容忍外国势力干涉。因此这一争端将继续成为在亚洲爆发大规模战争的最重大的威胁。

4. 我们相信,只要美国继续坚定地支持中国国民党政府,仍然承诺防卫台湾,并且在这一广大区域维持可供调用的空、海军主力,中国共产党人就不会试图对台湾或澎湖列岛发动全面入侵。除了入侵台湾,共产党人为了最终的接管,几乎肯定会集中全力采取一种临时性的颠覆政策,或者使用其他软化台湾的手段。

5. 我们相信,中国共产党人几乎肯定会加大目前对国民党控制的沿海诸岛的侦测活动,并有可能会试图占领一些主要的近海岛屿。如果他们的侦测活动没有激起美国值得注意的反击行动,他们几乎肯定会试图占领一些主要的近海岛屿。①

6. 我们相信,越盟(Viet Minh)现在觉得无需发动大规模战争,便能实现对整个越南的控制。相应地,我们也相信共产党人会以除战争以外的各种手段夺取南越政权。倘若南越的力量看起来正在增强,或者如果选举未如共产党所希望的那样如期举行,则共产党人可能会增加其在南越的颠覆活动和游击队活动,而且如果有必要就会渗透更多的军队,力求获得对这一区域的控制权。然而,我们相信他们不太可能公开入侵南越,至少在1956年7月预定的全国大选日之前不会。

7. 在亚洲(除了上面第5段和第6段提到的国民党控制的沿海诸岛以及南越)其他的地方,在这份评估论及的时期内,共产党人可能不会动用可识别的苏联、共产党中国、北朝鲜、或者越盟的军队发动新的地方性军事行动。

8. 面对共产党力量和影响力的扩张,亚洲非共产党由于其军队羸弱,并由此对敌对的共产党中国产生恐惧②;由于它们面对的社会和经济的问题,以及反西方的民族主义的流行而处于危险的虚弱状态。日内瓦会议及随后发生的事件的影响也增加了这种动摇性。相应地,共产党领导人几乎肯定估计到他们在亚洲拥有广阔的运筹空间,在这里他们能继续安全地开展颠覆活动并且支援武装起义,却不会招致美国发动令其难以承受的反击行动。

9. 共产党人很可能会对老挝北方的省份继续施加相当大的控制,并将保持对老挝政府实施颠覆活动的能力。然而,我们相信老挝人能够限制共产党的政治进展,而且如果它能继续得到外部援助,同时越盟不发动侵略或者鼓动广泛的游击战,那么一个反共的政府就会依

---

① 原注:情报科参谋长助理认为对这段话应作如下理解:"我们相信,中国共产党人可能会加大目前对国民党控制的沿海诸岛的侦测活动,并且有可能会占领其中一些岛屿,如果这种行动作为其政治-军事-心理整体计划的一部分所看起来是值得做的。"

② 原文此处删去一句。——译注

然掌权。我们相信,由于共产党希望在亚洲继续推行其"和平共处"路线,特别是由于在意印度的反应,而且也希望降低美国反击的可能性,其对老挝采取的侵略行动会因此而有所和缓。①

11. 印度和日本可能会成为共产党"共处"政策及相关宣传越来越重要的目标。我们相信,共产党人会继续努力破坏日本的稳定及当前的倾向性,而且还会谋求经济及文化关系的扩张。他们会做出更大的努力以给人营造这样的印象,即他们为重续对日外交关系而提出的条件是灵活变通的,而且在本评估所论及的时期内,也有机会最终缔结一个正式的和平协议。我们也同样相信共产党人会把注意力更多地集中到印度身上,努力确保它至少继续奉行中立主义,而且如果有可能就把它与共产主义阵营拉得更近。然而,共产党中国会寻求在印度—西藏边境地区增强其影响力的方法,甚至不惜与印度发生摩擦。

12. 自从当前的政府在1953年7月上台后,共产党在印尼的影响力大大增强,而且最近政局的发展导致了一个结果,即政府为了继续生存,越来越依靠共产党在议会的支持。我们相信印尼共产党人可能会继续支持现在的政府,或者如果它倒台了,就努力另建一个政府,而且他们将参与其中、或者在里面拥有强大的影响力。他们会利用宪法允许的手段,也会利用非法的手段,以扩张其在官僚机构及军队中的影响力,并且阻止一个统一的或有实效的反对派的形成。他们也很可能试图以一支由共产党所掌握的军队组织来增强其能力。然而总的来说,在近期内他们可能会避免采取具有高度挑衅性的策略,以免这些策略在其自身的力量强大到足以对付反抗之前就激起军方或国内反对派组织的反击。然而,基于当前的各种力量和趋势的这种状况,在本评估所论及的时期内,共产党有可能通过颠覆或者武力手段接管印尼的政权。

讨　　论

一、说　　明

13. 迄今为止,日内瓦会议及随后事态发展的净效果已然是提升了共产党在亚洲的地位。西方的、特别是法国和美国的威望遭受重大损失。共产党对北越的吸纳也增强了它在东南亚的战略地位,而且已大大增加了共产党颠覆印度支那剩余地区的能力。共产党中国对大国身份的诉求也加强了。最后,共产党人的"和平攻势"在进一步欺骗众多非共产党分子相信共产党的最终目标方面也取得了一些成功。八国马尼拉条约的缔结②以及巴基斯坦与美国之间建立的更为紧密的关系有助于对抗共产党未来的压力,但是它们的成效至今还

---

① 原文此处删去一段。——译注
② 即1954年9月8日,美国、英国、法国、澳大利亚、新西兰和泰国、巴基斯坦、菲律宾八国外长在马尼拉签订的《东南亚集体防务条约》。——译注

没有抵消共产党人所获得的成果。

二、总体性的考虑

共产党在亚洲的目标

14. 苏联和共产党中国在亚洲有下列共同的长期目标：(1)扩充共产党亚洲的军事和经济力量；(2)消除美国在亚洲的影响力，并且扩展共产党政治影响的范围；以及(3)亚洲非共产党国家的中立化，并且最终控制之。

15. 我们相信共产党中国谋求：首先，迅速地实现其经济的工业化以及军事组织的现代化，并且为了实现这一目标，要争取获得苏联更大的援助；增强共产党中国对亚洲共产主义运动的影响力；其作为一个世界大国及亚洲领袖的地位获得承认；获得对台湾的控制；并且消灭中国国民党政府。共产党中国认为台湾是中国的一部分，并且把得到台湾当作内战的一项未竟事务。然而除了这些，我们相信，中国共产党人没有什么非得扩张中国现有边界的紧迫感，但是他们还是会继续关注特定的边界划分争端。

16. 我们相信苏联谋求：使共产党中国成为一个强大而可靠的盟友；为了这一目标，增强共产党中国的军事和经济力量，但是要保持中国对苏联的依赖；并增强苏联对亚洲其他地区共产主义运动的影响力。

17. 亚洲其他地区的某些共产党领导人可能抱有为其各自国家而制定的、却与莫斯科和(或)北平的短期目标不一致的目标。共产党制定策略时可能会照顾到当地共产党人的目标，但是整个共产党阵营的战略可能还是主要根据中国—苏联的目标而制定，如有需要就会牺牲当地共产党的野心。

共产党的关系

18. 苏联从来没有像对待它的欧洲卫星国那样控制共产党中国，而是似乎把中国当成一个盟友来对待。在这一合作关系中莫斯科占据了优势的影响力，这是因为苏联拥有优势力量，而且共产党中国的军事和经济还依赖于苏联。共产党中国承认苏联是阵营的领袖。然而，共产党在亚洲的政策的主要纲领几乎肯定是由莫斯科与北平之间共同协商而决定的，并非苏联独断。共产党中国享有某些独立行动的能力，甚至会采取某些苏联可能不赞同却又很难加以责难的行动。不过我们相信，这两个国家倾向于进行一致性的行动。

19. 在中苏同盟中，共产党中国的影响力自1949年以来就一直在增长。这一增长自斯大林去世以后还加速了，这一点最近在1954年10月12日的中苏协定中表现得很明显。在本评估论及的时期内，这一进程似乎还会加速。莫斯科和北平之间在很多问题上可能存在摩擦，包括对亚洲各共产党的控制权，对中国国民党控制地区采取行动的方式及时机，苏联对华援助的性质和数量，以及其他可能的议题。然而我们相信，在评估所论及的时期内，这些摩擦不会损害同盟的效力。

共产党的力量、弱点以及能力①

20. 中国共产党政权对大陆中国的控制实际上已经完全巩固。（中国国内）对中央政府存在巨大的、普遍的憎恶，但没有爆发严重的有组织反抗的迹象。

21. 在现有证据的基础上，我们相信在北平五年计划指导下的中国工业的扩张会使得现代产业部门的产量至 1957 年时达到 1952 年的近两倍。然而，农业产量在过去两年中处于停滞，而且在过去一年中，政权对经济施加了更加严苛的控制，以图维持其工业发展。为了抵消增长中的消费压力，北平已经垄断了重要消费品的分配，并且建立了一个针对大部分人口的定量配给制度。为了增加对生产的控制，共产党政权正在制定一个计划，强迫农民向国家出售指定数量的农产品，同时也加速实行社会主义化措施，到 1957 年的目标是，将这个国家半数以上的农民和手工业工人组织进生产合作社，并在实质上将所有工商业都置于国企控制下。

22. 中国共产党人有特定的能力，同时也显示出有相当的技巧来利用商业或商业倡议而达成政治斗争的目的，甚至使用他们所掌握的有限的手段。而且，该政权已经比较成功地散布了这样一种印象，即放松贸易管制就能为各种工业品在共产党中国打开巨大的市场，还能增加原材料的来源地，而这将减轻当前诸如日本和西欧之类的工业国所面临的问题。此外，政权通过宣扬贸易管制是全面缓和亚洲政治紧张局势的主要障碍，从而给许多非共产党国家留下深刻印象。事实上，这些关于大幅扩展贸易的可能性的宣称在很大程度上似乎只是宣传而已。最终，随着其工业基础的发展，共产党中国以经济手段开展政治斗争的能力会得到加强。苏联在亚洲的这方面的能力远比中国强大，但它很大程度上仍然受到苏联国内的需求以及阵营内其他紧迫需求的限制。

23. 200 多万人的中共军队在战斗和组织效能上得到了逐步改善。海军的角色大体上局限于在沿海水域开展行动。其能力可能会通过增配至少 6 艘潜艇及 50 艘鱼雷艇而得到加强。空军拥有大约 2 200 架飞机，其中多半是喷气机，其战机的数量、质量与装备以及作战效能正得到逐步改善。在本评估所论及的时期内，空军首先要局限于在良好的能见度情况下的行动，而且它也不太可能发展出实质上的全天候作战能力。在本评估所论及的时期内，中国军队仍将主要依赖苏联来重新补给重型装备、零备件、战机和航空油料。然而，穿越蒙古的中苏新铁路预期于 1955 年竣工，中国的战略地位将由此得到改善。②

24. 中国共产党的军队有能力横扫泰国、缅甸以及印度支那的自由国家，能打垮这些地区现存的非共产党军队，也能打垮这些地区在本评估所论及的时期内发展起来的任何本土军队。如果仅凭中国国民党军队抵抗的话，中国共产党人在本评估所论及的时期内始终有能力占领台湾、澎湖列岛，以及沿海诸岛。共产党中国有能力成功地保卫自己，使自己免遭任何亚洲非共产党力量的入侵，尽管中国有后勤方面的问题而且有弱点可攻。

---

① 原注：这些问题在标识日期为 1954 年 9 月 14 日的国家情报评估第 11 - 4 - 54 号文件——"苏联的能力及其到 1959 年中期可能的行动方针"——中得到了详细讨论。

② 原文此处删去数段。——译注

25. 共产党中国内部计划的需求,再加上中国易于遭受空袭的弱点,都可能制约中国,使其在外交事务方面不敢冒重大的风险。我们认为有可能的是,如果这些内政计划继续推进而不遭受重大挫折,则这种进步就会增强中国在亚洲扩大共产主义影响的能力。如果中国内政计划遭受重大挫折,则可能产生某些外交政策冒险主义的危险。然而,总而言之,我们相信这些挫折很可能产生负面效应,也就是迫使其放弃军事进攻行动。

26. 北朝鲜的共产党政权,以及特别是北越的共产党政权增强了中国共产党和苏联在亚洲的军事及政治力量。这两个地区都会起到缓冲器的作用,拱卫中国和苏联,并且还能成为共产党在亚洲政治或军事扩张的基地。在本评估所论及的时期内,北朝鲜和北越的经济体制都会与共产主义阵营国家的经济紧密协调。首先是因为得到共产主义阵营的援助,北朝鲜至1957年很可能会实现实质性的经济恢复。然而,北朝鲜很可能还达不到1950年之前的生产水平,而且沉重的民众需求几乎肯定会损害到对政权各个计划的支持。

27. 越盟正通过集结先前各自独立的正规军和地方军队来巩固并重组其军队,以便形成火力增强了的新编师。增强了的火力首先得自于1954年中国的大规模援助,其中包括非法的停火后的援助。到1955年底,越盟很可能至少拥有11或12个步兵师,2个炮兵师,以及1个防空师。这些发展将使越盟正规军拥有比日内瓦会议前多两倍还不止的作战效力及规模。这对越南人会起到比迄今为止的威慑都大得多的恫吓效果。在评估所论及的时期内,越盟很可能会以或明或暗的方式发展起一支空军。越盟政权会继续要求共产主义阵营的军事、技术及可能的经济援助,并且其政策可能反映出中国-苏联观点的一致性。越盟正在增扩并改善其运输与通讯设施,其中包括与中国南部相连接的铁路和公路。

28. 在东南亚各国巨大的海外华人社群为中国共产党人开展颠覆活动提供了一个重要的潜在渠道。海外华人给予共产党政权的这种支持实际上从1950年以来已经削弱了,因为共产党的内政政策影响了海外华人的家庭和财产,这也是共产党榨取海外华人邮往国内的汇款所导致的。目前,1 000万海外华人这一巨大的群体在政治上不甚活跃,并且与少数热衷于政治的人还发生了分裂,有人忠于共产党,有人忠于与国民党政府。然而,特别是自日内瓦会议以来,共产党在年轻的海外华人中的影响力已经增强。总的来说,由于多数海外华人不关心政治的特点,由于其在东南亚社会中的孤立地位、也由于其倾向于同当地增强现实的联系,海外华人在东南亚国家的颠覆作用普遍有限。然而,这些海外华人社群与中国大陆维系的无数纽带可能会给共产党的渗透、间谍和宣传活动提供一个有用的渠道,而且一旦爆发战争或起义,他们就会构成一个严重的威胁。

非共产党国家的弱点

29. 在多数亚洲非共产党国家,存在着一种艰难的平衡。目前在越南、可能还有老挝以外,没有哪个共产党完全由自己掌握的军事力量。……①而且,这一地区除了印尼,没有哪个共产党有能力对全国政府的联盟产生重大影响。尽管有这些事实,现在亚洲非共产党国

---

① 原文此处删去数行。——译注

家对共产党的力量和影响力的扩张还是处于非常危险的虚弱状态,因为其军队羸弱并由此恐惧敌对的共产党中国,……①他们面对的社会和经济的问题,还有流行的反西方的民族主义。日内瓦会议及后续事件的影响更加剧了这种动摇性。

30. 对共产党的颠覆和扩张而言,南越仍然是最脆弱的。越南事态的发展会对老挝和柬埔寨的非共产党力量的前景产生直接的影响,而反过来共产党在南越、老挝或者柬埔寨的成功,则会显著增加其他东南亚国家面对共产党的策略所表现出来的虚弱性。

共产党对局势的评估

31. 没有迹象显示共产党的如下基本观点会发生变化,即认为美国代表着反对共产党力量在亚洲生存和扩张的中心。尽管共产党人几乎肯定相信美国在亚洲的最终的目的是颠覆中国共产党政权,可他们仍然认为美国现行的内政及外交政策显示出,在可预见的将来美国不愿发动大规模战争,或者不愿在亚洲冒很大的风险,除非共产党的行动首先挑起事端。而且,他们可能认为把这些政策,特别是美国在朝鲜和印度支那的克制说明,目前除了反对共产党力量及影响力的进一步扩张、构建亚洲非共产党的力量以及阻止共产党中国实现内政目标之外,美国在亚洲的政策不会走得更远。

32. 共产党人可能也相信其长期的、首先是政治斗争的能力要强于美国在这方面的能力。各个共产党的领导人几乎肯定估计到他们在亚洲拥有广阔的运筹空间,在这里他们能继续安全地开展颠覆活动并且支援武装起义,却不会招致美国对其发动难以承受的反击行动。共产党人可能认识到,非共产党国家之间在亚洲政策的很多方面都有分歧,这使得美国很难通过除公开侵略以外的其他手段有效地抗击共产党的扩张。

33. 共产党人几乎肯定相信,尽管最近的事件显示出美国在亚洲不愿意卷入大规模战争,却更加清楚地划分出那些美国将动用军事反击来阻遏共产党军事征服的地区。特别是,共产党人可能相信对日本、台湾、韩国、泰国、菲律宾或者马来亚的公开军事侵略将导致美国强有力的反击,其中可能包括对中国大陆的行动,甚至可能包括动用核武器。他们可能不仅估计到对老挝、柬埔寨或者南越发动公开的军事进攻,至少会导致当地美军的行动,而且公开进犯任何一个亚洲非共产党国家,都要冒遭受美国军事反击的严重危险。此外,几乎肯定的是,还有很大一块模糊的区域,共产党不确定在这里的行动可能招致美国怎样的反应。这些行动可能包括:对国民党控制的沿海诸岛的进攻,大大增强在印度支那的准军事颠覆,或者对泰国进行武装团体的渗透。

34. 共产党人,特别是中国共产党人几乎肯定认为,日本和印度的倾向是未来亚洲均势的关键。共产党人可能相信,可以通过一个包括经济和政治引诱在内的政策来削弱日本与西方的联系。他们可能认为在不久的将来,一个对印度在南亚及东南亚的地位至少表示表面上尊重的政策,将最好地维持印度的中立立场。

35. 在本评估所论及的整个时期内,共产党对美国在亚洲的行动及反应的评估将是他

---

① 原文此处删去数句。——译注

们在决定其在亚洲的行动方针时极为重要的考虑因素。

三、在亚洲共产党政策的主要路线

36. 看来共产党人在亚洲现行的策略是从他们那种一贯的两手政策中衍变而来的,即一方面宣扬和平的意图,同时却继续努力开展颠覆活动,也继续扩张共产党的战争能力。自斯大林去世以后,特别是1954年早期召开日内瓦会议以来很明显的是,这一政策中主要的新因素是,极力使那些莫斯科与北平希望与之"共处"的非共产党国家相信:与共产主义阵营进行理性和有利可图的协商是可行的,而美国的政策则是对亚洲开创一个和平新纪元的唯一障碍。这个新要素与当前共产党在全球范围内尽可能地减缓紧张局势、同时用各种手段分裂自由世界的策略是一致的,而且特别是要在这样一个美国核优势的重要性日益消减的时期,离间美国及其盟友。然而共产党所宣称的希望在亚洲"减缓紧张局势"看来其实是想要减少美国对大陆中国采取全面军事行动的危险,并且使亚洲非共产党国家放松警惕,而与此同时却通过公开战争以外的手段继续扩张共产主义。在这一方案框架内,共产党人打算与美国和国民党中国继续维持极其紧张的关系,并接受随之而来的风险。简而言之,共产党中国和苏联会继续推行其当前利用和平声明来拉拢亚洲的政策,而与此同时继续颠覆亚洲,以期这一长期的"和平共处"政策将以最小的风险实现其当前的军事和经济目标,并且最终消除美国在亚洲的影响力。

37. 共产党试图给自由世界各国、特别是给日本和亚洲中立国家留下这种印象,即他们愿意就突出问题进行谈判。如此行事时,他们可能为协议提出一些或许对某些非共产党国家有吸引力,但与美国的利益相悖的建议,而且,就像在日内瓦那样,可能在程序上和策略上偶尔做出重大的妥协。共产党中国可能试图以周恩来-尼赫鲁的五项基本原则、一系列互不侵犯、和平共处的谅解为基础,与其大多数亚洲邻国举行谈判。通过这些努力,共产党人会为北平政权继续谋求更多的承认和接受(acceptance),并且声称遵守通过大国磋商来解决亚洲和世界的问题的承诺,如果北平被允许参与其中的话。此外,通过不断夸大共产党中国的力量、发展以及和平的意愿,给非共产党国家这样的印象,即与北平保持更密切的外交关系是明智的。

38. 共产党人几乎肯定会尽一切所能宣扬,非共产党国家扩大与共产主义阵营的贸易是大有好处的,同时谴责贸易管制计划,以及作为这一计划首要的支持者的美国使得国际贸易不能达到更高的水平。共产党中国同样寻求以这样的贸易来补充共产党阵营对中国工业化计划的援助,减少当前这一计划对共产党阵营的全面性经济需要,在亚洲其他地区贯彻政治经济行动方针,并且减少国内政治压力,这是支持经济计划所需要的。很有可能的是,共产党中国会继续与许多非共产党国家继续交换贸易使团,并就正式和非正式的贸易协定举行谈判,这表现出它对更高水平的贸易的希望,以及对贸易管制的反对。

39. 在这份评估论及的时期内,除了如下指出的由中国国民党所控制的沿海诸岛及南越地区外,共产党人可能不会动用可识别的苏联、共产党中国、北朝鲜、或者越盟的军队发动新的地方性军事行动。共产党行动的方针很可能旨在扩大政治斗争的区域,同时保持并增强未来军事行动的能力。共产党人几乎肯定会越来越多地试图利用共产党中国在亚洲的力量和声望来为共产主义阵营在那里的政策打头阵。

40. 尽管我们估计在南亚和东南亚,共产党不太可能有新的军事侵略,但共产党人可能会发动新的侵略,这或者作为对美国政策的反应,或者也可能是出于他们自身的原因,错误估计了美国可能的反应造成的,或是因为对在某些地区轻易获胜抱有期望,特别是如果美国的力量和决心以及与美国合作的各个国家看起来受到削弱的话。要特别注意的是,日内瓦协定或者中国共产党决意夺取国民党控制的沿海诸岛或台湾,都可能引发严重的危机。因此,在评估所论及的时期内,始终存在爆发战争的可能性。

41. 中国共产党人会继续努力颠覆或者利用东南亚的海外华人。他们可能尝试控制学校和年轻人、商业及其他团体,并且出于经济目的利用这些社群与大陆中国继续保持的联系,并把这些群体作为渗透、间谍活动及宣传的渠道。共产党在利用海外华人方面取得成功的程度……①将受到共产党中国整体命运的强烈影响。然而,由于这些中国人中大多数人的用处都有限(他们多不关心政治,文化孤立,而且不受当地人欢迎),共产党人可能会将其活动首先集中于东南亚国家的政府和当地群众。中国共产党人甚至可能就海外华人的国籍身份问题做出妥协,他们相信这些妥协不会严重损害到海外华人社群参加颠覆活动的潜力。

四、具体的行动方针

国民党中国

42. 国民党和共产党中国之间的争端会使得亚洲继续存在爆发大规模战争的危险。北平政权会继续致力于"解放"所有中国国民党控制的领土,它把这一问题限定为一个内政问题,绝不容忍外国的干涉。未来共产党对沿海诸岛及台湾的行动方针在很大程度上将取决于共产党对美国反击行动的评估。②

43. 我们相信,中国共产党人会对国民党控制的沿海诸岛继续进行轰炸和攻击,继续占领邻近的未驻防的岛屿,同时继续增加空军、海军和炮兵的活动。他们几乎肯定会增加这种对沿海诸岛的试探性袭击的规模,并且在评估所论及的时期内,可能试图占领一些主要的沿海岛屿。如果其试探性的行动没有激起美国显著的反击行动,他们几乎肯定会试图占领一

---

① 原文此处删去数句。——译注
② 原注:情报科参谋长助理认为对这段话应作如下理解:"在过去四年中,中国共产党对台湾及沿海诸岛的行动已经变化,从几乎完全无视金门、大陈岛到最近开始向这两个岛施加重压。当前的压力看来是共产党整体政治、军事行动方式的一部分。北平政权致力于'解放'所有国民党控制下的领土,并且将这一问题限定为一个内政问题,绝不容忍外国的干涉。共产党完全有能力对沿海诸岛发动一次成功的袭击,而且假设他们怀有别的想法是不明智的。这些岛屿对中国共产党人不构成特别的军事威胁,而对中国国民党人而言只有有限的军事、政治和心理价值。然而,通过继续对沿海诸岛施加军事压力而不开展直接进攻,中国共产党人能够使得中国国民党和美国在防御上摸不清共产党下一步的攻击目标。此外,共产党涉及台湾的宣传倾向于强调美国和她的盟友在中国问题上的观点的分歧。"

些主要的沿海岛屿。另一方面,只要美国对这些试探性进攻做出军事回应,共产党人可能就不会试图对主要的沿海岛屿发动全力进攻。无论如何,中国共产党人都可能试图激起当地波及美军的事变,接着就可以把这件事正式摆到联合国面前,说这是美国发动侵略和干涉中国内政的一个例子。①

44. 我们相信,只要美国继续坚定地支持中国国民党政府,仍然承诺防卫台湾,并且在这一广大区域维持可供调用的空、海军主力,中国共产党人就不会试图对台湾或澎湖列岛发动全面入侵。他们可能认为这样的行动会导致对美战争,其中可能包括对大陆中国发动核武器攻击。如果中国共产党人开始相信美国防卫台湾的决心显著减小,那么共产党对台湾发动袭击的可能性便会大大增加。最终,如果中国共产党人在试探美国决心后开始相信、或者美国在事实上的确不会保卫台湾及澎湖列岛的话,他们就很可能试图以武力占领台湾。②共产党人为了最终夺取台湾,几乎肯定会集中全力采取一种临时性的颠覆政策,或者用其他软化台湾的手段。为达到这一目的,他们可能会试图破坏中国国民党政府的国际与国内地位,并削弱其与美国的联系。通过宣传和外交,他们会试图让美国和国民党政府陷于困窘和不光彩的境地,试图恶化美国与其盟友及其他非共产党国家在台湾问题上既存的分歧,促使国际社会欢迎一个符合他们自己心意的、对台湾的最终处置,并试图向美国施压,令其撤走军事保护和支持。同时,通过对沿海诸岛发动持续不断的行动,通过对台湾进行心理战、颠覆以及可能的骚扰性空袭,他们会尝试破坏国民党的士气,增强其对台湾谍报及暗中破坏的潜力,鼓动叛变,并且加剧岛内的政治动荡。……③

印度支那④

46. 我们相信越盟的政治力量及声望会继续增强,而且在中国的援助下,他们会增强在北越的军事打击力量。现在越盟可能感到它无需发动大规模战争,便能实现对整个越南的控制。相应的,我们相信共产党人会使用除战争以外的一切努力达到其目标。越盟的间谍会继续颠覆所有易动摇的人口,阴谋阻止南方不同派别的联合以及任何政治力量的建立,同时,在任何全国性政府或者法国人不能施加控制从而给共产党人留下活动空间的真空地带的情况下,越盟就会建立起"影子政府"(shadow-governments)以及政治军事网络。他们在南越的活动以及可能达到的渗透所导致的一个结果是,共产党人有可能成功地令多数南越人相信共产党的控制是不可避免的。

47. 另一方面,如果南越的力量看起来有所增强,或者如果选举未如共产党所希望的那样如期举行,则共产党人可能会增加其在南越的颠覆活动和游击队活动,而且如果有必要就

---

① 原注:情报科参谋长助理认为对这段话应作如下理解:"我们相信中国共产党会对国民党控制的沿海诸岛继续进行轰炸甚至策划袭击,占领附近未驻防的岛屿,并且增强空军、海军和炮兵的活动。北平很可能估计进占国民党控制的沿海诸岛的努力有触发对美战争的危险。然而,尽管中国共产党人估计有卷入战争的危险,他们还是会试图占领一些国民党控制的岛屿,如果这一行动作为其整体的政治-军事-心理计划的一部分似乎是值得做的。"
② 原文此处删去一句。——译注
③ 原文此处删去一段。——译注
④ 原注:参见 NIE 63-7-54:"至 1956 年,南越、老挝和柬埔寨可能的进展",标识日期为 1954 年 11 月 23 日。

会渗透更多的军队,以求获得对这一区域的控制权。然而,我们相信他们不太可能公开入侵南越,至少在1956年7月预定的全国大选日之前不会,因为:(1)他们认为无需付诸入侵便能控制这一地区的前景还是很乐观;(2)他们会担心美国可能的军事反击,以及(3)他们可能害怕侵略会导致亚洲中立国家走向与西方公开结盟的道路。

48. 越盟对法国正在采取一条和解性的路线,以此谋求对法国想在北越保持其经济及文化利益的希望加以利用。他们可能希望让法国更易于与越盟达成协议,并由此减少法国对一个强大的南越民族主义国家的支持意愿。

49. 共产党人很可能会对老挝北方的省份继续施加相当大的控制,并将保持对老挝政府的颠覆能力。然而,我们相信老挝人能够限制共产党的政治进展,而且如果它继续得到外部援助,同时越盟不发动侵略或者鼓动广泛的游击战,那么一个反共的政府就会依然掌权。我们相信,因为希望在亚洲继续推行其"和平共处"路线,特别是因为在意印度的反应,以及希望降低美国反击的可能性,共产党对老挝采取的侵略行动会趋向缓和。

50. 然而,如果在本评估所论及的时期内南越屈服于越盟,则共产党对老挝施压的能力将大大增加,而且老挝人抗拒这些压迫的意愿和能力也会相应减弱。共产党人将在多大程度上利用这种局面,几乎完全取决于他们对马尼拉条约国家以及南亚和东南亚中立国家可能的反应的评估。

51. 尽管部分越共军队及其附庸者已经从柬埔寨撤离,但我们相信已经有相当规模的越盟干部留了下来。而且,尽管柬埔寨共产党的军队终止了游击活动,却仍然没有解散或者交出他们的武器。未来柬埔寨会发生什么事,很大程度上将受到越南和老挝势态发展的影响。共产党接管南越会增强共产党对抗柬埔寨的能力,而且会损害柬埔寨抵抗共产党进一步压迫的意志,尽管我们估计在相同情况下,柬埔寨人的决心会比老挝人的更大。

日本

52. 日本会日益成为共产党"共处"政策及宣传的重要对象。共产党阵营各国会利用日本对与共产党中国进行贸易的潜在好处抱有普遍的夸张的期望,从而继续谋求扩展经济和文化上的联系。他们会通过继续宣称谈判的可能性,使得日本认为与苏联和共产党中国保持更紧密的联系是解决自己所面临的经济及安全问题的一个办法。共产党人会以更大的努力给人营造这样的印象,即他们为恢复对日邦交而提出的条件是可以变通的,并且有可能最终缔结一个正式的和平协定,其中可能包括归还一些如齿舞诸岛这样的日本小岛,此外还可能缔结一份互不侵犯条约。当前没有迹象显示中国-苏联的基本要求——作为恢复外交关系或缔结和平条约的前提条件,日本要中止与美国的同盟——有任何变化。但在本评估论及的时期内有可能的是,共产党人愿意做出一些让步。

53. 共产党人会通过日本共产党的颠覆活动,以及加强非政府组织之间的非正式谈判,继续努力破坏日本的稳定及当前的倾向性。日本共产党人会让武装革命继续服从于"统一战线"及"联合行动"(unified activity)策略的"和平"需要。与此同时,日本共产党人会继续发展其地下组织,并且偶尔会采取暗中破坏行动和有限的暴力活动。

印度

54. 苏联和共产党中国的注意力会越来越集中于印度,努力确保它至少继续奉行中立主义,而且如果有可能就把它与共产主义阵营拉得更近。共产党中国可能会寻求与印度缔结一份正式的互不侵犯条约,甚至可能同意与印度就各自在东南亚的势力范围进行非正式的划界。北平可能会与尼泊尔建立外交关系,并寻求增加自己在那里以及在不丹、锡金和其他印度边境沿线地区目前还有限的影响,甚至不惜冒与印度发生摩擦的危险。

55. 在印度,当地共产党人在很大程度上可能会通过法律和宪法程序,继续努力构建一个联合反对派以对抗执政的国大党。他们会寻求利用民族主义、中立主义以及反西方的情绪,还可能促使印巴分歧进一步恶化。在印度的共产党人可能参与暴乱,并在小范围内使用其他暴力性策略,特别是在那些已经由非共产主义团体煽动起暴力活动的地区。当地共产党人会试图扩大其在克什米尔政府中的影响力。

朝鲜

56. 在本评估论及的时期内,共产党的政策可能将是继续谋求朝鲜局势的稳定化。我们相信这一政策的主要特点是:(1) 避免在朝鲜重燃战火,但为战争重新爆发做好军事准备;(2) 拒绝接受任何会危及共产党对北朝鲜的继续控制、或者将排除共产党最终控制整个朝鲜的期望的协定;(3) 恢复北朝鲜的元气,并加强其军事及经济力量;以及(4) 试图通过渗透和颠覆手段削弱大韩民国。

57. 在这一时期,共产党人可能将从朝鲜撤除如果不是全部的,那么也将是大部分的中国军队,以此宣扬其对减缓朝鲜紧张局势的信用,并由此向美国施压,使其进一步从朝鲜撤军。如果在朝鲜的“中立国监督委员会”(Neutral Nations Supervisory Committee)①解散了,这几乎肯定会触发一场针对美国的持续的宣传战,但这可能不会导致朝鲜战火复燃,或者发生严重的事件。共产党人可能以一种新的国际会议的形式,继续迫切地要求重启有关朝鲜统一问题的谈判。他们会继续表示说,如果不能立刻实现统一,则南北方之间诸如经济和文化方面的交流就更难以实现。共产党人几乎肯定不会同意以联合国监督下的自由选举为基础实现统一,但可能会愿意在谈判中做出程序上的让步,并与韩国展开经济和文化的交流。不过共产党人会努力增加其目前在南朝鲜有限的颠覆能力,并且增加其对政治不稳定与厌恨美日情绪的利用能力。

58. ……②我们相信,共产党人希望避免再次卷入与美国/联合国军队的战争,因此除非他们估计入侵不会导致这样的后果,他们才敢侵入南朝鲜。

---

① 1953年随着朝鲜停战而成立的独立机构。驻扎于板门店,使命是负责监督停战事宜,最初有四个中立国家的代表团所组成,分别是捷克、波兰、瑞典、瑞士。每个代表团在板门店都有各自的营区。捷克代表团在1993年遭到驱逐,而波兰代表团则撑到了1995年,最后因朝鲜方面切断营区电力而被迫撤离。今日只剩下瑞士与瑞典两国。——译注
② 原文此处删去若干行。——译注

印度尼西亚

59. 自从当前政府在1953年7月上台后,共产党在印尼的影响力大大增强,共产党在印尼的影响力大大增强,而且最近政局的发展导致了一个结果,即政府为了继续生存,越来越依靠共产党在议会的支持。共产党特别通过党在印尼主要的劳工、退伍军人以及农业组织中的活动发挥影响,这些组织分别是全印尼工会中央组织(SOBSI)老游击队员联合会(PERBEPSI)和印尼农民协会(B. T. I.)。与此同时,长期与共产党有瓜葛的国防部长伊瓦(Iwa)正试图孤立安全部队中反共的派别,并且发展出受其直接控制的新的军事司令部。有可能的是,在本评估论及的时期内,另一些受到共产党直接控制的个人会应邀参加政府,而在这种情况下共产党的影响力可能会迅速增强。如果对后一种情况不采取迅速坚决的反击行动,则有利于共产党全面接管政权的机会就将非常之大。①

60. 我们相信印尼共产党人可能会继续支持现在的政府,或者如果它倒台了,就努力另建一个政府,而他们将参与其中、或者在里面拥有强大的影响力。他们会利用宪法允许的手段,也会利用非法的手段,以扩张其在官僚机构及军队中的影响力,并且阻止一个统一的或有实效的反对派的形成。他们也很可能试图建立一支由共产党所掌握的军队组织来强其能力。然而总的来说,在近期内他们可能会避免采取具有高度挑衅性的策略,唯恐这些策略会在其自身的力量强大到足以对付反抗之前,就激起军方或国内派对派组织的反击。

61. 共产党人在预定将于1955年中期举行大选中的前景尚不明朗,这可能取决于选举程序,而共产党人肯定会试图对其施加影响。假如在不久的将来,一个反共的政府上台执政,则不管选举是否举行,我们都相信共产党人鉴于其目前有限的能力,会认为采取大范围的暴力反抗是不可行的。在这种情况下,他们会主要致力于改善其地方组织及其未来行动能力。另一方面,假如一个具有当前政府特征的政府继续掌权,而且假如共产党的力量像1953年以来那般继续迅速地增长,那么在本评估论及的时期内,共产党以颠覆活动或者以武力来接管政权的机会就会极大地增加。……②

泰国

62. 共产党人可能认为,其在泰国的前景主要取决于印度支那事态的发展。他们会在泰国继续开展颠覆活动,首先是在华人和越南人社群当中。然而,共产党有关泰国的最重大的行动将从泰国境外加以操作。我们相信他们会加强那些从云南南部地区以及老挝得到支

---

① 原注:国务院情报特别助理认为对这段话应作如下理解:"自从当前的政府在1953年7月上台后,共产党在印尼的影响力大大增强,而且最近政局的发展导致了一个结果,即政府为了继续生存,越来越依靠共产党在议会的支持。共产党特别通过党在印尼主要劳工、退伍军人以及农业组织中的活动发挥影响,这些组织分别是全印尼工会中央组织、老游击队员联合会、印尼农民协会。与此同时,与共产党有长期瓜葛的国防部长伊瓦,试图孤立安全部队中的更反共的派别并建立受其直接控制的新的军事指挥权。然而,没有迹象表明,共产党在印尼军队中已经造成了任何广泛的侵害,而且据报告说,为了抵制政客们对这一群体的影响,军队中发起了一个克服宗派主义的运动。在报告论及的时期内,共产党直接参与政府似乎还不太可能。然而有可能的是,与共产党有联系或者受共产党支持的个人可能会被邀请参加政府,由此使共产党人能继续增加其影响。"

② 原文此处删去一段。——译注

持的颠覆活动。此外,北平会对泰国政府施压,使其加入一个北平组织的"和平阵营"。为了这一目的,泰国前首相比里·帕侬荣[①]作为这种"共处"政策的代言人,可能在北平会变得越来越显要。只要西方继续对泰国施加援助与支持,我们相信这些策略不会对泰国产生重大影响,况且泰国并未面临中国或者共产党在印度支那取得重大进展这一紧迫的军事威胁。……[②]

缅甸

63. 中国共产党人面临一个特别困难的问题,即不知道怎样在软性和刚性的策略之间做出均衡的决定,因为公然支持缅甸境内的起义可能会使得缅甸与西方走得更近,也会激起印度对中国共产党的意图的担忧。而且,莫斯科和北平可能认为缅甸共产党当前的领导班子不是完全可靠的。我们相信中国共产党人对缅甸会试图追求一种中间路线:继续推行"和平政策",同时鼓励颠覆活动,特别是在边境地区。

巴基斯坦

64. 尽管苏联和共产党中国会同巴政府继续维持适当的外交关系,但共产党的政策会热衷于颠覆活动和不时进行的恐怖主义活动。共产党人的目的必然会是适度的:增强他们目前在巴基斯坦还有限的力量,并且促使一个亲美和反共程度较轻的政府取代现有政府。他们会特别尝试利用地方的、种族的以及宗教的分歧,还会利用尚未解决的难民问题与印巴之间的分歧。

亚洲的其他地区

65. 共产党当前对马来亚初生的民族主义运动进行渗透的政策,到了本评估的后期,可能会增加共产党在那个地区的政治潜力。共产党对菲律宾、锡兰、香港和澳门的政策很可能会继续遵循当前的路线。

DDRS,CK 3100364566 - CK 3100364581

费晟译,牛可校

---

① 比里·帕侬荣,又译銮巴立(Pridi Phanomyong,1990~1983),泰国民主主义革命家,社会活动家。早年从事反对泰国与日本结盟的运动,后担任总理。1947 年 11 月,銮披汶军人集团发动政变,比里·帕侬荣经新加坡到中国政治避难。1949 年 2 月 26 日,他回国领导政变失败后,再度来到中国,侨居 21 年,1970 年移居巴黎。——译注
② 原文此处删去数行。——译注

国务院情报研究所关于中国
在亚非会议上立场的分析报告

(1955 年 1 月 20 日)

IR 6797

秘 密

中共在亚非会议上的立场①

(1955 年 1 月 20 日)

摘　　要

中国共产党人很可能会参加亚非会议。尽管周恩来可能希望能为莫斯科争得一封邀请函,但他可能不会把这个问题推进到损害北平在会议中角色的程度。

这个会议恰逢北平试图向东亚以外的世界推行其政策。共产党中国一心想充当世界大国,对亚洲和非洲也有兴趣,但它面临诸多矛盾与问题,其中就包括忠诚于苏联体系以及对苏联领导层的信任问题。因此大体而言,尽管它不会放弃任何一个机会把会议转向反美并巧妙地将自己说成是"殖民地人民的领袖和解放者",但共产党中国在会议中可能摆出一个克制、理性和可敬的姿态。

一、中　共　的　目　标

根据他们在日内瓦会议及预备宣言中的表现判断,在亚非会议上中国共产党人的实际策略会集中于会员资格、决议案以及任何偶发的或会议程序方面的收获。这些策略必然是中共的长期目标出发的。

自从日内瓦会议以来,共产党中国极大地拓宽了外交政策的活动范围。它为赢得世界承认以及贸易而积极运作。部分地通过向台湾施加更大的压力,试图更充分地利用西方盟国就中国问题存在的分歧。而对亚非会议有更直接的重要性的是,有迹象显示中国将首次形成一个对亚洲以外的"殖民世界"的系统的长期方针。

---

① 原注:这份评估使用的材料来自情报研究室第 70 号情报评估——"亚非会议:论题与可能的结果"之附录一和附录二。该文件分发给各有兴趣的单位。

这一谋求扩大利益的方针可以表现为多重目标：

（1）获得国际社会的外交承认并拓展中共的贸易；

（2）削弱美国在亚洲的军事力量及其政治影响，并为在整个殖民地世界削弱西方国家的地位打基础；

（3）创造一个和殖民地人民有伟大兄弟情谊的国家的假象，让他们把中国视为领袖与解放者；

（4）通过利用欧洲在对华政策上的分歧，继续努力破坏西方的同盟；并且

（5）避免造成在亚洲或非洲事务中排斥苏联的声音的印象。

二、会 员 资 格

（一）中共对会员资格的观点

1月5日的《人民日报》正式宣布中国愿意参与为"会议的成功召开"而开展的工作，其中也清楚地显示了共产党中国对会员资格及范围的看法：

> 与这一信念相适应，我们也认为不应把亚非会议办成一个排他性的区域集团；相反，它应该致力于扩大地区和平与集体安全。

> 五国首相宣称为了召集亚非会议，在与会国家资格问题上他们不会受到任何排他性愿望的驱使。我们支持这一声明。基于这一声明，我们认为会议的大门应该向那些没有受到邀请的亚非国家敞开。

似乎有两个重要的考虑促使北平如此突然地要求扩大会议。其中一个是为了提醒大家苏联（可能还有北朝鲜）也有权与会：

> 需要特别指出的是，苏联是一个地跨欧亚的国家。为促进亚非地区的和平以及支援这一地区绝大多数人民的民族权利和经济发展，苏联在各方面都做出了持续不懈的努力。苏联为了结束在朝鲜和印度支那地区的战争、为了和平解决朝鲜问题并缓和远东地区的紧张局势，做出了积极而不遗余力的努力。

> 从这里可以看到苏联在国际关系中所坚持的立场与亚非会议的目标是一致的。

按照《人民日报》的逻辑，苏联的权利不仅基于其作为一个亚洲国家的地位，也基于它在"争取和平和反对殖民主义的斗争"中的领导地位。这里有一个暗示，即不管北平觉得自己与殖民地国家共同体在感情上和立场上是多么接近，它与苏联的关系还是更强；而这一点在10月12日与苏联达成的协议中被具体地加以规定，"随时就所有重大事宜进行磋商"。

可是，由于参加科伦坡集团几个国家明显没有邀请苏联的兴趣，共产党中国似乎不太可能为此闹得妨害到自己参与会议的资格。

第二个考虑，也与共产党中国在会议上的一般策略紧密相关的是，北平对会议排除某些不满足建有"独立政府"条件的非洲殖民地和保护国的看法。在共产党看来，当前真正的殖民地才最有权利表达对种族主义和压迫的愤恨。因此北平有可能会提议修改有关独立政府的条文，从而非洲多数"遭受蹂躏"的人民可以派代表参会。

（二）会议的组成对北平策略的影响

由此看来尽管北平支持一个规模庞大、包罗广泛从而也就不再真正代表"殖民地"世界的会议，但是中国共产党人对一个代表规模更小的会议——与会国可能就比受到邀请的国家略多一些——也将有所准备。北平和莫斯科都想让美国具有亚洲和非洲主要的麻烦制造者的形象，事实上作为这种谋划的一部分，它们都暗示说美国将成功地把某些国家排除在会议之外。1949 年在北平举行的共产党工会会议上也曾采用过相同的手法。

对中共的战术意图而言，一个大型的、有代表性的会议之优缺点可归结如下：

（1）如果与会国家很多，北平就可以宣称美国再也不能阻挠殖民地人民的意愿并且越来越孤立了。一个大型的会议同样会增强北平落实"走廊"（corridor）外交的机会，其目的是在贸易和外交承认上赢得或真或假的谅解。

（2）然而北平可能认为一个小规模的、很大程度上局限于亚洲国家的会议更容易操纵，会接受任何对"和平"与"共处"有所关照的决议。

（3）北平几乎不能接受把会议办得像一个遵照印度领导的、印度洋国家的内部聚会。

（4）如果苏联被排除在外（而这看来是不可避免的），北平可能希望避免出现这个殖民地利益的伟大"斗士"被隔绝于殖民地世界的景象。如果要达到这一目的，则北平会又一次希望召开一个与会代表较少，主要集中于亚洲国家的会议。

三、决　议

中共的实质性提议不仅会受到北平多少有些相互矛盾的多个目标的影响，还会受到会议组织规模以及印度之类与会国提议的影响。北平揭露欧洲及美国"虐待"并"压迫"殖民地人民的兴趣也会受到限制，因为与会国不愿让苏联和中共的少数派政策得到审议。中国当前要与英国及法国交好，它对非洲殖民地及保护国的具体态度也会受到这种兴趣的影响。出于北平的目标，所有殖民地或前殖民地国家兄弟般团结起来这一主题不能暗含"亚洲是亚洲人的"（中国共产党人在日内瓦会议上尤其抵赖这一企图）或者"殖民地世界是殖民地人民的"或者其他任何可能导致苏联被完全视作一个宗主国的寓意。任何舞弄共产党中国"解放"使命的企图都可能在会议上遭到尼赫鲁或其他亚非国家代表的反对。

根据上述考虑因素所施加的限制，也不考虑对会议规模的情况，似乎北平的实质性行动方针将是：

（1）以微妙的方式试图把任何反对殖民主义或帝国主义的决议与美国的政策联系起来，并引起大家对美国与所有所谓殖民地之关系的质疑；

（2）努力寻求达成一份体现出周恩来-尼赫鲁五项基本原则的决议，涉及"共处"和"和平区域"（areas of peace）；

（3）在这一框架内，为一份要求解放当前殖民地或保护国的宣言寻求支持；

（4）对亚非人民的兄弟情谊给予象征性认可，这基于其共同的痛苦，而不提及他们都来自一个反对所有宗主国的阵营；并且

（5）要求结束当前妨害了"殖民地"国家之间的贸易或政治联系的"人为的"障碍。

同样可能的是，与其对"五项原则"的强调相联系，北平会试图把会议的注意力特别集中到单个国家或者国家集团在军事或政治方面与美国的瓜葛上。日本、巴基斯坦和土耳其毫无疑问将是这类决议的目标。"五项基本原则"可能也会用于确保亚非人民对类似与美国的瓜葛的反对，由此在北平眼中，拓展"和平区域"（这一地区现在包括亚洲的共产党国家以及科伦坡集团国家——这些国家全都承认共产党中国或与之关系友好，而且除巴基斯坦外，都反对加入与美国的同盟）。北平可能也希望旁敲侧击地控诉美国对台湾的占据，也有可能控诉美国对日本、南越、老挝和柬埔寨的军事控制，将这些控诉列入一个谴责殖民主义和军事干预的总决议。但尚难肯定它是否会大张旗鼓地提出这些问题，将其作为单独决议的对象。

为了驳斥对中苏条约中军事内容令人尴尬的质疑，中共可能会像他们在日内瓦会议上所做的那样采取这样的说法，即这是一个纯粹防御性的工具，是在共产党中国软弱无力并屈从于外来干涉时所签订的。为证明苏联与共产党中国的关系并非剥削性的，他们有可能举出 10 月 12 日的中苏协议，这里确认苏联要正式放弃在中国剩余的特权。

四、在偶发事件或会议程序方面的收获

基于北平对会员资格及会议主旨可能持有的立场做出的上述这些思考，周恩来参与会议的策略看来会受到限制。日内瓦会议上共产党中国在外交上摆出值得尊敬的形象，并在那些困扰着英国或法国或者集中于美国身上的问题上保持克制，这使其收益不浅。在某种意义上周恩来即共产党中国将再次遭受考验，这一次是在更大的亚洲国家中间。周也可能受到这层顾虑的驱使，即共产党中国似乎没有寻求在殖民地世界扮演苏联那种领导地位。因此周的一般策略可能是让"新中国"的实力与地理位置去发挥实际作用。

然而对周而言并非没有道理的是，他要利用诸如轮执主席职位或组成理事会等会议程序上的机会，在会议中表现出中国的领导作用。他的种种花招和发言可能会着重强调：共产党中国的积极参与是实现和平与自由所不可或缺的，甚至在非洲都是如此。

凭借会议的构成，共产党中国也可能希望落实某些"走廊外交"的方针，旨在就外交承认和贸易方面达成双边协议。其前景受限于这一因素，即共产党中国与近东及非洲国家间几乎没有什么政治亲和力，在贸易方面的合作基础甚至更小。与日本和东亚国家接触已存在充足的途径。北平讨价还价的要点可能是允诺在联合国对阿拉伯及北非国家的提案给予强烈支持，条件是阿拉伯国家承认共产党中国及其在联合国的席位。

附录

北平-莫斯科对会议的反应

1954年10月印度的尼赫鲁访问北平时，北平首次正式关注到一个由印尼召开的亚非会议的提议。尽管没有关于这些会晤的官方报道，但据印度通讯记者称，尼赫鲁向中共领导人提及了会议的主题。按照这些记者的说法，北平的反应是双重的：第一，不表现出急于参加会议；第二，同意说即便科伦坡会议与会国不邀请北平，北平也不会把此举看成是不友好的。与不干涉的姿态相一致的是，北平几次在广播中称赞印尼及首相阿里齐聚亚非国家以拓展"和平区域"的努力，以及这种旨在挫败美国建立军事同盟的计划的努力。关于中共是否可能与会则毫不提及。

北平没有立即对参加会议发生兴趣，部分可能是由于这一因素，即到1954年下半年它对近东和非洲还没有明确可辨的政策。的确，在1950年北平的广播就开始就南非以及法国在北非的"镇压"行动发表社论。而且在1950年末，中国共产党人提议阿拉伯和亚洲国家在为处理朝鲜战争而组成的委员会中要占多数。但直到1954年中期，种种情势中最显眼的还是朝鲜战争，这使北平的视野很大程度上局限在亚洲它自己的紧迫局面中。

究竟到1954年底的什么时候北平的兴趣变得活跃起来是难以确定的。没有迹象显示当缅甸的吴努首相于11月末至12月初访问北平时，中国共产党人对其施加了压力。然而需要注意的是，自7月份日内瓦会议闭幕以来，特别是自从10月份以来，北平的宣传和政策声明越来越多地强调殖民地世界的联合，并越来越多地强调有必要把周恩来-尼赫鲁的五项基本原则延伸到非洲和拉丁美洲。周恩来在日内瓦会议闭幕会议上的表述事实上为中共利益的拓展搭好了平台：

我们的看法是，亚洲国家自己能够就捍卫亚洲集体和平的利益举行商议，并且在互相尊重领土和主权完整、互不侵犯、互不干涉内政、平等互利以及和平共处的原则基础上相互合作。此外，我们准备与和我们抱有同样的目标的亚洲以外的国家共同努力，为维护亚洲及世界的和平与安全而奋斗。最近的中印和中缅联合声明，以及越南民主共和国胡志明主席支持这些联合声明中有关亚洲及全世界普遍信念的声明,都充分显示了在亚洲巩固和平的光明前景。

在北平看来,日内瓦会议使它能更积极地争取世界的承认,能更有效地利用西方盟国在中国问题上的分歧,并能认真地考虑在亚洲以外地区利用殖民地问题的机会而且散布周恩来和平共处"五项原则"的福音。最近,1月4日周恩来在缅甸驻北平大使馆的谈话中透露出了新方案,其中将非洲纳入其通常的对亚洲与世界和平的表述中:

中国人民愿意与缅甸联邦及其他亚非国家一起为反抗殖民主义而战,一起扩展和平的区域,并一起维持亚洲、非洲和世界的和平。

从这一宣言以及北平欢迎12月29日科伦坡会议与会国家公报的最初几篇社论中可以看出,当中国收到正式的邀请函到来时它会接受。但是要注意的是,迄今为止北平还是坚持自己只会参与其他国家为了"会议的成功召开"而开展的工作。这明显与它试图为苏联赢得一张请柬的策略有关。

苏联在一些提到茂物公报的广播中称赞科伦坡会议与会国并且强调了所谓美国的挫败。广播自然没提到苏联的参与。苏联的广播明确地指出,殖民地的事务只能由殖民地人民自己解决,苏联也对承认共产党中国在亚洲作用从而增加中国的威望表示欢迎。与此同时,广播多次提及美国的蓄意阻挠则暗示莫斯科与北平一样,可能希望会议保持有限的规模。

O. S. S. /State Department Intelligence and Research Reports China and India 1950 – 1961 Supplement,Reel II,0194 – 0201. University Publications of America,INC,1979

费晟译,牛可校

国务院情报研究所关于中国创建
亚洲工会代表大会的分析

(1955 年 1 月 24 日)

IR 6782

中共创建一个亚洲工会代表大会的努力

(1955 年 1 月 24 日)

摘　　要

　　中共利用"中华全国总工会"(All-China Federation of Trade Union, ACFTU)在亚洲劳工运动中努力争取领导地位,为此它鼓动创立一个新的亚洲工会代表大会。但迄今为止这种努力尚未收获具体的成果。在 1954 年 5 月共产党工会与亲共工会在北平举行会议,提议在晚些时候举办一个包括各种政治倾向的工会的新的亚洲工会代表大会。然而,在 1954 年秋召集这样一个会议的企图看来是流产了。中华全国总工会领导人与非共产党的缅甸、印度以及日本的工会领导人举行了双边会谈,但似乎同样没能促成它们对共产党的计划做出任何肯定性的回应。

　　尽管遭受了这些挫折,还是可以预料,中国共产党人会继续尽力利用弥漫在主要的亚洲非共产党的工会中的中立主义情绪,其方式是寻求把这些非共工会与亲共的工会联合到一个组织中。这个组织的实际角色虽然是含糊的,但预计应该能够支持共产党在各种国际事务上的宣传,却不要求其成员必须遵从世界劳工联合会(The World Federation of Trade Unions)的规定而有积极的亲共倾向。

　　为此,中共党必须与由亚洲社会党组织(Asian Socialists)和亲西方的国际自由劳工联盟(International Confederation of Free Trade Unions)亚洲分支机构所推动的建立亚洲国家间组织及领导机构的类似活动展开竞争。此外,中国共产党的投机事业所必须面对的是:多数亚洲国家劳工运动表现出的力量薄弱且缺乏组织活力的特点,许多亚洲劳工领袖不愿支持在他们看来不切实际的上层建筑,各国劳工组织内部及相互之间对领导权的竞争,而且还至少有一些亚洲劳工领袖认识到隐藏在共产党的花招之后的真实动机。

报　告

自去年春天以来,中华全国总工会就主要是在亚洲中立国家的工会领导人之间案中着手推动建立一个亚洲工会代表大会。① 中华全国总工会正在与亚洲社会党组织以及亲西方的国际自由劳工联盟(International Confederation of Free Trade Union, ICFTU)在亚洲地区的组织展开竞争,以期赢得亚洲非共产党工会的支持。中华全国总工会显然打算要让这样一个组织在名义上独立但实际上受控于中华全国总工会。

这个代表大会与既有的共产主义世界劳工组织亚洲分部(Asian Bureau of Communist World Federation of Trade Unions, WFTU)如果存在关系,也还不清楚。然而,共产党中国推动一个不从属于任何世界性团体的亚洲劳工组织的计划,很大程度上要仰赖:世界劳工组织在亚洲的影响进一步扩大、北平自身对亚洲领导权的渴求,以及在亚洲中立主义分子中订立一个中国主导的协定或"和平地区"的全面计划。

一、社会党人对亚洲劳工组织的兴趣

亚洲社会党组织考虑建立一个全亚洲的工会组织已经有一段时间了。其主要倡导者曾经是左翼的日本社会主义工会联盟(Socialist Federation of Unions, Sohyo)的某些领导人,他们想建立一个无所不包的亚洲工会组织,其中包括世界劳工组织及世界自由劳工联盟的亚洲分支机构,可以把它办成一个用来交流思想的论坛。某些缅甸工会领袖(其工会既不从属于世界劳工组织也不从属于世界自由劳工联盟)对创立一个独立的劳工组织的想法很感兴趣。

在1954年5月亚洲社会党缅甸会议上,一位缅甸工会领袖提议建立一个代表印度、缅甸、印尼和日本工会的工会协调委员会,并于1954年秋天由该委员会在仰光举办一个工会研讨会。理事局会议(bureau meeting)对这一建议没有反应,很大程度上是由于一开始支持这个提议的日本工会领导层内部发生了摩擦。然而在其11月的东京会议上,理事局试探性地计划与缅甸就1955年2月或3月在缅举办一个工会研讨班展开合作,这个研讨班将排除共产党中国、国民党中国以及世界劳工组织。显然,日本的左翼和右翼工会大会——日本社会主义工会联盟(Sohyo)和全国工会同盟(Zenro)——的代表都将参加,但至今为止其他亚洲工会还没有做出反应。

二、由中华全国总工会主办、亚洲亲共劳工领袖参加的会议

共产党中国的工会领袖利用了亚洲社会党组织内部已经开始讨论的想法。中华全国总

---

① 原注:看来除日本外,中华全国总工会还没有与明确亲西方的国家的工会领导人进行接触。

工会邀请来自亚洲国家的工会领导人参加北平"五一"节庆典并讨论成立一个亚洲工会大会。根据印度社会主义者工会(Hind Mazdoor Sabha)的报道,这一邀请声称:

> 如果亚洲各工会同意并支持,借此机会(也就是北平"五一"节庆典)我们将举办举办一个友好的、不加限制地交流意见的亚洲工会参加的讨论会,而讨论会本着自愿和友好的基础以及相互尊重的精神。这将增进亚洲各国工会之间的互相理解、友谊以及团结。

根据这次会议闭幕时的公报(见附件一),有来自 9 个国家 17 个工会组织的 55 个代表,以及来自另外 4 个国家的观察员出席了会议。出席会议的有:缅甸、锡兰、中国、印度、印尼、朝鲜、外蒙古、苏联和越南。日本没有派出代表是因为日本外务省拒绝向参加这次会议的工会领袖颁发护照。这些工会代表都来自各国共产党工会或共产党控制的工会。

这次会议看来没有通过任何明确的决议。公报的措辞空泛,表达了对"国际资本主义"所造成的帝国主义,殖民主义,及劳动人民的悲惨处境的惯常态度,强调加强全世界工人阶级的团结一致以及加强亚洲各国工人阶级与农民阶级的团结的必要性。最后,公报以简短的声明结尾:代表们希望"以后能提供更多机会举办这种增进互相理解的会议,而且,为了实现这一希望,他们一致向亚洲国家的工会组织及其领导人建议,未来要在友好、团结、互相尊重和协商的基础上举行一个亚洲工会代表大会,不考虑其政治派别和宗教信仰"。

三、中华全国总工会举行对第二次亚洲工会会议的计划

中华全国总工会曾在夏季试探过亚洲非共产党工会对成立亚洲工会联合会的态度,并且邀请它们派代表参加国庆节庆典。大都认为,根据 5 月份的会议公报中提及的工会会议将如期举行。

尚未有任何报道说北京会在 10 月或 11 月举行工会会议。对亚洲工会组织的筹办步骤或相关讨论没有一点儿宣传报道,可能意味着(1) 中华全国总工会一直没能成功地召集一次正式会议;(2) 举行的非正式会议没有就创立一个正式的工会组织问题达成任何决议。

据悉来自日本、印度和缅甸的亚洲非共产党工会领导人在十月庆典的第一阶段都待在北京,并且与中华全国总工会领导人举行会谈(可能是双边会谈)。缅甸和印度代表团不可能同时参加与中国人的会谈,因为缅甸人结束他们的会谈至缅甸人离开北平之前的某个时间,印度代表团的主要人员才到达北平。

除了来自缅甸、印度和日本的劳工领袖代表团,一个英国劳工代表团和几个印尼文化代表团也在此时访华。然而据确认在北京没有印尼劳工领袖。而主要的印尼工会即亲共的全印尼工会中央组织(SOBSI),组成了五月会议中规模最大的代表团。

所有访问共产党中国的代表团在访问北平后也造访了沈阳、鞍山以及他们感兴趣的其

他地方。他们在北平停留了三周或者更多时间，而且有机会互相商讨并与中国劳工领导人举行商讨。

四、缅甸人与中华全国总工会领导人的谈话

四人组成的缅甸工会代表团由其主要工会的总书记率领，这就是工会代表大会（缅甸），［YUC(B)］，附属于国际自由劳工联盟（ICFTU）。另一个缅甸的主要劳工组织，共产主义缅甸工会（Communist Burma Trade Union）是世界劳工组织的成员，没有向北平派出代表团，尽管它出席了5月份的会议而工会大会（缅甸）没有参加。缅甸工会领导人比印度或日本的代表团抵达北京要提前一周，而且在其他代表团抵达前已经和中华全国总工会的领导人举行了两次会谈。他们与中国人总共举行了四次正式会谈。迄今为止也不知道会谈的内容是什么。

五、日本与中华全国总工会领导人的会谈

日本劳工代表团要比印度或缅甸的代表团大得多。它有35位成员，带队的相泽（Shigeaki Aizawa）是日本社会主义工会联盟（Sohyo）的副主席，还有另一位副主席——神山（Kiyaki Kamiyama），他也是日本全国电子产业工会主席。日本代表团已应邀参加法国和意大利共产党劳工联盟的会议，他们在赴欧洲途中利用他们欧洲之行所签发的护照顺道访问了中国。

像其他代表团一样，日本代表团与中国的领导人就亚洲工会大会问题举行了讨论。按照他们的报道，日本人谈及如下观点即当前不应该建立拥有决策权的劳工组织，但是日本劳工领导人愿意于1955年春天出面召集亚洲工会领导人在中国以外的地方举办一个讨论会，对此中华全国总工会领导人予以听取并表示同意。在随后举行的中华全国总工会领导人与印度工会代表们的会谈中，中华全国总工会试图迫使印度人出面发起一个亚洲工会大会。据此看来似乎很难说日本工会代表们准确地估计到了中国人对其提议的反应。

六、印度代表与中华全国总工会领导人的会谈

此次明显有两个印度工会领导人的代表团来到了北京：一个是来自印度全国工会大会（Indian National Trade Congress，INTUC）的五人代表团，它与国大党以及亲西方的国际自由劳工联盟有关系，另一个是来自联合工会代表大会（United Trade Union Congress）的五人代表团（由独立的社会党人发起），带队的是其总书记鲍斯（Mrinal Kanti Bose）。共产党控制的、从属于世界劳工组织的全印工会代表大会（All Indian Trade Union Congress），在北平有常驻代表。根据迄今为止掌握的情况，它没有向10月的会议再派出专门代表，尽管组团出席了5月份的会议。

印度全国贸易大会代表团抵达北京要比缅甸代表团晚两周，比日本代表团晚一周。据悉印度代表团是与中华全国总工会领导人举行会晤的最后一批代表团。印度全国贸易大会的总书记崔帕西（K. P. Tripathi）在北平与中华全国总工会的两位副主席举行了4个小时的会晤，期间中国人极力劝说他的工会——印度全国贸易大会应该发起成立亚洲工会组织的倡议。据说崔帕西先生告诉中国人他的工会对加入或发起这样的一个组织不感兴趣，因为他觉得亚洲工会在财政上无力支撑未来的、一个像亚洲工会组织这样的上层建筑，而且印度劳工组织也满意于其对国际自由劳工联盟与国际劳工组织（ILO）保持的从属关系。

七、结　论

1954年中华全国总工会在发起成立一个名义上"中立"的亚洲劳工组织方面毫无进展，部分原因可能是多数亚洲国家的工会组织力量薄弱而且其领导人缺乏组织活力，并具有反共倾向。这也可能是因为大家觉得成立这样的一个组织几乎没有必要。同样因为这些原因，亚洲社会党会议没有推动这一计划而且国际自由劳工联盟的亚洲分部也难以找到积极的支持。

中华全国总工会当前的失利可能在其领导人看来只是暂时的挫折。可以预料，在晚些时候他们将再次尝试占据这些亚洲国家工会的领导权。事实上，一份无确凿证据的报告声称：他们现在计划在1955年的"五一"节庆典中举行一个亚洲工会会议。同时，亚洲社会党也计划在2月或3月举行它们的工会研讨会。这一间歇期给它们以及国际自由劳工联盟一些时间以增强自己在亚洲劳工领袖中的支持。然而，为了消除北平控制亚洲劳工运动的潜在危险，它们对北平之举动的反应绝不会继续像一直以来的那样昏昏沉沉。

附录一

北京亚洲工会领导人会议公报

1954年5月5~8日，北京

1954年5月5~8日在北京举行的亚洲工会代表大会经过的友好讨论，业已胜利闭幕。

这次大会是在一些有影响力的工会组织及领导人反复建议下举行的，旨在增进相互的理解和友好关系。抵达北京的亚洲工会代表团一致希望本着平等、友好和相互尊重的精神，在会议中相互讨论和磋商。

来自9个国家的17个工会组织派出了55位代表参加了讨论：

缅　　甸	缅甸工会大会(Burma Trade Union Congress)	3
锡　　兰	锡兰劳工联盟(Ceylon Federation of Labour)	2
	锡兰工会联合会(Ceylon Trade Union Federation)	2
中　　国	中华全国总工会	6
印　　度	全印银行雇员联合会(All-India Bank Employees' Association)	1
	全印制糖及酿造业工人联盟(All-India Sugar Mill & Distillery Worker's Federation)	1
	全印工会代表大会(All-India Trade Union Congress)	1
	印度铁路工人全国联盟(National Federation of Indian Raiwaymen)	1
	联合工会代表大会	2
印度尼西亚	GSBI-印尼工会联盟(Indonesian Federation of Trade Unions)	5
	S. B. Kesehatan-医药工人工会(Mediacal Workers' Trade Union)	1
	S. B. Pegadaian-典当工人工会(Pawnshop Workers' Trade Union)	1
	SOBSI-全印尼工会中央组织(All Indonesian Central Organization of Trade Unions)	8
朝　　鲜	朝鲜联合工会(United Trade Unions of Korea)	5
蒙　　古	蒙古工会中央委员会(Central Council of Mongolian Trade Unions)	3
苏　　联	苏联全国工会中央联合委员会(All-Union Central Council of Trade Unions of USSR)	8
越　　南	越南劳工总会(Viet Nam General Confederation of Labour)	5

应邀参加北平"五一"节庆典的另外4个国家的8位代表也作为观察员参加了会议,包括一位来自全日本产业工会代表大会的代表,3位以色列工会领导人,2位法国劳工总会的代表以及2位意大利劳工总会的代表。

此外,其他国家许多有影响的工会组织也希望参加这次会议,但他们的代表由于各种困难,如得不到护照,而不能出席会议。

整个讨论中,代表们一致表达了亚洲国家工人阶级和人民群众对获得自由以及保卫和平、独立与民主的强烈渴求。他们谴责了帝国主义在亚洲推行的殖民主义政策。代表们坚信时代已经迅疾地改变,帝国主义统治亚洲各国人民的日子一去不复返了。决不能再容忍有人侵犯亚洲人民主宰自己命运的神圣权利。

在商讨中,代表们强烈反对美国统治集团的各种图谋与行径,包括破坏朝鲜问题达成和平协议，扩大印度支那战争，在亚洲国家集结军队、建立和维持军事基地的行为，组建侵略性的军事同盟和阵营的图谋，重新武装日本，外国对亚洲国家进行军事援助——譬如美国对巴基斯坦的军事援助将危及亚洲和平，以及在太平洋上的氢弹试验。代表们表达了他们的观点，认为这些行为加重了工人阶级及其他群众的苦难，也破坏了他们的国民经济。他们进一步表达这样的观点：这特别是对亚洲，同时也对全世界人民的和平、独立与安全构成了直接威胁。代表们对推行亚洲人对抗亚洲人这一恶毒政策表达了强烈愤慨与谴责。

近几年来许多亚洲国家工人的生活水平恶化，而农民阶级的处境甚至更糟糕，对这种情况代表们表示了深切担忧。大量的民族工商企业相继倒闭，失业问题进一步加重。代表们认为，所有这些都是国际垄断资本在亚洲推行殖民主义政策的结果，也是战争煽动者侵略行径和无理干涉亚洲事务的结果。

代表们强烈希望日内瓦会议能够对和平解决朝鲜问题，以及重建印度支那的和平做出富有成效的贡献。他们同样奉劝人们要对企图破坏并竭力阻挠日内瓦会议的战争煽动者的阴谋保持持续关注，他们还敦促人们以及公共舆论就这些问题达成一致。他们遗憾地指出，由于美国的反对与阻碍，像印度、印尼、缅甸、巴基斯坦及锡兰这样的亚洲国家不能参加日内瓦会议。

代表们一致表达了他们的希望，即亚洲人民的民族独立与民主自由应该得到保障。他们倡议亚洲各国人民团结一致，致力于捍卫他们大陆以及全世界的和平，并发展他们的民族经济以及不受限制的国际贸易。

所有代表都坚信工人阶级的国际团结与协作会得到加强和扩展，由此使所有国家的工人都能互相帮助与支持。

代表们祝愿各国工人阶级与农民阶级以及与所有热爱和平、民主和自由的爱国群众的联合得到增强，以便能捍卫其民族利益与民主自由，满足工人们的利益以及农民们的迫切需求。他们渴望集中力量确保工会的权利，并改善劳动人民的生活条件与工资待遇，那样他们就可能享有足够的食品和衣物；保障就业；建立和提高社会保障；改善他们的工作条件；确立男女同工同酬的原则，以及为失业者提供充足的就业机会与充分的救济。

在融洽而友好的气氛中代表们充分且自由地交换了意见，并对此类讨论将有助于提高亚洲各国工人阶级和工会的互相理解、友谊与团结表示满意。他们希望以后能有更多机会举办这种增进互相理解的会议，而且为了实现这一心愿，他们向亚洲国家的工会组织及其领导人一致建议，将来要在友好、团结、互相尊重和协商的基础上举办一个亚洲工会代表大会，不涉及代表的政治派别和宗教信仰。

O. S. S. /State Department Intelligence and Research Reports China and India 1950 - 1961 Supplement, Reel II, 0202 - 0210. University Publications of America, INC, 1979

费晟译，牛可校

国务院情报研究所关于中国
在万隆会议上立场的分析报告

（1955 年 5 月 20 日）

IR 6909

机　密

中共在万隆会议上的立场

（1955 年 5 月 20 日）

摘　　要

　　1955 年 4 月 18～24 日在印尼万隆举行了亚非会议,中共赴会代表以其参与讨论中表现出的温和冷静,非正式接触中表现的和蔼可亲,特别是周恩来得体而又适时地发出愿意与美国谈判的戏剧性声明,都给所有与会代表留下了深刻印象。这些策略没有使得会议对中共的具体目标——诸如那些有关台湾,印支及联合国的问题——做出保证,也没有阻碍会议成为一个尖锐地抨击共产党殖民主义的论坛。然而许多代表急于看到万隆会议能起到改善国际气氛的作用,从而被共产党在万隆施展的"和平"策略所打动。

　　周恩来向邻国代表保证北平不抱有任何侵略意图。然而他指出,倘若中共力图限制其他国家当地的共产主义运动,就会构成对"一国所关注的内部问题"的干涉,违反了此次大会确立的"互不干涉"原则。在台湾问题上,周声称北平愿意与美国"坐下来"就消除"紧张局势"展开讨论,但他把这种紧张局势完全归结于美国在这一地区的军事存在,并坚守共产党中国有关台湾的立场。

　　万隆会议似乎对中国共产党人没有施加绝对限制。然而他们在万隆的立场,意味着至少在最近的将来其战略主要还将是继续强调"和平"策略。

报　　告

　　万隆会议上共产党中国普遍给人留下了良好的印象,这很大程度上可能归功于周恩来精湛的外交技艺。他愿意做出策略性的妥协(比如,他在决议中没有坚持使用共产党"和平共处"的陈词滥调),而且他温和、不好斗的态度确实在很大程度上促成了这种印象。可能周恩来的活动中最富成效的还是他与不同亚洲领导人的私人接触,这使得周在闭会致词中保证北平对亚洲邻居们不抱有任何侵略企图。在这些接触中,周恩来使人确信共产党中国的代表渴望与亚洲国家——无论是共产主义的、中立主义的或是亲西方的——增进"友好"关系。北平先前已经向泰国、菲律宾、日本、老挝和柬埔寨明确表达了这一愿望,而这些国家在万隆都成为周恩来外交的对象。

周恩来在万隆会议的发言大体上避免攻击美国在亚洲的政策与活动。然而周恩来非常成功地明确表达了共产党中国对美国的破坏(所谓的对印度航空公司飞机的破坏)①、美国的间谍活动("美国情报机构的网络"),以及美国"侵略性同盟"(马尼拉条约)的控诉。与后者相关联的是,周在总结性评论中附和莫斯科对重新武装德国所持的立场,发出直截了当的威胁:

> 我们反对北约、马尼拉条约及其他类似条约。然而,假如这些敌对性的军事条约在世界上继续存在,我们就被迫要找到一些国家加入并签订类似的敌对性军事条约,以防卫和保护自己、反抗侵略。

在朝鲜问题上,周恩来声称这个国家应该通过双方的谈判实现统一。在印度支那问题上,他表达了这样的希望,即日内瓦协定要得到贯彻和保证,也希望老挝和柬埔寨能够"像缅甸和印度"那样采取"热爱和平"(也就是中立主义)的国际姿态。在老挝问题上,周补充了这一声明,私下提议中共愿意为政府与巴特寮起义者②之间的冲突提供调停。

周恩来拒绝为其他国家的共产党颠覆活动负责,也拒绝了让北平出面呼吁解散当地共产党的建议,因为这纯粹是"一国所关注的内部问题",北平不能干预。然而,据报道周恩来对吴努首相就造反的克钦族领导人诺盛的活动给予了保证,也就前首相比里的活动向万(Wan)王子做出了保证,周把这两个人都称为"政治避难者"。

周恩来与这些非共产主义领导人,诸如万王子、吴努、西哈努克亲王、卡泰③、罗慕洛(Romulo)及其他人等的接触,从本质上说明,至少在目前,北平对许多东南亚国家的关系在表面上继续会是"恰当"的,依赖于宣传和外交活动,而对颠覆活动不予以公开认可。中共政策的这种趋向仅有的例外是越南和老挝,那里的共产主义活动根据日内瓦协定已经获得了半合法身份。然而在万隆会议上周恩来与老挝代表团的关系显示出,对于老挝的情况,北平同样会大大依赖于鼓动中立主义——可以想象这一政策也会扩展应用到南越问题上,如果那里发展出一个能够与北方的越盟政权"共处"的政府。

---

①　这里所指的是"克什米尔公主号"飞机爆炸事件。实际上是国民党特务策划的恐怖主义活动。——译注

②　1950年成立的老挝左翼民族主义运动组织,即"老挝自由民族统一战线",反抗法国殖民统治。苏发努冯亲王等担任领袖,1956年解放全国后解放,但胜利果实被美国支持下的右翼所窃取,1959年重新恢复有组织的反政府军事活动。1975年统治全国,成立老挝人民民主共和国。——译注

③　卡泰(Katay Don Sasorith),老挝著名民族主义运动领袖,1954～1956年出任首相。——译注

同时,周恩来再次明确了北平与苏联对世界共产主义活动的共同参与:

在论及所谓的共产主义扩张和共产主义颠覆活动时,在座各位代表都非常客气。他们只提到了苏联而没有涉及中国,但是中国同样是一个拥有共产党的国家。所以我们觉得自己同样也被暗含在其中。

尽管万隆会议上台湾问题被明确排除在正式讨论之外,但在与其他代表的非正式接触中,周恩来还是利用了亚洲国家对台湾问题上的战争威胁的担忧。对代表们影响最大的举动是周恩来愿意和美国就"消除台湾地区紧张局势"谈判。因为许多代表热切希望看到万隆会议能够使国际气氛有所改善,也因为许多亚洲国家对共产党在台湾问题上的立场有所同情,周恩来在万隆会议上新的行动方案被广泛认为是合理的。

然而,周恩来很清楚地表明其允诺"丝毫不会影响中国人民对解放台湾的问题商行使其主权的正当要求"。据可靠的报道,在他发布声明前的一个午餐会上,周恩来强调台湾问题纯属内政,唯一的问题就是美国从台湾地区撤军,如约翰·考特拉瓦拉(John Kotelawala)①爵士所提出的那类"妥协"决议是不成其为问题的。然而,周恩来表示他愿意把北平对蒋介石"绝不心慈手软"的态度温和化,还宣称他本人准备为委员长找到一个未来"合适"的身份,包括可能在北平得到一个元帅职位。在与一位亚洲代表的会晤中,周声称台湾问题可以和平解决,就像1949年在被迫达成"和平"解放一样(当国民党守军的指挥官向围城的中共部队投降后,他在北平政权中获得了一个高级别的闲职)。②

尽管周恩来新的行动方案不代表北平放弃"解放"台湾的决心,北平的举动还是显示出,中国共产党人目前不考虑对台湾或沿海岛屿进行大规模进攻行动。在这方面具有重大意义的是,北平及周恩来并不把美国国务院对其提议做出的最初反应作为一种断然拒绝。北平的宣传对有关谈判的话题依旧表示悲观,却没有否定最终还是有可能举行谈判(北平对国务院声明还没有做出正式官方回应)。美国对停火的要求还没有被判定为是不可容忍的"对中国内政的干涉",而在1月同样的要求却被加以如此的判断。然而北平仍然坚持国际谈判的唯一主题就是美国撤军,把这说成是该地区局势紧张的"症结"所在。

对周恩来新行动方案的欢迎以及对美国最初反应的负面回应,可能已经使北平感到:如果有足够多的外交宣传举措,便有可能获得"和平"的主动而不必做出实质性让步。即便梅农③也承认周的建议不代表中共政策有新的发展;然而,印度代表似乎被周的举动打动了。与此同时,万隆会议中北平在台湾问题上的克制立场说明,共产党中国日益认识到亚洲

---

① 斯里兰卡前总理,在万隆会议上发表针对共产党国家的反对"一切形式的殖民主义"言论,迫使周恩来总理进行答辩。他也是海外台独运动最早的鼓动者之一。——译注

② 原注:万隆会议之前在新德里举行了共产党阵线会议上,郭沫若在一个被广泛认为在台湾问题上不妥协的发言中也发表了相同的观点。

③ 梅农(V. K. Krishna Menon,1897~1974),1952~1962年任印度驻联合国使团团长。——编注

中立主义对北平的支持中并不包括对北平军事入侵这一地区的支持。下面的情况必定使中国人更加清楚地认识到上述事实：周恩来离会时发表的周恩来-阿里·沙斯特罗阿米佐约①联合声明（声明中两位首相重申"五项基本原则"，并且几乎不加掩饰地认可了中国和印尼各自对台湾及新几内亚西部的野心）在印尼引起了不利的反应。

在5月13日，周恩来总理对负责"批准"重要政府行动的全国人大常务委员会做了有关万隆会议的报告。周恩来详细的报告一定程度上解释了为什么在会议公报中放弃了一些特定的共产党套话，以及为什么没能赢得会议就中共对台湾及美国的立场给予正式支持。他的报告还强调，会议对中共外交政策中更为一般性的原则予以了认可（比如"五项基本原则"与"共处"）。在台湾问题上，周恩来重申他在万隆提出的观点，补充说共产党中国渴望以和平手段"解放"台湾在"相当程度上是可能的"。他再次指出，当共产党中国与美国不存在战争时商议停火是没意义的，而且谈判中唯一适于国际性讨论的是美国"干涉"所造成的"紧张局势"。他指出他对与美国开展直接谈判的提议得到了广泛的支持，但是美国的态度仍然是模棱两可的。

总而言之，万隆会议看来没有对中国共产党人施加绝对的限制，但是他们在会议上的立场意味着至少在不久的将来其战略主要还是强调"和平"策略。

说明：万隆会议上中共对东南亚所持立场的重要意义将在随后的第6925号情报报告中得到分析。

O. S. S. /State Department Intelligence and Research Reports China and India 1950 - 1961 Supplement, Reel II, 0286 - 0290. University Publications of America, INC, 1979

费晟译，牛可校

---

① （Ali Sastroamidjojo）曾任印度尼西亚总理，著有《我的历程》，1983年由世界知识出版社译出。——译注

国防部关于中苏阵营向拉美"渗透"的评估

（1955 年 12 月 14 日）

绝　密

中苏阵营向拉美的渗透

（1955 年 12 月 14 日）

寄送至绝密情报控制员（Top Secret Control Officer）……①

为行动协调委员会执行官准备的备忘录
主题：中苏阵营向拉美的推进

目的

一、本文件的目的是为了指出由于共产党在拉美地区越来越频繁的活动而造成的对美国安全利益的威胁。

拉美的趋势

二、在过去两年中，拉美国家与中苏阵营的贸易越来越多。这种情况，再加上新近订立的贸易协定，使得拉美国家与共产党国家的商贸关系展现出清晰的走势，即关系越来越紧密而且贸易数额更大。同样与此相应的是，苏联阵营派驻拉美国家的外交代表显著增加，而且文化交流也扩大了。共产党的力量正在增长。

三、这些趋势反映了共产党当前在贸易上的攻势，苏联机敏地利用拉美对美国经济政策的不满情绪，并且要抓住各种机会来增强其开展颠覆及间谍活动的能力。最近事态的发展显示，对以销路不畅的原材料换取共产党国家的资本设备、燃料以及其他国内政治上亟需的经济发展所要求的进口品减轻其贸易问题，拉美方面兴趣显著增加。

四、在了解与这些情况相关的问题时，推荐参阅附录一、二及三。②

当前美国的政策

五、根据国家安全委员会 1955 年 9 月 3 日发布的 5432/1 号文件，美国对拉美的政

---

① 原文此处字迹不清。——译注
② 附录二、三略去。——译注

策是：

（一）要让这个半球团结一致地支持我们的国际政策，特别是在联合国及其他国际组织中的。

（二）要让拉美的政治、军事及经济有秩序地发展，由此该地区的各国政府就会成为西半球体系的更得力的成员，也会成为自由世界事务的越来越重要的参与者。

（三）通过发展其本土的军事力量以及西半球防卫所必需的当地的基地，要让拉美以独立的或集体防卫——包括海空防卫——的手段抵抗外来侵略，保卫该半球。

（四）减少或消除拉美内部的共产党的或其他反美颠覆活动的威胁。

（五）要让拉美生产足够的、为美国安全所必需的原材料，并且保证美国能够获取这些原材料。

（六）要让拉美支持保卫自由世界其他地区的集体行动。

（七）拉美的军事组织、训练、指导原则以及装备最终依照美国的路线实现标准化。

共产党在拉美的目标

六、据拉美各国合法或非法的共产党的表现来看，国际共运在拉美的主要目标是：

（一）破坏西半球的团结，特别是在联合国当中，在那里拉美的选票对支持美国的政策立场而言一直是关键性的。

（二）破坏战略物资向美国的正常流动。

（三）废除与美国订立的协议和条约。

（四）驱逐美国的军事、经济及文化使团。

（五）鼓励其与苏联阵营建立更紧密的商业和外交关系。

（六）使拉美 16 个国家中尚未合法的共产党合法化（在阿根廷、哥伦比亚、厄瓜多尔及乌拉圭，共产党是合法的）。

结论

七、我们的结论是：

（一）中苏阵营通过贸易、外交与文化攻势以及对当地各个共产党的利用，继续破坏美国在拉美的利益。

（二）共产党正在侵入拉美。如果它们取得进一步的成果，就会对美国造成非常严重的后果。①

（三）无需修改对拉美的现行政策，但是必须采取以下积极行动以扭转当前中苏阵营的政治与经济攻势趋势，并且还使得拉美国家确信，它们对美国而言具有与北约盟国一样的重要性。

建议采取的行动

八、我们相信非常重要的是，美国要：

---

① 原注：体现苏联最近的技巧的例子，参见附录五（原文无附录五。——译注）。

（一）加强美国的新闻传播（information）活动，这是对抗共产党的和其他的宣传以及同颠覆活动斗争的手段之一。

（二）发起一场有效的运动帮助拉美国家为其产品赢得自由世界的市场，由此降低它对与中苏阵营开展贸易的需要和愿望。

（三）采取稳定、长期的贸易政策，以进一步减少贸易壁垒。

（四）允许拉美国家尽可能多地获取它们希望从我们这里得到的武器。

（五）增加美国海军舰艇及飞机访问拉美国家的次数，以扩大善意、提高威望。

（六）安排并最广泛地参加拉美军队的联合演习，由此增加它们对美国的伙伴感。

讨论

九、经济问题与中苏贸易攻势。

（一）拉美人主要是解决经济问题感兴趣，它们称是美国的政策导致了经济问题的恶化。因为许多拉美国家决定性地依赖于一种或两种基本的出口产品，而且其半数左右的贸易都与美国进行，它们害怕美国国内继续存在压力，要求限制这些特定商品的进口。拉美国家也争辩说，由于它们与美国在政治和军事事务上的合作，使其有权要求美国以更大的力度支持其加速经济多样化的计划，并且减少由于贸易限制所导致的壁垒。

（二）最近几年，人口的快速增长以及中、下层阶级政治意识的增加，已经导致拉美各国政府蒙受压力，要求其迅速改善生活条件。结果，许多政府尝试走背离传统的捷径（也就是：国有化，没收，以及在建立一个稳固的农业基础、国内交通与分配体系之前，就特别草率地进行工业化），这都加剧了它们的经济困难。进口的上升超过了出口，达到危险的程度，而且通货膨胀也加剧了。以牺牲新投资为代价鼓励消费，耽误了农业方面所亟需的发展，致使农产品产量落后于人口的增长，使得维持生计的必需品不足，也长期延缓了诸如交通运输和电力之类的基础服务设施的膨胀，还恶化了收支平衡问题。一些政府不愿意或者难以限制借贷或抑制工资的增长，也加剧了通货膨胀。因为最近几年贸易条件也恶化了，所以拉美国家政府一直试图扩大其出口以支撑现有的生活水平。为了找到额外的国外市场，拉美各国也越来越多地接纳中苏阵营的示好。

（三）所以，中苏阵营非常成功地扩大了对许多拉美共和国的贸易。大概从1952年的莫斯科经济会议开始，为增加此类贸易的谈判就展开了，而且在去年阿根廷与苏联签署的一个大宗贸易协定中达到高潮。与苏联及其卫星国的贸易合约是双边性质的，还包括结算协议。在今年早些时候，他们仅与阿根廷、巴西、巴拉圭及乌拉圭就订了14个协议。目前与智利和哥伦比亚也订立了新的实物交易协定。这些都是对传统贸易合约的补充，捷克斯洛伐克就以最惠国条款为基础而与许多拉美国家维持着这些传统合约。一份联合国的出版物——《1954年拉美国家经济概览》中就说："拉美国家与苏联及东欧的贸易在最近几年增加到这样的程度，以至于应该被视为一种新因素的出现，而并非是以前有些不足的贸易流通在更大程度上的复兴而已。"

（四）拉美国家对中苏阵营的提议越来越多地做出回应，反映在新订立的以及续订的贸易协定上，如下表所示：

订约国家	贸易合约期限
阿根廷—捷克斯洛伐克	1952 年 9 月 2 日至 1954 年 12 月 31 日
	1955 年 1 月 11 日至 1958 年 2 月 10 日
阿根廷—东德	1954 年 9 月 2 日至 1955 年 12 月 31 日
阿根廷—匈牙利	1953 年 9 月 8 日至 1956 年 9 月 7 日
阿根廷—波兰	1952 年 10 月 29 日至 1954 年 12 月 31 日
	1955 年 10 月 24 日至 1955 年 12 月 31 日
阿根廷—罗马尼亚	1951 年 7 月 25 日至 1952 年 7 月 24 日
阿根廷—苏联	1953 年 8 月 5 日并且每年续订
	1955 年 1 月 1 日至 1955 年 12 月 31 日
巴西—捷克斯洛伐克	1950 年 5 月 17 日至 1954 年 5 月 17 日
巴西—东德	1954 年 2 月 13 日至 1954 年 11 月 12 日
巴西—匈牙利	1954 年 4 月 26 日至 1955 年 4 月 25 日
巴西—波兰	1952 年 10 月 24 日至 1953 年 10 月 23 日
	1954 年 4 月 1 日至 1955 年 4 月 1 日
	1954 年 11 月 23 日至 1955 年 11 月 22 日
哥伦比亚—东德	1955 年 12 月 14 日至 1956 年 3 月 21 日
墨西哥—捷克斯洛伐克	1950 年 10 月 1 日至 1955 年 10 月 1 日
巴拉圭—捷克斯洛伐克	1953 年 11 月 1 日至 1954 年 11 月 1 日
巴拉圭—匈牙利	1953 年 11 月 1 日至 1954 年 10 月 31 日（默认每年续订）
乌拉圭—捷克斯洛伐克	1954 年 8 月 1 日至 1955 年 8 月 1 日
乌拉圭—东德	1954 年 6 月 29 日至 1955 年 6 月 28 日
乌拉圭—匈牙利及罗马尼亚	1954 年，具体日期不知
乌拉圭—波兰	1953 年 4 月 24 日至 1954 年 4 月 23 日（默认每年续订）
乌拉圭—苏联	1954 年 7 月 28 日至 1956 年 7 月 27 日

（五）但即便没有签订协定，拉美国家也正在与中苏阵营发展并扩大贸易。比如，以古巴为例，今年苏联已经从那里购买了 54 万吨糖，结果其从古巴的进口值从 1953 年的不足 100 万美元上升到 1955 年的 2.5 亿美元。捷克和匈牙利贸易代表最近在古巴非常活跃。

（六）此外，阿根廷的小麦、阿根廷-巴拉圭的破斧木①以及巴西的棉花在最近两年都出售到了共产党中国。可获得的情报尚未显示这些商品是经由私人商业公司还是正式的贸易协定而出货的。

---

① 拉美特产的漆树科乔木，树皮和木材可用于制药或提取化工原料：丹宁。——译注

十、外交与文化攻势

（一）苏联正在增派其军事外交随员。比如，在阿根廷，此类代表从 2 人翻倍达到了 4 人，而在墨西哥则是从 4 人翻倍至 8 人。

（二）相似的是，苏联也增驻了其 3 个使团中的外交人员，在过去几年中从 73 人增加到 140 人。它也在该地区增加了与其文化活动相关的人员。

（三）苏联及其欧洲卫星国已经逐步提升了它们对拉美的宣传。尽管这一努力只占了阵营宣传总量的很小一部分，但还是比 1950 年的水平增加了 200％，而且从去年以来又增加了 50％。

（四）在过去的两年中，卫星国也一直很活跃。比如，捷克在玻利维亚开设了一个公使馆，在厄瓜多尔增派了一名商贸公使随员及一名军事公使随员以增扩公使馆人员，并且正向秘鲁派遣一名代办。

（五）为了进一步举例说明阵营对该地区的兴趣，相关材料已经制成附录四。

（六）今年同样会出现拉美人对不同的中苏阵营国家进行访问的显著增加。今年头 7 个月里，这样的访问者比 1954 年全年还多。这些访问多数由苏联承担费用。尽管一些访问者在短期访问了莫斯科、北平及各卫星国首都后就返回了，但其他一些人为了接受额外的培训或者上学而继续待在铁幕后面。苏联不费吹灰之力就说服非共产党的机会主义者接受这些免费旅行。有许多人回国来推行共产党的路线，甚至比共产党的核心成员还卖力。

十一、各国共产党

（一）拉美国家中没有一个国家的共产党强大到足以接管政府的程度，不管是用武力还是用正常的政治手段。然而由于贫富悬殊，这些国家为共产主义运动提供了肥沃的土壤。就我们所知在许多国家里，中产阶级只是刚刚开始出现。在这一地区，就像在其他所有地区一样，各个共产党实际拥有的力量要比其在人数上所显示出来的力量更大。在许多国家，他们都能渗透进一些关键的工会，并且在这一地去制造罢工或者破坏关键设备上处于有利的地位。他们偶尔也能渗透到更重要的政府部门中去。通过不断攻击"美帝国主义"，他们在许多国家强大的民族主义分子中找到了相当可观的支持。

（二）共产党已经在一些拉美国家中有所收获，却在另一些国家继续遭受着失败。在过去两三年中，全部的收获可能达到了 25％之多。国际共运在这一地区发挥着新的也是更大的作用。

十二、进一步的详细讨论，参见附录四。[①]

深怀敬意的

埃德温・莱顿（Edwin T. Layton）

美国海军少将

联合参谋部情报处副处长

---

① 原文无附录四。——译注

附录一

拉丁美洲与中苏阵营的贸易
（主要国家）

（单位：百万美元）

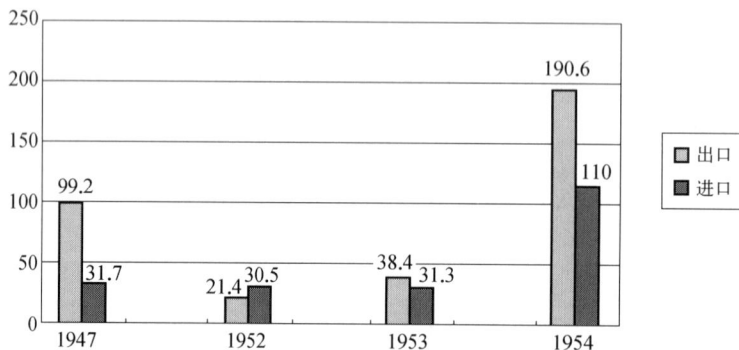

```
250
200              190.6
150
100  99.2
                              110
 50        31.7  21.4 30.5  38.4 31.3
  0
     1947    1952    1953    1954
```

出口 / 进口

＊ 1954 年的数据是初步统计结果

附录二①

过去一年里中苏阵营及其他共产党在拉美的重大活动
（1955 年 11 月 14 日）②

绝密，要求特别控制；不准发送给外国人

拉美的大致情况

1954 年 11 月 8 日。拉丁美洲与苏联阵营的贸易在今年急剧增加，而且为了进一步的贸易而缔结的新协定说明了一种新趋势，即与苏联势力范围内（orbit）的国家的商贸关系会更紧密也更持久。

＊＊＊这一趋势不仅反映了当前共产党的贸易攻势，还警告了我们，苏联要利用对美国经济政策的不满情绪。它也特别强调，拉美对以这种方式——以销路不畅的原材料换取共产党国家的资本设备、燃料以及其他经济发展所要求的进口品，这种经济发展是拉美国内政

---

① 附录二略去。——译注
② 原文此处有手写批注："本文件由时事情报小组准备，J. I. G."。——译注

治所亟需的——减轻其贸易问题的兴趣的增加。（秘密，不准发送给外国人）

1955 年 8 月 4 日。巴西、智利、哥伦比亚、哥斯达黎加、墨西哥、巴拉圭及乌拉圭的共产党正在重新确立它们党的计划，意在通过推进与美国以外的国家的贸易而孤立美国。由于拉美的共产党通常遵循相同的路线，毫无疑问这种重新定位将在其他拉美国家的共产党中继续展开。

＊＊＊作为苏联阵营贸易攻势的另一方面，似乎共产党人现在准备在宣传领域利用他们在拉美拥有的最大的财富之一——对依附于美国的资本和贸易政策存在着广泛的不满。（机密，不准发送给外国人）

1955 年 9 月 29 日。从 1953 年 1 月到 1955 年 7 月这段时间里，苏联阵营的国家对拉美的商品交易会几乎没有表现出什么兴趣，阵营中只有三个国家参加了四个交易会。而现在，苏联阵营对参加从此时起至 1957 年为止已提上日程的拉美商品交易会表现出越来越浓的兴趣，如下：

交易会举办地	计划将参加的苏联阵营国家
巴　　西	捷克斯洛伐克
哥伦比亚	捷克斯洛伐克
巴　拉　圭	捷克斯洛伐克、匈牙利、罗马尼亚
乌　拉　圭	捷克斯洛伐克、苏联、白俄罗斯

＊＊＊这里我们看到，苏联阵营又一个力图打破拉美地区经济坚冰的贸易攻势战略的升级。（机密，不准发送给外国人）

阿根廷

1954 年 10 月 11 日。一个阿-苏文化关系协会在科尔多瓦市(Cordoba)成立了，据说这是布宜诺斯艾利斯总会的一个分支机构。这个城市有 369 886 人，是阿根廷第三大城市，也是其重要的工业和农业中心之一。它位于布宜诺斯艾利斯西北 400 英里处，潘帕斯大草原的西部边缘。

据报道说新协会的目标包括促进两国间个人与团体的往来，俄语培训，还包括交换在科尔多瓦和苏联出版的书籍与期刊。

＊＊＊这又一次说明了苏联正越来越努力地增加其与阿根廷的文化及商业关系。新协会的目标毫无疑问会仿照那些位于布宜诺斯艾利斯的总会的目标——散播共产主义，并且加大美国与阿根廷之间的裂痕。（秘密）

1954 年 11 月 9 日。一个由作家、科学家及音乐家组成的苏联文化使团接受了阿-苏文化关系协会的邀请，不久将抵达布宜诺斯艾利斯。使团会在阿根廷驻留一个月左右。

＊＊＊这是先前各个报告——苏联正在把焦点集中到美国-拉美良好关系的一个最主要的支持者身上——的继续。我们将会越来越多地看到苏联以牺牲我们在拉美其他国家的影响力为代价，进一步努力扩展其在拉美影响力。（秘密）

1954 年 11 月 29 日。11 月 12 日在北平，一个阿根廷贸易代表团与中国促进国际贸易委员会签署了一份联合声明，称双方都在考虑这样一种可能性，即派一个中共团体访问布宜诺斯艾利斯以"继续进行在北京顺利开启的讨论"。

＊＊＊阿根廷人对北平半官方的访问，是已知的由一个拉美团体来接近共产党中国的第一个例子。这次访问不仅说明了当前共产党贸易攻势附带的吸引力，也再次强调了拉美国家越来越有兴趣以销路不畅的原材料换取中共的工业产品及其他进口品来减轻自己的贸易问题。（机密，不准发送给外国人）

1955 年 2 月 1 日。1 月 24 日，阿根廷与波兰签署了一份新的贸易及金融协定，要求把贸易总额增加到 4 930 万美元。

阿根廷与捷克斯洛伐克有关增加贸易及付款协定的谈判也结束了，协定已于 1 月 27 日签署。将进行交易的商品总价值达 6 200 万美元。

＊＊＊这又是苏联阵营向拉美经济渗透的两个例子。（机密）

1955 年 3 月 2 日。阿-苏文化关系协会一个新的分会在门多萨（Mendoza）市成立了。该市有 92 243 人，是阿根廷西部最重要的省会。

＊＊＊这是苏联在布宜诺斯艾利斯资助成立的协会的第四个分会，开办于阿根廷的腹地。另外几个位于罗萨里奥（Rosario）图库曼（Tucuman）以及科尔多瓦。毫无疑问，成立新分会的目的与其他几个都是相同的——散播共产主义，并且扩大美国和阿根廷之间的裂痕。（机密）

1955 年 6 月 15 日。去年 12 月 12 日，一个阿根廷贸易代表团与红色中国的促进国际贸易委员会签署了一份联合声明，称双方都在考虑这种可能性，即派一个中共团体访问布宜诺斯艾利斯以"继续在北京顺利开启的讨论"。这个中共代表团在 6 月 9 日抵达了布宜诺斯艾利斯。

＊＊＊尽管这些访问的性质是半官方的，但它们不仅显示了当前共产党贸易攻势附带的吸引力，也再次强调了拉美国家越来越有兴趣以销路不畅的原材料换取中共的工业产品及其他进口品，以减轻自己的贸易问题。（机密，不准发送给外国人）

玻利维亚

1954 年 11 月 28 日。捷克斯洛伐克政府已经宣布委派一名临时代办、一名三秘和一名商业随员作为常驻拉巴斯的外交代表。之前，捷克政府在拉巴斯仅由其常驻布宜诺斯艾利斯的外交使团来代表。派驻布宜诺斯艾利斯的公使继续常驻。

＊＊＊自 1953 年 5 月 20 日捷克政府被玻利维亚承认开始，它的外交及商业代表们就频繁造访拉巴斯，但一个"铁幕"国家在拉巴斯建立一个永久性外交代表机构这还是第一次。这是苏联阵营努力与拉美国家建立紧密关系的又一个步骤。（秘密）

1955 年 3 月 4 日。一个由捷克斯洛伐克政府赞助的捷克-玻利维亚友好中心在拉巴斯成立了。

在开幕仪式上，捷克临时代办约瑟夫·胡克斯(Josef Hokes)宣布中心向"所有有志于促进更好的世界关系，特别是与捷克斯洛伐克之关系的玻利维亚人开放，不论其宗教或意识形态有何差异"。

＊＊＊这是苏联阵营努力在拉美国家散布其影响的新的转折点。迄今为止，他们开办的一直都是促进文化事务的协会。（秘密，不准发送给外国人）

巴西

1955 年 1 月 24 日。巴西共产党正在做出重大努力以鼓动人们参加预计于 1955 年 2 月 6～13 日在圣保罗举行的南美洲青年节。

＊＊＊这是自从瓦加斯总统自杀事件(Vargas Suicide Incident)①后，巴西共产党进入一个相对低潮期以来，首次大规模尝试增强其地位，共产党聪明地愚弄了若干全国性学生组织的领导人，成功地使其支持青年节。

这一节日不仅将给予共产党人接触大量巴西青年的机会，也让它有机会接触来自其他许多拉美国家的学生，这些人都是被受了愚弄的非共产党组织邀请过来的。（秘密，不准发送给外国人）

1955 年 2 月 14 日。共产党煽动起来的、预期于 2 月 6～13 日在圣保罗举行的南美洲青年节被州长禁止了。

＊＊＊出于联邦的压力，这一命令不仅是对产党人施加重大财政打击的结果，也是一种警示的结果，即当前的巴西政府决心遵守加拉加斯决议(Caracas Resolution)，通过阻止共产党的每一个扩张行动来抗击它在西半球的颠覆活动。（机密，不准发送给外国人）

---

① 瓦加斯(1883～1954)，1930～1954 年任巴西总统，推行国家现代化发展事业，但成效不理想。在举国要求其下野的压力下自杀身亡。——译注

1955年2月17日。巴西、乌拉圭及智利的共产党刚刚收到指示,要散布新的反美宣传路线,其声称:"美国在南极的探险活动正准备在南极点进行热核实验,而且这样的试验将迫使南美洲居民遭受'日本渔民的悲惨经历'"。

＊＊＊这是当前其在这一地区的宣传运动中使用弥天大谎,将国际情势的严重性归咎于美国的又一个例子。既然探险的预定计划中没有这样的实验,则揭露撒谎者嘴脸的机会就上升了。(机密,不准发送给外国人)

1955年6月25日。一个东德贸易使团的代表们已经与巴西外交部展开接触,要为该年晚些时候的商业项目提议制定标准。

＊＊＊很明显,东德作为苏联阵营贸易攻势的一个新的先锋,在过去一年中为在拉美获取一个商贸桥头堡而逐步增大了努力。1954年,它与阿根廷和乌拉圭缔结了协定,而在今年2月又与哥伦比亚订立了协议。现在我们看到,巴西成为它的下一个目标。

智利

1954年8月27日。最近,参议院副主席萨尔瓦多·阿连德①率领一个智利团体访问了苏联及其他共产党地区,《真理报》在鼓吹"与苏联、中华人民共和国,以及各人民民主国家恢复正常关系"时就援引了此事。他进一步说到"美国佬的干涉以及本国寡头都是智利人民阵线(Chile's Popular Front)的目标"。

＊＊＊智利内阁立刻宣布,而且再一次宣布,阿连德对铁幕之后的地区的访问绝对不是官方性质的,纯属个人行为。政府借此机会重申其反共立场。各大报纸援引这一申明,以此作为一个新的也很突出的例子来解释为什么世人会把智利与国际共产主义运动联系在一起。

作为共产党人的宣传伎俩之一,自从这些负责任的媒体对阿连德的申明及公开访问表示普遍反对后,从《真理报》及莫斯科广播收到的有关报道似乎已经降温了。

除了智利人对这一申明的反对外,这个事件还表明了苏联正在继续开展运动,以赢得拉美对其所谓的"世界和平运动"的支持。(秘密,不准发送给外国人)

1955年9月28日。智利和东德正在考虑一个贸易合约的草案,涉及价值1 000万美元的商品贸易。在这个合约下,东德将向智利提供化工产品、电子设备以及光学镜片以换取羊毛、谷物、酒、食品及草料。

＊＊＊这又一次说明了东德是苏联阵营在拉美贸易攻势的新的先锋。它在1954年与阿根廷及乌拉圭缔结了协定,在今年2月又与哥伦比亚签署了协定。东德在7月份向巴西

---

① 萨尔瓦多·阿连德(Salvador Allende,1908～1973),医学博士。智利社会党领袖,坚持左翼路线,于1970年当选总统后,进一步推动社会改革,反对宰制性的外国资本主义,成为美国眼中钉。在右翼分子皮诺切特发动的军事政变中身亡。——译注

派遣了贸易代表,现在我们看到它对智利也采用这一方法。(机密)

1955 年 11 月 30 日。捷克斯洛伐克正式向智利提议,要求两国政府就一份有关智利结晶硝石的实物交易协定展开谈判。作为回报,捷克斯洛伐克将提供价值 200 万美元的工业品及器械。

＊＊＊尽管世界注意力都聚焦于苏联在日内瓦及中东的活动,可苏联阵营正在拉美地区不动声色地继续开展其贸易攻势。(机密)

哥伦比亚

1955 年 7 月 8 日。一个捷克斯洛伐克的贸易使团预计将于 7 月 17 日抵达波哥大。使团将与哥伦比亚就贸易协定而展开谈判,同时在采购大量哥伦比亚的产品——包括咖啡、橡胶与烟草——中获利。

＊＊＊由于咖啡的国际市场前景不甚乐观,而到目前为止它还是哥伦比亚收入的主要来源,故哥伦比亚要寻找新的市场,甚至跑到铁幕的后面去。

捷克斯洛伐克迅速地认识到,这一机会不仅为商贸日用品的交易打开了门户,也使得它们在向哥伦比亚这个可能很殷切的顾客出售武器弹药时,以有利的位置讨价还价。(机密)

1955 年 9 月 1 日。一个一行 6 人的东德贸易使团刚刚抵达了波哥大,以便与哥伦比亚政府及私人贸易圈展开谈判。

这是今年抵达哥伦比亚的第二个东德贸易使团,也是在过去两个月中抵达的第二个苏联卫星国的代表团。

＊＊＊哥伦比亚已经成为苏联阵营贸易攻势的一个明确的目标,我们可以预见其他卫星国也会很快地接近它。

苏联阵营在过去一年中已做出了 19 次已知的贸易努力,以渗透拉美经济体,而且几乎所有的努力都成功了。(秘密,不准发送给外国人)

古巴

1955 年 8 月 18 日。捷克斯洛伐克派驻墨西哥的大使通过外交渠道向古巴外交部表达了其政府对古-捷外交关系正常化的渴望。他提议就这些任命达成共识:由他作为常驻古巴的公使,并且在哈瓦那驻留一名临时代办与一名总领事。

＊＊＊古巴外交部对所有苏联阵营国家最近的"友好"接近都表示怀疑,并且由此到目前为止还拒绝与他们中的任何一个建立外交关系。(机密,不准发送给外国人)

厄瓜多尔

1955 年 10 月 3 日。在购买捷克军火方面持续的兴趣正给予厄瓜多尔外交部一种行动的冲动:与捷克斯洛伐克全面恢复外交关系。

　　＊＊＊在当前,捷克斯洛伐克在基多派驻了一名临时代办,但在布拉格却没有厄瓜多尔的代表。(绝密,不准发送给外国人)

　　1955年10月14日。随着一名军事随员预计于1955年11月17日抵达厄瓜多尔,捷克驻厄瓜多尔公使馆的成员将继续汇集。

　　在过去一年中,苏联阵营向拉美国家派遣了五名服务随员(service attaches)。

　　＊＊＊我们相信,这位新随员的委派一方面是由于厄瓜多尔对购买捷克军火方面持续的兴趣,另一方面是因为苏联阵营努力扩大其潜在的颠覆能力以及情报利用能力。(机密)

　　1955年10月26日。苏联和波兰正在强烈建议要在厄瓜多尔建立外交使馆。最近捷克在要求增派其驻厄瓜多尔公使馆人员上取得了成功,而这些建议都紧随此事而来。

　　＊＊＊事态的这一发展说明苏联阵营正在继续开展运动,以增加其在拉美地区的开展颠覆活动以及散播共产主义意识形态的能力。(机密)

危地马拉

　　1955年10月5日。9月28日一个警察巡逻队在危地马拉城捕获了一些人,这些人在张贴纪念危地马拉共产党成立6周年的海报时被当场捉住。警察也报告说在夜间有大量的宣传品被散发到城市的贫民区。

　　＊＊＊自从去年反共革命以来,危地马拉共产党人已经发展起一个规模小但似乎很有效的地下组织,但我们不相信此时这代表着一种对政府的稳定性的直接威胁。(秘密)

洪都拉斯

　　1955年3月31日。今年共产党举办南美洲青年节的企图刚刚遭受第三次挫败。第一次是在智利,第二次是在巴西,而这次是在洪都拉斯。

　　共产党计划在洪都拉斯举办青年节的消息一传到洛扎诺(Lozano)总统的耳中,他立刻就通过外交部发布了禁令。

　　＊＊＊一个反共国家的领导人积极贯彻反对共产主义渗透西半球的加拉加斯决议,又一次对赤党分子(Reds)施以沉重的打击。(机密,不准发送给外国人)

墨西哥

　　1954年9月20日。国务秘书(Secretary of Government)已命令人口局(Population Bureau)从墨西哥驱逐所有非法进入该国或者没有正当签证的中、南美洲人。

　　＊＊＊由于对危地马拉局势中的庇护问题处置不当,也因为它允许知名的共产党人及

其他革命分子秘密的出入,墨西哥在拉美遭受了负面宣传。

在试图抵制这一污名时,政府似乎正重新评估其在"庇护权利"(Right of Asylum)上的立场。本来或许能指望墨西哥采取坚决的措施,但它没有采取任何如此严厉措施。(秘密,不准发送给外国人)

1954年9月24日。有迹象显示美洲各共产党的正聚集在墨西哥城召开会议,与此同时进行的还有于9月20日开幕的墨西哥共产党第十二次代表大会。

＊＊＊会议有可能正在策划一场猛烈且协调良好的宣传,对所谓的美国帝国主义及殖民主义予以特别强调,驱使整个西半球都反对美国。(绝密,不准发送给外国人)

1954年10月4日。9月下旬墨西哥共产党(PCM)于墨西哥城召开的第12届全国大会期间,巴伦提内·卡姆帕·萨拉萨尔(Valentine CAMPA Salazar)接替了迪奥尼修·恩希纳(Dionisio ENCINA),当选为总书记。

＊＊＊卡帕姆是一个意志坚强而且睿智的人物,也是一名活跃的共产党的劳工煽动者,而且据报告说他是强烈反美的。在1953年,他是持不同政见的共产主义"工人农民"党(POCM)的政治委员会主席。可以预见他会比前任恩希纳更高效的领导共产党,并且推行强劲的亲劳工政策。他与莱姆巴尔多·托莱达诺(Lembardo TOLEDANO)——共产主义阵线民众党(Commubist Front Popular Party)的领袖——的友好关系可能带来这两个党的统一。假如事态照此发展,则墨西哥将遭受劳工罢工与动乱的长期困扰。(秘密,不准发送给外国人)

1954年11月4日。最近又有两名俄国海军随员抵达墨西哥,使得苏联派驻那里的军方编制总计达到八名随员——四名陆军的,三名海军的以及一名空军的。在阿根廷,俄国人也要求再增派两名军事随员,使其总数达至四人——三名陆军的以及一名海军的。

＊＊＊这是苏联正在拉美增加其开展颠覆活动的潜力与情报利用能力的又一证据。(秘密)

乌拉圭
1955年8月16日。一个来自共产党中国的贸易代表团预计将于本月某个时候抵达蒙得维的亚,商讨乌拉圭肉制品的购买事宜。

＊＊＊乌拉圭是过去三个月中第二个受到共产党中国经济方面关注的拉美国家。一个中共代表团于6月9日抵达了布宜诺斯艾利斯,我们相信即将造访蒙得维的亚的也会是这个使团。

尽管这些访问是半官方性质的,可它们还是突出了这一事实,即共产党正集中于拉美的贸易攻势是由中苏阵营操作的,而不仅仅是由苏联及其欧洲卫星国所操纵。(机密,不准发

送给外国人)

1955年7月18日。一群乌拉圭政府官员在财政部长玛莱(Mallett)的带领下,正在支持一个向莫斯科派遣一名外交代表的行动。

乌拉圭在莫斯科的外交使馆自1947年以来关闭了,尽管两国没有断绝外交关系,而且苏联在蒙得维的亚一直维持其外交使馆。

＊＊＊可能是苏联-乌拉圭贸易的扩展才使得这一群体重新思考外交使馆的复建。苏联自乌拉圭的直接进口从1952年的几乎是空白急剧上升到1954年的两千万美元左右。

使馆的重新开放是苏联以逐步升级的贸易攻势为手段,努力扩展与拉美国家外交关系的一个成功。这同样也将是一个给其他拉美国家带来更多压力的事情,对巴西尤其如此,因为苏联一直要求与巴西恢复外交和商贸关系。(机密)

乌拉圭:本周乌拉圭和苏联代表正在蒙得维的亚就商贸及支付手段协定展开谈判。苏联起草了商贸协定,已经递交给乌拉圭人,要求商贸人员及其财产与外交使团享受同等的待遇,享有外交豁免权。

＊＊＊假如苏联成功地实现了这些要求,他们将为自己在巴拉它河(Rio de la Plata)上的每一个战略要地都建造起理想的挡箭牌,以扩张其在拉美开展的秘密行动。

苏联向乌拉圭递交的商贸协定
(特别是第二款和第三款)

第一款

苏维埃社会主义共和国联盟在乌拉圭东岸共和国(Oriental Republic of Uruguay)的商业代表执行以下职能:

一、促进苏联及乌拉圭东岸共和国之间经济关系的发展。

二、在乌拉圭东岸共和国代表苏联的利益处理所有关于外贸的事宜。

三、执行苏联与乌拉圭东岸共和国之间商贸业务。

第二款

商业代表是苏联驻乌拉圭东岸共和国使团之整体的一部分,并在蒙得维的亚设立驻所。

苏联的商业代表及其两名助手按外交使团成员对待,享受所有的豁免权以及特权。

除了前述条款中指出的人员,商业代表的雇员、苏联公民的所有收益——作为服务于苏联政府的回报——都免向乌拉圭方面纳税。

商业代表居住的房屋享有治外法权。

商业代表有权使用加密通讯。

商业代表将不服从于商业注册领域适用的规章。

第三款

商业代表的行动代表苏联政府。苏联政府仅对在乌拉圭东岸共和国国内以商业代表的名义签订或担保的、并且由授权人签署的商贸业务承担责任。

商业代表将在乌拉圭东岸共和国的官方出版物上公布有权以其名义开展合法行动的人员的名称,同时注明这些人中每个人根据商业代表所签准享有的、在商贸义务范围内的权力。而任何修改或者变更都要在相同的出版物上公布。

未经商业代表担保的、由苏联各实体开展的任何商贸业务,其责任由各实体独自承担,而且业务的执行将只影响到它们的财产。

第四款

给予商业代表的豁免权及特权也延及他们的商业活动,但以下情况除外:

一、在乌拉圭东岸共和国领土内,由商业代表完成或担保的商贸交易所引发的争执,在缺乏仲裁条款的情况下,就要付诸乌拉圭法庭,并且将依照乌拉圭法律予以解决,当合同明确规定了冲突的解决办法时除外。然而,这并不要求商业代表要提供行动或服从的义务。

二、可以强制执行法庭直接针对商业代表做出的、与条款"一"中所提到的分歧有关的明确裁定,但这只涉及商品销售与商业代表的信贷。

DDRS, CK 3100331880 – CK 3100331913

费晟译,牛可校

中情局关于缅甸今后几年发展的全面评估

（1956 年 4 月 10 日）

NIE 61－56

机　密

缅甸问题的发展

（1956 年 4 月 10 日）

问　　题

本报告的目的是为了分析缅甸局势最近的走向，并且对其今后几年可能的发展做出评估，特别是关注缅甸在国际事务上的倾向。

结　　论

1. 缅甸的政治生活在目前，而且可能在未来几年内都会由这样一小撮领导人掌控——他们的共同见解都建立在马克思主义经济学、西方政治原则以及缅甸民族主义之上。尽管在基本价值观上缅甸认同自由世界，但遗存的反殖民主义情绪以及对招惹共产党中国的恐惧，已导致其采取中立主义的立场。（参见第 9、11、53、64 段）

2. 缅甸经济当前的稳定与未来的发展很大程度上倚赖于大米的出口。过去两年里这一商品在世界市场中的价格大幅下降，因此缅甸在其大米的销路上遭遇了困难。缅甸经济的发展可能仍将是有限的，这不仅是由于大米价格问题，也是由于缺乏胜任的管理者和训练有素的技术人员，而且还由于国内的骚乱妨害了交通运输，也干扰了农业生产。不过，在今后几年内其经济状况似乎不会严重地影响到政治的稳定性。（参见第 34、38、42、52、67～68 段）

3. 尽管缅甸对大米市场的需要为共产主义阵营与缅甸关系的大幅扩展提供了基础，尤其是在贸易和技术援助领域，可是缅甸几乎肯定仍会试图在经济、政治关系上同西方及共产主义阵营都保持均衡。尽管与共产主义阵营的贸易将在缅甸贸易总量中占据很大的份额，也带来潜在的危险，但至少在未来几年内，但就缅甸经济的困难而言，情况不会如此严重，以致破坏缅甸的行动自由。（参见第 49～50、70 段）

4. 然而,缅甸现在是共产主义阵营的一个主要目标,已经达成的与正在谈判中的经济协定,加上缅甸可能进一步接受共产主义阵营提供的贸易及技术援助,从更长远的角度来看,会导致共产主义阵营对其影响力显著增加的危险。可能加剧缅甸脆弱性的其他因素包括:(1)缅甸学生及其他潜在的领导群体可能容易被当前共产主义宣传中的榜样所感染;(2)共产党中国对缅甸施加外交的或者必要时也会施加的军事压力的能力;(3)吴努①显然相信可以在不失去行动自主性的情况下与共产主义阵营打交道。(参见第69、71～73段)

5. 共产党人在缅甸实现其潜在能量的程度,部分取决于缅甸人从中所获得的实际经济收益,部分取决于共产党人符合自己需要的技巧与克制;过早地施加压力可能导致缅甸领导人的警觉。共产党中国向锡兰出售大米已经使缅甸感到不安,如果共产党阵营把更多的缅甸大米转手出口到传统上属于缅甸的市场,那么缅甸方面对此会更加关切。但在相当大的程度上,缅甸是否接受共产党的帮助和影响,还将取决于缅甸在非共产党的市场中对其出口商品的处置能力,特别是大米。

讨　　论

6. 缅甸联邦自1943年以和平方式实现独立后几年来,一直处于一种不稳定、不明朗的状态。随着1947年缅甸最强硬的领袖及广受爱戴的英雄昂山②被暗杀,规模很小的缅甸领导集体始终存在着为了争夺个人权力而分裂的危险。由于缅甸规模很小的现代产业部门在战时几乎被完全破坏,也由于普遍蔓延的混乱妨碍了农业生产和交通运输,生产下跌到不足战前水平的一半。占1900万人口总数三分之一的少数民族成为政府统治的严峻问题。叛乱十分普遍,甚至有一段时间里,共产党及其他反叛力量经常在仰光眼皮子底下活动。

7. 尽管存在这些不利因素,而且怀有强烈民族主义情绪的政府不愿向西方寻求大规模援助,但政府还是保持了团结,并且在恢复经济与确保国内安全方面取得了扎实的进步。尽管叛乱和长期存在的匪盗活动依然猖獗,但政府主要关注的还是经济的稳定。由于不能在非共产党的国际市场中处置掉大量富余的大米,结果导致了巨额的财政赤字、收支平衡困难,并使得政府已经开始推行的大规模经济发展计划被削减。

8. 这些情况给共产主义阵营的经济、政治及宣传策略打开了大门。在过去一年,阵营同意收购大量的缅甸稻米,作为交换则给予其商品和技术顾问,而且缅甸正接受着阵营的各

---

① 吴努(U Nu,1907～1995),缅甸独立后任总理,并任执政党缅甸反法西斯人民自由同盟主席。1960年大选后再度出任总理。1962年奈温发动政变后被捕,1966年10月获释,流亡国外,1980年7月回国。1995于仰光去世。他生前极大地推动了中缅两国友谊,曾六次访华。——译注
② 昂山(Aung San,1915～1947),即德钦昂山,从学生时代起便从事反英民族主义运动,为缅共创始人之一。曾借助日军反抗英国,后来醒悟,于1944年任缅甸反法西斯人民自由同盟主席,领导抗日斗争。1945年3月27日领导全国起义。战后,积极从事争取民族独立的活动。在参加会议时被英国指使的歹徒开枪谋杀。——译注

种政治、经济活动,这些活动旨在削弱西方影响、增强对共产主义的号召力并且为增加阵营的直接影响而打基础。在这种情况下,关键的问题就在于缅甸多大程度上会对共产主义阵营的提议做出响应,并且接受阵营的压力和宣传。

一、现 在 的 局 面

政治局面

9. 缅甸的政治生活由一小群"反法西斯人民自由联盟"(Anti Fascist People's Freedom League,AFPFL)的最高领导人掌控。这个战时诞生的民族主义者联盟在1946年挫败了共产党对其加以控制的企图,于1947年参与了关于国家独立的谈判并起草了缅甸宪法,在1942年组成了临时政府。从1951～1952年的首次选举以来,反法西斯人民自由联盟在议会中占有大约80%的多数。

10. 自独立以来,政府之所以可能稳定,不仅是由于联盟控制权上的多数地位,也是由于它的首要组成部分——缅甸社会党(Burma Socialist Party,BSP)的力量和纪律,它在议会中占有50%的席位。缅甸多数重要的政治领袖,除了首相吴努,都是缅甸社会党党员。国防部部长及矿业部长巴瑞①是党主席团成员,也是颇具影响力的工会代表大会(缅甸)领导人,这一组织成功地使多数地方工会不从属于共产党控制的缅甸工会大会。工业部长觉迎②经常出任外交部长,也是党的总书记,而且是党的首席理论家和策划者。吴努是联盟中最重要的成员,还是缅甸最出名也最受欢迎的领袖。他在佛教徒及少数民族中的声望部分地消除了这些群体对执政的缅甸社会党的不信任感。

11. 多数反法西斯人民自由联盟的领导人都抱有相同的见解,其基础是马克思主义经济学、西方政治原则以及缅甸民族主义。他们在20世纪30年代仰光大学的民族主义运动中一起工作,并通过学习小组开始接受马克思主义-社会主义有关帝国主义和经济发展的思想。然而,由于在很大程度上受到英国人的影响,部分也因为自己的佛教传统,缅甸领导人倾向于拒绝列宁主义-共产主义有关政党组织与政治斗争的观念。尽管宪法主张要求国家所有制或国家管制绝大部分经济的社会主义教义,但缅甸的社会主义实际上接近于英国工党更实用主义的路线。最后,由于独立是和平地授予的,这便削弱了极端主义在民族主义者当中的影响。然而,反殖民情绪继续对其外交政策施加重大影响,而且还有助于中立主义态度的发展。

12. 反法西斯人民自由联盟没有重要的保守的反对派,而且大多数缅甸人对政府持消极接受的态度。软弱且经验不足的内政管理正随着技术培训、强化中央控制以及叛乱的减少而逐步得到改善。

---

① 巴瑞(Ba Swe),即吴巴瑞,缅甸著名民族主义运动领袖,吴努的得力助手。1956～1957年任缅甸总理。——译注
② 觉迎(Kyaw Nyein),即吴觉迎,缅甸住民民族主义运动领袖,吴努的得力助手,吴巴瑞的亲密战友。1948～1949年以及1956～1958年的缅甸副总理。——译注

13. 对少数民族的管理是当前最严重的政治问题,他们在英国人统治时得到特殊保护,他们害怕在一个缅甸族人①的政府统治下失去民族认同。为了疏导这些人的恐慌并赢得其对联邦的效忠,宪法给予最大的少数民族群体设立特别行政区,即:掸邦(Shan),克耶邦(kayah,亦作 Karenni),克伦邦(Karen),以及克钦邦(kachin States),还有钦邦山地特别区(Chin Hills Special Division)(参见地图)②。而且,宪法给予前三个邦在 1958 年 1 月以后脱离联邦的权力,尽管其程序执行起来很复杂而且耗时。各邦的权力被限制在宪法特别授予的范围内,而且各邦的行政人员由联邦总理任命。事实上,通过保证少数民族所接受的候选人当选进入邦的重要部门与中央议会,反法西斯人民自由联盟一直能确保各少数民族邦的民族利益得到保护。

14. 尽管在策略上一直存在个人摩擦和分歧,但领导人们一般都有着共同的观念和信仰。觉迎比巴瑞更倾向于对国内的共产党人采取强硬路线,而且据报他质疑吴努与莫斯科签订的一些协议。对于经济发展问题,少数民族政策问题,以及吴努动用过多政府资金去扶植佛教复兴的问题,同盟内部也存在分歧。尽管这些问题在定于 1956 年 4~5 月举行的全国大选之前,似乎不会分裂反法西斯人民自由联盟,或者甚至发展成重大党内争执的问题,但假如经济进步停滞不前,则它们可能在将来变成重大的问题。这些问题也可能为共产党分裂联盟的行动大开方便之门。

15. 作为一股政治力量的共产主义。缅甸共产主义运动已经在 1946 年分裂成两个主要派别。规模较小也较次要的组织是由德钦索(Thakin Soe)领导的共产党(缅甸)(Cummunist Party,Burma,CPB),当时它由于个人的及策略上的争论而分裂出来,此后主要是作为一小支游击队运动而展开行动。丹东(Than Tun)领导下的缅甸共产党(Burma Communist Party,BCP)最初是一个游击队组织。它与一个合法的政治阵线——缅甸工农党(BWPP)也有联系。缅甸工农党党员和共产党叛乱组织合起来的人数可能不超过 10 000 人。缅甸共产党和缅甸工农党在所有重要问题上都已经响应国际共产主义路线。③

16. 在战前,缅甸共产党人在民族主义运动内开展活动,而且直到 1946~1947 年缅甸开始为争取独立而谈判时,民族主义领导人还普遍没有意识到共产党领导人已经怀有政治分裂的渴望。当前共产党的一些关键人物在战时抵抗运动——它在 1944 年发展成“反法西斯人民自由联盟”——的形成中扮演了主导作用。丹东是联盟首任总书记,而且一度被吴努称为缅甸最能干的人。然而共产党在联盟内部的活动引起了民族主义者的疑心,到 1947 年,所有重要的共产党领导人都已被驱逐出运动。丹东以及他的缅甸共产党遵从 1948 年共产党亚洲青年会议(Communist Asia Youth Conference)上对武装叛乱的号召,转入地下活

---

① 原注:整篇评估中,“缅甸族”(Burman)这一术语用于描述缅甸的多数族裔群体;而“缅甸人”(Burmese)用于描述缅甸联邦的所有民族。
② 此处地图略去。——译注
③ 缅甸共产党在抗日时期尚未公开分裂,但是在抗日战争后,就争取革命胜利的道路问题上出现分歧,德钦索亲苏,组织“红旗党”在缅甸中部打游击,1972 年失败后被捕。德钦丹东则接受中共“农村包围城市”道路,主张建立革命根据地,被称为“白旗党”,最终把斗争发展到中缅边境地区。——译注

动。共产党试图用暴力推翻反殖民的、新独立的政府,这使非共产党领导人深深醒悟过来。共产党人企图发动的"土地改革"计划拙劣、操作苛刻,加上他们为了寻求补给而继续发动侵袭,都使其疏远了很多农民。这些策略性失误,再加上政府采取措施保护农民的土地所有权、改善农民福利,以及可能受到佛教影响,使得共产主义运动对民众不具有吸引力。

17. 尽管政府对共产党叛乱发动了持续的行动,它还是承认1950年成立的共产主义阵线组织缅甸工农党可以作为合法政党活动。据估计缅甸工农党有4 500名党员,并控制着少数和平、文化和劳工阵线。它有九个议会席位。缅甸工农党在仰光的力量最强,它在那里接受中共与苏联大使馆的指导与支持。

18. 共产党人也控制着仰光大学学生会以及缅甸各地的其他学生团体。尽管我们没有证据说,共产党在学生会选举中获得成功所表明的不止是学生们抗议校园内某些具体的情势,但共产党在校园里施加的影响已经引起了政府的关切。校园内缅甸社会党的学生已难以取代共产党对学生组织的控制。由于缺乏受过训练的缅甸人,学生们几乎一毕业就会被委以相对非常重要的职位。共产党按照现阶段中苏阵营的策略而发展起来的路线,会对学生们产生更深远的印象。赫鲁晓夫在仰光大学的演讲,以及他允诺在缅甸修建一个技术研究所并配备相关人员,就表明了共产党在努力利用他们当前在学生中已经建立起来的受欢迎的地位。

19. 缅甸共产党以及缅甸工农党已经要求在今后几年组建一个"联合"政府。过去几个月中,缅甸共产党加强了其争取被承认为一个合法政党的活动,以作为停止游击队活动的回报。最近的这些策略可能还包括与一些反法西斯人民自由同盟的领导人开展直接联系,这与当前共产主义阵营所强调的统一战线策略是一致的,与对游击队运动前景不妙这样一种现实清醒的估计也是一致的。共产党人可能希望推进统一战线运动,并且分裂反法西斯人民自由联盟,由此为共产党最终参与一个新的联合政府开辟道路。

20. 共产党努力为投降争取更多自由行动的条款,已经获得了一些成功,但是政府仍然坚持叛乱者必须放下武器,并且放弃使用暴力,而这些条件都是游击队领袖不愿满足的。尽管政府规定投降的最后期限是3月31日,而且政府对共产党游击队维持了比以前更沉重的压力,但它可能还是愿意将这些条件温和化,因为吴努似乎相信共产主义作为一种合法的政治运动要比代价不菲的叛乱少添些麻烦。

21. 海外华人。缅甸有30万定居于该国的华人,而他们被整合进当地社会的程度要比东南亚其他地方高得多。多数华人目前似乎对政治漠不关心。然而,缅甸的中文出版物普遍反映出亲共情绪,而且共产党人在仰光及其他城市的华人组织中掌握了颇具影响力的位置。中共控制了大量的华人学校。此外,尽管自1952年缅甸政府采取行动,拒绝离境人口再次入境以来,华人离境率有所下降,可还是有大约4 000名华人青年返回共产党中国就学。

内部安全问题

22. 共产党叛乱者、少数民族持不同政见者,以及中国国民党流散部队继续对政府财政造成沉重负担,继续妨碍了重要地区的复兴建设与发展,还继续使得缅甸的对外关系复杂化。不过叛乱者的力量自从 1940 年以来已经下降了三分之二,现在总共人数可能不到 15 000人。

23. 共产党叛乱者。共产党叛乱力量总共约有 5 500 人,其中拥有 3 000 名成员的缅甸共产党是最重要的组织。共产党叛乱者联合统一的努力在过去几年中只取得有限的成果,因为存在着个人斗争以及教义分歧。尽管擅长游击战策略,共产党叛乱分子却苦于缺乏武器与补给。他们显然尚未得到中共大规模的援助。在当前阶段中苏的策略下,缅甸共产党领导人对获得这样的援助可能几乎不抱希望。

24. 少数民族叛乱。对全国政府中缅甸族人占统治地位的情况及其政策的不满,已引发了某些少数民族地区的武装叛乱,而且引发谣言说,位于缅甸中部偏东位置的掸邦和克耶邦可能试图在 1958 年脱离缅甸联邦。拥有 4 500 名武装力量的克伦民族抵抗组织(Karen National Defense Organization,KNDO)是最重要的少数民族叛乱组织。在 200 万克伦族人或积极或消极地支持下,抵抗组织已经展开游击战以为克伦人争取更大的自治权。克伦民族抵抗组织被削弱是由于以下原因:丢失了其重要据点,武装力量分散,个人斗争,以及在与共产党人合作问题上意见不一。然而,它继续妨碍着缅甸南部和东部的政府管理以及经济发展。

25. 边境部落居民对政府同样是一个难题,部民们分布在划界不明的边境线两侧,与他们位于云南省、老挝以及泰国的同族亲戚混居。缅甸北部的部族运动使政府更加难以把统治推进到那些在北平看来属于中国的边境地区。

26. 中国国民党流落部队。共产党在中国取得胜利后,大约有 12 000 名中国国民党部队在国军将领李弥的率领下进入缅甸。在缅甸向联合国提出救难请求后,1953～1954 年间在一个美国-泰国-中国国民党的联合委员会的组织下、缅甸方面的配合下,这些部队中约有 7 000 人撤往台湾。另外 2 000 人在泰国政府的监督下定居泰国农村,此外据信有数百人窜入了老挝北部。

27. 缅甸对剩余的分散在泰国边境及掸邦南部的 3 000 名流散部队发动军事行动,但是不甚成功。政府现在似乎愿意与他们谈判。如果他们放下武器,缅甸人显然不反对中国人待在他们现在所处的地区,但至今他们仍拒绝这样做。

28. 国民党军队的部分撤离使一度备受关注的美国向这些军队提供援助的问题很大程度上消减了,而这是使缅甸与美国关系复杂化的一个因素。缅甸和泰国的关系也随着在缅甸向中国军队发动军事行动期间,双方沿着边界开展合作而得到改善。然而,他们在缅甸的存在引起了缅甸人对中共可能的压力以及对台湾与美国干涉其内政的持续恐慌。

29. 安全部队。自 1948 年以来,缅甸武装部队几乎完全致力于国内安全。在过去三年中,缅甸武装力量从大约 60 000 人增加到 78 000 人(包括 60 000 人的陆军,14 000 人的国家联邦军警(National Union Military Police),2 200 人的海军以及 1 900 人的空军),但是陆军仍然缺乏足够的力量向国内的所有叛军同时发动进攻。在过去几年中拨给国防的资金平均占政府开支的 30%,而 1956 财政年度中,国防资金占总预算的 35%。

30. 陆军的士气和声望在过去五年中得到了增强,这在很大程度上是因为军事行动的成功,反映出陆军作战效能的提高。然而,训练水平低下而且缺乏装备仍旧困扰着陆军。它已拥有逐步消除叛乱威胁的能力,但却很难对中共的入侵构成真正的抵抗。

31. 缅甸海军,有29艘各种各样的小型舰艇,只够在沿海及内陆水域实施支援军事行动。拥有86架飞机(包括33架老式的活塞战斗机,16架运输机,以及8架喷气机)的空军,为抗击叛乱者的地面军事行动提供了相当有效的支援。

32. 缅甸的军事装备几乎完全依靠外国进口。直到1954年,缅甸获得的装备还全部来自英国。缅甸对这种情形中暗含的英国影响力感到不安,而且对英国的运送效率也感到不满,于是就在这一年中止了排他性的协议。此后缅甸开始向意大利、瑞士、以色列以及南斯拉夫采购装备,当然也向英国购买。这些采购进一步让装备的供给多样化,却也使得训练、保养和操作更加复杂。

33. 缅甸希望将其军队现代化。然而,缅甸没有足够的资金在支撑其军队的大规模现代化计划时,还保持中等速度的经济发展。政府可能不愿意接受其经济计划的大幅度削减,所以缅甸军方领导人希望以信贷或者减价为基础向美国谋求装备。假如这种方法失败,缅甸人可能就会转向共产主义阵营,如果有必要,就把通过现有的大米实物交换协定而积累的一部分信贷额用于军品而不是消费品采购。

经济形势

34. 缅甸经济符合一个欠发达国家的普遍特征:农业是首要的产业,单一商品——大米——的出口是外汇以及政府收入的主要来源。人均产值远远低于100美元/年。

35. 缅甸在二战中损失惨重。铁路系统被破坏,多数石油装置(包括全部五个炼油厂)被毁坏,出产铅、锌、银、锡和钨的主要矿井都受到严重破坏。许多稻田回复到丛林状态。在战后时期,广泛蔓延的内部冲突与匪盗活动都妨害了交通及通讯设施的重建努力,也继续干扰了农业生产。重建工作还由于对外国私人资本缺乏刺激而被延滞。

36. 结果,缅甸还不能将其经济恢复到战前水平——国民生产总值在1955年[1]大约为10亿美元,低于战前水平12个百分点。缅甸的外贸,提供着中央政府60%～70%的岁入,根据1954年的一览表仍然只有战前三分之二的水平。1955年大米产量比战前740万吨的平均水平还要低大约15%,160万吨的出口额更是只有战前水平的一半。而且,由于木材及矿石之类的原材料出口还没有恢复,大米现在几乎占据出口总收入的近80%,而与之相比战前只是略高于40%。

37. 缅甸提高其人民生活水平的潜力非常大。人口密度低(不到印度的四分之一,只比美国高三分之一),而且人口每年的增长率只有1%。在主要的农耕区下缅甸(lower Burma)[2],耕作面积可能翻倍。尽管矿产和石油探明储量在战前被严重损耗,可地理构造暗示还存在着

---

[1] 原注:除非特别说明,各组数据均以缅甸的财政年计,时间为10月1日至次年9月30日。

[2] 指缅甸南部靠近孟加拉湾、安达曼海沿海的各省、邦。包括仰光、勃固、伊洛瓦底和德林达依(丹那沙林)等省和克伦、克耶、若开和孟等邦。——译注

未发现的地下原油储量。木材的储量巨大。这个国家有着极优越的天然港口,密布的内陆水上通道,以及基本的铁路和公路网。

38. 然而缅甸开发这些潜在资源的能力受到很多因素制约,包括:其经济的原始特性、缺少资本特别是缺乏外汇,缺少胜任的管理者和训练有素的技术人员以及持续的内部混乱。而且,众多缅甸人由于传统和性格原因对物质发展相对不感兴趣。

39. 经济发展计划。在1952年政府发起了一个八年投资16亿美元的发展计划。计划的全部目标就是到1960年把缅甸国民生产总值以不变价格从7.8亿美元提高到15亿美元。然而,计划的目标只把人均产值比战前提高了4%。该计划在美国顾问的援助下制定,它设想发展起一个更为均衡的、为一个中等规模的工业部门所加强的农业经济体。

40. 产量的增加主要通过投资农业、矿业和森林业来实现,作为补充对交通、通讯及电力设施也要投资。原油出产只达到战前产量的三分之一,铁路达到战前水平,森林业、电力以及棉花、花生之类的作物产量要超过战前水平。这一计划也要求卫生、住宅以及包括技术训练在内的教育进行大力投资。然而,计划的不同部分从未得到充分协调。

41. 政府希望计划总投资中有三分之一将完全由私人企业承担。而政府或是独自承担余下的部分,或是与私人企业合作承担。政府继续依靠扩大外汇储备以及政府企业的收入、特别是大米垄断提供了投资所需的资本并且给必要的进口提供经费。据估计计划对外汇的需求在八年中大约要5.75亿元。这种对可用于支撑计划的国内资本和外汇储备的估计首先基于这样的假设,即大米的国际价格保持在1951年的水平。

42. 缅甸的经济危机。在1953年,大米价格剧跌。一个结果是,缅甸大米的出口值从1953年的2.14亿元下跌到1954年的1.69亿元。而且,即便大米出口量在后一年中略有增加,但由于缅甸大米产量的上升,使得过剩的大米开始积压。大米出口量可能没有本来会有的那么多,这可能是因为政府不愿按市场水平调整价格。

43. 出口收入锐减及进口水平上涨的一个结果是,1954年缅甸遭遇了严重的贸易收支赤字,达8 700万美元,为1948年来最高。而且,国民生产总值的稳步增长也被明显抑制了。

以当前价格估算的GNP值

(单位:百万美元)

1951	775	1954	162
1952	858	1955	1 016(估计)
1953	970		

44. 缅甸政府显然希望大米的价格走势能够逆转,或者能获得大量外国资本,但它直到1955年中期才采取行动削减不必要的进口或者国内投资率。事实上,国内投资还在继续增加:

投资所占 GNP 百分比

1952	18%	1954	22%
1953	19%	1955	27%

为了保持这一速度，政府诉诸赤字财政，这导致了严峻的预算形势。政府 1955 财政年的前 11 个月财政支付转移（这完全是从银行系统的借贷）显示，相比于 1954 财政年前 11 个月有 2 900 万盈余的情况，此时赤字达到 6 500 万美元。而且政府缩小了外汇储备，使之从 1953 年 6 月的 2.72 亿元下降到 1955 年 7 月的 7 600 万美元这一危险的低水平。

45. 在 1955 年及 1956 年早期，缅甸政府开始采取一系列行动应对外汇危机。为了达成迅速的缓解，缅甸政府（1）与印度谈判，借贷相当于 4 200 万美元的卢比，可以兑换为英币；（2）从国际货币基金组织获得 1 500 万美元的外汇信贷；（3）与美国谈判达成一项协议，根据 480 号公法（PL480）与 2 100 万美元的剩余农产品；以及（4）减少消费品进口。缅甸与国际复兴开发银行谈判，以求获得 2 100～2 400 万美元的包含一系列计划的贷款，而且这些援助中的一部分有望在今年落实。缅甸官员也为了获取贷款而同美国接触。

46. 此外，根据 1954 年与日本订立的赔偿协定条款，缅甸在接下来的十年中每年将获得价值 2 000 万美元的商品。日本人也同意投资 5 000 万美元兴办合作企业，其中缅甸方面可获得 60% 的收益。为了改善国内财政，缅甸政府在 1956 年预算中减少了投资项目，比 1955 年的水平降低了三分之一，而且还提高了消费税。

47. 缅甸政府对国内外的私人投资予以一定奖励。除了在一些为公有制企业保留的部门，政府保证 10 年内不实行国有化，在保证期后如果实行国有化，则会给予等价补偿，而且还准许邮汇当前的收入以及撤资等其他特权。在外国私人投资方面，政府似乎对建立在运营合同（operating contract）基础上的合资项目最感兴趣。绝大多数私人参与的重大项目迄今为止都涉及开发铅、银、锌和石油的合资企业。

48. 缅甸也采取行动提高其农业生产的产量和质量，并且开发新的市场。它制订邀请以色列和苏联农业顾问的计划，并向世界银行寻求技术援助。最重要的是，政府通过缔结政府间实物交易协议，逐步缓解其大米积压及外汇短缺的形势。除了与南斯拉夫、以色列、印尼、日本和印度达成协议外，主要还是和中苏阵营达成协议。然而，在 1956 年 3 月缅甸仍然还有大约 60 万吨的富余大米。

49. 与共产主义阵营的经济关系。从 1954 年 11 月开始，缅甸开始和共产党中国、苏联、东德、捷克斯洛伐克、波兰和匈牙利达成一系列实物交易协议。结果，缅甸对阵营的出口——先前平均只占其出口总额的 1%，且其中多数还流向共产党中国——在 1955 年中上升到 4 500 万美元，几乎占其出口总额的 20%。如果与阵营开展的所有协定都订立下来，或者把已签订的协定都落实下来，则缅甸每年向阵营的出口额能达到 7 000 万～9 000 万美元，据估计相当于缅甸 1956 出口额的四分之一至三分之一。①

50. 与共产主义阵营开展这些交易,使得大米出口的机会在短期内显著增加了,但对缅甸而言,总体收益还不清楚。缅甸国内已经有对共产主义阵营商品的质量、价格以及输送进度表示怀疑的声音出来。此外,作为对大米出口的回报,共产主义阵营国家向缅甸提供了资金设备以及技术人员服务,可为了适应共产主义阵营所提供设备的类型和品种,缅甸人不得不修订各种计划。同样令缅甸人感到担心的是,阵营把缅甸大米二次出口到那些传统上属于缅甸的市场。

51. 缅甸经济前景。据可获得的统计信息显示,所有领域的产品的产量自 1950 年以来都在稳步攀升,有很多因素都有利于经济继续发展。这些因素包括:固定资本构成的稳步增长,一定程度上认可私人企业或投资在经济活动中发挥作用,雇用有水平的外国技术顾问,缅甸技术人员逐步完成了培训,管理方面的经验增加,日本赔款协议,以及已经获得的或将要到位的来自印度、美国和国际复兴开发银行的财政援助。

52. 然而,也有许多因素妨碍经济的继续进步:该国许多地区的叛乱仍在继续,而且缺乏有经验的政府官员、胜任的工业企业经理和熟练的工人。最后,在世界市场中大米价格继续走低之时,缅甸经济的进步还得继续依赖大米的出口。

外交关系

53. 在基本价值观方面,缅甸仍然是导向自由世界和西方的,但是缅甸害怕招惹共产党中国,而且有遗留的反殖民情绪,结果导致它奉行一种在大国集团之间保持独立地位的外交政策。尽管反法西斯人民自由联盟的领导人在缅甸外交政策的基本目标上达成了统一,但其导向及论调经常取决于吴努总理。他日益谋求在国际事务中扮演积极主动的角色,相信缅甸可以以调停人的身份在大国之间活动。他显然愿意接受中苏徒有虚表的保证,却质疑西方国家的动机,这经常导致吴努持有利于共产主义阵营的立场。而且在过去几年,缅甸的经济困难为共产主义阵营与缅甸关系的重大扩展提供了基础。

54. 与西方的关系。因为独立是通过非暴力途径实现的,缅甸的反殖民主义情绪中没有在某些前殖民地地区所表现出来的那种恶意。多数缅甸人喜欢西方发展起来的民主制度,有几个缅甸人已经公开将苏联的体系描绘成一种新形式的帝国主义。缅甸与英国的关系尤其热络,缅甸政府对英国的官方意见较为尊重。

55. 所有缅甸的公派学者,以及事实上所有的资费出国学生(除了海外华人)仍旧是去美国或者其他自由的国家。绝大多数出版物和影视传媒节目都不是共产主义类型的。政府允许缅甸翻译协会(Burma Translation Society)刊印反共出版物,而且部分俗家佛教徒协会暗含反共情结。一些有负责官员不断表示应该向西方而不是向共产主义阵营寻求经济、技术援助,只要能富余大米抵付费用、同时避免承担政治义务。

---

① 原注:这个预测包括落实缅甸与苏联在 1956 年 4 月签订的协定,其中规定接下来的四年中缅甸每年对苏联的大米出口额从 15 万~30 万吨上升到 40 万吨。还有一份与罗马尼亚在 1956 年 2 月签订的三年期协定,每年出口大米 2 万吨左右。

56. 虽然如此，反殖民主义情绪依然存在，而且美国在很大程度上接替了英国先前作为头号"帝国主义"威胁的地位。尽管没有哪个担当职责的缅甸人会怀疑美国觊觎缅甸的领土，但长久以来都有这样的疑虑，即唯恐缅甸及其他弱国会沦为某些新的、可能并非有意的经济帝国主义的牺牲品。而且，美国与缅甸的关系受到中国国民党流散部队活动的妨碍，在更近一段时间，还受到美国在亚洲市场出售大米的影响。缅甸人批评美国在诸如贸易控制、台湾以及裁军之类问题上所持的立场，而且他们也觉得，美国的政策总体而言过于僵硬也过于狭隘地集中于共产党威胁的军事层面。缅甸人也害怕与美国或西方走得太近可能会招惹共产党中国，或者把自己拖进战争。这些担忧和焦虑很大程度上解释了缅甸不仅不愿意承担美国法律所要求的保证，甚至不愿承担其中涉及的政治义务，以作为对接受经济和军事援助的回报。

57. 尽管有这些复杂因素，缅甸方面还是认识到有必要和美国保持良好的关系。虽然在1953年缅甸觉得必须得取消美国的技术援助计划，因为当时美国把中国国民党军队的问题提交给联合国，但政府还是保留了美国私人公司以实现部分计划。在合适的条件下，缅甸方面可能会希望获得美国的武器以及经济和技术援助。

58. 与亚洲非共产党国家的关系。自独立以来，缅甸-印度关系一直非常亲密，热情缅甸的国际政策与印度类似。缅甸与其他亚洲邻国的关系发展较慢，但是缅甸与这些国家的关系越来越重要，这反映在联合国内阿拉伯-亚洲国家集团的会员资格、对万隆会议的策划上以及对科伦坡计划的参与上。此外，缅甸是第六届世界佛教徒理事会（World Buddhist Council）在仰光举办的首要推动者，也是亚洲社会党会议（Asian Socialist Conference）的首要推动者。过去它与泰国和菲律宾交往极少，因为缅甸觉得这些国家与美国联系太紧，而且拿泰国来说，两国长期存在着冲突。过去几年缅甸与泰国关系大为改善，但是缅甸还没有兴趣跟随泰国，像它那样根据东南亚条约组织的条款与美国保持如此直接的关系。

59. 尽管战时的占领和破坏给缅甸带来苦难，但自从1954年9月达成赔偿协议后，缅甸与日本的关系在越来越友好的基础上得到发展。缅甸似乎欢迎日本参与缅甸的经济发展。

60. 与共产主义阵营的关系。缅甸是第一个承认北平政权的非共产党国家，做出这一举动是很多因素结合的结果：（1）害怕一个强大的邻国——历史上中国一旦统一和强大就会表现出扩张主义倾向——可能进行的蚕食；（2）为一个亚洲强国的出现而产生共鸣性的自豪；（3）对中国国民党政府的厌恶。自从1952年以来，它与共产党中国的关系就稳步增强。中共的经济发展计划引起了缅甸人的兴趣和钦佩。此外，中国物质建设的成就所引起的一种令人不安的敬畏，使缅甸人对中国人所施行的残酷手段的厌恶感有所减少。双方展开一系列文化、宗教和体育代表团的互访，1954年4月又签署了一份重大的双边贸易协定，而且吴努在1954年12月对北平进行了正式访问。缅甸支持共产党中国加入联合国，并且在过去一年中公开支持北平关于台湾的主张。

61. 吴努访问北平的一个结果是，中共除在仰光派驻庞大的使馆人员外，还在腊戍（Lashio）设立了领事馆作为补充，这可以进一步便利中国人与缅甸共产党人及海外华人的接触。中缅公路的重新开放，以及在邮政设施与航空运输问题上达成协议，都将增加双方的直接接触,并准许设立中国飞往缅甸的航班。1955 年重订贸易协定使中共再次得以购买一些商品,而这些货物如果被运往中国,就会因抵触《巴特尔法》(Battle Act)的条款而对美国援助造成障碍。

62. 中国政府,至少也是通过官方地图,一直对很大一块缅甸方面认为属于他们的领土提出要求,而吴努 1954 年访问北平期间缔结的协议呼吁通过谈判来解决这些边界问题。如果这些谈判最终展开了,则缅甸在边境问题上的立场或许将为缅甸抵御中共蚕食的意愿提供一次检验。

63. 直到去年,缅甸与苏联的关系还不很亲近。尽管苏联在缅甸独立不久之后便承认它,但直到 1951~1952 年,多数共产党还跟随着苏联官方的路线,即认为缅甸政府是一个幸存的"帝国主义的工具"。然而,在 1955 年 7 月,双方达成了一份实物交易协定,其中苏联同意以工业品交换缅甸富余的大米。不久以后共产主义阵营领导人便称赞缅甸保持了独立身份以及中立的姿态。双方关系的日益修好随着互访而凸现出来——吴努在 10 月访问了莫斯科,而 12 月份赫鲁晓夫与布尔加宁到缅甸访问了九天。与这些访问相关的联合公报中,缅甸认可苏联大多数的重要宣传,还签订了各种向缅甸提供苏联技术援助的协定,此外还包括用它的大米换取资金设备。

二、可能的事态发展

国内事态发展

64. 反法西斯人民自由同盟几乎肯定会在 1956 年的春季大选中以较大优势获胜,因为它控制了选举机器,而且不存在成气候的反对派,还因为其政策受到普遍的接受。新政府可能会再次是一个广泛的联盟,吴努可能继续担任总理,因为他具有全国性的威望,而且也是同盟内的一个凝聚力量。有可能的是,社会党人会觉得他们组织良好,可以组建一个排除吴努在内的政府。然而,局势的这样一种发展可能不会导致缅甸内政外交政策发生重大变化。

65. 缅甸工农党在议会中的议席可能会略有增加,但它的总体地位在短期内可能不会随着缅甸与共产主义阵营关系的加强而显著增强。如果缅甸共产党游击队的骨干能得到特赦,则缅甸工农党的组织性力量会有所改善。共产党叛乱者似乎不会接受目前的投降条件,但是可能会继续千方百计争取停火,而这将为他们赢得一些争取创造和平的信誉,也为其恢复公开的政治活动提供某种准备。

66. 少数民族对政府政策的不满会继续,但是政府可能会成功地防止分离的出现。叛乱者的力量可能会被进一步削弱,但是持不同政见者和匪盗的活动可能会继续成为政府财政的一个沉重负担,并且妨碍经济发展。

67. 今后一两年缅甸可能会面对与过去两年相同的阻滞经济发展的问题。与此同时,它可能会获得更多可供调配的资源,这主要是中国和苏联根据承诺所交付的,还有就是来自非共产党国家的援助。只要大米价格持续走低,而且其他可用于出口的商品产量没有实质性的增长,则收支平衡以及财政上的问题可能就要继续下去。至少在今后两三年内,各种新计划产生的成果还不能开始挽回巨额的外汇赤字。为了落实那些即便在最近已经削减过的发展计划,缅甸仍需要成功地处置其增长中的大米产量。除非自由世界的市场大大增加,否则缅甸还得继续接受共产主义阵营的实物交易协定。缅甸可能会从美国和联合国机构收到大规模援助,也可能从印度大笔信贷,以及从日本收到赔偿。而政府似乎不会进一步放宽目前对外国私人资本的限制。

68. 今后一两年经济的自身状况可能还不会影响到内部稳定。预计国民产值继续会以一个足够高的速率增长,这使得人均消费量也稳步提高。根据国民对政府经济政策迄今为止还普遍抱有的冷漠态度来判断,经济状况似乎不会成为大众的政治话题。

缅甸对外导向的可能趋势

69. 缅甸现在是共产主义阵营以政治、经济及心理手段扩大其影响力的主要目标。从短期来看,共产党阵营可能只会试图增强缅甸在某些国际问题上接受与其相似立场的倾向,同时为在缅甸增加共产主义的影响力而营造适宜的条件。从长期来看,阵营领导人或许希望通过结合使用经济压力以及统一阵线的策略,将缅甸沦为阵营实际上的俘虏,而这些策略在任何时候都可以通过沿着中缅漫长的边境线施加军事威胁来得以加强。

70. 在今后一两年中,面对共产主义阵营的策略,缅甸几乎肯定仍会试图在经济、政治关系上与西方及共产主义阵营都保持均衡。缅甸国内可能不会产生要求与共产主义阵营建立更紧密的政治同盟的压力,而且缅甸会继续与西方及亚洲非共产党国家保持各种经济联系,包括日本的赔偿协议、美国480号公法下的计划、科伦坡计划以及在传统的市场销售大米。另一方面,缅甸与共产主义阵营的经济关系可能会增加,而且对阵营的贸易量可能占到缅甸总贸易量的30%。尽管与阵营保持这样巨大的贸易量也带来了潜在的危险,但至少在明年,缅甸政府还是有回避共产主义阵营的政治压力的行动空间。

71. 然而从长期来看,缅甸的局势与共产主义阵营的能力两相结合,为阵营实现其长远目标提供了重要的有利条件。由于其政治组织,共产主义阵营可以迅速地达成经济协议。它能提供利率很低的长期贷款,而且可以接受以农产品和其他原材料作为资本货或者其服务所需费用的支付手段。它可以通过提供以"没有附加条件"的"共同自助"(mutual self-help)为基础的经济协议,利用缅甸的反殖民情绪以及它对避免卷入外部纠葛的渴望。由于国际市场中大米价格的持续低落,由于与美国的经济谈判中复杂性,也由于一些缅甸领导人的立场——表面上接受共产主义阵营的保证,却也一直不信任西方的意图,缅甸已经越来越多地接受共产主义阵营的援助。

72. 假如共产主义阵营的操作巧妙而克制,而且假如非共产党国家的缅甸大米市场没有扩大,则局面就有利于共产主义在缅甸的影响力显著增加。已经做出的经济承诺将使得缅甸与阵营经济交往的增长。相应的,缅甸可能会为了设备的维护、修理、供给及服务而在许多事务上变得依赖于共产主义阵营。伴随着这些设备、农业发展援助以及新的技术研究所的人员的到来,可能相对会流入很多的技术人员和专家。这些人在一定程度上可能侵占那些正在或者可能由非共产主义国家加以援助的领域。

73. 在上述情况导致的对共产主义阵营好感增加的气氛中,通过缅甸共产党的骨干加入缅甸工农党,并通过引诱更多的无党派人士及部分社会党人加入一个新的反对派组织,缅甸工农党的力量可能会得到增强。共产主义的号召力,特别是由共产党建设工业经济所使用的手段的吸引力,可能会在学生中间增强。共产党对政府的直接影响力也可能增强。

74. 假如共产党阵营能够令缅甸人确信,为了加速其经济发展就应该接受大规模贷款,那么共产党哪个阵营在缅甸施加影响的机会就将显著增加。从长远的出发点来看,这种贷款,再加上缅甸与共产党阵营现有的贸易水平,可能会把缅甸经济引向共产主义阵营,而西方的影响力将会被大大削弱。

75. 然而,也有一些因素妨碍共产主义阵营在缅甸的策略取得成功。并没有重大政治压力迫使政府放弃其现行的量入为出(pay-as-you-go)的发展政策,而且除非这一情况发生,否则缅甸不可能会大幅增加其当前对共产主义阵营的经济依赖程度。缅甸与西方的经济联系是充实的;缅甸领导人决不想在经济上依赖于任何阵营;而且缅甸更愿意向那些能挣得可兑换货币的市场进行最大程度的出口。尽管缅甸与共产主义阵营在经济及文化上的联系增加了,但缅甸的民族主义、佛教以及对共产党过去阴谋的记忆,都不利于国内发展出强大的共产主义运动。

76. 缅甸的实际事态也可能受到许多偶然因素的影响,这尤其要看共产党的操作与西方行动的方针。如果出现共产党阵营的代理人干预缅甸的内部事务的表现,或者如果共产党阵营下手太急而不能迫使缅甸做出让步,那么共产党的期望就可能收到相反的效果。据信觉迎(Kyaw Nyein)及重要的军方领袖对缅甸过分依赖于共产主义阵营表示担忧。共产主义阵营影响力的急剧增加可能导致他们向吴努施压,要求改变现状甚至搬倒吴努。中共对缅甸国内持不同政见者或海外华人群体进行援助,或是边界谈判中中国人提出极端要求,都会使缅甸人更为警觉。而且共产党公然入侵老挝以及可能入侵越南或台湾,也都会激发缅甸人对共产党的不信任。

77. 如果共产主义阵营的经济成就出乎预料地急剧下降,或者缅甸与非共产党国家的经济关系大幅扩张,则共产党的企图可能也将受到不利影响。共产党阵营资本货的交付进度及质量与西方相比可能大为逊色。共产党中国已经明显难以提供非必需消费品以外的商品来换取缅甸大米及橡胶。共产党中国在锡兰出售大米已使得缅甸人感到不安,而且这种担忧会随着共产主义阵营把更多的缅甸大米重新出口到传统上属于缅甸的市场而加强。

DDRS, CK 3100361217 – CK 3100361233

费晟译,牛可校

国务院情报研究所关于中国
对外关系状况的分析报告

（1956 年 7 月 25 日）

IR 7303

仅限官方使用

当前共产党中国与其他国家外交关系的状况

（1956 年 7 月 25 日）

　　埃及和叙利亚分别于 1956 年 5 月 16 日及 1956 年 7 月 2 日承认了中华人民共和国,使得承认北平政权的国家总数上升到 29 个。这些国家当中有 24 个是联合国成员国,还有 5 个(瑞士以及北朝鲜、东德、北越和蒙古的共产党)不是。埃及与叙利亚是自尼泊尔于 1955 年 8 月 1 日承认北平以来首批采取这一举动的国家,而这 3 个国家是自印尼于 1950 年 4 月 13 日承认共产党中国以来仅有的做出相同行动的国家。

　　这 29 个国家也同时被中华人民共和国所承认。(下附表格列出了承认日期与外交国书的接受日期;除了特别注明的以外,都是由大使来递交的。)共产党中国还承认了苏丹(1956 年 1 月 4 日)、摩洛哥(1956 年 4 月 4 日),以及突尼斯(1956 年 4 月 4 日)3 个国家,但没有得到这 3 个国家的承认。除苏丹以外,中华人民共和国还要求与利比里亚与利比亚建立外交关系。为了探讨商贸问题,中国也同意在乌拉圭、黎巴嫩及苏丹建立常设性的贸易磋商机构。

表　承认共产党中国的政府以及承认日期

国　　家	承认中国的日期	其承认得到中国认可的日期	同意互相派驻代表的日期	中国接受第一批国书的日期	中国派送第一批国书被收到的日期
苏　联	1949.10.2	1949.10.3	1949.10.3	1949.10.16	1949.11.3
保加利亚	1949.10.3	1949.10.4	1949.10.4	1950.9.30	1950.9.8
罗马尼亚	(do)	1949.10.5	1949.10.5	1950.3.10	1950.8.11
朝鲜民主共和国	1949.10.4	1949.10.6	1949.10.6	1950.1.25	1950.8.13
匈牙利	do	do	do	1950.2.15	1950.8.24
捷克斯洛伐克	1949.10.5	do	do	1950.1.14	1950.9.13
波　兰	do	1949.10.7	1949.10.7	1950.6.12	1950.7.20

续 表

国 家	承认中国的日期	其承认得到中国认可的日期	同意互相派驻代表的日期	中国接受第一批国书的日期	中国派送第一批国书被收到的日期
南斯拉夫	do	1954. 12. 14	1955. 1. 2	1955. 6. 30	1955. 5. 26
蒙古人民共和国	1949. 10. 6	1949. 10. 16	1949. 10. 16	1950. 7. 3	1950. 7. 10
德意志民主共和国	1949. 10. 27	1949. 10. 25[a]	1949. 10. 27	1950. 1. 24	1950. 10. 12
阿尔巴尼亚	1949. 11. 21	1949. 11. 23	1949. 11. 23	1954. 9. 13	1954. 9. 18
缅 甸	1949. 12. 16	1949. 12. 21	1950. 6. 8	1950. 8. 7	1950. 9. 5
印 度	1949. 12. 30	1950. 1. 4	1950. 4. 1	1950. 5. 20	1950. 9. 16
巴基斯坦	1950. 1. 5	1950. 2. 4	1951. 5. 21	1951. 11. 12	1951. 9. 10
英 国[2]	1950. 1. 6	1950. 1. 9	1954. 6. 17	1954. 7. 8	1954. 11. 3
锡 兰	1950. 1. 7	do	None	None	None
挪 威	do	1950. 1. 10	1954. 10. 5	1954. 12. 1[3]	1955. 6. 6
丹 麦[4]	1950. 1. 9	1950. 1. 14	1950. 5. 11	1950. 6. 24	1950. 10. 12
以色列	do	1950. 1. 16	None	None	None
阿富汗	1950. 1. 12	1950. 1. 16	1955. 1. 19	1956. 1. 22	1955. 7. 5
芬 兰[5]	1950. 1. 13	1950. 1. 16	1950. 10. 28	1951. 2. 13	1951. 3. 31
瑞 典	1950. 1. 14	1950. 1. 18	1950. 5. 9	1950. 6. 12	1950. 9. 19
越南民主共和国	1950. 1. 15	1950. 1. 18	1950. 1. 18	1951. 4. 28	1954. 9. 1
瑞 士[6]	1950. 1. 17	1950. 2. 10	1950. 9. 14	1950. 12. 28	1950. 12. 8
荷 兰[2]	1950. 3. 27	1950. 4. 4	1954. 11. 19	1954. 12. 11	1955. 11. 9
印 尼	1950. 4. 13	1950. 3. 28[1]	1950. 6. 9	1951. 1. 20	1950. 8. 14
尼泊尔	1955. 8. 1	1955. 8. 1	1955. 8. 1	1956. 6. 13	1955. 8. 3
埃 及	1956. 5. 16[7]	1956. 5. 17	None	None	None
叙利亚	1956. 7. 2[8]	1956. 7. 4	None	None	None

备注：这里给出的日期多数来自 1953 年 7 月的《人民手册》，以及北平 1953 年出版的《新中国指南》(Guide to New China)，两本都是共产党的出版物。在其他清单中标明的日期有或早或晚的出入，可能是因为不同的报告来源之间存在时间差异。

1. 关于德意志民主共和国与印尼的情况,两国都是在中华人民共和国之后才正式成立的,中国共产党人是首先予以其承认的。

2. 各自外交使节都是临时代办级的。

3. 在 1954 年 12 月 1 日之后一年多,挪威才在北平派驻了一位临时代办,尽管中国希望其使团由大使率领。第一位挪威大使级外交官直到 1955 年 12 月才向中华人民共和国政府递交了国书。与此同时,中华人民共和国在奥斯陆的使节则始终是大使级的。

4. 派驻的使节都是公使级的。中华人民共和国公使主动留驻斯德哥尔摩。然而在 1955 年 3 月的某个时候,中华人民共和国决定向哥本哈根派驻一位常驻公使;他在 1955 年 5 月 4 日递交其国书。丹麦公使则始终驻留于北平。

5. 在 1954 年 9 月中旬,芬兰与中国政府决定升格其使团至大使级并且互派常驻大使。在此之前,芬兰与中国的使节各自都是公使级的而且分别驻留在新德里与斯德哥尔摩。中华人民共和国在 1955 年 1 月 28 日接受了首位芬兰常驻大使的国书;芬兰在 1954 年 11 月 4 日接受了首位常驻的中华人民共和国大使的国书。

6. 起初,瑞士和中华人民共和国大使都是公使级的。然而在 1956 年 1 月 3 日,北平在广播中宣布两国政府同意将中国的使团升至大使级。由于广播只字未提瑞士驻华使节的级别变化,至今仍不确定它是否也升格成了大使级。

7. 然而在此日期之前的 1955 年 8 月 22 日,埃及政府决定与中华人民共和国签订一份为期三年的贸易协定;此外,这使得双方互相建立了贸易代表办事处。相应的,埃及纳赛尔总理在 1956 年 1 月 25 日收到了第一位中国常驻贸易代表的国书,但是埃及贸易代表办事处尚未在北平建立。

8. 7 月 2 日,在叙利亚下议院通过一份呼吁做出这一行动的决议案后,叙利亚内阁一致决定承认中华人民共和国政权。在一份标注日期为 7 月 4 日的照会中,叙利亚外长阿尔比塔尔(Salah al-Din al-Bitar)向北平政府外长周恩来通告了叙利亚政府的这一决定。周恩来于 7 月 4 日认可了这份照会。7 月 10 日,叙利亚内阁决定在北平设立大使馆。

O. S. S. /State Department Intelligence and Research Reports China and India 1950 - 1961 Supplement,Reel II,0591 - 0595. University Publications of America,INC,1979

费晟译,牛可校

国务院情报研究所关于中缅边境问题的分析报告

(1956年8月29日)

IR 7330

机 密

中共对缅甸有争议领土的渗透

(1956年8月29日)

摘 要

仰光一份名为《民族》(The Nation)的报纸7月31日刊登的一篇文章中提及中共对缅甸边境的渗透,这在8月1日政府公报中得到部分确认。事实上这种渗透活动过去几个月中由一系列穿越中缅边境的入侵构成。缅甸政府已经再三要求军队撤离并举行边界谈判,但是共产党中国在边境局势被公之于众之前,几乎没有显示任何意向想要参加谈判。中国共产党人随后允诺谈判,但是坚持在缅甸境内保留其军队。缅甸至今为止还拒绝谈判,除非先撤离军队。

这些行动是有目的的,其中包括在边境地区搞渗透及在当地民众中搞破坏,这样就可以使得共产党中国继续把这些入侵推进到缅甸领土。然而最重要也最紧迫的目标是加强共产党中国对有争议地区的要求。

边界谈判如果在合法的基础上展开,将会旷日持久而且极其复杂。中缅边界争端的历史可以追溯到1886年英国人对上缅甸进行扩张之时。没有关于北部边界的协约,而且对有关东北部(佤邦与果敢邦)边界(据报这里是共产党中国渗透最严重的地区)的一些协约,国民党人和共产党人都不予以承认。

一、渗 透 的 程 度

最近共产党中国军队对缅甸的渗透,自8月1日以来引起了新闻界关注,它是若干年来明显地间歇性发生的渗透活动的加强,也反映了自1886年英国人进入缅甸北部以来,中缅边界的未决状态。最北部的葡萄(Putao)(赫兹堡 Fort Hers)周边地区,以及东北部密支那至腊戌县的弧形沿线地区,都是反复谈判的议题;而且据中国人声称,关于这两个地区还从来没有完全达成协议或者恰当地划界。在第二次世界大战中及战后不久,在缅甸作战国民党中国军队占据了这些地区的一些部分。共产党政权下边境入侵继续发生。来自云南的平民"难民"与边境军队不断穿越边界进入缅甸领土。

在最近几个月，有关平民和军队非法越境的报告变得更加频繁，而且显示出所涉人员越来越多。英文的仰光日报《民族》，就这些非法入侵刊载了一系列文章，至7月31日达到高潮，称中共军队已经占据了1 000平方英里的区域，深入缅甸境内达60英里，而且与缅甸军队发生了军事冲突。这篇文章发起了新闻界对"入侵"的报道，尽管事实上这种情况已经存在数月之久了，而且缅甸政府早已注意到这一点。

在1956年早些时候，吴努已经致函周恩来总理，要求他注意在缅甸领土上存在的共产党中国军队，并且建议中缅双方军队各自从边界后撤10英里，并指定一个联合调研勘查团来制定永久性的边界协定。就在6月6日吴努辞去总理职务前几天，他收到了周的回函，说有问题的边界是一条"纸上"边界，还声称他倾向于"维持现状"——也就是说，中国共产党的军队可以留驻在他们所在的地方。

在辞职前不久，吴努又一次给周恩来发送急件，但直到7月中旬也未得回复。缅甸人一直急于展开恢复边境秩序的谈判；而另一方面中国共产党人却一直逃避这样的会谈。去年2月份在垒杰(Lweje)举行的边界会谈上其态度表现得很清楚，会谈中他们成功地把讨论限定在一些细琐的边界问题上。

缅甸政府不断利用《民族》来"泄露"他们不愿由自己宣布的消息（比如，中国和苏联大使馆在最近的选举中帮助共产党控制的民族统一阵线），似乎《民族》上刊登的文章是受政府怂恿的。因为它希望能够引起全世界对中共行径的关注，而无需以官方身份控诉它那对自己的领土抱有侵略企图的中共"朋友加兄弟"。

缅甸政府对中共军队入侵缅甸领土的揭露，哪怕是不直接的，也使得缅甸人自从最近选举以来对中国邻居之行径日益增长的愤怒情绪尖锐化了。吴巴瑞与吴努都公开但不点名地暗示，驻仰光的某些外国使团在竞选活动及选举过程中通过帮助共产党控制的民族统一阵线干涉了其内政。

报告同样显示，缅甸人的愤怒比公认表现出来的还要强烈。中共干涉选举，以及中国人拒绝撤军并且拖延有关边界争端的谈判都加剧了其愤怒，由此缅甸政府显然断定在边界问题上摊牌的时机到了。

缅甸政府在8月1日发布的一份公报中声称在缅甸领土佤邦境内有共产党中国军队，但也声称《民族》的报道是夸张的。公报还声称有关撤军的谈判"正在开展"。然而，据吴觉迎(U Kyaw Nyein)代总理在8月3日的申明，中共尚未同意撤军或者举行谈判。援引北平8月5日的广播声明说，共产党中国的军队已经占领了位于缅甸和共产党中国之间"有争议"领土的一些前哨，但是没有打算要入侵。广播中强调要通过谈判解决分歧，但是坚持在解决问题期间中国军队仍留守在他们所在的位置。

尽管政府在公开声明中倾向于淡化渗透的范围与程度，吴觉迎却也承认，新闻报道事实上是准确的，而且已经发生了冲突和伤亡（去年11月）。

吴巴瑞首相在 8 月 6 日的新闻发布会上称,有 500 名"或更多"的中共军队占据了佤邦边境地区 750～1 000 平方英里的领土。他还补充说除非中共军队撤离,否则缅甸政府不会就边境问题开展谈判。

如果以政府的正式和非正式声明对新闻界对渗透的程度的报道加以谨慎的修正,则可以认为,数百名中共部队已在佤邦建立了一些前哨基地,在此他们与缅甸军队至少已爆发一次冲突,而且中共军事单位已经渗透到克钦北部的一些地区。入侵可能有以下一些目的:(1) 通过从中国方面渗透人口以强化自己对有争议地区的要求;(2) 破坏缅甸政府的行政权威,而其对佤邦①地区的管辖最为松弛;(3) 促使当地居民倒向共产党;(4) 束缚住会被用于抗击共产党起义的一部分缅甸军队;以及(5) 对缅甸施加持续的压力。上述诸项中的第一条可能是中共行动的主要动机。

二、边界争端的细节

1886 年 7 月 24 日中国与英国之间就与缅甸相关的问题达成协定,其中第三款说:中缅之间的边界线应该由勘界委员会划定。自委员会试图划分中缅边界以来有两个存有争议的地区。一处是北纬 25 度 35 分以北的地区(密支那以北的地区);另一处是沿着掸邦的佤邦②及果敢边境绵延 200 英里的地区。就北部边界从未达成协议或得到划分;而东北部掸邦边界尽管在 1941 年达成相关协定,但部分划界工作由于战争爆发而中止,而且从此中国人,不论是国民党人还是共产党人,都坚称他们不接受 1941 年的协定。

最初勘探与划界工作的困难不仅来自险峻的地形(以及一些相当原始的有猎头习俗的住民),而且也是由于这种情况:即中国人、克钦人与掸人在这一地区混居,而且许多头人同时向中国与缅甸进贡。便于划界的地貌如分水岭、山脉、河流,并不总是与种族因素吻合,也不总是与行政管理及战略考虑的因素吻合。从 1894～1941 年,在一系列的勘查团、会谈以及协定中,东北部边界经常被修改。葡萄附近的最北部边界得以划定,很大程度上取决于英国不顾中国抗议者的反对而扩张其行政辖区。

(一) 掸邦边境(果敢与佤邦)

1. 1894 年协定。1894 年协约规定掸邦边界从位于北纬 25 度 35 分以南的一条"适合的显眼"(suitably prominent)山脉开始。

协约第三款将新威(Hsenwi)的掸邦北部地区划给中国,这里地处萨尔温江以西;一起划给中国的还有位于萨尔温江以东的新威的果敢亚邦(substate of Kokang)。这一部分边界线的南部把位于果敢与景栋之间的佤族地区大致划分开了。然而位于滚弄渡口的桥头堡

---

① 原文此处字迹不清楚,根据上下文推断应该是佤邦。——译注
② 1948 年缅甸宪法规定,掸邦同盟(the Federated Shan States)和佤邦(the Wa States)所在的地域,将形成缅甸联邦的一部分,从此以后命名为"掸邦"(the Shan State)。故有"掸邦的佤邦"之说。——译注

划给了缅甸。附录 A 中的地图显示了对边界线的这种划分。

在此协定下，中国承诺在征得英国政府同意之前，不会把孟连（Monglem）或景洪（Kiang Hung）割让给第三方。

2. 1897 年协定。当 1895 年中国将景洪的一部分割让给法国时，英国人基于中国人违反了 1894 年协约而要求修约。于是 1897 年 2 月 4 日在北平签订了新协约，将北新威以及整个果敢划给缅甸。从那时直至今天，果敢的人口几乎全部是华人。

根据这两个协定的规定，当时便组成了一个边界勘查团以开展实地划界。但是各个成员尽管在大多数问题上达成一致，他们对南定河（Namting）与南卡河上的邦桑（Panghsang）村之间的佤族地区的界线划分却没有达成协议。协定中的定义是在对这一荒野地区没有任何精确的地形学认识的情况下做出的，而且由于地理条件如此，要在界定上达成一致也被证明是不可能的。英方勘界委员要求划出一条一直向东延伸的线，而中方勘查员希望划一条一直向西延伸的线。因此在 1900 年勘查团解散了。

3. 1941 年互换照会。由于对佤族地区的管辖一直很松散，所以这里始终缺乏一条双方都赞同的界线，直到 20 世纪 30 年代英国有关利益集团做出提议时才告打破这种状况。当时想开发有争议地区出了名的矿产资源，使得达成一个协定成为必要。以一位瑞士军官艾斯林（F. Iselin）上校带领的勘查团没能就相关问题达成一致，当时艾斯林上校和英方及中方的代表都提出了不同的划界线。在对艾斯林线做出一些修改的基础上，以 1941 年 6 月 18 日中英政府之间互换照会（参见附录一中的地图）的形式最终达成了一致。考虑到英国将兴修缅甸至云南铁路，中方同意当时达成的划界。由于这一考虑没有体现在照会中，所以因日本入侵缅甸导致的英国人未能完成其承担的那部分的规划中的铁路建造这一事实估计不会使协议作废。战争阻止了照会认可的实际划线工作。缅甸政府在照会互换中也同意，在英国利益集团可能兴建于鲁方（Lufang）山脊以东坡面上的任何矿业企业中，中国最高可占有49％的股份。

1897 年的协约也使英国以最终规定为 1 000 卢比的月租金永久性地租借了"南湾开阔地"（Namwam tract），它由位于缅甸八莫（Bhamo）地区与中国云南省之间大约 60 平方英里的边境地区组成。这一开阔地为一南湾（Namwan）南马（Nammak）以及瑞丽江（Shweli）之间，其重要性在于，事实上它是从八莫到掸邦各地的交通枢纽。1894 年协约将南湾开阔地划给中国，而 1897 年协约承认中国对它拥有主权。自缅甸独立以来中国已经拒绝接受其租金，但最近共产党中国地图中所宣示的领土不包括这一地区。

（二）北部边界

在 1886 年，英国在八莫建立了行政管理区，该地区的范围是，从八莫镇到密支那镇以北不远、迈立开江（Mali Kha）和恩梅开江（Nmai Kha）同伊洛瓦底江（Irrawaddy）交汇处以南的沿着伊洛瓦底江绵延约 90 英里的地区。尽管中国方面声称伊洛瓦底江从它与瑞丽江交汇处至其源头应该作为边界线（这样就将八莫镇纳入中国领土），他们尚未强行推行这一主张。

英国方面的政策是让中国人待在伊洛瓦底江盆地以外。在一番探究后,英国方面建议伊洛瓦底江和萨尔温江的分水岭作为八莫地区以外区域(北纬 25 度 35 分)的临时性边界,尽管英国人没有采取行动使这一地区处于其直接管辖之下。然而在 1892 年,中国政府对伊洛瓦底江流域的某些部分重新提出要求。各方的要求都被记录在案,但是没有达成一致。

在 1894 年协定中规定,北纬 25 度 30 分以北的边界划分问题被留到"将来这个国家的地貌特征与条件得到更准确的了解、缔约各方的高层达成谅解时"再解决。

双方都对这一地区继续勘测并渗透,而且提出了各种主张与反主张,但是没有达成任何协约。在 1906 年 5 月 1 日,英国政府通知中国政府,它打算将分水岭作为国境线,而且将把英国管辖范围扩展到那一点。中国方面则提出了各种其他选择方案,并且绘制了一幅"五色地图",里面显示了由各位英国当局和中国当局提出的不同分界线。英国人和中国人的渗透都在继续。许多冲突围绕希马(Hpimaw)(大致是北纬 26 度,东经 98 度 60 分)展开。1911年,英国人在希陶加(Htawgaw)建立了一处军事基地(位于希马以西 20 英里)以控制那加昌(Ngawchang)山谷上至希马的地区,并且沿着他们声称的边界线立起了界碑。中国方面继续抗议,但是 1913 年,英国人又在希马建立一处军事基地,并且立起界碑,向北直到密至里(Chi Mi Li)关口。

与此同时,英国人也向葡萄派遣探险队。在与中国人爆发了包括武装冲突在内的一些冲突之后,英国人于 1914 年 2 月在葡萄建立了基地,命名为赫兹堡(Fort Hertz),作为行政地区的首府。而带有冲突性的要求还没有停止,英国人将其活动扩大到迈立开江与恩梅开江之间的"三角"地区,而且在 1934 年将这里纳入直接管辖范围。中国人再次提出了抗议。

战争期间这一地区发生的事情和佤族及果敢边界发生的那些情况类似,中国军队在不同时间内占领了不同的地区,而且在遭遇强烈抗议或武装部队后才开始撤退。

至战争结束,边境问题又一次抬头,在 1947 年 5 月,中国内务部长向人民政治委员会(People's Political Council)报告说,"在中缅之间长期突出的边界划分问题应该在近期内得到解决"。中国派出了一支勘查团研究地形条件。是年底,中国内务部一位官员声称中缅边界有 7.7 万平方英里的领土理应属于中国。

附录一

中国地图上显示出的要求(国民党的与共产党的)

一、掸邦边境(果敢与佤邦)

在 1941 年后,中国地图一般沿用该年互换照会中所规定的界线,而且中共政权直到

1951 年也继续遵循这一立场。那一年的 6 月，亚光（Ya Kuang）地理出版公司出版的地图集将佤邦地区边界线沿萨尔温江划定，而且标示为未定边界。

然而在 1954 年 1 月，一幅由中国测绘局编辑、中国书店（China Book Store）出版、中国图书发行公司发行的地图显示了相同的边界但没有标示说边界线未定，这三家单位都是官方控制的。

1954 年 5 月出版了一幅由新华测绘协会（New China Cartographical Association）编辑、分别由中国书店和新华书店出版和发行的名为"伟大祖国的地形"的地图，不仅沿萨尔温江划线，而且没有把边界从邦桑村（Panghsang）向西延伸到萨尔温江，反而沿南卡河将其向南推移，由此把缅甸更多的领土划归共产党中国的范围。

从此在中国地图上南卡河一般被标识为边界线：在中华人民共和国地形图中如此，在一幅 1955 年由上海的地图出版协会（Map Publishing Society）出版的中国行政区域图中也是如此。然而所有这些地图都标示这一部分尚未最终确定。

二、北部边界（克钦）

在英国对"三角"地区施加控制之后，中国地图普遍北纬 25 度 35 分以北的缅甸地区标示为中国领土。因此 1936 版的中国邮政地图集所标示的边界线大致西起于划分在北纬 25 度 35 分的界标，直到将缅甸和（印度的）阿萨姆分隔开的帕考伊（Patkoi）山脉。这一地图集也显示边境线未定。中国的教学地图集显示了相同的要求。后来的中国地图继续使用这条划线，一本由中国新闻部（Chinese Ministry of Information）于 1943 年 7 月出版的地图集显示这条界线是最终确定的界线。

中共政权下的地图问题一开始也显示了对领土的最大化要求，但是从 1954 年初起明显发生了改变。各个地图都开始标示边界线西起于划分在北纬 25 度 35 分的界标，但直延伸到枯门岭（Kumon），随后沿着以山脉向北延伸直到阿萨姆邦边界，因此将胡冈谷地划给了缅甸。这一主张体现在 1954 年 1 月中国书店（China Bookshop①）出版的一幅《行政区域图》上；在 1954 年 5 月出版的《伟大祖国的地形》中如此，1954 年 11 月出版的《中华人民共和国地形图》中如此，1955 年 4 月出版的《行政区域图》中也如此。总的来说，这些地图都标示边界未定。

然而最近获得的云南行政区列表中，没有显示有争议的地区实际上处于中国行政系统中。

更正②

第 7330 号情报报告，"中共对缅甸争议边境的渗透"，标示日期为 1956 年 8 月 29 日。

---

① 疑为作者疏忽，致使本同一文件中对"中国书店"出现了两种译法。——译注
② 根据目录判断此文附有地图，但是原文件中未见，且第九页缺失。——译注

在摘要中,最后一句话应该改成:

对北部边界没有协议,而且部分关于东北部(佤邦与果敢)边界的协约,中共未予承认。尽管在二战中一些国民党军队指挥官无视这些协约,中华民国政府却没有否认这些协约。

在第三页,第二部分,具体的边界争端,第一段最后一句话应该改成:

北部边界从未达成协议或得到划分;尽管东北部的掸邦边界在 1941 年达成协议,但部分边界的划分工作由于第二次世界大战爆发而中止。战争中,国民党军队指挥官经常无视协约,但是中华民国政府没有否认。另一方面,中共政权不接受 1941 年协约的有效性。

O. S. S. /State Department Intelligence and Research Reports China and India 1950 – 1961 Supplement,Reel Ⅱ,0596 – 0608. University Publications of America,INC,1979

费晟译,牛可校

国务院情报研究所关于中国
对马来亚华侨政策的情报报告

（1957 年 2 月 18 日）

IR 7442

机 密

中共对马来亚华侨的政策

（1957 年 2 月 18 日）

摘　要

　　使中共对马来亚海外华人的政策与对东南亚国家海外华人的一般政策有所不同的原因在于，马来亚总人口中华人所占比例巨大，超过其他任何一个东南亚国家。如果马来亚华人这种现存的对大陆中国保持一种文化和感情上的依恋倾向继续延续并加强，则这一群体就可以被中共利用为其在东南亚战略中心的一个有价值的前哨据点。

　　然而北平对马来亚华人的政策明显受到这样一种情况的影响，即北平担心对东南亚非华人造成疏离，而这些人通常都对他们中间的华人充满妒忌和不信任。尽管北平政权试图在马来亚华人中发展出种族优越感（Ethnocentrism）及一种共产主义的意识形态倾向，但在近期内可能还不会考虑立刻利用这一群体，以建立中共对马来亚半岛的直接统治。因此，中共试图鼓动华人和马来人在政治上联合起来以对抗英国人。在社会领域，北平反对马来亚华人的同化。在经济领域，北平试图利用马来亚华人去破坏英国的地位，并造成一种要求与共产党中国开展贸易的压力。

一、介　　绍

　　北平政权延续自晚清时期以来中国政府的传统政策，力求对定居海外的华人施加影响并争取其支持。这一政策的动机一直是财政上的，对于东南亚国家而言，往往是帝国主义的。

　　中共一般把海外华人看作一笔财富，因为：海外华人给他们大陆亲戚的汇款是外汇的来源之一；海外华人的财产是工业发展所需资本的潜在来源之一；海外华人可以被用以增进共产党中国与驻在国的贸易；海外华人为中共的情报和颠覆活动提供人员以及其他便利工具,而且还可以当作和平时期政治渗透或战争时期后方军事行动的桥头堡;海外华人拥有对中共工业化计划颇有利用价值的专业和技术才能。

海外华人对中共颇有价值,但正是由于这个原因,他们也是北平与东南亚各国关系中的消极因素。因此,中共维系或加强与海外华人接触的努力不断与其在东南亚的外交利益相冲突。由此产生的这种冲突可能又导致了这样的情况,即中共在针对海外华人的宣传和行动上一再表现出犹豫不决。

针对整个东南亚华人的一般性考虑也影响到了马来亚联邦以及新加坡的华人。为了利用海外华人作为一种财富的特性,或者为了改善他们在东南亚既有的不良形象,中共对马来亚以及对它周边拥有海外华人的国家所采取的宣传和行动几乎相同。

马来亚联邦和新加坡海外华人问题的独特性是,华人在人口数中已经占有如此大的比例——马来亚联邦是 37.8%,新加坡是 76.5%——以至于在几十年之内,华人种族在整个地区的政治和经济上实现支配是完全可能的。如果现在马来亚和新加坡合并,华人马上就会实现人口上的多数地位。由于华人持续的生育率,目前在整个地区华人相对于马来人的优势看来会保持下去。此外,将华人和马来人区分开来的特征——保持中国文化传统及经济扩张性——没有任何消减的迹象;而且如果说这些有什么变化,也无非是在英国人把控制权移交给当地民众的过程中变得更加突出。

有证据显示,在中共和马来亚共产党(Malayan Communist Party,MCP)之间有一条沟通渠道。因此,可以设想马来亚共产党接受中共领导,而且马来亚共产党的活动与中共的政策是协调一致的。

二、战略考虑:马来亚华人的种族吞并

由于马来亚半岛的地理位置及充沛的自然资源,共产党中国可能渴望最终获得对它的政治控制。同样有可能的是,中国共产党人希望共同落实以下三个主要目标来实现这一野心:华人种族控制这一地区,在华人人口中发展出亲华及亲共感情,以及英国政治经济影响力的退出。当前共产党中国仅仅着眼于积极推进其中的一个目标,在华人人口中发展出对中共的同情。华人种族支配地位的实现不会受到共产党中国的直接影响。对中国来说同样不可能或者不可能轻易实现的是:在近期内促使英国人完全退出。然而实现这三个目标,是中共最终控制马来半岛所必需的。

中国共产党人在马来的主要努力看来是巩固海外华人的种族及文化意识,并且在他们当中发展出亲共的感情。中共宣传要求中国文化应享有平等的权力,同时却避免涉及马来人的地位将由此受到何种影响的问题。马来亚共产党的宣传中已经提出要在马来亚建立一个共产主义制度,但这是作为一个将来不可避免的发展趋势,而非当前的目标而提出的。

尽管北平政权注意到了新加坡和马来亚联邦官方声明的差异,甚至非正式地表示支持这两个地区成为英联邦的独立成员国,但中国共产党人可能欢迎新加坡与马来亚联邦的合

并。由此华人立刻就能在这一合并的地区内占据人口上的多数。合并也能让北平所喜欢、同时在新加坡得到更好的发展的渗透形式更广泛快捷地在马来亚展开——一种华人民族优越感与共产主义意识形态的结合。

北平对新加坡和马来亚合并也有保留，这是其利益中很明显的东西，原因可能是害怕引起马来亚与各个邻国的恐慌。如果北平草率地运作华族控制整个马来亚半岛的设想，可能会引起马来亚人更加警觉地捍卫自己在马来亚现有的优越地位，而且可能会谋求让英国人继续保持影响力。这也可能会加剧当前印尼人对中国扩张主义尚不强烈的恐惧感。同样有可能是，这会毁了中共吞噬英属北婆罗洲（Borneo）领土以及马来亚的远景目标。

用共产党的话来说，北平的政策可以描述成：在马来亚谋求建立一个华人与马来人对抗英"帝国主义"的统一战线。这种合作大概会持续到英国人（及其他西方支持者）的利益遭到成功的挑战为止。马来亚共产党恐怖分子企图走出丛林并"合法地"参与马来亚政治，由此他们会支持这一政策。

中共进一步的目标是败坏中国国民党政府的威信并引发其马来亚同情者的背叛。大约从1955年亚非会议之时开始，中共的宣传重点就发生了变化，从威胁和宣称要通过使用武力占领台湾，转为暗示可以和平"解放"台湾。这一宣传重点的转变看来有双重目的：对中共和平意图的着重宣扬以及在重要性和紧迫性方面将台湾问题降格。

三、社会政策：同化与公民身份

中共对马来亚社会领域政策的目的似乎是要防止华人被同化。这一政策的落实是通过：促进中国文化（参见下面的第四部分），利用双重国籍问题，以及其他一些能从心理上影响华人对北平之态度的手段。同样也要利用在马来亚拥有广泛影响力的个人，比如对北平政权怀有强烈归属感的陈嘉庚①。

过去40年的历史发展大大有助于中共防止华人被同化的目的。有一段时期到马来亚的华人移民主要是男性。华人男子与马来妇女的通婚是经常性的，而且其后代习惯于马来亚和英国的影响。异族通婚有助于发展起本土忠诚并且削弱移民与中国的联系。当华人妇女能够大批地进入马来亚时，异族通婚就减少了。华人男女比例从1911年的低于1：4上升到目前的接近1：1。由此异族联姻的减少大大妨碍了同化并有助于中国文化传统的延续，这反过来又促进了华人的民族优越感。

马来亚联邦自动给予所有马来人公民身份；对于那些出生于马来亚各邦同时父母中至少有一方是出生于此的华人也自动给予公民身份。如果一个华人出生在如今已经归属联邦的前海峡殖民地（Strait Settlement）中的槟榔屿或马六甲，则他可以通过登记注册获得公民

---

① 陈嘉庚（1874～1961），爱国华侨领袖、实业家。大力促进祖国教育事业发展，是集美大学、厦门大学的创办者。——译注

身份；如果他父母中没有一个人出生于联邦或者他本人不是出生于此，则他要遵照入籍归化程序方可获得公民身份。入籍归化（Naturalization）包括这些要求：定居五至十年，能够讲英语或马来语，以及品行良好。

尽管华人强烈谴责获得公民身份所要求的苛刻条件，但即使在去除阻碍时他们也没有切实表现出对获得公民身份抱有热情。比如，在槟榔屿符合公民身份的人中只有少数人会不嫌麻烦去申请公民身份。

尽管如此，华人当中还是有强烈的情绪，要求确立某种以出生或居住在马来亚为基础的总揽性公民身份法（blanket citizenship law）。而马来人，尽管在这一问题上倾向于反对中国人的愿望，显然还是准备认可那些使得多数马来亚华人获得马来亚公民身份的宪法条款，条件是他们放弃中国公民身份。

北平政权目前认为全体马来亚华人，不考虑其在马来亚公民身份如何，都是中国公民。然而中国共产党人在与印尼订立的《双重国籍协议》（1955 年签署但尚未生效）中表示愿意接受单一公民身份的概念。在这一协议中，海外华人在规定时间内必须要么放弃中共公民身份，要么放弃印尼公民身份，而且责成他们接受自己选择保留的那个公民身份所附带的义务。这一协议包括一个条款，如果放弃中国公民身份的华人又返回中国并希望重新获得中国公民身份，则其将得偿所愿。北平政权已经向马来亚联邦和新加坡建议订立相似的协议，大概其目的是为了澄清双重国籍问题，同时为发展外交关系并为在马来亚开设中共的外交与领事机构打下基础。北平可能也认为，澄清公民身份问题将鼓励马来亚华人更积极地参与当地的政治活动。

在 1956 年新加坡与马来亚联邦的非官方贸易代表团访问北平期间，北平政权表示了其对于新加坡及马来亚华人公民身份问题的立场。一次官方广播（新华社，1956 年 10 月 12 日）报道说周恩来告知贸易使团，"新加坡与马来亚不同血统的人民要联合起来反抗殖民主义，为新加坡和马来亚的完全独立和充分发展而斗争，这符合其国家利益，也符合世界和平的利益。"周表示中共政权愿意在这些领土获得完全独立后，以合法的形式确认这些原则。他阐明北京就新加坡（大概也包括马来亚）华人公民身份问题的立场如下：

（1）中共政府希望所有新加坡华人获得新加坡公民身份，"只要他们自己愿意，并且对他们所居住的土地绝对忠诚。中国政府相信这对于那些华人的自身福利而言、对于新加坡的和平与稳定而言，以及对于中新友好关系的发展而言，都是有利的。"

（2）"任何自愿接受新加坡公民身份的华人即刻起中止拥有中国公民身份，尽管其固有的种族与文化亲缘当然可以得到保留。"

（3）"持有新加坡公民身份的华人在放弃新加坡公民身份后，可以接受中国公民身份。"

（4）"拥有中国公民身份的人应该尊重当地政府的法律和法令，并且不可参与当地的政治活动——但不应受到歧视。"

这一声明，如同印尼-中共《双重国籍协议》一样揭示了：尽管北平政权希望消除由于海外华人双重公民身份引起的误会，却也还通过列出恢复中国公民身份以及维持"固有种族和文化亲缘"的条款,试图保持与海外华人的纽带。

假如中共与马来亚之间也缔结此类公民身份协议,则共产党中国可能不仅会不假顾忌地试图保护那些保留中国公民身份的人的权利,也会根据文化和种族联系要求维护那些非中国公民的华人(non-citizen ethnic Chinese)的利益。

除了利用公民身份协议为保持与新加坡和马来亚联邦的海外华人的联系获得合法借口外,北平似乎还支持华人组建并强化华人社会的、文化的、经济的组织以及那些所谓的超政治(Para-political)组织。

如同周恩来在声明中所说的那样,中共承诺不公开参与马来亚华人政治组织。正是因为这个原因,马来亚没有中共公开的分支机构,而主要是由华人组成的马来亚共产党则寻求被承认为马来亚的政党之一。

中共推进政治目标所使用的主要工具是私立的中文学校体系。在青少年学生中发展组织并培育出一种思维框架,藉此他们可被用来达成政治目标。中国共产党人也试图在马来亚实现他们已经在新加坡所取得的重大成就,即能够指使学生群体走上街头搞具有政治性质的游行示威。

工会及其他五花八门的组织可以推动文化、体育、社会服务以及其他看似非政治性的活动,由此取代赤裸裸的政治组织,成为政治渗透的工具。在这些组织中华人的民族自豪感及文化都可以得到促进。

四、文化活动:增加对中国兴趣

在20世纪早期华人妇女大规模移民马来亚之前,当华人与马来人的通婚和同化成比例地变得更为频繁,在经济及社会地位方面取得成功的华人中有一种认同英国殖民文化的趋势。相对而言这些华人对中国几乎没有兴趣。他们的孩子在家可能会说中文,但他们接受英语教育而且不了解中文书写方面的知识。然而,这种发展趋势随着华人妇女移民的到来以及异族通婚的减少而停止了。二战期间亚洲民族主义的上升同样减少了对西方文明的诉求,而西方文明先前在削弱中国文化传统上起到了很重要的作用。

自从在大陆中国建立政权,中国共产党人在马来亚以及其他殖民地或前殖民地地区面临着一种情形,即这些地方对新兴文化影响的接受能力。中共的既定政策是促进海外华人恢复对中国的兴趣,强调在共产党政权下的中国文明在更年老、更保守的中国人身上表现出所谓连续性,并且在年轻一代人身上表现出所谓的活力与适应力。

中共的兴趣主要贯注在海外年轻一代华人的身上,也贯注在对学校的控制上。中共通过学校董事会中的同情者以及教师和学生群体中的支持者开展活动,试图确保亲共的学校行政管理层。对每个学校采用的技巧都不同,但是通常包括向校方董事会成员施压,胁迫教职人员,劝诱学生改变信仰,以及就学校资产提起诉讼。共产党人通过熟练的手法不断获得学校的控制权,这些手法都令消极反共的学校董事们以及学生家长们惊讶不已。

共产党人同样也利用新加坡和马来亚政府从前的政策,即允许私立华人学校在课程安排上有相对自主的支配权。亲共人士如果不是怂恿那么也是强烈支持目前华人努力抵制马来亚当局的动议,即向那些结合授课要求强调马来亚历史及文化的学校提供补助金。

自 1951 年以来中共政权一直鼓励学生来祖国大陆接受进一步的教育。在过去一两年,前往共产党中国的学生人数略有下降。

共产党人通过有组织的控制对学校施加影响,进而谋求在学校发展出对当代中国文化以及对共产党的政治和社会制度的兴趣。他们尤其试图培养出对共产党中国的力量及它在亚洲日益增长的影响力的信念,以及共产主义最终将不可避免地统治世界的信念。

马来亚成年华人中对共产党中国的兴趣是通过报纸、电影,以及组织赴大陆参观访问而加以激发的。尽管某些共产党文学作品是被禁止的,但赞美中华文化的宣传材料以及精心歪曲过的亲共新闻报道是自由流通的。广为展映的中共彩色电影《梁山伯与祝英台》[①]是北平在马来亚进行文化渗透的一个绝好例证。电影是关于一对中国封建时代恋人的,故事表面上看没有任何共产主义宣传,但暗含对包办婚姻的批判。《梁山伯与祝英台》这样的电影除了显示大陆中国的技术成就,也激发起了对中国往昔岁月的兴趣,而且还加强了共产党政权所声称的作为中国传统捍卫者的形象。

中共在文化宣传领域广泛宣传的目标,似乎是要显示出中国共产主义给传统文化与现代技术及西方科学如何和谐共处这个问题提供了答案。共产主义意识形态的教义内容被掩饰了,而且中国共产主义之所以有吸引力因为它断言,在潜力方面自己即便不比西方文明更优越,那也是同等的。

五、经济利益:破坏英国人的地位并促进贸易

从他们的宣传中可以看到,中国共产党人在马来亚有两个主要的经济目标,都与其在该地区实现支配地位的大目标有关。一个目标是破坏英国人的经济利益,另一个是促进共产党中国与马来亚之间的贸易。第一个目标的落实主要是通过马来亚共产党一方对英国人的财产及其他经济事业发动恐怖主义袭击,并在华人工人中间煽风点火。共产党的宣传力图使工人们相信他们遭到了外国帝国主义者的剥削。工会活动很大程度上是非共产党控制的。据推测,由于恐怖主义行动的成效有所下降,渗透工会将会成为共产党日益紧迫的目标。

促进共产党中国与马来亚之间贸易的努力从目前看可能包含着更大的政治动机而不是经济动机。该地区出产的主要原材料是锡与橡胶,它们也是马来亚商品经济的基础,而共产党中国以及其腹地之外的共产主义阵营不能全部吸纳这些产品。不过,共产党人似乎急于为未来的大规模贸易奠定基础,并且正从越来越多的贸易往来中寻求直接利润,其方式是与

---

① 该片是新中国第一部彩色电影。周恩来总理在日内瓦会议时将其作为招待外宾的礼物,海外影响巨大。——译注

在当地占优势地位的华商群体保持更广泛的接触。

在 1956 年有少量中国大陆产大米出口到马来亚,而且是通过华商配售的。这一供货达到了一个目的,即使得华人们都相信大陆中国的谷物并无短缺,而且这还造成了他们对大陆经济普遍状况产生一种不合理的乐观印象。

新加坡与马来亚联邦非官方的联合经济代表团在 1956 年 9 月和 10 月访问了共产党中国,与中共国际贸易组织签订了价值约一千五百万英镑的合同。马来亚联邦此前已经决定撤销对橡胶的禁运,而橡胶将成为马来亚对共产党中国主要的出口物。从共产党中国的进口估计包括范围很广的消费品。中国共产党人很可能把当前对马来亚的出口在很大程度上作为一种广告示范,他们希望以此来创造出对中国大陆商品的需求。

六、结 论

中共对马来亚华人的政策在大多数方面与中共对东南亚其他地区海外华人的一般政策相同。然而在马来亚,中共的政策是以对华人在种族上最终取得支配地位的预期为条件的。在实现这种支配地位并且在马来亚华人人口中发展出对共产党中国更强烈的归属感——同时破坏损害马来华人与马来人、英国人和国民党中国的关系——之前,中共政策很可能会鼓励马来亚华人在政治上与马来人合作。与此同时,中共会鼓励马来亚华人保持并复兴中国文化传统,还会试图阻挠英国人和马来人促使华人绝对忠诚于马来亚的努力。

O. S. S. /State Department Intelligence and Research Reports China and India 1950 - 1961 Supplement,Reel III,0000 - 0016. University Publications of America,INC,1979

费晟译,牛可校

中情局关于中国在亚洲非共产党地区角色的分析

（1957 年 12 月 3 日）

NIE 13 - 2 - 57

绝 密

共产党中国在亚洲非共产党地区的角色①

（1957 年 12 月 3 日）

问　　题

本报告的目的是考察共产党中国在非共产党亚洲的行动及这些行动对该地区非共产党国家的影响，并且评估今后大约五年中共产党中国会在亚洲扮演的角色及其影响。

摘 要 与 结 论

1. 在今后五年中，除非中国国内发生严重危机、世界局势发生重大变化、或者不利于北平实现期望的因素有实质性的增强，则共产党中国对非共产党亚洲既有的强有力影响可能会增加，尽管只是逐步的。

2. 中国共产党人在发展经济与增强军力方面取得的进步给亚洲国家留下了深刻印象。亚洲大多数国家的政府都相信，共产党政权牢固地控制着国家而且力量不断增长。这一地区的国家，不管是坚定反共的还是中立主义的，在做出重大决策时都要顾及中共可能的反应。

3. 面对北平能投放出来的力量，许多亚洲国家都容易受到其各种呼吁及压力的影响。共产党中国可能会继续摆出和平与经济发展的先锋的姿态，也会继续认同于广泛存在的、由于殖民地经历所引发的反西方偏见。许多亚洲领导人对马克思主义的经济概念有一种理念上的同情。许多人也相信在他们的欠发达国家中，就解决重大的经济发展问题而言没有切实可行的办法能替代国家计划及其投资。在这些条件下，会产生一种对共产主义经济体制

---

① 原注：在本评估中非共产党亚洲包括：日本、韩国、国民党中国、菲律宾、越南、老挝、柬埔寨、马来亚、新加坡、印尼、泰国、缅甸、印度、尼泊尔、巴基斯坦、锡兰。文中的亚洲是指非共产党亚洲。

更为容忍的倾向,即便人们认识到并且反对它的种种暴行。

4. 另一方面,也有一些重要的因素不利于北平实现其期望。许多亚洲领导人厌恶共产主义,害怕共产党中国并且怀疑其意图。限制北平影响力扩张最重要的因素是,美国作为一支反对力量在亚洲的存在,它提供了自由国家仍然缺乏的种种力量要素。另一个主要因素是,非共产党政府在多大程度上能成功地实现为其人民所认可的经济、政治及社会进步。

5. 当前的亚洲领导人在极大程度上珍视其来之不易的独立,并且认为根本的威胁来自本土及中国的共产主义运动。他们以水平各异的技巧和力量,试图满足人们对改善社会与经济条件的需求以及潜在的压力,同时不牺牲他们自身文化的基本价值。尽管不同的亚洲国家根据其背景和利益的差异会对共产党中国做出不同反应,那些反共意志不坚定的国家更倾向于继续推行或者采纳中立主义路线,而不走附庸于北平的道路。这些国家中有一些与北平的接触可能会增加,这将抬升北平的威望。

6. 尽管共产党中国的军事力量几乎肯定会增强,我们仍然相信:北平在亚洲会避免通过使用武力手段来达到目的,只要其领导人相信这样做将导致美国有力的军事反击。相反他们会谋求在亚洲扩展其力量及影响力,并通过其他手段削弱美国在这些方面的能力。他们会继续集中精力施行经济诱导、广泛拓展官方和非官方的接触范围,并开展政治颠覆活动。他们也希望扶植本土共产主义运动的发展,这会影响到亚洲各国政府,使其采取有利于共产党中国的政策,而且最终可能通过议会手段或起义夺取政权。

7. 共产党中国内部重大的政治或经济危机都会大大消减其对亚洲的影响。另一方面,如果美国政策对其加以任何修改,令亚洲人觉得美国在反对共产党中国并帮助亚洲国家实现其期望方面的持续性和坚定性发生重大软化,就会增加北平的机会。如果美国用以反对共产党中国的军事能力显示出重大削弱的迹象,情况就更是如此。冷战气候的重大变化会产生重大的影响。因此,如果中苏阵营变得更加好斗和更具威胁性,一些亚洲国家的政策就会发生重大改变,一些国家会谋求中立主义,而另一些国家会日益投靠西方。或者,如果紧张局势有所缓和,共产党中国和其他亚洲国家之间的关系就可能发展得更紧密,结果是北平影响亚洲的能力最终扩大。

讨　　论

共产党中国在亚洲的目标

8. 我们相信北平基本的、长期的目标是:亚洲由各个共产党政府统治,顺从共产党中国的影响力,并且在贸易及政治上依赖于中国的领导。这一长期目标来自共产党的教义,还因为中国传统的观点而得到加强,即中国是文明的中心。

9. 北平几乎肯定认识到通过军事手段来实现其目标要冒和美国开战的危险,只要后者承诺会保卫非共产党亚洲的广大区域。此外,共产党中国谋求将一个贫困、文化素养低下的农业社会转变成一个拥有强大军事实力的现代化工业国。共产党中国的领导人看来相信他们的国家需要时间来完成这种转变,而且他们的外交政策必须避免招致破灭性的美国军事报复。

10. 因此,共产党中国现在正将其精力转向更短期性的目标。这包括削弱美国在亚洲的权力地位与影响力,更多利用中立主义国家面对共产党影响时的态度及动摇性,并且争取被各国接受为中国唯一的合法政府,以及一个全面参与亚洲国家共同体的、且越来越重要的成员。此外,他们认为只要还没有控制台湾,其革命就是不完整的,而且几乎可以肯定,他们准备利用任何机会来实现这一目标,只要不冒与美国开战的重大风险。

影响共产党中国在亚洲角色的因素

11. 战后的不稳定,亚洲发生急剧变化的大气候,以及共产主义与非共产主义世界全面斗争的展开,是国际大环境的主要层面,而共产党中国在其中可以努力实现自己在亚洲的目标。就北平对成功的期许而言,这种环境提供了特别的机遇却也施加了一些限制。整个亚洲地区面对北平宣传的动摇性差别很大,因为亚洲各国存在着巨大的多样性,同时这也要看对抗因素的运作——其中美国的力量与影响力是最重要的。

亚洲的经济和政治愿望

12. 亚洲的多数国家都在第二次世界大战之后才获得独立,相伴随的是普遍的动荡,而且还表现出不切实际的期望。有一定政治素养的亚洲人大多觉得随着独立的到来,他们的国家成了自己命运的主人,并且很快就会享受到经济收益以及现代社会的国际声望了。然而,各个新生的国家一般都缺乏政治技巧、资本、技术才能,以及管理经验来处理它们所面对的无数问题。此外,叛乱活动、外部侵略,以及共产党的颠覆会时不时地妨碍多数国家的内部发展。结果,经济、政治,以及社会的进步远远低于他们的期望。

13. 大多数亚洲国家政府在努力应付这些问题时,一直倾向于遵循家长式作风或威权手段。由于很难获得国内或国外的私人资本来建设工业发展所需的经济基础设施(电力、交通等等),他们就断定必须由政府提供计划、管理以及资金。许多领导人强烈地受到马克思主义教义的影响。此外,他们倾向于将资本主义同殖民主义联系到一块。这些态度,加上亚洲威权制度与其社会的公社组织传统,使他们必然容易受到莫斯科与北平为增加其影响力而展开的活动的影响。

14. 共产党在中国取得的经济成就打动了许多亚洲领导人;在他们看来,共产党中国的经济问题以及引人注目的发展手段,而不是西方的经验,与他们欠发达国家的境况更相适宜。此外,在某些亚洲知识分子中有一种倾向,即拿自己社会正在经历的巨大困难与在他们看来存在于共产党中国的、对于凝聚力和国家目标感相对照,形成优劣反差的认识。

15. 然而,对共产主义体制中内在的种种暴行的反对消减了共产党方案的吸引力。许多亚洲领导人相信他们能够以自己的办法实现经济进步。即便在民主的吸引力不很强的地方,统治集团想要维持其自身地位的决心对国内共产党影响力的上升而言也是一种重要的阻滞力量。

反殖民主义与民族主义

16. 在多数亚洲国家,民族主义所汲取的力量很大程度上来自对殖民主义的反抗。多数亚洲新兴国家的领导人都是独立斗争运动的领袖。他们中很多人都把其国家当前的落后归咎于西方的剥削,并且对殖民地时期所遭受的歧视有着痛苦的记忆。总的来说,他们的经验都是对西方殖民主义的而不是对共产党殖民主义的。这使他们容易相信共产党对帝国主义的阐释。源自种族与肤色的敌意与殖民地时期遗留下的憎恶感混合在一起。共产党中国通过强调自己是一个亚洲国家,也通过宣传它自身遭受西方剥削的经历,经常可以利用殖民主义与民族主义的论题。尽管这都是有利于共产党中国的因素,却也有迹象表明亚洲民族主义越来越少地基于恶性的反殖民主义的动机,而更多是建立在本土价值观及目标之上。这一变化增强了民族主义作为共产党中国在亚洲直接影响力之障碍物的重要性。

东西方斗争和中立主义

17. 在亚洲,一个重要的影响因素就是东西方的斗争以及它对亚洲国家施加的压力,这很可能会集中到它们自身的问题上。尽管亚洲国家对共产党中国的真实意图暗自担忧,但它们对置身于世界斗争之外的愿望——即便不是普遍怀有的——却也广为散布,而且在某些国家被转化成一种中立主义的政策。多数亚洲国家害怕大国之间的战争将不可避免地把它们牵扯进去,即便不是毁了它们的独立,也会危及它们发展的前景。这些中立主义情绪随着对核战争话题的敏感而更加强烈了。在这种环境下,北平迎合人心地呼吁"和平",比起美国发出的维系国家独立需要警惕和牺牲的告诫,就更具吸引力了。

18. 有一些规模小但颇有影响力的亚洲人群体(特别是在知识分子圈中)倾向于在西方国家与共产党国家之间做不利于西方的对比。他们中有些人认为西方是愚鲁的,物质主义的,无视亚洲民族的愿望,同时他们认为共产党国家的公民都是致力于进步的热切且敢于自我牺牲的劳动者。即便在那些人数更多、认为西方的政治民主思想要比共产主义更优越的群体中,也有相当数量的人习惯于用西方的标准衡量西方的行动,可在对共产党的行为进行评估时他们却不这样做。这一双重标准经常在对事件进行解释时往往有利于前者,而将不利的疑虑施之于西方。

存在于亚洲的主要军事力量

19. 西方与中苏集团都在亚洲地区驻有大量的军队。这种对峙加剧了亚洲人对战争危险及其破坏性的担忧。而且,共产党中国拥有亚洲最强的军力这一现实,迫使一些国家谋求安抚北平。与此同时,甚至包括一些中立主义者在内的很多亚洲人,认识到强大的美军作为共产党侵略之主要阻滞力量的价值。六个亚洲国家已经加入了与美国的联盟,而且特别是这些国家,对于美国在坚决抗击亚洲共产党之侵犯的能力和意愿方面发生改变的任何迹象都高度敏感。

中苏同盟

20. 共产党中国对亚洲施加影响的能力同样受到它与苏联关系的影响。苏联在亚洲的经济援助计划以及外交努力,加上其最高领导人的出访,都支持了共产党的总体方针,并由此直接抬升了共产党中国的地位。北平从苏联行动中得到的好处是：他们营造了共产党"和平"意愿的形象,比如,莫斯科简单地号召"禁止核武器",但也造成了损害;苏联的侵略性,如在匈牙利所做的那样,使亚洲观察者们有所醒悟。综合考虑两方面的情况我们相信,通过其与苏联的关系以及其在社会主义阵营内部受到认可的地位,共产党中国在亚洲人眼中的声望已经得到提升。①

亚洲当地的共产主义运动

21. 亚洲国家当地存在的共产主义政党或运动为中共政策的实施提供了一个重要的辅助渠道。然而,由于它们确实或可能与北平存在着联系,这些党和运动往往不利于共产党中国当前的和平与共处战略,特别是当它们采取政治煽动或军事行动时。

海外华人

22. 在许多东亚国家规模庞大的海外华人社群对北平来说既是一种财富也是一个不利条件。在多数这些国家中,海外华人控制了许多商业活动,而且在金融及工业领域发挥着重大作用。结果,他们具有与其人数不成比例的影响力与权势,还为中共的贸易和颠覆活动提供了联结点。北平在引诱东南亚海外华人学生回大陆方面取得了相当大的成功。对那些海外华人中对中国的未来有所牵挂的人而言,他们可能更倾向于将自己归属于北平而不是台北。不过对绝大多数人来说,由于他们最关心的是生意以及与其东道国保持良好的运作关系,故一直试图避免卷入共产党和国民党中国的政治活动。

23. 由于海外华人的经济地位以及他们要坚持维系他们单独的认同,所以本土居民对海外华人存有敌视,这对北平扩大其影响构成了一些障碍。特别是许多政府担心,中共的活动会越来越多,这将加重其国内已经存在的难以同化的华人社群问题。唯当海外华人确信中共即将发动一场成功的军事入侵,而且他们除了向故土效忠外别无选择时,他们才会是共产党中国的一笔重要财富。在这种情形下,海外华人就会获得作为"第五纵队"的重要性。

亚洲非共产党的力量及影响

24. 尽管在过去的十年中西方在亚洲的政治控制事实上已经消散了,可西方在这一地区的影响力及承担的义务继续存在,而且成为限制共产党中国影响力扩张的重要因素。西方的援助对韩国、台湾、越南、马来亚和菲律宾来说是反击共产主义威胁所必需的。来自美国的援助,以及更小程度上来自西方各国的援助,维持了许多亚洲国家政府,并且谋求加强其力量及稳定性,以便消除当前其社会中的种种弱点。更多亚洲领导人开始感到,接受美援不仅不会与维持受援国的独立性相抵牾,而且事实上可以使他们在处理自己的事务时获得充分的力量,从而能采取获得更大的主动性和独立性。而且,对多数亚洲非共产党国家维持

① 原注：国务院情报与研究所所长相信,多数亚洲领导人反感苏联的政治体制,也意识到国际共运的最终目标与其自身目标并不一致。这种态度在一定程度上反映了他们对共产党中国的观点,特别是当这个国家在过去的一年中反复表达了自己对苏联的支持。对共产党中国与苏联的密切联系的这种反应由于其他一些因素才部分地得到了平衡,比如(亚洲国家)对北平在社会主义阵营中的声望可能产生共鸣性的自豪感。相应的,我们相信最后一句话应该理解成:"总而言之,我们相信北平对苏联的追随以及其政策可能不利于北平在非共产党亚洲实现其当前的目标。"

其经济而言,同西方的贸易是一个重要的因素。

25. 中国共产党人也必须将各国中非共产党分子的力量考虑进来。在南朝鲜、台湾、菲律宾、南越及日本,政府及相当一部分人口都是积极反共的。泰国、马来亚和巴基斯坦的政府在内政外交上也都遵循反共政策。南朝鲜和中华民国拥有大量且相对装备精良的军队。即便是南亚和东南亚中立主义国家的政府,尽管倾向于支持共产党的某些对外政策立场,但最近除了印尼之外,也都谋求削弱本土共产党人的地位。

26. 国民党中国的存在也继续妨碍北平拓展其影响的努力。与中华民国政府争夺海外华人的忠诚,加剧了共产党中国的两难局面:它非得展现出对海外华人的兴趣,同时在与东道国政府打交道时又要试图贬抑这方面的利益。有五个亚洲国家承认国民党中国,此外还有三个国家采取了对国民党及共产党中国都不予以承认的政策,这个事实也限制了北平的外交活动。

27. 北平领导层的愿望被印度和日本所实际上或者可能扮演的有影响力的角色所妨碍。然而,新德里和东京的抱负所受的限制似乎比北平的还要大:也就是说,印度是道德和政治方面的领袖,却算不上一个主宰者;而日本只是亚洲一个首要的工业和商业国家。

被联合国排斥

28. 共产党中国被排斥在联合国之外,使北平与莫斯科在印度这样强烈认为北平应该代表中国出席联合国、而且只有美国在强硬地阻挠这件事的国家中,有了一个重大的宣传议题。不过总而言之,我们相信继续把北平排斥在联合国外不利于北平在亚洲实现其野心。尽管共产党中国要求成为亚非阵营的主要成员,可联合国内讨论重要议题时它只能被迫旁观,而联合国已经成为亚洲国家一个日益重要的论坛。

中共在亚洲的策略

29. 第二次世界大战刚刚结束时便发端的当地共产党武装革命,在印尼、缅甸、马来亚及菲律宾已经失败了,在越南也没有取得成功。特别是自从1954年印度支那停火协议签署以来,为了与国际共运策略的转变保持一致,北平也停止强调"民族解放斗争",并且通过执行一条全面的非暴力路线来利用亚洲国家的弱点以及对中立与和平的期望。为达到这一目的,它逐步制定出形形色色的策略,包括外交、"人民外交"、宣传、颠覆、军事压力以及经济诱导。

30. 几乎没有证据显示,在莫斯科与北平之间就指导并支持亚洲共产党的活动存在着责任上的分工,或在外部共产党的指导与当地共产党自主性之间存在着平衡。尽管有迹象显示北平在亚洲共产党内的影响力正在上升,但除马来亚和泰国以外,大多数亚洲国家的共产主义运动都认为苏联的影响力至高无上。无论如何,莫斯科和北平对于亚洲共产主义运动似乎大体上还是步调一致的,无论其努力是涉及当地共产主义团体或是更直接地指向非共产党国家。

外交

31. 北平竭力在外交上被正式承认为中国唯一的政府,而且在与已经承认它的六个亚洲非共产党国家的关系上它也试图营造一种正常的气氛。① 在国家间官方互访方面,北平做了大量努力。特别是许多南亚和东南亚国家的领导人都访问了北平,而且共产党中国的周恩来总理对这些国家至少也回访过一次。共产党中国声称愿意与包括美国在内的任何国家在任何时间谈判,这给它赢得了政治资本。

"人民外交"

32. 北平通过各种形式的"人民外交"计划补充其常规的外交手段,这既是争取打开全面外交关系的一个手段,也是在那些已经与它建立正式关系的国家增强其影响力的方式。为了实现这些目的,它倡导各种类型的代表团进行交流互访:文化的、科学的、经济的、宗教的、民族的、教育的、体育的、记者的以及城市的。

33. 尽管其紧张的预算要满足许多方面的需求,但北平还是承担了这些交流的多数开销。按北平的说法,在 1956 年有大约 60 个中国共产党的团体访问了亚洲国家,此外还有来自亚洲非共产党国家的 150 多个团体从访问了共产党中国,总人数达 2 000 人左右。这些团体时不时签署了一些有关贸易、劳工、渔业及"友谊"的协议。在亚洲国家中,日本最引人注目。1956 年有约 1 200 名日本人访问了共产党中国,包括这样一些五花八门的代表,如:煤矿工人、戏剧表演家、前帝国陆军及海军官员,以及日本议会的成员。

34. 在亚洲促进前线组织的广泛建立是"人民外交"非常重要的层面。许多亚洲国家都有的"中国友好协会"(Chinese Friendship Societies),直接受"共产党世界和平委员会"(Communist World Peace Council)指挥的"全国和平委员会"(National Peace Council)也遍布亚洲各国。利用宗教团体以及亚洲学生,包括提供奖学金和其他的诱惑,是"人民外交"的又一个方面。

35. "人民外交"已被证明是一个有效的工具。容易动摇的访问者经常接受北平宣讲的观点,特别是在经济发展领域。外国使团非常满意,因为毛泽东、周恩来,以及其他高层官员很容易见到。他们愿意进行长时间会谈,且会谈次数多得非比寻常,而似乎事先就代表团成员及其感兴趣的问题听取了汇报。尽管一些亚洲访问者曾对北平政权发出过严厉的批评,但许多人公开表示该政权的高效管理与经济发展给自己留下了很好的印象。一些铁杆反共人士对中国的访问也被利用了,要么是因为他们被自己在中国所见到的事物所打动,要么他们这些人前来访问本身就有利于北平推进自己的目标。

宣传

36. 与"人民外交"紧密相联的是共产党中国遍及亚洲的宣传活动。北平的宣传广播自从 1955 年以来在量上扩大了两倍,目前用英语、西班牙语、中文以及其他各种亚洲语言进行广播。中共的文学作品与电影在这一地区的许多国家中散播。北平经常承担在当地撰写的

---

① 原注:在亚洲地区有六个非共产党国家承认北平:缅甸、锡兰、印度、印尼、尼泊尔及巴基斯坦。这些国家中,只有尼泊尔是自 1949~1950 年最初的建交浪潮以来承认北平的国家。该地区有五个国家承认中华民国:日本、朝鲜、菲律宾、泰国和越南。老挝和马来亚既得到了北平的承认也得到台北的承认,但与任何一方都没有外交关系。此外,在柬埔寨,北平驻有一个经济使团,而台北则驻有一个领事馆,但柬埔寨对中华民国及北平政权都没有给予官方承认。

出版物的开销。前来访问的中国代表团以及文化或戏剧界团体也是总体宣传攻势的一部分。

37. 利用并怂恿亚洲中立主义的宣传很大程度上集中在"五项基本原则"上，它最早以目前的形式出现是在1954年中共与印度签署的一份协议中："互相尊重各自领土及主权完整，互不侵犯，互不干涉内政，平等互利，和平共处。"这"五项基本原则"在亚洲各国都具有广泛的吸引力，因为它发出建立和平友好关系的承诺。在最近几年，北平的宣传已经有所克制，不去批评亚洲的中立国家或者其国内政策，也试图尽可能减少这些国家对共产党中国在亚洲的最终目的担忧。

经济诱导

38. 共产党中国从其规模相对较小的外贸中收获了可观的政治成果，而且对其发放的数量极少的援助在宣传上做了有效的利用。① 更重要的是，它越来越多地给许多亚洲国家留下这样的印象，即与共产党中国保持更紧密的经济关系将是有利可图的。目前，共产党中国还没有能力向亚洲市场大规模出口制造业产品，而它的经济政策也并不提倡大规模进口多数亚洲国家可供出口的那些产品。然而，其贸易有可能增加，而且无论如何它都会继续进口诸如橡胶、棉花、黄麻及椰子油之类的商品。

39. 共产党中国曾从几个恰逢其时的经济协定中获得可观的政治好处，比如在1952年它与锡兰约定用大米换橡胶。而且，北平还通过贸易协定的谈判、参加商品交易会，以及向亚洲国家派遣贸易使团，以图给人们留下其经济实力蒸蒸日上、态度友好善良的印象。自1954年以来，它已经与缅甸、锡兰、印度、印尼以及柬埔寨缔结了贸易协定。这总的来说表现出这样一种渴望，即扩大互惠贸易并且交换各国主要出口商品的"采购清单"。共产党中国逐渐增强的海运能力会帮助它从商业活动中收获政治好处。

40. 日本需要共产党中国能够提供的原材料，并且谋求为它自己的出口商品开拓更多的市场。中共政权一直试图通过含糊地提出开展大规模的经济合作来对这种状况加以利用。这些提议与政治条件挂钩，而且是中共推动日本中立化之努力的一部分。在北平与日本私人商业团体签订的一系列非官方贸易协定中，都通过向日本提供它必须大量进口的煤炭和铁矿石之类的商品，换取禁运商品，以求削弱日本对中共贸易的控制。然而，多数日本人认为与美国的贸易最重要，而且不愿采取可能会有损于这种贸易的步骤。

颠覆

41. 看来北平采取了非常广泛多样的颠覆手段：从隐蔽行动——旨在援助当地共产党人推翻政府，到支持公开的阵线组织——仅仅企图影响公众舆论使之赞同当地或中国共产党的事业。北平通过海外华人操作的颠覆行为包括经济压力、承担统一阵线组织的开销、对学校及劳工组织的渗透，以及对谍报与秘密行动的指导。中共也向本土共产党人与共产党

---

① 原注：共产党中国最近答应向这些国家提供经济援助：柬埔寨（价值2 240万美元的商品）、尼泊尔（价值1 260万美元的商品）以及最近的锡兰（1 575万美元，继续以特惠价购买橡胶作为替代）。

同情者提供资金以及秘密的支持,以帮助他们争取人心,并营建民众支持共产党事业的选举力量,也帮助他们渗透进政府官僚机构以及军队。然而,在需要采取其他的、更有希望促进北平全局利益的策略时,北平也不反对忽视或者削弱亚洲的共产党。

42. 中国共产党人也利用中国银行作为增加其影响力的一个工具,尤其是在海外华人当中。北平控制着香港、新加坡、科伦坡、槟榔屿、泗水(Surabaya)雅加达、加尔各答、孟买、卡拉奇、仰光及吉大港(Chittagong)①的分支机构。这些银行用它们的资金来资助亲共的政治团体、统一战线组织、出版物及学校。它们向那些偏爱共产主义事业或愿意跟从共产党路线的人提供低息贷款,它们也利用被拖欠的贷款作为一种政治勒索的手段。缅甸政府已经对中国银行仰光分行的行动感到恐慌,并已采取措施来削弱其效能。

军事压力

43. 尽管北平目前执行一条"和平"路线,它在追求其目标时也动用了军事压力。除了对大陆沿海诸岛施压、对北越的军事援助以及对朝鲜的干涉外,北平还对它与缅甸及印度次大陆划界不明确的边境地区实施了军事侵略,而且继续训练并援助北朝鲜及北越军队。此外,北平可能还给马来亚和缅甸的武装叛乱分子提供了一些资金及训练上的支持。然而,这方面最主要的压力还是为各国所普遍认识到的问题,即共产党中国增长中的军力已经超越了所有非共产党亚洲国家军力的总合。由于这股军事力量近在眼前,使得缅甸和老挝这样的国家更趋向奉行中立主义,甚至使一些与西方结盟的国家都萌生了这样一种希望,即避免与共产党中国作对。亚洲对共产党中国军力的敏感性仍旧会很高,因为中共的地面、空中及海上力量持续获得现代装备,而且在作战效能上也持续提高。

共产党中国对亚洲的影响

44. 整个亚洲现在都认为共产党中国是一个主要的亚洲大国。多数亚洲领导人可能相信共产党政权对其6.35亿人口建立了牢固的控制,在可预见的将来它还会继续统治这个国家。而且,他们似乎还相信共产党中国在建设一个现代工业经济体上取得了显著的进步,而且也发展出亚洲最强大的军事力量。通过上述策略,中共能够以它取得的巨大成就给多数亚洲人留下深刻印象,同时使其牺牲及其内部困难的程度和性质不为人所注意。

45. 亚洲国家,特别是在南亚和东南亚,以一种正反交织的态度看待共产党中国,既羡慕它的成就也惧怕它的规模、力量与活力。北平一直在国际上利用殖民主义、民族主义及帝国主义话题,以致强调自己与亚洲其他欠发达国家面临着共同的问题,并一直在宣称自己愿意帮助它们。北平着意引导亚洲人把注意力集中在其与多数亚洲国家之间经济及社会目标的相似性上,包括终结贫困与文化素质低下、提高生活水平,并利用经济发展计划推动前进,由此成功地隐藏它真正的对外目标。

46. 而且,自印度支那停火以来,共产党中国摆出以和平手段谋求其目标的样子,这取

---

① 孟加拉国重要港口,位于孟加拉湾附近。——译注

得了相当的成功。在许多亚洲领导人看来,台湾海峡上时涨时落的紧张局势更大体上并非来自共产党中国的好战性,而是来自它对重新控制其固有领土的渴望。通过许多共产党鼓捣出来的"和平"运动以及禁止核武器的呼吁,中共爱好和平的表象得到加强。

47. 在所有亚洲国家中都有一种根本性的渴望,即不受外来干预,掌握本民族的命运。这对北平影响力的扩张施加了一定的限制。尽管亚洲国家在不同程度上容易受到来自外部的引导,而且也愿意接受外国援助,但它们当中没有一个认为自己是任何外国领导者——不管是亚洲的还是其他地方的——的仆从。

共产党中国对特定国家的影响

48. 共产党中国在亚洲的影响,正如政府官方政策中所反映的那样,在国与国之间大不相同。而且,在多数亚洲国家中有一些团体——政治的、经济的、民族的——它们对共产党中国的反应就不同于其政府的反应。在一些情况下,这些团体有足够的力量,而且它们对共产党中国的观点与其政府的官方政策有如此大的分歧,以至于从更长远的时间或者在危急时刻来看,它们都有可能迫使官方改变现行政策。

49. **中华民国、大韩民国和越南共和国**：中华民国政府与韩国政府都认为共产党中国是一个侵略者,也是对其生存的一个直接威胁。他们都觉得最终有必要发动一场军事行动来消除这一威胁。中华民国政府否认北平政权是稳定的或者受到广泛支持。台北认为自己与北平方面为了海外华人的忠诚、也为了作为中国的合法政府而得到国际承认,展开了直接竞争。越南对共产党中国的看法主要在于北平对北越的支持上,并且最终积极谋求阻止中共影响的任何延伸。

50. **泰国,菲律宾和巴基斯坦**：尽管所有这些国家都是东南亚条约组织的成员,但它们之所以与西方站在一起的主要目的各不相同：

（1）泰国把共产党中国当成潜在的军事威胁,并且对本国内作为少数民族的大量海外华人之忠诚度有所疑虑。战后时期,在泰国看来与西方结盟能够带来安全和利益。尽管泰国政府一直未改变官方政策,但共产党中国日益增长的经济和军事力量、与泰国边界的邻近,以及它当前的和平共处路线正开始对泰国发生显著影响。泰国越来越渴望与共产党中国至少保持有限的经济与文化接触。其中立主义情绪有一定增长,而且也越来越不愿意遵循直接与共产党中国作对的对外政策。

（2）菲律宾与西方结盟是因为它与西方的历史性联系,以及它与美国的紧密关系。它把北平政权当成一个有些遥远的威胁,也不特别渴望和共产党中国展开接触。

（3）巴基斯坦与西方的结盟看来首先是因为它渴望获得武器以对抗它相信是来自印度的威胁,其次才是外部共产主义侵略的威胁。就对后者的认识而言,巴基斯坦更担心苏联人而不是中共可能采取的行动。它将东巴基斯坦共产党问题的上升归因于印度而不是中国人的影响。巴基斯坦被共产党中国取得的物质成就所打动,而且尽管它是东南亚条约组织的成员,它还是继续对北平保持着友好的姿态。

51. **日本**：日本倾向于认为从长期范围来看,共产主义的威胁更多来自苏联而不是共产党中国。由于日本与中国大陆有着紧密且根基深厚的文化及其他联系,所以多数日本人倾向于认为北平政权更多地是中国人的而不是共产党的,而且不认为中国共产党人会对日本本身构成直接威胁。要求与北平保持更紧密的关系、特别是要求增加对华贸易的压力非常强大,而且还在增加。另外一方面,尽管对共产党中国的物质成就印象深刻,日本的保守派领导人正开始显示出对亚洲出现一个竞争性工业力量的担心;面对共产党中国在南亚和东南亚的经济竞争这一威胁,他们正变得越来越不安。尽管他们对台湾国民党政府的持久存在几乎没有信心,多数负责的日本领导人还是相信共产党对该岛的控制会威胁到日本的安全。尽管有来自大陆的诱惑,日本人还是普遍认识到在防卫和经济方面它与美国及西方的纽带才是最重要的;他们担心与美国的纽带会受到威胁,这阻止他们去谋求与中共政权建立过于紧密的关系。

52. **老挝和柬埔寨**:这两个国家都感受到因邻近共产党中国而受到的影响力,尽管老挝倾向于认为北越才是对其独立更大的直接威胁。老挝国王政府专注于巴特寮问题,并会继续根据这一问题来看待它与共产党中国的关系。柬埔寨政府采取了不结盟政策。尽管它接受来自美国的援助,却也不想失去它根据东南亚条约组织协议而获得的保护,但其多数领导人都以非常敬畏和羡慕的眼光看待共产党中国,还促成了包括贸易及援助在内的许多协议。然而,他们把柬埔寨国内的共产主义运动作为对其地位的一种威胁加以反对,他们也害怕在其国内、特别是在海外华人当中中共影响力的增加。

53. **印度、锡兰和尼泊尔**:

(1)印度是亚洲不结盟国家中最重要也最有影响力的国家,它对共产党中国采取了一种和解的态度,并且大肆宣扬北平对和平目标的声明。印度相信通过在共产主义阵营与西方之间进行调停,就能履行它自命的减少国际紧张局势的任务。它也希望通过促使北平公开宣称反对侵略和干涉别国事务,从而遏制共产党中国可能的扩张目的。印度人觉得共产党中国作为一个亚洲的伙伴国家有一种亲和力,它摆脱了自身遭受的外国蚕食,而且现在面临着与印度类似的问题。印度领导人对中共在尼泊尔、西藏以及沿缅甸边境线开展的活动感到关切;许多印度领导人似乎相信,共产党中国对印度的安全构成一种长期性威胁。印度政府一直不动声色地对这些问题投入了巨大的关注,以改善印度在东北部的战略和政治防卫态势,加强印度在尼泊尔、锡金、不丹的地位。目前印度领导人认为他们正在经济发展领域同共产党中国开展竞争,他们也强调新德里通过民主手段取得的经济发展成就,这与北平使用的独裁手段形成了对比。

(2)锡兰对共产党中国所持态度的基础是:觉得共产党中国的任何侵略威胁都是遥远的,而且两国之间已经建立了有利可图的贸易关系。自从 1956 年班达拉奈克①政府执政以来,锡兰明显表现出愿意与共产党中国增加文化和经济上的联系。

---

① 班达拉奈克(Bandaranaike,1899～1959),斯里兰卡独立运动领袖,坚定不移地主张国家完全独立,1956 年当选总理。被刺身亡。——译注

（3）尼泊尔已经越来越多地接受共产党中国逐步增多的建议，这是对印度试图影响尼泊尔事务的一种抗衡。当 1957 年 8 月辛格（Singh）政府上台，采取了与印度保持更紧密关系、同时机智地削弱对华关系的政策时，这种趋势被扭转了。然而，辛格在 11 月被赶下台，而持续的政治不稳定可能为北平在那里增加自己的影响力提供可乘之机。

54. **缅甸**：缅甸政府保持了中立的官方立场。然而，这一前景会受到影响，因为它害怕共产党中国的力量、毗邻的位置，以及其最终目标，也因为它相信不与北平作对才能最好地维护其独立。由于共产党中国的力量在增长，缅甸领导人便倾向于越来越多地仰仗美国在亚洲的势力所提供的保护，但他们不愿意公开承认这一点。缅甸对共产党中国的态度由于两国边界争端、由于其对共产党叛乱和左翼反对派壮大的问题、也由于海外华人问题而蒙上了阴云。

55. **印度尼西亚**：印尼政府领导人，特别是苏加诺与其亲信，都对共产党中国取得的经济成就及其表面上的团结与决心留下了深刻的影响。他们当中很多人都把印尼共产党（PKI）当成一个重要的也比较受尊重的民族主义团体，还谋求它的支持。苏加诺特别期望中共的某些经验能适用于印尼的问题，并且让印尼共产党进入政府。尽管多数印尼领导人觉得他们的国家没有直接受到中共侵略的威胁，但也有政治领导人、政党及团体反对苏加诺的观点并且认为印尼共产党属于国际共产主义。而且，印尼方面对于北平可能操控海外华人这一少数族裔，以及对中共外交使团在这一群体中的活动，也有些担心。如果印尼共产党通过议会手段成功地实现其夺取印尼政权的努力，则整个亚洲的共产主义运动都会得到额外的推动力，而共产党中国的声望就会全面增长，即便印尼共产党的成功并没有得到来自北平的公开援助。

56. **马来亚**：新近独立的马来亚的政府看待共产党中国的着眼点，几乎完全出于它与共产党叛乱的长期斗争，以及由未同化的且人口众多的华人所引发的问题。它特别害怕共产党中国在马来亚海外华人中的影响，这些人已经开始在一个更接近平等的基础上与人数稍多但经济上落后的马来人社群展开政治竞争。除了通过香港与共产党中国开展一定数额的贸易，它渴望尽可能少地与之接触，并尽可能地削弱会使这些问题更严重的中共以各种形式施加的影响。它也害怕中共在新加坡的影响和渗透可能会危及其自身安全。

57. **新加坡**：英国直辖殖民地新加坡的人口中有 85% 左右都是华人。由此，英国与当前的新加坡政府都特别关注共产党中国的影响，并且采取强力措施镇压左翼及共产党阵线的政治、劳工和学生组织。然而，新加坡华人人口中继续存在着相当强烈的亲北平情绪，而且几乎可以肯定的是这将为中共的颠覆继续提供机会。

未来趋势

58. 假设不会爆发将共产党中国直接卷入的战争，中共政权可能会继续牢固地控制中国大陆，会继续把资源和精力主要投入到处理国内问题中去，也会在经济发展上取得一定程度的进步。其军事能力几乎肯定会增长，因为它的作战效能、陆军的武器和装备都得到了改善，它继续发展空军，并扩充其海军及海运能力。然而，共产党中国可能仍然会避免进行明目张胆的军事侵略,只要其领导人相信这将导致美国对大陆进行有效的军事反击。

59. 在这些条件下,并且假设美国的政策没有明显变化,或者架设共产主义同非共产主义世界之间斗争的强度与性质没有明显变化,我们相信在接下来的几年中,共产党中国对亚洲既存的有力影响还会继续增加,即便这只是逐步的。美国在亚洲的势力将继续成为抑制北平影响力增长的主要因素,也会阻止北平将其日益增长的声望转化成具体行动的努力,诸如争取外交承认或者加入联合国。还有很多其他因素可能会反制共产党中国的影响力。其中一个特别重要的因素是,非共产党政府在多大程度上取得为其人民所接受的经济、政治及社会进步。无论如何,我们相信它与其他亚洲国家之间文化和经济上的关系还会增长,而这将增强其声望。至于这一地区最重要的两个国家,印度似乎在对待共产党中国的政策上不会发生重大改变,只要尼赫鲁仍然领导政府;而日本,尽管官方准允的贸易和文化交流正在增加,却不会有任何全面修好的举动,因为这会影响到其与美国的关系。尽管如此,我们相信从此起五年之中,共产党中国在亚洲的重要性以及它影响这一地区发展的能力都会有所增长。

60. 如果美国修改其政策,令亚洲人觉得美国在反对共产党中国的持续性和坚定性上发生明显的软化,就会增强北平扩张期影响力的机会。如果此修改使得美国用以反对共产党中国的军事能力有重大削弱,则这一点尤其可能变成现实。与此相似的是,如果美国对亚洲国家的支持与援助大大减少,就可能会被理解成它降低了对有关国家命运的关心,而这也会增加这些国家的经济困难。这在不同程度上会增加共产党中国的机会。

61. 东西方斗争强度的重大变化会产生重大后果。如果中苏阵营在亚洲放弃其全面的和平与共处路线,并且变得好斗和具有威胁性,我们相信整个亚洲都会普遍地重新审视自己的国家立场,也会重新审视美国和中苏阵营相对的权力地位。尽管不是必然沿着当前的界线,但在亚洲,共产党和非共产党的影响范围会更清晰地划分出来。比如,泰国特别敏感于远东主要国家力量对比的发展趋势,如果其领导人断定即将爆发一场结局不定的战争,它就有可能会转向中立主义。另一方面,缅甸可能会寻求增加与西方的联系。

62. 如果共产党的行动使得远东紧张局势大大缓解,则除了国民党中国、朝鲜及越南以外的多数亚洲国家都可能会谨慎地放松它当前对北平的疑虑,并逐步与共产党中国开展更广泛的接触,并且建立正常的外交关系。最终这会扩大北平对这些国家的影响力。

63. 共产党中国国内事态的重大发展也会影响到共产党中国在亚洲的影响力。大陆如果发生一场严重且长期的危机,北平的努力就会受阻,因为其作为一个进步和富有活力的国家之形象受到了损害;另一方面,如果国内条件发生显著改善,就会增强北平的声望。此外,在任何亚洲国家发生的严重的经济和政治困难都将使它们更容易受到北平的诱惑,而国内稳定的加强则会产生相反的结果。

DDRS, CK 3100364714 - CK 3100364729

费晟译,牛可校

中情局关于马来亚联邦及新加坡局势的分析与预测

(1958 年 1 月 14 日)

NIE 64 - 58

马来亚联邦

(1958 年 1 月 14 日)

问 题

本报告的目的是评估马来亚联邦未来的政治稳定性、经济活力以及国内安全,评估今后若干年中其可能的国际倾向,并评估马来亚联邦-新加坡关系可能的走势。

摘 要 和 结 论

1. 与其他多数东南亚前殖民地国家不同,马来亚联邦开始独立之时对其前统治者几乎没有恶感,而且拥有一个大体胜任的政府。然而新国家的领导人面临着把本土的马来人以及外来的和未同化的华人、印度人整合成一个统一的民族共同体的任务。与此同时,规模大体相等的马来人和华人群体之间的仇视与竞争会越来越难以抑制。

2. 尽管困难日增,联盟①内的政党可能会继续保持联合,直到目前预定在 1959 年 8 月举行的全国大选。在首相拉赫曼的领导下,联盟很可能会再次执政,但优势会大大消减。从长期来看,族际紧张关系的增长似乎会导致当前种族联合的瓦解并引发政治动乱。

3. 尽管肯定会牺牲经济利益,但联邦可能会继续推行其减少与新加坡联系的政策,而且在可预见的未来,几乎不用期望联邦会与新加坡合并。

4. 除非联邦经济收入的支柱——橡胶与锡的国际市场出现大萧条,否则在政府的金融改革及经济发展计划下,其前景将是:大体上经济稳定,而且取得一定的发展。然而,高速增长的人口以及大众对独立政府会带来更高生活水平的期待,都会对经济施加沉重的需求,

---

① 原注:联盟是三个主要种族的政党联合成立的:巫统、马华公会、马来亚印度人大会。

并会加剧任何的经济挫折。

5. 共产党游击队不再是对国内安全的一个严重军事威胁。尽管我们相信政府不会接受导致共产党作为一个合法政党活动的条件,但在1959年大选之前,还是有可能找到一些会谈的基础,以就终止共产党的武装抵抗举行谈判。马来亚共产党可能会将工作重点继续从武装起义转向寻求建立一个统一战线,并可能会利用马来人与华人的紧张关系,在青年团体和有组织的劳工中间越来越有效地展开活动。

6. 联邦仍处于发展状态中的外交政策目前是导向自由世界的。它是英联邦和英镑区的成员之一,而且同英国保持着紧密的经济和安全联系。在今后若干年中可能会继续保持这种倾向,但是现已显现出来的中立主义倾向也有可能增加。联邦似乎不会加入东南亚条约组织或者承认共产党中国亦或国民党中国。然而,共产党武装起义的停止可能会增加其国内对中立主义及与共产党中国保持更紧密关系的要求。

展　　望

7. 马来亚联邦①独立后建立了一个温和稳健的亲西方政府,而且有相对健全的经济体系。然而在国内稳定的表象下,马来亚的640万人口泾渭分明地分为三个族群:49%的马来人②,30%的华人以及11%的印度人,根据他们在文化、宗教信仰以及语言上的差异而各自分立。未同化的华人社群的规模及经济实力加剧了华人与本土的马来人之间在政治、经济利益上长期存在的冲突,也使得新国家试图把各族群整合成一个统一的民族共同体的任务更加复杂。

一、政治稳定性③

8. 在争取独立这一共同意愿的推动下,三个主要种族的政党——巫统、马华公会、马来亚印度人大会于1951年形成了一个联合体,也就是我们所知的联盟(Alliance)。在东姑·阿卜杜勒·拉赫曼④这位现任首相的机敏领导下,各党领袖就制定联邦宪法达成妥协,该宪法给予马来人一些特权及有利的政治地位,但是同时也保护华人和印度人不受任意的歧视。自独立以来三个联盟政党继续共同协作,但是分歧越来越多。

---

① 原注:马来亚联邦包括马来亚诸邦:柔佛、吉打、吉兰丹、森美兰、彭亨、霹雳、玻璃市、雪兰莪、丁加奴以及槟榔屿与马六甲的海峡殖民地。新加坡仍然是英国直辖殖民地,另见附录四。
② 原注:通篇文章中"马来人"(Malay)这个词是指种族群体,"马来亚人"(Malayan)这个词是指马来亚的全体定居者,不管是华人、印度人还是马来人。
③ 原注:对当前政局更完整的讨论参见附录一。
④ 东姑·阿卜杜勒·拉赫曼(Tengku Abdul Rahman,1903～1990),出生于吉打州,马来亚第一任首相,1970年去职。——译注

9. 拉赫曼领导的马来人民统一机构(即巫统),是联盟中最大的也是组织得最好的政党,并且主导着政府。它支持拉赫曼对华人和印度人社群所采取的温和且妥协的方法,因为它认识到英国人之所以愿意准予马来亚独立,是因为它看到各个族群能够相互合作。只要马来人在联邦中的政治主导地位得以保持,党员们也就默认对其他族群的妥协。然而自独立以来,特别是在年轻人中间涌现出一些新的团体,他们表现出一种更极端的"马来亚是马来人的"观点,还反对向华人和印度人社群妥协,认为这背叛了马来人的民族传统及其与生俱来的权利。这种极端的民族主义倾向给政党领导人造成了越来越大的压力,迫使其强烈支持马来人的特权,而且可能造成联盟某种程度的分裂,还会增强眼下还很弱小的马来人反对党的力量。

10. 马来亚华人公会(即马华公会)是由一群华商领导的,他们在这个国家拥有巨大的经济实力,并且对一个马来亚国家的发展抱有兴趣。他们以往愿意与巫统合作很大程度上是因为他们希望保持其经济地位,并且防止对华人的极端歧视。作为联盟经费的主要来源,他们对联盟的决策发挥重大影响。公会领导人与马来人合作的意愿不会受到实质性的挑战,因为还没有出现其他有组织的全国性华人政治团体(除了非法的马来亚共产党,据估计成员中有 95% 是华人)。然而,因为公会与巫统的紧密关系,也因为它默认华人只扮演二等的政治角色,故其在华人社群内并没有广泛的支持基础。特别是它对华人青年没有吸引力。年轻华人像他们的多数长辈一样,反对同化,也反对任何切断其文化完整性或者其对大陆中国的亲密感的做法。这些情况有助于华人政治反对派的创建。

11. 在联邦内马来亚印度人大会对政治形势几乎没有影响力。它在政治上可能仍旧会很软弱且无足轻重,因为马来亚印度人相对较少,也因为它缺乏经费来源。

12. 马来亚的政治分裂趋势还没有发展到足够严重以至于威胁到联盟的程度。在定于 1959 年 8 月举行的全国大选中,代表着选民实际多数的马来人大多可能会继续支持巫统。在拉赫曼的领导下,它几乎肯定会在联盟和政府中继续保持主导地位。除非发生严重的经济危机,我们相信联盟会赢得 1959 年的大选,尽管其目前在议会的压倒性多数几乎肯定会减少。较为重要的反对派力量通常可能会是左翼倾向的,而且在族群问题上会接受极端的马来人和华人的立场。

13. 尽管联盟成功地实现了马来人和华人之间的和解,但其潜在的紧张关系可能会继续成为政治不稳定的根源。这些紧张关系,来源于各族群之间常年来在社群及文化上相互排斥而产生的猜忌心理,现在集中于哪个族群将最终主宰联邦这一问题上。为了努力减少这些紧张关系,政府继续推行一个由英国发起的旨在鼓励华人确立对马来亚的忠诚并造就共同的民族忠诚感的计划。这个计划包括让华人更多地参与政治事务并进入行政机构。这一计划的执行抗衡了华人对同化的强烈抵制,并且要求各种族社群之间在诸如土地使用、商业特权及民权之类的事宜上进行持续的调整。计划最敏感的方面就是政府努力把独立的华人学校置于联邦的监管之下。这一努力已经导致联盟在城市地区的地方政府选举中失利,还引发了一些骚乱以及示威活动。

14. 长期来看,联邦当前的政治走势很可能使其在未来出现政治动乱。马来人和华人社群之间的互相猜忌以及利益摩擦如果继续下去,就可能会迫使巫统和马华公会采取越来越极端的立场以捍卫他们各自族群的利益。一个强大的左翼的华人反对党可能会发展起来,而且华人对其政治地位的不满可能会使得华人社群更容易受共产党活动的影响。巫统可能会被极端民族主义的马来人政党所削弱,最终,这个组织可能会分裂成若干互相争斗的政党。这将导致联盟作为一个有效的政治联合体的终结,而且给华人政党提供了在软弱的联合政府中纵横捭阖的机会。

二、国 内 安 全①

15. 主要是由于英国人在过去五年中做出了重大努力,共产党游击队已经减少到大约一千七百人,而且现在绝大多数都位于偏远的丛林地区。尽管他们仍然有能力发动袭击和恐怖主义活动,但是相对于根据《英国-马来亚防卫协议》有关条款联合起来可供差遣的联邦安全部队与英联邦军队而言,他们不再是一个严重的军事威胁。

16. 我们估计非法的马来亚共产党总人数在 5 000 名左右。党的领导人还不愿接受联邦政府的投降条件,而且正竭尽全力保存其武装力量以期在未来的谈判中他们能摆条件,使他们能开展统一战线活动和政治颠覆。双方都受到压力而要达成协议。从共产党的观点看,游击武装的士气正在瓦解,靠继续开展丛林战争来推进其目标几乎没有希望,而且还延长了英联邦军队驻留马来亚的时间。另一方面,联邦政府蒙受着压力,要求其终止因战争努力而强加的管制措施,并把工作集中到族际问题和经济发展上来。联邦政府很可能会逐步减少这些管制措施。尽管我们认为政府不会接受那些允许共产党人作为一个合法政党开展活动的条件,但在1959 年选举之前,它还是有可能找到一些会谈的基础,以就终止共产党的军事反抗举行谈判。

17. 不管是否会与马来亚共产党达成终止丛林战争的协议,联邦政府都将不得不对付越来越多的共产党颠覆活动,特别是在劳工运动和华人中学当中。此外,共产党人可能会利用联邦内持续的种族紧张关系以及共产党中国在许多马来亚华人心目中日益增长的威望。新加坡共产党力量的增长将进一步增加了联邦对付颠覆活动的问题。这些因素,与日益增长的马来人极端民族主义情绪以及华人对马华公会的不满结合起来,会导致新兴华人政治团体的形成,而他们的亲共倾向更强烈。然而,我们相信在今后的若干年中,联邦在英国人的支持下可能会防止共产党人威胁到政府的地位。

三、联邦-新加坡关系②

18. 联邦领导人反对和新加坡合并,而且在事实上正试图减少与这个殖民地的联系。

---

① 原注:有关国内安全局势以及《英国-马来亚防卫协议》更完整的讨论参见附录二。
② 原注:对新加坡局势的讨论参见附录四。

马来人反对合并是因为如果把新加坡的华人人口加进来，会使得华人占到联邦人口中的多数。而且，他们相信新加坡国内安全的前景以及显著削弱共产党活动与颠覆的前景不甚乐观，因此相信合并可能会大大加剧他们自身的问题。由于这些条件，几乎可以肯定，在联邦中只要马来人主导的政府还在台上，合并就不会发生。

四、经济稳定与进步①

19. 联邦独立伊始经济形势很有利。然而，其繁荣几乎完全依赖于它的两种基本资源——橡胶与锡的世界通行价格。现在，其经济状态良好并且在增长中；它的贸易地位有利，货币流通也很健康。联邦很可能会继续留在英镑区，也会继续成为英镑区美元总库（dollar pool）的主要供给者。其经济或许能够承受橡胶与锡的价格短期走低，但是如果这些物资的价格出现大幅度且长期的下降，就可能导致严重的经济问题。

20. 同它们对所提议的与新加坡合并的态度相一致，联邦领导人采取了与这个殖民地减少经济联系的政策。这包括由联邦来建立单独的货币和中央银行，并且创建起自己的商业、金融和港口设施。尽管政府计划发展出对联邦经济的需求更具反应力的各种机构，但其政策也要承担一些金融风险，降低商业交易的效率，而且兴办新设施还要求花费私人的及公共的资金。这对联邦数量有限的受过培训的管理者提出了沉重的需求，这个问题可能会使得联邦愿意谋求来自西方国家的专家援助。

21. 人口的高增长率——现在略高于3%/年——对经济的相应扩张提出了严峻的要求。此外，联邦可能会面临绝大多数新独立国家普遍存在的一个问题，即公众对改善生活条件存在不切实际的期望。为了对付这些问题，也为了缓解联邦对锡与橡胶的依赖，政府已经为经济的发展和多样化采取了一个全面而实际的计划。这一计划要求从1956～1960年开支4.44亿美元。在今后若干年中，联邦经济可能会取得一定进步，但是很难保持经济的发展领先于人口增长。

22. 通过继续保留英联邦与英镑区成员的身份，通过《英国-马来亚防卫协议》②，通过贸易往来以及一些由英国提供巨额经济援助的财政协定，联邦与英国保持了紧密的联系。政府中主要的岗位有三分之一都是英籍人士担任，而且联邦多数未来的外事官员现在都在接受澳大利亚人和英国人的培训。政府的外交政策尽管还在形成过程中，但总的来说还是导向自由世界的。这种倾向很可能会继续下去，至少在1959年议会选举之前是如此。然而，希望与亚非国家保持更紧密联系的马来人团体以及支持与中苏阵营保持更紧密关系的华人团体，都代表了反对与西方继续保持紧密关系的势力。这些团体会对政治的外交政策施加越来越大的压力。

---

① 原注：对经济局势更完整的讨论参见附录三。
② 原注：这一协议的细节参见附录二的第13段。

23. 联邦——在独立后立刻被接纳进联合国——已经把外交承认扩展到几乎所有的联合国成员国,但国民党中国是主要的例外。联邦拒绝承认非联合国成员国的共产党国家,包括共产党中国。在今后若干年中联邦政府可能不会承认国民党中国亦或共产党中国,因为这种承认会给联邦政府在马来亚华人中制造不必要的麻烦。然而,由于政府认识到庞大的华人社群把大陆看作是自己文化上的家园,联邦领导人们可能会越来越担心国内日益增长的压力,要求承认共产党中国。此外,联邦严重依赖于橡胶的出口,也给中苏阵营的经济渗透提供了机会。

24. 联邦对邻国的政策还没有完全确定下来。马来人和印尼人在种族、语言文字、文化以及宗教上有着相同的背景。马来人和苏门答腊岛人之间保持着许多亲善的个人关系。尽管马来亚和印度尼西亚大体还是保持着友好的关系,但联邦领导人已经对印尼的政局表现出越来越多的担忧,因为他们害怕共产党接连不断的进展会在马来亚引发严重的政治和经济反响。与泰国方面,向马来亚共产党游击队关闭泰国边境的问题引发了一定的困难,但是两国关系大体上仍然是友好的。两国之间有重要的经济纽带,而且联邦每年大米需求量的约 20％ 都由泰国供应。

25. 在联邦的一些群体中有一种要求奉行诸如印度和缅甸所倡导的那种中立主义政策的倾向。这些人相信联邦应该依靠联合国而不是《英国-马来亚防卫协议》求得保护,应该和亚非国家结盟,并且由此避免卷入冷战。特别是在地方新闻舆论中以及在所有政党的政治家中,对加入东南亚条约组织存在着强烈的反对。联邦领导人可能觉得他们已经通过《英国-马来亚防卫协议》确保了东南亚条约组织成员国所享有的全部实际好处,而且在可预见的将来他们也不可能对东南亚条约组织成员国采取行动。倾向中立主义的趋势眼下还没有流行,但是在未来有可能增强。

附录一

政 治 形 势

一、族 际 问 题

1. 马来亚联邦大约有 640 万人口,大致分为 300 万马来人,250 万华人以及 70 万印度人。这三个族群保持着各自分立的文化、宗教以及语言认同,而且华人和印度人社群强烈抵制同化。既存的这三个族群,每一个都在殖民统治时期建立了各自的特权和经济利益,都想主导联邦的政治生活。在联邦的宪法、政府、经济及政党体系中,这一族际问题是一个根本性的因素。

2. 马来人普遍缺乏其他族群所具有的技能与雄心壮志。他们中多数是穆斯林，生活在农村地区，从事农耕和渔业。许多人拥有小规模的橡胶园。在英国人统治时，面对更为活跃能干的华人，马来人是受保护的。在公职上、公民权利和政治权利上以及土地所有权上，他们都享有优先地位。他们的学校受到政府的资助，而且他们作为公民享有其他族群所没有的权利。受过教育且有抱负的马来人一般都担任公职或涉足政坛，而不试图在经济领域同华人与英国人竞争。

3. 联邦中的华人倾向于回避政治活动，并且一向满足于专务商业活动。像其他东南亚国家中的华人一样，马来亚华人也聚居于城市中心，而且还支配着联邦经济的重要部门，特别是在商业、外贸、锡矿以及橡胶加工业。华人以及人数更少的印度人，是联邦多数熟练和半熟练工人的来源。马来亚华人中可能有一半是出生于中国的，其他多数人也就读于马来亚的华人学校。他们一般倾向于中国大陆，而且紧守着他们的中国文化及其封闭的社群，从而保持着与其他族群的分离。独立之前，只有少数公民符合公民资格，行使他们的权利。只要英国人保护他们免遭经济歧视，多数华人也能安于放弃政治权利。

4. 随着英国人对该国的开发以及英国殖民当局提供的保护带来的经济机遇，印度人也像中国人一样，被此吸引而来到马来亚。他们中多数人是低种姓的泰米尔人（Tamils）。他们构成了联邦体力劳动者中很大的一部分，而且在工会活动中特别积极，在这里一些印度人建立了一定的政治影响力。然而，由于他们数量较少，作为一个社群的印度人并不是主要的经济或政治力量，对联邦的形势发展几乎施加不了什么影响。

5. 一般而言，马来亚很少发生严重的种族骚乱，而且，三个社群的成员就个人而言在日常交往中都相处融洽。摩擦和紧张关系主要存在于群体层面上，而且这来自于经济方面的竞争与嫉妒，也来自于每个族群都想维护其特权的渴望。自独立以来，英国人不再扮演族群间的缓冲器和仲裁者角色，他们的互相猜忌以及不安全感增加了。华人社群的领袖认识到他们必须增加自身的政治力量，以保护其经济地位及其独立的文化免遭马来人控制的政府的干涉。另一方面，马来人决心维持其政治主导地位，并且在国民经济中发挥更大的作用。

6. 在独立之前的最后几年中，英国人发起了一个计划，旨在引导华人忠诚于马来亚，并且造就出一种共同的国家忠诚意识。这一计划现在是联邦政府国内政策的主要方面。它包括努力将华人社群的学校置于政府控制之下，在学校中将马来语确立为国语，并且鼓励华人在一定程度上担任公职。到今天，这一计划几乎没有取得进展。然而，当前的迹象是越来越多的华人可能会在新宪法下利用放宽了的公民资格要求。

二、宪　　法

7. 联盟领导人显示了高度的政治才能及妥协能力，他们与一个为草拟联邦宪法而组织起来的英联邦特别委员会高效地合作，而且其理念大致融入了最终的文件。宪法旨在维护这个国家基本的马来亚特性，但也为非马来人社群的利益提供保护。它要求实行拥有一个有力的中央政府的议会民主制,而且混合了英国体制的多数特征。它包含一个标准的权利法案,其中包括全体 21 岁以上的公民拥有选举权。

8. 行政权力集中在由一名首相所领导的责任内阁手中。为了在独立之后立刻就能实现政治稳定,宪法明确规定在 1955 年选出的现立法委员会(Legislative Council)继续行使权力至 1959 年,届时会举行首次普选,而且会成立一个两院制的议会。上院将包括从各邦选举出来的代表,每邦 2 名,还包括指定的来自于专业团体及文化团体的 16 名代表。下院有 100 名议员,从整个国家中选举出来。首相必须是下院的议员。

9. 马来亚九个邦的世袭苏丹保留其地位。他们集体组成一个"统治者会议"(Conference of Rulers),该机构从其成员中选出任期五年的"国家元首"(最高统治者)。最高统治者拥有立宪君主通常具有的特权,也有特别责任去保护某些与土地所有权、公职以及商业相关的马来人特权。……①

10. 宪法规定马来语为国语,但允许英语在 10 年内可作为官方语言使用。伊斯兰教被定为国教,但也保证宗教自由。宪法准许所有马来人自动成为公民,所有独立之前就是公民的人保留身份,而所有在独立后出生于联邦的人也成为公民。在联邦定居的非马来人如果品性良好、初步掌握马来语并满足特定的定居要求,也有资格申请公民身份。在独立的头一年,对所有出生于联邦的以及全体 45 岁以上的申请者都放弃语言要求。宪法只有在议会三分之二投票通过的情况下才可以合法的修改,从而能够至少在可预见的将来确保马来人的主导地位。

三、政　　府

(一) 立法会议

11. 当前有 98 个席位的立法会议是在 1955 年 8 月上任的。其中 46 名成员是由高级专员(High Commissioner)任命的,52 人为选举产生。三个种族的政党赢得了 51 个选举席位,它们构成了执政的联盟党。② 当选的联盟党成员包括 34 名马来人,15 名华人以及 2 名印度人。46 名任命的成员中,有 5 名是在与作为主要政党的亚统进行磋商后挑选出来的,有 5 名是退休的英国官员,另外 36 人是从商界、劳工界、种族和地方性利益集团中挑选出来的。这个立法会议将根据空缺而调整,它将管理联邦直至预计于 1959 年 8 月举行首次普选并组成定期国会为止。

(二) 内阁

12. 政府中主导的政治人物、也是毫无争议的国家领导人是东姑·阿卜杜勒·拉赫曼

---

① 原文此处一段字迹模糊。——译注
② 原注:1957 年 11 月 27 日在怡保的增补选举中,一名锡兰人在一个华人主导的地区击败了联盟的华人候选人,使得联盟控制的席位减少到 50 个。

首相。他年届54岁,受过剑桥的教育,是吉打邦苏丹和一位泰国公主的儿子。尽管他有皇家背景,但拉赫曼平易近人,这使得他与马来亚人民之间能轻松而高效地合作。作为政府第一号人物,他领导了与英国人的独立谈判,而且现在享有作为"马来亚独立之父"的全国性声望。拉赫曼反共,一般是亲西方的,而且在处理联邦种族问题时表现出温和理性的方式。他在政治上的精明以及妥协的能力使得他能把种族多样化的联盟整合到一起,同时却没有失掉马来人社群对他的支持。他的能力、温和以及作为联邦的全国性领袖这一相对稳固的地位,是英国人当时决定授予马来亚独立的重要考虑因素。

13. 拉赫曼首相也担任外交部长之职,在组阁时他小心翼翼地保持着多种族妥协的形象。然而,马来人显然发挥着最强大的影响力。仅次于拉赫曼的重要人物是副首相兼国防部长——阿卜杜勒·拉扎克·本·达托·侯赛因①。尽管相比于拉赫曼,他在对待华人问题上有更多的保留,但还是追随拉赫曼弥合族际分歧的方法,而且在一份把华人学校纳入全国教育系统的联盟妥协计划的起草中,他作为前联邦教育部部长扮演了关键作用。其他重要的马来人领袖在内阁中控制着司法部、农业部、教育部以及交通部。华人社群的领袖领导着劳工部、商业与工业部以及财政部。印度人社群的主要领袖是卫生部部长。尽管拉赫曼组阁时的主导方针在很大程度上是出于政治性的考虑,但他也组建了一支大体胜任的团队,在经验丰富的英国顾问的帮助下能够提供有效的行政管理。

四、政　党

14. 联盟是三个主要种族政党——巫统、马华公会、马来亚印度人大会的联合体——是作为一个为全国选举和马来亚独立而工作的统一战线于1951年成立的。巫统在马来人社群中掌握着优势,也是联盟中最大的一个政党。在1951年任党主席的拉赫曼的领导下,该党建立起一个强大且纪律相当严明的全国性组织,成员中有大量积极活跃的青年。组织的很大一部分力量来自于它在独立运动中的领导地位。这一地位又反过来使得该党能够控制马来人的民族主义情绪,并且在马来人社群中协调其组织多样化的成分——从保守派、正统穆斯林到激进民族主义的青年团体。

15. 由一小群富有且保守的华人所掌控的马华公会是联盟中第二大党,它在华人当中从未成功地建立起广泛的民意支持基础。独立之前华人对政治的冷漠感妨碍了它,许多华人反对马来人在联盟中扮演主导角色也是阻碍之一。而且,该党对年轻华人没有吸引力,特别是在华人中学里面。尽管它有缺陷,而且领导人和分支机构之间存在派系斗争,但马华公会对联盟来说是非常重要的,它是联盟主要的资金来源,也是支持并参加政府的华人的唯一来源。

16. 马来亚印度人大会对联盟决策几乎或者根本没有影响。该党的无力反映了印度人社

---

① 阿卜杜勒·拉扎克·本·达托·侯赛因(Abdul Razak bin Dato Hussein),拉赫曼长期的助手和接班人,1970年成为第二任首相。——译注

群在人数和经济上都处于弱势,而且该党也缺乏领导能力和政党纪律。它对联盟的重要性首先体现在联盟的合法性要求自己取得所有三个社群的支持,而不是它在选举方面的力量。

17. 联盟的政治反对派虚弱而且组织疲软。拿督·奥恩(Dato Onn),以前是最主要的马来族政治家之一,也是巫统在1946年的创立者,现在却已丧失了其多数跟从者和影响力。1952年他建立了民族党(Party Negara),将其引向越来越极端的马来人立场,攻击宪法、巫统以及联盟,说它们有损于马来人的地位。泛马来亚伊斯兰联合会(Pan-Malayan Islamic Association)起初是一个保守的宗教政党,热衷于建立一个伊斯兰教国家。它由布罕努丁(Burhanudin Al-Helmy)医生领导,此人是最极端的马来人民族主义者之一。该党是1955年立法会议选举中唯一赢得席位的非联盟政党。这些政党中没有一个具有全国性的影响力,它们的未来可能取决于马来人当中极端民族主义情绪的增长。人民进步党(The People's Progressive Party),在立法委员会中掌握着又一个非联盟政党的席位,目前是一个地方性组织。其领导人是辛尼瓦萨加(D. R. Seenivasagam),一个咄咄逼人的左翼锡兰人,有可能会把该党组建成一个全国性的反对党。

18. 马来亚劳工党(Labor Party of Malaya),由印度人与华人工人组成,主要是印度人领导的。它与一个左翼组织统一民主党(Ra'ayat)联合成立了一个左翼非共的反对派"全国社会主义阵线"(National Socialist Front)。这一联盟的弱小是因为社会主义教条在马来人中缺乏吸引力以及当前劳工在政治上的无力。构成劳工力量主体的印度人和华人中的多数人要么不符合公民资格的要求,要么在独立之前对成为公民没有兴趣。此外,现有的法律禁止工会介入政治活动。

19. 联盟之外再没有单纯代表华人族群利益的合法政党。然而,最近劳工党在地方增补选举中的成功说明,它可能从华人和印度人群体中吸引来越来越多的支持,而执行新宪法后这些人在选民中所占份额会比以前更大。成员中95%是华人的马来亚共产党,自1948年开始武装叛乱后就一直是非法组织。在宪法讨论期间,华人同业公会联盟(Chinese Federation of Guilds and Associations)以及华人商会(Chinese Chambers of Commerce)是华人反对派意见的主要发言人。

附录二

安 全 形 势

一、共 产 党 活 动

1. 在1957年,共产党游击队的活动跌至自1948年开始武装叛乱以来的底谷。英国人为推进战争努力而在共产党叛乱的早期阶段所颁布的紧急状态管制措施仍旧在执行。英联邦军继续支援反击游击队的行动,而联邦政府希望到1958年中期时能取消紧急状态。

2. 共产党的力量和能力。据估计马来亚共产党约有5 000人,其中95%左右是华人。其武装力量马来亚民族解放军(Malayan Races Liberation Army),据估计人数在1 700人上下,现在以小规模团伙的形式散布在边远的丛林地区。其最大的集中地位于柔佛邦、霹雳邦和吉打邦,后两个引发的问题最麻烦,因为它们邻近泰国边界。据报约有25%的共产党军队以及他们的司令部都邻近或位于泰国领土。相比而言少有人知的是民运组织(Min Yuen, People's Organization),它给共产党游击队提供食物、药品及情报,但它的人数要比马来亚共产党大得多。尽管疲弱而且孤立,共产党军队仍然有能力发动恐怖主义活动和军事袭击。只要该党选择继续保留军队,它就能拖住大量的英联邦和马来亚部队,并且给联邦预算施加沉重的负担。

3. 共产党的政策。参照一份标注日期为1957年9月1日的新声明,马来亚共产党正在劳工组织、政党以及学校中努力发展"统一战线",并且向联邦政府施压,要求按照有利于共产党的条件结束紧急状态。这些条件包括接受马来亚共产党为一个合法政党,并且恢复其非法领导人的公民身份的全部权利。早在1954年,马来亚共产党就承认它无力以武力推翻政府,并且开始努力推进统一战线组织。然而,它至今还未能与政府谈判达成协议,从而使其能保留领导层中的中坚分子。在1955年12月,党的总书记陈平①走出了丛林,同联邦政府领导人开展一系列的会谈。当时后者拒绝了他,但在1957年12月又以给予共产党法律上的承认或者就游击队的命运开展谈判为条件,要求游击队终止武装反抗。由于游击队减员,而且活动区域受限,各级官兵中的士气问题日益严重,而且几乎没有任何希望能改善其丛林作战的处境,所以共产党领导人明显急于达成协议结束战争,进而转向政治斗争和颠覆活动。

4. 共产党颠覆活动的策略。自1948年以来,马来亚共产党人一直将其主要精力投入武装叛乱,而对其颠覆活动以及政治渗透只给予最小程度的指导和支持。其宣传的中心题旨是建立一个反对"殖民主义者"的统一战线。尽管独立大大消减了这一主题的效力,但马来亚共产党的宣传仍然指控政府"将国家出卖给英国人"。与此同时,共产党人声称联邦获得独立全是他们的功劳,因为独立的基础是他们的活动迫使英国人放弃了控制权。他们同样寻求增大压力,要求撤离英联邦的军队并撤除位于联邦的战略轰炸机基地。

5. 华人中学的学生们是共产党宣传和颠覆的主要的对象。这些学生受到族际问题的全部表现的影响;他们只有有限的机会能确保得到高等教育,或者得到与其所受训练相称的工作;它们容易被共产党中国所取得的成就所吸引;他们的教师受到共产党的影响;他们的学校一向纪律废弛,而且教学设施往往不足。许多华人学生回到大陆接受高等教育。然而,

---

① 陈平,原名王文华,马来亚共产党与马来西亚政府签署停火协定前的最后一任党总书记。一直从事反英武装斗争活动和反政府起义,马共与政府和解后常年流亡海外。——译注

从 1955 年到 1956 年,从马来亚和新加坡去大陆中国的学龄华人数目下降了 40%。可能这部分是因为北平对海外学生的筛选政策越来越严,部分也可能因为马来亚共产党的政策是鼓励其中最有前途的学生留在马来亚继续开展斗争。然而,导致人数下降的主要因素是马来亚地方当局使学生们清醒地认识到了大陆的环境和机会。

6. 当前在联邦内共产党对劳工的颠覆还是有限的,因为在八年武装斗争期间它失去了与劳工的联系,也因为缺少大规模的、组织良好的劳工运动。在 1957 年中期,联邦统计列出了 300 个已经注册的或者正在等待注册的分立的工会,声称大约有 25 万名成员。在 1956 年,劳工反抗有一定程度的增加,然而自 1947 年以来,这对于联邦还不算是一个严峻的问题,当时共产党人强有力地控制了劳工运动,正试图夺取国家政权。尽管这类骚动的增长多数可能是由工会有组织的活动所引发,但要部分归因于共产党在劳工运动中的活动有所增加。

7. 共产党在马来亚的颠覆努力也一直得到大陆中国有限的支持。中共的中国银行在新加坡、科伦坡以及槟榔屿都有分行,而且显然已经成功地赢得了中国商人的欢迎,因为它愿意发放事实上没有保障的贷款。北平广播电台在马来亚播放大量的共产党宣传信息。中共已经向联邦主动提出贸易建议,尽管它在东南亚其他地方的程度与此有所不同。

二、联邦安全部队

8. 联邦军队大约由 11 500 名军官和士兵组成。它被分别组建为两个可投入行动的旅指挥部,包括八个步兵营,两个装甲车中队,一个炮兵分队(cadre),还有提供技术和后勤支援的各个中心。一个主要的问题是本土军官严重缺乏。当前,军官团体中有一半多是英国派送到联邦的。他们掌握着除了一个职位之外所有重要的参谋职务,而且除了两支部队外,他们指挥着全部的战斗和技术服务部队。部队的士气高涨,也很可靠。军队训练有素、经验丰富,而且以小规模单位进行丛林反游击战的效率很高。此外,还有大约 22 000 人名正规警察,24 000 名特别治安员,以及 11 万人的地方自卫军(Home Gurard)。

9. 当前的计划是,在今后两年中增加 2 000～5 000 人的联邦军队。在 1958 年,将国民自卫军的规模减少到 4.2 万人。通过对正规军进行高强度的训练以及发展其本土军官团体,通过对地方志愿军队定期的训练,通过改善待遇、装备以及对国民自卫军的训练,当前的计划拟想建立一个马来亚防御组织,它在未来几年内将有能力处理国内安全问题,并能够控制小规模的边境骚扰。遏制共产党游击队的计划的基础是,可以继续调动作为联邦防御组织之补充与援助的英国部队。由于马来亚军队的力量增强,而且训练有素,在未来五年内英国部队将逐渐停止参与其国内安全事务。

10. 根据独立时达成的财政协定,英国同意承担很大一部分的丛林战及扩充联邦军队所需的开销。对于当前的战事,在三年内英国将每年提供大约 830 万美元,在今后的两年中总计可达至 3 070 万元,视情况而定。此外,英国会提供约 450 万～500 万美元的资金用于联邦军队的扩充和装备。

11. 皇家马来亚海军目前有大约 650 名官兵及 9 艘小型巡逻艇组成。指挥官是一名从英国皇家海军聘来的军官。海军根据新加坡的法律筹建,并且至联邦独立,全部的财政和管理都由新加坡政府承担。然而,目前正在履行将海军移交给联邦的程序,届时它将成为新海军的骨干,而且联邦计划要以西海岸为基地发展一支联邦海军,可能是在巴生港(Swettenham)附近的红土坎(Lumut)①。

12. 马来亚有一支辅助性的空军,组建于 1950 年,是由志愿服务人员组成的,拥有 10 架小型飞机。联邦有计划想要发展一支有战斗力的本土空军,但这样一支部队在不久的将来还是不可能建立的。

三、《英国-马来亚防卫协议》

13. 联邦与英国在国内安全及对外防卫事务上的特殊关系体现在《英国-马来亚对外防卫相互援助协议》(Anglo-Malayan External Defense Mutual Assistance Agreement)中。协议规定:(1) 英国在维持联邦国内安全方面将给予联邦以援助,只要后者认为这样的援助是必要的;(2) 英国在训练和装备马来亚防卫军方面给予援助,为期 5 年;而且(3) 英国对联邦的对外防卫事务继续承担责任。作为对这些承诺的交换,英国获准有权在联邦维持军队,包括英联邦战略预备队(Commonwealth Strategic Reserve)在内。协议规定英国为了履行防卫马来亚之义务以及保证英联邦和地区安全,有权使用所需的陆军、海军和空军基地,包括在槟榔屿附近设置一个战略轰炸机基地。协定也规定两国政府在发生武装袭击马来亚或英国远东领地时,要共同合作采取行动,而且在远东地区的和平受到威胁时双方要商讨必要的应对措施。这份协定没有时间限制,而且各方在任何时候都可提议修改协定。

14. 在《英国-马来亚防卫协议》下,可以调动位于联邦和新加坡的下列英联邦军队,以协助维持国内安全,并履行地方和区域性的义务:

(1) 由 13 个步兵营②组成的约 2.5 万名地面部队;1 个装甲车团;1 个空降团;以及 1 个炮兵团,他们分别组建为 4 个旅。

(2) 空军在编人员约有 7 500 人,包括 330 名飞行员和 150 名轰炸机领航员。在新加坡基地约有 100 家飞机,包括 46 架喷气式飞机;在联邦境内基地有 90 架飞机,包括 13 架喷气式飞机。联邦本土有 19 个机场,其中 14 个限于 C-47 型和更小的飞机。其余的 5 个机床能够供喷气式战斗机和喷气式轰炸机起降。

(3) 海军在编人员约有 3 750 人,计有 1 艘轻型巡洋舰,1 艘防空巡洋舰,4 艘驱逐舰,以及 3 艘护卫舰,以新加坡和联邦为基地。当然在紧急情况下,整个英联邦在远东的海军力量

---

① 今日马来西亚海军的主要基地,著名的旅游胜地和出口转运港。——译注
② 原注:5 个英国人的,6 个廓尔喀人的,1 个澳大利亚人的以及 1 个新西兰人的。

都可以调用。

附录三

经 济 形 势

1. 在 1956 年联邦人均国民生产总值大约是 260 美金,远远超过其他东南亚新独立的国家。它拥有 6 000 多英里得到养护的公路,1 000 英里得到高效管理的铁路,而且已建成的发电设备发电量达 23 万千瓦。尽管联邦自独立起就有一个总体上有利的经济形势,但还是有既存的根本性的经济问题,而且在未来可能变得更加严峻。其资源基础狭窄且不稳定,其经济状况取决于橡胶和锡的国际价格。许多经验丰富的英国专业人士离开后导致了联邦缺乏技术和管理人员。在一个需要快速经济发展及金融改革的时期,这种情况会对新独立政府的智谋和能力提出挑战。联邦的人口增长很快,据估计年增长率略高于 3%,这要求投资、生产和社会服务至少也有相应的快速增长,才能保持住生活水平。

2. 橡胶和锡是联邦经济的命根,因为它们构成联邦大约三分之二的出口产值,仅橡胶所占的份额就超过其中的半数。全部有工资收入的在职人口中超过四分之一的人都直接从事这两个产业,人口中很大一部分人都直接或间接赖其为生。联邦生产了全世界大约三分之一的天然橡胶,而且自由世界所需的锡中有略高于三分之一的份额都由它供应。在美国这两样产品的主要供应者也是它。由于它向美国大量出口橡胶和锡,联邦就成了英镑区美元总库的主要供给者。

3. 联邦的经济是国际市场导向的。在 1956 年人均外贸额总计达 205 美元,超过其他远东地区的平均值而仅次于新加坡和香港,比日本的人均 63 美元高得多。除了在橡胶和锡产业具有优势外,联邦在食品生产方面严重不足,而且制造业也没有很好的发展。结果联邦对日常消费品的需求严重依赖于进口。经济活动集中于生产出口品,而且依靠橡胶和锡的收入来满足进口,由此联邦的经济事实上受制于国际市场条件。尽管专业化程度很高并且由此导致了对外部影响的脆弱性,在过去稳妥的管理下,联邦始终能保持有利的贸易结余,在朝鲜战争橡胶业繁荣时最高达到了 5 亿美元,1953 年由于歉收而跌到谷底的 5 000 万美元。

4. 马来亚的橡胶和锡产业正面临着严峻的竞争,改善其在国际市场中的处境的措施正在付诸实施。锡产业宣称锡的探明储量正在下降;自 1930 年以来勘探几乎停滞了。然而,采取更现代化的采矿手段似乎可以在短期内抵消这一威胁并保持住产量。一个额外的刺激是:新宪法的一个条款规定,锡的出口税收中有 10%将付给矿产所在的邦,这促使邦统治者能让其土地上的勘探和开发变得更为容易。由于缺乏更具吸引力的替代性方案,也由于预计在很长时期内橡胶的使用量还会增加,联邦正着手于更强劲的改进计划,旨在降低橡胶生产的成本并增加产量。在这一计划下每年新栽的和再植的比率将达到橡胶总种植面积的4％。联邦希望这些措施,再加上密集的科研工作,能够帮助其天然橡胶成功地与合成橡胶竞争。

5. 在英国统治下,联邦和新加坡形成了一个单一的经济体。联邦的初级产品生产与新加坡作为贸易和金融中心所拥有的优良设施,在互相依赖的基础上得到了协调一致的发展。联邦贸易大约有40％要通过新加坡,对后者而言至关重要的转口贸易有很大一部分就由此构成。联邦许多的直接贸易以及国内贸易都通过新加坡的银行业、保险业、海运及贸易设施来操作。联邦单独的政治演进过程导致一个独立国家的出现,这削弱了两个地区之间的经济联系。而且,很大程度上出于政治原因的是,联邦政府已经采取了故意尽可能多地切断与新加坡之间的经济联系,这对双方的经济都有所损害。

6. 族际问题有着各种经济方面的意义。由于外来人群——主要是英国国人和华人——在经济方面的进取心更大,政府便对进取心较弱的马来人给予特别保护。族际问题可能随着在拥有大量产业的外国人与马来人小业主之间,以及华商和马来亚农民之间利益冲突的发展而增加。收入分配不均状况下大部分财富聚集在外来利益集团手中,这在未来可能引发严重的摩擦。人们对独立所带来的收益有过高期待,如果这种期待不能实现,就可能导致人们把批评的矛头集中在非马来人控制国家的许多产业和利润的外流上。

7. 影响经济前景的基本因素是联邦所规划的金融改革及其经济发展计划。金融改革旨在将货币置于中央政府控制之下,并发展国内货币市场以满足联邦对资本的需求。政府计划退出当前由英国控制的,掌管着联邦、新加坡及英属婆罗洲货币的联合运作的货币委员会(currency board),而且想建立自己的中央银行。这可以使得政府将覆盖联邦货币流通的英国货币减少100％到110％,并且将其投入到马来亚的有价证券上。补充性的计划是鼓励金融机构的发展,并为农业和工业企业扩大官方信贷机构。一家农业银行和一家工业发展银行已经成立了。此外,政府向既有外来利益集团保证将继续平等地对待它们,并提出将进一步鼓励外国私人资本的投资。联邦领导人强调他们的金融改革不意味着从英镑区退出,而且联邦的货币会继续绑定英镑;然而,除非加以高效管理,否则这些措施可能会降低人们对货币的信心。

8. 马来亚联邦已经采纳了一个综合性的经济发展计划,要求投资支出从1956～1960年总计达到4.44亿美元。英国已同意为计划下的项目提供5 000万美元。只要如所提议的那样对经济增长率予以调整,使之适应于出口收入水平和现有技术与管理人员的水平,则联邦通过吸收过剩资金和借贷来增加结余的想法就似乎是可行的,而且不会不合理地破坏金融稳定性。

9. 在该计划下,政府将其活动的范围限定在扩大公共事业以及为生产者提供金融设施上。除了在电力及类似的公共服务领域以外,实际的生产都留给私人企业。尽管对某些部门所计划拨款旨在促进当地制造业和提高食品的产量,然而所提议的投资中的主要部分(520万美元)都被用来加强橡胶产业了,这主要是通过重新种植产量更高的品种实现的。对电力事业发展的拨款是2 600万美元,而经济部门中剩余的大约8 000万美元,几乎全部被用于发展交通运输和通讯事业。

附录四

新加坡的局势

1. 在首席部长林有福①的领导下,新加坡内部安全及整体政治稳定性都有所改善。林在1956年接替了急躁的大卫·马歇尔②,采取了越来越强烈的反共立场,充分使用他的各项的权力,完全支持英国当局,逮捕共产党以及亲共的人民行动党的领导人以及华人中学和工会中的共产党活动分子。尽管共产党运动在猛烈的反共措施下已经乱了阵脚,但支持共产党力量的基本因素仍然存在。共产党的影响仍然很强大,特别是在华人学校和劳工运动中;容易被共产党利用的政治问题依然存在;而且经济问题还在增加。

2. 新加坡快速增长的149.5万人口中约有77%是华人。这些华人中6%在21岁以下,而许多人都容易受到共产党宣传和压力的影响。多数新加坡华人对共产党中国的崛起留下深刻印象,而且继续保持着其与大陆的情感联系。年轻的华人往往觉得他们在新加坡接受高等教育以及实现经济升迁的机会有限。而这一事实——新加坡转口贸易正在衰落以及新加坡经济前景的不明朗,这部分是因为马来亚联邦的独立,并且减少两个地区之间的经济往来造成的——强化了这些感受。

3. 新加坡内部政治的稳定性还没有达到马来亚联邦的那种程度。英国人一开始希望半岛两个部分会朝着自治方向发展并一起独立,但在可预见的未来它不得不推迟准予新加坡独立。不过在1957年3月,一个新加坡政府代表团在林有福首席部长的率领下与英国签署了一份协议,规定在1958年下半年建立内部自治。根据这一协议,英国人继续负责对外防卫以及外交关系,而且新加坡政府施行除了安全事务以外的内部自治。内部安全的责任交付给一个内部安全委员会(Internal Security Council)负责,委员会成员有三名来自新加坡,三名来自英国,一名来自马来亚联邦。马来亚联邦当局非常勉强地认可了这份协定,因为他们希望避免被牵扯进任何新加坡的安全问题。如果新加坡内部局势恶化到足以威胁委员会履行其义务的能力,则英国人保留收回新加坡建国的权力。

4. 自1955年以来由温和的社会主义的劳工阵线(Labor Front)所领导的新加坡政府,在立法会议(Legislative Assembly)中拥有25个选举席位和7个被任命的席位。9名内阁成员中有6个职位是根据立法会主要领导人的推荐而委任的。新加坡仍然是英国直辖殖民

---

① 林有福(Lim Yew Hock,Chief Minister),新加坡右翼政治家。1956年继任首席部长,大肆镇压左翼社会运动和学生运动,1957年促使英国同意新加坡自治。——译注
② 大卫·马歇尔(David Marshall),犹太裔政治家,新加坡劳工阵线主席。林有福前任,主张新加坡独立,受英国阻挠后以辞职抗议,随即访问中国。——译注

地,最终的权威掌握在英国任命的总督手中。他对立法拥有否决权,也有权任命内阁职务中的防卫及内部安全部长、财政部长以及司法部长。

5. 在过去一年中,人民行动党这一主要的反对党日益被亲共派所控制。尽管林有福通过政治操控以及逮捕 30 名最高层左翼领导人的行为,成功地造成了党内高层的一定混乱,但人民行动党仍然是新加坡最强大且组织最得力的政治组织。在 1957 年 11 月,前首席部长大卫·马歇尔创立了一个反对派的工人党(Worker's Party)。这个党允诺实现议会民主、社会主义以及争取新加坡独立,它也采取了"反殖民"的路线。在马歇尔的组织运动中,他在被免除首席部长之职后不久便访问了共产党中国,特别努力争取华人的支持,并且攻击政府的安全计划。

6. 林有福的反共领导地位使其有机会挽救新加坡日益恶化的政局。然而,林没能成功地建立起一个强大的非共产主义政治组织,而且他的政府建立在一个软弱的联盟之上,之所以能保住政权只是因为立法会委任的七名代表。其政府薄弱的基础以及在新加坡华人中,特别是在学校和工会中广为蔓延的共产党活动,更凸显了新加坡和马来亚联邦政治局势的差异。

7. 在 1957 年 12 月 21 日举行的地方选举中,人民行动党赢得了新加坡市议会 32 个席位中的多数。在该党参加竞选的 14 个地区中它赢得了 13 个。林有福的劳工阵线仅仅赢得了所谋求的 16 个席位中的 4 个。尽管这两个党没有使其候选人处于直接竞争中,但这一结果还是意味着劳工阵线严重地丧失了威信。能进一步说明新加坡左倾趋势的情况是,前首席部长大卫·马歇尔新建的工人党赢得了其参加角逐的 5 个席位中的 4 个,而保守的自由社会主义党(Liberal Socialist)只获得 32 个席位中的 7 个。选举结果更凸显了林有福巩固非共产主义政治力量和孤立左翼力量之努力的失败。

8. 在 1958 年的普选之后,林有福的反共政府继续执政的机会似乎有所减少。如果经济局势恶化到任何值得注意的程度,则一个由人民行动党掌控的左翼政府可能会上台。从长期来看,可以预见左翼和共产党的力量会增强。

9. 能够用来维持新加坡内部安全的部队除了英国军队①,还有大约 4 500 名警察,包括预备队,以及由 1 300 名现役的及 1 100 名志愿预备队员组成的特别警察队(Special Constabulary)。警察队伍中的马来人多于华人,大约是 4:1,但在高阶人员中华人却处于主导地位。替换英籍最高阶警官的问题很困难,因为本土警官缺乏经验。新加坡政府在 1957 年 3 月开始招募一个 800 人的志愿队,期望其中约有 75% 的华人成员。万一新加坡发生大规模骚乱或示威活动,而且驻留新加坡的英国正规军不施援手时,当地的内部安全部队可能难以维持法律及秩序。

10. 新加坡仍然是英国在远东主要的军事基地,在英联邦和地区防卫中的作用非常重要。而且它也仍旧是一个重要的商业中心。因为这些原因,也因为该殖民地基本政局不稳

---

① 原注:这些军队的力量请参见附录二,第 14 段。

定,近期内英国人不愿意考虑让新加坡独立。而且,我们认为在这一地区拥有足够部队维持内部安全的英国人,可能会暂缓新加坡制宪,而且如果出现民选政府无法控制政局的局面,或者出现共产党夺权的情况,他们就会恢复直接统治。

11. 新加坡与马来亚联邦的合并是新加坡当局的以及许多英国官员的最终目标。后者觉得合并可能会减少因新加坡政局不稳定及共产党颠覆而对英国战略利益构成的威胁。林有福及其他新加坡领导人清楚地了解当前浮现出来的经济和政治问题,是由于与联邦的经济联系削弱而造成的。新加坡的商业航运业和银行业普遍欢迎合并,这可以永久性地保持新加坡当前作为马来半岛首要贸易中心的地位。

12. 共产党人相信合并会增加他们颠覆联邦的能力。出于同样的理由,联邦反对合并。对拉赫曼及其他联邦领导人而言,新加坡是共产主义的温床,必须同联邦隔绝开来。而且,联邦领导人明白,合并可能会使得华人在人口中占到多数。

DDRS, CK 3100365252 – CK 3100365273

费晟译,牛可校

国务院情报和研究署关于中国军队
撤离朝鲜的影响的分析报告

(1958 年 3 月 17 日)

IR 7687

秘密/不可向国外流传

对共产党中国军队撤离北朝鲜的影响的分析

(1958 年 3 月 17 日)

摘　要

1958 年 2 月 19 日,中国共产党人与北朝鲜人宣布中国军队将撤离朝鲜,撤军工作到 1958 年底完成。这一声明紧随北朝鲜早先的一项要求:在撤离所有外国军队的基础上实现"朝鲜问题的和平解决",并随后在中立国的监督下举行大选。

共产党的决定看来首先是基于宣传的考虑,尽管这还可能受到很多因素的影响,包括在朝鲜维持一支大规模的中国军队所造成的经济负担。通过相对安全地回撤到鸭绿江对岸,中国共产党人希望能有效地声援苏联的宣传攻势,并为他们自己赢得国际信誉(并且捎带着揭去"侵略者"的标签,这是他们被排斥于联合国之外的一个主要原因),同时在朝鲜置美国与西方于守势,并削弱民众对韩国政府及它在朝鲜南部所推行政策的支持。自由世界对其宣布撤军的反应以及有关朝鲜的建议尚未完全展现出来,但是自由世界的许多国家都对联合国在朝鲜的立场问题漠不关心,而且普遍易于接受任何可能打破朝鲜僵局的"新"举措,这显示共产党的举动可能会有巨大的吸引力。

关于军队的撤离以及其他宣传举措是否预示着共产党对朝鲜的政策发生了根本变化,是难以明确判定的。在短期内,共产党人似乎对巩固朝鲜现状感兴趣,而且欢迎南北方之间保持有限的亲善,这可能有助于北朝鲜政权的合法化与巩固。尽管可能性很小,但在一定条件下也有可能的是共产党人会考虑建立一个统一且中立化的朝鲜,甚至让一个非共产党政权上台,只要这对促进其全局性战略利益最为划算。然而,尽管共产党在朝鲜的策略可能会在明确限定的范围内"流动",尚没有证据显示此刻共产党人真的企图采取可能削弱他们对北朝鲜的钳制、或者使得朝鲜按照他们不能接受的条件实现统一的行动。他们不希望朝鲜在施行完全自由选举的基础上实现统一,因为这几乎肯定会导致共产主义阵营失去北朝鲜。

一、背 景

　　1958 年 2 月 19 日，周恩来总理和金日成总理签署了中共与北朝鲜联合声明，其中宣布中共政府已经决定向中国人民志愿军提出建议，从朝鲜撤军。撤军将是"分阶段的"，第一批部队要在 1958 年 4 月 30 日之前撤离，余下的到年底也要完成撤军。据估计目前中国人民志愿军在北朝鲜的兵力有 29.1 万人。

　　中国人的这一行动在 1958 年 2 月 7 日已有所预兆，当时北平的广播播送了一份政府声明，其中强烈支持北朝鲜为"朝鲜问题的和平解决"以及从朝鲜撤离所有外国军队所拟定的计划。北平的声明说，在推动外国军队撤离方面中国人准备"采取率先行动"。然而，其中并没有明确说他们愿意单方面这样做。

　　2 月 19 日的联合声明称，志愿军的撤离是"朝中方面真诚渴望和平解决朝鲜问题并缓和远东紧张局势的又一个明证"，还呼吁美国和其他参加联合国军的国家从韩国撤离它们的军队。它警告说如果美国政府和"李承晚集团"把中国人民的主动当成是软弱的表现并试图利用这一点，它们必将"遭到不堪设想的后果"。随后志愿军自己发布的一份声明宣称，如果战火复燃，他们随时都做好返回朝鲜的准备。

　　声明反复指出，对于中国方面而言，军队"撤离"仅仅意味着他们向后跨过鸭绿江转移到中国领土上，而在那里他们能够在很短的时间内重新进入朝鲜；可是如果联合国军队撤退，他们就得撤离到离朝鲜半岛有些距离的海外基地。因此这一行动并不代表北朝鲜或中共的安全地位受到了严重损害。然而，对世界上许多中立的或没有牵涉的国家来说，共产党单方面且无条件的撤退似乎是一种由衷的、负责任的而且真诚的姿态，为的是缓解紧张局势——解决朝鲜僵局可行的第一步。而且，如果美国拒绝"对中国的率先行动做出反应"并撤离自己的军队，则可能会被视为顽固不化。甚至一些在朝鲜战争中参加了联合国军的国家都可能会把中国的举措当成是共产党人渴望就朝鲜问题达成协议的表现。毫无疑问共产党人期望能最大限度地利用这类情绪。

　　在这方面他们会有很多有利因素。自北朝鲜开始袭击大韩民国以来已有近八年的时光了，其间侵略的事实已变得模糊不清，而在联合国及其他场合发生的种种交替往复的谴责、反谴责、计划及决议，模糊了围绕着统一问题各种议题。除了职业军人、历史学家和外交官们，即便在对此有最密切关系的国家里，只有相对极少数的人掌握有关"朝鲜问题"的详细知识。对许多国家中的大多数人而言，在朝鲜所坚持的各种原则都不值得珍视了。即使说朝鲜的局势毕竟还是吸引人们的注意，它也不过是被简单地当成一个双方都要承担责任的问题（韩国政权在日本，在亚洲的中立主义地区，以及某种程度上在西欧都声誉不佳，这进而加强了这种"你们两家谁都不是好东西"的态度）。在这种情况下，世界舆论几乎都倾向于不分是非地接受任何允诺打破僵局的"新"计划，而不考虑其所依据的原则。

二、中国撤军可能的原因

北朝鲜-中国的声明显然是根据这一背景而盘算好的，表明了共产党在一个特别有利的时机占据宣传的主动权的企图。共产党的一些主要目标可能如下：

（一）支持当前苏联的宣传攻势，并且特别要让世界的注意力重新聚集在朝鲜问题上，而且有意促进舆论对就远东事务举行的、有中国参加的高层会谈的兴趣。（苏联在就中国军队撤离一事发表评论时再次呼吁召开一个"有相关利益的国家"参加的会议以讨论朝鲜问题。）大概共产党们也希望为中共有可能参加的一个部分涉及远东问题的峰会打下基础。

（二）将共产党的"和平"姿态与美国废除停火协议中有关限制军备的条款、美国驻朝部队最近装备有核打击能力的武器，以及韩国李承晚总统好战地宣称要用武力实现统一作对比。

（三）在韩国即将到来的国民大会选举（现在定于1958年5月）中削弱亲政府的自由党，并且通过在表面上为南北统一提供新机会而广泛鼓动起南朝鲜的反政府情绪。

（四）通过顺应联合国呼吁中国军队从北朝鲜撤离的决议，由此减轻对共产党中国仍然犯有侵略罪行的指控，从而支持共产党中国对联合国会员国身份的要求。

除了这些主要属于宣传性质的目标外，中国-北朝鲜的决定背后可能还有相对次要的因素。在朝鲜继续维持大量军队已经对北平造成了经济负担。也有某些迹象显示，北朝鲜政府为了维持并支撑中国军队，也承担了一定数额的费用，而且北朝鲜人有可能已经施压要求撤军以减少此类经济负担。也有推测（到现在尚未得到任何可靠情报予以确证）说外国军队在继续呆在北朝鲜领土上可能会引起摩擦、"美国兵事件"（GI incidents）①之类的事件。尽管这些因素在决策中似乎不会起到决定性作用，然而会被纳入有关这一举措的考虑中加以权衡。

另一个应该考虑的因素是共产党人可能确实对美国在南朝鲜的核武器能力感到惊恐，而且希望对美国施压以裁减或撤除它们。据推测苏联人既不愿给中国也不愿给朝鲜类似的武器，还在各种共产党评论中建议朝鲜成为"无核区"，这又佐证了上述的可能性。

然而，根本而言，联合声明的主要目标看来是要为共产党人在朝鲜创造一个新的也更有效的宣传姿态。

三、对声明的反应

（一）共产主义阵营的反应：共产主义阵营很快便对撤军声明纷纷表示支持。共产党中国与北朝鲜的广播自然对这一举措表现了最大程度的关注；苏联、越南民主共和国、保加利亚人民共和国、匈牙利人民共和国以及蒙古人民共和国官方也宣布"完全支持"联合声明。

---

① 指美国驻军在当地的犯罪行为。——译注

这些宣言大多强调志愿军部队撤离的重大意义,而且表示说中国共产党人是"真诚企盼和平"的,同时呼吁美国及其盟国积极回应这一姿态,从韩国撤离它们的军队。各国主要关注的是志愿军的撤离;北朝鲜政府的角色实际上被忽略了,尽管事实上宣布志愿军要撤离只是响应北朝鲜"从朝鲜撤离所有外国军队,包括志愿军"这一提议而已。

北朝鲜的计划呼吁在军队撤离以后,在中立国监督下在全朝鲜范围内举行自由选举,但是这一观点在随后的评论中降低了声调。苏联官方的宣言认为"朝鲜重新实现国家的统一,能够由朝鲜人自己通过促进朝鲜两个部分逐步扩大亲善关系来实现"。苏联的声明中也捎带提及了选举,但既没有给予认可也没有做出评论;苏联只是重复其长期奉行的倡议,即北朝鲜和大韩民国双方"在平等的基础上"举行会谈,发展双方的经济和文化关系。声明还补充说"如果双方政府缔结和平协议并承诺不以武力解决有争议的问题;如果达成一个让朝鲜人民民主主义共和国和南朝鲜都大规模裁军的协议;并且如果它们宣布其领土内不允许部署核武器以及火箭助推武器",南北双方友好亲善就会加速实现。最后苏联提出另一个呼吁,"有利害关系的国家举行会谈",其中将就有利于促进朝鲜两部分之间友好亲善的措施进行讨论。中共很快便对苏联提议举行一个国际会议表示支持。

(二)自由世界的反应:不少中立国家和没有利害关系的国家对中国人撤军建议普遍做出表示欢迎的反应,尽管多数国家的声明很慎重而且遣词造句非常小心——欢迎中国人的行动,认为这向着减缓紧张局势前进了一步,但是却避免对其他各种提议表示赞成。这些国家没有做出更详尽的评论,部分是因为它们普遍缺乏对朝鲜事态发展的关心。然而,它们缄默很大程度上也是因为这一事实,即美国还没有对中国人的挑战做出回应,而且它们正在观望西方会采取怎样的回应。一旦美国和西方的政策界限被清晰地划定,便会有远比现在大得多的反应。日本对中国人宣布撤军表现出强烈的兴趣,还要求充分了解联合国的计划以及与朝鲜问题的发展有重大关系的事宜。

参加朝鲜战争的国家(除了韩国),其公开反应仅限于非常简短的声明,欢迎中国撤军的决定。同时在私下里它们通过外交磋商手段致力于达成相互协调的立场。显然,普遍存在这样一种感觉,即西方对于朝鲜问题应该采取"灵活"的姿态,而且对于共产党的各种提议不仅不应断然拒绝而且还应认真考察一番。

韩国官方抨击共产党做出的姿态是一种诡计:旨在迫使南北方谈判而且麻痹联合国军司令部,使其放松在南方的防卫态势。但是至少在眼下,南朝鲜对志愿军"最终撤离"还是表示高兴,而且重申自己的呼吁:北方在联合国监督下单独举行选举,之后联合国军就可能逐步撤离。尽管韩国可能在高压之下改变自己的立场,然而韩国官方的立场就是反对国际会议,因为它不愿意和共产党谈判。

四、对朝鲜的影响

看来中共的撤离极有可能在已申明的时间期限内完成。相对不甚明了的是共产党准备在何种程度上执行与撤军声明一同提出的各种建议,特别是那些与南、北朝鲜政权之间改善关系以及与最终实现半岛统一相关的建议。

首先完全有可能的是,为了使北朝鲜政权巩固并合法化,共产党人可能对在短期内维持并巩固朝鲜现状抱有真诚的兴趣,而且他们相信双方政府之间关系的逐步和好——随着边境两边的裁军会"缓解紧张局势"——将促进这一目的。假设共产党人暂时放弃任何占领南朝鲜的企图,在朝鲜达成这样一种"和平共处"的安排就会给共产党人带来巨大的好处,而又不会严重损害他们的战略利益。在最近的两次联大会议中苏联宣称它愿意接受"两个朝鲜"之类的决议,同时接纳北朝鲜和南朝鲜加入联合国。

可能性较小,但还是必须考虑的一种可能性是:在一定条件下共产党人愿意放松当前他们对北朝鲜的严密钳制,并允许朝鲜以某种"自由选举"实现统一,甚至愿意接受一个非共产党政权上台。当然这些条件是有限制的:可以设想共产党人将要求统一了的朝鲜全面中立化,各大国(包括日本)要予以保证;本土的军队减少到仅略多于警察的水平;而且要撤离外国军队(以及核武器)并永久性排除其入境。可以理解的是共产党人可能认为:一个统一但中立的朝鲜是近在眼前且易于影响和控制的,美国势力又撤走了,这对促进其在远东的全盘战略利益真是再划算不过了。

然而必须强调的是,以上完全是在推测,而且并没有证据说明共产党们已经考虑对其在朝鲜的立场做出任何重大的改变。相反,眼下有大堆的证据,同样还有共产党过去表现的记录,都支持这种观点,即撤军和与之相伴的姿态就本质而言是北平、平壤及莫斯科之间相互协调的宣传策略的一部分,而且共产党们此时无意进一步采取可能会削弱他们在北朝鲜的地位或者使得朝鲜以他们不能接受的条件统一的具体步骤。

可以设想共产党人不仅会在朝鲜,也会在亚洲其他地方如印度尼西亚继续其宣传攻势。他们可能就朝鲜统一问题做出进一步的引人注目的"新"提议,旨在吸引世界舆论(以及南、北朝鲜的公众舆论),并使美国和西方处于防守地位。然而很可能的是共产党人还没有以细致或者最终决断的方式制订这些连续性的步骤。相反在继续进一步行动或制订策略之前,他们正在试探并检验各方反应。在特定的限制下,可以很合理地猜测共产党在朝鲜的策略是"灵活"的。然而这些界限规定得非常清楚,也没有迹象显示共产党人有意逾越它们。看来可以有把握地设想,在可预见的将来,共产党人不会同意在全朝鲜举行完全自由选举的基础上实现统一,因为这几乎肯定会导致共产党阵营丢失北朝鲜。

费晟译,牛可校

国务院情报和研究署关于苏联阵营对不发达地区进行医疗援助的报告

（1958 年 12 月 9 日）

IR 7893

1958 年苏联阵营对欠发达地区的医疗援助

（1958 年 12 月 9 日）

一、介　绍

苏联对欠发达地区的社会福利与健康援助计划在其对外战略中日益扮演重要的角色。尽管苏联的对外援助计划主要集中在经济发展项目上，但它在医疗福利援助上投入的份额最近已经变得值得关注。

二、医院、制药厂与药品

在 1958 年各种形式的援助中，苏联援建医院的计划看起来最引人注目而且会结出最具持久性的成果。在柬埔寨建，一所拥有 500 张床位，可同时容纳 500 名门诊患者的医院已经按苏联建筑师的计划开始建设了，有 30 名苏联技术专家监理它的建设，而且 2 100 吨苏联的物资与设备已经卸载到金边的工地上。为了支付建设的开销，苏联正在运输消费商品，包括卡车和汽车，而柬埔寨政府则会出售它们以换取本地货币。在拖延了几个月之后，利比亚也接受了由苏联提供施工、设备及医护人员的两所医院。苏联也向利比亚的红新月会（Red Crescent Society）①赠送了一辆救护车以及医疗补给品。缅甸也同意苏联援建一所拥有 200 张床位的医院，而费用可以在 1963 年后再开始支付。尼泊尔最近也接受了一所拥有 50 张床位的医院。

印度已经接受了一笔 2 000 万美元的设备购买贷款，以将其制药工业扩建到这样的水平：印度每年无需再花费 7 500 万美元购买药品，而其中只有 2％ 是由共产主义阵营供应的。此外，苏联在德里维持一个苏联红十字会及红新月会的科研中心，苏联工作人员在这里培训印度的医学专家，并且免费医治印度儿童。在印度各种社群中，苏联医师领导着预防卫生中

---

①　伊斯兰国家的红十字会性质的中立医疗组织。——译注

心。苏联也帮助印度建立起一所光学玻璃工厂,还帮助阿富汗在喀布尔大学成立了一个光学实验室。

更近一段时期内,苏联提供各种卫生援助的例子包括:在6月份向印尼无偿赠送了500公升的霍乱疫苗及药物,以帮助其对抗流行病,此外在7月,苏联派遣10架飞机及44名飞行员到伊朗扑灭蝗灾。

三、学 者 与 专 家

苏联注意到受过培训的医护人员在落后地区所拥有的影响力,于是宣布他们设立了面向非洲、亚洲以及拉丁美洲国家——在那里科学专业人员极其短缺——的奖学金。尼日利亚、利比亚以及埃塞俄比亚已经受到了苏联招收医药受训人员的影响。共产主义阵营的其他地方扩大了与自由世界中欠发达国家学生的交流计划,苏联大部分的奖学金都划拨给科学培训所用,而这些奖金中有相当比例都被特别分配用于医学研究。相比于苏联所资助的更复杂的发展计划,这个计划作为替代选择之一可能还有额外的价值。

苏联人灵活通便的手段体现在今年与尼泊尔的关系中。尽管尼泊尔国王起先拒绝接受一家拥有50张床位的医院作为"生日礼物",然而或许是害怕医院附属的苏联技术人员,四个月后有15名尼泊尔学生接受了到苏联学习的医学奖学金计划。随后据报说尼泊尔人最终接受了所提供的医院。通过向加尔各答的学生卫生中心及玻利维亚的波多西(Potosi)大学捐赠X光机,苏联学生们本身就被描绘为对卫生运动做出了直接贡献。

作为反向活动,苏联医学专家也奔赴欠发达地区。这方面一个主要的对象一直是印度,它在1958年邀请了一个苏联专家小组调查印度城市的卫生情况,而另一个苏联代表团则帮助这个国家发展新诞生的医药工业。而在2月份,苏联医药专家访问了希腊这个一般不接纳苏联建议的国家。

四、卫星国的贡献

尽管由于苏联目前的行动,使得共产主义阵营国家的努力显得不那么重要,但它们也都效仿苏联在这方面的推进。他们越来越多地关注这一问题,这表现在匈牙利向印尼提供一家医药工厂以及工作人员上,表现在匈牙利和罗马尼亚向埃及学生提供奖学金上,也表现在捷克斯洛伐克向埃塞俄比亚提供200万美元的医院设备采购贷款上。

费晟译,牛可校

中情局关于中苏支持拉美革命给白宫的报告

（1959 年 4 月 11 日）

机　密

关于苏中支持拉美革命的报告

（1959 年 4 月 11 日）

查尔斯·卡贝尔（Cabell，Charles P.）于华盛顿提交

收件人：安德鲁·古德帕斯特（Goodpaster，Andrew J.）准将

　　　　白宫办公厅秘书（Staff Secretary）

亲爱的古德帕斯特将军：

……①我可以肯定你会对这份报告感兴趣，报告的复件已附上。

苏联领导人对自由世界揭露他们操控国际共运的宣传显得很敏感。共产党的宣传材料肯定不会再涉及苏联共产党的领导身份及指示，或者是保卫苏联的需要，尽管苏联人当然还会控制住局面。

苏联和中国的官员们都对拉丁美洲的共产党活动给予了高度优先的支持。中国人的确相信他们的策略可以富有成效地应用到该地区的欠发达国家中去。两国领导人都为古巴卡斯特罗革命的成功所鼓舞，但是毛泽东警告说切不可机械地模仿卡斯特罗的策略。首先要尝试合法手段，而且操控民族主义和反美分子的能力要得以提高。

拉丁美洲各共产党的秘密会议制定了一个共同行动计划，强调要开展反对美国基地及其使团的行动。苏联官员们鼓吹要在美国的后院打击"美帝国主义"，并且保证会继续给予援助。

与赫鲁晓夫不同，毛泽东和其他中国领导人会抽时间与拉丁美洲的各个代表进行详尽的会谈。中国人指出紧张的国际局势有利于共产党人；利用这种紧张局势迫使"各个帝国主义"力量分散。在美国登陆黎巴嫩后，中国对沿海诸岛的进攻被引证为成功地牵制"帝国主义"军队的例子。毛声称美国把蒋介石当成一种负担，而且做好了推翻他的准备。

一个有趣的发展是，毛提出可以考虑把几个小的拉美国家统一成一个国家实体，以便加强反"帝国主义"的斗争。还没有迹象显示苏联人向拉美代表们提到了这件事。

中国人制定计划要加强对拉美共产党领导人的训练计划；在拉美国家尝试建立新华社

---

① 原文此处四行未解密。——译注

海外通讯记者网的协议已经达成了。中国人给拉美代表们留下了良好的印象,这可能是由于非常精心地招待了他们,而且他们对中国人的各项进步也感到欣慰。

如果您限制对这份敏感的报告的使用权,我将万分感激。

这份报告的复件已经送给了副总统、总统国家安全事务特别助理、代理国务卿、国防部长、参谋长联席会议主席以及联邦调查局局长。

真诚的

C.P.卡贝尔

美国空军准将

代理主任

DDRS, CK 3100533692 – CK 3100533693

费晟译,牛可校

中情局关于中苏在拉美的"渗透"与"争夺"的报告

（1960 年 2 月 26 日）

仅限官方使用

中国共产主义与拉丁美洲

（1960 年 2 月 26 日）

摘　要

若干年来，中国共产党人一直对拉丁美洲给予大量关注。他们经常把这一地区的人民与亚洲和非洲人民联系起来，把他们都看成是帝国主义剥削和压迫的受害者。

在中共对拉丁美洲事务的关注中，他们主要为这样一种愿望所驱动，即希望在这个对美国的安全而言最紧要的地方挫败其政策并削弱其地位。最近古巴与巴拿马尤其引起他们的关切。另一个动机是，他们渴望在世界上这一从未取得过外交成功的地方赢得外交承认。这里面也涉及共产主义的狂热，因为许多拉美国家的政治和社会环境似乎有利于推进共产主义运动。一个较小的动机可能是，它希望增加与这一地区规模不大的贸易量。

中国共产党人以各种方式表现出他们对拉美的兴趣。他们每周向这里播送 21 个小时的广播。宣传性出版物的流入也迅速增多。拉美赴大陆的访问者……①作为中华人民共和国的客人参加了北京十周年国庆，费用全免。应邀来华旅行的人有相当大一部分是政治上或专业上的非共产党知名人士。回访者一直较少；一个巡回杂技表演团，一个新闻工作者团体以及一个劳工代表团便占了其中的大多数。② 拉美人对中共各种接近方式的回应可能使后者非常满意。……③非共产党人则已经开始称赞中华人民共和国的"进步"，还支持在外交上承认中国，并增进贸易及文化方面的联系。

中共对拉美地区表现出兴趣时，正值苏联对这一地区的关注也在上升中。没有证据表明这两个共产党大国在党际关系方面或者政府政策方面存在竞争；相反他们在削弱美国在拉美的影响力方面有着共同利益。尽管中苏同盟的破裂会让拉美各个共产党感到烦恼，但它们几乎肯定仍旧会忠诚于它们与克里姆林宫之间历时长久的关系。

---

① 原文此处数行未解密。——译注
② 原文此处数行未解密。——译注
③ 原文此处数行未解密。——译注

很有可能的是,共产党中国既作为一个国家,也作为国际共运一个影响力之源,将日益成为拉丁美洲事务中更突出的影响因素。中华人民共和国不会阻碍苏联在这一地区影响力的上升,但是将加强共产主义对拉丁美洲诸共和国的安全所构成的威胁。

中国的共产主义与拉丁美洲

引言

1. 为了将其影响投射到全球各个地区,在过去若干年中中国共产党人把大量的注意力投向拉美,而这一与中国几乎没有历史性联系、文化亲和理和贸易关系。在对深受帝国主义压迫的人民表达关切时,他们经常把拉美和亚洲及非洲联结到一起。因此在 1956 年 9 月举行的中共八大上,刘少奇的政治报告中宣称北京的外交政策就是"反对殖民主义,并且帮助所有亚非拉人民反对殖民主义以及捍卫国家主权的斗争"。共产党中国所发布的宣传每天都会重申这一目标。在 1959 年 11 月 25 日举行的群众集会上,中国和平委员会(China Peace Committee)主席郭沫若发言说:"在刚果人民以及所有非洲人民为了争取民族独立以及反抗帝国主义与殖民主义的斗争中支持他们。"他还离开其主题讲了几段关于拉丁美洲的套话。他疾呼道:"在这个群众大会上,让我们向正在英勇地开展捍卫民族独立斗争的和争取民主和自由,并且反抗美国侵略与掠夺的拉丁美洲人民,表达我们诚挚的敬意。"①

2. 北京对拉美的兴趣反映在中国国内新闻报道涉及该地区的篇幅中。拉美事务一般是在《人民日报》的"国外版面"中报道的,而古巴局势正是一个特别受关注的话题。1959 年 8 月举行的圣地亚哥外长会议得到了关注,《人民日报》报道共产主义阵营以外事件的全部篇幅中大约有三分之一都是相关消息,而且有几期报纸中有关拉美人对赫脱②国务卿所设"陷阱"表示愤慨的主题被摆放在非常显眼的地方。……③

中共的动机

3. 毫无疑问,在关注拉美的背后,北京的首要动机是期望挫败美国的政策并削弱美国的地位。中国共产党人业已看到,在拉美他们有机会把宣传和颠覆攻势带进头号敌人的后院。这一地区对美国的安全而言至关重要,美国在此有着巨大的经济投资和广泛的贸易关系,而且在传统上它也是美国紧密的政治盟友。这也是一个为当前全世界强烈的民族主义潮流所影响的地区,被许多社会及经济问题所困扰,而且这里还有许多有影响力的组织,它们对美国的权势和影响力充满妒忌和怨愤。中国共产党人意识到了这些因素,就会顺理成章地将其反美运动的很大一部分引向拉美。

4. 第二个动机是想赢得国际社会的承认。在世界各大地区中,唯独西半球还没有多个国家承认北京政权是中国的合法政府。其威信受损如此严重,以至于对台湾的中华民国才

---

① 原注:美国对外广播新闻处远东每日报告,1959 年 11 月 27 日,第 AAA5 页。
② 赫脱(Herter),美国政治家,曾任马萨诸塞州州长、美国国务卿和首任美国贸易代表。——译注
③ 原文此处数行未解密。——译注

是中国主权合法拥有者的主张还得到加强。通过博得许多拉美国家予以外交承认进而摆脱自己当前在西半球受排斥的处境,将意味着中华人民共和国的一大胜利。这几乎肯定会导致中华人民共和国进入联合国,并且有可能使安理会的席位由台湾转到北京政权手中。中国共产党人相信通过扶植有影响力的群体,他们就可以在若干拉美国家鼓动起强烈的中立主义情绪,并且减少在联合国大会中对其投反对票的国家的数量。古巴在 1959 年所投的弃权票以及其他国家政府表现出来的自行其是,都说明这一信念是颇有根据的。

5. 关注拉美的一个额外的动机是其加速传播共产主义的热切期望。毛泽东及其追随者以一种恶性方式表现出共产党人的传教狂热。他们所看到的局势是,几乎所有拉美国家的共产党都值得帮助。现在正值给予这种援助的大好时机。拉美的革命传统上无非是由一个寡头集团废黜另一个寡头集团,但现在正变得越来越具有深层动荡的性质。共产主义向前推进的前景由此变得更为乐观;而面对这种有利的局势,共产主义运动的中心不能无动于衷。

6. 假定拉美建立了多个共产党政权,则北京方面一些制定长期计划的人就可能会构想一个横跨太平洋的中国势力范围的图景。如果说移民是解决中国人口问题的一个必要手段,那么比起亚洲人口稠密的或干旱贫瘠的地区,南美洲相对空旷的空间就可能提供更为适宜的目的地。这种地缘政治上的想法一旦为北京所抱有,就为它支持拉美共产主义运动提供一个补充性的动机。

7. 最后一个较小的驱动力是北京对增加其对外贸易的兴趣。关于这方面的前景不会很看好。共产党中国与拉美都是总体尚欠发达的地区,都在很大程度上是原材料的出口者,他们相互之间没有多少贸易往来。大约年均 700 万美元的贸易额可能会随着中国增购蔗糖、铜、羊毛以及某些其他产品而增长,但共产党宣传中的各种展望肯定是幻想。对拉美人而言很不幸的是,饮用咖啡在远东尚未成为一种流行的嗜好。

中国影响的手段

8. 中国共产党方面每周向拉美播送 21 个小时的西班牙语广播。除吹捧中华人民共和国的成就外,这些广播的责任是揭露美"帝国主义"的不端行径及其在拉美的"剥削"。这些节目的共同特点是播送一段对一位拉美访问者的采访录音。节目都遵循一个套路:对工厂、学校及公社的访问进行热情报道;对幸福、友好的中国人民的赞扬;对美帝国主义(Yankee imperialism)的谴责;要求获得外交承认以及联合国会员国身份;对增加贸易及文化关系后可收获的好处的预言。几乎千篇一律的是关于"充斥流氓和妓女的上海"得到改造的评论,而先前"帝国主义者试图把它作为一个堕落耻辱的中国的象征……"。[①] 北京所播放的大量带有强烈反美气息的拉美"新闻"显然来自新华社与拉丁美洲通讯社(Prensa Latina)——最近由古巴资助成立的新闻机构——之间的工作协定。

---

① 原注:来自于:卢兹·卡洛斯·普雷斯特(Luiz Carlos Prestes)1959 年 12 月 1 日的演讲录音,他是巴西共产党的总书记。美国对外广播新闻处远东每日报告,1959 年 12 月 1 日,第 AAA22 页。

9. 大量的印刷材料被发送到拉美诸国。有一些文章就是中共领导人作品的西班牙文译本，比如刘少奇的《论共产党的修养》（How to be a Good Communist）。其他一些是旨在给党内外人士都留下深刻印象的书籍和小册子。在 1960 年 1 月 1 日，中共开始出版其西班牙文版的宣传性杂志，《中国建设》（China Reconstructs）。据北京的广播说，可以通过巴西、哥伦比亚、智利、墨西哥、秘鲁、乌拉圭及委内瑞拉的发行商，订阅到这份杂志。让人们注意获取中共出版物的广告正出现在遍布这一地区的各种报纸上。

10. 除了广播和出版物，中国共产党人也一直通过互访来谋求扩大影响力。……①

11. 前往共产党中国的拉美访问者大致分为三类。第一类，是各国共产党的活跃分子。他们应邀出席中共的代表大会或者在参加其他共产主义阵营国家的会议之后访问中国。有些人花好几个月的时间参加中共党校的学习。第二类的成分包括：作为共产党同路人的政治家、记者、律师、工会领袖及作家。这些访问者中有相当一部分人在诸如世界和平理事会以及国际学生联盟之类的共产主义阵线组织中非常活跃。第三类群体由包括政治家、商人和记者在内的非共产党员组成。

12. 中国共产党人非常慷慨地支付其拉美访问者的开销。对于应邀来北京参加国庆十周年庆典的代表团，中共承担了即便不是全部、那么也是大部分代表团的旅费，而且他们驻留中国期间都享受政府来宾的待遇。……②中国方面不支付男性代表们的妻子的旅费，但是如果她们自费抵达后，参观访问都可以免费。去年夏天一群哥伦比亚的国会议员在共产主义阵营国家访问时抵达北京，在那里他们受到了毛泽东的接见；据报告说他们的开销是巴黎支付的，而且他们所到访的国家支付了回程费用。

13. 到目前为止互访主要还是单向的。在 1958 年末与 1959 年初，一个中国巡回杂技表演团访问了南美洲，在所有愿意提供签证的国家都做了表演。有一些国家不愿意提供签证。③ 在 1959 年 11 月下旬，三名友好代表及一名翻译抵达智利的圣地亚哥，参加智利工会第二届全国代表大会，暨 12 月 5～8 日举行的智利工会中央委员会会议（CUTCh）。这个中国代表团由作为委内瑞拉劳工联盟（Venezuelan Labor Confederation）的客人在 12 月 23 日出现在加拉加斯。代表团说访问的目的是"了解委内瑞拉并与委内瑞拉劳工运动建立更紧密地联系"，以作为"促进世界和平"的一个手段。中国人在联盟总部受到了主要劳工领袖们的接见，而且中国之友协会（Association of the Friends of China）的组织委员会款待了他们。……④

14. 除了那些在智利、巴西、阿根廷及墨西哥等国城市既有的组织外，1959 年在波哥大、拉巴斯、加拉加斯以及蒙得维的亚也都设立了共产党中国的文化协会。中共利用波哥大的那个协会把参加十周年国庆的邀请范围扩大到三位著名的哥伦比亚非共产党人士。

15. 此外，北京政权还通过承担向前来访问的共产党人提供咨询以及培训共产党员的

---

① 原文此处数行未解密。——译注
② 原文此处数行未解密。——译注
③ 原文此处数行未解密。——译注
④ 原文此处数行未解密。——译注

方式表现出它对拉美的兴趣。自 1949 年中国共产党人巩固了他们的政治权力后,中共越来越多地输出意识形态及策略方面的指导。①

16. 自 1957 年底开始,共产主义阵营有三件大事给世界各地的共产党领导人会晤提供了机会,而且每件事情拉丁美洲都充分参与了。在第一件事情,也就是莫斯科举行 40 周年庆祝同时召开共产党与工人党大会之后,许多拉美领导人到访北京,在那里他们征询了毛泽东及其同事的建议。苏共二十一大是共产党精英们会聚的又一次机会,而且一些拉美人在回国途中再次访问了北京。第三次是中华人民共和国十周年国庆,它为拉美共产党的重要领导人提供了无数次与其中共同志亲密接触的机会。② 在 1959 年 10 月 5 日,拉美团体与毛泽东、刘少奇以及周恩来会晤。……③

17. 至少从 1952 年起,就有少量拉美共产党员赴北京参加培训。……④

拉美对共产党中国兴趣的反应

18. 拉美共产党对其中国同志的建议明显做出了热切的回应。似乎每个党都派出代表团参加了十周年国庆庆典,而且在一些较大的国家,还通过确保非共产党人士的出席来配合北京。许多拉美共产党人在参加完苏联及东欧卫星国举办的大会或培训学校后接受了访问中国的邀请。拉美人愉快地接受了中共所扩大的参加党课培训的机会。拉美的共产党新闻舆论对中国事务及北京政权的声明给予了篇幅可观的报道;这些材料因为其中有强烈的反美论调而很受欢迎,但是也迎合了人们对中华人民共和国之发展的强烈兴趣。

19. 有证据显示,有相当多的拉美共产党人认可这样的观点,即中国经验与他们的问题高度相关。中国有关土地改革、没收并驱逐外国商业利益集团以及大众教育的措施都被认为是适合于拉美情况的,从而被接受。共产党人把农民、小资产阶级以及民族主义知识分子组织起来形成"民主战线"的策略似乎对拉美各共产党而言是一个实用的办法。拉美各共产党对中国模式及其指导的接受中的一个考虑因素几乎肯定在于,北京领导人作为一群真正的革命者的威望,仅仅一些年之前这些人还打着红旗在战斗。

20. 随着苏共二十大(1956)提出了通向社会主义可以走不同的道路的方针,拉美共产党对中国榜样的兴趣大大增加。拉美各国共产党出于责任感而忠于克里姆林宫,它们注意到这一教条的声明中赞成学习中国经验,而且支持把它应用到其"独特"的本土环境中去。

21. 与他们的中国同志一直保持接触的拉美共产党人似乎觉得他们在个人的以及党的关系方面都很愉快。一些拉美人将中国人亲切的风格与苏联共产党人严厉而傲慢的作风进行了对比。拉美人的气质似乎会觉得北京的官方氛围要比莫斯科的更对胃口,而且很容易

---

① 原文此处数行未解密。——译注
② 原注:根据北京广播的通告,派出代表团的有:阿根廷、玻利维亚、巴西、智利、哥伦比亚、哥斯达黎加、古巴、厄瓜多尔、危地马拉、墨西哥、尼加拉瓜、巴拉圭、乌拉圭,还有委内瑞拉。
③ 原文此处数行未解密。——译注
④ 原文此处数行未解密。——译注

就能接触到中共最高领导人也使得访问者感到愉悦。……①

22. 中国宣传者可能对拉美非共产党圈子对其讨好的回应颇为满意。在共产党同路人知识分子和激进知识分子群体中,他们博得了对于其政权及政策的大量好评,他们也获得了几个知名政治人物的认可。比如,在墨西哥首都举行的、由各共产党及左翼组织所安排的一次十周年庆典上,前总统拉扎罗·卡德纳斯②称赞了北京政府。对塑造公众舆论颇有影响力的人士接受了访问中国的邀请。参加北京庆典的哥伦比亚代表团不仅包括若干共产党人及其同情者,也包括两位共和国前总统的儿子,他们都是报纸的主管。哥伦比亚代表团的另一位代表是一名杰出的商人和牧场主,在农业经济学方面有广泛著述。阿根廷代表团包括四名议员,三名是国会议员,一名是省议员。在智利代表团中有下议院外事委员会的主席格玛恩·克维罗加-加尔多(German Quiroga-Galdo)博士。许多参加十周年庆典的代表团都包括一名甚至更多的记者。

23. 似乎有若干因素可以解释中国人在非共产党人中赢得的反响。一个因素当然是人们对远东发生的事情非常好奇,这是拉美对 18 世纪欧洲的"中国潮"的一种回响。免费观光丝毫没有消减这种好奇。新闻作品说明了众多出版家、编辑、记者的兴趣所在,他们到访过共产党中国,并且宣扬了它取得的发展。一些拉美国家记者圈子中强烈的左派倾向更加强了他们对中国事物的职业兴趣。表现出他们独立于华盛顿的态度的意愿也影响了拉美非共产党人士的反应。偏要去搞一些为美国所不满的交往,这其中至少有少许做给美国看的因素。

中苏间竞争的问题

24. 北京在苏联对该地区的关注日益加强之时表现出对拉美的兴趣。苏联关注拉美的明显表现是:它就贸易、贷款及技术援助事宜向一些拉美国家提出建议并展开谈判;1959 年1 月 22 日在莫斯科成立了面向拉美国家的"苏联友好文化合作协会"(USSR Association for Friendship and Cultural Cooperation);提供大学奖学金;苏联体育和音乐团体访问拉美;并且增加面向拉丁美洲的广播。③ 1959 年春季苏联在纽约举办的展览转移到了墨西哥城,而且由部长会议副主席阿纳斯塔斯·米高扬(Anastas Mikoyan)④主持了 11 月的开展式。1960 年 2 月,该展览又在哈瓦那举办,相伴的还有一个苏联电影和音乐艺术家的艺术节,米高扬又一次非常高调地赶来主持开幕仪式。在双方多次的接触中,苏联官员向拉美人表示说,如果外交上的承认在现有的三个使团即阿根廷、乌拉圭和墨西哥之外还能够扩大,那么就可以期待更富有成效的关系。

---

① 原文此处数行未解密。——译注
② 拉扎罗·卡德纳斯(Razaro Cardenas),墨西哥总统。早年参加墨西哥资产阶级民主革命,后提升为将军。1934 年当选总统,组织左翼政府,依靠工农群众,执行 1917 年宪法。实行农地改革和工业国有化运动。1938 年 4 月,将国民革命党改组为墨西哥革命党。1940 年 12 月 1 日任满卸职,1955 年,当选为世界和平理事会副主席。——译注
③ 原注:1959 年 10 月,莫斯科广播电台对墨西哥及中美洲的西班牙语广播时间加倍,从每周 7 个小时到每周 14 个小时,并将其葡萄牙语服务节目增加到每周 14 个小时。其对南美洲的西班牙语广播没有延长,仍保持在每周 21 个小时。卫星广播通过向拉美放送 43 个小时的节目而支撑苏联广播的播出量。
④ 苏共中央主席团成员、苏联部长会议副主席,长期负责苏联对外贸易工作。——编注

25. 没有理由相信，苏联对拉美的关注是因其与中共为影响力和声望展开的竞争而加强的。相反，两个共产党国家似乎要联手展开合作行动，东欧卫星国可以从旁相助。① 既存的这些迹象暗示在共产党党务方面以及在政府政策方面，北京政权与莫斯科政权都在互相给予支持而不是加剧竞争。

26. 很早就成立的拉美各党一直都是克里姆林宫忠实的仆从。尽管偶尔有修正主义者、偏离党内路线分子以及托洛茨基分子制造麻烦，但正统派一直控制着阵地。震撼欧洲共产主义的 1956 年事件——赫鲁晓夫的"秘密报告"以及波兰、匈牙利的危机——在拉美也有反响，但各党重新恢复了平静，而且几乎没有人叛离。拉美各党接受莫斯科经常性的指导，包括阐释国际局势，说明宣传路线，以及建议在当地情势下活动的策略。诸如苏共代表大会之类在苏联首都都召开的重大聚会，都是克里姆林宫官员与拉美代表们广泛开展讨论的场合。这类指示还通过拉美各党领导人与共产主义阵线组织的官员对莫斯科及其卫星国首都进行不断的访问而得到补充。共产主义阵营国家的外交使团也会传达和转达建议与指示。

27. 尽管在过去若干年中可以看出，中国人对拉美各共产党的计划及策略有一定的影响力，但这似乎是对克里姆林宫指示的补充而并非与它对立。……②可能所有这类建议以及有关国际局势发展的简报，都是以一种特别的中国风格传送的，但它一般与发自莫斯科的指示方针一致。

28. 有关中苏将合作指导、支持拉美各国共产党的一个很好的解释是，北京和莫斯科在这一地区有着共同的利益。共产党中国和苏联都把美国当成主要的敌人。拉美共产主义运动是削弱美国在这一地区地位的有用工具，而这一地区对华盛顿的战略重要性而言是首位的。这两个共产党国家在抗击"美国佬帝国主义"的手段上能全心全意地合作。目前他们对古巴革命的趋向表示满意，就说明了这是一件他们希望在别的拉美国家也能不断看到的发展势态。

29. 尽管北京和莫斯科目前关于西半球的利益还是一致的，但某些方面的分歧也可能上升。苏联领导人如果认为发起缓和国际气候的运动于己有利，则拉美各党中的寒冷空气可能就需要一些升温。有一些迹象表明这正在发生。……③据说智利共产党正在准备欢迎总统的标语，并且呼吁禁止核武器与核试验。尽管中国人明白在推进共产主义目标时需要策略上的灵活性和目的性，但可能还是认为克里姆林宫的"和平"路线可能会模糊了他们所描绘的美国人贪婪、专横的形象。共产党中国总是以充满敌意的论调评论拉美发生的事件，这正说明北京所持的就是这种观点。比如，新华社关于 1959 年 11 月 3 日和 4 日在巴拿马发生的示威报道说，它被"美国占领军"施以"血腥镇压"。④ 北京广播电台对海外听众的

---

① 原注：东欧卫星国与以下拉美国家保持着外交关系：捷克斯洛伐克-阿根廷、玻利维亚、巴西、墨西哥及乌拉圭；匈牙利-阿根廷；保加利亚-阿根廷与乌拉圭；罗马尼亚-阿根廷和乌拉圭。捷克斯洛伐克在哥伦比亚的波哥大驻有总领事。
② 原文此处数行未解密。——译注
③ 原文此处数行未解密。——译注
④ 1959 年，发生巴拿马数百名青年闯入美国占领的运河区升国旗的事件。——译注

广播中将此事报道了21次，而且随后11月11日的《人民日报》在一篇文章中用轻蔑的言辞方式总结性地讨论了"不平等的"且"强加"的1903年美国与巴拿马条约。相反，苏联的评论相对克制。苏联和北京的广播都多次指控了意在推翻古巴卡斯特罗政权的外国阴谋及反革命行动，但是中国方面在谴责美国政府上远比苏联率直。到目前为止共产党中国在阐释拉美事务以及华盛顿与其西半球邻居的关系时，对美国政府的攻击从来都是肆无忌惮的。

30. 对比中共与苏联宣传中对待西半球事态发展的公开态度，尽管对适当的策略的看法似乎确有不同，但这可能代表着它们互相认可了各自主旋律的长处，即北京扮演刺耳的音符而莫斯科则扮演柔和的音符。这种二重奏在共产党的作为中并不罕见。这么做可能会使一些党员感到迷惑，但拉美共产党领导人事先已得到很充分的通报，他们几乎肯定了解这一策略，并且利用它充分发掘对美国的反感，同时拥护苏联式的和平共处。

31. 如果当这两个国家就更深刻的问题发生分裂时，中苏之间对拉美共运的指导权的竞争就会升级。人们只能推测拉美各共产党对北京与莫斯科之间的真实分裂会做出何种反应。毫无疑问这会引发严重的危机。许多拉美共产党人会被强烈地吸引到中国这边来，倘若分裂牵扯到对美缓和问题的分歧，就更是如此。舍弃中国共产党人的好斗路线将是一个艰难的抉择。而且在很多拉美共产党人看来，如果使他们自身隔离于中国"经验"，他们的党就不能再接收到有关半殖民地革命策略最新也最贴切的指导。

32. 然而，尽管拉美共产党对被迫做出抉择感到非常苦恼，但可以相信，他们当中的绝大多数仍旧会忠于克里姆林宫。莫斯科对拉美共产党的路线有长期基础，而且去路线的力量也随着苏联的壮大而增强，这是一个不同于中国人的许诺的现实情况。而且很可能的是，共产主义阵营的东西分裂会造成欧洲各党站在苏共一边，这将给拉美人施加重大的影响，因为该地区与欧洲的政治、经济及文化联系要比跟东方的联系强得多。

33. 如前所述，对拉美各个共产党而言更有可能的问题是要调整适应于两大共产党中心不同的主旋律。他们应该能做到这一点，因为领导人们都了解北京与莫斯科在基本战略和隐秘策略上是一致的。公开的行动会根据行动的后果随时作出调整而这应该不是一个太困难的目标，因为共产党人并不太看重行动的连续性。

展望

34. 有种种迹象说明北京会越来越多地关注拉美地区。考虑到中国共产党人的扩张倾向、他们对美国的敌意以及众多拉美国家都存在社会动荡，几乎可以肯定北京在这一地区的行动会产生更加重要的作用。

35. 宣传攻势中可能会继续混杂着刺耳与柔和之声。对美国的谴责以及对华盛顿政策的公然歪曲对拉美受众而言仍将是惯常的主题。一个广泛的有新闻记者组成的网络还会给共产党中国的宣传人员提供"美国佬剥削"方面的素材。与对美国的攻击相并行的将是对中华人民共和国的进步的。

36. 当前零星前往大陆中国访问的人似乎会有所增加。有一则报道说，从1960年春季开始，将有一艘从布宜诺斯艾利斯启程的船只每年将有八至九次为500名观光客提供免费旅行。这似乎是不可能的,但是双方党员之间及非共产党人士的流动几乎肯定会增加。可以预计这些访问者中的很多人都会对中华人民共和国的生活做出充满羡慕之情的描述。

37. 共产党中国各种组织的代表们也会越来越频繁地造访拉美各国。他们可以作为各种代表和观察员来拉美,包括参加各个共产党的代表大会、出席统一战线组织的会议以及出席工会会议和专业会议。预计戏剧界和运动界的团体也会到来。

38. 中共几乎肯定会越来越多地参与指导拉美各个共产党的活动。这种影响力的增长可能部分来自于:各个共产党领导人赴北京谋求讨论与建议、到中共党校参加干部培训、更多地出版有关毛主义和中国"建设社会主义"的经验的材料,还来自于对拉美国家党组织的直接支持。……①

39. 中国人越来越强的影响力也来自拉美共产党人对北京道路的接受。中共的革命热忱吸引了许多拉美共产党人,而且他们表示在中国"经验"中发现了很多适用于他们本国问题的东西。中国人重视土地改革这一在多数拉美国家都很重要的问题,而这会使得中共的建议和指导继续具有吸引力。

40. 尽管在接下来的若干年中北京的影响力还会增长,但这不会取代苏联对拉美共运的主导性作用。拉美各党与克里姆林宫的历史性联系随着莫斯科对西半球关注的上升而正在加强。苏联势力的存在——通过贸易和技术使团也通过文化联系而得到加强——几乎肯定会更加显著。尽管可能总会有某个拉美共产党领导人感觉总有一天他的党会与北京建立最紧密的关系,可绝大多数人却沉浸于无产阶级国际主义并承认苏共在世界共运中至高无上的地位。这些领导人不会在他们的国家推动任何分裂的潮流。中共会对他们表示满意,而他们也会鼓动中共发挥更大的作用,可他们对莫斯科的忠心不会消减。由于这种忠诚,他们几乎肯定会得到各卫星国共产党代表——无论是在国内与之联系时还是在访问共产主义阵营时与之接触时——的支持,也会得到各个共产主义阵线组织官员的支持。

41. 除了通过党际关系增强中共的影响外,北京政权还会通过使拉美国家承认中华人民共和国为一个国家并与之打交道而成为影响拉美事务的一个更重大的因素。促进外交承认以及发展政府间关系的速度会受到世界事务发展趋势的影响,也会受到拉美国家各自政治发展情况的影响,但是有征兆显示中共会成功渗透进这个当前还封闭的地区。如果卡斯特罗政权生存下来并继续其当前的亲共政策,古巴可能会是第一个放弃台湾转而承认北京的拉美国家。一旦坚冰被打破,其他政府可能会纷纷效仿。这些政府中有很多都不希望惹怒华盛顿,也害怕更多共产主义阵营使团的到来可能会助长国内的共产党活动,但是它们正处于形形色色的民族主义者、自由主义者及反美组织(Yankee-phobes)②的高压之下,这些人都把承认中华人民共和国当成宣扬其对美国影响力的"独立性"的一种方式。共产党中国与拉美国家之间的贸易份额似乎不会增长到很大的数目。然而,它会变得悬而不定,成为一

① 原文此处数行未解密。——译注
② Yankee-phobe 一词源于 xenophobe,指畏惧或憎恨外国人和事物的人。

个要通过更紧密的关系去争取的奖品。

42. 在可预见的将来,拉美会越来越屈从于既来自东方也来自西方的共产党潮流。国际共运期待着利用西半球各种有利于自己的环境,它会通过施加各种压力——外交的、经济的、文化的、意识形态的、宣传的、颠覆行动的——而努力加速自身的蔓延。苏联方面的潮流仍然会更强大,但跨越太平洋而来的则会是一个坚定且上涨中的潮流,这将加剧对拉美安全防护堤的威胁。

DDRS，CK 3100285719 - CK 3100285742

费晟译,牛可校

布福德关于东西方力量对比发展趋势研究计划的备忘录

（1960 年 3 月 4 日）

给格雷(Gray)先生的备忘录

秘密

影响自由世界和中苏集团未来权力态势的主要因素

（1960 年 3 月 4 日）

在 1960 年 2 月 19 日的会议上，计划委员会(the Planning Board)根据代表们所报告的委员会成员和顾问的看法，就所提议的要对权力态势进行研究这一问题进行了讨论。在讨论过程中，您表示想要弄清楚总统对发起这项研究的看法。随信附上的是对这一项目的简要说明，或许会对您弄清这一问题有所帮助。

当时计划委员会同意要建立一个特别小组，在您和总统的商议有了一个结果之前，特别小组的第一项工作是准备一份相关研究的书目。除了国家科学基金会(NSF)，所有参与的机构都给出了参与人员提名，特别小组的负责人〔中情局的莫雷尔(Morell)先生〕已经开始组织这项工作了。

在那次计划委员会的讨论中，只有参谋长联席会议的代表投了反对票，而在我看来，这更多的是基于他对这样一个包罗万象的研究事实上能否开展起来表示怀疑，而不是对这一长期研究的有用性表示怀疑。其他所有人都支持这一计划，但每个部门的热情程度有所不同。国务院对此最为热切，中央情报局、科学顾问和国防部次之，预算局和财政局则仅仅是愿意合作。在此需要注意的是，国家安全委员会未来的几项可能的议程，包括参谋长联席会议提议的两项，要推迟到有关权力要素研究进一步开展起来以后才能提上日程，这些议程包括：

（1）对影响 60 年代国家安全政策的主要问题进行分析。（计划委员会）

（2）美国对苏联和共产党中国的政策。（参谋长联席会议）

（3）美国对苏联及其欧洲卫星国的长期政策，以及美国对共产党中国的长期政策。（国防部）

（4）国家的长期战略。（民防国防动员署）

（5）美国对外政策和军事能力。（国务院）

（6）世界其他权力中心的发展对美国意味着什么。（国务院）

（7）核武器及其运载系统的扩散。

（8）苏联和共产党中国的经济威胁。（参谋长联席会议）

A·西德尼·布福德三世(Sidney Buford Ⅲ)

附录

国家安全委员会关于权力态势研究的可能的计划

去年秋天,国家安全委员会基本上通过了计划委员会提议的诸项新计划。其中的一项名为"影响自由世界和中苏集团未来权力态势的主要因素"。国家安全委员会成员和顾问的最近一次非正式投票表明,他们对是否有必要发起这项研究存有不同看法。虽然所有人都表示愿意合作,但具体看法上差别很大,国务院积极支持,参谋长联合会议则对这一提议是否值得尝试表示怀疑。鉴于此,加之很多人都对这一计划感兴趣,并且计划本身也比较复杂,我在这里将简要地说明现在该项目的一些基本情况,在获得您的首肯之后再做进一步的研究工作。

该计划并不是要产生出一份政策文件。相反,它要对自由世界和中苏集团的相对权力态势大趋势做出权威而客观的分析,从而为长期的政策规划提供依据。据我所知,美国政府还从没有进行过这样全面的分析。事实上,除了军方在纯粹的评估方面和纯粹的能力方面设立过一些特别小组外,还没有一个政府机构做过此类的事,无论是在绝对意义上,还是就未来趋势而言。很多人认为这一重大的缺陷只有靠国家安全委员会这一机构才能获得补救,因为国家安全委员会可以为了这个目的而将情报部门和非情报部门的职责融合到一起。

我要强调的是,这个计划是要对1965~1970年,自由世界国家(与我们结盟的和中立的)与中苏集团之间在军事方面和非军事方面的权力态势之未来发展趋势做出评估。虽然军事和经济力量当然是这一计划的主要考虑,但是大众文化、国家目标、政府结构和道德特性这些不那么有形和不那么传统的,但却绝非不重要的方面也同样值得关注。因此这一次,无论是我们一个国家,还是与盟国和友邦合作,我们都应该对塑造国家力量的所有重要因素进行研究和分析,以便对双方相对实力的发展趋势做出全面而有意义的评估。因为为了战胜对方,我们和中苏集团都是既通过最缓和的劝服手段,也通过全面的军事压制来对其他国家和对方施加影响的。我们的评估将建立在一系列报告的基础上,而这些报告将设法从地缘上和功能上进行一些可行的选择性比较研究。

虽然这项计划的一些部分是要保密的,但是总评估的最后阶段要在政府内完成,并且需要获得有关负责的政府机构的正反两方面的意见。最后的报告可能会享有一定的高度机密性,并据此加以控制和发放。

我自己认为这个计划对我们的政策制定是极为有用的,并可能成为未来年代里类似评估的先例。

DDRS, CK 3100458099 – CK 3100458102

刘青译,牛可校

中情局关于中国在非洲的"政治和经济攻势"的情报报告

（1960 年 8 月 29 日）

机　密

共产党中国在非洲的政治和经济攻势

（1960 年 8 月 29 日）

本报告依据的是截至 1960 年 8 月 15 日收集到的信息

摘　　要

自 1955 年万隆会议以来，中共就决定努力加强与非洲各国的外交和经济联系。他们认为实现文化和经济联系迈向是建立外交关系的一步，而外交关系对实现他们加大对亚非各国施加影响的目标是不可或缺的。

他们的策略包括利用一系列的政治、文化和经济手段。他们给予非洲民族主义者以道义的，有时也有物质的援助。非洲领导人被邀请去访问共产党中国，并受到中共高级官员的接见。共产党中国内部建立了与非洲各国促进友谊的社团，国内常常举行以非洲为主题的集会。中共在对非洲的宣传中充分展示了他们对非洲的这种兴趣。同时，这些宣传还致力于谴责西方殖民主义。政府间正式的贸易协定是北平最喜欢的经济工具，可用以加强与非洲各国的纽带。对非洲的援助一直以来规模都非常小，并主要是用于宣传目的。

共产党中国在非洲的政治和经济攻势取得了程度不同的成功。有 7 个非洲国家已经承认或者打算承认共产党中国，但是有 16 个承认了或者可能会承认中华民国。尽管共产党中国与非洲的贸易增加了，但它并没有在任何一个非洲国家的贸易额中占据重要分量，并且与非洲国家签署的政府间的贸易协议只有两起。共产党中国给予非洲国家的援助只占苏联给予这一地区援助的很小的一部分，远不及捷克斯洛伐克给予这一地区的援助。不过，越来越多的非洲国家取得了独立，这为共产党中国扩大在非洲大陆的影响提供了机会，在过去的十年间，北平一直在扩大在非洲的活动。

共产党中国在非洲的政治和经济攻势

一、引　　言

中国共产党毫不掩饰他们在看到非洲民族独立大潮时的喜悦。这些新兴国家一获得独立，他们就立即给予了承认，对刚果共和国，他们甚至提早了几天就给予了承认。在支持非洲独立方面，中共比苏联走得还要远，他们甚至已经承认了阿尔及利亚临时政府，而苏联却没有这么做。在非洲国家获得独立时，这些国家就会收到来自中共高层官员和中国群众组织的贺电，共产党中国国内也会举行示威以庆祝非洲国家的独立。

1949年中国共产党刚夺取政权不久，党的理论家，现在是名义上的国家元首的刘少奇就发表评论说，中国革命斗争的形式可以应用于其他殖民地和半殖民地国家。这番讲话经常被看作是中国共产党在解决殖民地人民所面临的与西方关系的问题时最基本的应对之道。尽管在万隆会议上中国所采取的姿态使这种路线发生了显著的变化，但中国的理论著作在写到殖民地人民实现独立时，仍然以这段话作为其支持暴力革命的一个根据。就在最近，北平在解释帝国主义的性质时又表达了同样的观点；北平积极拥护这样的看法，即认为帝国主义不会自行从政治领域撤离，而是一定要被赶走的。在与非洲国家的关系上，北平主要侧重于鼓励和支持欠发达国家反对西方的斗争。在他们看来，"东风会压倒西风"，北平采取了各种手段以证明预先形成的看法的正确性。他们还试图将自己描绘成一个被压迫的国家，在"帝国主义"的控制下被践踏了多年，最终摆脱了"帝国主义的枷锁"，在极少外援的情况下迅速成长为了一个世界大国。

同时，共产党中国对非洲的宣传苏联和共产党集团的其他欧洲成员国更加好战。它强调说亚非国家在反帝斗争中需要联合起来，并将美国斥为"新殖民强权"，是"企图打着援助的幌子，取英法帝国主义而代之"。北平的宣传利用了共产党中国国内以非洲为主题的一些集会，比如谴责"比利时殖民者在刚果的大屠杀"，庆祝"喀麦隆日"，"非洲自由日"和"与乌干达团结日"等。此外，在非洲人遭受到西方强权和当地白人少数种族所施加的苦难时，中国共产党还立即对此表示同情，最近的刚果危机就很好地体现了这一点。

二、政治与文化攻势

为了加强在非洲的影响，中共积极寻求与非洲各国建立正式的外交关系。北平对两个中国的说法尤其敏感，他们谴责说，"美帝国主义"为了破坏中国人民与非洲人民的友谊，蓄意制造了"两个中国的阴谋"，阻止各国承认共产党中国。最近它还威胁道，如果科纳克里[①]

---

① 　几内亚首都。——译注

再一次接待中国国民党来访的代表团的话,中国就断绝与几内亚的外交关系,科纳克里在1960 年 1 月曾接待过国民党的代表团。

大部分受过教育而有政治意识的非洲人——当然决不是所有人——将共产党中国看作是人类事务中的推动力量,认为它兴起于一场反对西方"帝国主义"斗争之中,而西方"帝国主义"是非洲人民共同的敌人。他们对共产党政权迅速成长为一个大国印象深刻,对中共在经济上取得了非凡成功钦佩不已。而另一方面,中华民国则被这些人认为是美国的"傀儡",其政权腐败而落后。激进的民族主义者和大部分年轻一代往往持有这种态度,当然其他人中也有人认同此一看法。正在成长起来的一代年轻人中有许多是在法国或英国接受的教育,在那里,他们相当程度上受到了共产主义或马克思主义思想的影响。此外,大多数非洲人对中共政权并不抱什么同情,但他们也并不清楚为什么大多数自由国家在国际上没有承认北平,并给予其在联合国的席位。

激进的民族主义往往带有明显的马克思主义倾向,在外交事务上通常奉行"不结盟"的政策,这在总体上是非洲目前最积极的政治力量。在加纳、几内亚和马里联邦(Mali Federation),激进的势力占据了主导,或者处于上升地位;他们的影响力都可能将在整个非洲地区上升。由于左倾反对党(比如在摩洛哥和喀麦隆)的存在,或者由于现存政党和政府框架里(比如在突尼斯和多哥)年轻一代的兴起,激进的主张日渐凸显了出来。同时国际上那些坚定的信奉激进主义的政府的存在,对于那些稍显保守的,亲西方的政府(比如利比亚和尼日利亚)也形成了一定的压力,这进一步助长了非洲激进势力的增长。非洲的激进主义者支持中共政权进入联合国,对中华民国则几乎不抱任何同情。虽然激进主义者在近期和一段时间内还不至于大获全胜,但他们绝对是处于一种进攻态势,甚至一些曾明确表示反共的政府也认为,最权宜的办法是向激进主张做出妥协,在外交事务中奉行"积极中立"的立场。

在这场竞相获得非洲政府承认的比赛中,中华民国目前仍显著领先于共产党政权。1960 年,在那些已经取得独立或即将取得独立的非洲国家中,16 个已经承认或者可能承认中华民国,只有 7 个承认共产党政权。6 个已经选择了中国民国(喀麦隆、利比里亚、利比亚、马达加斯加共和国、马里联邦和多哥),4 个选择了北平(加纳、几内亚、摩洛哥和苏丹)。①

再看那些已经获得了独立,但在该问题上还没有明确表态的非洲国家,以及那些计划在今年晚些时候独立的国家,主要情况如下。四个非洲联盟(Conseil de l'Entente)国家(象牙海岸、达荷美共和国、尼日尔,以及上沃尔特共和国),法属赤道非洲的四个前法属领地(乍得、中非共和国、刚果共和国和加蓬),索马里,以及毛里塔尼亚大概会承认中华民国。另一方面,突尼斯、刚果民主共和国和尼日利亚可能会选择共产党政权,而埃塞俄比亚则继续搪塞,不愿做出决定。虽然一些具体国家的预测最后可能会被证明是错的,但总的"成绩表"上

---

① 原注:这里不包括承认北平的阿拉伯联合共和国(UAR)和承认台北的南非联邦;阿拉伯联合共和国一般被视为是中东国家,而南非完全处于白人的政治控制之下。

中华民国获得的 16：7 的成绩应该是非常准确的估算。

在解释这一结果时，我们需要注意的是，那些态度坚定而且在国际上比较积极的政府，除少数几个例外，都有可能承认共产党中国。而那些可能会选择中华民国的国家虽然占据了非洲大部分领土，但在非洲一般的国际政治事务中，或者具体来说，在联合国日益增大的非洲代表团中，影响力都非常有限。承认中华民国的马里联邦算是个例外。不过，他们的选择可能是不经意的，马里的领导人那时可能没有意识到，他们的这种选择意味着他们不可能再接受北平的外交代表。而且，大部分承认或者打算承认共产党中国的政府之所以会如此选择，则是基于经济性质的考虑或者与国家声望有关的某些独特因素的考虑。而另一方面，对中华民国的承认则主要反映了那些政权目前亲西方的倾向，不过在某些国家，这可能只是暂时的现象。最后，目前的形势虽然不错，但我们必须要考虑更大的背景，即如前所述，整个激进势力的影响力正在日益增长。

此外，在未来的三至四年内，所有四个英国属地都有可能获得独立（塞拉里昂计划在1961 年独立；坦噶尼喀；肯尼亚和乌干达），并且他们都有承认共产党中国的危险。前英国殖民地加纳表示，他们"继承"英国的政策，承认北平。如果温和的尼日利亚政府（1960 年 10月独立）最终也承认了北平，那么这个先例一开，其他国家就会竞相效仿，甚至那些看似保守或温和的政府，即使对共产党中国没有好感，也会模仿尼日利亚的做法。

总之，目前的图景虽然尚令人满意，但我们不能就此自满自得。更具体地讲，我们很难指望所有那些现在承认中华民国的国家会在缓议案问题上（moratorium issue）①在联大支持美国。

除了上面已经讨论过的非洲国家的具体考虑外，还有很多无法估量的外部因素，这些因素结合起来将深刻地影响未来非洲国家在中国问题上的态度。其中的重要因素包括：与中苏集团相比，西方援助项目的规模；西方国家能否以相当稳定的价格为非洲商品出口提供一个日益扩大的市场；在联合国和其他场合，西方国家能在多大程度上在葡属非洲殖民地和南非种族隔离等问题上支持非洲的立场。虽然他们在中国共产党对西方的敌对态度，中国越过其边境入侵南部，以及西藏等问题上也会有所反应，但这些都不是他们主要的权衡因素。

1959 年 9 月 1 日，北平开始对非洲进行英语广播。与苏联人不同，他们没有用法语或任何一种当地语言。广播每周进行 7 个小时，主要集中在"反殖民主义"这一主题上。苏联在对非洲的宣传中并没有特别批评西方对该地区的援助，但共产党中国却指责西方援助是一种新形式的殖民主义。北平经常将美国描绘成非洲人民的主要"敌人"，他们指责说，美国在非洲不是支持欧洲列强，就是取他们而代之。

中国共产党的媒体上关于非洲的新闻和社论占据了越来越多的篇幅。新华社已经在拉

---

① 1950 年起印度、苏联等国在联合国大会提出排除台湾，恢复中共在联合国的代表权的议案，对此，美国等国相应地提出议案，要求该届大会不讨论"中国代表权问题"，此即"缓议案"。——译注

巴特①、科纳克里和阿克纳②建立了分社,据报道在刚果的分社也即将成立。在其他非洲国家,我们也发现了中共的记者。据说,葡属非洲殖民地的很多人都收到了大量邮递来的中共的宣传材料,毫无疑问其他非洲地区一定也收到了。在几个非洲国家的当地报纸上,我们还发现了一些征订中共出版物的广告。中共无偿地向一些非洲国家政府发放新闻短片,免费给俱乐部和相关组织提供纪录片,并以极低的价格向商业电影院出售。

北平是亚非会议的积极参与者,该会议自万隆会议以来时有召开。它也是亚非团结理事会(Afro-Asian Solidarity Council)秘书处的永久会员,是亚非经济合作组织(Afro-Asian Organization for Economic Cooperation)的成员。不过在提出具体项目和决定领导机构的构成上,苏联代表经常公然向北平的代表发起挑战,并屡获成功。因此,虽然北平渴望在这些组织中发挥重要的作用,苏联似乎并不打算放弃它在这些组织中的意识形态利益。然而,尽管如此,北平还是利用这些会议组织提供的平台谴责西方,并与非洲民族主义领导人建立了紧密的联系。

为了促进与非洲的"人民外交",北平建立了各种半官方的群众组织,并通过这些组织进行运作。包括亚非团结中国委员会(the Chinese Committee for Afro-Asian Solidarity)在内的 17 个这类组织,在 1960 年 4 月 12 日共同成立了中非联谊会(the Sino-African Friendship Association)。该机构的目的是"支持非洲人民反对帝国主义和殖民主义的正义斗争,促进非洲国家与中国的友谊,加强中国人民与非洲人民的经济和文化交流"。此外,在一些非洲国家和共产党中国还成立了友好协会以促进与个别非洲国家的友谊。不过他们在非洲国家的影响还十分微弱。独立的或尚未独立的非洲各国的各界领导人不断地去访问共产党中国。

像在其他地区推行的"人民外交"一样,北平向各青年团体、工会的领导人,偶尔也向政府代表免费提供来回旅程。后种情况的一个突出例子是一些阿尔及利亚"政府领导人"在 1958 年 12 月的来访,他们首次前往北平去寻求对他们的事业的支持,此后它的领导人的访问总是被大肆宣扬。乘着 1959 年 10 月建国十周年纪念和 1960 年"'五一'劳动节"的时机,中共几乎邀请了那片大陆上的每一个国家。共产党中国的工业化成就和中国人的热情款待给这些访问的非洲人留下了深刻的印象。他们不断地受到了共产党高层的接见。

北平主要是通过世界工会联合会(the World Federation of Trade Unions)③来试图影响非洲的劳工运动。最近它主办了世界工联的第 11 届大会,与会的有 13 个尚未独立的非洲地区和国家的代表。④ 尽管事先已经得到几内亚代表的消息,说世界工联将在非洲筹划新

---

① 摩洛哥首都。——译注
② 加纳首都。——译注
③ 世界工会联合会,简称世界工联,总部设在布拉格。第二次世界大战结束后成立的一个具有广泛代表性的国际工会联合组织。1945 年 9 月 10 日在巴黎召开了世界工会第一次代表大会,大会通过了世界工会联合会章程,选举了领导机关,正式建立了世界工会联合会。——译注
④ 原注:桑给巴尔、苏丹、喀麦隆、法属赤道非洲、葡属几内亚、加纳、几内亚、马达加斯加、毛里求斯、马里联邦、索马里兰、象牙海岸和比属刚果。

的行动，但获得的各方面情报表明，非洲事务让位给了其他更急迫的问题。总的来看，该会议认可了共产党在黑非洲继续推行他们过去的劳工政策。这次大会似乎也凸显了中共与苏联代表的公开分歧，前者号召以军事手段为主开展反美斗争。这一争执对非洲人会产生何种影响尚不得而知。

中华全国总工会还会个别邀请非洲的工会官员访问共产党中国。1960年一年这样的访问似乎有显著增加。1959年11月中国共产党派出了观察员出席在阿克拉召开的泛美工会大会①。看起来共产党中国还没有直接向非洲劳工运动提供资助。

周恩来总理已经发表声明，表示共产党中国"准备尽一切力量支持和援助所有民族独立运动"。他们已经向阿尔及利亚叛军提供了物质援助，或许还有军事援助。在喀麦隆于1960年1月取得独立以前，中共可能向喀麦隆的反对派——好战而反西方的喀麦隆人民联盟（Union of the Cameroun People）提供了援助，喀麦隆独立以后，这项援助有可能还在继续。目前还没有证据表明北平资助了其他非洲独立运动，不过可以肯定的是，在某些情况下，他们还是提供了少量的财政支持。出于宣传的目的，北平援助了乌干达的一位民族主义领导人——约瑟夫·基瓦努卡（Joseph W. Kiwanuka）4万多美元。据报道，法属索马里兰的前总理穆罕默德·哈比（Mohammed Harbi）在吉布提反对法国的运动中，也获得了同样多的援助。

共产党中国对非洲独立国家的政策是，与其现政府建立正式的外交关系，而不论其政府形式如何。他们给封建的也门王国提供的援助就可以算得上是他们在自由世界的几笔最大的援助项目之一，这表明只要他们有机会让那些欠发达国家放松与西方的联系，中国人就愿意与任何欠发达政权建立密切的关系。许多非洲国家对中华民国的承认还只是最近的事，我们因此还不能断定中共对这些国家的反对派会采取怎样的政策。几乎没有一个非洲国家建立起有组织的共产党，这使得共产党中国很难在这里进行颠覆活动。

长期以来，北平一直致力于促进与非洲各国的文化交流。中共的剧团、戏剧院、杂技团和其他一些艺术团体看起来确实能够激发友好的情感。1956年一个75人的中国剧团访问了埃塞俄比亚，为一些重要的政府官员进行了表演。这个剧团在这里受到的热烈欢迎很值得注意，因为就在几年前，一支埃塞俄比亚的军队还在韩国与中国"志愿军"作战。不过，虽然他们受到了友好的接待，但并没有看出这对两国建立更加紧密的关系有什么帮助。中共在文化领域的活动还体现在1960年7月3日共产党中国与几内亚签署了文化合作协议。根据这一协议，两国将互派友好亲善的文化代表团以学习大众教育，同时中方将接受几内亚政府派出的留学生，并向他们提供奖学金。中方将向几内亚派出了一支足球队，而几内亚政府也将派遣一个体育代表团和歌舞团访问中国。不过到现在为止似乎还没有很多非洲人在中国留学。

---

① 原文如此（Pan-American Trade Union Conference），但怀疑应是泛非（Pan-African）之误。——译注

三、经济攻势

共产党中国在非洲的经济活动在很大程度上只限于扩大贸易。目前他们取得的成功并不很大,因为从 1955～1958 年,中非贸易仅增长了 1 700 万美元。1958 年总的贸易额仅为 4 340 万美元,不到非洲对外贸易额的 1%。而与非洲的贸易在共产党中国总的对外贸易中也不占多大分量。1958 年,中国与非洲的贸易额仅为中国对外贸易总额的百分之一多一点,还不及中国与法国一个国家的贸易额。

非洲国家从共产党中国的进口通常要远远大于其对中国的出口。1958 年非洲从中国的进口额是其向中国出口额的两倍多。1959 年,由于摩洛哥和南非联邦向中国出口的增加,以及摩洛哥从中国进口绿茶的骤减,中非贸易稍显平衡。在 1958 和 1959 两年,能与中国保持贸易顺差的非洲国家只有苏丹、南非联邦、乌干达,以及罗德西亚与尼亚萨兰联邦。(参见表一和表二)

表一　1955 年和 1958 年非洲与共产党中国的贸易

（单位：千美元）

国　家	1955 年 进口	1955 年 出口	1958 年 进口	1958 年 出口	国　家	1955 年 进口	1955 年 出口	1958 年 进口	1958 年 出口
阿尔及利亚	1 826	—	2 225	—	苏　丹	70	813	1 600	2 100
比属刚果	27	27	2	—	突尼斯	79	—	457	
喀麦隆	—		88	—	南非联邦	990	1 187	3 988	7 023
法属西非	1 520		2 986	—	罗得西亚与尼亚萨兰联邦	—		18	1 045
加　纳	80	—	740	—	乌干达	—			11
摩洛哥	18 995	—	16 018	3 127	总　计	24 318	2 027	30 078	13 366
尼日利亚	731	—	1 956						

表二　1959 年非洲与共产党中国的贸易

（部分数据单位：千美元）

国　家	时　间	进　口	出　口	国　家	时　间	进　口	出　口
苏　丹	1～10 月	2 494	2 948	罗得西亚与尼亚萨兰联邦	1～7 月	69	348
阿尔及利亚	1～12 月	1 956	—	丹吉尔	1～9 月	382	—
比属刚果	1～11 月	3	—	突尼斯	1～12 月	1 420	760
喀麦隆	1～10 月	72	—	南非联邦	1～12 月	2 037	11 875
加　纳	1～11 月	2 044	—	总　计		20 542	22 576
摩洛哥	1～12 月	7 966	—				
尼日利亚	1～11 月	2 097	87				

　　与中国的贸易在非洲各国的对外贸易中都不占重要份额。摩洛哥恐怕最依赖与中国的贸易,1959 年,它与中国的贸易额也仅占其对外贸易总额的 2%。摩洛哥之所以相对看重与中国的贸易,是因为摩洛哥人比较喜欢中国的绿茶,绿茶是摩洛哥的全国性饮品。长期以来,绿茶是北非从中国大陆进口的最主要的商品,这一项就占了中共对非洲出口商品的很大一部分份额。热带非洲从中国进口的主要是棉纺织品。向共产党中国出口的非洲国家主要是:摩洛哥(磷酸盐)、苏丹(棉花)和南非联邦(羊毛衫、树皮浸膏)。非常有趣的是,棉花是共产党中国从这些国家进口的主要商品,他们又以棉纺织品的形式再向这些国家出口。

　　共产党中国喜欢通过政府间的贸易谈判和支付协定来扩大贸易。北平认为与那些还没有承认他们的政府进行政府间的贸易谈判,能促使这些国家进一步承认他们,从而双方交换外交代表。然而,在与非洲国家的贸易谈判中,共产党中国还没有取得多少成功,只有摩洛哥和突尼斯与共产党中国签订了贸易协议。在共产党中国与摩洛哥于 1957 年 10 月签署了第一个贸易协定后,两国建立了外交关系,而突尼斯虽然尚未采取任何实质性的行动,但该国已经表示它最终还是会承认共产党政权的。

　　中国与摩洛哥的贸易协定在第一次签署以后,每年都要进行续签。最初,摩洛哥人感到很是失望,因为根据协定,摩洛哥向共产党中国的出口并不足以纠正长期以来摩洛哥从中国进口绿茶所导致的严重的贸易不平衡。1959 年,进口额有 799.6 万美元,而出口额达到654.9 万美元,进出口首次近乎平衡。磷酸盐被大量出口到中国,经摩洛哥组装的贝利埃(Berliet)卡车也首次出口到中国。然而,贸易逆差的下降主要还是因为摩洛哥减少了从中国进口绿茶。1960 年 3 月双方签署的合同上,共产党中国同意从摩洛哥进口 60 万吨磷酸盐,这比 1959 年增加了 10 万吨。

　　自从 1958 年 9 月与突尼斯的第一个贸易协定签署以来,共产党中国与突尼斯的贸易就显著增加了。突尼斯从中国 1959 年的进口量大约是 1958 年的三倍,其主要进口产品是茶叶。突尼斯向中国的出口三年来首次被加以登记,其主要产品是硫酸盐。

　　面临着棉花出售的问题的苏丹在 1958 年 7 月与共产党中国签署了一个易货贸易的协议。根据这个协议,苏丹可以向中国出口大量的棉花,并换回大量以棉织品为主的商品。1959 年这一物物交换的协议到期后,并没有再延长,因为苏丹的棉花市场已经有所改善,苏丹希望出售棉花换取现金。

　　偶尔,共产党中国也会派出商业代表团在非洲各地巡游,以期招徕商业,签订合同。在与阿拉伯联合共和国(UAR)签署了一个贸易协定后,1956 年 4 月,一个中共的商业代表团,在外贸部长叶季壮的带领下,访问了喀土穆(Khartoum)①,并签署了"增加贸易的协定"。1956 年还有一些贸易专家随同一个中共的戏剧团访问了埃塞俄比亚,但看起来他们并没有取得成果,因为截至 1959 年第三季度,埃塞俄比亚的贸易统计中没有显示出有任何从中国

---

①　苏丹首都。——译注

进口的物品。埃塞俄比亚对中国的出口也没有显著增加。

1958 年中共第一个派往南部非洲的商业代表团访问了罗德西亚与尼亚萨兰联邦和南非联邦。中国提出的物物交换协定被联邦政府所拒绝,中方被迫接受了一个六个月的非正式贸易协定,其中规定共产党中国用稻米、纺织品和工业机器交换罗德西亚的烟草和铬合金。而私人公司则可以根据自愿的原则购买中国商品。中共的这个商业代表团中有一部分人还去了南非联邦,他们想与南非政府也签署一个贸易协议。尽管最后贸易协定没能成功签署,但代表团与很多当地商人进行了会谈,并向他们发放了传单和手册。可能是因为这次访问,中国与南非的贸易在最近几年里增长很快,南非成为中国在非洲最大的贸易伙伴国。羊毛衫、树皮浸膏和玉米是南非向共产党出口的主要商品。

共产党中国与热带非洲国家并没有任何贸易或支付协议。尽管这些国家中有一些从共产党中国进口少量的纺织品和其他廉价消费品,它们当中却几乎没有什么向中国出口的。1959 年 10 月,一个加纳的贸易代表团访问了共产党中国,随后中国从加纳购买了 2 000 吨的加纳可可豆,这是加纳独立以来中共第一次从加纳购买商品。中国还一直在考虑从加纳购买工业钻石。近几年,尼日利亚还向中国运送了少量的落花生。最近,尼日利亚和乌干达都与共产党中国签订了出口大量棉花的合同。

共产党中国积极参加在非洲举办的国际贸易展览会。1960 年在卡萨布兰卡举办的那次展览会上,中国的展厅是共产党集团中最大的,给人留下的印象也最深。中共还参加了 1960 年在突尼斯的国际贸易展览会,中国展台试图尽可能多地展示出中国的产品,并宣称正是在 1949 年共产党掌权后,中国取得的进步才使得能够生产出这么多的产品。

在贷款和赠款方面,中共似乎并没有给予非洲太多的重视。① 尽管北平给予了 12 个国家总共 8 亿多美元的贷款和援助,这些援助大部分都流向了其他共产党集团国家,主要是北朝鲜和北越,这两个国家接受的援助占了对外援助总额的一半还多。北平对自由世界的援助主要集中在其他亚洲国家。接受北平物质援助的非洲国家只有几内亚和摩洛哥,北平两次向几内亚赠送了大米,阿加迪尔地震后,北平向摩洛哥提供了 1.02 亿法郎的支票。② 1959 年 6 月,第一批赠送的大米到达了几内亚,总计 5 000 吨。1960 年 5 月,刚脱离法郎区不久的几内亚面临了严重的粮食短缺,中共在那时又向其运送了 10 000 吨大米。

几内亚还接受了中共的技术援助。中共可能会派出大批的技术专家到几内亚去指导稻米耕种和养殖业,据报道已经有 60 多位专家抵达了那里。除了今年向摩洛哥派遣了两位茶叶种植专家外,几内亚是唯一一个接受中国技术援助的非洲国家。不过,根据非洲对技术援助的需求以及中国的人力,共产党中国今后可能会更加重视这一援助领域。

---

① 原注:在给予非洲贷款和援助方面,其他共产党集团国家做得更多:埃塞俄比亚从苏联获得了 1 亿美元的贷款,从捷克斯洛伐克获得了总价值 1 200 万美元的贷款;几内亚从苏联获得 3 500 万美元的贷款,从捷克斯洛伐克获得 500 万美元。捷克斯洛伐克还给予几内亚价值 50 万美元的武器援助,并与波兰一起向几内亚捐赠了价值 60 万美元的公路设备。

② 原注:在苏伊士危机之后,埃及获得了 460 万美元的援助款。

四、结　论

中共目前正在尽一切可能地增加与非洲的联系,希望引导非洲事务的发展。由于非洲主要还是受到西方的控制,所以他们至今并没有取得什么成果。然而,随着越来越多的非洲国家获得独立,通过与这些国家建立外交和经济关系,共产党中国和其他共产党国家在非洲的地位将会相应地获得提升。许多新兴国家——以及一些早先独立的国家——都倾向于在外交事务中奉行更加中立的政策,这使得他们更愿意接受中苏集团的提议。一些非洲国家认为,他们从西方获得的经济援助还不够多,所以他们欢迎来自各方的援助,包括共产党中国。

尽管共产党中国自身取得了显著的进步,他们可以用于外援的资源却很有限。过去他们很少向非洲提供赠款贷款,在未来的几年里他们提供的经济援助可能仍然比较少,但他们会通过发放经济援助来达到宣传的目的。虽然中共在自由世界的技术援助项目至今仅限于柬埔寨、缅甸、也门,以及最近的尼泊尔、几内亚和古巴,但他们很有可能会将援助扩大到非洲各国。中共的技术专家们树立了技术高超,工作时间长,劳动报酬低,不计较条件艰苦的好名声,这让非洲各国很难拒绝中国提供的任何技术援助。

在促进与非洲各国的贸易方面,共产党中国没有取得什么进展。比起易货贸易,非洲国家更喜欢多边贸易,只有在少数情况下,非洲国家才愿意与共产党国家进行易货贸易。当他们的初级产品不能在西方以满意的价格售出时,一些非洲国家才可能会与共产党中国谈判签署易货贸易协定。然而中共出口的大部分产品是运送到共产党集团的其他国家的。剩下产品中很大一部分要用来为从西方进口工业品提供资金。在完成了与亚洲国家签署的贸易协议上的承诺后,共产党中国就只剩下相对非常少的产品可以在未来几年内出口到非洲了。

在扩大与非洲的贸易联系上受挫后,毫无疑问,共产党中国将着重加强他们在政治、宣传和文化上的攻势。在这些领域里能否取得突破将不仅要看西方如何回应非洲出现的问题,还要看苏联和共产党中国在满足非洲的需求上是合作还是竞争。此外,北平能否取得进展,很大程度上还取决于中共是否有能力满足这些欠发达国家的具体需求,以及是否能够使非洲人相信共产党中国能够承担起帮助他们解决问题的重担。

O. S. S. /State Department Intelligence and Research Reports China and India 1950 - 1961 Supplement,Reel III,0287 - 0303. University Publications of America,INC,1979.

刘青译,牛可校

中情局关于共产党对东南亚条约组织反应的特别评估报告

（1961年10月10日）

SNIE 10–3–61

绝密，限制散发

东南亚条约组织在南越的行动可能会引起的共产党的反应

（1961年10月10日）

问 题

在南越，我们使用东南亚条约组织来防止北越的侵袭和渗入，本报告即评估东南亚条约组织在南越的作为可能会引起的共产党人的反应。[①]

假 设

出于本评估的需要，我们假定东南亚条约组织应南越政府的请求，将派出2.5万名陆海空官兵在南越海岸线巡防，并戍守在南越与老挝的边境线上以防止共产党的越南民主共和国的入侵和渗透。东南亚条约组织的目的在于阻止外部共产党势力对越共游击队的援助，但同时尽量不直接卷入南越的军事冲突，对此我们将加以公开宣称。

评 估

1. 我们相信共产党集团不会因为东南亚条约组织上述假定的行动，就让北越或中共的部队对南越或老挝发动大规模的军事进攻。北越或许会试图避免让他的正规军与东南亚条

[①] 原注：与这一问题有关的其他国家评估报告还有：1961年6月27日的SNIE 10–2–61"主要共产党国家军事干预大陆东南亚的可能性"；1961年7月5日的SNIE 58–2–61"在老挝的某些行动可能激起的反应"；1961年8月15日的NIE 14.3/53–61"北越和南越的前景"；1961年10月5日的SNIE53–2–61"中苏集团对共产党人反越南政府的行动的支持"

约组织,尤其是美国的部队发生正面的军事冲突。几乎可以确定,河内、北平和莫斯科①各方都担心战事扩大,美国军队卷入的风险。而且,他们一般都坚信,他们现在采取的进行地方颠覆和支持"民族解放"的斗争是风险很低的策略,将继续在东南亚地区获得成功。

2. 尽管如此,北平和河内尤其对东南亚条约组织军队的意图极为关注,特别是在早期部署阶段。东南亚条约组织军队驻在离边境线如此近的地方,将给北越带来持续的不安。此外,河内和北平还认为目前最首要的是要阻止东南亚条约组织因成功的行动而受到鼓舞和加强。河内和北平都试图通过政治和军事的手段,但不是重大的公开进攻的方法,去挫败东南亚条约组织的行动。

3. 我们认为在所假定的情况下,北约为了试探东南亚条约组织行动的认真程度和有效性,会最先对东南亚条约组织的军队及其陆上交通线进行骚扰、伏击和游击袭击。共产党人可能不会相信到东南亚条约组织军队宣称的尽量不卷入南越内部冲突的目标。他们可能认为通过利用南越的越共组织,通过将北越有经验的游击队②投入到他们非常熟悉的地形中进行军事行动,通过利用沿海水域大规模帆船运输提供的有利机会,他们就能够对东南亚条约组织的陆军进行骚扰,并突破东南亚条约组织的防线。共产党人认为,如果他们针对东南亚条约组织军队的骚扰和游击行动取得成功,他们就会获得政治上和心理上的回报,包括打击南越政府的士气,激化条约组织内部成员国间的矛盾等。在试图对条约组织军队加以测试的同时,北越不会放松反对南越的运动。

4. 我们认为东南亚条约组织的行动可能会导致北越尽力以某种方式获得"补偿",比如可能会宣布废除1954年的日内瓦协议,或者协议的某些条款。他们可能开始公开地从苏联和中共获得越来越多的军事援助,毫不遮掩地公然破坏日内瓦协议,并开始建立包括喷气机在内的空军。如果有任何东南亚条约组织的军队越过了南越的边境线,中苏集团还有可能会鼓励和煽动老挝与柬埔寨向联合国提出抗议。

5. 如果在东南亚条约组织实施上述假定的行动之前,在日内瓦仍没有达成任何有关老挝的协议,我们相信共产党就会采取行动加快对老挝的接管。他们会加大行动对老挝进行政治控制,并进一步向老挝军方施加军事压力。北越的军队会进入老挝来防止老挝的分裂,并阻止对巴特寮的袭击,以加强老挝南部共产党的力量。苏联或许会加大空运力度,向老挝南部提供更多的军事设备,共产党人很可能会加大行动力度以建立一条通往南部的适合机动车往来的安全交通线。另一方面,如果东南亚条约组织是在日内瓦达成协议,以梭发那·富马为首的老挝联合政府成立之后采取行动的话,则共产党人可能就会侧重于用政治而非军事措施来达成对这个国家的控制。无论上述哪种情况,北越通过老挝向南越输入人力和

---

① 原注:老挝和南越的共产党游击队组织(巴特寮和越共)都处于北越共产党的控制之下,并仰仗河内提供指导和支持。我们认为,河内在操纵这两个国家共产党的斗争时给予当地人以相当程度的战术自由。但是当斗争升级到国际层面时,就像老挝现在的情况,共产党集团内的主要国家就扮演愈来愈重要的领导角色。北越或中共可能会想冒险扩大战事,将美国和苏联都卷入其中,但很可能苏联对它们的这种决定施加了相当大的限制。

② 原注:在印支战争后的军事重组中,大约有9万名主要来自越南南部和中部的共产党军队撤往北越。北越相对完好地保存了这部分有南方游击战经验的兵源储备,将他们作为骨干来加强越共的力量。

设备的规模都不会受到太大的影响。

6. 如果东南亚条约组织的行动看起来能够有效地降低目前北部渗透的规模,共产党人或许就会更多地利用穿越柬埔寨的山路系统。这条路线漫长而艰险,但是却能保证向越共输入最起码的支持。同时,为了削弱东南亚条约组织行动的明显的成功,他们可能会在南越更密集地发动小规模的袭击、暗杀和地方恐怖主义活动,他们也会派出更多的北越非正规武装人员到南越去骚扰东南亚条约组织的军队。要维持这样一支大的部队,并不断承受在南越的损失,时间一长,东南亚条约组织就会感到疲惫不堪,而共产党人的策略之一或许就是要利用这一点。

7. 随着东南亚条约组织的军队开入南越,共产党中国可能会增加他们在南中国的陆军和空军部署,并进一步强化他们针对台湾的军事姿态。他们或许还会宣布要向北越提供各种军事援助"以抵抗(来自南越的)帝国主义威胁",可能包括在北越建立中共的空军基地。尽管如此,我们相信北平还不会将条约组织的军队进入南越看作是对他们即刻而直接的威胁。

8. 同时,共产党各方可能会立即发起一项大型宣传和政治运动,旨在将东南亚条约组织的行动贴上侵略的标签,宣称这是对远东安全的威胁,是美国在印度支那重建殖民统治的有伪装的努力。为了在远东增加对战争的恐惧,河内和北平会指责美国打算通过东南亚条约组织来袭击北越和共产党中国。而苏联或许会向北平和河内提供防务支持。

9. 相关非共产党政府对东南亚条约组织上述假定的行动可能会采取的反应各不相同。如果计划运行良好的话,东南亚条约组织的亚洲成员国会重拾对该组织和美国的信心。但另一方面,如果条约组织的行动代价太高,时间太长,或者造成了严重伤亡的话,这些亚洲成员国就可能很快失去信心,转而要求美国做些事情来减轻负担并解决问题。澳大利亚可能会支持这一行动;新西兰也会加入这一行列。英国可能会反对所假定的条约组织的举措,不过费些周折的话,还是可以说服英国加入的。法国也会表示反对,并且几乎肯定会拒绝参与其中。

10. 这一地区的中立主义政府最关注的是紧张的加剧和爆发全面战争的危险。他们可能会谴责东南亚条约组织的行动,并呼吁和平解决。不过,他们无一不私底下对东南亚条约组织的行动抱有同情,因为他们都很担心共产主义的颠覆和扩张。比如,西哈努克现在就对北越在老挝和南越的颠覆组织和游击组织越来越恐惧和失望,因为这两种组织侵犯了柬埔寨的边境线。他并不想看到老挝或是南越被共产党控制。尽管他对共产党中共和北越抱有真实而合理的疑虑,但他可能只会暗地里配合东南亚条约组织的行动。

11. 莫斯科和北平将对日本施加巨大压力。尽管日本政府面临着国内左翼的强大压力,他还是会接受美国在其境内的一些后勤活动,并不会正式反对东南亚条约组织的行动。而国民党中国则会非常欢迎条约组织的这一行动。

DDRS,CK 3100175255

刘青译,牛可校

中情局关于琅南塔陷落影响的评估报告

（1962年5月9日）

SNIE 58－3－62

机　密

琅南塔陷落的影响

（1962年5月9日）

由中情局局长提交，与美国情报署共同起草（见反面）

以下情报机构参与了这次评估的准备工作：

中央情报局、国务院、国防部、陆军、海军、空军、联合参谋部以及国家安全局下辖的情报机构

下列人员表示同意：

国务院情报和研究署署长（Director of Intelligence and Research）

国防部情报局局长（Director，Defense Intelligence Agency）

陆军部负责情报的助理参谋长（Assistant Chief of Staff for Intelligence，Department of the Army）

海军部负责海军行动（情报）的助理参谋长［Assistant Chief of Naval Operation（Intelligence），Department of the Navy］

美国空军部负责情报的助理参谋长（Assistant Chief of Staff，Intelligence，USAF）

联合参谋部情报局局长（Director for Intelligence，Joint Staff）

国家安全局局长（Director of the National Security Agency）

没有参加者：

原子能委员会驻美国情报局的代表和联邦调查局副局长没有参加，因为该问题不在他们的权限之内。

问　题

评估共产党占领琅南塔（Nam Tha）的影响。

评　估

1. 5 月 6 日,共产党军队袭击并迅速占领了老挝北部的省会城市琅南塔,大约 4 500 人的老挝军队(Laotian Army troops)——包括 5 个步兵营,3 个伞兵营,以及支持性的炮兵部队——被迫撤离。已经了解到的情况显示,发动袭击的部队只有巴特寮和北越的军队,这支军队的人数尚不足以守城。有迹象显示,"中立派"和亲梭发那的军队没有直接参加,他们也不是在梭发那·富马和贡勒的指挥下行动的,因为这两人都不在老挝。

2. 还没有证据表明,中共的军队参与了这次袭击,我们认为也不可能出现中共的军队。但是,在发动 5 月 3 日对孟仙(Muong Sing),以及随后对琅南塔的袭击中,共产党中国或许允许了巴特寮或者北越或者这两方的军队从其境内的一个军事突出部通过。几乎可以肯定,苏联或者北越通过空运,对发动袭击的部队提供了后勤上的支持,就像他们支持老挝境内的其他反政府军队做得那样。

3. 老挝王国政府军从琅南塔地区的撤离实际上消除了老挝王国政府对整个老挝北部的统治,使得琅勃拉邦(Luang Prabang)西部和与缅、泰交界的整个琅南塔省都面临着共产党的控制的可能。撤离的老挝王国政府军的战斗力几乎为零;而且由于没有有效的抵抗,共产党的军队可能会进一步逼近,从而使得剩下的那些军事前哨都很难再防守得住,这其中就包括湄公河(Mekong)上的会晒(Ban Houei Sai),而老挝王国政府军现在正向那里撤退。

4. 对琅南塔的袭击公然破坏了 1961 年 5 月的停火协议,与过去只进行有限的、小规模的军事打击的模式有所不同。无论停火协议对限制战争起到了怎样的作用,现在它都受到了破坏。老挝的共产党军队能够打败老挝王国政府军,他们可以一步步地进行蚕食,就像在琅南塔发动的袭击那样,也可以占领湄公河沿岸的主要城市。我们认为对琅南塔的袭击并不标志着在老挝全境全面进攻的开始。相反,共产党可能会等到明确了这次行动对老挝王国政府和美国产生的影响后,才会再次大规模发动破坏停火的袭击。如果对琅南塔的事件不能做出有效的军事回应,或者在建立联合政府方面也没能出现重大进展,则共产党人非常有可能在老挝的其他地区再次发动像琅南塔那样规模的袭击。

5. 尽管有军事援助顾问团和大使馆的建议,富米将军还是数次加强了琅南塔驻守部队的力量。就在袭击发生前一周,他刚刚增调来一支伞兵营。然而,他的这一加强防务的努力反倒使得琅南塔无论在军事意义上还是在政治意义上都更有可能成为共产党攻击的目标。老挝守军损失了相当数量的武器和装备。此外,共产党的胜利还进一步打击了老挝军队仅存的自信和战斗意志。考虑到富米将军公开指出的琅南塔的重要性,以及他在防务上的大量军队和装备投资而言,共产党的胜利可能使得他在老挝军方和政府里的声望大跌。

6. 另一方面,富米有可能会重新思考美国提出的建立一个在梭发那领导下的联合政府的政策,或者不是这样,他可能会尽可能地拖延这一政策的实施。他现在可以将琅南塔的袭击作为证据,说共产党人口是心非,不尊重1961年5月的停火协议。他也可以说这次袭击令人信服地证明了梭发那不能或者不愿对苏发努冯(Souphanouvong)和巴特寮施加影响。他会不断重复这样的论调,说梭发那受到了共产党人的控制,在梭发那的领导下进行联合政府谈判无异于是将老挝让给共产党人。

7. 这些袭击以及发动袭击的方式进一步证明,老挝的"中立主义"力量的军事地位和实力日趋下降,共产党军队越来越趋近于掌握绝对的控制权。袭击进一步削弱了梭发那的政治影响力。它也强化了这样一种早先就存在的看法①,即梭发那越来越不能抵挡共产党人对联合政府的控制②。他宣布"彻底反对"琅南塔的行动,这将为重启谈判提供可能,但是几乎可以肯定,这不会对共产党的军事行动或计划产生影响。

8. 过去几年发生的事几乎肯定会使共产党人相信,美国干预的风险已经大大减轻了,为了实现他们的中程目标,他们可以加大军事行动,以图实现他们的中程目标,即经过谈判,在老挝成立一个他们能够很快加以控制的"中立主义"的联合政府,或者瓦解掉老挝王国政府以及军队。共产党人听到传言说梭发那和富米相互取得了谅解,同时他们意识到美国会向富米施加压力促其谈判,所以他们的盘算大概是,占领了琅南塔也不会排除可能即将开始的关于成立联合政府的谈判,并且他们认为,在这次谈判中,他们能够同时加强自己政治和军事影响力。

9. 尽管到目前为止,中苏集团对此做出的反应极为有限,但莫斯科、北平和河内对占领琅南塔一事给予的最初的解释似乎没有明显的差别。几乎可以肯定的是,中共和北约对重新开展军事行动给予了积极的支持,因为这一行动时机成熟,且这个地区对于中国有着直接的安全利益。虽然苏联可能对此有所保留,因为这一破坏了停火协议的行动对美苏关系可能会产生一定的政治影响,但我们认为他们还是赞成行动的。不过我们也相信,苏联仍然更倾向于政治解决老挝问题。

中央情报局　散发通告

1. 这份评估是由中央情报局发布的。本文字说明提供给接受方或者接受方下属的必

---

① 原注:参见SNIE 58-3-61,"老挝的形势与短期前景",1961年9月28日。(机密)

② 原注:国务院情报和研究室主任认为,梭发那领导的联合政府的前景取决于多方面的因素,无法以如此直截了当的方式加以处理。首先,联合政府从成立之初掌管的就是一个仍处于分裂中的老挝。巴特寮和目前的老挝王国政府可能还会继续控制他们各自的地盘。他们需要对梭发那采取的行动进行逐日的观察,并对他的领导方向做出评估之后才能决定是否允许,以及何时允许他的政府对自己的领地行使权力。梭发那政府要想对整个老挝行使主权,得整合这三支军事力量。根据过去的经验,这需要很长一段时间,这期间实际的情况可能会和现在一样,所不同的只是联合政府只能进行名义上的统治。在各方面因素中,美国的姿态和说明的意图能够决定梭发那联合政府能否抵挡住共产主义的占领和控制。富米和泰国总理沙立(Sarit)都向美国施压,要求美国在这个问题上做出承诺,因为他们认识到这对老挝反共势力的生存和力量增长非常重要。美国能否对现在的老挝王国政府做出承诺,以及维持怎样的美国威慑力量,这都会影响到一个真正的中立政府在老挝的生存。

要的知情人员,以资了解情况和使用。在各部门发放评估文件可经过以下各部门的下列官员的批准:

(1) 国务院 情报研究所所长

(2) 国防部长办公室 国防情报局局长(Director,Defense Intelligence Agency,for the Office of the Secretary of Defense)

(3) 陆军部,陆军部负责情报的助理参谋长(Assistant Chief of Staff for Intelligence, Department of the Secretary of Defense)

(4) 海军部,负责海军行动(情报)的助理参谋长[Assistant Chief of Naval Operations (Intelligence),for the department of the Navy]

(5) 空军部,空军负责情报的助理参谋长(Assistant Chief of Staff,Intelligence,USAF, for the Department of the Air Force)

(6) 联合参谋部,联合参谋部情报部长(Director for Intelligence,Joint Staff,for the Joint Staff)

(7) 原子能委员会,原子能委员会情报部部长(Director of Intelligence,AEC,for the Atomic Energy Commission)

(8) 国家安全局,国家安全局局长(Director of NSA,for the National Security Agency)

(9) 其他部门,中央情报局负责总务的助理局长(Assistant Director for Central Reference,CIA,for any other Department or Agency)

2. 根据相应的安全规定,保留文件或者烧毁,或者在中情局总务办公室(Office of Central Reference)的安排下返还还给中情局。

3. 如果评估报告需要向海外散发,海外接收方可以保留文件一段时间,但不能超过一年,在保留时限到期后,或者销毁文件,或者将文件返还给发出机构,或者根据1953年6月22日签发的IAC-D-69/2向发出机构提出继续保留的要求。

4. 如果只使用评估报告的题目而不使用文本,使用时需表明这是机密文件:仅为官方使用。

送发单位:
白宫
国家安全委员会
国务院
国防部
原子能委员会
联邦调查局

DDRS, CK 3100443577 - CK 3100443583

刘青译,牛可校

中情局关于中苏论战中朝鲜立场的分析和展望

（1964 年 3 月 6 日）

SC 00609 - 64

北朝鲜——共产党中国的独立盟友

（1964 年 3 月 6 日）

在过去两年中，平壤已经成为中苏冲突中北平在亚洲最强有力的支持者。作为报复，莫斯科已尝试要求（平壤）做出政治让步以作为它继续给予其经济援助的条件。北朝鲜拒绝接受这些条件，这影响到未来苏联给予它的经济援助及可能的军事援助。苏联在一些经济方面的援助已经明显缩减了。

到目前为止，北朝鲜人没有在所奉行的亲华立场上做出丝毫倒退。但他们似乎确实在小心行事，以避免进一步扩大他们与莫斯科的争执。而且在最近几个月，他们竭尽全力表示北朝鲜决非中国的卫星国，而且他们对北平的忠诚就根本而言是出于对其自身国家利益的考虑。

北朝鲜选择北平

平壤在一开始试图在莫斯科与北平间的对抗中超然处之。在朝鲜共产党政权的发展及维持上，中国与苏联都扮演了关键性角色，两国也都对平壤保持了强有力的影响。尽管如此，朝鲜还是对苏联声势浩大的去斯大林化运动（de-Stalinization）忧心不已，而且平壤党和国家的最高领导人金日成对苏联政府放松对民众的控制表示特别关切，认为这些都不利于他本人严厉、独裁的统治。

通过全面肃清自己的对手，到 20 世纪 60 年代金日成自己也建立了如同斯大林般的至高无上的地位。尽管存在众多的苏联和中国顾问，他还是成功地使自己的党在行动上保持了相当大的独立性。由于害怕俄国的自由化会对朝鲜民众看待其政权的态度产生负面影响，金日成开始使他们隔绝于苏联的影响。1961 年，朝鲜停止转播苏联的广播，而且开始召回一些在苏联集团国家留学的北朝鲜学生。

在 1962 年，北朝鲜对莫斯科的担忧扩大到包括苏联的外交政策在内的问题。平壤开始把苏联的一些外交举动解释成对西方意志薄弱的让步，而且北朝鲜的宣传里也出现了对莫斯科间接但强烈地批评。平壤——就像北平一样，把美国视为实现自己的国家统一目标的主要障碍——开始认为北平路线强硬的外交政策姿态更符合自己的利益。平壤觉得美国在南朝鲜的军事存在决定了它执行的是一个顽固的敌对政策。苏联在古巴导弹危机期间的行动——朝鲜称之为向美国的"投降"——显然使朝鲜确信苏联在捍卫其盟友利益方面是靠不住的。

朝鲜现在的立场

在古巴导弹危机之后，平壤把自己对北平的支持扩大到包括中苏论战中所有的主要论题。然而，朝鲜的确试图在论战中保持某些行动自由。比如，它避免像阿尔巴尼亚人那样完全卷入莫斯科与北平之间无休无止的宣传对攻中去。大体而言，北朝鲜似乎对论战采取了一种实用的方法，即对涉及自身利益的论题——特别是支持民族革命运动的问题——迅速地做出评论，但不会在涌现的每一点争论上都急于捍卫中方。

比如，平壤对中苏都反复谈论的双方边界冲突并没有加以评论。另一方面，平壤毫不犹豫地对莫斯科没有在去年9月联合国大会中重申其1962年有关美国从南朝鲜撤军的决议表示恼怒。清除来自南方的美国影响力，并且扩大共产党对全国的控制仍然是朝鲜的首要政策目标。故而对金日成政权来说，苏联方面任何有关向驻朝美军示弱的暗示都是不可接受的。相反，平壤对北平严厉的反美宣传表示了明确的感谢。

然而近来北朝鲜人仍煞费苦心地表现出，尽管他们在意识形态上与北平结盟，但他们不是中国的卫星国。这明显地表现在去年秋天平壤小心翼翼地接待由中共国家主席刘少奇率领的访问团上。这次访问本来被给予希望能够使得朝鲜强烈而明确地捍卫北平，反击苏联的进攻。但与此相反，平壤只是对修正主义表示了流于形式的谴责，只有一名朝鲜官员——第二梯队（second echelon）的一名成员——明确捍卫北平，反对莫斯科。

这次访问的成果以一份史无前例的简短公报而引人关注，而且在刘少奇返回北平后中国的新闻中有暗示说，北平对此次代表团所受的接待不甚满意。朝鲜在这次访问过后一个月才发表了一个声明重申其对中国人的政治亲和。平壤可能是故意拖延此事以表明它做出支持北平的政策是一个独立的决定，并非在中国的压力下做出。

自刘少奇的访问以来，双方都暗示了未公开表露的政策分歧。某种程度上这可能与朝鲜决定在1964年把集中全力生产日用消费品当作一个紧迫的经济目标有关。平壤已经宣布计划将充足的经济资源引入这一目标，以使消费品生产在今年增长35％。北平很可能对这一发展侧目而视，因为在中国人眼里，共产党政府应该勒紧裤腰带抑制消费欲望，以便增加关键的工业部门的建设所需的资源。

朝　鲜　经　济

平壤决定在1964年集中力量生产消费品，相比于它过去对发展重工业的强调，这是一个急剧的转变。然而在 1963 年,北朝鲜工业发展速率已经开始减退了。参照平壤发布的数据,其 1963 年工业总产值只增加了 8％。这与 1962 年计划的 11％与声称达到的 20％的增长率形成了对比。

这种不足可能部分地是由人力及原材料分配中的问题所导致的。不过,这可能也反映出苏联援助的部分中断了。例如,据传莫斯科已经停止向朝鲜关键的火电项目输出设备。

平壤含蓄地指责苏联以经济援助为武器强加其政治观点,并且公开拒绝了由（苏东）阵营的经济互助委员会所倡议的国际分工设想。平壤认为这是苏联的阴谋,好让阵营内一些国家始终保持落后的经济地位,并且令其仅仅成为苏联的经济附庸。在 1962 年晚些时候,平壤公开采取了一个经济自立政策,并且宣布它打算建设起一个自给自足的经济体。

北朝鲜对未来苏联在工业领域给予援助的前景似乎感到不甚确定。去年夏天苏联经济代表团访问了北朝鲜,除了达成一个关于在原则上继续保持经济合作的模糊协议以外显然了无成果。而且该政权似乎不再认真考虑实现其七年计划（1961～1967）,因为这是在预计会获得苏联高额经济援助的情况下制定的。它暂时转向消费品生产的决定可能是一个补缺(gap-filling)手段,而同时它也寻求在远期内对苏联援助的替代手段,并力图矫正经济中既存的紊乱。

平壤明显在努力为以前来自苏联阵营的商品寻找替代货源,为此它在 1963 年着手施行一个强劲的但迄今为止还很不成功的扩大与自由世界贸易的计划。最近与西方供货者签订的贸易协定涉及一些以前从苏联及欧洲卫星国购买的产品。平壤也明显期望找到有助于工业扩张的资本货的新来源。比如,现在它正与日本公司就出售矿石和购买船舶和重型设备进行谈判。

北朝鲜人可能也希望他们扩大了的贸易合同能带来更广泛的外交承认。迄今为止,他们通过赢得非共产党国家的承认从而抹去朝鲜战争污名的努力都很不成功。只有五个国家——全都在非洲——承认了平壤,而其中没有一个在平壤派有常驻大使。

军 事 政 策

有迹象表明,北朝鲜对苏联援助在当前的水平和未来的性质的关切也延伸到军事领域。苏联提供的装备长期以来都是朝鲜军队的支柱。比如,平壤的空军全都由苏制飞机组成。自朝鲜战争以来,政权特别强调先进军事技术,力求在武装上获得对南朝鲜联合国军的优势。它由此发展出一支规模大且功能齐全的空军,在阵营中位居第五位,规模比汉城的大两倍。

在 1962 年 12 月平壤的宣传中广泛暗示说苏联已经威胁要削减它对朝鲜的军事援助计划,这对金日成政权平添了额外的政治压力。随后不久,平壤宣布它需要投入更多的国内资源以维持并发展其军事设施。在 1963 年 9 月,平壤政权承认这一政策已经造成了其工业发展的减速。

对当前苏联向北朝鲜输送的军援的性质只有零星的了解。几乎可以肯定莫斯科将继续提供防御性装备，可能是在长期合同之下。

较不确定的是莫斯科是否仍在提供能增强朝鲜进攻能力的装备。已知的最后一次输送进攻性装备是在 1962 年的夏天。

如果苏联军事装备的输送发生全面缩减，则来自共产党中国的军事援助在一定程度上能填补缺口。然而，即便有中国的援助，平壤整体的军事潜力也可能会比现有的水平消减很多，而且想要长期维持足以和南朝鲜的联合国军抗衡的军力也会遭遇重大困难。

对南朝鲜的政策

虽然过去十年间北朝鲜军队的实力和现代化水平有所提高，但平壤本身仍然没有以武力统一全国的能力。尽管如此它还是开始推行了一个计划，以此为共产党的统治最终扩张到南方打下基础。此计划包括一场持续的政治及宣传颠覆运动，旨在动摇南朝鲜对汉城政权以及对美国支持的持久性的信心。平壤特别卖力地推进这一策略，以便利用南方自 1960 年李承晚政府倒台后政局的不稳定。

迄今为止，北朝鲜在利用南方的不稳定方面取得的切实成效微不足道。而平壤在南方的地下颠覆活动的收获甚至更少。南方严密的警察与军事安全措施很大程度上排除了对政府的渗透及建立一个地下党的企图。当前，要在南朝鲜发展出一个基地并以此发动一场越共式的起义似乎远不是平壤力所能及的。

展　　望

有迹象显示最近北朝鲜公众的冷漠和不满情绪在增长。这种局面显然是由于政权控制的严密以及生活普遍单调乏味所导致。有报道说包括非法挪用公共基金及黑市交易在内的犯罪率正在上升。青少年犯罪也出现了，特别是在过去四年中从日本遣返的年轻人当中。

爆发严重的群众骚乱的可能性似乎很微小。公安力量无疑仍旧构成了一个无孔不入的且有效的警察系统。而且，政权应该能毫无困难地继续给相对较小的人口提供食品及基本的生活必需品。然而，政权对公众态度很担忧，已于最近着手实施一系列宣传运动，旨在激励公众更尽心尽力地支持其目标。

迄今为止，没有迹象显示党的体制内士气低落。至少在表面上看来，党对于金日成的领袖地位及在其政策指导下取得的进展表示满意。金与其主要副手们仍然足够年轻，有望保持十或十五年活跃的政治生命。因此在可预见的未来，党内最高领导层的重组是不太可能的。

平壤可能将继续维持它与中国共产党的政治联盟，同时谨慎地力求避免拉大自己同苏联的距离。北朝鲜对南朝鲜的民族统一目标由于美国的压力而遭受挫折，这似乎也将排除它对美国的敌对政策做出任何缓和。

DDRS，CK 3100359047－CK 3100359053

费晟译，牛可校

中情局关于企图推翻刚果政府的
流亡者组织的评估

（1964 年 5 月 22 日）

SC 00620/64B

Copy 2

机密,不许向海外散发

流亡者针对利奥波德维尔政府的活动

（1964 年 5 月 22 日）

西里尔·阿杜拉(Cyrille Adoula)总理的利奥波德维尔政权有很多政治反对者,其中最活跃的是一群左翼流亡者,他们的基地在刚果河对面的布拉柴维尔①。这些人称自己为民族解放委员会(Committee of National Liberation,CNL),最近几个月,他们与一些共产党国家的代表有所接触,从布拉柴维尔和其他非洲政权赢得了一些支持,打算回到刚果采取行动。不过,虽然他们取得了一些胜利,但民族解放委员会仍然实力弱小,组织混乱,效率低下。他们在将来能否会给阿杜拉政权带来麻烦,还得看他们是否会与其他各个反阿杜拉的组织结成联盟,而所有反阿杜拉的组织都将刚果的政治结构看作是他们最大的资产。

组　　织

虽然在刚果的政治圈中叫嚷不断而又臭名昭著,国家解决委员会却只有150~250 个成员。它是由已故的帕特里斯·卢蒙巴(Patrice Lumumba)总理与被监禁的安托万·基赞加(Antoine Gizenga)的追随者们于去年 9 月成立的,那时利奥波德维尔议会才刚刚解散。这些流亡者在他们驻布拉柴维尔的总部宣称,他们的目标就是要推翻阿杜拉政府。

这些发起人以克里斯托弗·本德(Christopher Gbenye)为领导,他们是民族解放委员会的核心成员。与这一小群人有松散联系的是 35 个最近刚从莫斯科回来的学生,以及一些军队的开小差者和其他各类心怀不满者。

民族解放委员会的短暂历史中充斥着内部斗争和建立更稳固的基础的努力。去年 2 月其中一些成员公开对本德进行抨击,声称自己才是"真正的"民族解放委员会,但是看起来该

---

① 刚果共和国首都。——译注

组织内至少有一些成员仍继续效忠于本德。

民族解放委员会已经在刚果东侧的布隆迪布琼布拉（Bujumbura）建立了分部，但这一分支机构的领导人似乎基本上是自行其是的。但即使在这样一个不到 10 人的小机构中，内部斗争也时常可见。

非 洲 的 支 持

虽然从一开始布拉柴维尔政权内的一些有左倾倾向的官员，尤其是安全部长，就与这些流亡者成了朋友，但布拉柴维尔迄今为止也仅向国家解放委员会提供食宿。这些左派可能受到了政府内温和派的掣肘，所以无法向他们提供更多的支持，温和派甚至想把民族解放委员会赶到别处去。

4 月中旬，布拉柴维尔的外交部长曾私下表示，他打算将民族解放委员会驱逐出境。随后有迹象表明，他正试图将这些流亡者送往加纳。然而，随着布拉柴维尔日趋左倾，这一计划似乎已然化为泡影。属于温和派的总统马桑巴-代巴（Massamba-Debat）现在有理由怀疑，阿杜拉正反败为胜，并向在刚果的布拉柴维尔的流亡者提供了支持。

在布隆迪，国王同样面临着内部左翼势力的压力，由于他的地位并不稳固，所以据报道，他不愿拘捕流亡者，也不愿限制他们的活动。他甚至对刚果政府提出的取缔民族解放委员会的呼吁不予理睬。

另一方面，卢旺达则逮捕了前往它境内的国家解放委员会的拥护者。它之所以与阿杜拉政权合作，很大程度上是出于对邻国布隆迪的强烈敌视。

其他与刚果接壤的国家似乎并没有正式介入此事。

与共产主义的联系

国家解放委员会向苏联提出的援助要求好像未被理睬。……①

中国共产党似乎也很谨慎。由于这个组织内部不断有小规模的争斗，并且没有展现出任何效力，所以中共可能也因此一再搪塞。一些称中共已经给民族解放委员会提供了大量援助的报告来源于民族解放委员会，其可信度令人怀疑。

不过，虽然中国在非洲的外交代表人员并不多，但他们确实在布拉柴维尔和布琼布拉都设有大使馆，据悉这两地的大使馆与民族解放委员会的领导人都有联系。北平，还有莫斯科，大概都正在评估对民族解放委员会的未来前景。只要民族解放委员会表明它们确实是

---

① 原文此处删去数行。——译注

有能力的,北平可能就愿意迅速涉入,提供大量援助。

在刚果内部的活动

到目前为止,民族解放委员会与刚果境内的许多反政权组织的联系并不多。去年秋天,在奎卢(Kwilu)起义①发动的时候,本德表现出了对叛军领导人皮埃尔·穆莱勒(Pierre Mulele)的不信任,并且似乎后来也没有理睬他们的援助请求。民族解放委员会的特工在刚果东部麻烦不断的基伍(Kivu)地区的活动比较积极,可能还进行了反政府宣传。还没有证据表明民族解放委员会的阴谋策划是造成别处程度较轻的骚乱的原因。

实际上,民族解放委员会的资源非常匮乏,所以根本无力帮助别人。它的武器供给似乎非常有限。今年春天早些时候,四个据称打算暗杀刚果高层领导人的民族解放委员会小组被逮捕,他们随身没有佩带什么武器,只有几个人带了手榴弹。5 月中旬在利奥波德维尔附近发生的爆炸可能就是民族解放委员会的特工干的,据报告他们在本月初已经潜入了刚果。显然他们用的是塑料装置。

国家解放委员会的发展前景

像目前这样组织起来的民族解放委员会对阿杜拉政府的威胁并不大。但是阿杜拉对刚果的控制非常薄弱,以致那些持不同政见者发起的各类运动即使在当前也对他的政权造成了很大的问题。如果那些持不同政见者获得了海外的支持,或者有些联合起来行动,那么他们很快就会引起动乱,而阿杜拉政权根本无力对此加以控制。在一定的条件下,根据地在外国,与外国多有联系,又擅长政治宣传的民族解放委员会就会在这种事态发展中扮演关键的角色。

DDRS, CK 3100364826 – CK 3100364829

刘青译,牛可校

---

① 1964 年 1 月,在皮埃尔·穆莱勒的领导下,接受了毛泽东革命思想的派别发动的一场起义。——译注

中情局关于中国在非洲活动的分析和评估

（1964 年 6 月 19 日）

SC 00624/64B

Copy 2

绝　密

中共在非洲的活动

（1964 年 6 月 19 日）

中共视非洲为一块充满机会的大陆，在他们争取赢得国际承认和获得国际影响力的努力中，他们在这里既能获得长期的收益，也能获得短期的收益。由于俄国在这一地区的活动近来有所增加，而中共急于在明年 3 月即将召开的第二届亚非会议上扮演领导角色，所以中共加大了力度，试图与这片大陆建立政治、文化和经济上的联系。这一举措取得了一些成功，但到目前为止也算不上一帆风顺。

中国人是新到非洲来的，仍在摸索中行进。以其为数不多的驻非洲的代表和有限的资源，中国人正试图拉拢那些不愿卷入冷战或中苏争端中的精明的非洲民族主义者。尽管遇到了阻碍，中国人仍自信，在欠发达地区，历史的潮流是向着他们的。他们竭尽全力地指出中国与欠发达国家有着共同的经历，相信总有一天非洲人会认识到北平才是他们最坚定的支持者和真正的革命策源地。

策　　略

北平当前的目标是在非洲树立更大的势力，建立一个更广泛的基础，从而可以更好地向着他们的长期目标奋进。尽管中国的宣传人员经常满怀热情地赞颂横扫整个非洲大陆的"革命浪潮"，但北平或许只将其看作是对未来的一个希望，并接受了目前必须同非洲资产阶级民族主义者合作的现实。而在大部分新兴独立的非洲国家，都是这些资产阶级民族主义者掌握了政权。

中国人无力承担大规模的经济和技术援助，所以主要依靠的是宣传、外交策略和个人联系。去年冬天周恩来总理和陈毅外交部长对非洲十国进行了访问，这是最近最显著的一次面对面的说服工作。世界上还没有其他哪个大国曾派出过这么高级别的官员对非洲大陆进行如此的巡回旅行。到去年 2 月他们结束了为期几个星期的访问时，他们并没有获得什么丰硕的成果,不过他们为北平随后进一步推进北平的影响力打下了坚实的基础。

周恩来的访问

中国总理在访问中基本上采取了比较谨慎的作风,旨在赢得非洲温和派的支持,所到之处都给人留下了很好的印象。他和外交部长陈毅都试图改善北平的形象——由于反对签署禁止核试验协定以及 1962 年中印边境冲突,北平在非洲一些领导人的眼里并不十分光彩。他们一再地极力抵制苏联将中国领导人描绘成不负责任的好战者的宣传,试图表明中国是具有世界影响力的负责任的大国。

他们竭力争取各国对即将在非洲召开的第二届亚非会议的支持,并取得了相当的成功。北平显然希望像主导 1955 年的万隆大会那样主导这次会议。同时,周和陈还试图贬低由南斯拉夫和阿拉伯联合共和国极力支持的,今年秋天将在开罗召开的不结盟国家大会,这个会议与亚非会议形成了竞争,中国不会派代表参加。

这次访问最重要的一个方面或许是它为中国领导人提供了这样一个机会,即让他们能够面对面地获得对世界上部分地区的高层领导人的印象,而在这些地区,北平新派驻的代表感到这里的情况虽然还比较陌生,但将来却可能可资利用。

"人 民 外 交"

最近几年,非洲各国到北平旅行的代表人数激增,这表明为增加影响力,北平给予"人民外交"以极高的重视。去年,到北平的各类代表团超过了 70 个,而 1961 年还只有 25 个,今年这一数目可能会有更大的增加。非洲的官员们受到了隆重的接待,被安排在大陆各地旅行,一些重要人士还受到中国高层领导人,包括毛本人的关照。

中国最近接待了多位非洲领导人。这其中有苏丹的总统阿布德(Abboud),肯尼亚的国务部长和内务大臣,索马里共和国的总理阿仆迪拉希德(Abdirascid),布隆迪的一些重要议员组成的代表团,桑给巴尔前外交部长巴布(Babu),以及新成立的坦噶尼喀和桑给巴尔共和国的副总统。按计划,马里、阿尔及利亚和索马里共和国的总统将在今年晚些时候进行访问,摩洛哥国王哈桑(Hassan)和其他国家元首也都收到了邀请。

中国在非洲的代表

北平在努力推动非洲领导人访问中国的同时,也在大力向非洲派驻中国代表。北平的教育部长、对外经济委员会主席、国际贸易促进会会长在过去八个月里都访问过非洲大陆。4月底以后,至少有200人抵达非洲,其中包括技术人员、文化界代表和北平在非洲新建的大使馆的工作人员。仅在过去两个星期内,就有30多名中国人出现在了达累斯萨拉姆。

北平现在与15个非洲国家维持有外交关系,台北则与18个非洲国家有外交关系。在过去的六个月里,有5个国家——布隆迪、突尼斯、肯尼亚、桑给巴尔和刚果(布拉柴维尔)——与北平建交,据预测未来可能会有更多国家与之建交。在周访问期间,埃塞俄比亚表示他们正朝着与中国建立正式外交关系的方向努力,北罗德西亚也今年晚些时候取得独立后,可能也会同意中国在其境内派驻代表。此外,一些目前承认国民党中国西非法语国家在不久以后可能会效仿刚果(布拉柴维尔)和法国,转而与北平建立外交关系。然而目前,非洲许多温和的非洲国家政府,尤以喀麦隆和尼日利亚为代表,对中国共产党及其在未来可能进行的颠覆活动都深有疑虑,并不急于在当地建立中国代表机构。

宣　传

中共的海外派驻机构也是重要的宣传孔道。派驻非洲的中国外交官和新闻代表,以及周恩来和其他一些到非洲访问的级别稍低的人员,都不厌其烦地重复着北平电台和媒体的论调。北平被描绘成非洲最好的朋友,深切理解非洲的问题,与非洲有着相似的被外国剥削的经历。美国则被加以粗鲁激烈的批评。

现在中国的电台每周向非洲进行宣传播放常达75个多小时,而在两年前还只有55个小时。所使用的语言有英语、法语、阿拉伯语、广东话、斯瓦希里语和豪撒语(最接近于撒哈拉以南的西非使用的佛兰卡语)。广东话的广播节目主要针对东非4万多的海外华人,其中一多半定居在印度洋上的一个英属小岛毛里求斯。

中国还向非洲散发了一些高质量的英语和法语的小册子和期刊,光亮平滑的大开本宣传杂志《中国画报》今年春天还用斯瓦希里语在非洲首次发行。

中国主要的发布宣传和收集情报的机构新华社目前有25个驻非洲的记者,此外还有一些行事干练而且往往很有影响力的当地特约记者。……①

有特殊利益的地区

刚果和东非对于中国共产党来说有着特殊的利益,北平目前以小范围支持一些革命活动,而这两个地区就是北平的这种努力的聚焦点。上个月《人民日报》的一篇重要评论员文

---

① 原文此处数行未解密。——译注

章颂扬了"丛林里发出的战斗号角"。该文尖锐地批评苏联不仅没有全心全意地支持"民族独立运动"，而且实际上试图"恐吓"刚果，使其"屈服"于美国。

中国在布拉柴维尔刚果(Brazzaville Congo)和布隆迪都设有大使馆，那些利奥波德维尔(Leopoldville)刚果的流亡者们建立的民族解放委员会(CNL)就以这两个地区位活动的集结地，该组织在那里致力于推翻阿杜拉(Adoula)政权。据悉中国外交官与民族解放委员会在布拉柴维尔和布隆迪首都布琼布拉两地的领导人经常有联系。最近的一份报告……①显示，北平最新发出的政策方针是优先考虑与刚果叛军合作，把对叛军的支持视作……②首要任务。还有些报告指出，北平已经向国家解放委员会提供了援助与财政支持，那一地区的中国人现在越来越多。不过驻布拉柴维尔的美国大使馆汇报说，中国在当地的大使馆行事非常低调谨慎，很明显，北平对民族解放委员会是否可靠仍心存疑虑。……③目前，中国的援助主要还限于建议性和道义性的，而非财力和物力的支持。

中国人虽急于表明自己是世界革命的坚定支持者，但他们并不想将有限的资源花费在那些内讧不断，且尚未证明自己是否有能力的流亡组织身上——这不仅指国家解放委员会，还指葡萄牙境内的那些革命者。不过中国人确实已经与他们建立了联系，如果国家解放委员会或者安哥拉流亡者表现出更大的有效性，中国或许就会给予他们更具实质性的支持。

在东非也一样，中国与南非的流亡组织取得了联系。坦噶尼喀首都达累斯萨拉姆目前是该地区这类活动最重要的中心。除了7个农业专家和11个刚刚抵达的与即将举办的贸易展有关的技术专家外，北平还向那儿的大使馆派驻了20多人。在坦噶尼喀，一些有影响力的流亡者都要到共产党集团国家去访问，一些颇有前途的非洲年轻人也都报名到共产党集团去学习——一些人是进行学术研究，另一些人则是接受恐怖主义的技术培训。在达累斯萨拉姆，中国人正忙着扶植那些来自莫桑比克、南罗德西亚、尼亚萨兰和南非的流亡者。他们或许希望经过一段时间，他们能够培训出一支训练有素的干部队伍，这支队伍既能在当地的解放斗争中具备战斗力，又能响应北平的号召。

在桑给巴尔，据报道正在规划建立一所能容纳1 600名学生的大学，中国可能提供了援助，该大学被指定为那些前来接受政治训导的流亡者提供住宿。现在岛上有60个中国人，有报道说有13个中国医生不久就会到达。北平向桑给巴尔提供了50万美元的专款，和1 400百万的免息贷款。

在东非，中国人也常常有权势的政府领导人做工作。桑给巴尔的巴布(Babu)经常访问北平。……④在乌干达，据报道北平支付现金给执政的乌干达人民代表大会的几位重要成员。肯尼亚野心勃勃且影响甚大的内务部长奥金加·奥廷加(Oginga Odingay)也与中国有

---

① 原文此处两行多未解密。——译注
② 原文此处删去数个词。——译注
③ 原文此处近四行未解密。——译注
④ 原文此处近两行未解密。——译注

联系，并在今年春天访问了北平。……①

中 苏 竞 争

在非洲，苏联转而反对中国的行为，中苏在那里争夺势力的竞争越来越明显。阿尔及利亚总统本·贝拉（Ben Bella）5月对苏联的访问和赫鲁晓夫对埃及的访问被用以体现了苏联对"民族解放运动"的支持，并被借以为苏联的各项政策目标争取中立主义重要领导人的支持。苏联试图参加亚非会议，理由是它也是一个亚洲国家。苏联最近做出了大量援助承诺，这部分地是为了显示苏联有能力向新兴国家提供切实的帮助，而中国则只是空喊口号和给予一些模糊不明的承诺。

虽然中国的总理访问非洲时，在公开讲话的时候刻意没有提反苏的内容——这可能是应到访国的要求，但是从一开始就很明显的是，中国这次访问的一个重要目的就是削弱苏联的影响。

据报道，周在与纳赛尔的四次长谈中不断对苏联进行批评和指责——这大概并没有什么用，因为这位阿拉伯联合国共和国总统似乎对当前的苏埃关系非常满意。不过有一份报道指出，周告诉纳赛尔，苏联已经违背了对中国的政治和经济承诺，因而警告说，它对其他亚非国家也不会好到哪儿去。在阿尔及利亚，周提到了早先中国对阿尔及利亚革命的支持——中国的支持实际上要比苏联早。

苏联人尽其所能地予以了报复。当周的飞机在马里的机场着陆时，当地有人向群众散发反华的小册子，其中的内容显然出自莫斯科的论战宣传材料。去年冬天早些时候，中国在马里施行的策略稍胜苏联一筹。中国抢占了苏联的贸易展览会会场，将其用以自己的宣传展。中国这次展览会的定位是非常清楚明白的。

共产党国家对非洲各国的经济援助和信贷

非洲国家	共产党中国	苏 联	东欧各国	非洲国家	共产党中国	苏 联	东欧各国
阿尔及利亚	51.8	228.0	7.4	索马里共和国	21.6	57.2	5.6
埃塞俄比亚	—	101.3	11.8	苏 丹	—	23.0	—
加 纳	19.6	88.8	81.5	突尼斯	—	27.8	19.5
几内亚	26.5	73.1	25.2	埃 及	4.7	833.0	182.9
肯尼亚	18.0	7	—	桑给巴尔	14.5	—	14.0
马 里	19.6	55.5	22.6	总 计	176.3	1 488.2	387.7
摩洛哥	—	—	17.2				

---

① 原文此处近十行未解密。——译注

就像他们在非洲其他地区办的展览会一样。"我们和你们一样，我们是落后国家，但是我们正在大步前进。我们也遇到过你们遇到的问题，我们了解你们的困难。现在你们可以向我们学习——不带有任何附加条件。"

像在几内亚和加纳一样，北平在马里也创办了很多小型工厂，中国技工非常巧妙地赢得了基层群众的好感，而莫斯科和西方的形象则相应受到了损害。据报道，北平来的顾问们很容易"融入"非洲当地社会。他们不要求有汽车、冰箱和豪华的房子。只需要少量的大米，他们就能够过活。他们骑自行车或者走路，与马里的同行们干着一样的脏活累活。更重要的是，北平一直有这样一种好名声，即在派出技术人员方面，他们比世界上其他任何国家都要迅速。马里的发展部长近日提到，从美国获得技术人员，要"一年或者永远也不可能"，从苏联需要"六个月到一年"，从共产党中国只要"四十五天"。

在与莫斯科的竞争中，北平打出了种族主义的牌以在非洲发动攻势。在亚非人民的历次大会上，比如 1962 年的开罗作家大会，去年在坦噶尼喀的莫希（Moshi）召开的大会，以及今年春天在阿尔及尔①召开的亚非团结理事会（Afro-Asian Solidarity Council）会议，中国代表都大力游说非洲代表，力图使他们相信，中国的利益与非洲的利益是一致的——非白人应该站在一起。为了与非洲人靠得更近，中国人将西方的欧洲人、美国人和俄国人都笼统地放在一起，认为他们敌视世界上有色的、受压迫和贫穷的人民。周恩来在其非洲之行中不断地重复这一论调。

莫斯科称中国的这一种族主义影射是不道德的。《消息报》已经指责北平在莫斯科和亚非国家之间树立了一座"长城"。阿尔及尔的团结委员会大会上，苏联的主要代表也愤怒地斥责那些"使人民、国家和大陆"相互对立的人。非洲人对中苏在亚非论坛上公开的剑拔弩张越来越不满，在很多场合，北平代表的长篇大论已经激起了尖锐的批评。

中国在非洲面临的障碍

中国在致力于扩大其在非洲的影响时，面临着若干难以克服的困难。

他们很清楚他们不是要满足非洲人的所有需求，尽管同情的话语会让数额不很大的贷款显得要慷慨很多。然而，那些现实的非洲民族主义领导人试图寻求的是大量的物质援助，而不是意识形态空谈和关于友谊的花言巧语。

在北非，北平与开罗在亚非世界的野心迎头相撞。北非是周恩来的非洲之旅中最不成功的一部分。埃及、突尼斯和阿尔及利亚的情况更加复杂，带有欧洲倾向，生活水平相对较高，他们对待中国的总理礼貌而有所保留。当然，相比起几内亚、加纳和马里这些更加好战的反殖民主义威权政府来说，他们对中国没有那么容易接受。

---

① 　阿尔及利亚首都。——译注

即使是在拉拢那些好战的革命派的方面也不是一派大好前景。毫无疑问,北平并没有心存幻想地认为它进行培训并试图影响的那些人一直都会很可靠。对很多人来说,首先是非洲民族主义,然后才是共产主义。提供奖学金可能会找来一批新成员,那些少量的施舍品又只能落入麻木不仁的资产阶级民族主义者手中,它们会把北平给他们的钱肆意挥霍掉。尽管没有确凿证据表明中国参与了东非的历次军事叛变和桑给巴尔的政变,但是这样的怀疑一直存在,并导致原定周恩来对肯尼亚、乌干达和坦噶尼喀的访问在去年冬天被突然取消。此外,东非人对这一地区的亚洲人,主要是印度和巴基斯坦的流亡者普遍不信任,这一不信任可能延及中国人,抵消他们长期不懈的宣传努力。

奇怪的是,在种族歧视这一中国人常常用来攻击美国和苏联的问题上,中国人自己也容易被人指责。很多三四年前去中国学习的非洲学生现在都幻想破灭地回来了,他们开始公开地批评中国。令他们非常震惊的是,中国人的生活水平非常低,政治教化极为严格,而且中国人试图将他们进行隔离。种族上的优越感和文化上的自负往往损害北平与非洲人关系建立密切关系的前景。

展　　望

尽管在中国人前进的道路上有明显的障碍,但他们仍有动力来继续在非洲扩大影响。周恩来今年春天在全国人大常委会和国务院的联合会议上的讲话中表明,中国计划大幅增加派驻非洲的工作人员,并扩大对这一地区的经济援助项目。

北平或许会更加大肆地打种族问题这张牌,将其作为对美苏的双向斗争中的有力武器。在公开发言,以及与非洲人的私下谈话中,中国的外交官都会继续谴责美国维护现状和支持殖民主义残余,同时还会含沙射影地讽刺莫斯科没有及时支持革命斗争。在中国人无力提供物质援助的地方,他们会以饱含同情的建议和长篇大论的宣传的方式进行补偿。

然而,除非中国人能够使这片大陆上的领导人相信,他们对非洲民族主义的支持是出于对非洲人的利益的考虑,并没有隐藏什么中国人自己的动机,否则对北平真实意图的怀疑和疑虑就会一直存在。

DDRS, CK 3100361207－CK 3100361216

刘青译,牛可校

中情局关于刚果共和国政治
日渐左倾的特别报告

（1964 年 10 月 30 日）

机　密

布拉柴维尔向左转

（1964 年 10 月 30 日）

在亲法的保守派总统尤卢（Youlou）被推翻后的十四个月中，刚果（布拉柴维尔）变成了年轻的非洲国家中最令人头疼的激进国家。新政权在外交事务中明显地倒向了共产党国家，并将"科学社会主义"作为其国内发展的目标。左派和亲共分子占据了政权中的大部分职位，现在对难以驾驭的国民大会施加了极大的影响。当初被视为是温和派的总统马桑巴-代巴（Massamba-Debat）也加入了他们的行列。在实际上摆脱法国的影响，并对美国滋生敌意的同时，刚果政府越来越依靠共产党国家和激进的非洲国家——主要是中国和加纳——提供经济、技术和军事援助。已经持续了很久的经济衰退必将进一步恶化。虽然国内有些组织反对政府的政策，甚至在某些时候还试图策划政变来改变政策，但目前看来，他们几乎不可能成功。

背　　景

三年前巴黎承认了刚果独立，但独立的果实太过贫乏，由此造成的不满成为 1963 年 8 月刚果革命的诱因。刚果共和国（布拉柴维尔）人口稀少，领土沿刚果和乌班吉河西岸绵延 700 英里。其自然资源极度贫乏，境内 80 万居民连最低生活水平都无法维持。革命之前，法国向刚果提供了援助，刚果的贸易也主要针对的是法国，现代经济部门中大部分关键职位也都为法国人所占据。

到 1963 年年中，对尤卢政府腐败、无能，以及无力缓解大规模失业的不满终于爆发。尤卢企图将所有的政治要素都合并入一个党以对其加以控制，这遭到了劳工领袖们的抵制，尤卢对此进行了残酷的镇压。由此尤卢自己亲手点燃了革命的导火索。

新　政　权

尤卢辞职后，这支由 700 人组成的军队的领导人将权力转交给了一群温和的文官，这些文官大多是毫无政治经验的"技术人员",他们的领袖阿方斯·马桑巴-代巴以前是学校老师,曾在尤卢政府中出任内阁部长。在革命中起关键作用的工会成员没有一个在临时政府中担任正式职务。但是由于他们是革命委员会的成员而在幕后发挥了重要的影响力。

四个月后举行了关于宪法的公民投票,并同时对立法机关进行了选举,由此建立了一个永久性的政府基本架构。根据宪法,行政权由独立的总统和对国民大会负责的总理分享。宪法规定成立"全国革命理事会"(National Revolutionary Council),在巩固革命成果阶段,由其负责详细制定有关全国的基本政策。仅将"全国促进革命运动"(National Movement for the Revolution,MNR)的成员列入国民大会的候选人名单,并没有遭到反对。

马桑巴-代巴就任刚果第二共和国的总统,帕斯卡尔·利苏巴(Pascal Lissouba)成为总理,他新入政界不久,之前在临时政府中担任部长。新内阁中的艾梅·马齐卡(Aime Matsika)是几个主要的极端分子之一,他以前是世界工会联合会官员。另一个极端的左翼分子——也是前世界工会联合会的领导人——朱利安·布坎布(Julien Boukambou)在国民大会中担任要职,因此大会主要反映的是他的观点。

向左转的加速

有段时间,马桑巴看起来已经在各派力量中确立了一种动态的平衡,沿着临时政府所制定的温和路线行进。但是,早在9月,马桑巴就已经开始怀疑存在有外国势力支持的反革命分子。在2月间,控制着首都附近的刚果最大、也最发达的族群拉日部(Lari)举行了示威,以支持被驱逐的尤卢,尤卢是拉日部的一个酋长。马桑巴和他的那些温和的同事们震惊了,极端分子的力量大为加强。政权急速向左偏转。此时,马桑巴可能已经坚信,美国和其他西方国家正在援助那些他的政权的敌人。

刚果政府很快迈出了实质性的第一步,通过不再承认在布拉柴维尔驻有外交使团的台北而转为承认北平,以此来拉近了与共产党国家的关系。在很短的时间里,政府宣布决定与苏联、捷克斯洛伐克、古巴和北越建交。

到三、四月间,政权中温和派与左派的权力斗争已经日益彰显出来。作为温和派的领导人,马桑巴在与更有活力和野心的总理利苏巴的竞争中渐渐处于下风。尽管利苏巴的激进主义中有实用主义的色彩,但显然激进派还是认为他更令人满意。马桑巴已经认识到了利苏巴这颗新星正在冉冉升起,这可能促使他将自己的命运也与极端分子联系在了一起。

7月,为了巩固权力,新政权建立了"全国促进革命运动"(MNR)的正式组织体系,使之成为一个已经计划很久的统一的党。极端分子控制了"全国促进革命运动"权力机构代表大会,并在由十人组成政治局中占据稳固地位,而政治局又是政权的最高指导机构。代表大会以"民主集中制"为指导原则,批判了"自由资本主义",而将"科学社会主义"作为其国内发展的目标,不过他们也没有明确指出什么是"科学社会主义"。

自"全国促进革命运动"成立以来,刚果(布拉柴维尔)就扩大了与共产党国家,尤其是中国的关系,在外交政策上的左倾倾向进一步加强。与此同时,他们与刚果(利奥波德维尔)和美国的关系则急遽恶化。

与共产党中国的关系

布拉柴维尔的主要领导人已经视北平为他们首要的外国赞助者。7月以来,中国已经向其提供了价值2 500万美元的无息贷款和商品信贷。对于一个每年预算只有3 900万美元的国家来说,这个数字令人印象深刻,尤其是它还与法国每年提供的900万左右的援助形成了鲜明的对照。最近从北平访问归来的马桑巴说,他从北京得到的2 000万美元将主要用来发展消费品生产的小型工业。他还说,北平已经同意派出一批专家来帮助培训飞行员、工程师和"其他"各类技术人员,具体人数还未确定。一些满载着中国提供的物品——可能包括武器——的船只今年秋天开始已经陆续抵达了刚果的主要港口黑角(Pointe Noire)。

中国人已在布拉柴维尔的中心地带获得了一栋宽敞的三层楼房,这是人数越来越多的外交官们的住所,截至上个月,中国在布拉柴维尔的外交官有36人,其中16人是"技术人员"。有……①报告显示,这些"技术人员"目前正在首都以外的一个营地里训练刚果的青少年。自到达布拉柴维尔后,中国人就一直与邻国利奥波德维尔刚果的流亡持异见分子有联系。但是,有关中国人大规模地参与了向持异见分子提供游击战术培训的报告还未得到确切的证实。

由于中国人对布拉柴维尔政权的扶植,近来一大批有影响的刚果人陆续去访问北平,他们都得到了特别的隆重接待。9月末,马桑巴和布坎布都在北平进行访问,这是总统第一次对非洲以外的国家进行的国事访问。此外,刚果5个高级军官、宪兵队的司令以及准军事性质的"公务人员"也都于9月18日到达北平,开始了原定六周的访问。不过最近有报告表明,他们中有些人可能已经决定再多待一些时候。

相比而言,苏联来得晚了。到目前为止,苏联在布拉柴维尔只有6名外交人员。苏联最近才开始采取切实的行动,9月28日,两国签署了一项民用飞机协议,苏联民航(Aeroflot)与最近刚破产的刚果航空公司(Air Congo)之间也签署了一项协定——但具体款项至今尚未确定。苏联还向布拉柴维尔派遣了一个商业援助调查团,不过苏联至今并没有提供大笔的援助。其他共产党国家在布拉柴维尔也还都没有外交使团。

与法国的关系

法国在刚果曾经享有的政治优势已经被削弱了。有很多迹象表明法国的影响力已大为

---

① 原文此处删去一两个词。——译注

减小。以前在各级政府中可见的法国顾问大多都已离职，而少数几个留任者也发现他们的建议已经得不到采纳。根据在整个非洲的军事撤退计划，巴黎已经宣布到今年年末，他们将撤出所有在布拉柴维尔的部队。这将不仅会给布拉柴维尔的经济带来不利影响，而且可能还会导致法国商人的大批离去，从而加速了刚果现代经济部门的崩溃。这些商人团体已经很明确地表示出对何时以及如何实行"科学社会主义"的担忧。国民大会、激进的媒体和青年组织都对法国人发起了大张旗鼓的谩骂和讨伐。一些青年组织还定期地骚扰在布拉柴维尔的西方人社区。

10月1日，布拉柴维尔开始运作自己的财政系统，从而迈出了正式的一步来使其脱离传统上与巴黎的财政关系，尽管这样他们自由利用法国财政资源的优势可能就会有所削弱，如果不是完全丧失了的话。来自法国的消息声称，布拉柴维尔的财政系统已经负债400万美元。

利奥波德维尔和美国

布拉柴维尔在最近几个月的急速左转部分上也是由于1963年10月以后，两个相邻的刚果之间敌对的日益加深。从那时起，马桑巴政权就为跨河从利奥波德维尔刚果逃过来的一群卢蒙巴支持者提供了庇护。政权中至少有些左派分子，尤其是警察头子宾迪（surete chief Bindi），以非官方的形式向流亡者提供了帮助，并且布拉柴维尔坚决反对将他们驱逐出境。去年夏天冲伯（Tshombe）重掌政权，美国对其表示支持，8月政府截获了冲伯送给持不同政见的拉日部的武器，同月，利奥波德维尔驱逐了其境内的所有布拉柴维尔国民，这一系列事件似乎都加剧了马桑巴对另一个刚果的恐惧和疑虑。

在两个刚果关系恶化的同时，布拉柴维尔与美国的关系也日益恶化。布拉柴维尔对美国一直就不太信任，因为它是最后才承认新政权的大国。马桑巴和他的外交部长不断表示，他们相信某些"外国势力"正利用冲伯来损害他们的政权。今年8月，冲伯声称将派遣部队偷偷潜入布拉柴维尔，马桑巴暗示美国应该最终对其负责，并且外交部长还告诉美国大使说他们可能很快会公开谴责美国的"侵略行径"。布拉柴维尔还将北平在经济援助方面的迅速回应与美国相对缓慢而少量的援助做对比。他们切断了与美国大使馆人员的所有联系以表示他们的不满，他们还威胁说要关闭美国新闻署的站点，并表示不需要美国的援助。

与其他非洲国家的关系

在非洲，布拉柴维尔已经转向一些激进的国家——特别是加纳——寻求援助。在去年5月对加纳的访问中，马桑巴向加纳总统恩克鲁玛寻求援助，以重新训练和组织他的军队。据报道,利苏巴于 9 月份从阿克拉①回国时,已经获得了加纳 400 万美元贷款的承诺,还带回加纳关于建立军事联盟的提议。马桑巴拜访了本·贝拉②,9 月初,一艘阿尔及利亚轮船向布拉柴维尔运送了显然由苏联提供的武器。有相当多的迹象表明,这些武器是送给受到共产党支持的安哥拉叛军的,这些叛军以布拉柴维尔为基地,在那里他们有权使用政府的电台。不过看起来,那些武器现在似乎归布拉柴维尔军方所有。驻布拉柴维尔的法国陆军武官声称,埃及已经帮助刚果训练了 5 名飞行员,并向他们提供了 2 架侦察机。

虽然布拉柴维尔主要是向激进的非洲国家寻求援助,但它仍然保留了其在两个温和的法语国家地区组织的成员资格。这表明,马桑巴可能已经意识到了布拉柴维尔极端贫困的经济状况,而且担心完全与温和的非洲国家以及法国断绝关系会带来极为严重的后果。

国 内 反 对 派

对目前这种政治走向一直存在相当规模的反对。很明显,拉日部落的大部分人很早就是政府的对头,他们与政府的矛盾也最难缓和,因为他们一直无法接受对尤卢的颠覆和囚禁。尽管去年 2 月政府对他们示威的镇压打击了该部落中的一些好斗分子,但有……③报告显示,他们中有一些人还在继续为尤卢出谋划策。

在布拉柴维尔,对政府的左倾趋向能做出有意义的抵制的,还是那些重要的天主教劳工组织和青年组织,他们在政府甚至政治局中都有发言人。虽然 1963 年的革命主要是由温和派发动的,但那些温和派们发现他们的革命被极端分子们占取了,现在,他们自己也渐渐被贴上了反革命的标签。由于内部比较团结,且赢得了一定的大众支持,目前他们尚能抵挡住左派的压力,而不参加由"全国促进革命运动"控制的全国组织。

但反对派可能也坚持不了太久。一个政治局的成员——他同时也是政府建立的总工会的书记——最近告诉美国大使说,11 月召开的劳工大会将是那些"不合作的工会"协调步调的最后机会。政府还开始对批评当局的天主教媒体进行了制裁,并通过了媒体审查法,这预示着由北平支持的《独立周刊》(Dipanda)将成为主要的新闻渠道。

10 月 28 日,马桑巴开除了内阁中两个重要的温和派人士——经济部长卡亚(Kaya)和司法部长奥金巴(Okiemba)。在他们被开除之前,这两人都曾发表声明表示反对当局的左倾政策。有报道说,卡亚日前在巴黎表示,希望温和派和尤卢能够实现和解,共同发起一场群众运动以推翻现政权。

尽管这些团体对政府目前左倾政策的抵制情绪很高,但他们推翻政府或者是阻止这一政策走向的机会却十分渺茫。他们缺乏组织,并且安全部队似乎坚定地忠于革命。无疑这

---

① 加纳首都。——译注
② 本·贝拉(Ben Bella),阿尔及利亚独立后的第一任总统。——译注
③ 原文此处删去一两个单词。——译注

些人都受到了政府的怀疑，只要他们一有联合的迹象，政府就一定会坚决地加以镇压。

前　　景

　　尽管目前布拉柴维尔的政权还谈不上铁板一块，而只能说是纷扰混乱。但很明显，他们正试图发展成一个威权的、激进的、反西方国家，其外交和国内政策与那些激进的非洲国家类似。最近还几乎不可能阻止这一政策走向。与巴黎的关系如何则要看"科学社会主义"实施的程度。虽然有一个度的问题，如果布拉柴维尔越过了这个度，就有可能会失去法国的经济和技术援助，但迄今巴黎并不打算使用其有力的经济杠杆来引导布拉柴维尔在政治上做出有利于西方的变化。北平在布拉柴维尔的热心表现似乎表明，中国人打算填补法国经济撤出留下的空白。与美国的关系已经差得不能再差了，只有待两个刚果的关系改善后，布拉柴维尔与美国的关系才有可能改善。……①

　　DDRS，CK 3100506475 - CK 3100506483

刘青译，牛可校

---

① 原文此处删去一句。——译注

中情局关于印尼存在的主要
问题和前景的特别备忘录

（1965 年 1 月 26 日）

机　密

印尼的主要问题和前景

（1965 年 1 月 26 日）

摘　　要

我们现在不仅要面对来自苏加诺的危险——这种危险众所皆知并且日益增加,还要面对一个没有苏加诺的印尼所可能产生的不确定性。如果这位病中的独裁者不久将去世的话,他留给印尼的将是印尼国际地位的非法化,经济的濒临崩溃,以及对共产党控制的抵制力的削弱。然而,如果苏加诺还能再活一段时间的话,印尼共产党(PKI)掌权的机会也可能继续增加。我们并不认为印尼马上会成为共产党人的天下,也不相信苏加诺会发动战争。不过,在我们看来,在一两年之内印尼很有可能朝这些方向发展,为此要特别引起美国情报机构和政策规划部门的注意。

很明显,对苏加诺地位继承权的争夺战已经开始了。我们认为,如果苏加诺不久从舞台上消失的话,尽管共产党还将继续发挥重要作用,但是军队和非共分子将赢得继承权。这样的政府很可能继续推行反美、排外政策,也是对和平的威胁。而且,如果非共领袖没有表现得比他们至今表现出来的更加刚毅、坚决和团结,印尼共产党统治印尼的可能性就会迅速增加。

近期来看,苏加诺几乎肯定将继续推行他的对抗政策。他很可能大幅提升印尼向马来西亚施压的层级和强度,向英国和英联邦军队发出战争挑衅。不过,我们认为更有可能发生的是,他会继续进行目前的渗透和偶尔的军事骚扰战术,同时集结大规模的部队,煽动战争威胁,以便进行外交讹诈。

苏加诺很可能将采取各种行动来进一步削弱他与西方的残余联系,并继续维持他与北京的暧昧关系。他显然相信美国与西方在东南亚的影响的衰落将是长期趋势,这为印尼提供了牟取好处的机会,而与共产党中国分肥则是一个在未来某个时候可以妥善处理的问题。如果任由这种大行其道,则最终会被证明是一厢情愿的和代价高昂的,容易激起英美的军事颠覆和中国共产党的蒙蔽,并且引起印尼国内局势恶化。

一、苏加诺病情的政治影响

1. 苏加诺总统可能会去世,这已给印尼政治与外交带来了新的不确定性。苏加诺的维也纳医生认为,如果不尽快为他进行手术取出肾结石的话,他一两年内就会去世——可能很快就会暴毙。即使他做了手术,他的寿命和身体机能也非常具有不确定性。苏加诺现在明白只有进行手术才能挽回一条命,我们也觉得他即便不情愿,也很有可能迅速且秘密地接受手术。

2. 即使苏加诺在手术后不死,他的政治权力也会受到削弱。这种可能性对印尼各派政治势力来说已经具有催化剂的效应:印尼共产党及其对立派别之间的政治争夺已经白热化,各派都在争取让苏加诺任命一位有利于本方利益的代总统。很明显,苏加诺也明白,当他在维也纳接受手术时,反对他的集团会进行分裂活动。因此,他很可能推迟行程,先争取时间平息这场权力争夺。

3. 11月份,苏加诺不在印尼时,第一副总理苏班德里奥(Subandrio)一反常态,首次公开提及继承问题,宣称这个问题不得由军方决定。他声称他已建议苏加诺把大部分国家事务交给其他人——这也是印尼共产党早已提出来的——而多扮演"父亲"的角色。我们怀疑苏班德里奥怎么可能会这么直率地向苏加诺提出劝告,不过很清楚他正努力想把自己树立为继承人。由于他在军队中一直没有追随者或支持者,他与苏加诺的亲密工作关系以及他与印尼共之间的非正式"联盟"使他继续掌握权力。随着印尼共影响力的不断增强,以及苏加诺对打着"苏加诺主义"旗号进行反共运动——这场运动尽管还属试探,但很大胆——的集团的镇压,苏班德里奥的地位和权威有所提升。

4. 苏加诺曾短暂地允许温和派低调地继续开展"进攻",但是12月的时候断然瓦解了这场运动。此后苏班德里奥和印尼共积极利用这次胜利,全方位清算首要的非共人物,特别是阿登·马立克(Adem Malik)和查鲁·萨勒赫(Chaerul Saleh)。1月初,当苏班德里奥公开表明某些"有声望的同志是反革命,应该被淘汰掉"时,几乎可以肯定他得到了苏加诺的支持。他的这次讲话预示着内阁将得到重组,印尼共和亲共民族主义者在内阁中将有更大的发言权。同时,印尼共最近正在酝酿一个新的危险——要求把武器分发给工人和农民。这个要求得到了广泛响应,苏加诺可能因此会顺应形势。这么一来,印尼共将会取得迄今为止最大的胜利,而军方则要面临最大的挫败。

二、苏加诺之死的影响

5. 争夺继承权。我们认为,要是苏加诺不久就会去世的话,最有可能接掌政府大权的是非共的军人或文人集团。这种政府虽然可能没有苏加诺的民族沙文主义,但很可能继续推行苏加诺的大多数重要政策。不过,这个政府的权力并不稳固,权力争夺战刚刚才开始。

此后几个月,大量的动乱和暴力将会接踵而来。不过,只要不出现全面的叛乱,或者只要雅加达对外岛的控制不至于崩溃,这场动乱很可能会结束。

6. 印尼共可能一开始不会进入这个后继政府。即便如此,除非印尼共发动大规模动乱,给军队带来严峻压力,否则这个政府几乎肯定将不得不容忍印尼共继续发挥影响力,开展活动。只有在特定条件下——例如经济秩序混乱状况升级,行政机器崩溃,印尼共才有可能武力夺权。印尼共已经深深渗透进入印尼社会,如果印尼共掌权的话,将会得到广泛的公众支持,军方领导人也会四分五裂、无所作为,非共势力也没有意愿或能力阻止这种局面发生。由于印尼共与苏加诺在政策上的共同之处越来越多,我们相信苏加诺活得越久,印尼共掌权的机会就越大,不管是合法上台或者武力夺权。

7. 对抗。尽管目前来看"对抗"政策没怎么成功,我们相信苏加诺还想继续推行,事实上是强化"对抗"运动,并在军事威胁的同时做谈判的打算——依照印尼开出的条件。几乎可以肯定,他不放弃解散马来西亚、促使拉赫曼政府垮台以及清除西方在远东的影响等目标。没有迹象表明,苏加诺的判断力受到了他的身体状况的影响,我们认为他的政策是谨慎小心地加以制定的。很可能,苏加诺对即将来临的死亡的恐惧会促使他加剧"对抗",以希望在他死之前迫使马来西亚解体。但是,我们倾向认为苏加诺明白"对抗"战术的危险,并且不大可能误算局势以致引发全面敌对。

8. 我们的确认为印尼军队在沙捞越边境的调整与部署——这次军事集结将使印尼在婆罗洲的常备军数量到3月时增加了一倍——预示着将来的军事行动会比迄今为止进行的行动规模更大。如此一来,不仅军事风险会增加,而且后勤补给的难度也会增加。现在英军在远东的部署尚足以反击印尼的任何军事挑衅。

9. 印尼与苏联。苏加诺投苏联所好,给美英制造麻烦,在亚非搅起反西方情绪。同时,苏联领导人几乎肯定会关注印尼与共产党中国日益亲密的关系、印尼共对中共的追随和莫斯科在雅加达影响力的逐渐缩小,还担心苏加诺的鲁莽行动可能引发大规模战争。而且,苏联也必定在反思为什么以前对印尼的那么多援助①只换得这么少的影响力。不过,苏联领导人可能考虑到他们除了继续进行援助以外,没有其他可行的办法来维持苏联在印尼仍然存在的影响力。他们还会继续给予印尼一些花费较少的政治和宣传支持,让印尼继续进行一些无损苏联利益的行动和政策。

10. 印尼与苏联的关系正在不断恶化,一些印尼高层人士关心"对抗"政策中的哪些方面损害了苏联的利益,导致履行现有武器协议时出现不必要的拖延。苏加诺、纳苏蒂安(Nasution)和苏班德里奥最近对莫斯科的访问看来并没有获得任何新的军事装备以维持反马来西亚行动,不过额外的装备可能通过先前归入经济项目下的贷款来购买。虽然苏联明显并不全心全意支持军事上的"对抗"政策,但是还是增加了2亿美元的贷款给印尼,以购买包括米格-21、直升机,伊尔-28s和小型运输机等在内的军用武器和装备。而且,他们还答

---

① 原注:1956年以来,印尼获得8亿美元的苏联援助,其中大部分是军事援助。

应另外给印尼萨姆导弹和足够的军用运输机,足以运载一整个师。三架米-6型直升机——世界上最大的直升机,每架足以装载10吨货物或120个士兵,飞行距离达250海里——已在12月初交接给印尼。不过,尚不清楚的是,这些项目是属于新军事协议中的贷款内容,还是只是为了抵消已有协议的资助内容。

11. 让苏加诺感到高兴的,既有苏联对他的关注,更重要的是苏联给了他原来答应提供的重要军事装备。既然苏联可能在一段时间内仍然是印尼唯一军事装备——战斗机、轰炸机、潜水艇或地对空导弹——的来源,那么苏加诺可能无论如何都得考虑一下苏联的利益问题。不过,他不会完全被束缚在苏联的利益上,而几乎肯定将在优先考虑同共产党中国的伙伴关系的同时,催促苏联提供援助。

12. 印尼与共产党中国。印尼与美苏关系恶化时,与共产党中国的关系却得到提升。尽管中国没能给印尼什么物质援助,却让苏加诺和印尼共清楚感受到中国在东南亚日益提升的影响力。近来有几件事情,包括11月底外交部长陈毅对雅加达的访问以及苏加诺的回访,都反映这两个国家不断提升的合作关系。在开罗举行的不结盟会议上,苏加诺积极支持中国的路线,而且中国和印尼正在密切协商以后的第二届亚非会议。在印尼退出联合国之前,雅加达似乎曾准备积极支持共产党中国进入联合国;此后北京对印尼退出联合国给予宣传上的全力支持。

13. 尽管共产党中国显然赞同印尼的对抗政策——至少这项政策会让英美不舒服,陈毅并不同意实施这项政策。具体地说,陈毅支持印尼在北婆罗洲的军事行动,但不同意采取军事行动反对马来亚本身。这可以解释为什么印尼在马来亚采取行动时很难得到倾向共产党中国的当地共产党分子的有效支持,而在北婆罗洲的行动却得到了倾向共产党的华人支持。不过,我们不知道,中国与印尼之间是否存在一个划分两国势力范围的协议。无论如何,我们认为共产党中国不会积极介入印尼与马来西亚的事端,尽管中共可能会迅速从敌对中捞取好处。

14. 印尼与联合国。在过去的几年里,印尼对联合国的支持已不断下降,这种趋势随着对抗政策的实行而进一步恶化了。苏加诺对联合国的态度是,除非联合国的组织结构反映现存世界"现实"的变化,否则它就不是一个真正有用的机构。这些"现实"指的是给"新兴力量"更多的权力,同时削减西方国家的权力。联合国宪章不修改,印尼就一直无视联合国的存在,而强调把亚非会议和其他论坛当作推行对外政策的主要渠道。苏加诺有意创建一个"新兴力量会议"(CONEFO)以和联合国竞争——可能就在初步定于5月份举行的第二届亚非会议期间召开。不过,除了共产党中国、朝鲜、北越,以及可能还有柬埔寨以外,没有迹象表明其他国家会听从印尼的领导。而且,尽管苏加诺一再声明完全从"帝国主义"的联合国退出,他决不会放弃利用某些特定的与联合国相联系的专门机构来获得利益。

15. 印尼与美国。自1958年以来,美-印关系已达到最低潮。可能有一段时间有所改善,但是只要苏加诺执政,今后一段时间就没有可能取得重大进步。美国的利益与苏加诺在几乎每个方面都相冲突。苏加诺显然相信他对我们施加影响的能力要远远大于我们对他施加影响的能力,他认为他相应地能够逐步削弱马来西亚和英国的防御,同时讨好北京,并毫无顾忌地蔑视美国的利益。他还似乎相信美国已经失去了在东南亚的地位和影响力,相信共产党控制南越和中国共产党将会进入联合国并且将会拥有核武器都只是个时间问题,相信印尼注定将从美国和其他西方国家在本地区影响力的削弱中获得好处,相信印尼与中国的共处将符合印尼的利益而不会损害自身的长远安全。实际上,苏加诺看起来相信他正在左右局势,尽管他所掌握的时间和方向正在把局势引向最终与英美爆发战争、让共产党中国控制本地区或者让印尼共统治印尼的境地。

DDRS,CK 3100352964 - CK 3100352976

刘青译,牛可校

中情局关于巴基斯坦外交政策的特别报告

（1965 年 4 月 16 日）

SC 06615 65C

Copy 3

阿尤布和布托领导下巴基斯坦的外交政策
（1965 年 4 月 16 日）

对印度的恐惧继续主导着巴基斯坦的外交政策。为了获得支持来反对新德里,巴总统阿尤布和信奉中立主义的外交部长佐勒菲卡尔·阿里·布托(Zulfiqar Ali Bhutto)在过去的两年里,尽管名义上仍与西方结盟,但在国际事务中却日渐奉行独立的路线。他们的注意力最初转向共产党中国,现在又转向了印尼,他们也没有完全忽视苏联,认为苏联也有可能成为一个支持者。4 月 26 日和 27 日阿尤布将对华盛顿进行正式访问,此行可能被他视为是借以平衡近来巴与共产党国家和中立国家之接近的一个机会。

防御还是发展

面对着印度在面积、人口以及军事和经济实力上大致 4 倍于自身的实力悬殊,巴基斯坦人至今仍然对印度对他们构成的威胁忧心忡忡,其程度丝毫不低于 1947 年独立和印巴分治之后那场血腥的宗教大屠杀发生时。

1962 年中国攻击印度边界事件发生后,新德里在美国和苏联的援助下,开始着手一项野心勃勃的扩大军备和军事现代化计划,这使得巴基斯坦人越来越担心,随之对印度的敌意也日增。自那时起,为了建立一支能够同时应对巴基斯坦和中国的庞大军队,印度军队又扩充了 30 万人,这比巴基斯坦各种军队中所有服役人员的总数还要多一点。

然而巴基斯坦并没有扩充军备。显然阿尤布的判断是,扩军所制导的分散资源的代价太大。这一判断使得巴基斯坦的经济发展取得了重大成效,巴的第二个五年计划(1961～1966)的大部分目标也都可望完成。相比起印度最近几年的经济困难——尤其是持续的粮食危机,巴基斯坦领导人认为他们在经济上的成就是一个重要的优势。

阿尤布总统一方面帮助其亲美的经济顾问——财政部部长沙阿比(Shoaib)——将资源

用于提高全国人民的生活水平上,哪怕只提高一点;另一方面则主要依靠……①外交部长布托丰富的想象力去发展外交上的优势,以此来对抗印度军事实力的增长。

布 托 的 角 色

1958 年,当阿尤布选择年仅 30 岁的布托作为内阁中西巴基斯坦南部的信德地区的代表时,两人之间的结盟就开始了。自那以后,阿尤布开始视布托为自己特殊的门徒。在担任商务部部长时,布托表现出了对外交事务的兴趣,阿尤布也给予了他广泛的行动自由。布托在商务部长任上最大的成功就是与苏联签署了价值 3 000 万美元的石油开采援助协议。

1963 年 3 月外交部长穆罕默德·阿里(Mohammad Ali)去世后,布托被任命为他的继任者。这是对中国袭击印度喜马拉雅边境地区后,美国决定向印度提供军事援助的回应的最高潮。自那以后,阿尤布开始充分依赖布托来设计和实施新的外交政策举措。……②

姿 态 和 威 胁

1963 年和 1964 年早期,巴基斯坦向北平展示了一系列友好的姿态。双方在边界、贸易和民航方面达成了若干协定,文化交流也有所扩大。作为一种辅助性努力,布托还与亚非集团重新建立了联系,而在十多年前当巴基斯坦加入西方的盟国体系后曾退出了亚非集团。同时,巴基斯坦减少了与东南亚条约组织和中央条约组织的合作,并减少参与他们的活动。

巴基斯坦人的盘算是,在印巴发生战争时,相比与美国对巴的援助,印度可能更为担心中国向巴提供援助,尤其是鉴于现在美国和印度的关系已经越来越密切。通过发展中巴友谊,巴基斯坦希望促使印度对军事力量的部署不要完全针对巴基斯坦一个国家。

在这一阶段,阿尤布和布托显然还希望通过对共产党中国示好来阻止美国向印度提供新的支持。1964 年 5 月,巴基斯坦以官方警告的形式指出,巴基斯坦可能会对自由世界在亚洲的关注和利益失去兴趣,而把注意力"集中于保护自己的关键国家利益的更狭小的范围内",这可谓是巴基斯坦向美施压的顶峰。

当得到消息说,美国在 1965 财政年度将向印度提供价值 1 亿美元的军事援助和贷款时,巴基斯坦开始寻找办法进行回击。他们开始考虑正式退出东南亚条约组织。

从去年夏天的晚些时候开始,巴基斯坦似乎就已经对美国不断向印度提供军事援助采取了更加听之任之的态度,把这作为一个他们无力改变的既成事实。他们请求美国停止军

---

① 原文此处删去一两个词。——译注
② 原文此处数段未解密。——译注

事援助印度的频率和强度也都大幅度减少。

寻找新的朋友

晚些时候——去年 10 月和 11 月——巴基斯坦也终于确信,印度的夏斯特里(Shastri)新政府虽然在早些时候表现出了灵活性,但绝不可能就克什米尔那些有争议的关键地区与巴进行严肃的谈判。因此巴基斯坦开始采取措施迫使印度在外交上处于守势。阿尤布和布托相当清楚巴基斯坦没有实力将印度赶出他们梦寐以求的克什米尔山谷,因而开始努力在亚非国家中寻求新的伙伴。

这一努力中最有效的策略仍然是发展与中国的关系。每一次巴基斯坦对北平的访问,或者是有关中国的声明都会激起印度的愤怒,但是在与中国建立合作方面,巴基斯坦似乎已经走到了他目前所希望的那么远。3 月初阿尤布对北平的访问只不过是宣示了他以前的立场,就同样的主张提出更多的号召,不过印度激烈的反应一定令他非常满意。

在最近的事态发展中,布托似乎已与中共进行了商讨,打算邀请克什米尔领导人谢赫·阿卜杜拉(Sheikh Abdullah)访问北平,从而以克什米尔的自决为由来反对印度。自布托于3 月末宣布了这项邀请以来,夏斯特里政府就遭到了来自印度政府内部和反对派议员的共同攻击,他们指责政府准许谢赫出国访问,虽然谢赫的签证申请上并没有称自己为印度公民。在阿尤布看来,这些成功地使印度陷入麻烦的举动证明了布托外交政策的正确。

去年秋天以来,巴基斯坦进一步巩固了与苏加诺的印尼之间的关系,而印尼曾与印度关系密切。1961 年印度和印尼关系的冷却为巴基斯坦提供了机会。印尼以在克什米尔问题上支持巴基斯坦赢得了巴基斯坦在印马对峙问题上保持中立,尽管巴基斯坦与马来西亚同属英联邦国家。

在布托的领导下,两国扩大了经济方面的合作。有些尚未最后确实的报告还指出,两国已经开始认真考虑在军事方面进行有限的合作,其中包括为印尼的美式飞机提供备用的零件。

布托可能还使阿尤布相信,莫斯科最终会认识到,在克什米尔问题上支持印度会损害到苏联在亚非的地位。如果能够说服苏联在克什米尔问题上采取更中立的立场,印度就不可能再受苏联在联合国安理会上的否决权的护佑了,就会引发新一轮谴责印度对克什米尔山谷的占领的声潮。

不过这种可能性的实现似乎还非常遥远,因为显然苏联在印度身上下了不少功夫。早先关于阿尤布最近访问苏联(访问在 4 月 11 日结束)的报告显示,阿尤布受到的接待是近些年来对国家元首的接待中最为冷淡的一次。阿尤布近来与中共领导人的频繁接触无疑对他在莫斯科的待遇没有好处。不过布托可能仍会继续努力软化苏联对巴基斯坦的态度。

阿尤布的立场

虽然阿尤布给予了他的外交部长相当大的自由,但这位曾受训于桑德赫斯特的总统仍然坚持维持巴基斯坦与西方的关系。……①

当阿尤布在 3 月 5 日发表讲话,指出共产党中国和美国"必须在平等和互利的基础上达成谅解"时,他大概算得上是北平的客人中第一个在大庭广众下倡导不偏不倚的外交政策的人。他还拒绝发表要求以美国军队撤出越南作为解决越南问题前提的联合声明,在最后的联合公报中没有提到越南。

不过,阿尤布还是为最近巴基斯坦外交政策的重新定位制订了纲领。就个人的地位而言,显然他渴望获得尼赫鲁在亚非世界未经言明的领导地位。目前他对即将于 6 月末在阿尔及尔召开的亚非会议可能提供的机会十分在意。他已经牢牢地接过了尼赫鲁作为英联邦新成员的首席发言人的角色。

在结束了对北平和莫斯科的访问后,阿尤布可能会将对华盛顿的访问视为一个机会,以恢复他在对外政策立场中一向极力维持的微妙平衡。虽然他仍然会对美国军事援助印度表示反对,尤其在面对非官方的听众时,但他似乎已经完全放弃了说服美国改变政策的希望。

阿尤布可能会将布托很好地藏在幕后。即使在华盛顿的会见中听不到太多布托的声音,但在他和阿尤布回到巴基斯坦后,他会再次作为巴基斯坦的头号智囊人物和外交政策发言人出现。……②

DDRS，CK 3100443617 - CK 3100443622

刘青译,牛可校

---

① 原文此处数行未解密。——译注
② 原文此处一行未解密。——译注

中情局关于中国在非洲各国活动的备忘录

(1965 年 4 月 30 日)

OCI 1211/65

机　密

中共在非洲的活动

(1965 年 4 月 30 日)

摘　　要

北平在非洲的最终目标是要建立由亲中共的政党领导的共产党政权。然而在目前和短期内,中国人正努力消除或是削弱亲西方和亲苏派的影响,并推动对共产党中国友好的激进的民族主义政权的发展。中国人的注意力目前主要集中在相对较少的几个重要的非洲国家身上,并把这些国家看作是"解放"战争的战场。在寻找亲密的政治伙伴和革命盟友的同时,北平还继续努力与尽可能多的非洲新兴国家发展外交、经济和文化关系。

中共在非洲的活动

1. 中共在非洲的长期目标是建立由亲中共的政党领导的共产党政权。然而目前和短期内,北平正努力消除或削弱西方(包括中国国民党)和苏联的影响,同时促进对共产党中国友好的激进的民族主义政权的发展。中国正在与各类持不同政见的领导人建立联系,从这些人所信奉的各自不同的政治态度可以看出,中国人的活动带有机会主义的特性。

2. 尽管中国在非洲的路线主要强调的是革命活动,事实上北平采取的却是双重战略。只要有权宜之利,中国人甚至可以与"资产阶级"政权发展国与国的关系。北平特别感兴趣的是与那些已经具有或者潜在地具有它所中意的那种"反帝"倾向的政府建立联系。对于那些不符合这个条件的政府,北平一般通过与反对派,持异议组织者和流亡者合作,进而要么向当权派施压,要么推翻现政府。

3. 非洲是中苏争夺对欠发达世界和共产主义运动领导权的主要战场。北平不断地提醒非洲人——主要是通过暗示而不是行动——黑种人和黄种人对白人,包括苏联人有着同样的愤怒。

4. 尽管中苏分歧正在加剧,但两国在非洲的政策却有着惊人的相似性。两国都试图破坏非洲与西方的联系,而且两国都通过宣称与非洲人民有着共同的历史经历和社会目标,以及将国际问题描绘成"进步"力量与"新殖民主义者"之间的直接斗争,来拉拢非洲国家与"社会主义"阵营站在一起。

5. 非洲并没有出现广泛的共产主义运动。非洲的共产主义政党数量很少,并且他们也很少受到中国的影响。比如,塞内加尔的共产党中有相当多的亲中国分子,苏丹共产党中有一个小派系比较亲共,而南非的共产党则完全被亲苏派所控制。

6. 由于缺乏严密的共产党组织和纪律严明的共产党员,北平和莫斯科不得不依靠那些愿意与他们合作,但成分混杂的各类非洲人。中国人大量使用了贿赂的手段。他们试图与这些国家里多数派政党中的激进分子建立密切的联系,但是至今还没有证据显示他们已经在这些政党中成立了共产主义的基层组织。短期内,北平可能不会将希望寄托在共产党的发展上,而是寄希望于那些欢迎中国援助、愿意接受中国影响的好斗的政权。

7. 北平似乎是将非洲国家分为了四类,并且根据他们对每类情况和形势的看法制定相应的计划。第一类是那些可能与之密切合作的激进国家,包括有阿尔及利亚、加纳、几内亚、马里和刚果(布拉柴维尔)。中国与这些国家的领导人维持了友好的关系,并与他们合作建立了针对第三国的行动基地。

8. 第二类国家包括那些新近获得独立,其政府的政治导向尚处在演进中的国家。达荷美共和国、中非共和国、肯尼亚、乌干达和坦桑尼亚都属于这类国家。北平正试图引导这些国家向左转。中国向这些国家提供了慷慨的经济援助,并向坦桑尼亚提供了军事援助。

9. 第三类包括那些"保守的"国家,长期来看,这些国家容易受到革命的影响,但目前他们还不是主动进行颠覆的最佳目标。突尼斯、摩洛哥和埃塞俄比亚都属于这类国家。北平与突尼斯和摩洛哥都有外交关系,并且不时向亚的斯亚贝巴提出交换外交使团的建议。

10. 最后一类是那些"反革命"政权——即那些不承认北平,并一直抵制中共示好的国家。属于这类的有上沃尔特、尼日尔、乍得、加蓬、刚果(利奥波德维尔)和卢旺达。这些国家目前都是中共积极颠覆的目标。其他"保守"政府——利比亚、象牙海岸、马拉维,以及马达加斯加共和国——也似乎都是中国未来注意的对象。

11. 北平现在与16个非洲国家维持有外交上的关系。1964年与7个非洲国家建立了外交关系,其中包括肯尼亚、刚果(布拉柴维尔)、突尼斯、中非共和国、赞比亚和达荷美共和国。未来可能会有更多的国家与北平建交。然而,许多温和的非洲政府,包括喀麦隆、尼日尔、上沃尔特和象牙海岸都确实对中共心存疑虑,他们担心中共会进行颠覆活动,所以并不急于看到中共在当地出现。布隆迪在1964年与北平建交,但在1965年1月中止了外交关系,他们指责中国人从事颠覆活动。

12. 中共的海外驻地是进行宣传的主要场所。中国驻非洲各地的外交官和媒体记者,以及访问该大陆的周恩来和其他级别较低的官员都不厌其烦地反复述说北平的路线,说北平是非洲最好的朋友,北平充分理解非洲面临的问题,并与非洲一样有受到外国剥削的经历。

13. 中国现在每周向非洲进行广播宣传多达100多个小时,而三年前他们每周还只播出 50 个小时。广播中使用英语、法语、阿拉伯语、广东话、葡萄牙语、斯瓦希里语①和豪撒语。② 广东话节目主要针对的是在东非的 4 万多海外华人,他们中有一半都定居在毛里求斯,这是印度洋上的一个英属小岛。

14. 在非洲,中共还广泛散发用英语和法语写作的各类质量上乘的小册子和期刊杂志。北平主要的宣传机构新华社已经在非洲 15 个国家设立了分社,并在当地雇用了很多行事有效、且颇有影响力的特约记者。坦桑尼亚部长巴布以前曾是新华社驻东非的代表。

15. 因为北平无法和西方和苏联一样向非洲提供那么多的经济和技术援助,所以他主要依靠对那些有限的措施进行宣传以达到效果。共产党中国总共提供了 3.35 亿美元的经济援助。仅去年一年就签订了 1.95 亿美元援助的协议。然而,和对世界上其他地区一样,中共对非洲的援助大部分也仅停留在纸上。到目前为止,只有四分之一的资金确定下来,而支付的还不到十分之一——大约 2 000 万美元。中国在非洲的技术人员和劳工目前已经超过了 1 500 人,这个数字以后有可能会大幅度增长。

16. 中国的援助项目主要用于支持农业发展和建立小规模的食品加工和消费品生产工业。中国在马里种植蔗糖、稻米和茶叶的计划显然进展得很好,那些项目前后共雇用了几百名中国技术人员。在加纳,中国的技术人员帮助他们种植水稻,而其他小组也发起了类似的计划以帮助生产蔬菜、棉花和花生。

17. 中国与非洲的贸易量一直很小,1963 年仅有 1.2 亿美元,不过贸易量一直在增长。1964 年上半年中国与非洲的贸易总额比前一年同期增长了 50%。

刚果(布拉柴维尔)

18. 中国人将布拉柴维尔看作是其在非洲的主要行动基地之一,并且他们在发展与布拉柴维尔政权的友好关系方面取得了相当的成功。布拉柴维尔的主要领导人已经将北平视为是他们最重要的国外赞助者;而那些为了革命而革命,且支持中共模式的极端左翼分子的实力也在上升。那些不太可靠的军官都被调走了——其中包括曾被无意中派驻北平任陆军武官的前陆军参谋长。

19. 北平派来了一位行事有效的新华社高级官员高亮(Kao Liang,音译),以提高中国在刚果(布拉柴维尔)进行宣传的力度。这位官员以前曾是新华社驻坦桑尼亚记者,有报告称,他打着新华社的幌子一直在东非各地积极从事间谍情报活动。

20. 很明显,中国向布拉柴维尔的军方提供了军事顾问和军需品。据报道,有 28 名中国军官在 1 月末前往布拉柴维尔。美国驻布拉柴维尔的官员报告说,到 3 月初为止,至少有 10 人已经到达那里。有迹象表明,中国在 1964 年 9 月和 1965 年 4 月

① 属于班图语族,是非洲语言当中使用人口最多的一种(5 500 多万人),是坦桑尼亚的唯一官方语言,肯尼亚和刚果民主共和国的国家语言之一。——译注

② 属于乍得语系,也是非洲最重要的三大语言之一,是尼日利亚的官方语言,是尼日尔的国家语言之一。——译注

两次向黑角①运送军需品。

21. 从去年7月开始,中国就同意以现金和商品形式提供2 500万美元的无息贷款。对于一个年预算只有大约4 000万美元的国家来说,这是笔不小的数字。中国还为培训飞行员、技术工人和"其他各种人"提供了为数不详的奖学金。

马里

22. 北平在马里的势力已经很大,马里的政权具有马克思主义倾向,其主要领导人认为中国提供的援助和经验都非常切合马里的需要。

23. 1964年,马里与共产党中国间的高层接触达到了新的高潮。这轮高潮从周恩来和陈毅访问巴马科开始,去年秋天马里总统凯塔(Keita)访问了共产党中国,在亚洲各国的首都发表的讲话中,凯塔在每一个国际问题上都支持中国的宣传立场。他和中国人一样,看到了非洲各地存在的"大好的革命形势",对中国的"无私"援助表示感谢,并热烈庆祝中国人最近"结束了帝国主义对原子弹的垄断和讹诈"。

24. 在凯塔访问之前,北平提供了价值1 960万美元的无息贷款,还不到莫斯科在1961和1962年提供的5 500万美元贷款的一半。……②后来在凯塔与北平签署的"援助草案"中,中国人又额外向其提供了1 000多万元的贷款和援助款。然而并没有就此发表任何声明,有可能这项草案只是进一步明确了最初那笔贷款的具体项目。

25. 1965年中国向马里提供了新的经济援助,这或许是出于干扰法国与马里之间进行财政谈判的考虑。据报道,2月,中国提出如果该谈判破裂,中国将向马里提供1 000万美元的贷款;4月,中国又提出如果谈判失败,中国向马里提供的援助将增加一倍到二倍。

26. 在最近一次接触中,中国再次提出要增加在农业方面的援助。他们早先曾提出过要派1 000个农业技术人员到马里,这次他们又征求马里对此事的看法。如果马里能够接受这么多人(据报道凯塔最近对此已经首肯),则在马里的中国技术人员人数将远远多于在其他非洲国家。根据现有的协议,马里已经有700名中国人了,其中许多人从事的是稻米和茶叶的栽培。

27. 由共产党中国发出的第一艘载满武器的轮船到达阿尔及利亚后,转由货车于今年3月初运抵马里。这船货是去年秋天凯塔访问北京时商定的,其中可能包括轻便武器和弹药。

28. 中国最近又向马里提供了武器。他们还提出要向马里派出30名军事顾问以帮助训练马里的陆军。马里人则推迟了这一有关中国军事顾问的决定,他们打算等到即将访问中国的军事代表团在视察了提供的武器回国后,再做出决定。

加纳

29. 中国人视加纳为向西非和中非输出"革命"的基地。中国的游击队专家目前正在加纳训练非洲的"自由战士"。1964年12月30日,8位从事游击战和破坏活动的专家抵达阿克拉,目前正驻扎在距海岸100英里的一个训练营里。

---

① 黑角(Pointe Noire),刚果最大海港和第二大城市,奎卢区首府,19世纪末欧洲人在此建居民点。1934年刚果-大西洋铁路修通至此后迅速兴起。——译注
② 原文此处删去数个词。——译注

30. 从1961年开始，中国向加纳承诺提供经济援助达4 000万美元。

31. 目前所知的中国运往加纳的第一艘运载武器的货船据信是去年3月抵达的。船上装载有40辆卡车装载量的小型武器和一些重型设备。其中至少有一部分可能是打算提供给刚果的叛乱分子。

阿尔及利亚

32. 中华人民共和国与本·贝拉（Ben Bella）领导的民族主义激进政府关系密切，并视阿尔及利亚为在北非支持革命的关键国家。1965年中国不懈地努力增进与阿尔及利亚的关系，一个原因是即将到来的第二届亚非会议将于6月在阿尔及利亚举行。中国人希望利用这次会议巩固其作为世界上"新兴力量"领导者的地位。

33. 不过有迹象表明，考虑到中国对美国和苏联的强硬立场，一些阿尔及利亚领导人对中国在6月的会议上可能会采取的策略很是担心。中国人在其他国际会议上采取的破坏性手段更是加重了阿尔及利亚的担心。今年4月在阿尔及利亚召开的国际教师大会上，中国人挑起的反苏言论就是一个很好的例子。

34. 在1963～1964年冬季的那次非洲十国的访问中，周恩来和陈毅都访问过阿尔及利亚，并且周刚刚又结束了一次对阿尔及利亚的访问。今年6月的会议，周和陈都计划参加。

35. 从1959年开始，中国大约提供了1 500万美元以支持阿尔及利亚民族主义军事活动。1962年阿尔及利亚独立后，中国继续向其提供援助，在1963年的经济和技术合作协议下，中国向阿尔及利亚提供了5 000万美元的无息贷款。1963年，中阿还签署了一个为期3年的文化协议。1965年2月，中国向阿赠送了一艘1.3万吨的货船，这个礼物使得中国的商船队目前只剩下12艘船能充分参与国际贸易活动。北平在2月还同意为阿尔及利亚的民兵组织提供装备。中国可能还答应派遣教官来帮助训练民兵。

坦桑尼亚

36. 中国与坦桑尼亚政府关系密切，向其提供了经济和军事援助，并且与政府内比较激进的人士建立了尤其紧密的联系。坦桑尼亚和共产党中国有一些共同的目标，包括支持刚果和莫桑比克的叛乱分子。据报道，坦桑尼亚人对中国的对外援助项目，对中国军事顾问的能力，以及中国武器设备的质量都颇有好感。

37. 坦桑尼亚已经计划向刚果和莫桑比克叛乱分子运送来自共产党集团的武器，其中包括去年运抵达累斯萨拉姆和桑给巴尔的五船中国武器（大约1 000吨）的一部分。1月份有报告显示，许多中国卡车被用来向刚果和莫桑比克边界运送武器。27名中国军事顾问现在正在大陆地区和桑给巴尔岛。这些顾问最初是来培训坦桑尼亚军队的，现在他们中有一些可能正在训练叛军。

38. 自新华社代表高亮1961年12月来到后，达累斯萨拉姆就一直是中国在东非活动的中心。它是向激进的非洲运动提供财政援助，甚至武器援助的中心。这里同时也是中国的活动基地，是中国在东非存在势力最大的地方，中国派驻那里的大使馆人员超过了50人，另外还有 90 多名经济技术人员。被邀请到中国访问的非洲人也都要从这里中转出发。

39. 自 1964 年政变之后，中国就在桑给巴尔扮演了重要角色。他们支持桑给巴尔的许多极端分子，包括坦桑尼亚部长巴布，其目的是在东非大陆寻找一个稳固的立足点。

40. 1964 年 6 月，中国签署多个协议，向坦桑尼亚提供了 4 200 万美元用于经济发展的贷款和 300 万美元的赠款。他们还提供了军事援助。此后，中国的技术、经济、文化和农业使团先后到达坦桑尼亚。

阿拉伯联合共和国

41. 中国人认识到阿拉伯联合共和国是其向阿拉伯世界施加影响的关键，希望利用与纳赛尔的友谊来提高其在这一地区的影响力。最近，由于美国反对埃及向刚果叛军提供援助而导致美埃关系出现了问题，中国希望能从中渔利。在阿以对峙中，中国也站在了阿拉伯联合共和国和阿拉伯世界其他国家的一边。

42. 1964 年 12 月，北京同意向埃及提供 8 000 万美元贷款，以偿付未来三年中国向埃及提供商品和服务的费用。1965 年 1 月签署的中埃科技合作协议是 1956 年首次签署的文化合作协议的扩展。

43. 虽然接受了中国的援助，埃及的一些高层官员，包括总理阿里·萨布里（Ali Sabri），显然已对中国的外交政策目标做出了比较现实的考量。3 月末，阿里·萨布里曾私下表示，他已经很清楚地意识到，中国为支配亚非拉，一定会将中东作为他们的战略目标。

肯尼亚

44. 肯尼亚的乔莫·肯雅塔（Jomo Kenyatta）政府在与中共的接触中表现得比较谨慎。中国自身在肯尼亚的行动也很小心翼翼，他们似乎不想破坏可能会有长期收益的大好机会。中国收买了肯尼亚激进而有影响力的副总统奥金加·奥廷加（Oginga Odinga），他的个人羽翼仅次于肯雅塔（Kenyatta）。有报道说奥廷加已经挑选并派遣了 20 名肯尼亚人赴中国接受游击战训练。他长期以来都从中国和苏联两方接受资金支持。

几内亚

45. 中国与激进的几内亚领导人保持着良好的关系。尽管中国驻科纳克里的大使馆（50 人左右）是其在西非最大的大使馆，但比起几内亚，中国近年来更加重视马里、刚果（布拉柴维尔）和加纳等其他激进政权。这部分是因为为了从美国获得更多的援助，总统杜尔（Toure）采取了一条比较谨慎的外交政策路线。

46. 中国已经提供了 2 600 多万美元的贷款。1964 年没有提供新的援助，但是派送了更多的技术人员，主要是帮助修建金康（Kinkon）大坝。最近从当地发回的报告显示，有 700 多中国人，包括一批具体人数尚不清楚的劳工，可能正在大坝工作。

达荷美

47. 达荷美是另一个渐渐远离台湾的法语国家。达荷美承认北平是中国"唯一的合法政府”，在11月与其建立了外交关系。中国国民党的使团被勒令于3月25日离开该国。

48. 北平提供的经济援助或许对达荷美决定驱逐中国国民党的外交人员起到了作用。北平提出给予达荷美2 000万美元的贷款，但显然最终协议还没有达成。4月初，达荷美财政部长证实了有关中国援助的各种传言，指出贷款的80％是以“物品”的形式提供的，剩下的则用在双方共同商定的项目上。

刚果（利奥波德维尔）

49. 中国将“反革命”的冲伯政府作为其进行积极颠覆的首要目标。他们积极支持刚果的起义者。在中国人被驱逐之前，他们活动的主要基地设在布隆迪。现在，他们利用坦桑尼亚和刚果（布拉柴维尔）来支持利奥波德维尔的反叛者。

索马里

50. 索马里似乎在中国的非洲计划中并不重要，中国在那里的活动也很有限。1963年8月中国向其提供了1 860万美元的经济发展援助贷款和300万美元的预算资助。1964年，索马里希望继续获得预算资助，但没有成功。

摩洛哥

51. 尽管摩洛哥是第二个与中国建交（1958）的非洲国家，中国与摩洛哥的关系却一直很有限。中共在摩洛哥仅派驻了使馆人员。中国人也没有向摩洛哥提供经济援助。

中非共和国

52. 1964年9月中国才与中非共和国建立外交关系，中国人在那里的活动仍然是有限的。1月中国与其签署了提供400万美元贷款的协议，其中一半用现金支付，一半以商品形式支付。按计划新华社今年将在那里设立分社，中国人目前正在全力筹建一个相对更大的代表处。

乌干达

53. 乌干达政府一向奉行的是限制中共活动的政策。然而，……① 有报道说总理奥博特（Obote）已经同意接受中国提供的武器和可能派遣的军事顾问。奥博特的这一举动显然并没有与内阁协商，内阁中的大多部长可能会对此表示反对。4月21日，在北京双方签署了一项经济和技术合作协议。

埃塞俄比亚

54. 埃塞俄比亚政府迄今一直在拖延北平提出的建立外交关系的建议。中国对索马里的援助是令事情变得复杂的原因。1964年1月周恩来在结束访问时发表的联合公报中宣称，两国关系很快将“正常化”。据报道，陈毅在1964年初曾表示，埃塞俄比亚已经明确同意承认共产党中国，但是具体日期还未确定。

塞内加尔

55. 塞内加尔既未与北平建交，也未与台北建交。去年10月塞内加尔总统曾私下里表

---

① 原文此处删去数个词。——译注

示,他个人反对塞内加尔与中华人民共和国互相交换外交使团。据说他认为中国人正在支持塞内加尔的颠覆分子,所以他们对政府来说是个"威胁"。有证据显示,塞内加尔非法的共产党组织——非洲独立党(African Independence Party)中有一个派系与共产党中国的关系密切。政府内一些重要的人士也支持与北平建交。

喀麦隆

56. 1960 年中国训练的一群游击队员的被捕,使得两国关系持续几年都很低迷。直到 1964 年阿希乔(Ahidjo)政府上台后才开始对中国人的接近采取更积极的态度。去年秋天喀麦隆确实接待了一个前来访问的中国"友好"代表团,并同意在未来的某个时候做出回应。然而有报道说,在阿希乔与代表团就北平与喀麦隆持异见分子的关系进行了"坦率的"交谈后,总统对交谈的结果并不满意。自那次访问之后,他对共产党中国的态度似乎已经变得强硬了。不过政府中有人支持与中国建立密切的关系。

57. 1964 年 11 月有报告指出,有一些喀麦隆人那时正在共产党中国接受训练。

布隆迪

58. 1 月末,布隆迪政府暂时中止了与共产党中国的关系,驱逐了所有的中国外交人员。布隆迪指责中华人民共和国参与了其境内的颠覆活动。然而,布隆迪的国内政治高度不稳定,政府内有人渴望与中华人民共和国重建外交关系。

苏丹

59. 苏丹是最早与中共建立外交关系的非洲国家之一。在阿布德(Abboud)政权时期,苏丹与中国的关系虽然正常但却很冷淡。目前的政府越是激进,就越为中国人提供了活动的空间。苏丹共产党中有一小派比较亲中国,但该党主要还是在亲苏派的控制之中。

南非

60. 中国对南非政府充满敌意,北平支持的是反叛的泛非国民大会(Pan Africanist Congress)。尽管泛非国民大会不是共产主义性质的,但中国人利用种族问题,再辅之以经济援助,在该运动中获得了相当大的影响力。中国人对由苏联控制的南非共产党几乎没有什么影响。

61. 尽管中国人不承认他们与南非进行贸易,但 1963 年双方的贸易额仍超过了 800 万美元。

中 共 在 非 洲

	大使馆工作人员 (包括媒体负责人和他们的妻子)	技 术 人 员
阿尔及利亚	70	30
中非共和国	12	—
刚果(布拉柴维尔)	40	50～150
达荷美	3	—

续　表

	大使馆工作人员 (包括媒体负责人和他们的妻子)	技术人员
加　纳	38	30
几内亚	45	800(可能包括劳工)
肯尼亚	15	15
马　里	31	700
摩洛哥	43	—
索马里	22	10
苏　丹	35	—
坦桑尼亚	49	90
乌干达	20	—
阿拉伯埃及共和国	63	—
赞比亚	15	—
埃塞俄比亚	4(新华社)	
塞内加尔	3(新华社)	

技术人员的人数是估算出来的。在一些国家,比如刚果(布拉柴维尔),我们得到的情报很不完整。该列表中没有包括坦桑尼亚和刚果(布拉柴维尔)的军事顾问(在坦桑尼亚有 27人,在刚果有至少 10 人),也没有将加纳的游击队教官(至少 8 人)列入其中。

中共与非洲国家的外交关系

	建 交 时 间		建 交 时 间
阿尔及利亚	1962 年 7 月 3 日	摩洛哥	1958 年 11 月 1 日
中非共和国	1964 年 9 月 29 日	索马里	1960 年 12 月 16 日
刚果(布拉柴维尔)	1964 年 2 月 22 日	苏　丹	1958 年 12 月 1 日
达荷美	1964 年 11 月 12 日	坦桑尼亚	1961 年 12 月 9 日
加　纳	1960 年 7 月 5 日	突尼斯	1964 年 4 月 20 日
几内亚	1959 年 10 月 4 日	乌干达	1962 年 10 月 18 日
肯尼亚	1964 年 1 月 21 日	阿拉伯埃及共和国	1956 年 5 月 30 日
马　里	1960 年 10 月 27 日	赞比亚	1964 年 10 月 30 日

1964 年 1 月 14 日与布隆迪建交,1965 年 1 月 29 日布隆迪政府中止了与中共的外交关系。

与中华民国政府政府维持有外交关系的有:喀麦隆、乍得、刚果(利奥波德维尔)、加蓬、象牙海岸、利比里亚、利比亚、马达加斯加共和国、毛里塔尼亚、尼日尔、卢旺达、塞拉里昂、南非、多哥和上沃尔特。

除了乌干达、达荷美和中非共和国之外,新华社在所有与中华人民共和国建交的非洲国家都设有分支机构。塞内加尔和埃塞俄比亚也设有新华社的机构。

中华人民共和国对非洲国家的贷款和赠款

（单位：百万美元）

国　　家	提供日期	项　　　目	提　供	实际到账	提　取
阿尔及利亚	1962 年 8 月	捐赠小麦 （9 000 吨）	0.5	0.5	0.5
	1962 年 9 月	捐赠建筑钢材 （3 000 吨）	1.3	1.3	1.3
	1963 年 10 月	对农业项目和 工厂的信用贷款	50.0		
		总　　　计	51.8	1.8	1.8
中非共和国	1965 年 1 月	贷　　款 现金：200 万美元 商品：300 万美元	4.0	4.0	
刚果（布拉柴维尔）	1964 年 7 月	贷　　款 现金：200 万美元 商品：300 万美元	5.0	5.0	1.8
	9 月	信用贷款	20.2		
		总　　　计	25.2	5.0	1.8
加　纳	1961 年 8 月	用于经济发展的信用贷款 加庞纺织厂（490 万美元） 塔科腊迪铅笔厂 陶　瓷　厂 内陆水产业发展 稻米种植 灌溉项目 竹产品加工 棕榈制品加工	19.6	19.6	
	1964 年 7 月	信用贷款	22.4		
		总　　　计	42	19.6	

续　表

国　　家	提供日期	项　　目	提供	实际到账	提取
几内亚	1959 年 6 月	捐赠稻米 （5 000 吨）	0.5	0.5	0.5
	1960 年 5 月	捐赠稻米 （10 000 吨）	1.0	1.0	1.0
	1960 年 9 月	用于经济发展的最高信贷 金康造纸厂（90 万美元） 火柴和烟草厂（280 万美元） 马森塔茶叶种植厂 金康竹产品加工工业 科纳克里陶瓷管加工厂 金康水利发电大坝和 水利发电站（200 万美元） 科纳克里国民大会办公楼 32 个村庄的有线广播系统 农业合作社的技术支持 纺　织　厂 外汇（700 万美元） 砖　瓦　厂	25.0	14.0	5.5
	1961 年 2 月	捐赠设备	未知		
		总　　计	26.5	15.5	7.0
肯尼亚	1964 年 5 月	捐赠预算支持 用于经济发展的信用贷款	2.8 15.2	2.8	1.4
		总　　计	18.0	2.8	1.4
马　里	1961 年 9 月	用于经济发展的信用贷款 农业设备和技术援助 道路建设设备 锡卡索的茶场和试点项目 稻米和蔗糖种植园 大米加工厂 纽罗实验性蔗糖加工厂 轧　棉　厂 棉花籽油加工厂 巴马科卷烟和火柴厂 造　纸　厂 塞古纺织品合成 巴马科公寓房 蔗糖精炼厂	19.6	12.0	4.0
		总　　计	19.6	12.0	4.0

续　表

国　　家	提供日期	项　　目	提供	实际到账	提取
索马里	1963年8月	捐赠预算支持	3.0	3.0	3.0
		用于经济发展的信用贷款	18.6		
		集体农庄			
		摩加迪沙至柏培拉的道路			
		纺　织　厂			
		总　　计	21.6	3.0	3.0
赞比亚	1964年2月	捐赠-预算支持	0.5	0.5	0.2
		捐　　赠	3.0	3.0	1.5
		外汇(150万美元)			
		用以交换当地货币的商品(150万美元)			
	6月	用于经济发展	14.0		
		信用贷款			
		房屋建设			
		机械设备			
		最高信贷	28.0	20.0	
		农　具　厂			
		棉纺织品加工(700万美元)			
		鲁伏实验性国家农场			
		总　　计	45.5	23.5	1.7
阿拉伯埃及共和国	1964年12月	信用贷款	80.0		
		总　　计	334.2	87.2	20.7

中华人民共和国与非洲的贸易

1963年,1964年1~6月

（单位：百万美元）

	出　　口		进　　口	
	1963	1964年1~6月	1963	1964年1~6月
安哥拉				0.2
喀麦隆	0.2	未知		
刚果(利奥波德维尔)			0.6	
埃塞俄比亚	1.6	0.9		
加　纳	2.1	0.8	0.5	2.8
几内亚	4.1	未知	0.9	
象牙海岸		0.2		

续　表

	出　口		进　口	
	1963	1964 年 1～6 月	1963	1964 年 1～6 月
肯尼亚	0.3	0.7	1.0	0.6
马　里	1.2	1.3		
摩洛哥	6.8	8.6	6.2	5.9
尼日利亚	4.4	3.8	1.0	0.5
罗得西亚和尼亚萨兰	0.2	未知	1.1	未知
塞内加尔	2.3	未知		
塞拉里昂	0.3	0.2		
南　非	2.6	未知	6.0	未知
苏　丹	4.3	2.5	12.5	0.1
坦噶尼喀	0.3	0.3	10.4	1.4
多　哥	0.3	0.3		
突尼斯	0.9			0.4
乌干达	0.9	0.3	11.2	2.7
阿拉伯埃及共和国	19.9	8.9	16.4	19.7
总　计	52.7	28.8	67.8	34.3

DDRS，CK 3100364761 - CK 3100364784

刘青译,牛可校

中情局关于中国对尼泊尔影响的特别报告

（1965年5月7日）

SC 00669/65B

Copy 3

机　密

中共在尼泊尔的影响

（1965年5月7日）

至少从1950年以来，共产党中国就一直努力在尼泊尔建立自己的影响。除了向尼泊尔提供援助以博得尼泊尔人的好感外，中国人可能还使自己的代理人渗透进政府的重要职位。同时，他们加大了对人数不多而且处于分裂中的尼泊尔共产党的控制。中国人在尼泊尔行事谨慎而克制，这一方面让他们在王室中获得了影响力，为其未来的颠覆活动做好了准备，同时又在尼泊尔人那里赢得了爱好和平、乐善好施的好名声。

印度和中国相互对立影响

在中国侵入与其接壤的西藏以来的15年，尤其是在他们于加德满都设立大使馆以来的这五年，中国人给尼泊尔人留下了这样的印象。尼泊尔的许多非共产党领导人都乐意接受中国在尼泊尔享有有限的势力，因为他们目前最耿耿于怀的是限制印度的影响。

几个世纪以来，尼泊尔一直都在抵制他们认为的印度对他们的独立造成的威胁，他们或者自我隔绝，或者当中国在西藏的势力强大的时候，就利用中国来对抗印度。此外出于害怕，尼泊尔也希望与中国维持良好的关系。1950年，中国重新确立了在西藏的强大势力，而同时，尼泊尔也走出了一个多世纪的自我封闭。中国在西藏权势的重建，尼泊尔重新开放与外界的接触，以及印度深深卷入了尼泊尔的国内事务，这些都为中尼建立密切关系创造了条件。

1950年代早期，中国在尼泊尔的影响还非常小。尼泊尔的一位总理K. I. 辛哈（Singh）曾打算在共产党的支持下控制政府，失败后他逃往了西藏。然而，1950～1955年间尼泊尔国内政治的不稳定却并非是共产党操纵的结果。

1955年2月，国王——那时还是王太子——马亨德拉（Mahendra）建立了新的内阁制度，根据宪法进行直接统治。一个月后，已经生病的国王特里布万（Tribhuvan）病逝，马亨德拉继承王位。为了抵制印度的影响,同时也为了巩固自己的统治,新国王很快承认了北平,并与其建立外交关系。在经历了五年多的动乱后,在 1960 年 12 月,马亨德拉停止实行宪法,并宣布所有的政党都不合法,从而开始了他的个人统治。

中共对尼泊尔的援助

正在进行中的

　　加德满都至科德尔(Koderl)的公路(现在吉普车可以通行)

　　加德满都　皮革生产和鞋厂

已计划好的

　　加德满都　砖瓦厂

　　比尔布尔(Birpeal)货栈

　　加德满都　货栈

　　连接加德满都和内喜马拉雅其他路段的 100 英里长的干道

　　水利发电站

其他援助

　　……①

　　1956 年 1 300 万没有指定项目的援助

　　用于尼泊尔杜伽节②上屠宰的绵羊

　　20 部双向收音机

　　制作军服的材料

　　在中国培训 50 名学生

1961 年初,印度总理尼赫鲁开始支持尼泊尔流亡的反王室叛乱者。这些叛乱者不断地从印度境内向尼泊尔发动袭击,直到中国入侵印度边界后,尼赫鲁为了改善与尼泊尔的关系,不再支持叛军,也不再为他们提供避难场所。那些被称为尼泊尔国大党(Nepali Congress)的叛乱者自此对尼的安全不再构成威胁。

印度试图进一步改善与尼泊尔的关系,不再将其作为过去的半保护国,而是作为一个独立的国家来看待。印度增加了对尼的经济和军事援助,并重申了保护尼泊尔免遭外国——也就是中国——入侵的承诺。然而,尼泊尔人认为印度的援助非常少,并且无论如何都是出于印度利益而非尼泊尔的利益来考虑的。他们还感觉到,印度人仍然没有将他们作为完整

---

① 原文此处一行字迹不清。——译注

② 杜伽节(Durga),即大鄯节(10 月 2～3 日),纪念杜伽女神的节日,是尼泊尔最主要和最喜庆的节日。——编注

的主权国家来看待。

1960～1965 年间,中国人仍然非常谨慎地待在幕后,但也提供了 3 000 万美元的赠款,并且有可能还向尼泊尔各级官员,包括国王秘密提供了资助。在与敏感的尼泊尔人打交道时的克制和机敏大概不仅为中国人赢得了朋友,而且还让他们找到了代理人。中国总共提供了 4 340 万美元的援助。

陈毅访问加德满都

今年 3 月,当陈毅访问加德满都时,尼泊尔违背了与中国签订的一大笔援助合同,这无疑对中国人的克制是个严重的考验。大约一年前,尼泊尔接受了中国提供的 2 000 万美元援助,用以沿印-尼边界修筑一段 100 英里长的公路,并修建相关灌溉系统。勘查工作已经开始进行了,中国人认为尼泊尔人一定会非常感激他们,并且由于是他们资助了公路的建设,他们还希望借此获得收集情报和进行颠覆活动的机会。然而,在新德里的巨大压力下,尼泊尔将这两项计划转给了印度政府,美国也会对此提供援助。

陈毅在与尼泊尔领导人的谈话中并没有发怒,他只是对计划的取消表示遗憾,并提出将中国的援助项目从印度边界移到别处。为了花掉还没有使用的大约 3 400 万美元的赠款,陈毅建议修建一条加德满都的环城公路,一条 100 英里的连接加德满都和内喜马拉雅其他地段的干道,以及一座水力发电站。

陈可能还向国王马亨德拉提出愿意提供财政资助,并派遣"行政助理"去帮助他完成其雄心勃勃的土地改革和农村发展计划。马亨德拉的这一轻率的计划如果按照其最初建议的形式和办法执行的话,很可能会招致广泛的不满——中国人大概已经预料到了这样的结果,这种结果最终会对他们有利。如果他们确实提出了这样的建议,尼泊尔人可能没有接受,至少目前看是这样。国王的计划似乎正以一种和缓的步调进行。

马亨德拉和陈毅在私下里可能谈到的一些敏感问题没有被公布,比如西藏的反华叛军藏在尼泊尔境内,在尼泊尔与西藏边界的印度边防检查站人员,对尼泊尔政府的秘密资助,以及尼泊尔与印度的关系。

目前中国影响的程度

在马亨德拉与陈毅的谈话中可能没有提及一个重要的因素,即中国控制了尼泊尔共产党中的一个派系,因而具有进行反对国王的活动能力。该党中亲北平的一派有 250 名成员,他们得到了大约 3 500 名同情者的支持。(亲莫斯科的一派也是差不多规模。)尽管许多亲北平的领导人流亡到了印度,但他们的派别还在尼泊尔发挥作用,目前他们正试图渗入马亨德拉的土地改革和农村发展计划中去。他的负责地方政府的部长就被认为是支持这一行动的亲北平派的共产党代理人。

在加德满都,以及在中国人建造的从加德满都到西藏边界的G5号公路沿线,中共一直在不懈地努力培养与尼泊尔各级人士的友好关系。此外,边界附近的土著民很容易受到中共宣传的影响。

然而北平最大的目标或许还是马亨德拉本人,他的权威几乎无人能撼动,他的影响力遍及所有重要的方面和许多不那么重要的方面。完全在尼泊尔长大的马亨德拉城府很深,他的很多政策都不是通过明确的计划而形成。不过他是一个机智聪明而又老谋深算的政治家,对尼泊尔的政治和人事有着透彻的了解。在他看来,几乎每个人和每个组织都会对他的王位构成威胁,所以他不让任何人单独执掌重权。

马亨德拉对中国人心存疑虑,或许他已经认识到了中国人对他构成的威胁。然而他对共产党人的颠覆手法知道得还不太透彻,他的警卫队没有受过很好的训练,组织涣散,且装备低劣。并且,和以往的其他尼泊尔领导人一样,国王可能还认为印度至少和中国一样,也对他的国家的独立构成了威胁。中国人在尼泊尔的一举一动都很妥帖得体,而马亨德拉大概还没有忘记印度当年对反王室叛乱分子的支持。另外一个影响到国王的因素或许与这样一种看法有关,即认为中国人比印度人更勤奋、更聪明,也更诚实。所以他可能会继续用中国的人员和金钱来平衡或者是超过印度在尼泊尔的势力。

尽管有些不足之处,但国王对中国人的防范,以及公众对国王的崇拜都使得未来几年中国在尼泊尔的影响将不会太大。如果国王宏伟的土地改革计划失败,或者他去世,或者被剥夺了权力,那么新的政治情势可能会很容易被中国利用。……①

A Microfilm Project of University Publications of American, INC, CIA Research Reports China, 1946 - 1976, Reel II, 0282 - 0287. University Publications of America, INC, 1982.

刘青译,牛可校

---

① 原文此处删去一句。——译注

中情局关于重新评估尼雷尔的特别备忘录

(1965 年 6 月 10 日)

Special Memorandum 17-65

机 密

对朱利叶斯·尼雷尔的再评估

(1965 年 6 月 10 日)

概　　要

由于中国的影响力日益上升,加之北平可能打算帮助筹建坦赞铁路,使得人们再次将注意力投向了坦桑尼亚以及它令人难以捉摸的领导人朱利叶斯·尼雷尔(Julius Nyerere)。对尼雷尔所称的他的反西方的举动是迫于激进势力的压力的说法我们不以为然,也不相信他在意识形态上或其他方面会致力于共产主义的目标。相反,我们认为他之所以自 1964 年中期开始由对西方的广泛依赖转向与共产党建立密切关系,主要是因为他新近发现了自己在南非"解放"运动中的首要推动者的角色。显然他确信,西方不能也不会在他所要的各个方面都帮助他,而共产党中国则代表了未来的潮流。因此,在尼雷尔软弱而无效的领导下,激进派和亲共派的影响力将更广泛地蔓延,而坦桑尼亚将日渐成为西方的一大麻烦。

一、背　　景

1. 当坦噶尼喀于 1961 年在朱利叶斯·尼雷尔的领导下赢得独立时,西方普遍称赞他是一个有力的国家领导人和管理者,其政治态度温和,且坚定地信守西方的政治原则。然而,在过去的几年里,他的所作所为,或者说他的无所作为,以及名义上合并了的坦桑尼亚(坦噶尼喀和桑给巴尔)国家的发展都妨碍或者是损害了美国和西方国家在非洲的长期利益。他们要求对早先的判断重新做出评估。

2. 对尼雷尔的权力进行评估,与理解他的性格、倾向和动机一样困难。他常常试图使西方官员相信,他的反西方的举措是迫于激进的极端分子的压力。我们怀疑这句话是否是真的,至少在相当大的程度上有这样的怀疑。他仍然是坦桑尼亚的总统,并作为坦噶尼喀独立之父而在坦噶尼喀继续受到广泛的支持和欢迎,他还被尊称为"马利姆"(Mwalimu,即老师的意思)。我们知道任何其他可能的领导人无论怎么做都不能取代他。

3. 确实，在尼雷尔的内阁，以及坦噶尼喀的执政党——坦噶尼喀非洲全国联合会党（Tanganyika African National Union, TANU）的上层中，左翼分子的、好战的民族主义者的，同时经常是反西方的政治态度占据着主导。外交部长奥斯卡·坎博纳（Oscar Kambona）和第二副总统拉希迪·卡瓦瓦（Rashidi Kawawa）都是激进分子，他们在党派争斗和政治权谋中争夺二号领导人的地位。同时，桑给巴尔政府的权力机构则出现了分裂，一方是不大可靠的（坦桑尼亚的）第一副总统卡鲁姆（Karume）；另一方是由暴徒控制并受到北平强烈影响的革命委员会（Revolutionary Council），其中大部分人通常都不把尼雷尔放在眼里，而该政府就是在这样一种分裂状态中举步蹒跚。桑给巴尔少数打算抵制岛上激进势力和共产主义势力的温和派并没有得到尼雷尔的多少支持。坦桑尼亚的激进派——坎博纳、卡瓦瓦、卡鲁姆和亲共的阿卜杜勒拉赫曼·穆罕默德（巴布）［Abdulrahman Mohamed (Babu)］都不时地向尼雷尔施加影响，并有可能推动他沿着反西方的路线前进。但是我们认为，即使没有这些压力，他自己也会选择这样的路线的。

4. 直到去年，在军事训练、经济发展和教育方面，尼雷尔还都主要是向西方寻求援助和建议。在他要英国帮助他镇压1964年1月的坦噶尼喀兵变时，他对西方的依赖达到了顶点。兵变，以及他在其中表现出来的胆小，都对他的国家是个沉重的打击，他们没能做好准备以应对坦噶尼喀与受到共产党人和极端分子控制的桑给巴尔在4月份的联合。那时人们都相信这些紧急事件会让尼雷尔与西方各国走得更近，然而，他却开始认为自己受到了西方阴谋诡计的陷害，并且开始对单个的西方人，尤其是英国人和美国人，高度怀疑。

5. 接着，尼雷尔开始对欧美媒体中出现的大量贬损性文章表示抗议，他鼓励坦噶尼喀非洲全国联合会的党派媒体发起一个响亮的反西方运动——该运动目前还在如火如荼地进行中。一起涉及伪造文件的事件使得他对美国越发地不信任，而在对这个事件的利用中阿尔及利亚人扮演了重要的角色。他虽然私下里承认那些文件是伪造的，同意在公众面前收回他的指控，但他并没有那么做。今年初，他又驱逐了两名美国外交人员，捏造说他们在桑给巴尔从事阴谋活动，这让他和美国之间的关系更加紧张了。而华盛顿随后驱逐了一名坦桑尼亚官员，这刺激了尼雷尔，他旋即召回了驻美大使，并一直没有再任命继任者。

6. 导致尼雷尔在1964年中期迅速偏离西方的另一个因素是冲伯（Tshombe）的重新掌权和刚果开始使用白人雇佣军。那时起尼雷尔不再只关注日益难以驾驭的国内问题，而是转向在非洲"解放"运动中承担起更突出的角色。事实上，我们认为他渐渐将自己视为南部非洲"解放"运动的主要推动者，这一运动的目标之一就是要消灭冲伯。① 出于这一目的，他继续为运送武器提供方便，使得大量共产党的武器从坦桑尼亚运往刚果叛乱分子手中。同

---

① 原注：尽管如此，即使是在冲伯的问题上，尼雷尔的态度也常常是模棱两可的。1965年5月1日，他告诉美国大使他不能接受冲伯出任刚果的现任总理，但可以接受他出任"下下任总理"。早些时候，他还向美国保证，只要冲伯支持安哥拉的霍尔登·罗伯托（Holden Roberto），非洲人就能够接受他。

样,在多年来仅仅是名义上支持莫桑比克"解放"运动后(主要是因为他担心葡萄牙会对他的国家进行轰炸),尼雷尔突然在 1964 年夏天同意向游击队提供训练和军事基地。那时他显然已经断定,西方,尤其是美国,对他的国内困境并不抱同情,甚至还怀有敌意;西方要为扶植和支持冲伯负责;西方不愿意大幅度援助南部非洲的"解放"。他显然进一步决定,为了在推翻冲伯和加快"解放"方面赢得其他人的支持,他宁愿冒失去从西方得到切实好处的风险。

7. 在这种情况下,尼雷尔早先试图在东西方的军事和经济援助面前小心地维持平衡的想法被丢弃了。他显然已经放弃了要求英国帮助其建立海军的计划。那些已经开始进行空军训练项目的以色列人感到很不满意而纷纷离开了。西德人原本是来接替以色列人担任空军教官的,由于发生了关于东德代表处的外交争执,西德人也撤走了。显然,尼雷尔也放弃了要美国人为坦噶尼喀的警察战斗部队(Police Field Force)提供准军事训练的要求,美国大使馆曾经认为该计划对于抵制共产主义影响非常重要。尼雷尔对美国的怀疑日益加剧。比如,最近在巴马科,他与马里人一起谴责了"帝国主义控制刚果的罪恶计划",控诉了"刚果发生的灭绝非洲黑人的战争",并要求停止对越南的干涉。

8. 中国共产党迅速抓住了尼雷尔与西方交恶的机会加以利用。除了早些时候向桑给巴尔提供的 1 400 万美元的贷款外,他们又向坦噶尼喀提供了 3 100 万美元的经济和技术援助。北平还答应了尼雷尔军事援助的请求,向非洲派出了中国的第一支官方军事代表团。苏联也做出了同等的回应,向坦桑尼亚提供了 3 000 万美元的经济援助,并提供了军事顾问和武器。其他东欧国家向坦桑尼亚提供了总价值 1 850 万美元的经济援助,古巴则提出帮助培训桑给巴尔的新兵。共产党在桑给巴尔的势力得到巩固,在坦噶尼喀的影响力大幅度增长。

9. 尽管 2 月在访问中国的途中,尼雷尔坚决抵制了拉拢他共同进行抨击美国的宣传企图,他现在对中国的态度则相当热情。自他访问归来,中国在坦桑尼亚的影响力就大为增加。最近在对来访的非洲官员发表的讲话中,他指出中国是最重要的世界大国,在这支力量面前,美国和西方都"吓得发抖"。为了能很好地接待本月早些时候来坦桑尼亚访问的周恩来,他做了精心准备。一支由 15 人组成的中国军事训练小组,在与坦噶尼喀的一支部队一起完成了它的任务后,已经开始训练新建立的坦桑尼亚人民国防军(People's Defense Force)预备役部队了。(尼雷尔不断地告诉美国官员,他们将在六个月内送中国人回家。)中国的武器还在不停地运抵坦桑尼亚以供其使用,或者供刚果和莫桑比克叛军使用。中国在坦桑尼亚的主要援助项目(纺织厂、国营农场和农机厂)已经上马了。显然尼雷尔还强烈要求中国人对昂贵的(耗资达 1.5 亿~4 亿美元)坦赞铁路计划提供支持。

二、目前的情况

10. 尼雷尔可能相信,他选择的道路是真正的不结盟之路,而西方对共产主义在坦桑尼亚的影响有些反应过度了。在与西方官员的谈话中,他说他不喜欢苏联人和东德人,谴责说是他们导致了桑给巴尔的强硬。事实上,尼雷尔最近已经采取了反对苏联的行动:断然赶走了苏联驻坦噶尼喀的军事代表团,拒绝了苏联最近提出的贷款条件,因为这些比不上北平提出的条件。与此相对照的是,尼雷尔接受了至少1 500吨的苏联武器,并允许苏联在桑给巴尔保留约50名军事顾问。

11. 尽管有上述考虑,但还是有迹象表明,尼雷尔远不想完全切断与西方的联系,他大概还会总是愿意接受西方根据他的条件提供的援助。目前,他对所有西方大国都不信任,转而要加拿大和荷兰帮助他训练空军和部分陆军,并向他们提出了小规模的经济援助要求。在经济领域,英国在两年内提供了大约2 100万美元的贷款,美国则每年向其提供600万美元的援助。坦噶尼喀的中学里有大量美国和平队的志愿教师。尼雷尔抱怨说,和平队在传播反政府理念,但他又声明说他能够容忍这些活动。为了保住不结盟的牌号,他要了这样一种手腕,即向西方各国的外交人员广漏口风,透露出坦桑尼亚最迫切的需要——比如,想从瑞典和加拿大那里得到军事设备,又需要建筑一条坦-赞铁路,但却没有正式向各国寻求帮助。然而,一段时间以后,他与共产党国家进行谈判,宣称西方国家又一次让他失望了,所以他不得不向其他国家寻求帮助。

12. 显然,尼雷尔仰赖着个人魅力和西方人对他的好感,维持着自己仍然是个"西方人"的假象。许多同情他的西方观察者也仍然这么看。但其他很多人则认为他软弱而优柔寡断,常常为那些他无力控制而又不甚理解的事所困扰和控制。另外还有一些人,他们同样能够近距离地看问题,认为尼雷尔是一个大体上同情马克思主义的真诚的左派。甚至还有人将他常常表现出的言行矛盾归因于某种形式的精神不稳定。(尼雷尔的家族有精神病史。)

13. 对他的性格达不成共识,很大程度上是源于他的处事风格。他会尽量避免出现不愉快的场面,不愿意与人发生任何形式的冲突,常常会拣听众想听的话说。如果逼他做出解释,他就会要么说些半真半假的话,要么顾左右而言他。对他的和讷多言论和行动都不能进行简单的归类,很多甚至很难进行理性分析。① 因而,即使那些号称很了解他的人也都没法非常成功地预测他下一个举动。

14. 尼雷尔真正的性格可能包含了他向各位来访者展示的多个方面。与那些选择倒向共产主义的其他非洲领导人相比,他缺乏恩克鲁玛(Nkrumah)那样的坚定执着,也没有本·贝拉和纳赛尔的那种革命热情。尼雷尔是一个次等人物,野心勃勃却毫无筹划,似乎也没有在危机中控制局势的坚定和勇气。他无法有效地领导自己的国家,并且对西方的批评极度敏感,再加之他还有领导"解放"运动的野心,这些都使得他最终转向了共产党以寻求实现自己的目标。我们认为他不是一个秘密的共产主义者,但是,和苏加诺一样,他或许会逐渐在共产主义和激进世界中找到安慰和慰藉,从而与西方日渐疏远。

---

① 原注:在1月26日就美国外交官被驱逐一事与美国大使利奥哈特(Leouhart)的谈话中,尼雷尔吐露说:"我相信某个巨大的魔鬼正在折磨我们两国的关系。每一次事情要好转的时候,这个魔鬼就跳出来做坏事。"在与美国和西德大使会见的其他场合,尼雷尔变得非常心烦意乱,甚至突然大哭。

三、前　景

15. 评估尼雷尔是否有机会继续维持其在坦桑尼亚的领导地位,要比对他随时可能采取的政策和行动做出判断容易一些。和大部分非洲国家一样,坦桑尼亚的政府结构非常脆弱,安全部队更不可靠,官员的个人忠诚变化莫测,首都的政治气候也是说变就变,因而甚至一个很小的事件也能够引发一场大的政治危机。不过,尼雷尔现在已高居国家领导人之位,根据非洲人的做法,他不一定要展现出个人能力,甚至不需要体现太多领导才能就能获得拥护。只要他继续向左转,他的那些激进的下属也就不可能会公然反对他。并且,尼雷尔正在计划改组坦噶尼喀非洲全国联合会党的结构,以加强他对该党乃至于政府的统治。

16. 随着坦桑尼亚国内和外部问题的日益出现,需要做出的艰难决断也越来越多,尼雷尔可能会变得更加优柔寡断,要么也可能会越来越以容易的办法处理问题。实际上,这将意味着他越来越接受马克思主义式的简单化的解决办法,因为共产党的势力和影响力越来越大,坦桑尼亚激进派的权力大增,同时也意味着在重要的政治部门,西方的影响正日渐消失。尽管他的政治哲学可能仍旧不会成熟起来,但尼雷尔似乎已经倾向于接受共产党,尤其是北平对国际事务的解释。

17. 我们认为尼雷尔想成为"解放"运动领导人的意愿在一段时间内可能会主导他的思想。但在这件事上他似乎是迎难而上的。尽管他多少是个有名望的知识分子,他却没有作为整个非洲大陆领导人的气势。肯雅塔(Kenyatta)认为他是毛手毛脚的少年;卡翁达(Kaunda)觉得他很可怜;而非洲其他大部分领导人则或者不信任他,或者根本不把他放在眼里。尼雷尔和恩克努玛一样,正日益远离一般意义上的非洲"共识",有可能他会进一步孤立于其他非洲领导人。他与东非其他国家的关系已经开始恶化,东非公共服务组织(East African Common Service Organization, EACSO)面临着解散的危险,因为坦桑尼亚可能正在规划建立他自己的服务机构。

18. 我们预计,坦桑尼亚和中国之间的蜜月期可能会延续到明年左右。显然尼雷尔并不担心中国的颠覆活动,反而欢迎他所谓的北平无私的经济和技术援助。但是如果中国行事笨拙或者索要太多好处,那这一蜜月很快就会结束,因为尼雷尔可能并非那么全心全意地钟情于中国,他讨厌任何形式的外部压力。另一方面,如果中国继续谨慎行事,并让尼雷尔相信他们愿意为解放运动提供更多援助,或者愿意为坦赞铁路提供部分资金,那么这段蜜月就还会持续一段时间。尽管如此,中国影响力的增长绝不仅仅只是因为坦赞铁路,即使北平拒绝资助坦-赞铁路,也不能排除中国的势力将会在今后继续扩大。

19. 同时,尼雷尔仍然会至少不时地做出些努力以与西方保持一些联系。总的来说他欢迎西方的援助,但是更希望提供援助的是西方小国。然而,美国和西方不可能满足其反对冲伯,反对莫桑比克,以及反对南部非洲其他由白人控制的战略要地的要求。可能这最终将导致他与西方的联系越来越弱,对西方产生更大的敌意,同时却越来越依赖中国,甚至最终可能还会依赖苏联。只要尼雷尔继续在位,我们估计共产党在桑给巴尔的势力就不会减弱。

事实上，在他的领导下，激进的和亲共的势力在联盟的两边都极有可能大为增长，其影响力日盛。坦桑尼亚将日渐成为西方的一大麻烦。

提供给国家评估委员会

主席　谢尔曼·肯特（Sherman Kent）

DDRS，CK 3100367609－CK 3100367622

刘青译，牛可校

中情局关于中苏在北非、中东及南亚的
战略战术的特别评估报告

（1965 年 7 月 15 日）

SNIE 10－2－65

机　密

下列情报组织参与了此次评估的准备工作：

中央情报局和国务院、国防部，以及国家安全局下属的情报机构。

意见一致者：

国务院　情报研究所所长

国防部　情报局局长

国家安全局局长

没有参加者：

原子能委员会驻美国情报局的代表和局长助理，联邦调查局，本主题不在他们的权限之内。

苏共和中共在北非、中东及南亚的战略战术

（1965 年 7 月 15 日）

问　　题

对苏共和中共在北非、中东以及南亚的公开或隐蔽的活动进行评估，以考察这些活动的性质、范围和当前的有效性。① 同时对这些活动在未来几年的发展前景做出预测。

结　　论

（一）由于欧洲殖民帝国的瓦解，以及反对将政治经济权力集中在少数统治阶级手中的反抗运动的广泛出现，这一地区的大部分国家都对苏联和其他共产党国家的渗透敞开了大

---

① 原注：评估主要包括了下述国家：所有的阿拉伯国家（包括北非的阿拉伯国家，像阿拉伯联合共和国、利比亚、苏丹、突尼斯、阿尔及利亚和摩洛哥）以色列、希腊、土耳其、塞浦路斯、伊朗、阿富汗、巴基斯坦、印度、尼泊尔和锡兰。

门。在过去的 10 多年间，苏联的势力已经非常有力地进入了这整个地区。中国则主要只在南亚发挥重要影响。除了南斯拉夫外——它在苏联和西方之间维持了平衡，其发展给这一地区的某些领导人留下了极为深刻的印象——其他东欧国家都是尾随苏联而相继进入这一地区的。（第 1～4 段）

（二）苏联在这一地区树立影响力主要依靠的是当代国家政治中惯常运用的工具。莫斯科相当成功地利用了民族主义和反殖民主义的不满情绪，鼓励了中立主义感情，并在地区冲突中偏袒其中的一方。苏联还发起了文化交流和学生交换项目，扩展了与这一地区的贸易关系。中国也一样，只是力度不如苏联。苏联还向这一地区的 23 个国家中的 16 个提供了经济援助，其中有 6 个国家的军队主要装备的是苏联的武器，并接受了苏式训练。经济和军事援助不仅有利于塑造苏联在这一地区的形象，而且还为莫斯科提供了一个可资利用的杠杆，他们可以放慢援助项目的进度，或者不发送零部件，等等。尽管运用这一杠杆需要付出一些政治代价。（第 9～20 段、第 33 段）

（三）苏联在这一地区的公开存在——比如，派驻外交、贸易和军事代表团——为其庞大的秘密机构提供了掩饰。国家安全委员会（克格勃，Committee for State Security，KGB）和军事情报总局（格鲁乌，Chief Intelligence Directorate，GRU）在外交政策的执行中发挥了广泛的作用。除了传统的情报收集工作外，这些机构还采取行动诋毁美国和其他西方大国，争取获得新闻和其他宣传渠道并对其加以利用，在地方政府和政党等组织里安插人员，使他们能够按照莫斯科的意愿影响政策。苏联还收买了各级地方官员，包括一些政府里的要员。总的来说，苏联的隐蔽行动取得了相当的成功。（第 26～32 段）

（四）共产党国家还尽力发展和利用当地共产党运动和国际阵线组织。前者包括几个规模较大的合法或半合法组织，比如在印度、希腊和塞浦路斯的那些组织，另外还包括一些虽然规模较小，大部分也并不合法，但组织良好的政党。他们的组织能力使得他们能够在种种压制下生存下来，偶尔还能在一些政治动乱之后取得重大，但却是暂时的收益。总的来说，共产党在民众运动方面并没有取得多少进展。他们最擅长的是吸引心怀不满的知识分子，但在构成人口大部分的农民中却收效甚微，在工人中的发展也好不到哪去。这使得苏联至少在一些国家减少了他们发展民众组织的努力，转而采取了向正在进行的民族主义和革命运动进行渗透的策略。（第 21～25 段）

（五）通过公开的和隐蔽的行动，苏联人或许认为自己已经相当成功地在这一地区建立了势力和影响力。宽泛地说，他们在阿拉伯世界最成功，而在那些仍然对斯拉夫人的主宰心存恐惧的地区，比如希腊、土耳其和伊朗，则最不成功。他们可能会继续努力与"第三世界"的现代化力量建立情感上和利益上的一致，不过针对每一个不同国家，他们的策略会有所调整。一些我们正在与之打交道的国家已经具备了运行良好的政治体制，充分的凝聚力的社会和足够强大的领导人，对共产党人将其变为马克思主义式的社会主义社会的努力有相对有力的抵制，能够防止重大社会动乱的发生。其他许多国家则不具备这些特性中的大部分，有些国家甚至一条也达不到，本就脆弱的政治局势一旦发生动乱，就会为共产党人掌权提供

良好的机会。（第 33、34、64～66 段）

（六）中东、北非和南亚地区的共产党势力在未来几年的前景用"大体如前"来形容是最好不过了。当地共产党普遍的低迷状态有可能会继续,尽管共产党国家的势力和影响力会扩大。马克思主义的影响有可能增加,尤其是在那些走社会主义道路的国家里。中国也会更加积极,不过他们很多举措都是针对苏联的,这就又阻碍了共产党人的进展。我们认识到在有些地区,情势的发展可能会有利于共产党夺权,然而,我们无法具体指明到底是怎样的情况,也不可能在考虑了方方面面后,就能感觉到哪个国家将会被共产党所控制。我们相信这一地区的民族主义的力量仍然会很强大,那些民族主义领导人将会大体上比较成功地继续促使东方和西方相互竞争而坐收渔利。（第 56、57、67、69 段）

（七）有两个方面的发展使共产党人取得了相当大的成功。第一个,也是基本上没有估计到的是,出现了致力于将自己的国家带入共产主义世界的领导人,他们或者像卡斯特罗那样迅速实现了这一步,或者逐步进行。另一个方面主要是在于,苏联或中国成功地致力于与"第三世界"民族主义力量达成并保持利益上的完全一致。只要这种一致性是消极意义上的,致力于消除西方的特权之类的目标,它就会给我们带来麻烦,有时候这种麻烦会比较严重,但还不是致命性的麻烦。但是如果这些民族主义力量相信西方大国,尤其是美国,从根本上是反对他们实现民族独立和国家发展的要求的,那么共产党国家在"第三世界"实现他们追求的基本目标的机会就会显著增加。那些感到无其他路可走的国家就会在强大的压力下,与共产党世界建立更加密切的合作关系。（第 67～68 段）

讨　　论

一、背　　景

1. 在第二次世界大战结束后的几年里,苏联从专心于"在一国建设社会主义"转变为向外发展。它已经作为一个强大的工业化国家而崛起,并开始在国际舞台上扮演与其军事和经济实力相称的角色。它重新要求获得俄国在历史上的利益,这自 1917 年革命前夕就再没有以任何形式被强调过。莫斯科扩展了与世界各地的外交和商业关系,并开始与美国及西方国家争夺势力范围和影响力。在中东、北非和南亚,苏联的扩张正好遇上了民族主义的兴起以及整个地区要求从欧洲殖民统治和控制下获得独立的愿望。在削弱乃至消除西方的特殊地位方面,苏联和许多新兴国家找到了利益上的一致。

2. 结果,苏联在这一地区施加影响力方面取得了很大进展,而民族主义力量则第一次获得了可以取代传统的西方供给者和市场的另一种选择,因而具有更大的行动自由,同时苏联也得以根据自己的利益利用当地情势。苏联和中国（其行动受到了自身小得多的实力的限制）的渗透还得益于民族主义的另一面,即反对将政治和经济权力垄断在少数统治阶级手中的运动的广泛兴起。

3. 然而,截至1954年,共产党在我们所讨论的这一地区的活动都是有限的,就像它们在欧洲和远东以外的大部分地区一样。苏联(以及其他一些共产党集团国家)尽可能地与各国维持外交关系。1955年,在我们的评估所涉及的国家中,苏联只向其中的12个国家派了官方代表团。苏联一直在努力促进地方共产党势力的发展,建立阵线组织,并实施宣传攻势。在大部分情况下,各国共产党的实力都太过弱小,并且组织不力,因而靠自己很难有所成就,而苏联的政策也反对"民族阵线"的策略。在一些地方,比如印度和希腊,苏联支持当地共产党通过暴力夺取政权,但都失败了,这一失败损害了这些地方共产党的声望和前途。

4. 斯大林死后,苏联领导人不再将新独立的国家看作是敌对的资产阶级国家,而是将其作为在与西方的斗争中潜在的有用工具或盟国。除了一个国家(沙特阿拉伯)外,每一个主权国家都与莫斯科建立了外交关系,而这些国家中有一半以上承认了共产党中国。其他东欧国家也都尾随苏联进入了这一地区,而南斯拉夫凭借自己的努力也获得了广泛的认可。在建立外交关系后,苏联就在这一地区开展了文化、商业和宣传活动。对这一地区国家的经济和军事援助占到苏联对外援助总额的65%。

二、共产党的目标

5. 斯大林死后,苏联人在面对这一地区时相信,苏联的援助和政治支持能够推动反殖民主义情绪、某些当地的纷争,以及对经济发展的渴望向着有利于苏联和当地共产党利益的方向发展。同时,苏联领导人可能也看到了有阻止美国建立军事基地和缔结条约的机会。随着一个又一个国家接受了苏联的援助并在国际事务中选择中立甚至是亲苏立场,苏联对这些手段能够获得成功的信心增加了。然而大约从1959年开始,莫斯科对自己的政策进行了一次检讨性的重新评估。苏联的行动既没有赢得很快与共产党集团结盟的国家,也没有推动各国国内共产主义运动势力的发展。由于一些阿拉伯国家出现了反共倾向,再加之中苏分歧的出现,对政策进行重新评估的需要就变得急切起来。

6. 苏联最近的政策表明他们已经认识到,这一地区的斗争将是长期的,形态迥异的各类政权和社会需要不同的应对方法。几个新的相互关联的概念的发展就体现了这一点,第一个概念是"民族民主"(national democracy),然后是"革命民主"(revolutionary democracy),这些概念界定了激进的领导人所扮演的"进步的"政治角色,为苏联与他们打交道提供了意识形态上的合理性。共产党人可以凭借第一个概念,逐步进入到政府中,最终控制政府。"革命民主"则走得更进一步,它允许纳赛尔和本·贝拉这样的领导人在不采取共产主义的政府形式,甚至不接受国内共产党任何程度的重要影响的情况下,与共产主义世界建立联盟。在几个阿拉伯国家,应对的方法包括减少共产党的活动,鼓励当地共产党加入并与唯一的执政党合作。事实上,莫斯科接受了这样的看法,即如果不受共产党控制的革命运动能够有效地发展的话,他们也是值得苏联支持和鼓励的,即使是以牺牲当地共产党的利益为代价。

7. 苏联的长期目标是取西方而代之,建立共产党的影响力,并最终建立倾向于莫斯科的共产主义的政治、经济和社会制度。在本评估所包含的时间段里,他们的目标要有限得多。苏联正努力削弱西方的势力,在该地区推广自己的理念和技术。他们当然对破坏希腊和土耳其与北约的关系,清除这一地区的西方军事基地和设施很感兴趣。他们试图与阿尔及利亚、阿拉伯联合共和国以及印度这样的重要国家建立更加密切的关系。他们对当地共产党在短期内通过发动大众运动,或者通过武装政变夺取政权几乎不抱什么希望,而且他们可能会发现一个自称是共产党的政权在战术上反而是个负担。所以他们宁愿努力与民族主义政权逐渐发展密切的关系,关系密切到想逆转这一趋势事实上都不太可能。苏联似乎并不寻求军事基地,但是他们肯定认识到了不让西方在特定地区建立军事基地将有利于建立他们自己的军事优势。此外,航线的开辟和其他交通设施的建立也有助于苏联向革命组织提供支持,就像他们已经在非洲做的那样。

8. 除了与印度在沿喜马拉雅山山脊地区有对抗外,中国人直到几年前中苏分歧加剧后才在这一地区变得活跃起来。他们确实向阿尔及利亚叛军提供了武器和外交上的支持。自周恩来于1963年访问了中东和非洲后,北平就极力争取在这一地区获得更多的承认并扩大影响力。中国人不像苏联那样认为有和平过渡到社会主义的可能,所以他们倾向于寻找激进的运动和真正的革命形势来加以利用。在那些不可能出现这一形势的地区,他们则愿意使用传统的援助和外交手段以促进中国的利益。尽管中国和苏联的短期目标都是铲除西方的权势和影响力,但他们采取的手段却并不相同,他们各自的利益也越来越相互冲突。他们之间的竞争妨碍了他们领导亚非各国走向共产主义的努力,在一定程度上限制了他们反西方政策的有效性。

三、手段和方法

9. 利用对殖民主义的憎恨情绪是共产主义世界应对这一地区所采用的手段的一个主要特点。这种情绪往往流于表面,这些国家的大部分人都倾向于将他们自己社会的诸多问题归罪于西方大国的长期统治。各共产党国家要想利用这一点,通过宣传和在联合国的席位将自己与这种能够被强烈感受到的反对殖民主义、西方军事基地和其他特殊利益的情绪联系起来,是相当容易的。共产党还利用了各种亚非国家间建立的以及类似的国际组织,这些组织大部分都处于他们的控制之下或者受到他们的巨大影响。[①] 苏联和中国都努力促使这些组织采取极端反西方的路线,但是最近几年中苏的分歧使得一些成员感到不满,从而降低了共产党活动的有效性。

10. 共产党国家往往认为他们的目标不仅仅在于削弱殖民主义的影响力,同时也在于削弱或推翻当地保守政权,无论是君主制政权还是其他各类政权。这一既反殖民又反保守的活动目前被

---

① 原注:一些比较重要的组织是:世界和平理事会(the World Peace Council),国际学生联盟(the International Union of Students),亚非人民团结组织(the Afro-Asian Peoples' Solidarity Organization),世界民主青年联盟(the World Federation of Democratic Youth)。

贴上了"民族解放运动"的标签。在这一名目下,莫斯科给予了也门共和国直接的支持,并允许阿拉伯联合共和国和伊拉克将苏联的武器运送给亚丁的恐怖主义者和阿曼的叛乱分子。

11. 苏联已经表现出它们愿意在地区冲突中采取特定立场,尤其是当"进步的"与"反动的"(也就是倾向西方的)国家发生冲突时。莫斯科通常认为在竞争中支持一方往往要比试图与两方都维持好关系获益更多。在南亚,苏联在克什米尔和普什图尼斯坦问题上一直支持印度和阿富汗,反对巴基斯坦。苏联也一直支持阿拉伯国家反对以色列,不过还没到积极支持前者全力"解放巴勒斯坦"的地步。

12. 然而,随着苏联在这一地区利益的日渐扩大,尤其是在看到有机会拉拢土耳其和巴基斯坦这些试图拓展自己的国际关系的国家时,苏联在地区冲突中表明立场的能力就越来越受到限制了。在近四年断断续续地与巴格达的残酷斗争中,库尔德人得到了东欧国家"秘密"电台的长期支持,但除此没有其他的了。除了在叙利亚社会党(Baathist)统治的头几个月外,莫斯科感到与伊拉克政府维持良好的关系,并向其提供用来对付库尔德人的武器和军火将有利于他们自己的利益。苏联认为在阿拉伯统一运动中得不到什么好处。由于支持卡西姆(Qasim)统治的伊拉克和从阿拉伯联合共和国分离出去的叙利亚,莫斯科与纳赛尔的关系也变得复杂起来。尽管巴基斯坦对美国向印度提供军事援助表示不满,莫斯科也无法在不破坏它在新德里的地位的情况下向巴基斯坦提供武器。

军事援助

13. 自1955年首次向埃及出售武器以来,共产主义活动的主要特点就一直是以优惠的条件向提出要求的国家出售武器。相对而言,苏联并不关心该地区的稳定,也不认为自己有在敌对的各方中维持和平的责任。因此他们一直乐于提供各式各样数量不等的武器,对要求帮助的请求迅速做出回应,在武器的使用上也没有施加任何正式的限制。苏联人认为军事援助具有经济援助所无法具有的特别的优势。由于价格适中,苏联成为那些无法从其他地方购买到想要的武器种类和数量的欠发达国家的唯一的供应方。由于接受方需要训练、零部件和技术支持,所以军事援助比经济援助更有助于产生对共产党集团的长期依赖。此外,武器供给还能让共产党国家与这些接受国的政治精英建立起联系,而这些精英有可能在未来的政治发展中发挥重要的作用。

苏制军事装备的主要项目
(表中的数字指的是1955～1965年6月期间移交的数目,并不是现在所持有的)

	阿富汗	安哥拉	塞浦路斯	印度	伊拉克	摩洛哥	叙利亚共和国	阿拉伯联合共和国	也门
陆军装备									
JS 3 重型坦克								60	
T-34 中型坦克	220	101	32		80		250	516	120
T-54 中型坦克		154			300	42	150	300	
SU-100 自动突击炮	18	25			120		90	200	65
PT-76 两栖轻型坦克				67				0	

续　表

	阿富汗	安哥拉	塞浦路斯	印度	伊拉克	摩洛哥	叙利亚共和国	阿拉伯联合共和国	也门
单兵装甲和两栖装备	62	100	30		500		450	770	155
野战,反坦克及防空炮	600	500	120		800	90	650	1 300	460
海军舰船									
驱逐舰								4	
潜艇								10	
扫雷艇							2	6	
猎潜艇					3			6	
鱼雷快艇		6	6		12		15	25	
科默尔(Komar)级导弹快艇							4	8	
其他舰艇,包括辅助船只和登陆舰		2			7			5	3
飞机									
图-16中型喷气式轰炸机					10			20*	
伊尔-28轻型喷气式轰炸机	30～40	12			15		7	50	
米格-21战斗机		9		12	16		30	102	
米格-19战斗机					16			83	
米格-15/17战斗机	125	34			44	12	46	145	
安-12重型运输机		5～8		32	3			20**	
其他: 直升机,教练机,非喷气式战斗机等	92	32		76	74	5	59	254	55
地对空导弹装置(SA-2型)***	一些导弹		一些装备	11	****			23	

　　*　我们有证据表明已经移交了20架图-16,但也有人在阿拉伯联合共和国看到25架飞机的不同编号。

　　**　其中5架飞机是阿拉伯联合共和国从苏联贷款获得的。

　　***　每一套发射装置包括6个发射器,每个发射器配4枚导弹。

　　****　伊拉克在1961年购买了一些SA-2装置,但是他们很快退还给了苏联,之后被运往阿拉伯埃及共和国。

　　14. 苏联和它的欧洲盟国已经向这一地区的9个国家提供了军事援助。[①] 其中大部分在价目表价格的基础上还享受了三分之一到一半的折扣,并且允许在几年内付清。在苏联向这一地区提供的总值为25亿美元的武器中,有10多亿流向了阿拉伯联合共和国,而埃及为此只偿付了5亿美元。其他接受军事援助的国家主要有叙利亚、伊拉克、印度、也门、阿尔及利亚和阿富汗。除印度外,苏联的军事设备成为其他这些国家武装力量的制式武器。虽

---

　　①　原注：中国的军事援助只限于在阿尔及利亚独立战争时期向其提供的1 200万美元的武器。中国可能已经同意向巴勒斯坦解放组织提供武器。

然苏联的军事援助大部分给予的是那些在对外政策和政治制度上与莫斯科多少相和谐的国家，但它也愿意向塞浦路斯以及在伊玛目①统治下的也门和哈桑国王统治下的摩洛哥这样的政权出售军事设备。

共产主义军事援助的价值

1955～1965 年 6 月

（美元价值是从那些已知的价格清单中，或是类似情况下推导出的）

（单位：百万美元）

	总　额	苏　联	东　欧	共产党中国
阿 富 汗	215	202	13	
阿尔及利亚	123	110	1	12
塞浦路斯	14	14		
印　度	293	293		
伊 拉 克	378	378		
摩 洛 哥	11	11		
叙利亚共和国	337	302	35	
阿拉伯联合共和国	1 100	885*	215	
也　门	88	60	28	
	2 559	2 255	292	12

　　*阿拉伯联合共和国在 1964 年下半年与苏联缔结了新的军售条约。我们相信这份条约的总额是巨大的，但是目前还没有消息来估计其价值。

　　经济援助

15. 自 1954 年起，莫斯科和它的欧洲盟国就已经向这一地区提供了近乎 50 亿美元的经济贷款和援助，迄今已经有 18 亿左右投入使用。印度和阿拉伯联合共和国获得的援助占了这一地区总援助的近 60%，其他的受惠国有阿富汗、伊拉克、叙利亚和阿尔及利亚。苏联提供的援助项目样式多样——铁路、港口、公路、学校，以及从钢铁厂到灯泡加工厂等各式工业设施。苏联的援助主要投向的是公共部门，莫斯科认为这有助于促进受援国社会主义的发展。苏联和东欧经济援助的一个重要方面是提供技术援助。在过去的十年里，这一地区前后雇用了近 4.5 万名左右的经济技术人员，其中 1 万多名在 1964 年下半年仍在这些地区工作。在同一段时间里，大约 7 000 多人前往苏联和东欧各国接受各种技术训练。

16. 共产党中国提供的援助规模要小得多。它向 8 个国家提供了总值 3.57 亿美元的援助，其中已经投入使用的不足 5 000 万，这基本上全部集中在也门、锡兰和尼泊尔。北平派遣的经济技术人员和提供人员培训相应也少得多。

---

① 伊玛目，伊斯兰教教职称谓。系阿拉伯语音译，意为"领袖"、"表率"、"率领者"和思想、理论界的"权威"等。逊尼派用以指早期伊斯兰国家的政、教首脑，与哈里发通用。什叶派及其各支派用以专指他们的精神领袖和教权代表。
——译注

共产主义经济援助

1954 年 1 月～1965 年 6 月

（单位：百万美元）

	总额	苏联	东欧	共产党中国	总额	苏联	东欧	共产党中国
中　东	2 228	1 452	633	143	647	492	133	22
塞浦路斯	1	0	1	0	1	0	1	0
伊　朗	70	39	31	0	8	2	6	0
伊拉克	218	184	34	0	102	102	0	0
叙利亚共和国	216	150	50	16	63	40	23	0
土耳其	16	8	8	0	16	8	8	0
阿拉伯联合共和国	1 560	1 011	464	85	415	316	94	5
也　门	147	60	45	42	42	24	1	17
南　亚	2 295	1 795	364	172	1 091	957	109	25
阿富汗	646	611	7	28	365	358	7	0
锡　兰	124	31	52	41	26	10	2	14
印　度	1 229	1 022	277	0	648	548	100	0
尼泊尔	64	21	0	43	21	10	0	0
巴基斯坦	162	74	28	60	31	31	0	0
北　非	402	281	69	52	38	21	15	2
阿尔及利亚	304	230	22	52	13	7	4	2
摩洛哥	17	0	17	0	5	0	5	0
苏　丹	33	23	10	0	11	11	0	0
突尼斯	48	28	20	0	9	3	6	0
总　额	4 925	3 478	1 066	367	1 776	1 470	257	49

贸易

17. 共产党国家几乎已经与中东和南亚的所有国家都建立了商业上的关系。虽然自 1955 年以来总贸易额增长了 3 倍，到 1964 年达到了近 20 亿美元，不过这主要集中在少数几个国家和几种商品上。这多少可以用强大的贸易攻势来进行解释，但更主要的是因为苏联愿意拿走剩余的商品，并愿意以长期赊账的形式提供商品。贸易和贷款已经成为共产主义扩张的一个重要的特点，以后可能更加如此。那些与共产党国家进行贸易的地区，45% 是与东欧进行贸易，40% 是与苏联进行贸易，剩下的则与中国进行贸易。印度和阿拉伯联合共和国占了总贸易额的近一半，其他主要的国家有希腊、伊朗、叙利亚和阿富汗。这些国家与共产党国家的贸易占其贸易总额的比例依次为，阿富汗 45%，阿拉伯联合共和国 30%，叙利亚 15%～20%，印度 10%。其他国家与共产党的贸易都不及以上，大部分国家都非常少。

18. 自 1960 年起，苏联和捷克斯洛伐克就在北非、中东和南亚扩大了各自的民航航线。他们还在继续开发一个能够连接这一地区各国的庞大的国际航空网，并且通过这些国家，他们还希望将撒哈拉以南非洲和东南亚也纳入这一航空网络中。尽管其他共产党国家也开辟

了一些航线,但由于他们没有足够的新式飞机,并且搭乘飞机的客流也不会很大,所以发展
受到了很大的限制。当地的各国一般都愿意批准新的航线,给予共产党国家飞机着陆权。
苏联的航运也增加了,前面提到的双边贸易的大部分都是用苏联船只运输的。苏联在也门、
苏丹和阿拉伯联合共和国的港口改建和渔场建设项目为他们自己的拖网渔船提供了特殊的
便利,这些渔船既进行合法的捕鱼活动,又被用于从事情报收集。

与共产主义国家的贸易

（单位：百万美元）

国　家	苏　联		东　欧		共产党中国	
	1955	1964	1955	1964	1955	1964
总　额	130.6	793.1	340.9	918.3	147.5	232.3
阿富汗	24.5	72.0	1.0	12.0	0	未知
阿尔及利亚	2.4	5.8*	4.3	未知	0	未知
锡　兰	0.1	35.3	1.8	30.4	42.3	72.2
塞浦路斯	0	1.8	2.1	6.1	0	未知
希　腊	114.1	43.2	17.4	80.3	0.1	＊＊
印　度	37.4	53.3	9.1	40.3	0	0
伊　朗	11.2	301.8	12.5	226.0	27.0	0.1
伊拉克	＊＊	39.3	5.2	22.1	0.1	19.3
以色列	6.5	0.6	7.4	32.2	＊＊	＊＊
约　旦	＊＊	2.1	2.3	11.8	＊＊	2.0
科威特	未知	＊＊	未知	2.0*	未知	3.0*
黎巴嫩	1.8	5.8*	6.2	15.0*	0.2	未知
利比亚	0	5.1	0.3	7.6	0	1.7
摩洛哥	1.8	17.7	11.4	41.2	19.0	29.8
尼泊尔	0	1.1*	未知	未知	未知	未知
巴基斯坦	0.1	12.5	8.2	10.3	32.1	21.1
沙特阿拉伯	0	未知	0	未知	0	未知
叙利亚	0.2	18.8	6.6	43.7	0.4	28.2
苏　丹	0.1	11.4	7.1	32.1	0.9	10.5
突尼斯	0.1	3.9	2.0	19.6	0.9	0.5
土耳其	13.5	17.4	146.4	59.8	0	0
阿拉伯联合共和国	26.8	139.4	29.6	225.8	25.4	43.9
也　门	0	4.9*	未知	未知	未知	未知

＊ 1963 年可以获得最新的数据。

＊＊ 少于 50 000 美元。

文化关系

19. 苏联在教育、文化和宣传活动中投入了大量的精力。中国在这些领域的活动也

有所增加,在一些它能够进入或者有特殊利益的地区,比如巴基斯坦和锡兰,中国的活动力度和苏联差不多,甚至超过了苏联。这一地区超过半数的国家都与一个甚至多个共产党国家签订有文化协议。这些协议可能包含有下列几项或全部——互换代表团、表演、展览和教师,以非常低的价格进口图书,到共产主义国家进行学术研究。苏联的通讯社塔斯社几乎在这一地区的所有国家都设有办事处,新华社也在半数以上国家设有办事处。自1955年以后共产党国家用当地语言和通用语言播出的广播节目每周已经接近700小时。

20. 那些在历史上没有在这一地区实施过殖民统治的共产党国家进行宣传时强调的是利益和立场至少在表面上的一致。这样,他们从事的文化和宣传活动在大部分国家里都没有遇到什么阻碍,而那些反对帝国主义,鼓吹共产主义进步的主题则更是畅行无阻。共产党国家在这一地区三分之二以上的国家里设有文化中心,数量从印度的17个到巴基斯坦、埃及和伊朗的1个不等。大约有8000多来自这一地区的学生在共产党国家接受学术训练。虽然有些人回来后对他们的那段经历心怀不满,虽然比起好几万到西方受教育的人来说,这个数字还比较小,但这些教育还是有助于共产主义政治和经济理念在这一地区的传播。到共产党集团的大学里留学的学生数在1961年和1962年达到顶峰,多达好几千人后,此后留学人数急剧减少。学生一般是根据文化协议商定的程序选拔出来的,但是许多,尤其是那些来自共产党集团敌对的国家的学生,则是在他们在西欧国家花光了钱后才以半秘密的方式被挑选出来,或者是通过国际青年和学生阵线机构来到共产党国家。

共产主义运动

21. 各国国内共产主义运动的形式各不相同,既有一定规模的合法的政党,比如印度、锡兰和以色列;也有只有极少数共产主义分子,人数少到不足以成立一个政党,像在沙特阿拉伯和阿富汗。在很多地区,共产党都受到了政府的压制和排挤,只有在少数几个国家,像印度、锡兰和希腊,共产主义在国内的运动才成为重要的全国性政治力量。在其他地方,他们之所以有影响,是因为他们比其他大部分具有竞争性的运动组织得更好一点。这使得共产党能够在压制下生存下来,偶尔还能在政治动乱中抓住机会。1959年卡西姆统治下的伊朗和1964年底的苏丹都出现过这类情况。

这个区域内的共产党

国 家	名 称	成员人数*	拥 护	评 论	共产党控制的其他组织**
阿富汗 阿尔及利亚	阿尔及利亚共产党(PCA)	少数	莫斯科	如果有,活动也很少 1962年被禁;民族解放阵线(FLN)与苏共建立了政党关系,并且一些阿共(PCA)党员已经被民族解放阵线所接纳	
锡 兰	(1)锡兰共产党	1 000	莫斯科	4名国会成员	

续 表

国家	名 称	成员人数*	拥 护	评 论	共产党控制的其他组织**
	（2）锡兰共产党	很少	北平		
	（3）斯里兰卡平等社会党	3 000	托洛茨基	10 名国会成员	
	（4）斯里兰卡平等社会党（革命的）	300	托洛茨基		
塞浦路斯	劳动人民革新党（AKEL）	13 900（1963）	莫斯科	泛塞劳工联合会（PEO）有 37 000 名成员，其中 5 000 名是劳动人民革新党（AKEL）党员	泛塞浦路斯劳工联合会（PEO）
				联合民主青年组织（EDON）有 20 000 名成员。但是 11 000 名泛塞劳工联合会（PEO）成员同样也是联合民主青年组织（EDON）成员	联合民主青年组织（EDON）
希 腊	希腊共产党（KKE）	31 000，另有 7 000～10 000 名活跃在希腊，以及在东欧和苏联的人员	莫斯科，但是存在支持中国的小派别	不合法。领导人在国外流亡	左翼联合民主党（EDA）民主工会运动
印 度	（1）印度共产党（右翼）	70 000	莫斯科	国会中有 22 个席位	全印（度）工会大会
	（2）印度共产党（左翼）	85 000	北平	许多高层领导人被捕入狱。在国会中有 11 个席位	全印（度）农民阵线
伊 朗	伊朗人民党	在伊朗超过 200 人，有几百人在国外	莫斯科	不合法的。领导人在莱比锡	
伊拉克	伊拉克共产党	2 500	莫斯科，但是有支持中国的追随者	不合法的。一些领导人被关进监狱，一些在国外，一些则在地下活动	
以色列	马基（以色列共产党）	1 800	莫斯科	5 名成员进入国会。得到很多阿拉伯的反对票	

国　家	名　　称	成员人数*	拥　护	评　　论	共产党控制的其他组织**
科威特	没有有组织的政党			和一些非科威特的共产党人有接触	
约　旦	约旦共产党	200～1 500		许多领导人被投入监狱,一些流亡在国外	
黎巴嫩	黎巴嫩共产党		以往的领导人坚持靠近苏联阵线。年轻的,第二代领导人希望更加独立	准合法的,允许公开发行,集会以及参与选举	
	社会主义革命党	未知	北平		
利比亚	没有有组织政党				
摩洛哥	摩洛哥共产党	1 000～1 400		非法的;年轻人和学生被限制参加活动	
尼泊尔	(1) 尼泊尔共产党—"温和派"	多达几千人	莫斯科	准合法的	
	(2) 尼泊尔共产党-"激进派"		莫斯科	非法的。领导人在印度	
巴基斯坦	东巴基斯坦共产党	1 000～3 000	斯普利特	非法的	
沙特阿拉伯	没有有组织政党				
苏　丹	苏丹共产党	1 000～4 000	莫斯科	实际上从 1964 年 11 月起已获得合法地位。该党在政治策略上分裂为温和和强硬两派	铁路工人联盟
叙利亚	叙利亚共产党	1 000～4 000	莫斯科	非法的。长久以来共产党领导人 Khalid Bakdash 流亡于东欧	
突尼斯	突尼斯共产党	250～500		非法的。很少发现活动	
土耳其	土耳其共产党	未知	莫斯科	非法的。领导人流亡中	

续　表

国　家	名　　称	成员人数*	拥　护	评　　论	共产党控制的其他组织**
阿拉伯联合共和国	（1）埃及共产党 （2）民族民主解放运动	400～1 000	莫斯科	在1965年同时解散，成立阿拉伯社会主义联盟	
也　门	没有有组织政党			非法的	

　　* 这些数字是粗略估计的，常常是基于不完整的信息得到的。我们对塞浦路斯、印度、以色列和希腊的数字更加确定一些。

　　** 大多数政党发起了或者希望发起通常范围的共产主义阵线，包括主张和平的党派、年轻人、学生以及妇女组织、友好组织等。我们这里只列举了这些组织以外的重要组织。

　　22. 共产党人采用了各式各样的策略，包括向当地组织和机构——政府、政党、学生组织、种族和宗教团体、工会，以及安全部队进渗透。他们控制了印度、苏丹、希腊和塞浦路斯的重要的工会。共产党人还打入了巴基斯坦的人民党（Awami Party），对其产生了影响。在希腊，左翼联合民主党（United Democratic Left）虽然是一个合法的政党，在1964年的全国大选中夺得了11%的选票，但它事实上只是非法的希腊共产党（Greek Communist Party）的一个阵线组织。在苏丹，共产党与各类专业人员、青年和学生的政党、组织合作共同反对传统政党。在阿尔及利亚和阿拉伯联合共和国，为了支持这两个国家各自都建立的唯一的社会党，正式的共产党已经解散了。

　　23. 大部分地区的共产党都无法充分地利用传统社会所特有的广泛存在的贫穷和有限的社会流动。这一地区的几乎任何一个地方都没有能够成功动员农民的现代政党，即使是在动员城市人口方面成效也不大，这里的城市人口也还强烈地受到传统的束缚。然而，这些政党，包括共产党，主要还是在城市人口中寻找主要的支持者。教育的扩大和工业生产力的增长逐渐地侵蚀了传统的成见，人们日渐意识到变化既是可能的，也是可取的。因此，城镇里的工人阶级和越来越多的受教育人士成为现代政党潜在的招募对象。然而，几乎没有例外的是，在赢得支持和将自己建设成为发展中社会中的主要的推动现代化的力量方面，共产党总是不及民族主义者和改革主义者。大部分情况是，共产党吸引了心怀不满的知识分子和一小部分工人，而这些人常常来自少数群体。

　　24. 其他一些因素也限制了共产党运动对于苏联的有用性。来自国外的政策指导往往损害了当地共产党的形象，有时候还导致当地领导人对苏联的意图产生怀疑。在那些宗教信仰十分强大的地区，共产党对宗教的敌视是个损害性因素。宗派主义几十年来一直是这一地区共产党的主要特点，随着中苏分裂的加深以及中国日益积极地介入当地共产党的内部活动，宗派主义的情况更加严重了。在一些共产党中，一些派系选择了中国的路线，至少部分上是将其作为一种策略以反对长期以来确立的党内领导人。在印度和锡兰，当地政党分裂为两个组织。在阿尔及利亚、塞浦路斯和印度,当地共产党并没有参与争取独立斗争,因而损害了他们在民族主义力量中的声望。像哈利德·巴格达什(Khalid Bakdash)这样的领导人个人有限的参与却又损害了阿拉伯共产主义。

25. 虽然这些问题和失误并没有使得当地共产主义运动对于莫斯科来说完全失去价值,但共产主义运动的作用和发展却因此受到了限制,尤其当共产主义目标与当地民族主义目标发生冲突时。实际上,由于整个地区的和讹多当地共产党运动的利用价值较低,苏联已经开始重新考虑他们的策略目标,苏联改变了试图通过"从下面"发展群众组织以夺取权力的策略,转而通过"民族民主"和"革命民主"的手段从"上面"向正在进行的革命运动渗透。

隐蔽机制

26. 就政策的制订和执行而言,苏联和中国各自都有一个高度整合的政党和政府机器。并且,共产党从事阴谋活动的背景及其组织上的性质使得它们非常适合在海外开展隐蔽行动。苏联的情报机构——国家安全委员会(克格勃)和军事情报总局(格鲁乌)——在对外政策执行中扮演了广泛的角色。[1] 克格勃做了大量工作来收集情报和影响当地官员。对于那些主导着当地政治生活的个人和组织,克格勃也努力对其施加影响和控制。

27. 我们对于这一地区情报部门的人数和活动的了解必然是不完备的。在1965年初已经知道的在这一地区的1 917名苏联官员(不包括军事和经济技术人员)中,有211名可以确定为情报人员。根据已有的标准,另有235名也被怀疑是情报人员。实际的人数或许更大,根据KGB和GBU叛逃的人员提供的情报,以及通过对苏联在这一地区的机构(在那里,可以获得更多的证据)的分析,我们知道,苏联派往海外的官员(不包括军事和经济技术人员)中有一半以上都是情报官员。

28. 外交团中更是集中了苏联的情报官。在一些我们对苏联大使馆的了解十分全面的国家方面,有三分之二以上的外交岗位上的官员可以被确认或怀疑为情报人员。苏联在世界各地的外交机构中情报人员的比例差不多都是如此。更重要的是,苏联的情报官员占据着大使馆中大部分重要的职位,有时还包括大使的职位,而政治、经济和其他各部门的主要负责人则几乎总是情报人员。情报机构还打着其他苏联政府组织——塔斯社(TASS),俄罗斯航空公司(Aeroflot),军事使团等——的幌子从事隐蔽活动。尽管经济援助使团有专门的工作要做,而大多数技术人员与外界相隔离的生活状况也不利于他们广泛地从事这些活动,但经济援助为隐蔽活动提供了不少掩护。

29. 我们对苏联在阿拉伯国家的一个大使馆进行了全面而深入的监视,以此为基础,兼顾在其他几个国家还算清晰的观察,再加上对其余国家的少量了解,我们形成了对苏联在这一地区的隐蔽行动的分析,这一分析揭示了苏联情报机构的行为模式和主要的目标。从叛逃者口中,我们获知,苏联非常看重招募那些能够影响或控制当地政府或政党等组织的政策

---

[1]　原注:共产党话语中的"情报"要比西方话语和实践中的"情报"更多地具有隐蔽和颠覆活动的意函。在附录中我们将更详细地介绍苏联情报机构。

的间谍。苏联花了大力气来影响、收买和破坏媒体。在那些新闻界受政府管制较少的地区，比如黎巴嫩和印度，他们自然做了更多的工作，但是在那些新闻界受到政府严密管制的地区，他们的活动也非常积极。苏联一直不懈地企图向美国的军事和外交机构渗透，经常通过制造假情报，散布捏造的美国政府文件来诋毁美国的政策。他们还开展了一些活动，旨在从驻在国的政府和安全机构中获取情报。最后，他们还试图监视、支持和控制当地共产党的领导班子。

30. 东欧国家也在这一地区开展了隐蔽活动。与苏联相比，他们的情报机构比较小，所以他们的行动似乎相当有限，很多时候他们都是与苏联人进行密切合作。目前我们手头上零星的证据表明，他们在反对他们自己国家的流亡组织，有时候也收集有关当地政府的情报。我们还没有证据显示东欧国家在试图控制新闻界。

31. 共产党中国在世界各地也建立了自己的隐蔽行动模式，包括有秘密收集情报，政治颠覆和支持亲北平的共产党或派系。秘密情报收集工作主要是由两个情报机构负责：武装部队的情报部门和共产党的调查部（Investigation Department）。其他隐蔽行动则由共产党的其他相关部门负责。在本评估涵盖的地区，我们对中国共产党具体从事的隐蔽行动了解得很少，但是总的模式似乎是一样的。没有证据显示苏联和中国在隐蔽行动方面有什么合作。

32. 要十分全面地评估苏联情报活动的成败几乎是不可能的。然而，我们有证据表明苏联针对新闻界的努力已经取得了相当大的成功。在一些国家，尤其是印度、希腊、塞浦路斯、以色列、黎巴嫩、阿尔及利亚和锡兰，又大量受共产党控制或者共产党公开发行的报纸。这两种共产党掌握的资产中包括编辑水平很高的印度周刊《纽带》（Link），黎巴嫩《新闻》周刊（Al-Akhbar）和《呼声报》（Al-Nida），以及塞浦路斯的《黎明报》（Haravghi）。我们掌握了很好的证据表明苏联招募了几个人，他们在政府中位居高位，同时还在为苏联工作。其中包括一个国家的前外交部长，另一个国家的前大使，以及另外一个国家一个担任敏感职位的军官。苏联或者它的东欧盟国在以色列也成功地招募了一批人，其中有一个间谍曾在长达5年的时间里深受本·古里安（Ben Gurion）的信任。苏联还在很多国家成功地招收了许多较低级的间谍。我们必须估计到，苏联还成功地开展了其他一些我们并不知道的活动。总的来说，我们相信苏联在开展隐蔽活动方面是成功的。

四、共产主义的进展和前景

33. 通过军事和经济援助，或者通过在重大问题上提供支持，共产党国家在某些国家获得了进入的渠道、影响力和施加影响的杠杆。由于采取了支持不结盟、鼓励民族主义情绪以及向革命政权提供军事和经济援助的策略，苏联在很多国家的声望和势力大增。这一地区有6个国家的军队都主要或者是完全由苏联武器加以装备，并接受苏式训练。对于那些仰仗其援助的国家，苏联可以通过拒绝提供军用配件而向其施加压力。苏联势力的扩张为苏联获得秘密间谍提供了大好机会。

34. 然而我们认为，该地区政府采取的任何一项以这样或那样的方式有利于共产主义目标的决定和行动大都来自以下因素，其中包括：坚信不结盟是一项有效的国家政策，殖民统治时期产生的反西方偏见，对威权性质的社会主义制度的偏好，以及对共产党国家迅速的经济发展的羡慕。偶尔，苏联的秘密间谍能够以有利于苏联的方式很明显地影响到当地政府的政策。还有其他一些重要的人物，比如开罗的哈利德·穆赫伊丁（Khalid Muhyi-al-Din），尼克西亚（Nicosia）的里萨利迪斯（Lyssarides）博士，也都习惯性地支持那些有利于苏联的政策。然而，没有证据显示，莫斯科和北平能够左右事关重大问题的特定决策。尽管如此，苏联人还是可以通过各种活动对该地区的很多政府施加一定程度的影响力。

南亚

35. 在印度，苏联和中国在 20 世纪 50 年代中期所受到的欢迎达到高潮。那时，赫鲁晓夫和周恩来宣布他们致力于和平共处，发起了众多政治和宣传活动，并且苏联还向印度提供了大量经济援助。由于 1959～1962 年中印边境冲突的升级，中国失去了在印度的所得，而中国的影响现在仅限于印度左翼共产党中的一部分。另一方面，苏联则增加了援助，而且对此做足了宣传，而且在国际问题（最重要是克什米尔问题）上对印度予以支持，从而赢得了大部分印度人民的好感。苏联与中国关系的公开破裂更是加深了印度对苏联的这种好感，从而使得苏联能够更有效地拉拢印度。

36. 印度仍将是亚非国家中比较温和的一个。由于印度致力于以自己的方式追求国家利益，所以任何外国的影响都会是有限的。印度将会继续认识到它对西方的严重依赖。尽管如此，新德里还是会看重苏联的军事和经济援助，以及苏联在它与中、巴的冲突中对它的支持。因此，印度将小心地避免与苏联发生对抗，在国际问题上的公开立场也会经常与苏联相吻合。

37. 苏联并不能将它在印度赢得的好感转化为对印度国内政治的切实影响。苏联的工业援助对于印度推行其扩大公营部门的计划帮助很大。尽管共产党在过去的选举中拿到了 10％的选票，并且在工会运动中发挥了重要影响，但是由于分裂成两个政党，共产党运动还是受到了削弱。印度共产党，尤其是那些左翼分子，似乎正在走上更加激烈的反政府路线，但是他们不能走得太远，以免受到安全警察的进一步镇压。在未来几年内，两个印度共产党都不大可能在全国取得任何重大收益。

38. 这两个共产党国家在巴基斯坦的情况几乎是相反的。自从在普什图尼斯坦（Pushtunistan）和克什米尔的争端问题上苏联选择与巴基斯坦的敌人——阿富汗和印度——站在一起后，苏联在巴基斯坦就没有取得任何进展。中国非常巧妙地利用了巴基斯坦对美国向印度提供军事援助的反应，并至少在表面上做出了支持巴基斯坦安全利益的样子。作为回报，巴基斯坦在很多有亚非国家参加的场合都支持中国的立场，并且两国还签署了一个边界协议（在巴占克什米尔部分）和一个民航协议，而且还开始建立经济和文化联系，尽管到目前为止联系还很少。阿尤布在总体上对巴基斯坦与中国的关系谨慎地加以限制，我们认为他将会继续做出这种努力。然而，存在这样一种危险，即巴基斯坦可能会错误地估计美国的容忍限度,将其与北平的关系推进到使巴美关系出现重大危机的地步。如果出现这种情况,共产党国家增加他们在巴基斯坦影响力的机会就可能会大大增加。

39. 西巴基斯坦国内共产党非常弱小。在东巴基斯坦,共产党是非法的小型组织,他们主要利用了孟加拉人对拉瓦尔品第(Rawalpindi)的怀疑来开展活动。相当多的共产党员和共产党的同情者都参加了民族人民党(the National Awami Party),并在其中发挥了影响力。他们利用了作为孟加拉政治生活的特点的民众贫困、学生的不满和对政治的广泛的反感情绪。然而,阿尤布牢牢地控制着巴基斯坦,他的政策旨在最大限度地降低巴基斯坦的软弱,正是由于这种软弱才使得共产党的威胁大增。至少在未来的几年内,我们不会看到共产党发展成一种重大威胁。

40. 尽管锡兰目前处在亲西方的政府的统治之下,并且虽然马克思主义运动内部出现了分裂,该国共产党仍颇具发展潜力。锡兰政府没有取得议会大多数人的坚定支持,由前总理班达拉奈克夫人①领导的反对派的激进主义和左倾倾向又有所增加。事实上,在当政的最后六个月里,班达拉奈克政府的一些重要岗位上包括了托洛茨基派政党的代表。目前的反共政府面临着诸如通货膨胀、外汇储备短缺、失业等经济问题,这在很长一段时间内都将困扰着锡兰。在未来几年内,班达拉奈克政府(或者类似这样的政府)很有可能会重掌政权。如果那样的话,几乎可以肯定锡兰将与苏联和中国建立更密切的关系。而且马克思主义政党的影响也会增加,它们可能会促使政府推行全面的社会化政策。

41. 处在中国和印度之间的重重山脉阻隔之中,尼泊尔没有多少选择,只能在两个强邻之间纵横捭阖。它相当成功地实施了这一策略,从双方都得到了援助,同时还与美国、苏联、巴基斯坦以及其他有可能帮助它平衡邻国势力的国家建立了联系。当地共产党处于分裂状态,中国的努力为北京在尼泊尔政府中赢得了一些同情者。我们认为尼泊尔国王在未来几年里将继续控制这个国家,并将继续在中印交恶中坐收渔翁之利。但是,尼泊尔很难抵挡来自中国的压力,由于大权集于国王一人之手,局势就更是如此。除此之外,尼泊尔对印度的怀疑也有可能阻碍新德里对抗中国行动的努力。

42. 在阿富汗,苏联的大批军事和经济援助已经在很短的时间里打开并改变了这个偏远的国家。阿富汗军队几乎完全装备的是苏联武器,其对外贸易中近一半是与苏联的贸易。并且,虽然阿富汗是个独立的国家,宣称奉行中立的外交政策,但在很多国际问题上阿富汗实际上都站在苏联一边。不过,重要的是,阿过去两年里采取的政治解放政策一直是沿着西方模式进行的,而没有接受一党制的社会主义意识形态,尽管阿富汗政治权力仍大部分集中在国王手中。

43. 苏联提供的大量援助,以及日渐增加的贸易纽带将继续使喀布尔和莫斯科之间保

---

① 班达拉奈克夫人(Madame Bandaranaike),生于贵族家庭,僧伽罗人,佛教徒。1940 年与当时担任卫生和地方行政部长的所罗门·班达拉奈克结婚,1959 年丈夫所罗门·班达拉奈克总理遇刺身亡后,她于 1960 年 5 月当选斯里兰卡自由党主席,自由党随后于 1960 年 7 月的大选获胜后,她出任总理兼国防和外交、宣传和广播部长,成为世界上第一位女总理。——译注

持密切的关系。在不远的将来,苏联大概不会因为过高估计自己的影响力而破坏这一有利局面。然而,几乎可以肯定的是,阿富汗致力于现代化,尤其是政治领域的努力,将会引起严重的社会紧张。而这就为苏联提供了机会,使他们得以利用自己的势力和影响力去塑造事态的发展。中国的影响一直很小,而且在未来仍可能保持这种状况。

阿拉伯世界

44. 阿拉伯对欧洲统治的憎恨以及对西方支持以色列的不满都为共产党国家提供了机会。这一地区的民族主义情绪高涨,旨在扫除西方特权的最后痕迹,比如军事基地,英国对阿拉伯半岛部分地区的统治,以及西方对石油公司的控制等。英、法和以色列于1956年联合袭击苏伊士运河的事件在阿拉伯人的脑海中还记忆犹新,甚至那些温和派人士也怀疑西方试图干涉地区政治。在大部分阿拉伯国家,政治领导权都是归于一个人掌握,那些新的领导人则致力于让苏联和西方鹬蚌相争。最后,阿拉伯各国在建立一个结合了现代化和他们自己的文化传统的政治经济制度时遇到了巨大的困难。这一地区中一些主张现代化的人士将南斯拉夫视为一个既通过威权主义和社会主义的方式取得了很大发展,同时又维持了自身独立,不受苏联控制的国家。

45. 苏联在阿拉伯联合共和国的势力最为强大。这主要是基于以下两个因素:苏联愿意连续不断地为埃及提供大量武器,并大规模援助其经济发展;两国在支持革命政府和削弱西方在中东与非洲的影响方面有共同的利益。阿拉伯联合共和国几乎所有的武器都来自苏联,所以只要苏联愿意,它就能够通过停止装备部件和弹药供应来在军事上牵制纳赛尔——虽然这么做需要付出很大的政治成本。就国与国的关系和世界事务来说,苏联在开罗的声望很高。

46. 开罗是得到共产党国家的大力支持的亚非人民团结组织(Afro-Asian People's Solidarity Organization,AAPSO)的秘书处的所在地,同时开罗也是其他许多激进组织的所在地。苏联的军事援助使得阿拉伯联合共和国对也门和刚果等地事务的干涉比没有援助时有效得多了。苏联不仅鼓励纳赛尔将先前运送给他的武器转送到别处,并且有时候也将阿拉伯联合共和国作为运输渠道和中转站,向第三方运送武器。其他时候他们也直接向这一地区的其他国家运送武器。

47. 尽管如此,开罗对自己的独立非常警惕。虽然它有时候受迫于苏联的压力,但我们认为它一定会抵制意欲干扰它行动自由的任何重大企图。中国与开罗有官方和半官方的联系,但似乎并没有什么影响力。阿拉伯联合共和国和苏联的外交政策在很多事务方面都采取一致的立场,双方也有多方面的自愿合作,但是我们没有证据显示有哪个共产党国家能够对阿拉伯联合共和国对外政策的基本诉求产生决定性的影响。

48. 长期以来,纳赛尔都在镇压埃及共产党,莫斯科对此也能够容忍。1964年几乎所有的埃及共产党人都被释放了。最近,根据苏联将一些"社会主义"党视为兄弟党的政策,埃及共产党以及埃及的第二个共产党集团——这两个组织规模都比较小,并且内部被安插了大量埃及安全部门的人士——都宣布解散,并命令自己的成员加入纳赛尔的阿拉伯社会主义联盟(Arab Socialist Union, ASU)。几个共产党人和马克思主义者已经在阿拉伯社会主义联盟和由政府控制的媒体中担任重要职务。纳赛尔显然并不担心共产党会控制阿拉伯社会主义联盟,反而认为共产党的组织能力能够帮助阿拉伯社会主义联盟提高效率。这一事态发展显然为共产党在长期内扩大影响提供了机会。不过,只有克服了很多困难障碍后,阿拉伯社会主义联盟才能够成为一个有效的政治工具。

49. 在经过了一场残酷的反法战争后阿尔及利亚取得独立,这为苏联和中国提供了诱人的机会。在本·贝拉的领导下,阿尔及利亚在敏感的世界性问题上都表示出愿意与共产党国家站在一起。阿尔及利亚还宣称接受"科学社会主义",而苏联共产党也将阿尔及利亚民族解放阵线(FLN)视为兄弟党。本·贝拉被军事首领布迈丁(Boumedienne)赶下台,这对于苏联来说是一个倒退。布迈丁已经宣布他的政权将会把注意力转向内部事务,在对外政策上他有可能采取真正的不结盟政策。在各个外国势力中,由于语言、经济纽带以及经济援助的原因,法国仍然是最重要的。尽管如此,阿尔及利亚仍打算继续接受苏联的军事和经济援助,它会尽力与莫斯科维持良好的关系。

50. 共产党在阿拉伯世界其余国家取得的成功是不平衡的。苏联向叙利亚和伊拉克提供了几乎所有的军事设备,而且提供了大量的经济援助。结果,他们的官方关系比较正常,苏联在这两个国家的势力也比较稳固。叙利亚和伊拉克都对莫斯科与纳赛尔走得太近心存疑虑,而这会限制苏联的影响力。当地共产党的命运起伏很大。在叙利亚1958年与埃及实现联合之前,以及在卡西姆统治下的伊拉克,当地共产党都获得了很大的发展。然而,在随后的政治动荡中,这些进展都被摧毁了,此后当地共产党的势力至今没有得到恢复。有证据表明,叙利亚和伊拉克的共产党运动都正在遭遇内部麻烦,这是因为中国试图控制或影响他们,以及内部有人反对莫斯科支持纳赛尔和本·贝拉等人施行的一党制。

51. 在苏丹,共产党虽然规模较小,但组织良好,他们利用1964年10月阿布德(Abboud)政权倒台引起的混乱,在第一届文官内阁中谋得了4个席位。然而,这一进展激起了保守派的警觉,共产党受到排挤,在常规议会选举中没有能赢得任何席位。不过共产党在劳工运动和各行业组织中仍具有影响力。他们赢得了分配给高中和大学毕业生的15个内阁席位中的11个。苏丹与共产党国家之间的贸易和援助额也是有限的,苏联的影响非常小。

52. 在阿拉伯世界其他大部分国家——摩洛哥、突尼斯、利比亚、约旦和科威特——共产党国家在过去的十年里能做的几乎仅限于与之建立外交关系。在沙特阿拉伯、亚丁,以及其他阿拉伯半岛上受英国保护的国家里,共产党国家并没有外交代表。当地共产党,如果有的话,也是规模很小且受到压制的。虽然突尼斯和摩洛哥接受了一定数量的苏联援助,仍由几个统治者对共产党充满了敌视。另一方面,苏联和中国在也门的势力非常强大,已经使得西方相形见绌,不过到目前为止他们还没有对重要政治人物产生显著的影响,这些人大部分的精力都花在了与阿拉伯联合共和国合作或者反对它之上。黎巴嫩是苏联在该地区进行秘密活动的中心。不过,虽然当地共产党偶然能取得一些小的成功,共产党对黎巴嫩政府政策的影响却非常的小。黎巴嫩共产党内持不同政见的一小群人单独成立了一个亲中国的政党。以色列是一个拥有西方政治制度的国家,它容许一个小规模的反犹太复国主义的共产党合法地存在,但它几乎没有什么政治潜力或进行颠覆的潜力。

53. 我们认为,在苏联看来,它过去十年里旨在扩大其在阿拉伯世界的势力和影响力的努力取得了相当的成功。他们最初想在民族主义者中确立支配性影响的希望还没有实现,而且他们受到了不时突然出现的反共措施的困扰。具有共产主义倾向的政府于1963年在伊拉克,以及1965年在阿尔及利亚被推翻,这使莫斯科认识到,当地政治的不稳定并非总是对他们有好处的,他们不得不遭遇到阶段性的挫折。尽管如此,苏联还是帮助破坏西方的地位,并在社会主义意识形态的发展和传播中看到了长期而言有利于他们进行操纵的趋势。因而,我们认为苏联将继续它过去几年的政策,强调军事和经济援助,改善国与国的关系,接受某些形式的社会主义。莫斯科将在可能的地方扩展它的影响力和支配手段,因为它认识到通过直接施加压力来达到目的往往反而弄巧成拙。

54. 几乎可以肯定的是,共产党的势力将在整个地区继续蔓延,尽管他们能够施加的影响力会受到一些限制,尽管这个地区以外的事态的发展——比如莫斯科政策的变化——会影响到这一趋势。我们认为苏联经济和军事援助将继续流向那些已经接受了苏联援助的国家,并且这些国家与共产党国家的贸易将会增长,文化等相关关系也会有所改善。苏联还有可能向约旦等保守政权提供经济援助。此外,在苏联的势力至今还受到限制,甚至根本就不存在的某些阿拉伯国家里,保守政权被推翻,激进政权取而代之,这会为共产党国家提供大好的机会,导致共产党的影响力激增。相反的情况也存在,很有可能一个苏联给予很大投入的政权被一个不那么驯服的政权所取代。总的来说,我们并不认为苏联在整个地区的势力会衰退,这已经成为地区事务中一个已然确定的因素了。

55. 我们必须设想,对于那些主要由莫斯科提供武器装备的国家,苏联对该国军事部门的渗透和控制将会继续,但是我们无法确信它能在多大程度上取得成功。我们假定,苏联和中国将会尽力在政府部门、政党和其他重要部门安插自己的人,并不时获得成功。我们认为至少在未来的几年里,苏联会寻求影响而不是直接控制政府。但是对于共产党国家来说,试图应付、影响甚至是控制埃及、阿尔及利亚和叙利亚等国滋生的各类社会主义的发展将是一个长期而艰巨的任务。

56. 我们认为阿拉伯世界的社会主义仍将具有与经典共产主义不同的特点,比如有限的私人产权,支持宗教等。然而在这些方面,国际运动本身越来越不那么教条了。阿拉伯联合共和国和叙利亚社会党(以及至少是最近的阿尔及利亚)施行的社会主义的形式不再仅仅是狭隘的阿拉伯式的了。随着当地社会主义运动与苏联及其他国家共产党关系的发展,这一趋势将得以增强。同时,随着前卫星国对民族主义和增加个人积极性的重视,共产党国家间意识形态的纽带也日渐放松,那些较老的没有执政的政党也在尝试做出适合于他们政治环境的妥协。

57. 最终,这些发展可能会趋同。随着阿拉伯人试图在共产主义和其他各种哲学和方法间寻求折中,他们版本的社会主义最后有可能成为一个"杂种"(这可以被称为"共产主义",也可以不被称为"共产主义")。这种使共产主义与民族主义加以适应调和的地方性意识形态的吸引力非常大(尽管仍然受到了提出倡议的某个或几个领导人的巨大影响)。信奉者的人数以及该意识形态的影响力都将随之增长。但是,尽管苏联会将这一发展作为巨大的胜利来加以欢迎,但远不能肯定,这种性质的政党会奉行与苏联或中国结盟的政策——这里的结盟指的不只是上文已经提到的利益的一般趋同。这一发展的实际结果将是,民族主义将比以前更加叫嚷着反对西方,出现要求以共产主义模式为参照进行各种社会和政治组织试验的趋势,而各国政权更加无法抵挡真正的共产主义的渗透,因为共产主义和民族主义之间的差别已经很难辨清了。

伊朗、土耳其、希腊和塞浦路斯

58. 除了塞浦路斯,所有这些国家都是俄国和斯拉夫扩张主义的目标,因此,在某种程度上他们习惯将苏联视为国家的敌人。这种态度在土耳其最强烈,在希腊程度略轻,伊朗统治者也深受这种情绪的影响。不过,那些国家最不满现状的人受这种情绪的影响却比较小。相反,他们主要关注的是改变他们自己国家的经济、社会和政治结构。

59. 为了应对苏联在战后的敌对政策,希腊、土耳其和伊朗加入了与西方联合的防御安排,但是在过去的两三年里,苏联对这一地区的政策发生了很大的变化。莫斯科现在正努力成为一个被认可的"好邻居"。苏联人放弃了对伊朗和土耳其的领土要求,并承认他们对于苏伊、苏土关系在战后的恶化负有部分责任。因此,美国在这一地区发起的地区军事联盟没有遭遇到由于苏联的对抗和侵略威胁而带来的凝聚效应,反而因为苏联的"友谊"利用了中立情绪和当地人的不满而受到了破坏。

60. 最近几年,苏联成功地与伊朗实现了关系的正常化,两国关系有了很大改善。苏联提供的一笔数额不大的经济援助计划已经开始,两国文化交流也有所增加。然而,伊朗的外交政策和它在联合国的投票通常都是在响应美国的倡议。美国在伊朗强大的存在,伊朗政权的西方导向,以及美国和伊朗两国目前的安排都使得苏联很难在这里获得显著的影响手段。但是伊朗的体制比较脆弱,国家的稳定在很大程度上仰赖国王。共产党活动仍继续存在,但是人民党(Tudeh Party)被有力地镇压了下去。更重要的是,那些有政治意识的人相当不满,他们感到自己没能参与到国家体制中去。如果国王被驱逐出政治舞台的话,伊朗就会变得极度不稳定,而苏联就会成功地对此加以利用。

61. 过去十年里,苏联和当地共产党都没能在希腊和土耳其获得重要影响,这两国都很珍视他们作为北大西洋公约组织成员国的身份。在过去的一两年里,苏联试图利用塞浦路斯争端中各方对西方大国的失望。他们向马卡里奥斯①大主教提供武器,在塞浦路斯的土耳其人社区的问题上给予安卡拉以有力的支持。这一多方位的办法取得了一些成效,造成了北大西洋公约组织与东地中海地区关系的紧张。土耳其与苏联过去一年的官方联系有了

---

① 马卡里奥斯(Makarios),塞浦路斯总统,1960～1974 年在位。后因希腊策动塞浦路斯国民警卫队发动"七一五政变"而被推翻。——译注

显著的增加,其中包括有自20世纪30年代以来从没有出现过的多次官方访问。同时,国际局势的缓和也使得雅典和安卡拉没有必要再与北大西洋公约组织维持严格的盟友关系。据此我们认为,莫斯科将继续现在的政策。希腊和土耳其将最终希望扩大与共产党国家的经济关系,特别是希腊,它可能会发现苏联和东欧国家愿意购买它在西方卖不出去的农作物。这两国都有可能在外交政策方面不时地与苏联站在一起,但是对外政策的基本方向不可能有变化。

62. 希腊和土耳其都有稳定的社会、发达的政治体系和高度的社会凝聚力,这些要素严重限制了苏联和当地共产党取得重大进展的机会。在希腊的选举中,组成共产党阵线的希腊左翼联合民主党(EDA)的选票从1958年的25％下降到了1964年的11％。共产党在希腊还将继续维持其选举能力,但所得选票不可能再有重大增长,除非发生严重经济困难,或者中央联盟出现重大分裂。在土耳其,共产党遭到镇压,力量很小。自1960年革命以后,社会主义就越来越受到尊重,这一发展,加上社会和经济变化所带来的压力,使得国家更加左倾。有可能会沿着这一方向继续向前发展,但可以肯定,土耳其的变化尚不足以为苏联和当地共产党提供大好的机会。

63. 塞浦路斯的情况则完全不同。就总人口而言,约有13 000人的共产党在这一地区已经算是最大的了,并且也是唯一有组织的政党。共产党还控制了一个规模较大,且行事有效的劳工组织,以及一个活跃的青年团体。马卡里奥斯也得到了共产党的政治支持。然而,这位大主教决心要成为塞浦路斯政治权力中心,在他的利益需要的情况下,他就曾对共产党的势力加以遏制。大约10 000人的希腊大陆军队的存在进一步抑制了共产党的发展。解决了与希腊联盟引起的争端后,共产党在塞浦路斯的势力增强了,但是整个希腊共产党的势力并没有得到太大的增长。如果该岛维持着独立,当地共产党就会增强其力量和影响力,以至于一旦马卡里奥斯退出政界,他们就可以尝试控制政权。苏联希望阻止希腊和塞浦路斯的合并,支持当地塞浦路斯共产党,并施加压力反对西方在岛上的军事基地和设施。出于这一目的,他通过埃及提供了大量的军事援助。该岛还与共产党国家发展了经济联系。

五、总　　结

64. 我们认为,就人员和活动而言,共产党的势力在今后几年里还将继续扩展。如果激进的民族主义政府取代保守的具有西方倾向的政府,就将为苏联打开提供军事和经济援助的大门。同样,联合国投票中大部分人同意恢复北平在联合国的席位,或者亚非国家对北平的好感的普遍增加,都使得中国得以在更多的国家里建立大使馆。可能会有越来越多的人接受共产党的政治和经济理念,使用马克思主义的那套术语,但是,马克思主义与当地文化的冲突将继续阻碍共产党的发展。在少数几个国家里,欧洲的残余势力并不大,或许还不能抗衡来自东方的影响。然而,即使在这些国家里,我们相信西方的影响也不可能被完全消灭。在东西方之间维持某种平衡所带来的好处对该地区的领导人来说仍将具有强大的吸引力,他们的目标仍然是避免受到任何一方的控制。

65. 在未来几年里,北平和莫斯科针对这一地区采取的策略的差异可能会增加,这会削弱两国计划的有效性,同时也会阻碍当地共产党组织的发展。由于北平向激进分子和其他不满现状者提供了一种不同的吸引力,当地共产党可能会进一步分裂。中国努力推动当地这些组织采取更加激进的立场,并向巴勒斯坦解放组织(Palestine Liberation Organization)之类的组织提供支持,这或许会取得一定的成果,但是总的来说,这一地区不会走上北平可能希望他们走上的更加激进的道路。苏联和中国的国家利益在南亚有可能会发生冲突,苏联对印度的军事和经济支持将增强印度反对中国的能力。

66. 一些我们与之打交道的国家,像印度、土耳其和以色列都有运行良好的政治制度,有足够的凝聚力的社会和强大的领导集团,这些使得他们很难受到共产党的影响而成为马克思主义的社会主义社会。这决不是说他们在大的社会动乱,比如长期的萧条或大的战争中就能够固若金汤。然而,他们的实力足以让他们容忍国内共产党的活动,并在与苏联维持关系的同时不被共产主义的那套花言巧语和阴谋诡计所蒙骗。其他一些国家则往往不具备上述这些要素中的大部分,或者完全缺乏这些要素,比如伊朗、约旦、沙特阿拉伯和利比亚。尽管所有这些政权都表现出了一定程度的抵抗力,并取得了显著的经济发展,但由于最高层的权力过于集中,这些政权又都比较脆弱,容易受到外界的影响。在这每一个国家里,最高领导人的突然逝世可能会引起各派力量对政权的争夺。而由此造成的混乱又给激进势力,包括共产党,提供了控制这一争夺最高权力的政治运动的机会。

67. 在我们评估的这段时间里,这一地区的共产党和共产党运动在总体上的低迷状态有可能继续持续下去。尽管我们不可能确定这一地区的哪一个国家里的共产党运动会成为一种全国性的威胁,但我们仍必须要注意到各国国内共产党进一步发展的机会将可能会有所增加。一个相关的危险是,当地政治领导人可能会与共产党的目标和策略达成一致,以此作为获得个人权力和成功的手段。个别领导人甚至还有可能打算像卡斯特罗那样,迅速将自己的国家纳入共产主义世界中,或者一步一步地进入共产主义世界。这一严峻形势的出现可能几乎毫无预兆。然而,此时我们还不能指出它最有可能出现在哪里。

68. 苏联和中国正试图与"第三世界"的民族主义和现代化的力量达成深刻而持久的利益共识,企图利用这两股力量作为加强自身、削弱西方势力的手段,而这将带来更加严重的危险。只要这种利益共识仍是消极的,致力于削弱西方的特殊地位和其他类似目标,它就会带来麻烦,虽然还不至于是致命的,但有时候也比较严重。但是如果这些民族主义力量开始相信西方大国,尤其是美国必然会反对他们实现民族独立和国家发展的愿望的话,共产党国家在"第三世界"实现根本目标的机会就会显著增长。那些感到自己没有其他道路可走的国家就会在强大的压力下,走上与共产主义世界更紧密合作的道路。

69. 我们为共产党国家在中东、北非和南亚在未来几年里可能取得的成败所做的描绘可以用"大体如前"来形容。总的来说,我们认为共产党不会接管或者间接控制这一地区的任何国家,但是在有些地方事态的发展会为共产党提供机会。我们认为这一地区民族主义的力量比较强大,那些从民族主义中汲取力量的政治领导人将继续利用在东西方之间纵横捭阖,而且大体上能取得成功。

附录

苏联情报机构(RIS)

1. 苏联情报机构——克格勃(KGB)和格鲁乌(GRU)在理论上隶属于苏联部长会议。然而,这些机构与苏联共产党的关系则更加重要,苏共中央委员会的成员往往对情报机构的活动加以密切关注。目前苏共负责警察和安全事务的书记是克格勃的前主席。情报机构,特别是克格勃在苏联的政府体制中扮演了非常重要的角色,并在苏联的官僚体制中为很多官员升迁到高层位置提供了阶梯,包括苏共中央委员会成员。

2. 克格勃。该组织的第一总部(The First Chief Directorate)专门致力于海外的秘密行动;它按地理分为八个局,除东欧外,涵盖了整个世界,并按功能划分为九个部门。这些按地理划分的局在海外设有行动站(合法的派驻机构),其中第六局负责非洲,第七局负责近东。职能部门则进行以下这些专职工作,比如收集科技情报、开展反情报活动、与东欧国家情报机构联络,或者针对流亡者采取行动等。其中有两个职能部门在西方的情报机构中没有相对应的组织。其中一个部门[“假情报”(Disinformation)部门]发起并协调那些专门影响其他政府政策或降低敌对人员、组织和政府效用的行动;另一个部门则进行暗杀、绑架、破坏以及其他诸如煽动骚乱和示威游行等行动。第二总部(The Second Chief Directorate)针对那些到苏联来的外交官、学生、旅游者和其他来访者开展行动。一般来说,第二总部负责从苏联国内那些将要回国的人中招募间谍,将其交给第一总部以继续其在海外的隐蔽活动。

3. 格鲁乌。苏联的军事情报机构,也是根据地理和职能进行组织的。格鲁乌在海外的主要任务是收集军事和相关情报,对所在国军方的各种活动也都有所关注。如果当地军队有通过参与政变或革命在政治上发挥作用的潜力,格鲁乌就被准许采取行动控制军方中有政治影响力的势力——我们已经观察到有这种情况发生。军事情报机构还负责进行战略破坏和其他准军事活动。格鲁乌在各国的派驻机构由按地理划分的部门进行管理,根据1961年的政府指令,格鲁乌在各地的负责官员应该既不是军方身份,也不是大使馆军事武官。

4. 苏联情报机构的专业化已经有很长的发展历史了。在英国人布雷克(Blake)和菲尔比(Philby),瑞典人温奈斯特朗(Wennerstrom)和法国人帕凯(Pacques)等著名案件中,苏联情报机构在招募、控制和长时期维持间谍的效用上的能力可见一斑。在苏联内部,克格勃有系统地针对那些被认为有潜在利用价值的对象采取行动,主要是对从西方国家和欠发达国家来的学生和外交官。那些叛逃者的供词表明,苏联针对这些国家驻莫斯科的外交机构采取的行动取得了相当大的成功,近几年里,苏联几乎从所有这些机构的外交官中都招募到了间谍。所采取的各种手段中最有效的两个要数直接的金钱引诱和勒索了,后者主要靠寻衅滋事和捏造事实。用美色勾引比较常见。在最近四次针对中东国家公民的行动中,克格勃先是用美色勾引其轻率地发生性行为,然后以怀了孩子为要挟让他们充当苏联的间谍。在针对东方人时,要比针对西方人更少地使用同性勾引的办法。在用异性进行勾引时,克格勃更多的是以可能造成的法律后果相威胁,而不是以向公众披露相威胁。

5. 在与苏联邻近的地区,种族、宗教和语言上的相似性使得苏联比西方国家更具有优势。在很多这样的国家里,苏联能够迅速采取有效的行动,这比在撒哈拉以南国家采取行动迅速多了,在那些国家,他们遇到了和我们一样的困难。

6. 苏联在各国公开的势力——外交、贸易和新闻等——为其广泛的隐蔽活动提供了伪装。克格勃以及格鲁乌(它的作用要小一点)作为苏联党和政府的秘密活动执行机构,为促进苏联在欠发达国家的长期政治目标而服务。除了传统的情报收集职能外,这些机构还采取行动诋毁美国和其他西方国家,控制和利用媒体及其他宣传渠道,并在当地政府、政党和组织中那些能够影响政策的重要职位上安插支持苏联的人。

7. 克格勃和格鲁乌在这一地区各国的派驻机构是苏联官方驻外机构的主导性部分。克格勃负责保护其他苏联国民的安全,这两个机构的官员要比其他苏联在海外的官员享有更多的个人自由。在我们讨论的地区中,对苏联活动的观察表明苏联情报官员以高度专业化的形式应对其所处的环境。比如在土耳其,当地情报部门的高效力使得苏联不得不采用更高级的谍报技术。而印度则是另一种情况,苏联采取行动时相对就不需要太多防范措施。虽然苏联的专业化水平总的来说很高,我们发现苏联在利比亚也使用了常规的见面方式,招募成员时偶然也没有对招募对象是否容易被拉拢做足够的评估。在海外行动中,苏联情报部门有权"征用"其他政府部门的雇员协助进行秘密行动。按常规,苏联雇员向当地派驻机构通告自己是否被征召,他们也可以帮助发展这样的人员。记录显示很多事件都有这些被征召的间谍的参与,其数量与招募间谍的努力的数量相符。①

8. 苏联情报机构官员的识别。有些间谍是通过克格勃或格鲁乌叛逃者指认出来的,或者被我们发现在从事其他隐蔽活动,这些人我们归为"已知"一类,他们作为苏联情报官员的身份已经无须再怀疑。那些叛逃者提供的信息和我们自己的经验都表明,一个"已知的"情报官是不会放弃他自己的职业而转变为诸如纯粹的外交官之类的官员的,尽管也有些例外:一些具有情报部门背景的苏联大使后来成了外交部官员。将一个苏联人贴上"嫌疑"标签的准则在于我们对克格勃和格鲁乌非常详尽的了解:他们的工作方法、工作范围、任务形式和兴趣领域。仅凭一条准则尚不足以将一个苏联人归为"嫌疑分子"一类,但是将几条准则合在一起就可以了。当用后来叛逃者提供的证词或其他渠道对我们的判断进行测试时,我们

---

① 原注:下述事实可以证明情报机构的主导性:在许多驻外机构中,外交人员名单上75％甚至更多的苏联官员是已知的或疑似的情报人员。情报官员直接参与了苏联在海外加强与外国联系的各项活动,或者其职位使其能够对这些活动的各个方面加以利用。

发现准确度还是很高的,错误往往更多地在于遗漏,而不是在怀疑对象上的错误。因此,那些还没有被鉴别为"苏联情报人员"的官员并非就自动意味着没有间谍背景。

9. 那些可以判定一个苏联人是"嫌疑分子"的准则有下列几个:

(1) 公开的职位有跳转或者缺乏连续性的情况:比如,一会是陆军武官办公室的雇员,一会又是贸易官员;或者刚开始是办事员,几个月后就变成了第二秘书;或者后来的职位比现今的职位降了两三级;

(2) 办公时间老是与正常的办公时间不同的官员;

(3) 频繁地与已知的苏联情报人员联系——几乎总是克格勃成员与克格勃成员联系,格鲁乌成员与格鲁乌成员联系。每年12月20日在庆祝苏联国家安全部成立的内部聚会是辨识克格勃参加者的好机会;

(4) 拥有或驾驶一辆汽车(在这些地区),不使用外交人员的牌照,如果当地给外交人员颁发了牌照的话;

(5) 与外国人有广泛的联系;

(6) 与共产党、共产党阵线组织和流亡组织有联系;

(7) 其活动体现了情报人员的工作方式,比如反监视措施,不寻常地或者经常造访一些有情报价值的地区。

中情局散发文件的说明

1. 本文件由中情局散发。本份文件供接受方以及那些在其权限范围内有必要知道根据的人了解和使用。其他必要的散发需要得到下列官员在各自部门的授权。

(1) 国务院,情报与研究所所长

(2) 国防部长办公室和参谋长联合会议所属机构,国防情报局局长

(3) 陆军部,陆军部负责情报的助理参谋长

(4) 海军部,负责海军行动(情报)的助理参谋长

(5) 空军部,负责情报的美国空军助理参谋长

(6) 原子能委员会,原子能委员会情报局局长

(7) 联邦调查局,联邦调查局助理局长

(8) 国家安全局,局长

(9) 其他部门,中央情报局负责总务的助理局长

2. 这份文件可以根据适用的安全规定进行保留或烧毁,或者在中情局总务办公室的安排下返还中情局。

3. 如果文件散发到海外,海外的接受方不应该保留文件超过一年。到期后,或者将文件销毁,或者返还给上游机构,或者根据1953年6月22日签发的IAC-D-69/2向上游机

构申请继续保留。

4. 如果标题与文本分开使用，文件的标题应该保密：仅供官方使用。

分发给：

白宫

国家安全委员会

国务院

国防部

原子能委员会

联邦调查局

DDRS，CK 3100062966 - CK 3100063004

刘青译，牛可校

中情局关于中国与阿拉伯各国关系的特别报告

（1965 年 9 月 17 日）

SC 00655/65B

Copy 1

机 密

共产党中国与阿拉伯世界

（1965 年 9 月 17 日）

中国共产党在一段时期内一直在策动一个相当广泛的外交上和宣传上的秘密行动，以扩大其在中东和非洲的阿拉伯国家中的影响。显然中国希望能够在这里逐步削弱亲西方和亲苏力量的影响，鼓励对中共友好的激进民族主义政权的成长。为了达到这个目的，北京曾试图改善政府间的关系，并打算利用阿拉伯民族主义分子来实现自己的目标。迄今为止，中国给当地共产党组织中亲中国的派系的支持相对比较少，他们主要集中精力促进与民族主义政府的领导人之间的联系。中国的行动迄今尚未威胁到西方和苏联支配性的影响力，但是其行动在这些充满纷争的国家已经并将继续构成扰乱甚至是破坏性的因素。

"人 民 外 交"

北京目前与八个阿拉伯国家维持了外交关系：阿拉伯联合共和国、阿尔及利亚、突尼斯、摩洛哥、苏丹、伊拉克、叙利亚及也门。国民党中国与约旦、科威特、黎巴嫩、利比亚和沙特阿拉伯维持着外交关系，而苏联则与除沙特阿拉伯以外的所有的阿拉伯国家都有外交关系。国民党中国之所以能在阿拉伯世界维持现有地位，主要是出于美国的努力。

尽管北京在很多国家成功地取代了国民党的地位，但是北京努力与阿拉伯国家建立密切关系的尝试迄今并没有取得很大收益。因此为了寻求更大的影响力，北京越来越将"人民外交"作为其首要选择。去年大约 60 个阿拉伯国家官方代表访问中国，无论级别为何，这些代表团都受到了中国高层领导人，包括毛本人的关注。其中将近 20 个代表团来自阿尔及利亚，10 个来自阿拉伯联合共和国。

1964 年以来的访问者中包括了也门总统苏莱尔（Sullal），和苏丹当时的总统阿布德（Abboud）将军。其他的高层访问者有：阿尔及利亚国民经济部部长，阿拉伯联合共和国副总理和总统外交顾问，叙利亚外交部长，以及科威特财政工业商务部部长。

中国长期以来一直将埃及作为其扩大在阿拉伯世界影响的关键，并且希望借纳赛尔总统来增强他们在这个地区的实力。他们显然希望利用目前埃及与美国之间的外交冷淡期以收渔翁之利。但是，纳赛尔自己的野心与中国的目标是相冲突的。尽管接受了来自中国的援助，并且去年12月援助贷款又增加了8 000万美元，埃及的高级官员们，包括总理阿里·萨布里（Ali Sabri）都明白这笔援助并不是无私地提供的。萨布里3月下旬曾私下里表示，他非常清楚中东对于中国控制亚洲、非洲和拉美的目标而言所具有的战略意义。阿拉伯联合共和国与苏联的关系看起来要比与中国的更密切一些。

同在世界其他地区一样，中国的宣传也通过电台、宣传手册和期刊而常规性地流入阿拉伯国家。中国现在每周有14个小时的阿拉伯语广播。大量的中国宣传杂志，例如《中国画报》《中国建设》都有阿拉伯文版本。中国还用阿拉伯文出版了大量毛泽东的著作。北京负责信息发布的主要通讯社新华社在九个阿拉伯国家设有办事处。然而没有证据显示这些努力产生了很大的影响。

阿拉伯与以色列的冲突

在阿拉伯与以色列的冲突中，中国一向支持阿拉伯人。以色列于1950年1月承认了共产党中国，但是中国却从来没有给予过回报。中国总是将以色列看作是美国通过操纵联合国制造的侵略工具。反对"以色列入侵"的"阿拉伯正义斗争"被称为是亚非人民反抗帝国主义斗争的重要组成部分。

在采取这种路线的过程中，中国常常试图干涉一些纯粹的地区性问题。今年早些时候，中国插手了德阿以之间关于波恩向以色列运送武器以及西德与以色列建立外交关系的争端。北京声称"头号敌人美帝国主义"是幕后黑手，向以色列提供武器是美国与"西德军国主义"的勾结，"极大地威胁了阿拉伯国家的安全"。

中国对巴解组织（PLO）的倡议做出了热情的回应，巴解组织被阿拉伯国家领导人看作是巴勒斯坦阿拉伯人的代表。中国允许巴解组织在北京建立代表处，并且据报道北京已经同意向巴解提供100万美元的经济援助，也答应为目前正在阿拉伯国家筹建的一支10 000人的军队提供小型武器装备。由巴解组织主席率领的代表团在3月访问了中国，称中国满足了"我们所有的要求"。然而，阿拉伯人，尤其是约旦人，甚至可能还有纳赛尔，都已经意识到了中国与巴解组织合作存在的重大危险。

北京很快就卷入了阿拉伯人反对对突尼斯总统布尔吉巴（Bourguiba）关于阿以冲突的四月提议的所谓"反抗风暴"。中国毫不犹豫地攻击了曾经直言不讳地批评北京外交政策目标的布尔吉巴。布尔吉巴称中国"妄图统治非洲和亚洲"，而越南问题最根本的原因就是共产党中国"霸权行径"造成的。5月，北京称布尔吉巴"严重歪曲了南亚地区的局势"，"无耻地中伤中国人民"。

中国高层访问

　　周恩来总理和陈毅外交部长周游中东和北非的访问突出了北京试图加强其在该地区的势力的努力。这二人在 1963 年底 1964 年初访问了阿拉伯联合共和国、阿尔及利亚、摩洛哥、突尼斯和苏丹。陈毅于 1964 年 11 月访问了埃及和阿尔及利亚，并于 1965 年 9 月重访了阿尔及利亚。周恩来于 1965 年 3 月底 4 月初对埃及和阿尔及利亚做了短暂停留。在于 6 月访问坦桑尼亚前后，他还分别在阿拉伯联合共和国、叙利亚、苏丹和伊朗做了短暂的停留。6 月 19～30 日周再次访问埃及，徒劳地等待阿尔及尔的亚非会议的召开。有迹象显示，在修改了日程后的阿尔及尔会议召开前后，周计划再在阿拉伯国家做一系列的停留，此次会议现在定于 11 月在阿尔及尔召开。

　　这些访问对中国在该地区地位的影响是很难估计的。中国的这些行动以及其他一些努力的一个重要的目标就是要通过显示自己是一个更加强大守信的民族解放斗争的朋友，以及通过提供有限的额外的经济援助，以对抗苏联的影响。迄今成效并不显著。

　　但是，这些访问的确帮助中国打破了它的孤立状态，使其在世界事务中扮演了更积极的角色。在周恩来的第一次访问中，他采取了非常谨慎的态度以争取获得人们的善意，几乎所到之处他都给人留下了良好的印象。之后纳赛尔曾私下表示，周的从容睿智和通情达理，以及愿意接受不结盟原则的鲜明态度都让他惊讶不已。周不懈地努力去抵消苏联关于中国领导人是不负责任的好战分子的宣传，树立中国作为一个具有世界影响力的负责任的大国的形象。在之后的访问中，周恩来对美国和苏联采取了激烈的、不妥协的立场，这显然有损于他树立的形象。

　　中国高级官员的这些和其他一些访问最直接的一个目标就是在第二届亚非会议上为中国的立场争取更多的支持力量。中共希望将这次会议作为一个论坛，促进他们在世界"新兴国家"中的领导地位，同时削弱西方，尤其是美国在亚洲和非洲的影响力。尽管考虑到大会的即将召开，中国人已经不再打阿拉伯联合共和国和阿尔及利亚的主意了，但还是有迹象表明，中国的压力已经引起了埃及和阿尔及利亚领导人的某些负面反应。中国对苏联和美国的不妥协似乎是造成摩擦的一个主要原因。此外，纳赛尔一再表示支持苏联加入亚非峰会，开罗也对其现在与苏联的关系感到满意，很大程度上是因为苏联的军事和经济支援要比中国的多很多。

国家之间的关系

　　我们相信中国对新的阿尔及利亚政府的影响并不大。中国迅速地承认了（大概迅速得有些过头）布迈丁的政权，该政权是 6 月末各国代表云集阿尔及尔参加亚非会议时夺取的政权。中国的反应通常被认为是因为希望会议能够如期举行。中国在本·贝拉被推翻之前曾极力与之交好，但是据报道即使是政府内部成员对中国的策略也不再抱有幻想，据称一个阿尔及利亚的高官称中国人"无论是在私底下还是在公开场合都是非常固执僵化"。

自 1959 年起，中国就提供了 1 200 万美元以支持阿尔及利亚民族主义者的军事行动。1962 年阿尔及利亚独立之后，中国继续提供援助，根据 1963 年的经济技术合作条约，中国还向其提供了 5 000 万美元的无息贷款。1965 年 2 月中国送给阿一艘 13 000 吨的货船作为礼物，而中国自己的商业船队仅剩下 12 艘船可用于国际贸易。北京于 2 月份同意向阿尔及利亚的民兵部队提供装备。中国也可能已经同意派遣教官帮助阿训练民兵。

中国同时也对也门采取了有步骤的行动。中国目前的贷款援助达到了 4 200 万美元，而中国在也门的技术人员和技术工人的人数有 400 人之多。迄今中国大部分的援助都集中在公路建设上：荷台达至萨那（Hudaydah-Sana）的公路于 1961 年完工，萨那至萨达（Sana-Sadah）的公路正在建设中。另外中国还正在萨那建设一个纺织厂。

看起来中国在苏丹几乎没有什么影响力。在阿布德政权期间，苏丹与中国之间的关系虽然正常但却非常冷淡。现任政府保守主义倾向较弱，这或许会给中国提供更多的行动空间。至今为止，中国尚未对苏丹提供过任何援助，但是据报道喀土穆（Khartoum）正在考虑从中国获得一个长期的贷款，同中国之间的贸易也在大幅增长。共产党中国目前是苏丹棉花的第三大买家，其成交量超过苏丹所有出口品的一半，并且有迹象表明中国将变成第一大买家。

尽管北京已于 1958 年与摩洛哥建立了外交关系，但是其在摩洛哥的势力还是有限的，北京也没有向其提供经济援助。

目前开罗和大马士革之间外交关系的冷淡并没有影响到中国与叙利亚政府维持良好的关系。周恩来在 6 月份的两次简短到访都受到了叙利亚热烈的欢迎，据报道苏联对此感到了不安，而他们在这里有大量的投入。叙利亚显然是将中国作为一个杠杆，以获得苏联持续的援助。但是由于北京显然并不能替代苏联成为物质援助的提供者，所以中国也没有多少机会能将苏联排挤走。中国对叙利亚在阿以冲突中的角色给予大量的宣传支持。周恩来曾谈及阿以冲突中叙利亚有"沉重的包袱"，并表示中国希望叙利亚在对以色列的战斗中取得胜利。

在伊拉克中国的影响也远远小于苏联，苏联向伊提供了价值 6 亿美元的经济和军事援助。中国则未向伊提供援助，并且据报道，驻巴格达的中国使馆人员也受到了一定的孤立。各种迹象显示，北京是以长远的眼光看待伊拉克的，将其视为一个潜在的政治伙伴，以及石油、食品等物资的提供者。

中国今年也开始采取行动与科威特建立联系。6 月科威特外交部长访问了中国，之后中国"友好和经济"代表团访问了科威特。代表团获准委派一名新华社驻科记者，并且就扩大经贸关系进行了磋商。这次访问很有可能推进了科威特与北京建立外交关系。

黎巴嫩尚未与共产党中国建立外交关系,短期之内这种可能性也很小。但是黎巴嫩议会中的一些成员积极地推动在贝鲁特建立一个共产党中国的贸易代表团,以为迈向正式外交承认的第一步。通过驻大马士革使馆的外交官,共产党中国邀请了一些黎巴嫩名流访问中国,其中有一些已经接受了邀请。由社会党德鲁兹派(Socialist Druze)领导人卡迈勒・琼卜拉特(Kamal Jumblatt)带领的黎巴嫩代表团在去年的12月份和今年1月份访问了共产党中国。琼卜拉特积极鼓吹与中国进行贸易,承认共产党中国。

阿拉伯共产党

总体来说共产党在阿拉伯世界的活动是有限的,并且在沙特阿拉伯、也门、科威特以及伊斯兰教主领地都受到了严酷的镇压。在黎巴嫩、叙利亚、阿尔及利亚、摩洛哥、土耳其和约旦,共产党活动是被明令禁止的,不过虽然受到不同程度的监视和围剿,共产党的某些活动还在继续。例如叙利亚的共产党在流亡领导人的指挥下进行地下活动。阿尔及利亚的共产党也是秘密地进行活动。土耳其共产党基本上不再活动,其成员也受到了政府的严密监视。埃及共产党在今年正式宣布解散了。只有苏丹的共产党可以公开活动。

尽管有这些不利的条件,中国的影响还是以直接或间接的方式在起作用。随着中苏分歧的加剧,以及中国人在这些政党中的活动日渐积极,这一地区的共产党间长期存在的派系斗争加剧了。一小群黎巴嫩共产党的持异见分子成立了一个亲中共的独立政党。有证据显示,叙利亚、苏丹和伊拉克的共产党运动也存在内部问题,一方面是由于中共的活动,另一方面是由于内部有人反对莫斯科支持像纳赛尔在阿拉伯联合共和国建立的那种一党制政权。地方政党的分裂有可能会进一步加深,因为北京提供了另外一种方向,吸引了一些激进者和不满者。

阿拉伯的共产党的领导层大多数比较亲苏,最近一段时期由于中苏的矛盾,以及中苏都在讨好阿拉伯世界的领导者,这些共产党感受到了压力的增加。另外这些亲苏的领导人还特别担心苏联对阿拉伯共产党的忽视以及阿拉伯各国政府对共产党组织的迫害。他们尤其批评了莫斯科与北京只顾意识形态上的斗争,以至于对当地共产党壮大力量的努力都造成破坏性影响。

在各阿拉伯国家中,只有一个亲中国的共产党,那就是黎巴嫩社会革命党(Sociaist Revolutionary Party),不过在其他几个共产党中也存在一些亲中国的派系。在叙利亚,亲华派的势力在进一步壮大,其原因一方面是因为中国在阿以问题上对阿拉伯的全面支持,另一方面也是因为北京决定将大马士革作为亚洲阿拉伯国家共产主义运动的中心。

苏丹共产党(SCP)也许是这一地区最积极的党,其中也有小部分是亲中国的。中国还向一个好战的左翼政党——人民民主党(People's Democratic Party, PDP)提供资金,现在这个党已经与苏丹共产党联合起来了。近期一个在共产党中国留居七年的苏丹共产党员回到了苏丹，据报道他正在帮苏丹共产党中的好战派起草一个行动计划。

伊拉克共产党中一小部分积极分子也比较亲中。在约旦共产党中也有一些亲中的行动，但是尚未形成独立的派系。

前　　景

共产党中国在阿拉伯地区短期内的前景并不十分光明。北京可能会继续削弱国民党在这一地区的影响，但是他并不具备实力与美国、苏联以及阿拉伯埃及共和国抗衡。阿拉伯国家的政策导向更多地取决于经济和阿拉伯民族主义的考虑，而不是世界上任何的意识形态，并且北京所能提供的经济和军事的援助也十分有限。没有证据显示北京会提高中东目前的优先地位，它仍然被排在亚洲和非洲之后，而阿拉伯各共产党中亲中的分子也仍将继续是少数派。

DDRS，CK 3100361263 - CK 3100361273

刘青译，牛可校

中情局关于刚果局势的情报备忘录

（1966 年 2 月 24 日）

OCI 1108/66

刚 果 局 势

（1966 年 2 月 24 日）

摘　要

去年 11 月外交部长斯帕克(Spaak)对蒙博托(Mobutu)发动的政变①的评论至今依然适用：政变是"各种可能发生的事中最好的一种，还有必要继续观察这是否的确是一件好事"。总统蒙博托和总理穆兰巴(Mulamba)在处理刚果所面临的大量问题时，其力度确实要比他们的所有前任都大得多。他们力图消灭腐败，增加国家的外汇储备，减少失业，提高农业生产，使中央政府更有效地控制各省，并继续与叛乱分子作斗争。这些目标对于一个手头上掌握着比利奥波德维尔更多资源的政府来说，也是难以实现的。因此，尽管蒙博托和穆兰巴具有良好的愿望，也干劲十足，但刚果的前景依然一片黯淡。

1. 蒙博托和穆兰巴已经组织了比前几届刚果政府更有能力的内阁。就该内阁成员的意识形态倾向而言，这可谓是自独立以来最坚定的亲西方内阁之一。

2. 蒙博托正试图提高他对 21 个省政府相比的影响能力，这些省政府总是在加重中央政府的腐败和无能。出于这个目的，他们已经指控一个省的长官滥用公共基金，并且可能会很快逮捕其他一些人。为了增加利奥波德维尔在政治家和全体民众中的声望，蒙博托和穆兰巴开始对各省首府进行巡回访问。

3. 政府还付出了比前几届更积极的努力来应对经济问题。目前他们正在鼓励自独立以来就居住在城市里的失业人口回到他们的家乡去。政府敦促每个人都更多地种粮食，而且也在尽力改善运送商品作物和口粮的交通网。政府还大力抑制走私，并用其他方式试图改善外汇长期短缺的困境。

4. 利奥波德维尔在那些自 1964 年起就不断受到叛乱分子骚扰的地区逐渐重新建立了自己的势力。奎卢(Kwilu)省由北京训练的皮埃尔·穆勒勒(Pierre Mulele)领导的叛军现在仅限于在森林深处从事一些抵抗活动。说法语和西班牙语的雇用兵，在莫瓦斯·冲伯以

---

① 1965 年国民军总司令蒙博托在美国的支持下发动政变推翻总统卡萨武布，并自任总统，实行独裁统治。——译注

前的加丹加省宪兵队的帮助下,偶尔也能得到刚果国家军队(Congolese Army,ANC)和地方部族军队的帮助,慢慢控制了主要的城市和东北部的公路铁路。在坦噶尼喀湖附近,一支南非雇佣军和刚果国家军队目前正进行着艰难的打击活动,然而,即使在这里,叛乱分子也日渐失去了阵地。

5. 叛乱分子的外部支持者——包括共产党中国和古巴——对叛军低下的战斗能力和领导人之间长期的争斗都日益感到失望。他们大幅削减了提供的援助,至少古巴已经撤出了大部分顾问。去年10月叛乱分子失败后,坦桑尼亚政府停止了向其运送补给,由于刚果的巡逻艇在坦噶尼喀湖上的打击力度越来越大,这条运输线原本就已经遇到了很大的困难。

6. 然而,在很长一段时间内,叛乱分子仍将继续消耗该国原本就不足的人力和财力资源。他们造成的伤害在短期内也很难愈合。虽然奎卢省的叛乱分子人数很少,但仍牵制住了一支1500人左右的刚果国家军队,而政府还要为其提供军饷和后勤支持。这一地区的经济活动过去是生产棕榈油,现在也完全停止了。

7. 在东北部,叛乱分子在很大一片地区内仍活动自由,这片地区大部分都没有重新进入到货币经济体中去,他们生产的很少的一些东西也都被走私出去了(通常得到了当地的文职官员和部队军官的纵容)。当地的政府军中只有刚果国家军队偶尔能有些作用,那也是在得到了雇佣军或者比利时正规军军官(这些人被派往到刚果国家军中)的帮助的时候。已经在这里驻扎了一年半的加丹加军队想回乡了,而说法语的雇佣军则与刚果国家军以及文职官员都相处得不太融洽。而一支只有40人的说西班牙语的部队在刚果的这两个月给人留下了深刻的印象。他们与从当地招募的部族战士一起,肃清了很大一片地区。并且他们是少数几个关注民事行动计划(civic-action programs)的政府军之一。

8. 在从阿尔贝维尔(Albertville)向北部和东部延伸的广大刚果东部地区,叛乱分子对当地政府军仍然构成了极大的挑战。政府军在这一地区势头的丧失部分地是由于南非雇佣军人员的迅速更替,其新招募的成员据报道要到3月中才能结束训练。政府军之所以放缓了步调,部分地是由于地形的不利,此外也是由于叛军善于破坏道路,从而严重影响了刚果国家军队的交通和常常并不稳定的士气。无论如何,肃清行动已经比原计划晚了两个多月,并且还没有迹象表明情况会很快得到改善。

9. 在东部和东北部,叛乱分子过去往往都得到了当地民众的支持,这些民众中很多或者长期对抗中央权威,或者部族间有宿怨,或者部族内部摩擦不断。有的时候,叛乱分子的暴行会让当地民众远离他们,但对叛乱分子的不满很少能让民众坚定地站到政府一边。在叛乱分子到来之前即已长期存在、并为叛乱分子所利用的矛盾,在叛乱本身被消灭后也会继续存在下去的。

10. 叛乱分子显然仍然从外部得到了少许援助,比如,来自刚果国家军队的消息说,乌干达边境的一些游击队愿意运送武器。然而,即使没有外部援助,刚果国家军队也很难对付这些造反派,更不用说在那些名义上已经平定了叛乱的地区维持秩序了。非刚果的军队因此将继续在战斗中发挥重要作用。

11. 在国内事务上,蒙博托的计划也不过是一些政令加上一些痴心妄想。各省与中央政府之间的斗争才刚刚开始,利奥波德维尔的领导人对各地的访问,以及几位省级要员的被逮捕是好的兆头,但问题仍然是蒙博托是否能让他的决定得到贯彻。要想做到这些需要一个令行禁止的行政体制,而这几乎是不存在的。自独立以来,利奥波德维尔与各省的关系就是通过部族或者个人联盟的形式运作的,要代之以一个制度化的行政结构几乎就等于是一场革命。然而,在建立这样一个制度之前,蒙博托不得不依照刚果传统的规则来玩政治。这就意味着中央政府的权威仅靠他和他那些可靠的手下们的个人运作。

12. 考虑到文官中可用之人很少,蒙博托主要的工具大概就是刚果国家军队了,而这支军队从来不擅长处理与民众的关系,也不大听从利奥波德维尔的命令。毫无例外地,刚果国家军队没有能够有效地履行行政管理职能:比如,它至今仍很少参与蒙博托的经济动员计划。如果军队进一步插手刚果的国内事务,那么很自然我们会想到这样一个结果(或许是一个很重要的结果),即军官的进一步政治化,而且以后在地方文官政治斗争中可能还将加入军队间的竞争,以及军官与文职官员之间的争斗。

13. 政客们只是暂时地部分停止了他们的活动。尽管有蒙博托的努力,他自己的手下中也还有人在忙于中饱私囊。……①那些与其不和的政客们(到目前为止,这些人占了大多数)开始小心翼翼地摸索组成一个能够对蒙博托构成切实挑战的联盟。当蒙博托宣布自己的总统任期是五年时,当他让立法机关变成他发布命令的橡皮图章时,这些人被激怒了;也有人说,这些人对"只拿法定俸禄"感到不满。按计划议会将在 3 月重新召开,如果这些心怀不满的政客聚在一起,蒙博托可能很难驾驭得了他们。

14. 最大的反对派还是前总理冲伯,他目前人在欧洲。他似乎认为蒙博托的政权在未来的几个月内,很快就会被面临的各种问题拖垮,而他将会被请回去以挽救局势,就像他在 1964 年叛乱爆发时做的那样。所以他并没有积极谋划推翻蒙博托,尽管蒙有此担心。然而,他与比利时有关人士,以及他的政治伙伴们一直保持着联系。或许他正在寻求对他在加丹加省南部的据点的军事防御。他说议会重新召开的时候,他将出席。

15. 蒙博托是刚果政界的老手,似乎很有可能的是,在他信赖的刚果国家军队的支持下,他会让这些政客们失去平衡。然而,要在刚果的统一和团结上取得重要的进步则是另一回事。由于缺乏行政管理能力,资金不足,再加之地方上争斗不断,他或其他任何政府都很难将其意愿贯彻于全国。而除非利奥波德维尔拥有强大的权威,否则刚果经济、政治和社会的混乱仍将继续下去。

DDRS, CK 3100477745 – CK 3100477751

刘青译,牛可校

---

① 原文此处数行未解密。——译注

中情局关于中国在印尼遇到挫折的特别报告

（1966 年 4 月 1 日）

SC 00763/66A

Copy 3

机密，不许向国外散发

北京在印尼的挫折

（1966 年 4 月 1 日）

在中共最近于海外遇到的各项挫折中，最大的莫过于雅加达发生的亲共派权力的被剥夺。苏加诺与军方之间的斗争似乎已见分晓，显然过去六个月发生的事情使得无论是印尼政府还是印尼共产党对北京的利用价值都显著降低了。反共的将军们似乎正在巩固他们的权势，事态已经无法被轻易逆转了。中国的三个领事馆和新华社办事处已经关闭，大批中共外交官和技术人员正在撤离。

苏加诺的亲共政策正在被废止，北京坚定的支持者——外交部长苏丹德里奥（Sudandrio）被逮捕。在国际舞台上，印尼不再与中国人站在一条战线上，也不能再搅扰各种国际会议。亲中国的印尼共产党的势力被削弱，并被迫转为地下，而他们的命运则让其他地区的共产党不得不重新思考与北京过于密切的关系。

中 国 的 损 失

考虑到去年 10 月那场流产的政变前中国和印尼之间的密切关系，这场重大的外交灾难中，中国在印尼的损失最大。1965 年中期是中国与印尼关系最好的时期。两国互利不断加深，使得苏加诺将印尼称为新的亚洲"轴心"的一部分。苏加诺让亲中国的印尼共产党（PKI）在政府事务中发挥了越来越重要的影响力，雅加达的外交政策也日渐与共产党中国趋于一致，尤其是在向东南亚的美国和英国势力施压方面。

北京一直在不停地利用苏加诺对西方的成见、他在国际舞台上的野心，以及他对东南亚形势的判断，即认为西方在东南亚的势力正在下降，中国的势力正在上升。中国通过熟练地使用奉承和私人高层外交相结合的手段，利用了印尼人的自负。周恩来和外交部长陈毅多次访问印尼，国家主席刘少奇在 1963 年 4 月对雅加达的访问也是他第一次对中苏集团以外的国家进行的访问。刘的访问加大了中国在其与马来的对峙中对印尼的支持，同时也推动了印尼共产党在中苏分歧中立场鲜明地一直站在中国一方。

1964 年,无论是就政府方面还是政党方面而言,中国与印尼的关系都越来越好,11 月陈毅访问印尼,并提供了一笔 5 000 万美元的贷款,其中 1 000 万是印尼急需的没有任何限制的硬通货,两国的友好关系由此达到了顶峰。第二年春天,在纪念万隆会议十周年的庆典中,周恩来与苏加诺共同站在了舞台的中心,而中共政治局委员彭真则率领中共代表团参加了印尼共产党的庆祝活动。到去年夏天,印尼的一些稍低级官员几乎是络绎不绝地前去中国访问,甚至几个部长级代表团同时访华的情况也并不罕见。

然而,即使是在两国关系最好的时期,北京大概也不会完全信任苏加诺,而只是将两国关系看作是一时的权宜之计。苏加诺是强烈的民族主义者,他极端自负的性格使得他似乎深信,他能够获得中共的喜爱,并进而操纵他们,而不是相反。

1965 年 1 月印尼退出了联合国,这一举动看起来是独立于北京而做出的,但是北京很快就对此报以了热烈地赞赏。长期以来苏加诺就在谈论要成立一个新兴力量会议(Conference on Newy Emerging Forces,CONEFO),这与其退出联合国是一致的,而北京则对他的这个计划给予了鼓舞。

去年春天,北京帮助建造了雅加达办公建筑群,中方和印尼的官员都透露说,他们希望新兴力量会议能够与联合国组织相抗衡。现在中国技术人员已经撤出了,而苏加诺所钟爱的这个项目却还是一团糟,煤渣砖大楼只是部分完工。

阵 线 组 织

新型力量会议计划从没有正式落实过,中国和印尼在其他阵线组织(front groups)和国际论坛上的密切的合作关系已经走到了尽头。这对中国来说是个重大损失。

北京通常指望印尼追随中国的行动,或者在阵线组织集会上替中国代表的各种花招计谋打头阵。随着 1960 年初中苏分歧的加深,北京出席这些会议的代表对莫斯科发动的抨击就越来越猛烈,而印尼人,还有日本人,都是中国人可靠的捧场者。

1963 年 2 月,当亚非团结组织(Afro-Asian Solidarity Organization,AASO)在坦桑尼亚莫希召开会议时,北京显然希望推动由它控制的唱对台戏的"国际民主组织"发展,而雅加达在其中扮演了重要的角色。在印尼的强烈支持下,亲北京的亚非新闻工作者协会(Afro-Asian Journalists Association)于 1963 年成立。

同一年,由苏联主导的世界民主青年联盟(World Federation of Democratic Youth,WFDY)的预备会原本要在雅加达召开,但是苏加诺显然是受到了北京的鼓励而悄悄地取消了这次大会,而召开了适合他自己进行反马来西亚宣传的青年团结大会,从而干净利落地抢了苏联的前台位置。

中国又试图建立一个能够与由莫斯科主导的世界工会联合会(World Federation of

Trade Unions)相抗衡的组织,从而绕开苏联,而这一提议据说最初来自印尼。然而,这个计划遇到了很大的阻力。日本不愿参加,1963年末,建立亚非贸易组织的计划在雅加达流产了。

尽管中国与印尼继续在努力建立独立的阵线组织,但去年一年却没有取得任何显著的成功。此外,印尼最近的发展对那些在雅加达设有办事处的阵线组织也是一个沉重的打击。至少有三个已经离开雅加达而将办事处改设在北京了。十月的政变发生后不久,亚非新闻工作者协会驻雅加达的秘书处的几个雇员就被逮捕了。而不断的骚扰使得他们几乎无法开展日常工作。12月,一些右翼记者武力占领了秘书处的办公室,亚非新闻工作者协会宣布,它的秘书处将"暂时"撤往北京。亚非团结大会印尼委员会(Indonesian Committee for Afro-Asian Solidarity,ICAAS)也撤走了。

雅加达当局最近宣布,亚非团结大会驻印尼的理事会中那些亲中国的代表们的护照是无效的,似乎在北京要成立一个亚非团结大会印尼委员会的流亡组织。据报道,亚非团结大会出席在哈瓦那召开的三大洲会议的主要代表已经在中国外交官的帮助下,从开罗飞到了北京。马来民族解放联盟(Malayan National Liberation League,MNLL)作为违法的马来共产党的一支,一年多前在雅加达建立了一个办事处。最近这个办事处也被关闭了,一个新的马来民族解放联盟的办事处刚刚在北京开张。

印 尼 共 产 党

印尼共产党受到了沉重的打击,目前被宣布为非法组织。它的某些领导人可能已经向中国寻求避难了。党主席艾地(Aidit)于去年秋天那次政变未遂后被杀,同时被杀的还有副主席约多(Njote)和许多官阶稍低的领导人。据报道,那次政变后的大屠杀中有几十万人遇害。虽然许多报道无疑有些夸大,但100万左翼分子中有四分之一被杀害是有可能的,共产党组织自此受到重创,很难在短时期内恢复。此外,苏哈托将军还不断暗示,他将继续镇压印尼共产党,并限制中共外交人员与该党成员的联系。

去年夏天,印尼共产党是中苏冲突中北京的最大支持者。印尼共产党号称有300万成员,此外与之联系密切的各阵线组织还有1 200万人,所以在印尼它比其他任何亲莫斯科的非共产党集团政党都更大也更有影响力。印尼共产党总是附和中共的腔调,他们的领导人讲话为北京的宣传工作者提供了现成的稿子,可以随时用来复制和转播。他们的领导人公开批评赫鲁晓夫召开反华的会议,并坚决地拒绝参加1965年3月由赫鲁晓夫的继任者在莫斯科召开的所谓"协商"会议。

已经完全崩溃的印尼共产党现在失去了利用价值,该党的迅速倒台,在一个不同而又广泛的意义上讲,是北京在国际共产主义运动中遇到的一个挫折。海外同情北京的那些共产党可能会开始重新思考与中国的过于密切的关系。比如,据报道,持坚定亲北京态度的日本共产党中现在也有人要求在某些方面不与中共保持一致的立场,尤其是在北京批评苏联向越南提供援助这件事上。

我们仍然无法确切地知道中国在多大程度上卷入了那次政变。可以获得的情报主要来自印尼一方,这些情报大部分都根据领导人的需求被歪曲或者被粉饰过了。他们意识到了群众中的反华情绪,并通过渲染华人在事态发展中扮演的角色以试图利用这一情绪。有可能北京对左翼正在组织一场先发制人的政变有所了解,但是没有明显的证据表明中国在筹划或者准备工作中发挥了积极作用。北京在 10 月 1 日后的反应表明他们选择的时机让北京也大吃一惊。

毫无疑问北京渴望印尼共产党能够在印尼政府中获得支配地位。似乎早在去年初中国人就开始关注雅加达的"接班"问题了——尤其是如何确保印尼共产党在苏加诺退出后的权力斗争中独占鳌头。一组中国医务专家一直在照顾苏加诺,因而北京对他日益恶化的健康状况很是了解。两位中国医生在 1964 年 12 月对这位印尼领导人进行了一次体检后,断定他不会活过 1965 年底。

1965 年 1 月,据说印尼共产党头目艾地——他经常访问中国——要求苏加诺允许对印尼共产党进行武装。这可能是中国的建议,旨在使该党在未来的斗争中得到强化,而北京估计这场斗争不久就会发生。苏加诺最初拒绝了这一要求,但后来又改变了主意。到去年春天,对"工农"组织的招募和培训已经开始了。以这一训练项目为名,印尼共产党青年组织的成员在盛夏时开始在哈利姆空军基地接受空军人员的特别培训,苏加诺对此可能也是知道的。这些人员在 10 月 1 日那次反对将军们的失败的行动中扮演了重要的角色。

夏天时,很多报告显示中国正秘密地向印尼共产党提供武器。秘密运送这些武器可能是中国的一个长期计划的一部分,中国人试图帮助印尼共产党做好准备,以应对在未来某个时刻不可避免地与军方摊牌。然而,在政变发生前,中国提供的武器的大部分似乎还没有运到。

政变发生后,印尼军方宣称找到了大量被藏匿的中国武器,但是在 1966 年初进行的审讯中他们几乎没有再提这件事。并且,在政变后的冲突中试图进行抵抗的许多共产党人的装备确实是很差的。印尼军方可能严重夸大了所报道的藏匿的武器,这可能是他们策略的一部分,意在显示北京直接卷入了政变的准备工作。据说军方故意散播中国人卷入政变的消息,并且看起来成功地在印尼民众中煽动了反华情绪。北京在政变发生后的几个星期里行事谨慎,可能主要就是为了避免采取任何会刺激到这种情绪的行动。

北京对于政变的反应

北京对于 10 月 1 日政变的公开反应是姗姗来迟的,这表明北京决定谨慎地等待着印尼事态的明朗。中国的第一个公开表态是 10 月 3 日刘少奇和周恩来给苏加诺的一个电报。

其中提到他们已经从雅加达的广播中了解到苏加诺尚身体健康,希望在苏加诺的领导下印尼将继续反对"帝国主义"和"殖民主义"。

中国人丝毫没有提到政变及其后果,任何不了解外界情况的人阅读这封电讯时都不会意识到雅加达刚刚发生了些不寻常的事。这份电报可能是被用来显示中国对苏加诺的支持,北京在那时希望加强他反对军方的反共行动的决心。然而,措词上他们又试图不惹怒军方,因为很明显那时中国人认为,如果军方成功地巩固了他们的权势,中国人是能够与之进行合作的。

中国做出的第一个重要反应是10月18日北京发出的外交声明,抗议印尼军队进入并搜查中国驻雅加达的参赞办公室。这一抗议声明——显然是由事件本身引起的——批评印尼政府"纵容日益嚣张的反华行为"。然而,北京仍然维持着谨慎的观望态度,声明中并没有专门批评军方领导人。

然而,到了10月19日,中国很明显已经得出结论认为,印尼军方决心要继续进行反对印尼共和反华的行动,对公开抨击军方已经没有什么顾忌了。当天,新华社发布了一篇总结了政变以来的发展的长文,措辞对军方领导人充满了敌意。10月20日,新华社非常无力地宣称,"印尼军事当局"和印尼的"右翼"正在试图破坏北京与雅加达的关系,正在"迎合美帝国主义及其走狗的需要"。

从那以后针对中国领事机构的学生暴力示威行动越来越多,中国对此提出了更加强烈的抗议声明。随着他们最大的工具印尼共的被打垮,以及苏加诺又全神贯注于为自己的政治生命而挣扎,中共实在是无力影响印尼的局势。去年整个冬天,中国人都没有找到其他办法,只能继续进行宣传,猛烈地批评印尼军方,并接二连三地重复外交抗议。

前　　景

中国或许认为印尼近期的前景非常黯淡,它似乎不指望在一段时间内局势会有所改善。3月苏哈托将军的掌权的事实似乎已经被中国接受了,被其视为是通往最终革命胜利的道路上的一段"迂回曲折"。

中国驻印尼的三个领事馆和新华社办事处已经被迫关闭,中国技术人员已经开始有秩序地撤离。中国外交官和领事馆的行动受到了严格的限制,即使是拜访印尼政府官员,他们也必须要得到警察的允许。不过还没有迹象表明中国愿意被激怒到打算正式断绝与印尼的关系,中国可能准备接受与军事政府维持一段虽然远非"友好",但还算"正常"的关系,同时等待着出现北京所谓的"不可避免的"向着好的方向的变化。

DDRS, CK 3100355764 - CK 3100355772

刘青译,牛可校

中情局关于中国对阿富汗政策的情报备忘录

(1966 年 6 月 2 日)

SC 03808/66

Copy 7

绝 密

北京继续拉拢阿富汗①

(1966 年 6 月 2 日)

1. 4 月初刘少奇对阿富汗的访问是北京试图扩大在喀布尔的影响的一次新的努力。虽然这次和自 1955 年两国建交以来北平采取的历次措施一样并没有取得太大成功,但中国人却还是毫不气馁,而且又似乎决心插足阿富汗。

2. 北京差不多肯定地认为阿富汗目前政府的性质是"封建的,前资本主义的",因而完全可以成为由中国人支持的共产党颠覆的目标。与喀布尔进行短期合作,甚至是提供经济援助,都被北京认为是用来阻止美国和苏联增加他们在阿富汗势力的合理手段。并且,与喀布尔维持良好的关系也是为了展示北京"善良的本质",从而让它所宣称的中印冲突完全是因为印度的顽固的说法更具体而可信。

3. 由于历史上没有发生过冲突,所以北京还是比较容易与阿富汗维持相对良好的关系的。两国交界线只有 40 英里长,并且还位于偏僻的山区。尽管以前从未划界,但两国从没因此发生过纠纷。1963 年 1 月,阿富汗提出要正式划分边界,中国政府同意了。1963 年 7 月双方结束谈判,11 月签订了边界协议。中国公布了这个协议以表明自己对周边国家的态度是既讲道理又爱好和平的。

4. 1964 年 11 月在阿富汗国王穆罕默德 · 查希尔(Muhammad Zahir)对中国进行国事访问时,中国向阿提供了第一笔相当数量的经济援助。中国给他 2 800 万美元长期无息的发展贷款,并表示他们对阿富汗的兴趣会进一步增加。原则上喀布尔接受了北京的援助,但是他们似乎在尽量拖延中国援助计划的实施。1965 年 3 月,中国外交部长陈毅访问阿富汗以推进实行援助计划的时间表,并成功地与阿富汗在几个方面达成协议,即签订了使用 1964 年贷款的合同,确定了边界协议的最后文本,并签署了中阿文化交流合同。

5. 在 1965 年 3 月,阿富汗人曾私下向美国官员透露他们已经意识到中国人可能会对他们进行颠覆活动,并表示如果中国人向其派出超过最低限度的"顾问",他们就拒绝任何援助

---

① 原注:该报告由中情局时事情报处准备,研究和报告办公室给予协助。

项目。虽然有这样的保证,三个月内还是有两组技术人员到达了阿富汗,到12月,在阿境内的中国人明显地超过了100人。

6. 到目前为止,中国人已经进行勘查的援助项目包括在喀布尔附近的卡尔盖(Kargha)建立一个养鸭场和一个鱼苗孵化场,在喀布尔北部的潘杰希尔(Panjshir)河谷兴建灌溉系统,对丝绸生产提供援助,帮助坎大哈(Kandahar)现有的一个纺织厂,在巴盖(Bagha)附近建立生产苛性钠的工厂,援助喀布尔的一个陶瓷厂,为生产天青石珠宝提供技术咨询,以及提供日用品。

7. 除了潘杰希尔河谷的灌溉系统外,其他所有项目都相对较小,据报道,中国顾问对灌溉系统的兴趣最大。部分原因可能是那里比较接近戒备森严的巴格拉米(Bagram)空军基地,该基地是苏联在阿富汗进行军事援助活动的一个主要的中心。此外,根据苏联的评估,这个计划中的灌溉系统将使正在苏联帮助下兴建的纳格卢(Naghlu)大坝的功率减少20%。

8. 中国技术小组要求阿富汗提供广泛的关于阿富汗经济的信息和统计材料,包括苏联和美国在过去和目前提供的援助的详细数据。据报道,中国技术人员空谈很多,却含糊其辞地不肯做具体承诺,中国的贷款目前还没有一分钱花在具体项目上。在阿期间,中国人能够收集情报,并有很好的机会评估他们在阿富汗的势力。

9. 抑制了中国在阿扩大影响的一个因素是苏联在阿的势力已经很强大了。喀布尔至今已经接受了价值6亿美元的苏联经济援助,这远远超过了北京可以提供的援助水平。

10. 显然中国人已经意识到了苏联在阿的强大势力,并正尽一切可能试图削弱苏的影响力。刘少奇对阿进行国事访问的目的之一可能就是对抗阿富汗总理在2月对莫斯科进行的访问。与过去中国提出的几项提议一样,刘少奇在赢得阿富汗人的信任方面似乎并没有取得多大成功。在4月8日刘离开那天签署的联合公报表明,两国的经济关系没有明确的义务成分——与此相对照的是,苏联与阿富汗在2月发布的公报中明确地提到,莫斯科正在向阿富汗的第三个五年计划提供援助。

11. 很明显,中阿联合公报的平淡反映了阿富汗人不愿意北京进一步介入他们的经济。据报道,在刘访问的初期阶段,中国原计划再向阿提供一笔经济援助,但被阿富汗总理劝阻了,阿总理表示,阿富汗在资本投资方面已经严重依赖外部了,所以不能再考虑任何此类援助了。

12. 尽管刘出访的结果不尽如人意,但中国人或许仍坚信他们在阿富汗的政策会有不错的前景。他们成功地使得阿富汗向中国技术人员敞开了大门,或多或少提高了他们影响喀布尔的能力。在未来的一段时间,中国对阿的政策可能将继续沿着目前的路线前进。他们将谨慎地使用有限的经济援助加宣传的手段,并伴之以潜在的军事威胁,以保证阿富汗在美苏和中国的压力下保持平衡。而中国的工程师和其他技术人员则将做出基础性工作,以使得中国能以更积极的手段将阿富汗拉拢到北京的阵营。

DDRS, CK 3100123907 – CK 3100123912

刘青译,牛可校

中情局关于亚洲共产党将谈判
作为政治策略的报告

（1966 年 11 月）

RSS 0017/66

Copy 67

机密 不许向国外散发

亚洲共产党将谈判作为政治策略

（1966 年 11 月）

这份报告最初只是以一种不同的形式在有限范围内进行传发，报告指出，中国、朝鲜和越南的共产党在一些重要的军事冲突中，也即中国内战、朝鲜战争和印度支那抗击法国的战争中，使用了"边打边谈"的策略。报告着重考察了哪些因素曾迫使亚洲各共产党的领导人开始谈判，以及为了促使西方国家做出让步，他们在谈判中使用了哪些策略。报告也讨论了北越近日公开表示的他们从早些的事态中吸取的教训，即更加坚定了在撤军问题上，只有华盛顿先向公众宣布投降，他们才会进行谈判。

由研究小组准备的这份报告得到了中情局内部非正式的配合。负责起草的分析员①欢迎对报告进行评论，任何意见可以寄给办公厅主任或者副主任（the Chief or Deputy Chief of the Staff）。

亚洲共产党将谈判作为政治策略

摘　要

本文讨论了亚洲（尤其是中国）共产党的谈判实践，着重考察了过去驱动亚洲各共产党进行谈判的动机，以及当他们准备谈判时，他们会发出的种种信号。文件分析了 1930 和 1940 年代中国在内战中采用的"边打边谈"策略，详细考察了 1950～1953 年在朝鲜的经历和 1953～1954 在越南的经历。最后，文件简要地探讨了这对今天的越南所具有的意义。

1. 总的发现：

在以下两种情况下，中国共产党会在军事冲突中首先提出谈判，他们的军队：

---

① 原文此处删去数个词。——译注

（1）比较弱小，面临着被消灭的危险，就像在中国内战中那样；或者

（2）在战场上伤亡惨重，就像在朝鲜战争中那样。

在谈判中，他们会继续作战。这种边打边谈的策略是毛泽东在 1940 年提出的，目的是为了保护他弱小的军队免遭蒋介石强大军事力量的摧毁。在随后的朝鲜战争中，中国人和北朝鲜人也采用了这一策略，最初在 1951 年时是被作为一个权宜之计，用以保护他们伤亡严重的军队；后来在 1951～1953 年间，他们将其作为了一种持久的策略来使用，以使他们能够与美国达成某些条件从而撤出这场昂贵的有限战争。

然而在印度支那，胡志明是在苏联和中国的领导人强迫决定进行谈判的，他们害怕美国会卷入，并担心战争会升级到超出 1953 年的范围。他们要求胡志明停止这场他并没有在战场上失败的战争，并劝他在谈判开始后对法国做出让步，要他以风险较低的政治颠覆的形式夺取越南。甚至在胡被劝服开始进行谈判后，胡打算采用毛所创立的拖延时间边打边谈的想法也最后让位于了苏联（在欧洲分裂西方联盟）和中国（阻止美国在亚洲建立联盟）更大的利益。苏联人和中国人认为"和平"攻势才最有利于实现他们的这些利益，印度支那战争的继续只会阻碍他们利益的实现。胡做出了让步，尤其是在南北分治的问题上，后来他和他的那些助手们认为这是一个不可再犯的大错。

2. 共产党和国民党内战（1937～1949）

毛不断努力保护实力严重受损的红军免遭占据军事优势的蒋介石军队的摧毁，在 1937 年，他终于诱使蒋介石与其在纸面上建立了中共与国民党的抗日联合战线。但是在这个纸上联盟的框架内，毛在西北扩大了军事和政治实力，甚至下令打速决战攻击孤立的国民党军队。1940 年形成的将有限的军事冲突和政治斗争相结合的模式中，毛没有采取可能会招致大规模反击的更大的军事行动，并且发展出了有限战争加有限谈判的策略："在一个时期内把顽固派的进攻打退之后，在他们没有举行新的进攻之前，我们应该适可而止，使这一斗争告一段落。在接着的一个时期中，双方实行休战。"（毛在 1940 年 3 月 11 日的讲话）通过这种方式，毛获得了一连串的小胜利而没有冒全面内战的风险，同时，毛还扩大了在日本控制线后方的地区。

虽然在地方上的冲突不断，1940～1946 年间，中共与国民党在全国范围内的谈判却一直在时段时续地进行着。毛派出了他最出色的谈判专家周恩来代表他前往重庆。为了在内战中增加其正规部队的实力，毛使用了各种欺骗手段，1944 年他允许美国军事观察团前往延安，因为这一观察团在延安的出现本身就能够在政治上对蒋形成制约。1945 年 8 月日本投降后，毛认识到蒋的军事和政治势力大增，就试图让共产党取得合法地位，以作为最终夺取全国政权的中途一站。蒋并没为这一夺权策略提供便利。1946 年 8 月 19 日，在国民党飞机轰炸延安后不久，毛就放弃了这一双重策略中的谈判手段，开始了全面内战。1949 年年中，毛的军队取得了决定性的胜利。

3. 朝鲜战争（1950～1953）

中共军队在 1950 年 11 月到 12 月取得的军事上的初步胜利增强了毛的信心，他相信如

果持续施加军事压力,联合国的军队将会被赶出朝鲜,而周恩来也把停火作为给联合国军提供的"喘息机会"而加以拒绝。但是 1951 年 3 月和 4 月初,联合国与韩国军队取得了一系列的进展,造成中共兵力大损,其后共产党在 4 月和 5 月间发动的大规模进攻又受挫,估计造成 22.1 万人伤亡,终于使毛最优秀的军队在 1951 年 6 月 1 日前被迫处于守势。发动 4 月和 5 月进攻的 21 个中共的师中,有 16 个伤亡过半。

这一灾难性的失败迫使毛不得不坐到了谈判桌前,但是事前并没有迹象表明毛打算放弃他以前提出的关于停火的政治条件。1951 年 6 月 23 日,当苏联驻联合国代表马立克(Malik)首先呼吁就停火进行谈判时,毛只是没有再提出将美国从台湾撤军,以及同意北平加入联合国作为谈判条件。毛抓紧这一军事上的喘息机会对那些在战场上战斗力严重受挫的军队进行了重整。

毛在停火谈判(1951 年 7 月到 1953 年 7 月)中的策略是发动一场"长期斗争",是把政治上的消耗策略和有限的军事压力结合起来。但是这一策略并没有打消美国谈判者打算遵循自愿遣返战俘原则的决心。斯大林的去世(1953 年 3 月 5 日)使得苏联对东西方紧张态势的总体态度发生了变化,对达成停火的态度更是有所转变。苏联对毛施加了压力,同时毛自己也认识到进一步的抵抗是没有意义的,甚至还会损害到经济建设计划,这迫使他被迫做出让步,并接受了自愿遣返原则——这一进展为 1953 年 7 月 27 日的停火协议扫清了道路。

4. 越南(1953～1954)

促使苏联和中国同意在 1953 年中期以谈判结束朝鲜战争的同样一些考虑也使得他们希望以谈判结束印度支那的那场战争。然而在经过了长达八年的抗法斗争后,越共的运气此时正在稳步地好转,丝毫没有迹象表明胡志明会接受比他在战场上可以获得的少得多的谈判决议。

共产党关于可能会考虑谈判的最初表示是苏联人做出的,1953 年 8 月他们经过批准在法国媒体上指出需要一个印度支那的"板门店"。9 月,中国也做出暗示表示愿意在谈判桌上讨论印度支那问题。但是越共的宣传明白地表示,虽然苏联和中国有此倡议,但胡此时仍然抵制任何有关谈判的想法。越盟领导人的态度体现了这样一种总体状况,即当亚洲各共产党在军事上一直处于优势地位,或者还没有在战场上受到重创时,他们是不愿意开启谈判的。

当时法国政府受到的来自国民议会大部分成员和国内公众要求结束这场昂贵的战争的压力越来越大,莫斯科和北平竭力劝说胡,以使其相信谈判可以给他带来重大利益。1953 年 11 月 29 日,胡最终首先提出了谈判倡议,但这是一个无法接受的条款,它事实上是在要求法国全面投降。

拉尼埃(Laniel)总理同意将印度支那问题提交到 1954 年 5 月召开的日内瓦会议上进行讨论,从而抵制了来自国内的要求立即与越盟进行双边谈判的巨大压力。尽管胡明显倾向于双边谈判(在双边谈判中他相对于法国的优势要远远大于日内瓦会议上他可能享有的优势),但是在苏联的再次施压下,他也被迫同意了国际谈判。

在日内瓦会议上,莫洛托夫和周恩来行事灵活,避免在谈判中出现为美国提供出兵干涉战场形势的借口的任何僵局。在奠边府陷落后(1954年5月7日)胡和代表范文同一开始就提出了最大限度的要求,其算计显然是谈判将会继续一段时间,而这段时间内美国将不会卷入其中。他采取的这种拖延谈判的策略可以为他争取更多的时间以巩固他在战场上取得的优势,这与毛在朝鲜采取的策略差不多。但是,为了实现停火,苏联和中国采取行动,一再地压制胡的代表在日内瓦提出的最大限度地要求法国做出政治让步的条件。

当然越盟事前并没有意料到他们需要做出如他们最后在日内瓦同意做出的那么多的政治让步。胡在谈判中的立场是以实力为基础的,并且在很长一段时间里,他也是在力图加强这一实力,但是他发现他落入了中苏的政治圈套,他被劝说不去用军事上日益增强的实力去换取更大的让步。显然北越那时对日内瓦会议达成的妥协非常的不满意。随着时间的推移,他们可能更加确信他们在日内瓦做出的政治让步是个错误。他们清楚地意识到,主要是由于莫斯科和北京的施压,他们才被迫在中途停了下来,从而没能取得全面的军事胜利,这种认识使得他们在当前的形势下更加坚定地决心打下去。

5. 对今天的越南意味着什么

北越和中共的官员私下都表示1954年做出的妥协是一个错误,本来他们可以完全占领越南,但这个错误使得他们只得到比这少得多的东西。即使这一次美国加大了空袭,胡也决心不再半途而废,而这也得到了毛的支持,毛特别要求胡继续战斗。毛的这一特别要求在于证明,苏联和其他怀疑者认为的革命者没有能力在一场长期的小规模战争中打败美国的想法是错的,之所以会有这样的要求,很大程度上来自毛将自己看作为国际共产主义运动的"领袖"。

A Microfilm Project of University Publications of American, INC, CIA Research Reports China, 1946 - 1976, Reel III, 0474 - 0528. University Publications of America, INC, 1982

刘青节译,牛可校

中情局关于哥伦比亚共产党
所受国内外影响的情报报告

（1967 年 3 月）

IR 0627/67

机密，不许向国外散发

哥伦比亚共产党在 1957 年至 1966 年 8 月期间所受的国内外影响

（1967 年 3 月）

前　　言

　　《哥伦比亚共产党在 1957 年～1966 年 8 月期间所受的国内外影响》是中央情报局时事情报处（OCI）关于自由世界共产党的第二份情报研究，该研究应当与……①放在一起阅读。中情局时事情报处的情报研究属于这样一类研究，其目的在于通过深入的研究和分析，揭示出美国存在的长期的安全问题，对正在浮现的问题给予及时警告，或是协助决策者思考对付这些问题的办法。此类研究的发布没有固定的日程表，而是根据目前工作人员的专长而开展特定主题的研究。

　　格鲁乌的各机构，特别是研究部，对本报告的准备工作提供了帮助。国家评估办公室也非正式地配合了本报告的工作。如有意见，请直接向时事情报处提出。

摘 要 和 结 论

　　1957～1966 年为研究哥伦比亚共产党所受到的国内外影响提供了最佳时段，因为在这一时期内，中苏出现分裂，该党内部也就采取暴力还是采取正常的政治手段夺取政权发生了激烈的争论。1957 年古斯塔沃·罗哈斯·皮尼利亚（Gustavo Rojas Pinilla）的独裁政府被推翻后，哥共发现局势似乎有利于其自身的发展。和其兄弟党——委内瑞拉共产党（PCV）在下一年的情况一样，在经过了长期的被压迫后，哥共获得了合法的地位。它对遭人不齿的独裁政府的持续反抗，为其赢得了很好的名声。它很有希望通过正常的政治活动提高自身

---

① 原文此处两三行未解密。——译注

的国内政治地位。1966 年 8 月，虽然该党仍是合法的，但在政治上却受到了排斥，普遍被认为最低程度也是阻碍性的，甚至是颠覆性的。它在全国范围的组织大部分还保存完整，至少在名义上还继续获得农村的主要的共产党力量和准军事力量的支持。但是 1964 年一支亲北京的派系已经正式分离了出去，该党的很多年轻追随者也被这个或其他提倡暴力革命的"极左派"吸引了过去。

1957 年重新获得合法地位之后，哥共采取的策略就一直是重点考虑和平手段或群众斗争。尽管哥共有在本国进行游击战和其他乡村暴力活动的长期实际经验，尽管它对农村地区的许多活跃的准军事组织都有影响力，该党仍拒绝在基本路向上改变这一"软路线"。为了回应"极左派"的批评，1964 年后该党加强了其在哥伦比亚"武装斗争"中的地位，为此进行了些许政策调整，表现出了更加好战的一面，并禁止内部出现不同意见。这些调整给予了共产党影响下的准军事组织更多的认可，但与其说这是对和平手段的偏离，不如说只是在语义上耍了些花招。

这一时期共产党行动的主要行动方针是发展出一个"国民爱国阵线"以反对国民阵线建立的联合政府，在该联合政府中，传统的自由党和保守党均等地瓜分了经过选举的或任命的政府职位。共产党要想成功地破坏了这一"合乎宪法"的安排，就需要集中自己和亲共联盟的力量支持自由党中虽然强有力但居少数地位的持异见分子——自由革命运动（MRL）。到 1960 年这一叛离组织像共产党那样下定决心破坏国民阵线。然而，拟议中的哥共-自由革命运动的联盟却没有最终形成，因为自由革命运动中温和的大多数越来越不愿意公开与共产党合作，老派的共产党领导人也缺乏足够的灵活性和想象力，没能向党内外那些心存疑虑的"极左派"分子展示和平夺取政权的"正确性"和有效性。1964 年强硬派脱离哥共，成立了亲北京的对立政党（马列主义者的哥共），而与此形成对比的是，委内瑞拉共产党在 1965 年仍保持了统一。

该党受到的外部影响（这与委内瑞拉共产党受到的外部影响基本相同）与国内就通过和平手段还是武装斗争夺取政权产生的矛盾是不可分割的。古巴革命的示范效应以及古巴对"极左派"的支持部分地造成了强硬派对哥共和平路线的抨击，不过古巴革命对哥伦比亚民意的挑战要远小于对委内瑞拉民意的挑动。尽管哥共和委共都是倾向于莫斯科的，但哥伦比亚人在中苏分歧中全力支持苏联，而委内瑞拉人则打着中立的幌子试图回避这一问题。莫斯科坚定地支持哥共的计划，包括在游击战问题上的态度。莫斯科对哥共的大量援助只能算是间接的，在 1964 年晚些时候在哈瓦那召开的拉美共产党大会上，卡斯特罗同意通过正规的共产党渠道协调其在西半球的颠覆活动。另一方面，北京的影响则似乎只限于向哥伦比亚强硬派提供意识形态上的支持。

就这九年期间，国外和国内对哥共的影响孰轻孰重方面，现在还不可能做出准确而肯定的评价，但是似乎可以肯定的是，国内因素是哥共 1966 年政策发展的主要原因。在第 10 届全党代表大会和其他场合通过的决议反映了这一新的趋势，即为了夺回对极左派的领导权，哥共也开始重视武装斗争的策略。

一、导　　言

本研究旨在辩明和评估从 1957 年 5 月罗哈斯·皮尼利亚独裁政府倒台后到 1966 年 8 月瓦伦西亚(Valencia)政府结束这段时期里影响哥伦比亚共产党发展的各种主要力量。以此目的为关照,本报告首先考察国内政治事件对哥共计划的影响,然后分析国际共产主义的相关发展对哥共的影响。

在这份评估中,将哥共的经历与邻近的委内瑞拉共产党从 1958 年 1 月佩雷斯·希门尼斯(Perez Jimenez)政权被驱逐以后的经历进行比较是有益的。两党都是在经过独裁政府的长期压制后获得了合法的地位——然而委内瑞拉共产党受到的压制远比哥共受到的压制严重。大概到 1962 年两党才相对有望通过常规的政治手段提高各自在国内政治中的地位。共产党在委内瑞拉的前景似乎尤其光明,部分上是因为那里主流政治气氛要比哥伦比亚激进很多。但是随着具有内在虚弱性的联合政府努力恢复代议制立宪政体,以及试图解决被推翻的独裁者遗留下的政治经济问题,可供共产党利用的机会在两国都非常多。

哥共和委共都面临着是通过公开的政治行动(有多种定义,在拉美共产党的语义下,是指通过议会和平手段开展的群众斗争),还是通过革命(武装斗争)夺取政权的内部意见分歧。在这个关键问题上,没有一个政党采取的是前后完全一致的政策。[①] 在各方压力和影响下,委共最终选择了武装斗争的方式,1963 年后主要强调的是游击战,尽管它在这方面并没有什么经验,也不具备开展游击战的能力。而另一方面,尽管哥伦比亚政党有丰富的经验和优势进行游击战,却基本上以和平手段为夺取政权的主要方式。

两党传统上都是导向莫斯科的,但是在中苏分裂的问题上两党却选择了不同的道路。哥共坚定地支持苏联,而委共则选择了中立以降低党内强硬派和软弱派之间的冲突。每个政党都面临着追随古巴革命榜样的巨大压力——既有直接的压力也有间接的压力,因为卡斯特罗对委内瑞拉的左派民意有很大的吸引力,在哥伦比亚情况稍微好些,这是两国政治生活中的一个基本事实。

1964 年初哥伦比亚共产党正式分裂,这在很大程度上是因为在国内的战略和策略上发生了分歧,在中苏分裂上所持的不同立场在较小程度上也是一个原因。委共则在整个 1965 年维持了党的团结。

二、国内政治中的哥共

对哥伦比亚共产党的地位影响较大的因素有两个: 一个是该国传统的两党制政府体制,现已变为由两党组成的国民阵线(National Front);另一个是困扰该国将近 20 年的普遍

---

① 　原文此处两三行未解密。——译注

的农村暴力。

　　自从 1930 年正式建立以来，哥共的影响力一直受到这种两党制的严重束缚。在 20 世纪的大部分时间里，自由党和保守党通过合乎宪法的程序把持着政权。两党名义上的成员涵盖了该国各阶层和各地区的绝大部分人士。从这层意义上说，这两党都是全国性的政党。自由党和保守党的追随者通常只是根据某种"继承"而不是明确的意识形态信仰而选择加入二者之一，这近乎宗教狂热的情感有时甚至超越了对国家的忠诚。自由和保守党在政治上的垄断一定程度上可以解释为什么共产党及其他小党比较孱弱。

　　党派的态度导致了 20 世纪 40 年代后期立宪政府逐渐解体，其显著标志之一是 1948 年在首都发生的波哥大暴动，标志之二是广泛存在于农村地区的暴乱（被称为 la violencia），后者肇始于首都的暴动时期，至今虽大为减弱，却余烬未息。农村出现这种极为不稳定的情况，原因非止一端：农村动乱的地理中心不断转移；许多游击队活动与政治无关，只不过是些有组织的窃贼乱党而已。在 1948～1953 年间，激起农村暴乱的原因主要是自由党和保守党之间相互仇视，其中还包括家族和派系间的宿怨。之后若干年里，暴乱的主因则是经济方面的和社会方面的，诸如抢劫、强取土地和向农民收保护费。对许多人而言，参与乱党成了一种全职或兼职的求生方式。不过，政治动机仍然存在，在土豪奋力维护其势力范围、决意阻碍在当地重建地方和中央政府权威的行动中尤为明显。

　　各地有不少亲共的农民领袖，在不同程度上接受共产党的指导。共产党领导人直接掌控诸如比奥塔（Viota）和苏马帕斯（Sumapaz）这样的农村飞地。规模最大的一些活跃的和不那么活跃的游击队，要么受共产党地方头目的控制，要么倾向于追随党的路线。最近几年，政府的反游击活动在很大程度上将矛头指向了农村的共产党准军事力量的中心，这使得共产党对暴乱的影响被公之于众。然而，虽然哥共一直试图利用暴乱，却还算不上促成暴力的关键力量。

　　在罗哈斯·皮尼利亚独裁统治的大部分时期（1953～1957），哥共被定为非法，但在过渡性的军人统治时期（1957～1958）重获合法地位。哥共似乎准备利用随后的民选政府所面临的社会、经济和政治困难，尤其是新成立的国民阵线内在的脆弱。

　　两个传统的政党达成了协议，在 1958～1974 年这四届总统任期的十六年里，包揽并平分国家和地方各级的选举及任命的官职。总统职位则每四年轮流坐庄。若不能得到自由党或保守党某种形式的认可，没人能在政府担任一官半职。两党协议的最后一部分表明它们将恢复正常的政治竞争，这一点已经写入宪法。

　　自由党和保守党认识到，为了建立稳定有效的政府，避免再次出现独裁统治，有必要克制相互间的宿怨，有必要和平共处，而国民阵线就是在这一认识的基础上建立起来的。从多方面看，这似乎是重建代议制政府、恢复经济和政治稳定、两党共同努力减少农村暴动的可行方案。

　　其他政党都被排除在国民阵线之外。由于两个大党采取的是中间偏右的路线，共产党被大为削弱，共产党只好与包括学生和有组织的城市工人在内的自由党少数激进分子联合，以图建立可能对国家政治施加重大影响的联盟。尽管如此,共产党还是从国民阵线自身的弱点中谋求到了一些机会。最基本的不足是,自由党很明显拥有大多数选民,许多自由党人不愿意接受或者公开反对这一不利于自身的两党和平协议。此外,这两个传统政党中久已存在的派系划分更是束缚了两党协议,从而便于共产党渔利。虽然共产党人显然认识到若国民阵线解体可能会导致军队的介入,但他们仍视之为一次良机,藉此可以建立新的秩序,使得共产党在国内政治中发挥更大、更直接的作用。

早在阿尔韦托·耶拉斯·卡马戈(Alberto Lleras Camargo)于1958年组建第一届自由政府之前,国民阵线的弱点就暴露无遗。1960年初,自由党分裂了。前总统的儿子阿方索·洛佩斯·米切尔森(Alfonso Lopez Michelsen)建立了强有力的少数派自由党组织,最后定名为自由革命运动(Liberal Revolutionary Movement,LRM)。至少到1962年末之前,它的领导层是亲卡斯特罗的,许多政策是反美的,在竞选和其他政治活动上乐于和哥共合作,并且坚决地反对国民阵线。这些与哥共的政策相似的政策,标志着强有力的"国民爱国反对阵线"的成立。在其于1962年臻于鼎盛时,有共产党和亲共的选票支持的自由革命运动成了联合政府最有力的反对者。是年,洛佩斯作为反对党总统候选人与保守党的吉列尔莫·莱昂·瓦伦西亚(Guillermo Leon Valencia)竞争,几乎赢得了四分之一的选票。除此而外,自由革命运动显著地增加了在国会的席位,其中不少立法席位为打着国民革命运动旗号的共产党人或亲共分子占据。

保守党内的派系之争更严重地束缚了国民阵线的手脚。保守党人在传统上敌视与共产党的任何合作,其派系之争更甚于自由党。事实上,诸多以主要领导人名字命名的独立组织,如奥斯皮尼(Ospinistas)、劳雷亚尼(Laureanistas)、阿尔扎季(Alzatistas)和莱维(Leyvistas),名义上都归于保守党之下。1958年罗哈斯·皮尼利亚回国并于1961年组成全国群众联盟(National Popular Alliance,ANP)后,仍有一个自称是"保守党"的派系参与竞选。

哥共的政策与计划(1957~1966)

哥共成立后的35年时间里,一直强烈地以莫斯科为方向,响应苏共的指示,并与苏联的对外政策沆瀣一气。老一辈的领导人是斯大林时代的产物,但在"去斯大林化"时谴责"个人崇拜"却轻而易举、头头是道,虽然事实上在处理党务时所做的和斯大林时代没什么不同。1947年,希尔韦托·维埃拉·怀特(Gilberto Vieira White)及其同伙从那时的总书记奥古斯托·杜兰(Augusto Duran)手里成功夺权。杜兰被驱逐后另组小党,在巴兰基亚(Barranquilla)周边地区坚持活动,却从未对维埃拉的领导地位构成多大威胁。至少截止到中苏分歧公开化以及卡斯特罗革命开始影响哥伦比亚的激进分子时,维埃拉作为总书记对该党实行的独裁统治没有遇到任何实际的挑战。

由于能机敏地解读哥伦比亚的政治形势,多年来维埃拉变成了政党官僚以及中央委员会的实际操控者。与邻国委内瑞拉的共产党不同的是,维埃拉的权力没有受到那些在党内拥有众多追随者,并倾向于施行激进政策的新生代领导人的竞争。此外,维埃拉还想方设法避免被放逐或关进监狱,从而没人能借以占据他的位置。他的长期在位因此保证了实施计划的连贯性,但同时也意味着保守甚至停滞不前。在罗哈斯·波尼利亚执政时期(1953～1957),哥共的秘密行动捉襟见肘、收效甚微。即便是在诸如比奥塔(Viota)、苏马帕斯(Sumapaz)和托利马(Tolima)北部所进行的游击战,也只是为了在已经拥有强大影响力的地区保持现状而已。保持合法地位显然是该党首先考虑的政策。

就哥共领导层的个人性格而言,他们很难获得来自党外的想要瓦解国民阵线者的帮助。至少对哥伦比亚公众来说,共产党领导人显然毫无生气,缺乏想象力和政治灵活性。他们似乎满足于不算太多的俸禄、偶尔公费去共产党集团其他国家旅游以及可能得到的零星的来自外国的资助。

哥共的基本政策是无条件地坚决提倡和平路线(via pacifica)或议会斗争。该党也确曾同意在特定条件下在特定地区开展武装斗争。但在 20 世纪 50 年代末至 60 年代初,哥共坚持认为,工人阶级的政治觉悟还没有成熟到足以发动全面革命的地步。

自 1957 年后哥共不止一次呼吁建立“爱国民族解放大阵线”,以此作为加强群众基础的主要政策。1957 年该党重获合法性时,维埃拉宣称共产党人必须从隔绝状态破茧而出,甩掉教条主义的包袱,与任何一个反对国民阵线的集团进行合作。在 1961 年第九届国会上,该党视自由革命运动为达成上述目的的主要工具。

在至关重要的武装斗争问题上,直到 1965 年以前,党的声明都是含糊其辞的,只是在语义上将传统意义上农民群众为反抗“寡头”的军事压迫而进行的“自卫”行动变了个花样。但是到 1965 年,哥共阐明了其自称为独特的政策,以期安抚那些好战却又不愿牺牲哥共合法地位的人。1966 年 1 月哥共第十次代表大会产生的政治决议宣称:

哥伦比亚开启了原始革命的道路。革命将采用一切可能形式的群众斗争,但要视整体和局部的具体情况而定。农民游击战是群众斗争的最高形式之一,但只有在与民众有联系的地方才能壮大和成功。目前,尽管农民游击战还不是斗争的最主要形式,它的重要性仍然日益明显。

在这个“独特的政策”中,哥共承认“游击战构成了整个政治形势的组成部分”,“对其前景的分析必须与整体形势结合起来”。哥共还进一步断言游击战“能为哥伦比亚革命即将出现的胜利促进和创造必不可少的主观因素”。该政策对哥共以前采用的发动农村大众进行自卫战作了辩护,说自卫战不仅是“正确”的,而且在“政府军和美军联合起来抗击农村民众的地区造就了生机勃勃的游击战运动”。

1957 年后国内政治中的哥共

哥共在 1957 年重新获得公开活动的自由时,它的政治地位和前景比此前十年的任何时候都要好,但又逊于独裁统治被推翻后的委内瑞拉共产党。与他们的委内瑞拉同志在 1958 年所做的不同,哥共在推翻被人憎恨的独裁政权时没帮什么忙,随后又被国民阵线排挤出了权力圈。

该党在有组织的劳工运动、大学生和各个知识阶层中确实有很多支持者。但即使是在学生中,哥共潜在的力量比起委共来说也逊色不少。在委内瑞拉,大学人口主要集中在首都加拉加斯的中央大学里。哥伦比亚的大学生分散在波哥大和省会城市的各个大学里,很难组织起来进行大规模的抗议,并且比起其他拉丁美洲国家的大学生而言,他们也不大愿意就纯政治问题向政府发出挑战。

另一方面,哥共有一项其他拉美国家共产党没有的财富,即长期的农村暴动和游击战经验,这其中包括应对协调分散的左倾的和亲共的准军事集团时可能遇到的种种困难。但是,迟至卡斯特罗成功地将游击战的方法应用到古巴时,哥共才认识到共产党准军事力量特别重要。

尽管哥共在发展思路上存在许多不足,但国民阵线所面对的严重国内问题以及阵线内部的派系之争给了哥共扩大影响力的机会。在自由革命运动和"全国民主阵线"(national democratic front)内,共产党人利用派系之争的方法非常有效。1960年,他们估计建党以来瓦解两党制的最佳时机已经到来。

然而,只有在互相竞争的左翼分子之间维持基本的团结,瓦解两党制才有希望。1962年底以前,哥共还能够对此保持乐观,但是到那时,自由革命运动中出现了严重的内部分歧,一些亲共的左翼分子开始挑战哥共的和平路线。异见分子受到了古巴局势和中国革命意识形态(后文将要探讨)的影响。共产党人因而堂而皇之地公开指责"中共领导人"——私底下他们也指责古巴的"切·格瓦拉分子"——激发了对和平路线的攻击,而这一路线原本已经引起了党内的注意。

自由革命运动内部的分歧,部分地可归结为武装斗争问题,又间接地可归结为外国影响问题,但主要还是由于领袖之间个人志向不同所导致。不受约束的"青年自由革命运动"(JMRL)在名义上归这个自行其是的自由主义组织领导,其建立者和领导者路易斯·比利西尔·博尔达(Luis Villar Borda)以前是共产党人,支持在哥伦比亚开展武装斗争。自由革命运动中其他一些亲卡斯特罗的派系包括走强硬路线的阿尔瓦罗·乌力贝·鲁达(Alvaro Uribe Rueda)集团以及位于卡利市(Cali)的卡米洛·阿卢马(Camilo Aluma)派。

但1962年以后真正获得自由革命运动多数支持的是洛佩斯。他使该党的政策趋于温和。他认为古巴式的革命不适用于哥伦比亚,并采取措施削弱党内亲卡斯特罗的宣传活动。更重要的是,虽然他不回避与共产党人进行非正式合作,也不拒绝共产党在选举中的支持,但他却不愿像某些激进分子所主张的那样与哥共结成正式联盟。(他对哥共的影响与委共的主要盟友对委共的影响形成了对比。在委内瑞拉,卡斯特罗式的左翼革命运动(MIR)比委共更专注于武装斗争,并迫使委共朝这个方向前进。)然而,洛佩斯反对与哥共结盟的立场却为哥共内部亲中国的少数派提供了口实,他们坚称议会斗争路线永远不能把哥共推向权力中心。

自由革命运动的全国影响力在1962年的议会选举和总统选举中达到顶峰,但在1966年初的选举中一落千丈,这部分地反映出其内部的不统一。处于多数的洛佩斯派因而认真考虑重返正规的自由党,这不仅会加强国民阵线,也会巩固1966年8月就任总统的卡洛斯·耶拉斯·雷斯特雷波(Carlos Lieras Restrepo)的自由党政府。由于共产党的议会斗争路线与作为反对党的自由革命运动的命运休戚相关，所以在 1966 年的选举中，已经衰退了两年的共产党的境况坠入了有史以来的最低点。很明显，哥共对自由革命运动激进派及他们的亲共领导人的影响力十分有限。

　　与左翼分裂组织的关系

　　由于与那些从逻辑上本来应当与之共同对抗政府的天然盟友进行了毫无结果的斗争，哥共面临的问题更复杂了。1958 年后，哥伦比亚成立了一系列力量有限的左翼激进组织，为的是促进城市和农村的暴力活动。其中大部分是受到了古巴革命和中国民族解放战争路线的鼓舞，其领导人保持着与古巴和中国政府的联系，也许还从这两国获得了资金支持。其中一些组织的领导人是脱党的共产党人，如路易斯·比利西尔、阿方索·罗梅罗·布赫（Alfonso Romero Buj）和佩德罗·阿韦利亚（Pedro Abella Larotta），他们被哥共开除后自立门户，吸引了不少年轻的共产主义者及其同情者。有时候，他们还试图从亲共的游击队中招收人员。最终，哥共蔑称这些组织为"真吹牛、假革命的极左分子"。

　　第一个发起武装斗争的颠覆组织是"工人-学生-农民运动"（MOEC），该组织成立于 1959 年初，当时用的是另外的名字。古巴培训了它的核心领导人，还提供了一些资金。组织的创始人之一安东尼奥（Antonio Larrota）最近刚从古巴归来，作为一个在革命斗争中被提携的人以及卡斯特罗政权在哥伦比亚的代理人，他在古巴逗留了很长时间。对于诸如爱德华多·阿里斯蒂萨瓦尔（Eduardo Aristizabal）、爱德华多·阿里斯门迪（Eduardo Arismendi）和阿韦利亚（Pedro Abella）等工学农运动的其他领导人，古巴也给予了鼓励和资助。

　　革命行动联合阵线（FUAR）也通过格洛里亚·盖坦（Gloria Gaitan）和路易斯·瓦伦西亚（Luis Emiro Valencia）得到了卡斯特罗的支持和资金援助。这是那些叛党的共产党人和本土马克思主义者在 1962 年早期为促进武装斗争而组建的，他们试图吸收所有小型革命团体，并试图将一些活跃的游击队领导人也招揽至旗下。但是，他们的努力多半未见成效，古巴提供的资助似乎大部分被挥霍殆尽，或者被那些较少理想主义的成员侵吞。1965 年，革命行动联合阵线自行解散。

　　和工学农运动以及革命行动联合阵线一样，国民解放军（ELN）也得到了哈瓦那的鼓励和部分资助。国民解放军最初是青年自由革命运动（the Youth of the Liberal Revolutionary Movement）的准军事部队，也从事有限的游击活动。1965 年 1 月对哥伦比亚东北部的锡马科塔（Simacota）镇的袭击就是他们发动的，这一袭击活动可能得到了古巴的直接资助，因为据说民族解放军的领导人法维奥·巴斯克斯（Fabio Vasquez）在 1964 年底一直待在哈瓦那。

　　叛教的天主教牧师卡米洛·托雷斯·雷斯特雷波（Camilo Torres Restrepo）为促进哥伦比亚的革命发展在 1964 年建立的短命的联合阵线似乎也是受到了古巴的激励。联合阵线得到了民众的支持，因而得到了哥伦比亚共产党一定程度的认可。然而托雷斯在 1966 年游击队的一次对抗哥伦比亚军队的行动中被杀害。古巴的宣传机构对他的活动进行了大量的歌颂，卡斯特罗还特别称赞他选择了"革命的道路"，但是没有证据表明古巴向其提供了经济资助。

对哥伦比亚共产党和亲共组织成员数的估计

	1962 年	1966 年中
哥伦比亚共产党(PCC)	10 000	8 000
哥共(马列宁主义者)		不到 2 000(1964 年是 2 000～2 500)
工人学生农民运动(MOEC)	1 500	200～300
国民解放军(ELN)		100 个活跃的游击队员
革命行动联合阵线(FUAR)	10 000	没有活动
青年自由革命运动(JMRL)	3 000	没有活动
不包括青年后备军		

哥共的分裂

1964 年在武装斗争问题和中苏分裂问题上,哥伦比亚共产党内部发生了分歧,这对该党来说是个重大打击。持不同政见的人从该党中分离了出去另立新党,其领导人称自己为马克思/列宁主义者的哥伦比亚共产党(PCC-Marxist-Leninist,PCC-ML),因此也自称是真正的哥伦比亚共产主义者。这一内部叛乱损害了原共产党的声望,使其失去了大批成员,包括许多青年党员,原党的全国组织被破坏。

尽管哥伦比亚共产党(马列主义者)试图劝服那些亲卡斯特罗的革命组织加入其中,但他们自己的动力和意识形态则主要受中国影响。1964 年末在拉美各共产党于哈瓦那召开的会议上,卡斯特罗含蓄地表示在中苏分歧中他将放弃"中立",这之后,哥伦比亚共产党(马列主义者)开始敌视古巴政权。它声称这位古巴领导人已经沦为"修正主义者",变成"工人阶级和中国人民……因此也是世界共产党人"的敌人。

分裂的时间还与武装斗争问题上的分歧有关。在最初的一份出版物上,哥伦比亚共产党(马列主义者)公开指责守旧的中央委员会的领导人说,在政府军于 1964 年 5 月对马克塔利亚(Marquetalia)地区发动了大规模的反叛乱扫荡后,他们没有能够给予共产党游击队在那里的主要据点以足够的支持。哥伦比亚共产党(马列主义者)坚持说:

> 马克塔利亚应当是哥伦比亚解放战争的起点……必须要用积极的游击战的革命原则来代替错误的"自卫"式的保守原则……在哥伦比亚,任何想将和平手段作为夺取政权的主要形式都是不可能的;议会和合法的途径,以及其他形式的民众斗争都是次要的,只能作为使用武器的武装斗争的补充手段……哥伦比亚共产党的国家领导人在政策上犯了错误……

面对党内出现的内讧,哥共的高层领导人更加紧密地团结在一起,他们确认,在意识形态上,问题"出在党对所谓的左派的极端主义倾向一直在做妥协让步"。他们谴责当地极端派,并公开指责说北京是该党分裂的主要原因和驱动力。但是,尽管分歧主要存在于武装斗争问题上——而卡斯特罗是拉美最有名的武装斗争的实践者,哥共领导人却不仅不对卡斯特罗支持左翼革命冒进主义进行谴责,反而还称赞古巴的社会主义试验及其对西半球共产主义运动的意义,不过当把古巴革命与哥伦比亚的军事斗争联系起来时,哥共的态度就暧昧不明了。他们之所以在宣传上如此对待古巴,主要是因为哥共领导人认识到了卡斯特罗与莫斯科的联系,以及他对哥伦比亚各左翼分子的吸引力,而并非因为他们热衷于效仿卡斯特罗夺取政权的方式。

哥共经历了各种游击战和农村暴动,他们也多次尝试将分散的游击队组织整合为一个协调有序的运动,这可能使得他们的领导人认识到,卡斯特罗游击战的成功是特殊条件和情势下的产物,并非普遍适用的方法。委内瑞拉共产党和革命左派运动成员的大批被杀害更坚定了他们的这一看法。

在该党分裂前后,哥伦比亚共产党多次表示了对那些支持武装斗争的极左派人士的反对。哥伦比亚共产党(马列主义者)称守旧派为"赫鲁晓夫式的修正主义者",称卡斯特罗为"头号赫鲁晓夫主义者",而哥伦比亚共产党则将那些亲中国分子指责为"反苏分裂分子"。这场口水战具有猛烈喧嚣的中苏论战的一些特点,不过只局限在武装斗争,尤其是游击战问题上。

1966年初,哥伦比亚共产党第十次全国大会召开,会上正式将哥伦比亚共产党(马列主义者)指责为"背弃了伟大的党的叛变者,妄图实现没有政党的革命,没有马列主义的革命"。大会的一份重要的决议声明:

> 我党将坚定地与具有破坏性的极左倾向进行意识形态上的斗争,这一极左倾向不依照哥伦比亚的实际情况而空谈革命;我党将坚定地反对将武装斗看作是唯一有价值的革命斗争形式的教条看法,在实际行动中,秉持这种教条的人在美帝国主义及其军事寡头代理人面前往往又采取的是消极机会主义;我党还将坚定地反对蔑视广大工人的正义斗争,反对蔑视以公开和合法的方式为工人的争议斗争而进行的政治活动。

根据共产党的这种定义,"极左派"因此不仅包括了反党叛党者,而且还包括了那些试图发起武装斗争的亲共分裂组织。有时候哥共在攻击这些组织的时候会特别点出他们的名字,对于那些到北京去寻求援助的脱党者总是给予特别的谩骂。

尽管如此,在提到背教的牧师卡米洛·托雷斯时,哥共却总还是带有更多同情的语气,他们哀叹说他的联合阵线组织在没有"征询"哥伦比亚共产党的情况下,就偏离了最初的议会道路而加入了武装斗争的行列。他在游击战中的牺牲"是勇敢的英雄主义行为,但却并非哥伦比亚大多数人民的主要斗争形式"。

不过自1966年初以来,对"极左派"的批评就日渐减弱了,自那时起,哥共开始尝试着与具有暴力倾向的国民解放军以及工农学运动组织进行合作,并试图对其加以控制。回顾起来,第十次全国大会可能标志着哥共开始了一个新的政策阶段,这一阶段的特点是在不完全放弃和平手段的同时，多少更加强调武装斗争。

三、外国对哥共的影响

以国内政治因素为背景来看的话，外国对哥共施加的各种压力也是导致该党分裂的重要因素。古巴革命的示范效用，再加之古巴对暴力行动的切实援助，都激励了"极左派"分裂组织采取行动，反对正统的哥共领导人实施的通过国民爱国阵线来发动民众斗争的政策。这些组织还得到了北京额外的支持。至少在哥共发生分裂和拉美共产党大会于1964年在哈瓦那召开之前，古巴对哥伦比亚共产党内亲中国的强硬路线的鼓吹者的鼓动还是间接的。

卡斯特罗主义者和哥共

古巴革命对于拉美大部分地区最主要的影响在于它对那些激进的左翼分子有着煽动性的示范效应。哥伦比亚的情况很特别，它是古巴对外施行颠覆活动的主要对象，其对于古巴的重要性在南美大陆可能仅次于委内瑞拉。并且，哥伦比亚的共产党有游击队的经验，该国还有亲共产主义的倾向，这两者无疑使得哥伦比亚对古巴人来说更加具有吸引力。卡斯特罗本人看待哥伦比亚的方式似乎比较独特。在1948年4月残酷的波哥大暴动发生时，他就在哥伦比亚，他是左派自由主义领导人豪尔赫·盖坦①的女儿格洛里亚·盖坦的私人朋友，而正是豪尔赫·盖坦的被暗杀引发了那次暴动。然而决定绕开哥共，转向好战的左派组织以支持在哥伦比亚发动城乡暴动的主要是切·格瓦那，他才是古巴在拉美进行颠覆活动的首席设计师。

1961～1965年期间，工学农运动、革命行动联合阵线、国民解放军以及青年自由革命运动都是古巴援助的主要接受方，但是对援助的使用却是零散而计划不周的，很大程度上没有产生什么效用。直接援助的现金大概不到25万美元，但古巴花在对这些组织进行政治上和游击战上的培训、提供宣传补助，以及帮助成员旅行方面的钱却好几倍于此。除了这些实际的援助外，所有这些组织还都获得了古巴的激励和指导。所有这些组织，大概国民解放军会是个例外，或迟或早都在发动民众斗争的问题上与哥共闹翻了。

哥共清楚地认识到了古巴与其境内左翼组织的关系。比如，卡斯特罗向革命行动联合阵线提供现金援助一事在哥伦比亚就是公开的秘密，只是具体有多少还不太清楚。哥伦比亚共产党当然会深深憎恨古巴的干涉。正如前面提到的，卡斯特罗的援助在多数情况下都给了那些被驱逐出党的人。此外，哥共担心政府会指责其与那些受古巴支持的组织共谋发动颠覆活动，从而剥夺了它的合法地位。

---

① 豪尔赫·盖坦(Jorge Gaitan)，哥伦比亚政治领袖。曾在意大利留学，回国后组织政党"全国左派革命联盟"。1936年任波哥大市长，1940年任教育部长。1946年作为自由党激进派领袖竞选总统，但因自由党人发生分裂而竞选失败。1948年在美洲国家会议于波哥大召开期间被暗杀，此一不幸引起所谓"波哥大事件"的群众暴动。盖坦死后被尊为烈士。——译注

然而，正如党的声明和宣传所表达出来的那样，1959 年之后哥共对古巴就一直持公开的赞扬态度。哥伦比亚的共产党媒体不惜笔墨为给古巴革命和政府进行辩护，并号召与哈瓦那团结起来共同反对"帝国主义"，他们称卡斯特罗取得的成就是社会主义建设的典范，甚至承认古巴经验已经为哥伦比亚游击队组织采取的"自卫"策略所吸收。该党似乎还更具诚意地不断声称他们认可哈瓦那会议上的决议，在会议上，古巴同意减少在拉美进行的零散的颠覆活动，愿意通过正统的共产党来协调在各处的行动。哥共同样对 1966 年在哈瓦那召开的三大洲代表大会(Tri-Continent Congress)表示绝对的支持，该会议呼吁积极与拉美革命运动"团结一致"。

虽然进行了公开的称赞，我们仍有理由相信哥共对卡斯特罗在哥伦比亚进行的"额外的"颠覆举动极为不满，并提出了尖锐的指责。据报道，1964 年早期，哥共高层领导人在谈及由接受了"古巴和中国路线"的极左派引起的问题时说道，古巴的"格瓦那派"公开地通过共产党以外的组织支持拉美革命。他们特别指出，工学农运动的佩德罗·阿韦利亚和青年自由革命运动的路易斯·比利西尔·博达这两个前共产党员就是极左派领导人的代表，他们利用古巴和中国的援助来腐蚀哥伦比亚共产党的青年党员。据报道哥共写了一封信抗议阿韦利亚在古巴的所为，并已经收到了古巴共产党承诺采取适当行动的回信。几乎在同时，在答复巴西共产党提出的关于召开拉美共产党大会以讨论中苏分裂问题的函件时，哥共表示它同意召开这样的会议，但会议地点不能是古巴。哥共指出，参加在哈瓦那召开的任何会议的与会者在讨论古巴针对西半球其他政党"采取的某些行动"时都会受到限制。

哥共显然在将信寄给他们在巴西的同志之前，就已经了解到切·格瓦那正在诋毁它的地位和政策。在哈瓦那举行的与哥伦比亚共产党代表团的会谈上（同时出席的还有前共产党员路易斯·比利西尔·博达），据称格瓦那坚持认为拉美革命的条件已经成熟了。然而，他指出，在很多国家，包括哥伦比亚，共产党是革命运动的一个阻碍因素。他还指出，如果哥共继续以"消极的"方式思考和行动的话，将会失去民众的支持。

哈瓦那的拉美共产党大会之后，古巴政权显然改变了它对哥伦比亚的颠覆政策，并履行了通过正统渠道采取行动的承诺。1965 年 1 月古巴资助的锡马科塔(Simacota)事件似乎是个例外。有可能是它进展得太顺利以至古巴政权无法阻止它。同时，我们也相信哥伦比亚极左派领导人已经失去了古巴的扶植和其他方面的支持。在 1966 年初于哈瓦那召开的三大洲代表大会上，哥伦比亚共产党和古巴领导人就在哥伦比亚的武装斗争问题上存在的分歧达成了妥协，并商议协同施行哥共在这方面的计划。

有证据显示，这一和解的达成至少部分上是因为在 1965 年晚些时候，哥共愿意更多地支持哥伦比亚武装行动。古巴政府没有放弃他们对在哥伦比亚进行武装斗争的偏好。在 1966 年 7 月 26 日的周年讲话中，卡斯特罗称赞了哥伦比亚的游击队运动，间接地斥责了哥共领导人及其采取的政策。

古巴关于哥伦比亚进行的广泛宣传几乎完全关注于受共产党影响的游击队及其进行的

活动上。比如,哈瓦那电台就播送了"南部游击队集团第二届大会"的决议,这次大会是1965年春"在丛林里某个地方"举行的。

在哥共方面,他们忠实地贯彻了1964年在哈瓦那达成的妥协,即要求拉美各国共产党充分表示与古巴政权"团结一致"。然而,正如1963年总书记维埃拉在一篇文章"和平与社会主义的问题"中写道的,团结主要还是由哥共来定义的:

我们与古巴的团结最好地体现在宣传、解释古巴革命的成果,在民众中广泛开展工作解释古巴革命的成果。

哥共与苏联的关系以及中苏分裂

哥共传统上就对表现出对苏联的绝对忠诚,因此,中苏发生分歧时哥共最初对苏联的支持只是其历史连续性的反映。哥伦比亚共产党对中苏分歧的反应表现在定期地对1957年和1960年的莫斯科宣言表示敬意,承认苏联共产党是"共产主义和工人阶级运动的先锋队",大力谴责"中国分裂主义领导人"。塔斯社在1966年早期对此有准确而简短地概括,它在报道苏联共产党中央委员会书记苏斯洛夫(Suslov)和哥伦比亚总书记维埃拉之间的一次会谈时说,"苏联共产党和哥伦比亚共产党在所讨论的问题上再一次达成了完全一致的看法。"

维埃拉一直以来被克林姆林宫视为最值得信任的拉美共产党领导人。在过去的几年里,他几乎出席了苏联共产党所有的大会和其他重要的国际共产党会议,包括1964年年底拉美共产党的哈瓦那会议和随后在莫斯科的大会。他还几次专门访问苏联首都,主要是为了协调哥共的政策。比如,有报道说,1964年8月当哥共出现分裂,亲中国的分子正在筹建哥伦比亚共产党(马列主义者)时,他正身处莫斯科。哥共的其他领导人,比如刚离任的菲利韦托·巴雷罗(Filiberto Barrero)和何塞·卡多纳·奥约斯(Jose Cardona Hoyos)也都很受克林姆林宫的赏识。

在中苏论战中,哥伦比亚共产党坚定地支持苏联,与此相对照,通常情况下亲苏的委内瑞拉共产党则模棱两可地选择了"中立"。哥共对苏联共产党称颂不已,称其为国际共产主义运动的先锋队,世界和平的救星,和平共处的捍卫者,以及马列主义真正的发源地。而对于"中国领导人",他们则不断地指责其反对统一,搞分裂,已经沦为帝国主义手中的工具,向海外出口人造革命,以及对毛泽东过度神化等。

1961年第九届全国代表大会时哥共正式倒向了苏联一边,1966年早期的第十届全国大会上,这一路线再次得到了确认。之后在中央委员会的历次全体会议上这一立场不断得到重申。此外,在历次国际会议上,比如1957和1960年在莫斯科召开的会议,1963年在柏林召开的东德党代会,哥共都为苏联马首是瞻。

作为对哥共在中苏分裂问题上站在自己一边的回报,苏联共产党在各宣传媒体上,诸如塔斯社、俄新社、莫斯科电台、《真理报》和《消息报》,都表示了对哥共的支持。在"和平与社会主义的问题"中也有很大篇幅被给予哥伦比亚共产党。

维埃拉在 1966 年 3、4 月间召开的苏联共产党第二十三次全国代表大会上的讲话受到了广泛的注意。讲话中，他称赞苏联共产党为社会主义与和平共处的缔造者，是"世界和平"的捍卫者。他然后总结了哥共第十次全国大会的决议，指出哥伦比亚开启了一条"新的独创的革命道路"，其以各种形式的民众斗争为基础，其中也包括武装斗争。但是他承认斗争将是"长期而艰巨的"，哥共不能仅凭几句极左的言词就能战胜仍然强大而残忍的敌人。他宣称苏联共产党是"国际共产主义运动的先锋队"，"光荣的古巴革命给了我们最大的鼓舞"。他接着谴责了那些"顽固地想要贬低苏联不可动摇的地位的运动，以及那些试图反对国际共产主义运动的分裂分子"。

与北京的关系

对于哥共内外那些坚持武装斗争的各类分子来说，好战的中国对民族解放战争的支持是一个激励因素和道义慰藉。在 1961 年哥共明确地在中苏分裂中站到了苏联一边后，该党的那些亲中国分子就越发难以对付，尤其是在后者开始向中国寻求物质援助和指导之后。1963 年前中央委员会候选人，后来被驱逐出党，现在是马克思/列宁主义者的哥共的高层领导人的卡罗斯·阿里亚斯（Caroles Arias）给中央委员会写了一封信，其中明确表明了党内激进派人士的态度。阿里亚斯谴责了哥共对中苏问题的专断处理，

你们（中央委员会）试图藏匿所有关于中苏分裂问题的证据；……在即将到来的选举中，你们支持不革命者就是犯了叛国罪；……历史终将做出裁决，决定哪些以及有多少人应该为延误哥伦比亚革命而受到谴责，那些残害哥伦比亚共产党革命者的人也将受到历史的审判。人民已经知道谁侮辱了革命和中国领导人；谁侮辱了革命和古巴领导人；谁将委内瑞拉革命者称为冒险分子；以及谁侮辱了真正的哥伦比亚革命者。

阿里亚斯进而提到中央委员会不仅将他开除出党，而且在同一个大会上，还"谴责了毛泽东和中国革命。对此北美帝国主义者一定会拍手称快"。

中国人打算鼓励极左派组织和哥共内部的持异见分子，试图推动哥伦比亚的武装革命，破坏正统共产党的政策方针和声望。亲中派领导人密集出访中国密集，其中包括了工学农运动、革命行动联合阵线、青年自由革命运动和哥伦比亚共产党（马列主义者）的代表。佩德罗·阿韦利亚、路易斯·比利西尔·博达、莱昂·阿沃莱达（Leon Arboleda）、佩德罗·巴斯克斯·伦东（Pedro Vasquez Rendon）、爱德华多·阿里斯蒂萨瓦尔和曼努埃·马诺塔斯（Manue Manotas）都在 1963～1965 年间去了中国，向中国人介绍他们的计划，并从中国得到援助和指导。然而，在哥伦比亚共产党（马列主义者）于 1964 年成立后，中国显然削减了对该组织和工学农运动的准军事培训、经济援助和其他支持。

中国对哥伦比亚国内同情中国一派的援助似乎一直都很小气。尽管到北京访问的人中有些得到了现金援助，一般的资助渠道却是通过新华社驻波哥大的机构。以薪水和其他服

务费形式付给那些成为新华社代表的当地共产党员的数额每月不会超过 150 美元。尽管 1963 年后哥共试图禁止中国在哥伦比亚散布宣传,并将那些成为新华社雇员的亲中国的党员开除了出去,但后者仍然在新华社供职,而且显然每月还领取微薄的工资。我们有理由认为哥伦比亚共产党(马列主义者)纪律松散,与北京的关系并不密切,因为它的两个派系都争取控制新华社驻哥机构,而新华社驻哥机构则不受任何一方的控制。

北京向哥伦比亚同情中国的人士提供的宣传支持、奖学金、准军事培训和其他各种援助要比实际的现金支出慷慨很多,为支持马列主义者的哥共,北京进行了零星的宣传,称"正统的"领导人为"修正主义者",并支持"通过爱国反帝的大众革命来夺取政权……"据报道,中国还资助在朝鲜、越南以及中国国内开展游击战训练和"学术"项目。

哥共对中国与其敌人进行合作的反应一直很强烈。据说中央委员会的高层领导人在得知了像佩德罗·阿韦利亚这类"叛徒"到中国访问(以及他们的这一朝圣行动的目的)后,已经在 1964 年初讨论了这一行动给该党带来的压力和问题。除了尽量阻止驻波哥大的新华社办公室向外进行宣传外,哥共还试图压制党内对中国路线以及北京在中苏分歧中的立场等问题的讨论。同情中国的人会受到开除党籍的威胁。

维埃拉和他的同伴们是否夸大了中国在哥共内部问题中的影响力尚有待商榷,但是可以肯定的是,他们试图将亲中国的持异见分子与坚持马上在哥伦比亚进行革命的"极左派鼓吹者"联系在一起。1965 年维埃拉写道,这些组织利用了错误且具有欺骗性的中国立场对哥共及其计划进行了攻击。

从哥共对 1964 年《时代报》(El Tiempo,波哥大最重要的日报)上的一篇文章的激烈反应中,我们就可以看出哥共对党内分裂造成的影响还是比较敏感的,这篇文章记述到,一些领导人被开除出党,各地区的共产党委员会发生分裂,哥共组织瓦解。在《无产者之声》(Voz Proletaria)上的驳斥文章中,哥共坚持说大部分党员仍忠诚于正统的哥共,并抨击了"中国领导人的方法",指责那些离经叛道的"极端革命主义者"的主要目的是打击哥共,而不是打击真正的敌人——"反革命政府军和美帝国主义"。

四、评　估

在本评估涵盖的时期里(1957 年 5 月～1966 年 8 月),哥共设法维持了自身的合法地位,并以维埃拉为首,将保守派领导人团结在了一起。它保持了党组织的完整性以及大多数普通党员对党的忠诚,并继续对传统的乡村飞地和农村地区主要的亲共准军事组织的领导人施加影响。他们与苏联的密切关系仅受到了少数几个脱党者的挑战。

虽然取得了这些成就,并且这些成就大多仍在发挥作用,但与 1962 年以前的境况相比,哥共的实力和潜力都有很大的倒退。党的行动没能阻止其内部的分裂,也没能满足那些激进的倾向于发动武装斗争的左翼团体的要求。

这段时间里,国内外对该党的影响交织在了一起,内外因素之间当然有相互作用。至于谁的影响更大，很难有一个明确的判断。尽管如此，这篇报告中陈述的各种事态发展确实可以使我们尝试性地做个概括，以探询在哥伦比亚共产党里，这些影响是如何发生作用的。

这一时期哥共主要处在老一代保守派领导人的领导之下，这些领导人的政策导向，尤其是在武装斗争这类关键问题上，似乎非常符合莫斯科的政策路线。假如莫斯科倾向于加强武装斗争，那可能会是对哥共忠诚的考验。1964年该党就中苏分歧发生的正式分裂反映了该党先前在各种国际共产党会议上对苏联的支持，这与委内瑞拉共产党的"中立"立场形成了鲜明的对照；但是这或许也多少反映了哥共领导人在处理党内纷争时不够灵活。委内瑞拉共产党虽然在武装斗争的问题上面临着更加严重的内部意见分歧，但到1965年，它一直保持着统一。

古巴对哥共的影响是间接的，某种意义上讲，这更像是一种国内影响而非国外影响，因为它对于哥伦比亚的激进左派有强大的吸引力（尽管随着时间的推移，这一吸引力日渐消退），而哈瓦那也多少向那些与哥共竞争以赢得左派支持的分裂组织提供资助。这在哥共对卡斯特罗政权的态度中有所反映。哥共在1964年的分裂主要是武装斗争问题上的分歧，而卡斯特罗正是西半球武装斗争的主要倡导者，但哥共公开谴责的对象是北京，那时以及之后，哥共对古巴都一直是称颂不已。众所周知的卡斯特罗与莫斯科的结盟当然会使哥共不好意思公开批评他，但是卡与莫斯科的关系还是没能阻止哥共在1964年与巴西共产党的通讯中批评了古巴政权。

北京在哥伦比亚共产党中的实际影响一直非常小，尽管武装斗争的提倡者打算向中国寻求意识形态上的支持。

影响哥共政策在1966年出现重大发展的主要是国内而非国外因素：对党在武装斗争问题上的政策进行重新评估很明显是想通过向游击队提供切实的支持和指导来夺回对极左派的领导权。第十次全党大会的决议案就对这一修订后的政策做了宣传。这一决议案承认武装斗争在某些地区是"主要的形式"，游击战已经达到了"新的阶段"。1966年哥伦比亚革命武装力量（Colombian Revolutionary Armed Forces，CRAF）的成立同样也反映了这一变化，这是一个协调乡村共产党暴动的"总参谋部"。革命武装力量公开邀请所有活动积极或正在筹建中的左派游击队组织的成员参加。据报道，共产党与国民解放军联络密切，并且共产党对这一组织的游击队活动也持支持态度，这些都表明哥共开始日益看重游击战。此外，还有证据表明，在1964年晚些时候召开的哈瓦那会议之后，尤其是在1966年早期召开的三洲大会议之后，哥共与古巴政权的合作更加紧密，这在古巴和哥伦比亚的宣传报道中都有所反映，而且中央委员会委员曼努埃尔·塞佩达·巴尔加斯（Manual Cepeda Vargas）被任命为哥共驻哈瓦那的常驻代表更是体现了这一点。

1966年早期的变化或许并没有导致哥共长期以来奉行的优先考虑和平手段的政策的基本改变，但是它确实意味着哥共对国内压力更加敏感，而且可能在策略上也会变得更加灵活。

DDRS，CK 3100500349－CK 3100500390

刘青译，牛可校

中情局关于共产党在非洲"颠覆" 活动的情报备忘录

（1967 年 10 月 19 日）

机 密

在非洲的颠覆活动的若干方面①

（1967 年 10 月 19 日）

这份备忘录是中央情报局单独完成的。由时事情报局着手准备，经济研究办公室、国家评估办公室和保密局协助完成。

摘 要

为了在非洲获得影响力以及削弱西方在非洲的势力，苏联和中国把各自主要的努力都放在了诸如经济和军事援助、学生培养、文化交流和官方宣传等正常的公开手段上。传统意义上由外部力量促成的共产党颠覆活动似乎受到了限制，但这并不意味着不存在共产党的秘密活动。绝不是这样。……②

共产党国家强调采用正常的外交手段，部分地是基于非洲目前的状况。眼下没有有效的共产党组织，左翼劳工组织也还没有成为得力的工具。而且，非洲政党中有左翼或共产主义倾向者，要么完全被排除在政治权力之外，要么作为一个政权的多数党，其领导人即使亲东方，却也并不打算彻底变成共产党政权。

目前对所有已有的非洲政府而言，最直接的威胁完全来自国家内部和地方层面。这些威胁来自心怀不满的国内分子，他们常常受到狭隘的部族、个人或职业因素的挑唆。当有更广泛的因素牵扯其中时，这些因素往往植根于现任政府的谬行或失灵，例如腐败或经济管理不善。几乎每个政权的经济的、社会的或政治的支柱都很脆弱，由此导致的不稳定是非洲绝大部分动荡的根源。

共产党在非洲做出的巨大努力，显然是想通过援助、培训及对一些非洲人的思想灌输最终建立共产党政权。不算埃及的话，自 1954 年以来苏联对非洲的经济援助和军事援助分别有 9 亿和 3 亿美元之多。中国提供的经济援助有 3.5 亿美元，军事援助则未知其详。除了

---

① 原注：本备忘录中，埃及、利比亚和苏丹这三个阿拉伯国家只是简略提到。
② 原文此处数行未解密。——译注

外交人员以外，苏联和中国在非洲的技术人员超过6 000名。……①

苏 联 的 角 色

1. 苏联在20世纪60年代早期曾遭遇了数次失败，此后它断定其在非洲的实现自身利益的最好方式是与现政权建立外交关系，并建立正常的贸易和援助项目。非洲缺乏有生命力的当地共产党组织也是把苏联引向此种策略的原因。苏联意识到，目前推翻现政权而代之以共产党政权的可能性实际上不存在。

2. 苏联的政策是与尽可能多的政权保持外交关系，即便是最保守的政权。目前在非洲38个独立国家中有30个与苏联有外交关系。今年，苏联与象牙海岸和上沃尔特②（Upper Volta）建立了外交关系，并继续努力与其余7个国家建立外交关系，只是对南非采取一种唾弃的态度。莫斯科还想在所有方面与非洲保持联系。从苏联源源不断地进出教师的、学生的、贸易的、文化的以及议会的代表团。到今年为止，莫斯科已经与至少20个政治状况彼此不同的非洲国家签订或续签了文化交流协议。苏联人对推动贸易和广播的协定也是同样热衷。……③

3. 莫斯科给予那些激进的政府以若干额外的好处，此举无疑充满了受到欢迎。例如，1966年的苏共第二十三次代表大会上，六个受到邀请的非共产党的执政党代表全部来自非洲。他们分别是阿尔及利亚民族解放阵线（FLN）纳赛尔的阿拉伯社会主义联盟、马里的苏丹人联盟（Sudanese Union of Mali）几内亚民主党、刚果（布）的民族革命运动（National Revolutionary Movement of Congo-Brazzaville），以及坦噶尼喀非洲民族联盟。苏共还努力通过互访、互换礼物和互发电文与这些组织保持党对党的关系。

苏联对非援助估计值

（单位：百万美元）

	经济援助 （1954～1967）	军事援助 （1955～1967）		经济援助 （1954～1967）	军事援助 （1955～1967）
阿尔及利亚	233	210	马　里	60	4
喀麦隆	8		毛里塔尼亚	3	
布拉扎维刚果	13	2	摩洛哥	44	13
埃塞俄比亚	102		尼日利亚		5
加　纳	93	10	塞内加尔	7	
几内亚	91	10	塞拉利昂	28	
肯尼亚	49		索马里	66	35

---

① 原文此处数行未解密。——译注
② 1984年改名为布基纳法索。——译注
③ 原文此处近四行未解密。——译注

续　表

	经济援助 (1954~1967)	军事援助 (1955~1967)		经济援助 (1954~1967)	军事援助 (1955~1967)
苏　丹	23	11	赞比亚	6	
坦桑尼亚	20	2	埃　及	947	1 160
突尼西亚	34		合　计	1 843	1 472
乌干达	16	10			

4. 然而最近数月来的事件却表明,苏联认为军事援助是在非洲迅速利用当地政治形势来损害西方利益的首要途径。最近,苏联与饱受内战折磨的尼日利亚签订了武器条约,向其空运了大批军用物资和技术人员。与传统上依赖西方的苏丹签订军事援助条约,使苏联在中东危机中大为获益。

5. 自1955年以来苏联对非洲军事援助总额约有3亿美元,其中三分之二给了阿尔及利亚(该数据中不包括对埃及的约11亿美元的军事援助)。总的来说,莫斯科提供的军事援助促进了苏联的利益。自从20世纪60年代初对马里和几内亚提供军事援助和经济援助以来,苏联在西非的势力得以建立和维持。数年后,通过对索马里的武器援助,莫斯科在东部非洲的势力最为强大。它还与坦桑尼亚和乌干达开展了适度的军事援助项目。军事援助成为苏联在阿尔及利亚扩张势力的工具。荒谬的是,由于害怕阿尔及利亚实力的增强,亲西方的摩洛哥在去年十月也与苏联签署了武器协定。

6. 自50年代以来苏联对非洲的全部经济援助大约有9亿美元(另有9亿美元给了埃及)。苏联还继续向非洲新的受援国提供少额的经济援助承诺,近期就有毛里塔尼亚和赞比亚。然而,莫斯科几乎不再扩展其现有项目了,并对援助项目审核采取了比以往更严格的标准。……①

7. 莫斯科越发不愿开展那些没有长远经济合理性的项目。这种新的态度使得马里和几内亚这两个苏联最主要的援助国手头感到了拮据。苏联在索马里的项目已经陷于停滞,导致两国间起了摩擦。苏联的技术人员花了一年多的时间来研究1966年苏联-坦桑尼亚援助协议中所提议项目的可行性。苏联在阿尔及利亚的援助项目也明显没有进展。

8. 尽管苏联在非洲主要是发展传统的国与国之间的关系,但是莫斯科也绝没有放弃对解放运动和颠覆活动的援助。不过,苏联对这些组织的援助比几年前要谨慎和有限得多了,这表明莫斯科认识到绝大部分受援者没有什么太大的潜力。常规的资金援助很少,许多去莫斯科请求资助的人只得到了空头许诺。

9. 苏联对解放运动的支持主要是针对南部非洲由白人控制的政府。自苏联在刚果遭遇溃败以来,它在大规模援助反对黑人政府的运动时就一直小心翼翼。至少有不明显的迹

---

① 原文此处数行未解密。——译注

象显示，一些东欧国家对"解放运动"集团提供了武器，苏联则认为这一举动是失策的。不过从整体上看，没有迹象表明各共产党国家在援助非洲的反叛活动时在相互之间积极协调。

10. 苏联和中国竞相对不同的组织施加影响，这点毫不奇怪。比如，在罗得西亚①有两个主张暴力推翻白人政府的民族主义组织，苏联资助其中的津巴布韦非洲人民联盟（ZAPU），中国则支持津巴布韦非洲民族联盟（ZANU）。然而，绝大部分积极从事游击战的非洲组织，比如，葡属几内亚和佛得角非洲独立党（PAIGC）安哥拉人民解放运动（MPLA）及莫桑比克解放阵线（FRELIMO）都既接受苏联和中国的援助，也接受古巴的援助。

11. 对于那些从事合法的或不合法的反对保守政府运动的"进步"分子来说，莫斯科提供的资金支持很有限。去年，此类援助显著减少。苏联对恩克鲁玛（Nkrumah）从事的活动的支持被披露了出来，这使得莫斯科在这一方面更加谨慎。

共产党中国的角色

12. 比起几年前北京迅速地扩大在非洲的势力和提高自己的影响力，共产党中国目前在非洲的前景相对黯淡。在极短的时间内北京一度与 14 个非洲国家建交，几乎占北京全部邦交国的三分之一。其后，中国人遭受了一系列羞辱的打击，其中包括中国在布隆迪、刚果（金沙萨）和加纳的颠覆活动被揭露出来。过去的一年里，文化大革命导致北京对非洲的兴趣减弱，召回了很多外交人员，包括大多数大使。

13. 到 1967 年中时，北京在非洲已有 3 000 名技术人员和顾问，并已经支出了曾经许诺的 3.5 亿美元经济援助的三分之一左右。为了消除西方和苏联在非洲的影响，也为了在非洲建立对华友好的政府，北京将精力集中在了少数激进的民族主义政权上，例如坦桑尼亚、马里、几内亚和刚果（布拉柴维尔）。上述国家因此变成了针对那些不大欢迎中国的国家以及仍然受殖民统治的地区的行动基地。北京与坦桑尼亚合法政权的合作是北京获益最大的一桩，达累斯萨拉姆已经成为非洲国家中接受北京援助最多的国家。中国是坦桑尼亚首要的安全援助者，也是该国主要的经济援助国。两国在武装和训练莫桑比克、罗得西亚和其他南部非洲民族主义者方面合作紧密。北京同意对拟议中的始自赞比亚铜矿地区直到达累斯萨拉姆港的坦赞铁路进行工程考察，并且，北京对协助该铁路的最终建造也表示出了兴趣。……②

14. 大体上说，中国人在坦桑尼亚的表现得十分谨慎。他们的技术人员工作刻苦，比他们的西方或苏联同行更愿意按非洲人的水准生活，并且一旦完成任务立刻回国。尼雷尔（Nyerere）总统对中国人的表现印象深刻，并相信他可以控制他们的势力。他一直都对这种

---

① 津巴布韦的旧称。——译注
② 原文此处近四行未解密。——译注

大部分以捐赠或无息贷款形式提供的援助表示欢迎。

15. 北京急于保持在马里的强大影响力。中国驻马里的人员约有 1 300 人之多,包括技术人员和劳务人员在内,是驻非洲国家中最多的。尽管如此,凯塔(Keita)总统采取的却是务实的外交政策,似乎并不愿意被中国人牵着走。……①

16. 中国与几内亚的关系虽然经历了起伏,却仍是密切的。……②自从 1960 年以来中国承诺给予超过 5 600 万美元的援助,目前已经兑现 2 500 万。目前北京想在毛里塔尼亚开启一项农业和医疗援助项目。

古 巴 的 角 色

17. 古巴在非洲的势力并不大。但至少从刚果(布拉柴维尔)来看,哈瓦那对于维持这个反西方的激进政权贡献颇大。除刚果(布)外,哈瓦那主要是对非洲民族主义者提供援助和游击队培训。

18. 卡斯特罗对非洲革命前途的关注在 1961 年首次表现了出来,那时古巴开始对非洲的几个极端组织进行有限的游击战培训。自那之后,古巴逐渐加大了力度。它一直向那些颠覆活动或民族主义集团提供培训或建议,以便他们在刚果(金沙萨)加纳、喀麦隆及葡属地区从事反对现政权的活动。1966 年 6 月在刚果(布拉柴维尔)的兵变中,古巴人成了现政权的主要支持者。古巴与坦桑尼亚、几内亚、布隆迪、阿尔及利亚和马里等其他地区的关系则不那么紧密,但是双方在外交活动及古巴与"革命"分子的接触使双方都有所受益。

19. 自 1961 年以来,卡斯特罗向非洲输送了近千名军事和技术顾问,以及数量可观的军火。古巴每年都提供一定的奖学金,以便非洲人——特别是刚果(布)人——赴古巴学习。古巴还定期邀请非洲的组织派代表出席古巴的重要事件。据说在哈瓦那受训的非洲人有 500～1 800 名。

20. 在 1964～1965 年刚果(金沙萨)的叛乱中,有超过 100 名古巴的军事顾问训练、协助了叛乱者,甚至还有人同他们并肩作战。……③目前古巴人似乎专心于培训和帮助在葡属地区从事游击战的非洲人。古巴帮助培训的包括有:两个主要的安哥拉流亡集团中的一个,以及左翼的安哥拉人民解放运动(Popular Movement for Liberation of Angola, PMLA)。至少有 60 名古巴人在从事训练以几内亚为基地的非洲争取几内亚和佛得角非洲独立党(African Party for Independence of Guinea and Cape Verde, APIGCV),这是一个力争使葡属地区获得独立的民族主义组织。在东部非洲,古巴人力图对以坦桑尼亚为基地的

---

① 原文此处约三行未解密。——译注
② 原文此处约三行未解密。——译注
③ 原文此处约两行未解密。——译注

莫桑比克民族主义组织施加影响。……①除此而外,古巴人还帮助了喀麦隆人民联盟(Union of Cameroon Peopes, UCP)这个持异见团体以及南非国民大会(South African National Congress, ANC),二者在哈瓦那均设有办事处。

21. ……②古巴军事人员在刚果(布)为其全国民防总队(Nationa Civil Defense Corps)和执政党少壮派提供准军事训练。古巴人还充当农业顾问、医生,以及在据信是为了颠覆邻国而建立的游击队训练营里工作。据悉古巴军官还在给几内亚人以军事训练。

阿尔及利亚的角色

22. 阿尔及利亚政府一直是非洲地区解放运动及其他持异见分子的最热情的支持者之一。阿尔及利亚为南部非洲的自由战士提供住所、给养和训练。阿尔及利亚对这些外国组织的援助,截止到今年初时,……③最近在金沙萨举行的非洲统一组织(OAU)会议决定增加对罗得西亚人和其他解放战士的预算,这次会议被视为是罗得西亚民族主义活动逐渐增多的结果。今年初,布迈丁对帮助解放战士表现出了新的兴趣。……④

纳赛尔的角色

23. 很久以来纳赛尔都支持各股颠覆分子,但最近似乎不怎么这样做了。过去,埃及曾经支持了众多持异见团体,为他们提供武器和资金,并训练了很多非洲游击队组织,还帮助将非洲民族主义者转移到阿尔及利亚、共产主义东欧和中国。自1964~1965年刚果叛乱终结后,埃及似乎不怎么卷入非洲事务了。

24. 开罗继续援助一些非洲的持异见分子和解放分子,为他们提供基地。由于在最近的阿以战争中溃败,埃及的努力可能逐渐停止了。严峻的经济情况和其他一些国内问题分散了纳赛尔的注意力。尽管他会尽可能地给解放运动和持异见分子提供鼓励,以便维持他的影响力,但近期内他不大可能会过多地介入。不过最近,他派出了几个埃及飞行员去驾驶尼日利亚联邦军政府从苏联购买的米格-15和米格-17战斗机。

DDRS, CK 3100280849 - CK 3100280860

刘青译,牛可校

---

① 原文此处数行未解密。——译注
② 原文此处数个词未解密。——译注
③ 原文此处约四行未解密。——译注
④ 原文此处数行未解密。——译注

中情局关于佐藤在日本的地位的特别报告

（1967 年 11 月 9 日）

SC 00795/67A

机 密

佐藤首相在复兴中的日本的地位①
（1967 年 11 月 9 日）

11 月 12 日，佐藤荣作（Eisaku Sato）首相将开始对美国进行他的第二次访问。自从其 1965 年 1 月第一次访美之后，他已经巩固了在执政的自民党（Liberal Democratic Party）中的权力基础，并成功地领导该党赢得了全国大选。佐藤相信，日本作为世界上四个最重要的工业力量之一而崛起，使得它有潜力成为维持远东稳定的一支主要力量。他认为去年 1 月份大选的结果，正说明了他的政府所采取的建立与美国的紧密关系的政策，以及逐步扩大日本在亚洲经济和政治事务中的影响力的政策得到了认可。他这次与美国领导人会谈的首要目标可能是获得在冲绳问题上的让步。

佐藤当政的最初两年

1964 年 11 月份，时任首相的池田勇人（Hayato Ikeda）罹患重病，佐藤荣作开始执掌政权。他给人的印象是一个修养很好的激进主义者，有意开拓新的外交路线，并且在处理国内问题时毫不手软。佐藤塑造的上述这一形象与他当年早些时候作为候选人企图取代池田领导自民党却遭到失败时的形象有所不同。他承诺说，如果能够当选，他的任期将会是一个"简短而收益颇多"的任期，不会像池田的任期那样"漫长而毫无收获"。

然而自执政伊始，佐藤就面临着在自己的党内缺乏支持的问题，并且公众对他也没有多大兴趣。此外，他的右翼身份还使他受到了左翼的排斥。虽然在幕后处理党务和政务方面，佐藤算是个干练的政治家，但他在公众面前的表现却乏善可陈。

由于经济实力的增长以及民族主义情绪的重新抬头，日本人近来渴望提高自己的国际

---

① 报告封页上有如下说明：特别报告是时事情报处发行的时事情报周刊的增刊。特别报告单独出版，主要是对某一主题做全面报道。报告由时事情报处、研究和报告办公室（Office of Research and Reports）或者科技总部（Directorate of Science and Technology）负责起草。特别报告的形成要综合中情局内各部门的意见，但除了在工作上与其他机构有些正式的实质性交流外，报告的起草一般不与中情局以外的机构合作，除非有特别指明的。——译注

地位，虽然佐藤对此做出了回应，但他在国内和国际事务中采取的行动却是有限的。在出任首相后不久，他就提出"在亚洲的独立外交"将是他这届政府的着眼点之一。但是，在亮出一幅自信得意的形象后，佐藤现在面对的问题就是要拿出一个能够抓住民众想象力、赢得民众支持的可行的计划。

由于没有明确的公众授权，佐藤的行动受到了很大掣肘，他主要依靠那些与自己权力差不多的党内派系领导人的支持。在外交领域，佐藤的手脚也被束缚住了，因为日本的安全和贸易都仰赖美国，所以并没有太多的机动性。在处理与北京的关系时，佐藤面临的问题是一方面不能触怒国民党中国和美国，另一方面又不能惹恼他自己政党内那些主张加强与北京的关系的人士。由于受到这些限制，佐藤不得不降低目标，采取能为执政党内部不同派系都接受的政策。

佐藤在位的前两年并没有取得太大成就，在 1965 年 7 月议会上院的选举中，他所在的政党仅仅是维持住了以前的席位。另外，经济的滑坡和 1965～1966 年出现的一系列丑闻——东京都议会、佐藤内阁里的成员和国会中他所在的党的成员都被卷入了进来——使得首相和执政党的形象都遭到了损害。到 1966 年底，政治气候非常严峻，再加之第二年年底必须进行大选，佐藤最终断定，拖延只会让前景更加黯淡。12 月他解散了众院，要求下一个月进行选举。

1967 年 1 月的选举

尽管保守分子的政治前景不被看好，自民党还是在下院中获得了有效多数，佐藤也赢得了他迫切需要的民众的授权。尽管党内党外的批评者的预测十分悲观，自民党还是在选举中维持了自己的地位，首相也因此受到了很大的鼓舞。

选举的结果体现了日本政治的一个原则，即选举竞争在更大程度上围绕着地方性问题，而不是诸如对自民党的腐败的指控这类全国性问题，后者一直为反对党和全国媒体所利用。国会的候选人主要依靠的是个人声望，他们的地方组织的实力，以及他们能够给选民带去什么样的利益。

自 1 月的选举之后，佐藤在自己政党中的权威就增强了。党内支持佐藤的派系力量扩大，而自民党内他的一些反对者们则失去了议席，这意味着自民党内其他领导人想取他而代之的努力受到挫折。而那些过去一直指责政府没能与北京改善关系的"新右翼"反对者在这一年也都异乎寻常地沉寂了。大概中国大陆发生的动乱已经进一步削弱了这些"新右翼"。

对于最大的反对党——日本社会党（JSP）而言，他们不仅没能因为保守分子的弱势而捞到好处，反而失去了一些席位。自民党在选举中的良好表现似乎也促进了民众对政府的支持，今年的民意调查就反映了这一点。

自民党在选举中的表现增强了佐藤的自信，他对美国在越南的立场的支持也变得更直言不讳了。9 月他访问了台湾，并邀请国民党中国的国防部长蒋经国于 11 月晚些时候访问日本，这两个举动不仅有可能会使与北京的贸易锐减,而且在国内还可能会引起不利的政治反响。

下一年,佐藤必须做出决定是否在1968年的党的选举中寻求第三次担任党主席。目前来看,并没有强有力的竞争者与其争夺党内领导地位。两个最终可能的继任者,外相三木武夫(Takeo Miki)和党的秘书长福田纠夫(Takeo Fukuda)似乎都安于坐待时机。

佐 藤 的 成 就

自成为首相以来,佐藤完成了他的前任们长期以来一直在追寻的一个重大目标,并着手开展了几项新的计划。

他取得的最大成就就是在1965年12月推动议会通过,与南韩实现了关系正常化的条约。自条约批准以来,日本与汉城的关系有了很大改善,去年7月,佐藤参加了朴正熙(Pak Chong-hui)总统第二任的就职典礼。东京认为,韩国不仅是一个天然的市场和投资场所,而且对日本的安全有重要的战略意义。

尽管战后的前几届政府已经做了些基础工作,在佐藤的领导下,日本又采取了一些试探性措施,以求在亚洲能够扮演更为广泛的角色。日本政府正在摸索一条与他们作为世界工业大国之一的地位相称的对外援助政策。然而,直到最近,日本对亚洲非共产党国家的援助还主要局限在战争赔款上,赔款被日本人看成是一项应尽速完成的义务。

尽管日本是亚洲经济最发达的国家,但是日本政府中一些进步分子(主要是以外务省为中心)试图积极地领导亚洲发展的努力却受到了以下三个因素的制约。第一,政府圈内对第二次世界大战后始终的仇日情绪很担心。第二,公众并不支持扩大外援的政策。按照欧洲的标准,日本人的生活水平相对还比较低,所以对国内公共投资的强大需求使得政府不得不放弃对外援助而优先考虑国内支出。

影响到日本扩大其在亚洲的经济角色的第三个因素是,参与制定外援政策的三个部门之间看法不一致。外务省通常支持外援以巩固日本与别国的外交关系,而通产省注重促进贸易。大藏省则反映了工商界权势集团的看法,通常更强调国内投资。

由于佐藤越来越强调日本需要加大在亚洲地区经济事务中的影响力,所以这些意见分歧有所缓和。虽然佐藤在内阁中占据关键地位,但他却不能独断事务,他的行动必须要取得制定政策的各方的共识,这是日本国会长期以来的传统。并且,没有一个日本首相能够挑战大藏相,后者代表的是向自民党提供财政支持的权势集团。

日本在亚洲角色的日益改变

尽管困难重重,但自1965年起,东京对外援的看法就变得积极得多了,商界和政界的领导人日渐意识到了亚洲经济发展对日本的长期利益。在过去的两年里，日本对亚洲的援助政策强调发展多边地区关系。日本发起组织东南亚部长会议就体现了这一趋势，该会议1966年4月在东京召开，今年4月又马尼拉再次举行。

在1966年6月于汉城和1967年7月于曼谷召开的亚洲和太平洋理事会（Asian and Pacific Council）上，以及去年12月在东京召开的东南亚农业发展会议上，日本都扮演了重要的角色。佐藤政府给了亚洲发展银行以强大的支持，捐款2亿美元，这差不多和美国的捐款一样多，另外还承诺要提供一笔农业发展专项基金。日本还在各国重建印尼国际金融地位的努力中发挥了重要作用。

日本领导人认为所有的亚太国家间的合作是维持地区稳定的关键。为此他们成功地说服了那些参与者不要让地区会议带上反共的色彩，以求会议不仅能吸引那些非共产党国家，而且也能吸引那些中立主义国家。

佐藤首相在过去两个月里对东南亚八国进行了访问，其中包括南越、澳大利亚和新西兰，突出地表明日本对这一地区抱有持续的兴趣。尽管他的前任池田（Ikeda）和岸信介（Kishi-kishi）在过去十年中也访问了其中的一些国家，但佐藤的出访，用日本发言人的话来说，则是第二次世界大战后最大范围的一次外交勘察。

出访过程中佐藤宣称，他的目的是要形成自己对这一地区的印象，向各国解释日本战后的政策，与各国交换对共产党中国和越南的看法，以及重新审视日本与各国的主要是经济方面的双边关系。毫无疑问，佐藤也相信对东南亚有一个最新的第一手的印象将有助于他为这个月在华盛顿的谈判做更好的准备。

日本公众对政府地区外交的努力一般都持支持态度，这说明日本民众越来越成熟，日渐接受了日本在国际舞台上应该扮演的角色。

防 御 政 策

佐藤长期以来一直主张加强国防力量。1965年年底，在北京第一颗原子弹成功爆炸后，[①]佐藤开始公开支持扩张军备，并以此作为日本在国际舞台上担任重要角色的前提，由此引发了关于日本安全问题的第一次公众大讨论。面对左派的反对，佐藤坚决支持与美国签订共同安全条约，甚至不去理会日本政界传统禁忌而谈论接受核保护的必要性。

他认为去年1月的选举结果表明公众支持他与美国建立共同安全措施。北京在核武器上的发展以及过去的一年半里中国内部斗争在日本造成的负面影响，都为讨论防务问题创造了有利的环境。

去年8月日本防卫厅宣布了下一个财政年的预算，比1967年增长了15.6%。在多大程

---

① 原文如此，中国第一颗原子弹试爆是在1964年10月16日。——译注

度上佐藤提高防御意识的努力能够为大藏省所接受尚有待观察,大藏省在战后总是在国防预算要求上比较吝啬。

冲 绳

在即将对华盛顿的访问中,佐藤首相计划将大部分注意力投入冲绳问题。自 1965 年 8 月佐藤访问冲绳并宣称第二次世界大战要到琉球群岛(Ryukyu Islands)归还日本后才能算真正的结束后,归还问题就在日本日益受到关注。自那以后,佐藤不断地提到那次讲话,而在过去的几个月中,国内要求早日归还冲绳的压力也急剧增加。日益增长的民族自豪助长了民众在琉球问题上的不满,即认为在那里的近 100 万日本人已经被外族统治了 20 多年了。反对党和公共媒体一直在敦促形成一个归还计划,这限制了佐藤在国内政治和在华盛顿的讲话中见机行事的自由。

日本所有的反对党都在向政府施加压力,迫使政府至少要提出以下几点要求,尽快归还行政权力,禁止使用核武器,以及限制将冲绳作为美军战斗行动的基地。作为主要的反对党,日本社会党仍然坚持其一贯的强硬立场,要求尽快归还冲绳,赶走美军基地。

冲绳的情况也一样,归还问题一直是过去几年的头号政治问题。不过最近的证据显示,大部分冲绳居民由于认识到了该岛的经济依赖于与美国相关的各项活动,所以愿意接受这样的安排,即在该岛归还给日本后仍维持美国对该基地的控制。

据报道,佐藤认为日本国内的压力将使得他不得不正式提出全面归还琉球群岛的要求。尽管他非常清楚美国在这个时候不会在这个问题上让步,但有报道说,他认为他的华盛顿之行在满足日本人的要求上取得成效有重要的意义。因此他会试图与美国在下面两个问题上达成最基本的谅解,一是将冲绳归还给日本,二是为全面归还行政权力做初步的准备。并且,佐藤还有可能会强烈要求美国立即归还小笠原群岛(Bonin Isands),日本人认为该岛对美国没有战略价值,不过佐藤同意美国在岛上保留军事基地。然而无论如何,国内的政治气候都使得他很难做出一个很好的关于冲绳美军基地的安排,从而既能满足美国维持其在该地区安全的需要,又能为日本民众所接受。

佐藤谴责了日本国内对可能早日归还冲绳所持的"过分的乐观"。他和自民党内其他一些成员向民众指出这一问题事关日本在核武器时代的安全因而十分复杂,试图以此降低民众的期望。有迹象显示,这一教导已初具成效。自第二次世界大战战败以来,日本民众第一次开始比较现实地公开讨论防御问题。不过,虽然越来越多的人认识到了防御的需要,但此时要求归还的情绪还是占了上风。

在执政的自民党内部也存在着对归还问题的不同看法。不过,分歧并非产生于冲绳到底对日本的安全有多重要的问题上,而主要是在于自民党将如何应对国内日益强大的压力。就佐藤而言,他已经认识到在这个问题上任何可能的失误都有可能被那些垂涎他的党主席职位的对手所利用。

越　　南

佐藤政府一向支持美国的越南政策,不过国内反对的声音也一直很强大,尤其是 1965 年美国在越南大幅增兵后,民众的反对使得东京政府不敢在公开表示支持。然而,美国为实现和平而做的努力,尤其是在 1965 年底暂停轰炸,以及中国共产党至今还没有卷入战争中这个事实,使得日本政府公开给了美国和南越更多的支持。

1965 年初,日本新闻界普遍预言西贡将被打败,并反对美国卷入越南,但在过去的一年里,这样的声音逐渐低落了。此外,1966 年 9 月南越举行了制宪会议选举,最近又举行了总统选举,这使得日本媒体很不情愿地承认了南越正在迈向立宪政府。越来越多的迹象表明,日本民众已经意识到,不能抛开整个远东地区的和平与安全来看越南问题。

日本民意的这种变化鼓励了佐藤和三木(Miki)外相在上个月公开支持美国的越南政策。两人都指出(三木 10 月 5 日于东京,佐藤 10 月 12 日于堪培拉),对于美国的停止轰炸,河内应该有所回报。佐藤还不顾社会党人的猛烈抨击于 10 月 22 日访问了西贡,社会党人一直在利用民众的这样一种想法,即日本在战争中的中立能够帮助东京在日后的停战决议中发挥作用。

共 产 党 中 国

佐藤也想探知目前美国对中国的态度。文化大革命的暴行促使日本对中国愈来愈失望,并使很多从前支持北京的人也越来越疏远中国。那些为中国辩护的日本人至少暂时地沉寂了,而那些不是共产党员的知识分子和出版家也不再理想化地看待中日之间在文化上的亲缘关系。尽管日本对贸易还持有兴趣,但文化大革命导致的经济衰退也使得今年的中日贸易额锐减。

中国的核武器试验和导弹计划一直使得很多日本人深感不安。此外,北京在越南问题上毫不妥协的强硬路线,以及它时常对驻北京的外国大使馆的骚扰更是强化了中国反复无常而又好战的形象。北京对亚洲国家,特别是缅甸(日本将缅甸视为不令人讨厌的中立的典型)的侵犯同样具有负面的影响。

两国继续维持着最低限度的政治关系。接触仅局限于自民党成员访问大陆,以及根据 1962 年廖承志与高碕达之助(Liao-Takasaki)签订的贸易协定在双方首都设立的半官方贸易代表处。然而,在直接与重要的日本来访者的个人接触中,中国人表示他们愿意与日本和平共处。

中日关系的未来走向将在很大程度上受到大陆自身发展的影响。中国转向更加温和可能会扭转目前的趋势,从而使得日本国内要求政府扩大与北京关系的压力增大。然而,只要北京还坚持强硬路线,那些倾向于与大陆达成政治谅解的日本人就会缺乏向政府施加压力的信心。

DDRS,CK 3100491485 - CK 3100491495

刘青译,牛可校

中情局关于桑给巴尔目前混乱
局势的情报备忘录

（1968 年 12 月 2 日）

Intelligence Memorandum 2256/68

机密，不准向国外散发

桑给巴尔目前的混乱①

（1968 年 12 月 2 日）

摘　　要

自从 1964 年坦桑尼亚联合共和国成立后，桑给巴尔岛就成为尼雷尔总统的一个棘手的问题。

11 月 20 日，在桑给巴尔进行的一次前所未有的、突然的军事演习引发了一些谣言，说这个饱受困扰的小岛将再次发生军事政变。坦桑尼亚大陆警方悄然而有效地控制了桑给巴尔城，随后又得到了该岛驻军的支持。尽管这只是一次演习警告，尼雷尔总统却也许将其视为是对阿贝德·卡鲁梅（Abeid Karume）地位的支持。阿贝德·卡鲁梅是桑给巴尔岛的总统，一位民族主义者，没有受过教育，反对岛内长期存在的阴谋颠覆者和亲共暴徒。

尼雷尔逐渐控制了桑给巴尔的外交，并在最近压制住了受共产党训练的军队，但他不大情愿干预该岛内部事务。然而最近的一年里，由于腐败和管理不当，该岛的经济情况进一步恶化。面对民众日益高涨的不满，卡鲁梅加强了戒备，肆意抓捕，并颁布了有损于达累斯萨拉姆最高权力的政令。尼雷尔日益不满卡鲁梅的领导，也许已经下定决心利用宪法权力控制住该岛的局势。

随着中国人日益卷入该岛的经济、公共事业和军队事务中，桑给巴尔与北平密切的关系更得到强化。而东德在治安警察以外的其他方面的影响相应地急剧下降。而他们的指导者苏联除了军事顾问与支持以外，相对也无所作为。

背　　景

1. 坦噶尼喀（Tanganyika）与桑给巴尔的联盟，即坦桑尼亚，是在 1964 年 4 月匆匆完成

---

① 原注：这份备忘录是中央情报局单独完成的。由时事情报局着手准备，经济研究办公室、国家评估办公室和保密局协助完成。

的,而后从未臻于完善。桑给巴尔人一直顽固拒绝将本岛的行政与大陆真正合一,在这方面不断加剧的斗争一直令尼雷尔总统感到沮丧。桑给巴尔不仅不受更温和的坦噶尼喀的控制,反而一直是激进或亲共势力的中心地。

2. 就桑给巴尔而言,联合从不受欢迎,只是在坦噶尼喀强大的压力下才不得不如此。大陆领导人说服了现在身兼桑给巴尔总统及坦桑尼亚第一副总统两职的卡鲁梅,只有联合才能有效阻止时任外长的巴布(A. M. Babu)和他那些亲中国的阿拉伯人完全控制这个非洲新政府。虽然面对着激进的劳工组织和年轻人的强烈反对,卡鲁梅还是设法达成了联合,不过该岛执政的革命委员会只有三分之一投了赞成票。卡鲁梅和委员会是在 1964 年 1 月推翻苏丹阿拉伯政府的血腥革命后上台的。该委员会从不谋求获得民众正式的认可,如果改为民选,32 个委员中没几个人会被选上。

3. 后来的情况表明,卡鲁梅把联合视为对等两方的联姻,然而大陆领导人却认为,拥有 30 万人口的桑给巴尔应当成为拥有 1 200 万人口的坦桑尼亚的一部分而已。在随后的几年里,桑给巴尔人总是不合作,这清楚地表明他们希望自行其是。尼雷尔逐渐控制了该岛绝大部分外交,但在该岛某些外交关系例如对东德关系上,达累斯萨拉姆似乎没什么发言权。桑给巴尔岛人仍然控制着他们自己进出岛屿的程序。自从 1967 年 12 月桑给巴尔不情愿地加入东非共同体(EAC)后,其诸如征收进口税、邮政和电报这样的业务与东部非洲其他国家整合了起来。当时,由于对进口程序存在分歧,该岛的海关关闭了数月,在此期间等待清仓的货物只得堆积起来。

4. 卡鲁梅允许达累斯萨拉姆对该岛拥有足以镇住革命委员会中的“狂人”的权威,以使后者不至于完全占上风,这主要通过在大陆驻该岛的警察部队完成。革命委员会的成员,要么是狂暴的激进分子,其中有些人还接受过共产党训练,要么是没受过教育的持枪分子,他们在岛上四处乱撞,逮捕所谓“阴谋者”,肆意没收别人的财产。实际上,他们都受这个或那个共产党国家的雇用。卡鲁梅从未认真思考过应该怎么去处理这些人这样一个长远的问题。在与革命委员会的关系上,他的政策似乎是:缓慢行进,不惜任何代价避免麻烦。也许他还视委员会为挡箭牌,有效地抵御非洲大陆的“帝国主义”野心。

5. 截止到那时,由于受到当地民众的欢迎以及安全部队的支持,卡鲁梅得以能平衡革命委员会内部各派系的矛盾并维持自己的地位。然而在过去的一年里,因为民众的不满日益高涨,他的掌控似乎有所松动。11 月 20 日的军事演习很可能是为了加强他的地位,震慑潜在的阴谋分子。卡鲁梅的权力在很大程度上仍然依赖于革命委员会的支持,但委员会自身却因为个人帮派和外国势力的扶植而分化了。卡鲁梅已经越来越感到不安,他呼吁委员会要团结。最近政府军火库里武器和炸弹失窃的报告无疑更使他紧张。很明显,他怀疑是东德人在支持那些反对他的阴谋,这能够说明为什么东德人目前在桑给巴尔的地位变得虚弱了。

共产党国家的经济援助

6. 共产党对桑给巴尔捷足先登。早在该岛独立之前，莫斯科和北平就在扶植和训练桑给巴尔人，后者当中有些人后来在革命政府中颇有地位。当1964年初伦敦和华盛顿还在为是否承认这个新的非洲人政府而踌躇不前时，苏联人、中国人和东德人已经迅速向他们提供了援助和道义支持。卡鲁梅对这些共产党国家心怀感激，并热烈欢迎。在英国的文职人员撤离该岛后，西方的影响力立刻下降，英国人的位置被当地人和共产党顾问所替代。最近又关闭了以色列和加纳的领馆，进一步削弱了非共产党的势力。如今，只有屈指可数的西方人滞留在那里，其中包括留在规模甚小的美国和法国领馆的工作人员。美国唯一的援助项目就是建造和提供设备给一所规模虽小却十分有效的技术学校。

7. 如果按人均值计算的话，共产党国家给该岛的2 100万美元经济援助是一笔不小的数目。共产党中国和东德是最大的提供者，都在争夺首屈一指的角色。中国人的援助项目比东德人的更成功，但二者谁也没有对桑给巴尔经济产生很大影响，这主要是因为该岛的人力资源和自然资源严重匮乏，而不是共产党援助本身的问题。

8. 中国的大多数经济发展援助都归入1964年6月承诺给予1 400万美元的无息贷款，其中已支付了600万美元。中国援助的项目包括新建一个国营农场、一家皮革和鞋子制造厂、一家农机具修理厂、一家小型制药厂、一个体育馆，以及桑给巴尔机场扩建工程，还计划在邻近的奔巴岛（Pemba）上建一所医院。中国人还帮助他们钻井、灌溉和种稻米，并提供了一些商品，销售所得用以支付中国的发展项目在当地的开支。在技术援助的计划下，北平送来25名医生和医疗助理，还有5～6个技术指导帮助政府的印刷厂和广播站；此外还有一些技术人员和工程师。目前该岛上有大约400名中国人。

9. 东德承诺的援助总共达700万美元，其中已兑现了500万美元。主要的项目包括一个140万美元的住房工程，一个前途堪忧的渔业项目以及两个奶牛场。东德给桑给巴尔的技术援助比给其他任何国家的都要多，包括45名教师、9名医务人员以及给政府不同部门出谋划策的顾问。1968年4月时共有206名东德人在岛上，但现在已经减少到150名左右。就桑给巴尔的经济发展而言，莫斯科似乎乐于让东德人牵头。尽管苏联人对桑给巴尔人的要求做出了迟缓的翻印，开展诸如铁路项目的可行性研究，但此外苏联人并没提供什么大的经济援助。现在共有85名苏联人在桑给巴尔，包括3名教师、19名与军事有关人员，以及2名操纵该岛两艘沿海蒸汽船的指挥官——这两艘船都在去年一直在四处奔忙。

10. 中国人十分努力地想要削弱东德人的影响。在过去的一年里，包括卡鲁梅在内的桑给巴尔高官对东德的援助项目日益不满，并渐渐不再抱有幻想。官员们抱怨说东德的设备价格太高，不适应桑给巴尔的需要。有些物资已经被退还给东德。由于计划不周，东德资助的大多数项目都遇到了麻烦，进展缓慢。只有在特别安全分遣队上，东德人才保住了他们的相对稳固的影响力。中国人日渐成为主导力量，因为他们的援助管理有方、价格相对低廉,也因为他们生活朴素、工作刻苦,还因为他们与许多有影响力的当地人有着广泛的和资金充足的接触,包括公开的和秘密的接触。东德人的努力则由于他们的高生活水平和与欧洲殖民者在种族上的类似性而受到了牵绊。

11. 虽然中国人取得了显著进展,但他们的记录也并非无可挑剔。皮革的匮乏使制鞋厂开工不足,稻米引种计划似乎进展不佳。贸易货物品种常常选择不当,且总体质量较差。尽管如此,中国人很可能继续在桑给巴尔的发展中扮演着富有效率、大公无私的参与者角色,而东德人则很可能仍会相形见绌。

共产党国家的军事援助

12. 自1964年以来,在军事援助领域莫斯科和北平都很活跃。他们分别在桑给巴尔城郊区设有训练营,并各自为3 000人的军队提供武器,而这个军队的人数还在增长。中国和苏联似乎分工明确,17名中国军事顾问教授小型武器和游击战,苏联人则专心于重武器,如防空和野战武器。最近,桑给巴尔人拒绝了一船苏联武器和几辆装甲运兵车,因为它们是返修的,而不像中国提供的是全新的。苏联人正在桑给巴尔岛中心位于乌巴哥(Ubago)的一处废弃的英国飞机跑道上建造新的军事基地。中国人则占领了位于吞古(Tunguu)的前美国水星号跟踪站,并在那里训练800名新兵。在过去,一部分桑给巴尔军事人员会去中国接受训练或做短期访问,但需要更广泛的训练时他们似乎都去苏联。东德提供了6艘巡逻艇,并正在建海军兵营。

13. 自从1964年以来,虽然该岛的军事单位从达累斯萨拉姆领取薪水和报销花费,却一直独立于大陆的控制。1964年进行了整合的第一次尝试,结果是岛上被派去驻扎在大陆某镇上的士兵在洗劫了当地后又被召回该岛。不过,岛上士兵的军纪和素养自那之后得到了很大提高,在过去的一年里大陆指挥官在该岛也开始获得了一些影响力。现在,达累斯萨拉姆在加拿大军事顾问的帮助下制定了军队组织表,并根据它对桑给巴尔岛的军队进行重组。11月20日的军事演习是第一次联合军事行动,有大陆军队和该岛军队同时参与。但是,计划远不止于此。

14. 桑给巴尔岛上的兵营偶尔也用于训练莫桑比克民族主义者和其他一些"自由战士",但同大陆上类似的军事项目相比还只是小巫见大巫。在该岛的一所兵营里曾经在很短的时间内有过一些古巴的教官,但已经应桑给巴尔的要求撤离了,现在滞留在岛上的古巴人只有两名在奔巴岛的医生。

经　济　混　乱

15. 由于桑给巴尔政府管理不善,在接受了四年的共产主义援助和经济建议后,该岛现在陷于经济停滞和财政混乱中。由于坦桑尼亚银行的缘故,桑给巴尔人民银行已经开始拖欠支付了,政府所有的进出口公司的资金也都告罄。该岛的基本问题源于政府想要控制经济的方方面面,以及想把亚洲工人和商人都换成缺乏经验的非洲人。例如,零售贸易网易主后,许多基本商品缺乏,情况陷于混乱。

16. 将以前阿拉伯人的丁香种植地按三英亩每块分给非洲人,导致农业产量下降。丁香占该岛 75％的出口所得以及 25％的政府收入。政府推行农业多元化的努力遇到了农民的抵制,他们更愿意做从已经种好的丁香树上摘丁香这样简单的劳动,而不愿承担由种植新作物带来的繁重劳动。

民众的动荡不安

17. 对阿拉伯人和亚洲人而言,革命后他们的生活变得十分悲惨。但过去的一年里,随着经济的恶化,非洲人中的不满情绪也上升了。在农村地区,由于严厉地执行土地重新分配、安置以及强迫劳动的方案,动荡进一步加剧。桑给巴尔人日渐把到处存在的腐败和日益严重失业归咎于卡鲁梅。作为回应,卡鲁梅则加紧了安全防范,并斥责破坏经济的"阴谋分子"。他最近找到的替罪羊是来自法属科摩罗群岛(Comoro Islands)的科摩罗人,他们在此生活已久,却被他贴上了安全威胁的标签。本月早些时候,卡鲁梅宣布 3 000 多科摩罗人中大多数不再是坦桑尼亚公民,他们中担任重要职位者会立即丢掉工作。紧接着,尼雷尔开除了一个有科摩罗血统的联盟部长。卡鲁梅过去也曾同样利用捏造的指控来除掉政治对手。

前　　景

18. 尼雷尔日益不满卡鲁梅的领导,但似乎仍然支持他,因为找不到合适的替代人选。由于害怕破坏脆弱的联盟,尼雷尔总是不愿意干涉该岛内部事务。不过,他也许迟早要对桑给巴尔做些什么。上星期展示武力时表现出来的速度和对安全的控制度必然会给该岛上那些难以驾驭的分子留下深刻的印象,也许还会给尼雷尔以最终对该岛行使宪法权威的信心。然而,即便尼雷尔想朝这个方向努力,在可见的将来中国人可能还会继续对桑给巴尔岛施加影响。

DDRS, CK 3100133942－CK 3100133953

刘青译,牛可校

中情局关于中国与缅甸叛乱关系的情报报告

（1971 年 7 月）

RSS 0052/71

机密，不许向海外散发

北京和缅甸共产党：叛乱的危险和收益

（1971 年 7 月）

给文件接受人的备忘录

　　本项研究说明了这样一种情况，即北京对其附属的共产党运动的政策整个受到了它对自身国家利益考虑的指引。文件对下述问题的考察很好地体现了这一点：北京巧妙地实施了一种双重政策，一方面维持国与国关系，另一方面又支持叛乱，并打算在必要的时候将缅甸共产党的利益置于中国的利益之下；中国目前正在指导"缅甸共产党"的叛乱，这一叛乱的基础大部分既不是缅甸的，也不是共产主义的；北京表面上坚持只有根据它开出的条件，才有可能解决国与国之间持续的分歧。本项研究还揭示出，在中缅关系于 1967 年破裂前，中国对共产党叛乱的物质支持事实上远没有看起来的那么多。

　　中情局内的中国和缅甸专家对该研究的看法基本上达成了一致。欢迎对研究做出评论，有意见可以向作者、本研究小组成员海伦-路易丝·亨特（Helen-Louise Hunter）提出。

哈尔·福特（Hal Ford）

中情局负责情报的副局长（DD/I）、特别研究小组主任

摘　　要

　　过去 20 年里，中国与缅甸共产党（CPB）关系的一个突出特点就是北京在相当程度上是在利用缅共促进中国的国家利益。在中国与缅甸政府（GUB）维持着良好关系的 15 年以上（1950～1967）的时间里，毛泽东更是倾向于将缅共的利益置于中缅两国国家关系之下。这在下述情况中有很好的体现：中国在不断提出进一步加强本已密切的两国关系的同时，对缅甸共产党的革命努力几乎完全不予考虑，甚至还走得更远，在私底下力劝缅共结束反对仰光政府的斗争。直到 1967 年中期，中缅关系由于仰光意外爆发的反华骚乱而受到了事实上

的损害后,中国才突然开始积极支持缅甸的叛乱活动,在这一叛乱中,内地的少数族裔与缅共没有任何联系。

尽管传统的看法可能认为,中国总是坚定地支持缅甸共产党的武装斗争,后者毕竟在切实地遵循毛提出的发动农村游击战的原则,但实际情况却是,北京多年来都故意不理会缅共在缅甸中部勃固山脉(Pegu Mountians)发动的叛乱。1949 年共产党人接管中国后的几年里,北京曾给予缅甸"国民解放战争"一定的宣传支持,不过即使这种有限的支持在 50 年代早期也降下了声调,到 1955 年就几乎全部停了下来。从 1955～1967 年,中国在公开场合对整个这一问题一直都谨慎地保持着沉默。尽管有很多猜测和谣言说中国人秘密地向共产党叛乱分子提供了援助,但除了一些便携式无线电设备外,至今我们还不知道中国在 1967 年前提供过什么物质援助。

通过无线电联系和在中国建立被称为海外缅共(the Overseas CPB)的组织,中国在 50年代和 60 年代早期令人吃惊地设法较好地维持了缅共对它的忠诚,甚至在他们没有采取任何行动推动叛乱发展时也是如此。显然,中共最初曾向缅甸共产党提出过在北京建立缅共分部的想法,以此作为维持对缅共的控制的手段。一旦来到中国,缅共的官员们就将中国的利益置于了其他一切利益之上。由缅共副主席德钦巴登顶(Thakin Ba Thein Tin)领导的海外缅共直接从中共中央委员会得到秘密指令,并以缅共的名义,通过无线电将这些指令转达给在缅甸的党主席德钦丹东(Thakin Than Tun)和其他共产党领导人。

1963 年 6 月,奈温(Ne Win)向所有的叛乱分子(共产党人和非共产党人)提出了和谈,这为那些受到北京训练的缅甸共产党人提供了他们等待多时的回到缅甸的机会,那些人自50 年代早期就住在中国。奈温的提议也提供了这样一种可能,即缅共和缅甸政府通过协议达成和平,这是中国人长期以来一直敦促共产党员和仰光都接受的。尽管和谈的最终失败令中国感到很失望,但在中国接受训练的海外缅甸共产党员的回国,使得缅共事实上处在了中国的控制之下。缅甸共产党内兴起的新的毛式"运动"风气就反映了这一发展趋势,这一运动风气的特点是,冗长的学习毛主义的大会,大量意识形态会议,密集的自我批评,日趋严重的狂热,以至最终出现了持久的无情的清洗。到 1967 年早期,德钦丹东已经开始处决党内反对者了,他对恐怖手段的极端使用,包括极为残忍的仪式一样的杀戮程序,已经远远超过了中国的文化大革命。1968 年 9 月德钦丹东被一个醒悟过来的党内成员暗杀,这使得这一系列事件达到了高潮。随着他的死,缅甸共产党不仅结束了它自己历史上最惨痛的一章,同时也结束了与中国共产党长期的密切关系。

在其历史上这么关键的一个时刻,缅甸共产党恰好失去了与北京的无线电联系——这也是几年来的第一次,因为就在德钦丹东被杀前的几天,缅甸军队对该党总部的一次袭击破坏了无线电设施。因而,缅共在决定德钦丹东的继任问题时,完全忽略了中国,这是 20 年来第一个没有得到中国的直接建议就做出的重大决定。显然,直到今天,中国人仍对于那些幸存下来的领导人没有选择北京最信赖的代理人德钦巴登顶,而是选择德钦辛(Thakin Zin)担任新的党主席耿耿于怀。确实,这是促使北京决定转移其对德钦辛领导的缅甸共产党在中部缅甸活动的兴趣和注意力,转为支持缅甸东北部出现的新的叛乱的重要因素。

具有讽刺意味的是,此时中共与缅共关系的疏远正好发生在中国政府对仰光的政策刚刚发生逆转之时,这一政策的转变本应有利于缅共。这一转变导致中国放弃了长期坚持的对缅甸政府的支持,转而采取了新的全面敌视仰光的政策,这一变化是 1967 年 6 月仰光发生反华骚扰的直接后果。中国驻仰光大使馆官员身上具有的"文革"热情应该对引发那一系列最终招致骚乱的事件负责。但是北京并不承认他们有什么过错。缅甸政府对骚乱形势的控制不力为中国人的愤怒提供了一些合理的根据,但是北京指责缅甸政府"唆使"骚乱就显然有点反应过度了,这一指责事实上毫无根据,只会激怒缅甸人。当北京向缅甸政府提出若干要求时,这场危机达到了顶峰。北京觉得,就他们所认为的受到的严重伤害(仰光有很多中国居民被杀害)而言,这些要求都是合理的,而缅甸人则认为这些要求是一种侮辱。自 1967 年以来,奈温在某些要求上向中国人做了让步,但坚决拒绝满足中国人的所有要求。

显然,两国政府关系的破裂与中国开始积极地支持叛乱之间存在着直接的关系。在 6 月骚乱的那些天里,北京发起了一场全面诋毁仰光的运动。几周内,北京开始向缅甸东北部的少数族裔叛乱分子克钦族(Kachin)和掸族(Shan)提供武器和弹药,并在中国境内为其提供专门的游击战训练,甚至还从住在中缅边境中国一边的同种少数族裔中为其招募新成员。北京突然愿意支持这些少数族裔叛乱者,大概没有什么能够比这更好地体现出中国外交政策中的机会主义了,这些少数族裔大部分是公开反共的,中国之所以和他们建立新的联系仅仅是因为双方都反对奈温政府。对共产党人来说不幸的是,北京无法做多少事情如果说他们做了一点的话——去帮助缅共叛乱者,这些人被隔绝在了离中缅边境非常远的缅甸中部勃固山脉中。这样,出于重要的后勤方面的原因,同时也出于让缅甸自己选择的领导人自己采取行动的想法,北京开始了一项新的事业,即在缅甸东北部发动一场全新的共产主义叛乱,这一新的叛乱与以前的缅共联系不大,或没有任何联系,与旧有的活动也少有相似的地方。

在这过渡的四年中,以前的当地叛乱衰落了下去,新的叛乱高涨起来。中国对后者的支持已经上升到提供食物、药品、额外的资金(以缅甸币种的形式),以及武器、弹药、制服、其他服装和宣传材料。提供的武器的种类和数量也都有大幅增加:比如 1971 年,中国提供的武器包括 B-40 火箭发射器、迫击炮、轻机枪和少量重型机关枪。同时,中国还在中国军队设于云南的一个大型游击战学校里为更多的缅甸叛乱分子提供培训。在过去的几年里,他们在训练基地建立了一个大功率的无线电广播装置,1971 年 3 月开始播放节目进行秘密宣传,以支持缅甸的叛乱分子。他们还加大了从住在边境地区中国一边的少数族裔中招募人员的力度,在支持老挝和泰国的叛乱分子时他们没有这么做。最近一些可靠的情报还证实了中国秘密援助的另外一个独特的方面,即中国军事顾问直接出现在叛军总部。似乎有些顾问暂时地加入了某些部队,和叛乱分子一起参加战斗。

北京渐渐地将他们的支持集中在一个叛军指挥官身上——诺盛(Naw Seng),他是缅甸克钦族领导人,曾在中国生活过 17 年以上。1968 年初,中国将诺盛派回缅甸,领导一支从住在边境两边的掸族和克钦族人中招募到的,并在中国接受训练的约 900～1 200 人的军队。为了使他的运动像是一个共产主义运动,中国人简单地让诺盛加入了缅甸共产党,最初是中央委员会委员,后来成为政治局成员。中国的宣传试图使观察者认为诺盛是缅共的领导人,这种宣传还以同样的方式创造出了这样一种假象,即他对东北的控制意味着"缅甸共产党的"叛乱。事实上,中国人做的就是抓住这一本质上是少数族裔反叛的机会——这一反叛的参加者大部分从未参加过缅共,强迫其接受中国共产主义的教义,并为其贴上缅甸共产党运动的标签。这一反叛与缅共在缅甸中部发动的长期叛乱并没多少相似性,后者的参加者一直是缅族人(Burman),并且全部是共产党员,而他们现在的领导人也并不承认诺盛是共产党员。这一新近受到中国支持的叛乱,虽然表面上看是缅甸的,但却带有着中国支持的各种印记,包括毛的徽章、中文宣传材料和中文军队手册。

　　只要叛乱局限在偏远地区,大部分参加者仅是少数族裔,在缅甸腹地没有多少吸引力,它就不会对仰光政府的生存构成严重威胁。缅甸政府似乎很容易就将叛乱限制在现在的水平上——尽管它没法将其从上缅甸地区清除。在这种情况下,缅甸政府仍将其视为政府所面临的最严重的内部安全问题。尽管奈温很长时间来不愿意谈论中国卷入的问题,以免中缅关系进一步恶化,但在 1969 年年底他最终也不得不承认诺盛的军队和缅甸军队之间发生的战争的严重性。然而,他通过向中国施加足够的压力以使其停止对叛乱分子的支持的希望显然是落空了,因为中国的援助和叛乱活动在此后的力度更大了。

　　很明显,中国对叛乱活动的持续支持是奈温自 1970 年初起不断试图改善与北京关系的主要推动力。很大程度上是在缅甸的倡议下,不过显然也是得到了中国的鼓励,1970 年秋以两国外交关系有了明显的改善,两国终于在最近互换了大使。有如意料中的,这一变化使得中国对诺盛领导的活动的政策发生了一定的转变。一方面,中国似乎采取措施削弱了叛乱分子在最近的旱季(1970 年 10 月～1971 年 5 月)采取的行动,那时有关恢复大使的秘密谈判正在进行。而且,中国也急剧地减少了他们以前对叛乱的公开宣传。然而同时他们又采取似乎旨在加强叛乱分子的力量的行动,以使其成为缅甸政府的长期威胁,不过却要显得不那么与中国有关。比如,自去年冬天交换大使以来,中国对叛军的后勤支持一直维持在空前的高水平上,中国最近在云南新建了一个大功率的秘密广播电台,进行反对仰光政府的恶毒宣传,以此支持缅甸叛乱者。因此,中国的政策似乎发生了这样一个转变,即使得叛乱看起来不再像是中国对缅甸政府的公然挑衅,但同时又不在总体上降低对叛乱分子秘密支持的幅度。

　　此时,中国对缅甸采用的似乎是"双管齐下"的政策,在改善政府间关系的同时将叛乱作为杠杆迫使缅甸政府作出有利于北京的让步。虽然他们现在不再公然冒犯和抨击缅甸政府,并且还做出了善意的姿态,比如最近邀请奈温访问北京,但他们仍然继续秘密地向叛乱分子提供大量军事支援。

　　很难判定为了让中国人不再支持叛乱分子,奈温打算走多远。当然,不排除他会做进一步的让步,不过他似乎不大可能向毛屈服到公开承担 1967 年 6 月事件的所有责任的地步——这是北京坚持的各项要求之一。而如果奈温不在该问题或其他问题上妥协,中国人就不可能放弃他们对叛乱的支持。

长远来看,也就是在奈温和毛,或者两人中有一人去世后,两国关系出现重大改善的机会多少会更大一些。如果缅甸的继任政府是一个军政权,那么没有理由认为该政权对中国会比奈温做出更大的让步,但是如果继任的是一个文官政府,这个可能性虽然小一点,但做出重大让步的机会就会大大增加。就中国一方来看,毛去世后中国新的领导人可能更加倾向于与缅甸政府达成妥协,尤其是如果那时中国获得了更广大的外交政策利益的话。在这种情况下,中国可能会倾向于放弃它以前支持的代理人,让叛乱自生自灭。但即使是在那时,像现在一样,也会有一些强有力的因素促使北京继续支持缅甸的叛乱:中国可以从叛乱中得到各种好处,加之在政策和荣誉上的惯性和责任感。

前　言

自缅甸的共产党运动诞生以来的 30 年里,该运动内部就一直存在着相互竞争的两个叛乱组织——白旗派(the White Flags)和红旗(the Red Flags)派,这两个组织自缅甸新政府建立以来就不断在从事反政府的武装斗争。他们的叛乱一直以来都是东南亚最长的内战。

尽管这两个党派的领导人——德钦索(Thakin Soe)和德钦丹东——在独立前在左翼事业中曾共同工作,在 20 世纪 40 年代早期都是缅甸共产党的成员,但在与英国合作的问题上两人发生了分歧。1946 年,反对与英国妥协的德钦索从缅甸共产党中分离出去建立了新的共产党(红旗派),该党迅速发动武装叛乱,并一直持续到今天。

德钦丹东的共产党仍然被称为缅甸共产党,但也被称为白旗派,该党最初采取的政策是采用除叛乱以外的各种手段向英国施加斗争压力。然而,在社会党人将共产党人排挤出民族主义政党联盟后——该联盟是为了缅甸的独立而建立的,并在 1948 年最终赢得了缅甸的独立——德钦丹东发动了自己的武装叛乱,并且也持续到今天。

在这两个政党中,红旗相对不那么重要。德钦索的军队从没有超过 200~300 人,并且仅局限在与印度交界的缅甸西部的一小片地区里。个人主导了这一运动,他的很多追随者都是他个人的朋友和家庭成员。他在国际上从没有获得过苏联或者是中国的承认。他被其他共产党人指斥为托派分子,事实上已经与共产党运动隔绝了。随着他在 1970 年 11 月被仰光政府逮捕和监禁,他领导了 25 年的组织不可能再存在多久了。[①]

缅甸共产党(白旗派)不仅对缅甸内部形势,而且对国际共产主义运动都产生了持久得多的影响。尽管这些年它的力量变化得非常大,但有时它向政府发动的军事挑战还是对仰

---

① 原注:德钦索被政府的逮捕可能是事先安排的。缅甸很多人相信他实际上是在得到承诺会有很好的待遇,甚至可能能够在政府中谋得一职后向政府投降的。不过目前还不能通过这样或那样的方式对此给予可靠的证明。

光构成了严重威胁。缅甸共产党还在中苏分裂中扮演了角色,其作用超过了它作为一个东南亚的小规模共产党所固有的地位。最后,它复制了中国的文化大革命,在自己的组织内部进行清洗,这使得它自己过去三至四年的历史有了更多的国际意义。

　　这份文件只考察缅甸共产党。在回顾该党过去20年的历史时,文件试图集中在一些与缅甸今天的共产主义发展有关的问题上:中国对缅甸政府政策的变化对北京和缅共造成了怎样的影响,缅共的文化大革命对该党今天的领导人有什么影响,中国对共产党叛乱的支持的性质,以及武装斗争的前景。

　　DDRS, CK 3100398019 - CK 3100398156

刘青节译,牛可校

中情局关于南沙群岛争端的评估备忘录

（1971 年 8 月）

CIA/BGI GM72－1

机密，不准散发到海外

南沙群岛争端
（1971 年 8 月）

介　　绍

　　1. 1971 年 7 月，一位菲律宾国会议员声称他在太平岛遭到中国国民党驻军的枪击，这是一个位于南中国海南沙群岛的岛屿。他的控诉重新引起了国际社会对一个就主权归属问题而纷争了近 40 年的地区的注意。自此事件以来，菲律宾、南越以及两个中国都重申了它们对这些岛屿的领土要求，每个国家都表示其国家安全因别国的领土要求而遭受威胁。然而，南沙群岛几乎没有军事重要性，而当前对它们的兴趣似乎主要来自对这一地区所蕴含的海底资源的关注。此外，一种"国家威望"感可能对这些国家所采取的立场也产生了影响。

　　2. 至今为止，这些岛屿还没有什么经济重要性。除了几百年来一直在这一地区开展的捕渔业外，唯一引人关注的活动就是此前为鸟粪和磷酸盐礁石而进行的岛屿开发。最近几年关于这里蕴藏着石油的传言很是广泛，但迄今为止任何已知的地理勘测都没有证实它们的存在。不过，所有提出要求的国家一定都敏锐地注意到了 1968 年在中国东部海域的钓鱼台（Senkaku）岛附近海底发现了潜藏的石油。如果未来的勘探显示南沙群岛附近也有类似的储藏，那么主权问题甚至可能会变得更加复杂；法国和英国对这些岛屿有潜在的但有凭据的历史要求，而且马来西亚也可能对群岛最南端的一些岛屿提出要求。

背　　景

　　3. 南沙群岛（Spratly Islands）包括南威岛（Spratly Island）①，它是在 1864 年以一艘英

---

① "Spratly Islands"，音译"斯普拉特利群岛"，即我国的"南沙群岛"。"Spratly"，即我国"南威岛"，属南沙群岛。——译注

国捕鲸船船长的名字命名的，此外，从东北部、东部到东南部，集中了大批小岛，其他的则分布在南部和西南部。它们也被叫做斯普拉特利岛群（Group）或者斯普拉特利列岛（Archipelago）。提出领土要求的各国对南沙群岛的全部或部分岛屿还有各自的称谓，包括"自由地"（菲律宾共和国所使用），"人道王国"（Kingdom of Humanity），还有"曼妮提"群岛（Manity Islands）。中国称这些岛屿为"南沙群岛"（South Sands Archipelago）。由于不存在有关南沙群岛范围的正式协定，这份备忘录援用中国对此区域的定义。国民党中国与共产党中国对该群岛构成的描述似乎是一致的——这在中华民国政府的《中国全国地图集》和中华人民共和国的《红卫兵地图集》上都有所体现。

4. 南沙群岛位于南中国海的南部，距离马尼拉 300 英里，距台湾 750 英里，距海南岛 550 英里，距西贡 300 英里。尽管群岛由大约 100 个沙岛或珊瑚岛、礁岩、暗礁组成，但据估测其陆地部分总计不到 1 平方英里。这些小岛通常都是低矮而平坦的——没有哪个海拔超过 20 英尺。一些较大的岛屿覆盖着棕榈树及其他树木，还混杂着热带植物和草地，但最常见的植被是混生的灌木林。

5. 尚未对此区域进行详尽的水文地理勘察，但南沙群岛全部——除了那些位于友谊暗沙和雷叠暗沙（lydie shoal）之间的岛屿——都是非连续抬升了的海底台地（submarine platform）的一部分，与沿海国家的大陆架相分离。[①] 这个海底台地的东部挨着一条深深的海沟，处于巴拉望航道（Palawan Passage）之下。海沟将南沙群岛从大陆架边缘到菲律宾的巴拉望岛清楚地分隔开。一个宽阔的海槽把南沙群岛南端与从东马来西亚的北部延伸过来的大陆架分隔开了；然而，友谊暗沙和位于雷叠暗沙（Lydie Shoal）南部的暗礁和暗沙还是这个大陆架的一部分。在北部和西部，南中国海的最深处将南沙群岛从中国、台湾、越南的大陆架以及西沙群岛等岛群分隔开来。

历 史 背 景

6. 中国断言它对南沙群岛地区提出领土要求可以回溯到 3 世纪时，但这些早先的主张没有任何有效文字记载支持。不过很明显，中国人在这一区域捕鱼已有很长的时间，而且他们指出在 15 世纪早期，航海家郑和就以皇帝的名义对这些群岛重建了主权。同样鲜为人知的是越南人过去的活动，他们可能在 19 世纪早期就已对南沙群岛提出了要求。

7. 西方人对南沙群岛第一次有记载的造访是在 1864 年，英国皇家海军的莱夫曼号

---

① 原注：对大陆架向海洋延伸的边缘的合法定义是由 1958 年日内瓦大陆架会议所确立的，即位于领海以外等深线 200 米以内的区域，"或者超过这一界限，直到其上层水域深度仍不至妨碍上述区域自然资源开发的地方"。显然，地理上所谓向海洋延伸的大陆架的边缘，位于大陆架缓坡突然中断而急剧坠向大洋深处的地方——事实上，缓坡在不同的深度上都可能中断；因此，对任何特定的位置而言，在法律上与地理上对面向海洋的大陆架边缘的描绘有可能是吻合的也可能是不吻合的。本备忘录中使用的大陆架这一术语是指地理上的实体，而非根据法律上的定义。

(Rifleman)到访南威岛及另一座小岛。后来,英国政府分别于 1877 年和 1889 年批准两名个人以及一家私人公司"在两座岛上升起英国旗帜,并且开发岛上的鸟粪"。从那时起,再没有已知的由英国政府所采取的、意在占有南沙群岛任何岛屿之主权的行动。另一方面,英国政府没有承认其他任何国家后来提出的主权要求。而且它明确抗议日本在 1939 年对群岛的占领。此外,在 1951 年,英国皇家海军的丹皮尔号(Dampier)勘查了南威岛及其周边水域。

8. 在 20 世纪头十年的早期,日本开始开发南沙群岛的鸟粪和磷酸盐礁石,并且采集附近的海藻。显然,多年来他们对一连串的日本公司授予了开发这些资源的权利;这些开发的努力到 30 年代就中止了。

9. 法国在 1930 年凭借驱逐舰拉·玛利西恩斯号(La Maliciense)号占领了南威岛。三年后,他们占领了群岛中的其他诸岛。法国人报告说他们登陆时岛上无人定居。他们在群岛驻军,直到日本在 1939 年 3 月 30 日宣布吞并群岛,方才迫使法国人在抗议下撤离了。这一吞并也引起了英国和美国的抗议。

10. 从 1939～1945 年,日本显然在群岛中最大的太平岛上维持着观测站和无线电台。在第二次世界大战后,法国海军的小型护卫舰切伦尼尔号(Chevrenil)于 1946 年 10 月造访群岛。据那时报告说,太平岛及其他岛屿还是无人定居。在稍后的 1946 年 12 月,据报中国国民党政府向群岛派遣了海军,并且大概驻守太平岛至 1950 年。

11. 紧接着,在 1951 年 9 月 8 日在旧金山签订的《对日和平条约》中,日本放弃"对南沙群岛的所有权利、所有权及领土要求"。然而自条约签订以来,还一直没有被接受的关于这些岛屿的地位的国际协定。

12. 大概从 1950～1956 年这段时期里,南沙群岛显然完全无人定居。最近几年利用过群岛的只有过路的中国人,还有可能的就是已在此作业多年的菲律宾渔民。然而在 1956 年的早些时候,有人曾发现在南威岛上飘扬着一面法国旗帜。……①

13. 从 1956～1970 年夏天,唯一已知的由国家出面的占领行为就是国民党中国在太平岛驻军,可能现在部队的全部编制约有 600 人。……②南沙岛上的菲律宾驻军人数还不确定,而且据悉中国国民党人对其所宣称的军事存在尚未做出反应。1970 年以来,也有报告说菲律宾在中业岛和费信岛上有小规模驻军。总共的驻军数量据推测大概在 60～200 人之间。

目 前 的 争 端

14. 在 1971 年 7 月的早些时候,菲律宾巴拉望省的众议员雷蒙·密特拉③宣称他在更

---

① 原文此处两段未解密。——译注
② 原文此处数句未解密。——译注
③ 雷蒙·密特拉(Ramon Mitra),菲律宾著名政治家,后当选众议院议长。——译注

早些的时候遭到太平岛上的中国国民党驻军的枪击。这一宣称是在造假，但这确实增加了菲律宾政府对该群岛的兴趣，并且把国际注意力吸引到菲律宾最近对他们所谓的"自由地"所提出的要求上。

15. 随后，马克斯总统声称南沙群岛实际上是盟国的一处国际托管地，这一观点明显基于他对 1951 年《对日和平条约》的阐释上。因此在他看来，中国驻军不能未经盟国许可就占领群岛。马克斯的这一表示更夸大了如下宣称，即菲律宾由于地理上的邻近以及国家安全上的必要性，才是群岛权益的恰当的要求者。大概是为了支持这一立场，菲律宾政府最近也把 50 年代时托马斯·克洛玛①的要求公开化了。可能与目前的争端关系最密切的是，菲律宾相信在群岛下面或群岛附近包含着可以进行商业开发的石油资源，尽管这尚未被证实。

16. 菲律宾的又一次声明意味他们还要求中国国民党人从太平岛上撤走驻军。在更晚些时候，菲律宾人已经试图限制其对群岛北部一处界定不明地区的要求，并且强调自己有权进行经济开发而并非在主权上享有特别的权利。

17. 菲律宾的立场遭到中国国民党人的反对，他们已经拒绝从太平岛撤军；而且随后不久，中华人民共和国对这一地区也提出了针对性的主张。两个中国的要求都基于历史上中国渔民对群岛的利用以及更早些时候所进行的开发，且这种要求至少可以回溯至 15 世纪。最近中国国民党人对太平岛的继续占领和经济开发也强化了他们的要求，尽管后一些行动似乎纯属驻军给养行为。两个中国都认为整个南沙群岛都属于中国，而且它们的地图都反映了这一主张。

18. 南越人对菲律宾和国民党中国之争的反应是提出他们对南沙群岛的要求——甚至比共产党中国提出的要求还早。南越人认为南沙群岛在法国人离开印支后就由其接管——这一行动为法国人所拒绝。进而，越南人声称他们在 1951 年旧金山和平会议上就提出了对群岛的主权要求，而且没有遭到任何其他与会国的反对；尚没有其他的任何消息来源证实这一主张。

19. 现在争端似乎陷入了僵局，中华民国和菲律宾共和国这两个最活跃的权益要求者都不急于和对方接触。中国国民党人仍然在太平岛上驻军，而据报告说，菲律宾在中业岛、马欢岛和费信岛上有少量驻军。两个国家现在都在附近海域保持着海军巡逻。

DDRS, CK 3100398594 - CK 3100398604

费晟译，牛可校

---

① 托马斯·克洛玛（Tomas Cloma）于 20 世纪 50 年代担任马尼拉海事学校校长。他在 1956 年声称"发现和占领了"南沙群岛的 33 个岛屿。——译注

中情局关于泰国叛乱评估的情报备忘录

（1972 年 10 月 30 日）

IM 2080/72

秘密,不准散发到国外

泰国的叛乱

（1972 年 10 月 30 日）

自从泰国共产党不顾其党内某些领导人的反对,选择以革命战争道路为手段夺取泰国政权,已有 20 年了。自第一支衣衫褴褛的叛乱队伍在东北部地区打响第一枪——有些人称这是为东南亚的下一张多米诺骨牌而开展的斗争——以来业已七年了。今天共产党的叛乱努力仍旧微小而软弱,而且大多数都局限于泰国国家与社会的边缘地带。在过去几年中,共产党人一直难以放弃对北方边远地区部落民的依赖,他们也没有显著地侵入到构成泰国人口绝大多数的泰人①当中。共产党人在克服其内部的一些严重弱点时,也缺乏进展。党的领导层依然隐匿于神秘之中;不露面的泰国华人最高层领导集团从来没有营造出胡志明或者像苏发努冯(Souphanouvong)那般的魅力型领袖风格。而党的下层组织则依旧为长期缺乏年轻的、受过良好教育的政治干部所困扰。在少数情况下共产党屈从于政府持续的压力,它的表现也不是特别好。

然而,共产党人不仅在看上去逆境重重的环境中成功地生存下来,而且在人数和能力上都有逐步的增长。这种坚持不懈与发展在部分程度上要归功于从中国和北越收到的援助;毫无疑问,外部因素将继续成为未来叛乱的能力与士气的重要支柱。然而就根本而言,叛乱的成功或失败总是植根于泰国人自己手中。此外,已经发展起来的叛乱势头很大程度上要归因于政府领导人方面的令人遗憾的疏忽,他们总觉得很难把叛乱当作一种严重的威胁。

更近一段时间中,政府的态度有改善的迹象。事实上,一些军方的人士现在看来相信——而他们几年前还不相信——他们面对着实实在在的问题,但若干关键的政治领导人仍然怀疑这一点。泰国政府必须显示出它会放弃其零星而反应性的战略,转而采取进攻性的、持续性的战役,不再给共产党叛乱分子从政府军事行动下休整和恢复所需的时间。

在不久的将来情况可能会改变;政府似乎即将开始执行一种新的、全国范围的反叛乱计划了。假如曼谷采取了显然为其能力所及的行动,叛乱组织要维持其力量与主动性就得承

---

① 泰人(ethnic Thai)与中国的傣族的英文表述相同,但一般认为他们并不是一个民族,即便他们有着非常多的共性。故本文采用"泰人"、"泰族"一类的名词。——译注

受巨大压力。另一方面，如果政府在这场对意志和决心的测验中成绩不合格，叛乱就会赢得时间与机会进一步巩固自己。这是很容易发生的，比如，如果当前的泰国领导层完全沉陷于内部的政治伎俩。从长期来看，如果泰国叛乱分子能够相对不受妨碍地发展其能力，并且处理好其内部问题，他们就会成为一个让曼谷感到极难遏制的威胁。

当 前 的 情 势

不管对共产党的叛乱作何想象，它都不是对曼谷政权的生存力是一种紧迫的威胁。然而与此同时，政府也不可能再对这种危险继续置之不理。可毫无疑问的是，在这一节骨眼上叛乱分子取得了相对于政府方面的进展。虽然可能不够精确也不够复杂，但泰国所有的统计数据都指出，共产党策动的袭击、伏击、暗杀以及宣传侵害的程度比两年前更高了。由于地貌、人口、共产党的领导能力，以及政府的管理能力存在着地区上的差异，所以泰国叛乱的发展也不平衡，北方、东北方和南方差别非常大。据估计武装叛乱分子总数在 5 500～6 000人之间，比 1969 年增加了大约 2 000 人。此外，由于受到了更好的训练、经验的增加，以及最重要的是获得了更好的装备，叛乱分子的军事行动能力也增强了。

北方的部落叛乱

叛乱所取得的多数进展都在北方——这是全国仅有的共产党从未丧失主动权的地区，而且在这里他们对政府军曾取得过一些非常持续的胜利。恶劣的地形——稠密的森林与崎岖的山岭——而且还临近老挝根据地，都为游击队行动提供了理想的条件；缺乏足够的道路系统也向叛乱者提供了额外的安全措施。

北方叛乱的种族特征也使得它不同于泰国其他地区的叛乱。尽管它是泰国全国范围共产主义运动的一部分，但北方叛乱的基础人群不是泰人，而是苗人（Meo）的山地部民。泰人传统上就忽视他们，也瞧不起他们，结果共产党的哄诱取悦了苗人，他们也迅速地给予回应。与山地部民的接触早在 20 世纪 60 年代早期就开始了；年轻的新兵被遣往位于老挝的训练学校受训，有时他们也会被派到北越去。由于几乎没有遭到政府方面的阻挠，共产党人便开始把自己的影响力从老挝边境延伸到毗邻的泰国境内山岭地区。到 1966 年，他们在边界线泰国的这一边认真地组织和招募起军队来。

这一地区的叛乱接受泰国共产党（CPT）北方地区委员会的（North Regional Committee）指导，据报其总部设于老挝沙耶武里府（Sayaboury）的西北部。北方叛乱增长中的军事力量分布在三个不同的地区——有一处沿着清莱（Chiang Rai）和难（Nan）府（这里被共产党人称为"解放区"）东部边界；另一处是跨越彭世洛（Phitsanulok）碧差汶（Phetchabun）

以及黎(Loei)府的"三府地区"(tri-province area);还有一处在达(Tak)府与缅甸边界的沿线地区。叛乱分子设法驱逐了政府位于清莱府及黎府之间多数防守薄弱的边界据点。

在最没有保障的地区,也就是沿着难府边境的所谓"解放"区,政府权威被共产党系统化的恐怖主义和宣传活动所严重侵蚀。地区官员因为害怕被伏击,很少走出市镇;而军队移动时是要有护卫的,可这在很多时候还是遭受了袭击。迄今为止,叛乱分子对这一地区的掌控还没有受到过严重挑战;政府判定,发动一场清除边境地区叛乱者的持续战役,所需开销远远超过可能得到的好处。在少有的几次军方发动的小规模进攻中,都证明叛乱者的火力、斗志,以及策略难以对付。①

除了明显需要与泰国安全部队保持安全距离外,如果要让北方的部民叛乱一直成为全国范围的革命的温床,共产党人还得完成两个基本的任务。首先,必须在北方高地的苗人当中建立获得普遍支持的稳固的根据地。第二,叛乱活动必须适当扩展到定居于毗邻的低地地区的泰人中去。迄今为止,叛乱分子的这些努力中没有一个取得了重大成功。在60年代中期,泰国共产党吸引苗人的支持通过给苗人提供基本的医药服务、教育,而最重要的是它给苗人提供了精良的武器,苗人拿着这些武器对抗一个传统的敌人——泰国政府,不啻是一种风光。这些邀取人心之举被证明是受欢迎的,在五年时间内叛乱规模就从250人壮大到3 000多人的正规军及非专职的游击队员。

然而,在过去的一年中,越来越多的迹象显示共产党在苗人地区的政治基础是浅而弱的。人们对共产党人的不满似乎来自泰共执意把自己的政治体制强加到传统的部族村落生活上。出行限制、征用富余的食物储备、强制征兵,这些因素结合在一起,损害了村民对共产主义运动的支持。

对泰共而言,此时部落根据地的动荡来得极其不合时宜,因为这恰逢共产党人正在加强其努力,以把活动重点转向邻近的低地地区。为了达到这一目的,共产党人将其宣传主题扩大到包括他们希望能对低地泰人产生吸引力的话题在内。很明显,共产党人还在尝试使用不同的手段接近泰族村民。尽管他们已经处死了一些村民和村庄头人,叛乱者还是希望通过善行而不是胁迫来赢得泰人的信赖。通常是在部族保安队伴护下,由泰人所组成的宣传及民事活动小组,一次又一次进入边远的泰族村庄,提供医药治疗,帮助干农活,并且散播反政府宣传。而共产党以远高于市场价的价钱购买食品的策略,使一些低地村庄与叛乱分子之间发展起活跃的贸易。然而,迄今为止在这一有限的交往所显示的,无非也就是对经济机遇及军事压力产生一种自然而然的顺应,充其量可以这样说,即共产党人正试图向低地地区转移,而且他们已经与少量村民建立了友好的联系以及一定程度的合作。他们仍然没有达到关键的一步,即在这些地区建立政治组织。

北方叛乱者的军事能力随着外部援助的增长也相应提升。在过去几年里,叛乱分子变得几乎完全依赖于共产党国家制造的武器和其他装备。武装得到了质的改善,其中包括 B-

---

① 原文以上三段有手写批注"中情局副局长已阅"。——译注

40 火箭弹、AK－47 步枪、60 毫米迫击炮、轻机枪以及塑料制的杀伤性地雷（anti-personnel landmines），这使得叛乱分子成为更加难以对付的军事威胁。这些装备中多数是中国造的，但尚不清楚这些进入泰国北方的武器是来自北越人和巴特寮在老挝西北部已有的库存，还是直接从中国运抵泰国边境的。①

老挝北部有一条中国人建设的公路，现在的终点位于湄公河（Mekong）的北宾（Pak Beng），这加强了共产党人向泰国北部的叛乱分子重新提供补给的能力，也使他们能对叛乱分子随时出现的需求做出更迅捷的反应。然而，北方叛乱扩充人力的任何合理规划是以就地征兵为基础的，这相当清楚地意味着这条公路在未来很多年内都不会是支撑叛乱所需的基本支持。

大约在五年前，跨境输送的武器总计起来也几乎不过是涓涓细流——据估计在 1968 年有 8 吨。今天，根据叛乱所耗费的军火来估计，游击队每年消耗共产党国家所制造的物资达 100 吨左右。这是一个相对较小的数目，一支由 25 辆卡车组成的运输队就能全部装运，而叛乱分子利用马车队穿行于既存的小道交通网，能轻而易举地运送远远超过这一数量的物资。无论这条道路对北方叛乱的发展有什么后勤上的重要性，它都使得泰国人更加害怕在国内爆发由中国人所支持的大规模叛乱，由此进一步使泰国人去考虑其未来外交政策的走向。至少在接下来的几年中，这条公路对曼谷的首要影响看来仍旧在这种心理战的领域当中。

解放军卷入？

可能曼谷更急切地关注的是最近的一些报道，其中说有来自中国人民解放军的人员直接插手了泰国北方的叛乱活动。……②

中国向叛乱提供人力支持的动机可能不过是简单地希望能满足兄弟党所要求的帮助。不管北京这么做的根本理由何在，泰国共产党人都会毫无疑问地怀有感谢之情。既然部落根据地的骚动与不满开始显露，则从中国输入政治上可靠的部族干部必然令人欢迎，使叛乱活动更加强硬。

东北部地区：一种政治挑战

当共产党人在北方取得军事进展的时候，他们在东北部地区继续侧重于政治活动，而这里是一个相对贫困的地区，直到近些年来在心理和地理上还都与曼谷隔绝。东北部地区与

---

① 原文以上三段有手写批注"中情局副局长已阅"。——译注
② 原文此处两段未解密。——译注

中央持不同政见的历史已经很久，事实上泰国有许多左翼的传统就根源于那里。东北部地区是出现共产党军事活动最早的地区。泰国共产党似乎早在 1952 年就决定在东北部地区开展武装斗争了，而且其组织工作尽管会间歇性地为政府的镇压行动所妨碍，但在 20 世纪50 年代还是持续展开。共产党宣称，1965 年 8 月武装革命斗争的第一枪就是在东北部的那空帕农（Nakhon Phanom）府打响的。

自从 1964 年以来，共产党人把他们的大多数重要营地都安扎在普潘（Phu Phan）山区里。这些山岭断断续续地从老挝南部和东部开始延伸，穿越乌隆（Udorn）府以及沙功那空（Sakhon Nakhon）西部，随之向东进入那空帕农。尽管山岭有一部分覆盖着茂密的植被，但决非不可进入。共产党谋求在普潘山区的村庄中扩大其影响，并且由此进入边远地区。他们在那空帕农府的那凯（Nakae）地区最为活跃，这里一直是全国暴力事件数目最大的地方。政府承认，武装叛乱分子已在这一地区 115 个村庄中超过 100 个的村庄里建立了相当大的影响力。

在过去一年中，共产党人首先是通过建立村庄军事单位以及政治委员会，全力加紧控制那些已经处在某种形式的影响下的村庄。村庄民兵的建立意味着自 1964～1967 年以来，工作侧重点的一个变化，那时村民通常直接被吸纳进游击队序列。现在的侧重点是招募村民，并且至少在一开始要仿照那些已经在印度支那有效施行的模式来使用他们。尽管有关这一行动取得多大成果的证据仍然很粗略，但在加拉信（Kalasin）沙功那空，以及那空帕农府，至少有 4 000 名村民组建了这样的部队。泰国共产党的目标就是提升这些民兵组织的能力，使之可与现在人数在 1 800 名左右的正规游击队士兵并肩作战。通过在诸如短程巡逻、暗杀以及宣传讨论之类有限的行动中把民兵与全职士兵整合在一起，这一目标正在实现。最近有证据表明，民兵人员已经开始担负起更大的军事责任，包括对政府的驻防据点发动袭击。

尽管民兵的主要目标是作为辅助力量使用，可泰国共产党并没有忽视他们的政治潜力。比如，在加拉信府的考旺分区（Khao Wong Sub-District）与那空帕农府的那凯地区，他们被用来组成反对泰国国王政府的公众示威。然而更重要的是，共产党使用民兵，令其成为自己政治控制的最新表现形式——村委会的骨干。这些组织正在替代或补充秘密基层组织（cell structure），将其作为共产党在农村影响力的最初来源。这些委员会——目前在那空帕农、沙功那空，以及加拉信府的村庄、地区以及府级层面上都显露无遗——的建立，意味着它们是共产党未来的地方行政管理的前身。在乌隆府的西部，地区一级的委员会也已经建立起来，但至今为止还没有它实现村一级的政治控制的迹象。

由于各个委员会就其性质而言是比基层组织更加复杂缜密、而且秘密会社色彩更少的政治工具，所以它的形成就意味着共产党在东北部地区发展政治拥护者的企图迈出了意义重大的一步。一份保守的评估——其依据部分来源于被截获的共产党文件——显示，共产党新生的、包括从秘密基层组织到完全成熟的委员会在内的各种政治机构，已经触及了大约两百个村庄，受其影响的人口起码有 10 万左右。虽然这些数据看上去给人以深刻印象，但他们只占东北部地区人口总数不到百分之一，而且这些机构的残余部分仍然局限在那空帕农、沙功那空，以及加拉信府的边远地区。除此之外，东北部地区只有在乌隆府西部地区可以看到共产党有取得进展的迹象，在那里一个重新焕发活力的党的领导层似乎正奋力组建立村一级的委员会。尽管共产党人努力了很多年，可他们在邻近的乌汶（Ubon）呵叻（Korat）武里南（Buriram）以及巴真武里府建立一个能生存的军事机构或政治机构的努力都异乎寻常地失败了。

叛乱者不能有效地把影响力扩张到东北部传统根据地之外，是由于泰国共产党组织机构的基础薄弱——长期都缺乏具有意识形态动机与丰富经验的政治干部。这种缺陷，加上共产党在进行宣传运动时所使用的呆板的意识形态手法，是共产党不能更好的利用当地民众的需求及怨愤的主要原因。尽管共产党人已经专注于处理一些当地的问题，他们仍旧倾向于把宣传集中于反对美"帝国主义"以及他侬-巴帕①政府，这两件事与文盲的泰国农民几乎毫不相干。

而且，如果遭到严重的挑战，则共产党最近在东北部地区所取得的政治成就会被证明是昙花一现的。比如，在过去一年，政府向位于加拉信府东北部地区的共产党的政治及支持组织不断施压，便严重侵蚀了它们在村庄一级的影响力。可能这仅仅是一个孤案，但它的确对共产党在东北部地区村庄一级政治根据地的生存能力提出了疑问。而纸面上的信息可能比现实景象还要令人难忘。然而，如果叛乱分子的政治组织没有遭到挑战，则局势只可能会更糟。

在东北部地区，以力度强劲但持续时间不长的镇压战役为特点的政府反叛乱行动，对局势只产生了短暂的影响。持续的军事巡逻已经使得叛乱分子在沙功那空府发动的事变明显减少，但是泰人还没有在那空帕农府叛乱的中心地带应用这一经验。叛乱者旨在永久性恢复"解放斗争"的组织活动，除在政府零星发起的镇压行动期间，很大程度上在那里不受阻碍地继续进行。在这些地区，村民们面对顺从共产党的政治控制，放弃他的家宅，或者死亡，经常只能做出唯一的抉择。许多年来，在那空帕农府那凯地区拒绝与叛乱者合作的村民往往都会被枪决。

东北部地区共产党军队的装备主要还是美制武器。然而，他们已经越来越多地使用共产主义阵营所提供的武器，而且可获得的有限且不可靠的证据，数目不大但一直在缓缓流入的中国制武器经由老挝南部进入了东北部地区。人们曾看见小股叛乱武装中有越来越多的人手持 AK-47 步枪，而且就在过去的这个夏季，他们在进攻村庄防御据点时使用了 B-40 火箭发射器与 60 毫米迫击炮——这是他们在东北部地区首次使用这些武器。尽管如此，与他们在北部地区的同志不同，东北部的叛乱分子所处的地理位置不利于其接收外来武器及其他物资补给。他们的严重问题是，主要的根据地普潘山区不毗邻老挝边境。普潘山区与边境之间的土地平整、开阔，而且人口稠密。这使得叛乱分子很难运转起一个从老挝延伸过来的重要的秘密补给系统。尽管如此，穿越湄公河而来的某种渗透（即便有巡逻）还是相当

---

① 他侬-巴帕（Thanom-Praphat），泰国独裁统治者，1963～1973 年统治泰国，民愤极大。——译注

容易的,因为共产党制造的武器越来越容易获得,就说明了这个情况。

就地采购(武器)从来不成问题。在泰国和老挝的黑市上可以用合理的价钱获取武器。东北部地区的叛乱分子也从村庄安全部队手中俘获武器,此外,相对较少发生的是,他们能在武装交火中缴获武器。

东北部地区叛乱分子所实现的相对自立正在开始延伸到训练叛乱者的地区。尽管秘密报告显示,对新兵的训练在老挝、北越,以及中国继续开展(与北部地区的情况相同),可目前看来叛乱分子还是在位于普潘根据地的学校接受许多基本训练。尚不知道这些设施已经存在了多久——可能早在1970年就有了——而且它们当中没有一个有永久性驻地,但是去年就已证实了在那空帕农府存在着八个这样的学校。其中有六个学校开授政治课程,有一个集中教授军事课目,另外一个提供战地医疗训练课程。这些训练设施在东北部地区的创建毫无疑问加强了党招募新兵的能力。在过去,新兵员不愿离开他们的家经历长途且艰辛的跋涉到老挝和北越去受训。

中南部地区与遥远的南部地区

位于克拉(Kra)地峡——或者"中南部"地区——的叛乱发展缓慢。这里叛乱的严重性远不如北部和东北部地区的大。因为这一地区远离老挝及其他可能提供支持的地区,也因为共产党人在这里花费的时间和精力都不如他们耗费在其他那些地区的多,他们对叛乱的继续发展期望值不高。事实上,有证据显示,共产党已经将其最有前途的干部从南部府份撤出,派往北部和东北部地区工作。而且,在过去一年中,泰国政府在桑·集巴滴玛①将军(该地区军事指挥官)的得力领导下已如此沉重地破坏了共产党在中南部地区的组织,以致除非泰共调入大批经验丰富的政治和军事干部,否则它实现迅速恢复的任何机会都是极其渺茫的。尽管如此,这一地区的丛林与山岭地形非常适合开展叛乱活动,而且南方地区的民众传统上就对政府不满。……②如果政府不乘叛乱活动还弱小时便挫败它,那么在未来的岁月里,狭窄的地峡地区就可能发展出严峻的问题。

在更往南的地区,马来亚民族解放军(Malayan National Liberation Army),一支马来亚共产党下属的以丛林为根据地的武装——通常称为共产党恐怖组织,自从20世纪50年代马来亚紧急状态的早期以来,它一直利用泰国南方边境各府作为庇护所与补给基地。该组织的活动针对马来西亚而不是泰国,而且其成员对泰国本身而言也不被认为是什么大不了的威胁。这个恐怖分子的组织与泰国共产党人仅仅保持了有限的联系。一些泰国叛乱者在靠近边境的马来西亚人的营地受训,而且已有迹象显示两支力量在宋卡(Songkhla)府南部

---

① 　桑·集巴滴玛(San Chitpatima),泰国政府军著名将领,后升任泰军副总参谋长。——译注
② 　原文此处一句未解密。——译注

展开了联手运作。最近有一些小股的泰国共产党团体向南活动，进入了宋卡府南部由恐怖分子控制的外围地带，这暗示了两个团体之间的合作可能有所增长。① 然而，在曼谷看出这些恐怖主义活动会给泰国造成某种更大的威胁之前，它似乎不会参与马来西亚对付这一问题的行动。

来自曼谷的观点：泰国的认知和战略

面对泰国境内叛乱的侵害，泰国政府能够做也试图去做的事当然取决于它对问题的认知。至少在过去，泰国领导人似乎一直抱有这样的观点，即共产主义运动绝不可能在泰国的土地上扎根——也就是说，尽管叛乱已经演变成一件恼人的事情，但在斗争中将会证明的是，宗教、泰国独特的同质性以及对民族主义情感才是决定性的因素。为了说明这一在军队内外的高级官员中都普遍持有的观点。……②

必须牢记的是，从曼谷的利弊权衡来看，有一些比镇压叛乱更需优先处理的事情。首先，军方认为，北越人对老挝境内湄公河谷的蚕食，或者中国人在南奔（Nam Beng）谷地（在老挝北部地区）的军事存在，对国家而言都是远比叛乱重大的潜在威胁。这一点，而不是对北部叛乱局势的关切，才是泰国当前对中国在老挝北部修建公路网表示非常担忧的根本原因。泰国领导人总是倾向于把叛乱更多地当成是某种外部威胁的表现，而不是一个有着自身生命力的、根基深厚的国内运动。由此，泰国对付叛乱问题的战略方法首先也最强调要挫败北越人及老挝共产党在老挝的野心，此外，最近一段时间来，它还谋求与新近变得易于通融的北京实现某种程度的修好。如果这些政策取得了成功，则在泰国政府看来泰国的叛乱将被削减到易于控制的程度。

当然，曼谷仍然怀疑中国人的意图，而且充分意识到在接下来与北京打交道时存在着各种不确定性。尽管如此，目前曼谷和北京之间已经展开外交试探，说明这种疑虑丝毫没有减少泰国人寻求与中国人达成和解的兴趣，也没有减弱曼谷的这样期望或者说信念，即从长远角度看，在印支战争后东南亚实现的广泛和解将使得泰国没有必要采取积极有力的反叛乱措施。

在泰国看来，另一个比反叛乱更需优先处理的问题是对政权潜在的内部威胁。……③

这种总体情况下令人鼓舞的例外是，在南部地区，过去 18 个月的对付叛乱威胁的行动取得了重大进展。这首先是因为第五军区指挥官桑将军强劲有力的个性及能力，使当地官员能协调组织起一个反叛乱战略，令叛乱分子多年来第一次处于逃窜中。关键因素在于一个由桑将军即兴设计的指挥结构，即通过一个私人关系体系——这是一种泰国独有的概念，

① 原文以上四行有手写批注"中情局副局长已阅"。——译注
② 原文此处数句未解密。——译注
③ 原文此处数句未解密。——译注

与西方的组织理论大不相同——指导并协调民政、警察以及军事人员。它能运作得如此之好,是由于桑赋予这项工作若干特别的优点:他来自南方而且会说当地方言;他的兄弟是第九地区的警察指挥官,而第八地区的指挥官(还有许多当地政府的官员)是他的一个故交。

1971年,桑指挥军队-警察联合部队向证实了的共产党根据地展开持续而高效的军事行动,从而在南方开始实施他的计划。叛乱者被打散了,并且转向当地村庄寻求食物与保护,桑将军便使用同样的联合部队搜查共产党在村庄中的基层组织。一个相当得力的民事行动计划也补充了这一行动,其中包括修复道路、挖掘水井之类的工程。经常遭受忽视的诸如医药援助和土地注册之类的政府服务上,也要求当地政府官员也做出改进。最终结果是,在这个向来遭受政府忽视,进而大众对政府长期不满的地区,安全情势大为缓和。

至少可以从理论上设想在全国范围内都采取一些类似的、成功的地方性计划。如果在这方面没有做得更多,那不能归因于资源短缺。桑将军的计划所需资金的很大一部分就出自其训练预算。而他能够利用的资源,在这个国家每个府的军方要员也都有权任意处置。关键而且通常缺乏的因素还是领导能力。……①

对更往北的地区而言,关键词是遏制而不是消灭。重点将放在切断叛乱者进入低地寻求补给的通道上而不是进入根据地。军队也在清莱府、难府及彭世洛府中叛乱分子控制的地区划定了"自由开火"地带,以期在这一地区更积极地开展巡逻和清剿。与军队的努力相结合的是,同样要求北部的文官们为了更好地控制人员和资源而工作,包括破坏叛乱分子所控制地区的农作物、逮捕城市里的支持者、诱使更多人叛变的心理战,以及在双方争夺的地区组织本地民兵。尽管这些行动据测会对叛乱者的基层组织造成损伤,却也明显要承受与当地部民——政府最终必须得赢取这些人的民心——关系疏远化的危险。政府说它已经命令平民暂时撤离北方的叛乱地区,但是毫无疑问将会有大量处于共产党控制下的山地部民在这件事上无从选择,只能留下。

这些行动是泰国活力的标志,只要进入计划阶段,就终究会上路。……②不管政府的新计划中有多少是实的多少是虚的,在未来的几个月中,叛乱的情势不大可能有显著的变化。就军事方面而言,北方的叛乱几乎肯定还是政府最难对付的问题。首先,崎岖的山岭是开展游击战的理想地形,却令泰国军队完全不适应,他们都是在开阔地带接受常规作战训练的。第二,共产党根据地毗邻易于渗透且不甚安全的老挝边界,从中国和北越延伸过来的交通线可以抵达这里。第三,共产党人成功地征用了好战的部族战斗力量,他们的成员熟悉地形,而且长久以来对泰国政府都抱有忌恨之情。这些部民中有很多人都与在老挝为王宝(Vang Pao)而作战的苗人有远亲关系。

另一方面,叛乱者看来也越来越沉陷于那些也憎恶共产党强制统治的部民的骚乱之中,而且,如果说他们在向邻近的泰族居民输出革命方面有任何进展,那也是微不足道的。多年

① 原文此处数段未解密。——译注
② 原文此处数段未解密。——译注

来实用性地利用部落武士，已经是东南亚叛乱与反叛乱战略共同的显著特征。然而，毛主义的意识形态和实际经验都没有透露出这一层意思，即部族的叛乱特别适合成为全国性共产主义革命的温床。除非共产党人设法更大规模地渗透入泰人——他们是泰国人口中的绝大多数——当中去，那么看起来有可能的是，叛乱将演变成一种类似于缅甸那种情势的东西，在那里，25 年以来，政府优柔寡断地抗击着边境地区的持不同政见者与叛乱者，这些人中绝大多数都不是缅人血统。

在更长的时期内看，政府和共产党人在东北部地区都可能遭遇到远比现在大得多的危险，那里的叛乱分子在对曼谷构成非常现实的政治挑战方面正在取得不断进步。军事努力，诸如政府在普潘山区发动的战役，可能会暂时地束缚住或驱散丛林中的叛乱者，但曼谷还是没有致力于在东北部建立起可靠且耐久的安全存在。这一地区的很多地方在政治及安全方面仍旧维持一种政府人员及服务都未曾触及的真空状态。据泰国一位一流的社会科学家最近的研究说，在乌隆与那空帕农这些关键的府中，还有大量农村青年易为共产党招募。在曼谷开始关注到需要在东北部实施一个综合的、而且协调良好的反叛乱计划前，安全以及政府控制力方面逐步恶化的速度还将主要取决于共产党人自身的能力和缺陷。

国外的因素及事态发展似乎不会造成叛乱的威胁明显扩大；由于这一原因，也不要指望它们会为问题的解决提供一个轻松愉快且代价低廉的办法。许多泰国官员醉心于这样的念头，即脱离了北越和中国人的支持，叛乱就会烟消云散。他们指出华人在泰国共产党高层中占有优势，泰共盲目尊崇毛泽东的教条，还在北越和中国训练泰人，这都是叛乱的威胁具有外来性质的证据。然而事实是，泰国的叛乱基本上是在党的骨干分子领导下的地方性现象，这些骨干中泰人多于中国人。在低地地区，武装起来的共产党的支持者几乎全都是泰人。除了北方可能是个例外——那里来自共产党中国的武器装备看来已经变成了普遍存在的问题，泰国的叛乱在脱离国外势力支持后很有可能依旧处于棘手的状态。

在过去，中共与越共显然一直都只向泰国叛乱提供其现有能力能够消化的、有限的援助。目前北京与曼谷之间的外交对话，以及中国与泰国在某种程度上修好的清晰前景都意味着，即便是这种数目有限的武器输送在未来几个月也可能会稳定下来或者被削减。泰国是中国全球范围外交运动中在亚洲的一个主要对象，这场外交运动立足于建立并改善国与国之间的关系，而且相应淡化北京作为一个革命侧源地的形象。在泰国问题上，中共领导人和一个泰国领导层的使团已经在北京开展了几次友好的试探性讨论，而且自从 8 月下旬以来，中国的宣传机构史无前例地停止了对泰国政府的攻击。

所有这些行动对泰国叛乱的确切影响还不甚明朗，至少在当前开始的曼谷与中共的早期会谈阶段是如此。当然不能指望北京与其泰国同志完全脱离关系，或者中断其对叛乱者努力的援助，只要它继续认识到叛乱在中国外交具有胡萝卜后面的一根大棒的价值。事实上在缅甸，中国人已改善了其与仰光的外交关系，可与此同时还是对缅甸共产党的叛乱给予了数量稳固但有限的支持。中泰关系的改善即便在最小的程度上也会对泰国共产党的斗志产生不利的影响。

目前自越共流入的援助虽然不像中国人提供的援助那样重要，却也同样要服从可能的政治势态发展，比如越南停火、达成更广泛的有关印度支那问题的协议，或者美国在泰国的军事势力减少。其中的任何一个可能性，或几个可能性的组合，都会使得河内失去支持叛乱的兴趣。

总的来说，叛乱未来的走势及最终的结果将在很大程度上取决于曼谷政权以及泰国的叛乱分子。共产党人正在取得收获，但是它们的推进，在多数情况下都是政府疏忽的结果——对叛乱和农村居民的需求都有所忽视。叛乱持续的增长很大程度上是任其发展的结果。在这方面，从政府去年春天的普光(Phu Kwang)行动中，以及从它当前为未来的军事战役所制定的计划中，至少可以使我们感受到一种暂时的鼓励。尽管执行计划的过程中肯定会暴露出不足之处，但已提上日程的行动，不管执行得多么拙劣，都会对叛乱分子的扩张计划施加限制性影响。经过明年的行动，叛乱分子在政府愈加强大的压力下如果能保住其现有力量那都是最好不过的事了。

曼谷可能满足于东北部这样的一种僵局，对北方肯定也是这种态度。长期以来最主要的一个问题就是这种缺乏进取性的状态。假如政府当前行动的趋势又折回到过去那种零星的、也非常松弛的行动模式，则叛乱者的组织仍将完整保存下来。只要泰国领导阶层把叛乱更多地当成一种麻烦事而不是生死攸关的威胁，只要领导阶层不进一步致力于根除叛乱者的基层组织，叛乱活动就完全可能继续逐步滋长下去。

泰国的态度可能最终也不会发生这样的变化，除非政府遭遇一系列重大的挫折——而这在不久的将来似乎不会发生。泰国共产党人一方可能无意从事引人注目但适得其反的暴力和破坏行动，因为这可能使泰国政府从其对安全情势的错觉中惊觉过来。这一平淡无奇的、几乎看不到共产党力量的明显增长，而政府也只做出零星反应的景象是令人不安的。这种情形绝非不可扭转，但除非在若干年内就发生根本性的变化，特别是政府对待叛乱的态度和方法发生根本性变化，否则就会迎来这样的一天：政府非得竭尽全力去对付一个更具威胁性的叛乱的挑战。

DDRS，CK 3100409305 – CK 3100409325

费晟译，牛可校

中情局关于中共对第三世界民族党发展友好关系的报告

（1978 年 8 月 14 日）

秘　密

中共对第三世界民族党采取新政策

（1978 年 8 月 14 日）

报告涉及的国家：中国/伊拉克/苏丹/索马里

主题：中共中央委员会决定与第三世界执政的民族政党发展关系。……①

来源：……②

1. 中国共产党中央委员会在 1978 年中旬之前举行了一次特别会议。党的领导层决定与第三世界国家执政的民族政党建立官方接触，并且允许在中共与第三世界国家执政的民族政党之间建立起紧密的关系，只要这样一种关系的发展有可能给中国人带来一定的政治好处，相应地损害"帝国主义国家"，而且特别是"社会帝国主义者"（这是中国给苏联取的绰号）。中共认为这一决定是其外交政策上的重大变化，必须得到党的最高层的支持，因为许多这样的第三世界民族政党由于与西方保持着联系，或者很多党是由于与苏联保持着紧密关系，结果至今还被中国人看成是修正主义的或者资产阶级的。然而，在最近几个月里，这些政党中有若干个党派已经开始与中国人接洽，要求发展更紧密的党际关系，而中共中央也相信，决不可放过这一有助于打击其敌人，尤其是苏联的机会。有三个第三世界民族政党向中共做出特别的提议，它们是苏丹阿拉伯社会主义联盟（Arab Socialist Union of Sudan），索马里社会主义联盟（Socialist Union of Somalia）以及伊拉克社会复兴党（BA'TH党）。……③

2. 在 1978 年 6 月，索马里社会主义联盟派出的一个官方代表团抵达北京以开启一次政治对话。而且在 8 月，还会有来自苏丹阿拉伯社会主义联盟的代表团。中国人自己也在考虑派出一个中共官方代表团到巴格达去与伊拉克的社会复兴党进行商讨。所有这三个外国政党都是主动向中国人采取行动的。

3. 中共向全世界各个亲华的马克思-列宁主义政党通告了自己对民族政党的新政策；并不出人意料的是，一些亲华的政党对此表示了反对，它们认为这看起来像是中国人要与那

---

① 原文此处删去一句。——译注

② 原文此处删去数句。——译注

③ 原文此处删去一句。——译注

些在历史上被认为是苏联或美帝国主义势力的追随者搞妥协。中国人已经试图向老朋友们解释：这种表面上矛盾的行为必须放到全世界斗争的大背景中加以看待。亲华的马克思列宁主义政党要继续推行其一贯以来的政策,而且从其内部决定来看,它们将不去理会中国与它们各自国家中执政的民族政党所做的事情。民族党应该仍旧被看成是资产阶级的,而且中共与这些党派发展关系也仅仅是权宜之计。……①中共做出这一决定似乎是毫不妥协的,而且相对并不在意全世界亲华的政党将采取何种举动。

4. ……②

DDRS, CK 3100153147 - CK 3100153149

费晟译,牛可校

国防情报局关于中国对阿富汗局势反应的评估报告

（1983 年 3 月）

DDE 2200－179－83

绝　密

中国与阿富汗：中华人民共和国的关注及其施加影响的能力

（1983 年 3 月）

　　这份备忘录分析了中华人民共和国领导人就苏联在阿富汗的存在对中国的全球、地区以及军事/安全利益所产生的影响如何进行评估。随后的讨论转而关注中华人民共和国集中不同的国家力量要素以抗衡苏联挑战的能力。我们分析了中华人民共和国在接下来的五年中最有可能的行动方针，随后讨论了其中可能与美国有关系的内涵。

摘　　要

　　一、阿富汗其本身在中国的战略计算中几乎无足轻重。实际上，中华人民共和国的关切来源于它对相对于苏联的全球战略平衡所做的评估，中华人民共和国对自己在南亚所处地位的评估，此外还有最次要的一点——对军事威胁的感知。

　　二、面对苏联的行动，中国做出的反应旨在阻止由北京看来莫斯科方面正在坚决贯彻的总体计划：孤立中国、控制西欧，并且最终主宰全球。作为这一战略的一部分，北京也谋求维持其对南亚事务微薄的影响力，并且加强其对伊斯兰第三世界的认同。

　　三、中华人民共和国领导人认识到以自己有限的国家力量去反击苏联的行动，中国将处于不利的位置。他们也意识到中国实际上没有实力去直接影响事态发展的结果，而且有必要与其他国家携手共事。这种虚弱使北京处于一种积极因素与消极因素并存的复杂境地。对一个国家采取积极行动会引发其他国家的消极反应，可那些国家的支持对中国来说是很重要的。

　　四、排除不可预见的情况，可供北京抉择的方案在接下来的五年里似乎不会显著增加。更有可能的是，中华人民共和国的领导层会延续自 1980 年以来所阐明的根本政策，同时探索加强中国影响力的新机会。在任何情况下，中国的立场都将继续取决于北京对更大的全球和地区利益的感知，而不是根据阿富汗内部的事态发展状况。

五、如果中国在南亚成功地抗衡苏联的地位,就将使美国获得与印度改善关系的新机会。类似的,中国在伊斯兰第三世界影响力的增强会使得美国在中东及北非的政策规划更加复杂。最后,北京仍将把美国对阿富汗的政策看作是对美国在全世界与苏联对抗之决心的测验,并且由此继续对美国-中华人民共和国关系的发展产生重要影响。

背景：中国的关切上升

1. 有四件事使得中华人民共和国的领导人逐步提升阿富汗态的重要性。其中第一个是,是 1978 年 4 月的沙尔革命(Saur Revolution),阿富汗人民民主党(People's Democratic Party of Afghanistan)令人捉摸不透的领导人努尔·穆罕默德·塔拉基①,罢黜了现任首相穆罕默德·达乌德②。尽管中国领导人并不特别喜欢达乌德,但他们觉得自己了解他。另一方面,塔拉基的上台令北京不安,因为领导层不清楚这位新首相在多大程度上倾向苏联。在 12 月,当塔拉基政府与苏联缔结了一份为期 20 年的友好条约时,中国的恐慌增加了。中国领导人感觉这份协议——双方都描述说这是对营造"一个有效的亚洲安全体系"的一次尝试——部分地是直接针对中华人民共和国的。看来北京的担忧在 1979 年 9 月被证明是有道理的,那时更亲苏的哈菲佐拉·阿明③罢黜了塔拉基。最终,在 1979 年苏联入侵阿富汗并扶植巴布拉克·卡尔迈勒④就任总理,这迫使中国领导人接受这样的事实：即阿富汗已经成为中国在估算全球、地区及军事利益时的一个重要因素。

中华人民共和国的关注与目标

2. 中国对阿富汗的关切受到若干参考因素的影响。它们是：北京对与苏联相关的全球战略平衡的评估、对中国在南亚的地位的演变的评估,以及最次要的因素——直接军事威胁的可能性。

3. 作为对阿富汗所发生事件的反应,中国领导人有三个主要的目标。首先,北京希望

---

① 努尔·穆罕默德·塔拉基(Nur Mohammad Taraki),阿富汗革命委员会前主席、人民民主党前总书记、作家。1978 年 4 月推翻达乌德政权,任革命委员会主席兼总理。1979 年在阿明发动的政变中受重伤身亡。——译注

② 穆罕默德·达乌德(Mohammad Daoud),阿富汗王国首相(1953～1963),阿富汗共和国总统(1973～1978)。奉行政治上的中立主义,1955 年同中国正式建立外交关系,并参加万隆会议。其政权后被塔拉基领导的亲苏派势力推翻,本人以身殉职。——译注

③ 哈菲佐拉·阿明(Hafizullah Amin),阿富汗总理(1979),阿富汗人民民主党总书记(1979)。早年留学哥伦比亚大学,较为亲美,发动政变推翻亲苏派政权后,旋即在苏联的入侵下被卡尔迈勒打倒,本人遭处决。——译注

④ 巴布拉克·卡尔迈勒(Babrak Karmal),阿富汗革命委员会主席(1979～1986),政府总理(1979～1981),人民民主党总书记(1979～1986)。在国内斗争中失利而滞留于东欧,1979 年伙同苏联入侵阿富汗,任国家最高领袖,1986 年流亡苏联。——译注

终止它所感觉到的苏联正在坚决贯彻的重大计划：孤立中国、控制西欧，并且最终主宰全球。其次，中国领导人希望保持他们越来越受到威胁的能力，继续对东南亚和南亚事态的发展施加少许影响。最后，北京谋求利用阿富汗所发生的事情来再次加强它与第三世界的认同。引导着中国政策走向的是这样一些全球-地区目标，而不是追求存在于阿富汗内部的更为狭隘的利益。

4. 在中国人看来，入侵阿富汗是但仅仅是苏联谋求全球主宰权（霸权主义）这一更大计划的一个方面。中国领导人也将苏联的入侵和它在其他地方的，特别是东南亚的行动联系起来。按北京的分析，苏联的目标是支配西欧。莫斯科对阿富汗的"占领"，有助于这一目标的实现，因为这给苏联提供了一个地理和心理上的跳板，它可以由此成功地施加军事和外交压力，控制中东、北非及波斯湾的石油产区。同时，莫斯科通过其越南代理人也可以尝试控制并主宰东南亚和马六甲海峡，由此限制西方进入太平洋地区。除了实现额外的战略好处，苏联还将有效地孤立中国并更有能力去控制西欧并最终控制全世界，而远不止是目前的情况。

5. 在中国看来，苏联的威胁更多地是在政治上而非军事上的。北京的判断是，莫斯科已认识到公开入侵中东、北非以及东南亚将是适得其反的，因为这会引起联手的反对而且可能导致苏联所需财富的损毁。相反中国人担心，苏联会通过威胁使用优势兵力并且展现出它煽动内乱、迫使诸如巴基斯坦、日本、沙特阿拉伯和东盟等其他国家与国家组织让步的能力，来实现战略支配，进而实现政治霸权。因此，中国的领导人认为阿富汗是全球战略平衡方面的一个问题，需要那些遭受莫斯科威胁的国家联合应对。

6. 中国领导人为维持中国对南亚事务的影响能力而敏感于苏联入侵的含意。巴基斯坦就是这方面的例子。甚至自从1965年印巴战争以来，中国就已经与巴基斯坦紧密结盟。中国与伊斯兰堡的联系使中国能够对南亚施加一定的影响，而且更重要的是，这对印度-苏联在次大陆的地位构成微弱的抗衡。与巴基斯坦的关系也通过某些方式有助于削弱印度对付中国的手段，因为新德里在同中国打交道时必须考虑伊斯兰堡的反应。

7. 巴基斯坦是中国通往南亚和西南亚可利用的最佳入口，而且因为那个原因，巴基斯坦的情势对中国具有关键性的利益。中国对这一现实的认识使得多年以来北京至少在道义上一直承担着防卫巴基斯坦的义务。中国清楚地感觉到它的信用正处于危机之中，而且也认识到如果不能给予巴基斯坦以恰当的援助，就会导致一笔地区战略财富的损失及其国际声望——特别是在第三世界中的——的消蚀。

8. 在中国人看来，阿富汗的事件使得一个本已脆弱的伙伴所面临的麻烦更为复杂了。北京注意到巴基斯坦在历史上就是不稳定的，而且巴基斯坦国内政治自从1977年以来一直动荡不已。同样的，伊斯兰堡的经济困难最近也增加了，与此同时，各种族集团不断施压要求民族自决。

9. 中国人担心巴基斯坦容易受到阿富汗事件副作用的影响，这会影响到中国的地区利益。中华人民共和国鼓励并支持巴基斯坦成为阿富汗难民暂时的家园以及阿富汗抵抗力量主要的运输和补给基地。北京清楚地了解巴基斯坦扮演的角色导致苏联的严重不满。中国担心苏联人及其卡尔迈勒盟友们会通过武力并/或援助各种分离主义集团,逼使巴基斯坦改弦更张。中国人估算到,巴基斯坦由此期望中华人民共和国在急切的压力之下会给予其一定程度的援助。如果没有这样的援助,而且特别是如果美国没能填补这一缺口,中国人就担心伊斯兰堡会默认现状甚至承认卡尔迈勒政府的合法性,以求缓解压力。如果发生这种情况,中国会发现自己对南亚本已微不足道的影响甚至会受到更大的限制,而且它作为第三世界伊斯兰国家支持者的信誉将遭受明显削弱。

10. 北京对苏联在纯粹军事方面的侵略关注较少。除在苏联军队进驻阿富汗后发表少量声明以外,没有迹象表明中国认为苏联在阿富汗的存在构成对中国安全的直接军事威胁。正如有人可能已经估计到的那样,中国人民解放军乌鲁木齐军区的部队在入侵事件发生后进入了更高的战备状态。但是自 1980 年早期以来,解放军还没有大规模地增派驻军或集结部队,以显示北京觉得长期的军事威胁可能会来自喀布尔。

11. 然而,北京已经做出了一些重要的军事估计。首先,中华人民共和国认为苏联的入侵以及随后镇压起义者的军事行动,说明了苏联有能力快速集结部队并且相对高效且有力地补给自己及其盟友的军队。中国领导人清楚地知道,苏联在阿富汗显示出的能力同样也可以在世界其他地方施展出来,特别是在对付中国的时候。其次,中国担心苏联对阿富汗瓦罕(Wakhan)走廊事实上的吞并使得苏联直接和巴基斯坦接壤。最后,也是中国人最关切的是,阿富汗,连带柬埔寨和老挝,都成为苏联新式武器与新战术在战场状态下的试验场。中国的战略家害怕苏联在阿富汗取得的经验教训会使得其军事能力得到重大提高。

12. 这些因素可能与中国在军事战略和战术方面持续的争论有关。从某种意义上讲,阿富汗起义者面对一支占有优势的现代化军队发动了一场"人民战争"。中国人民解放军也将遭遇一支占有优势的现代化军队,而且必将发生在中国领土上。因此非常重要的是中国人民解放军也估测自己在阿富汗会得到何种经验教训。然而迄今为止,中国领导人已注意到了起义者的持久能力,并且声称人民战争理念具有持久的效力,并继续鼓舞他们。

中国影响事态发展的能力

13. 北京在把它有限的国力用于反击苏联的行动时处于不利地位,所以中国认为阿富汗问题应该作为反击苏联扩张主义的长期战略之中的一个因素来处理,而这种长期战略的意图在于增加苏联的政治、经济耗费。因此,中华人民共和国必须首先依靠其他国家的行动。中国的虚弱,与之相应它需要与其他国家及组织协调行动而导致的种种麻烦,这两个因素结合起来严重限制了中国影响事态发展的能力。

14. 就积极的一面说,中华人民共和国在精神与物质上都能向阿富汗抵抗运动提供重大的支持。据报说在 1982 年中国人的援助增长到这样的程度,即在阿富汗北方的一些省份,抵抗武装手中的武器有五分之一都是由北京提供的。尽管大量中国制造的武器都是诸如 AK - 47 步枪之类的轻武器,但最近的报告显示运抵起义者基地的军事补给在规模和精良程度上都有小幅提高,它们主要是经由巴基斯坦而来的。其中包括数量有限的 B - 10 无后坐力步枪,RPG - 2s,RPG - 7s①,以及 82 毫米迫击炮。解放军军事援助的性质和范围可能会随着起义者操控复杂武器能力的增强而继续有所增加。其次,北京能够利用本国既有的穆斯林少数民族人口建立起自己作为阿富汗"解放斗争"支持者的真诚形象。尽管存在一些问题,但中国人的支援已经对阿富汗抵抗运动的凝聚力和作战效能都产生了一定的有益效果。反过来这也有利于中国的利益,因为这突出了卡尔迈勒政府缺乏合法性,而且把苏联人拖进一场艰难的人民战争。第三,中华人民共和国能够动员国际社会支持抵抗运动。在确保穆斯林世界各国给予阿富汗某些额外的物资和财力支持方面,北京的作用也非常重要。

15. 然而,尽管抵抗力量取得了一些成功——特别是考虑到苏联占有压倒性的军事优势,中国人还是认为军事胜利既不可能也没有希望。相反,他们的期望是,苏联在人民战争中难以获得胜利,这将导致他们寻求以政治途径解决问题。这一目标,反过来又要靠阿富汗社会和政治的复杂变动,而所有这些都是中国的直接影响力或控制力所不及的。因此,尽管中华人民共和国的支持有助于创造某些条件,可单就中国而言还是没有掌握足以直接决定最终结局的手段。

16. 对于巴基斯坦,中国能提供更多数目的经济和军事援助,这轻微地提高了莫斯科对伊斯兰堡施加军事压力的成本。另一方面,中华人民共和国的现代化需要资源,这要求中国尽可能少地承担义务。同样,由于渴望动员起一个反对苏联的国际统一战线,北京更希望自己的卷入不要那么显眼,让人们觉得巴基斯坦最主要的支持者不是中国而是美国。最后,对巴基斯坦主要的援助几乎注定会引发印度和苏联的负面反应,进而妨碍一个为能中国所接受的方案的诞生。

17. 在全球舞台上,北京能够通过在国际论坛上不断批评苏联而维持对苏联的压力。通过这种做法,中华人民共和国帮助促成了一个批判性的国际舆论集团。有一个情况帮助了中国领导人在这方面的努力,这就是在阿富汗,尽管卡尔迈勒宣称奉行社会主义,但国际社会感觉它仍旧是一个第三世界国家和伊斯兰国家。因此一个悍然入侵弱小国家的霸权主义超级大国的形象是为大家所确信的。不过,由于中国不能将世界舆论转化为具体的行动,北京只能指出它所认为的危险并坐观其变,而其他国家则按照它们自己的利益做出反应。

展　　望

18. 可供北京选择的方案在接下来的五年中不大可能会显著增加。更有可能的是,中

---

① 源于德国的反坦克火箭弹。——译注

华人民共和国的领导层会延续自 1980 年以来所阐明并发展起来的基本政策方针,与此同时寻求加强中国影响力的新机会。中国的立场继续取决于北京对更大的全球和地区利益的感知,而不是根据与阿富汗内部的事态发展状况。

19. 为了弥补中国的虚弱,北京会继续将阿富汗问题当成是一个来自苏联的更大的战略挑战的一部分。为了强调这一问题的全球性意义,北京会继续强化其作为第三世界利益代言人的形象,以此来对付苏联。作为这一战略的内容之一,中国会强调阿富汗问题的宗教因素,部分而言这也是与中东及北非国家建立更大共同基础的努力。

20. 由于苏联的立场没有任何改变,中国也会在精神和物质上继续支持阿富汗抵抗军队。然而,由于抵抗力量的凝聚力上的变化,也因为北京继续敏感于巴基斯坦所担心的苏联可能的报复行为,还因为通过第三方转送援助会限制北京努力的余地,看来在未来二至三年中北京所供应的武器在数量和质量上会有少量提高,此后便稳定在那个程度。

21. 北京对其地区利益所受威胁——在于巴基斯坦可能的崩溃——的判定,仍将是决定其奉行哪些政策的重要因素。中国会根据自己所能调用的资源,向巴基斯坦继续提供规模适中的军事及其他援助。北京可能会向美国以及其他巴基斯坦现有的或潜在的支持者继续施压,要求它们将援助维持在现有水平甚至增加其援助。

22. 地区性利益也会影响北京与印度的关系。在中、苏、印三角关系中,北京会试图鼓励印度更加公开地批评苏联的行动。它会尝试通过增加贸易往来以及再次重申自己对解决边界争端的渴望来继续缓和与新德里的紧张关系,由此使苏联陷入麻烦。然而,中国对印度的主动表态可能会增加巴基斯坦的担忧,而中国人对于巴基斯坦的忧虑是敏感的,再加上苏联也会对印度施压,这在接下来的三至五年中很可能使得中印关系改善的步伐减缓。

23. 与此相似的是,阿富汗问题也会继续制约中苏之间发展出一种全面紧密的关系。然而,这不会妨碍中国积极调整与莫斯科在经济、科学及文化方面的关系。在不久的将来,北京会继续坚持要求苏联全部撤军而且用支持基础更广泛的政府替换掉卡尔迈勒分子。与此同时,与莫斯科保持一个更"正常"的关系会给中国带来现实的好处,基于这种考虑,中国在这一问题上的不妥协态度很可能会发生改变。比如,随着两国关系的转暖,中国改革派领导人可以减缓自己在面对国内政治反对派不断批评时的压力,后者指责他们和美国走得太近。同样,对苏贸易和技术转让的增长会帮助中国工业企业的现代化,它们中的多数都是在 1950 年代依靠苏联的援助并按照苏联的方案建造的。最后,北京仍旧会清楚地认识到中国只有非常有限的手段能够影响苏联对阿富汗的政策。

对美国的涵义

24. 中国在阿富汗的立场其外交政策上的反苏倾向合乎逻辑的产物,我们相信在接下来的三至五年里这还会继续。我们也相信北京对美国就阿富汗事件做出的反应大体上还是满意的,而且我们还相信,中国领导人对美国在那里的行动给予肯定性评价,这鼓励他们继续保持当前在总体上有利于美国利益的政策取向。这反过来意味着,只要中国人感觉美国对继续改变阿富汗局势的工作不够关注或积极,就会对中美关系产生负面影响。北京仍将继续把华盛顿对阿富汗的政策看作是对美国在全世界与苏联对抗的决心的检验标准,并由此对中美关系的发展产生重大影响。

25. 如果中印关系发生实质性改善,则美国改善其与印度长期恶化的关系的可能性就会有新的增加。印度人觉得来自中国的威胁有所减少,就能很好地鼓励印度继续探寻减少自己对莫斯科的依赖的可能性。一旦苏联与印度的关系松弛了,美国就会发现印度更容易接受自己对扩展双方关系的建议,并由此在南亚获得某些抗衡苏联的能力。尽管美印关系使得美国与巴基斯坦的关系进一步复杂化,但不能由此先验地假定说,巴基斯坦会反对美国的这种举动。

26. 中国人如果成功地通过强调阿富汗问题的宗教因素而大大增强其在中东及北非国家中的影响力,就会给美国造成一个问题。假设中国和美国在这些地区的主要问题上互相抵触,则中华人民共和国影响力的加强就会进一步弱化温和的阿拉伯领导人本已微弱的、用来制衡其更激进的同胞的能力。阿拉伯温和势力影响力的这样一种减少,会使得美国在制定政策时更加棘手。

James G. Hershberg：Selected Declassified U. S. and Russian Documents Concerning China,Coordinated by The Cold War International History Project,1994.

费晟译,牛可校